21世纪高等院校法学系列精品教材

判例刑法学

（教学版）

（第三版）

陈兴良 著

中国人民大学出版社

·北京·

作者简介

陈兴良，北京大学博雅讲席教授、博士生导师。兼任北京大学刑事法治研究中心主任、教育部社会科学委员会委员、国家社科基金学科评审组专家等职。

1997 年入选国家教委首批跨世纪优秀人才培养计划，并获国务院政府特殊津贴；1999 年当选第二届“全国十大杰出中青年法学家”；2000 年获教育部第二届高校青年教师奖；2001 年“中国司法制度与司法改革”项目获北京市教育教学成果一等奖；2004 年入选“新世纪百千万人才工程”国家级人选；2004 年入选教育部文科首批长江学者特聘教授；2004 年被评为北京市优秀教师；2005 年“刑法课程教学方法改革”获国家级教学成果二等奖；2006 年作为课程负责人的北京大学刑法课程被评为国家精品课程；2007 年获美国犯罪社会学会国际学术奖；2010 年获日本刑法学会名誉会员称号。

内容提要

我国法学教育秉承大陆法系的传统，通过法学知识的传授，使学生理解与掌握相关法律。虽然在课堂讲授过程中可能会结合对法学原理的阐述讲解个别案例，但案例讲解从来都不是法学教育的主要内容，而是使学生加深对法学知识的理解与熟悉的辅助手段。随着我国案例指导制度的建立，指导性案例在司法实践中的作用越来越大。在这种情况下，我国法学教育应当在继续注重法学知识传授的同时，引入判例教学法，以改变法学教育呆板、陈旧、僵化的状况，为法学教育增添活力，使法科学生能适应社会之需要。陈兴良教授的《判例刑法学》（上、下卷）一书出版于2009年，这是我国首部按照刑法理论体系进行编写的刑法判例研究的著作。为适应刑法判例教学的需要，陈兴良教授从中精选了总论与各论共计30个专题，并对所引案例的案情作了适当的精简，由此编成这本《判例刑法学（教学版）》。本书的出版，为刑法判例教学提供了教材，对于判例教学法在我国法学教育中的采用具有重要意义。

第三版序

随着案例指导制度的实施，最高人民法院、最高人民检察院颁布的指导案例不断累积，以及案例教学法在法学教育中的重要性日益凸显，我国以案例研究为载体的法学作品和法学教材也大量增加。在这种背景下，《判例刑法学（教学版）》经过修订以第三版的形式与读者见面。

本次修订，主要是替换了两个案例，这就是以《正当防卫成立条件之研究》（涉及于欢故意伤害案）替换原刑法总论第二章《使用骗取的合法证件出境行为之定性研究》［涉及顾国钧组织偷越国（边）境案］和以《〈刑法〉第225条非法经营罪的兜底条款之适用研究》（涉及王力军非法经营案）替换原刑法各论第三章《教唆或者帮助他人自杀行为之定性研究》（涉及邵建国故意杀人案）。于欢故意伤害案和王力军非法经营案都是最高人民法院指导案例，这两个案例回应了社会关注问题和司法实践中的疑难问题，具有权威性。正当防卫是社会影响力较大的刑法问题，于欢故意伤害案曾经引起社会公众的广泛关注。当然，正当防卫也是一个对刑法业务与刑事政策水平要求较高的专业问题。因此，在本书中选用于欢故意伤害案进行深度研究是极为重要的。随着我国关于正当防卫的刑事立法、司法实践以及刑法理论的发展，正当防卫的教义学原理也亟待更新。在这种情况下，本书将于欢故意伤害案予以选用。相对来说，被替换的顾国钧组织偷越国（边）境案所涉及的补正解释是一个极为稀罕的问题，发生的概率较小。王力军非法经营案涉及口袋罪问题，该案所讨论的《刑法》第225条第4款是一个兜底条款，具有口袋罪的性质。最高人民法院通过王力军非法经营案，明确了非法经营罪之兜底条款的适用条件，对于限缩兜底条款的适用范围具有重要参考意义。

随着案例指导制度的发展，指导案例在司法实践中发挥着越来越大的作用，在某种意义上弥补了立法与司法解释的不足，因而取得了显著的成效。因此，刑法案例研究，必然将以指导案例作为主要研究对象。这也是本书从第二版开始，逐渐以指导案例替代普通案例的原因。当然，指导案例暂时还不能完全替代普通案例，而且最高人民法院、最高人民检察院除颁布指导案例以外，还颁布了其他类型的案例，例如典型案例等，这些案例对司法机关办案同样具有参照性。从总体上说，已经颁布的指导案例数量有限，水平亦参差不齐，还不能完全满足司法实践和刑法研究的需要。本书对案例的研究，是采取刑法教义学的视角，故具有自身对案例的独特需求。虽然最高人民法院针对盗窃罪和诈骗罪的区分（指导案例27号“臧进泉等盗窃、诈骗案”）、贪污罪的认定（指导案例11号“杨某某等贪污案”）都颁布了指导案例，但臧进泉等盗窃、诈骗案只是涉及有意识处分和无意识处分的争议，杨某某等贪污案则只涉及利用职务上有隶属关系的其他国家工作人员的职务便利、土地使用权是否属于贪污罪中的公共财物等问题，不能全面呈现这些财产犯罪所涉及的理论问题，因而本书没有进行替换。我相信在以后的修订中会有更多的普通案例被指导案例替换。

是为序。

陈兴良

谨识于北京海淀锦秋知春寓所

2021年3月31日

第二版序

《判例刑法学（教学版）》的第二版以目前的面貌与读者见面了，因为这是教学版，所以预想中的读者应当是在读法科学生。本书第一版自 2012 年出版以来，已经过去了将近 7 年时间，该书作为教材或者教学参考资料，对于在法学教学中采用判例教学法发挥了一定作用。2017 年我的《判例刑法学》一书出版了第二版，我对其中部分内容进行了更新与充实。在这种情况下，在出版社的大力支持下，《判例刑法学（教学版）》也随之进行修订。修订的主要内容是更换了部分判例。因为本书是按照每学期 15 周授课时间安排的，刑法总论和刑法各论各安排了 15 个判例研究专题，所以，专题不能再增加了。在这种情况下，只能对相关专题进行替换。考虑到我国建立案例指导制度以后，最高人民法院和最高人民检察院分别颁布了指导性案例，这些指导性案例对于司法机关处理同类案件具有重要的参考价值。为此，本书第二版对于同类主题，选择指导性案例作为替代。例如，刑法总论第 14 章被害人有过错的故意杀人罪之死刑裁量研究，原先选用的是王勇故意杀人案和刘加奎故意杀人案。但在最高人民法院发布的第一批和第二批指导性案例中，有两个案例涉及死刑的适用，包括限制减刑制度的适用，这就是王志才故意杀人案和李飞故意杀人案。这两个指导性案例对于死刑裁量的刑事政策的把握具有重要意义。因此，本书第二版以之替代了原先的案例，反映了我国在死刑裁量问题上的最新司法动态。此外，刑法各论第 15 章陈晓受贿案也被指导性案例陈宁、潘玉梅受贿案所替代。除上述案例的替换以外，我还对部分内容进行了补充，以此反映立法和司法解释的发展。例如刑法各论第 14 章利用企业改制侵吞公共财物行为之定性，主要讨论的是王一兵贪污案，该案审判时间是 2003 年。此后，我国司法解释对贪污罪主体的规定又作了重大调整。为此，本书补充了关于国家工作人员作为贪污罪主体的司法解释的变化情况。通过以上修订，本书在一定程度上克服了内容的滞后性。此外，本书在体例上，也作了技术性的调整。本书第一版将刑法总论的 15 章和刑法各论的 15 章加以通排，顺序是从第 1 章排列到第 30 章。但考虑到判例刑法学的总论和各论分为两个学期讲授，因此，本书第二版变更为刑法总论和刑法各论分开排列，即刑法总论从第 1 章到第 15 章，刑法各论从第 1 章到第 15 章。这虽然是一个书籍编排的顺序问题，但对于使用具有一定影响，因而值得重视。

是为序。

陈兴良

谨识于北京海淀锦秋知春寓所

2018 年 3 月 15 日

案例指导制度：以法律规则形成机制为线索的考察（代序）

作为我国法治建设的重要内容之一，2010 年案例指导制度正式启动。2010 年在我国法治史上是一个具有标志意义的年份，法律体系宣告建成和案例指导制度宣布启动，这意味着我国法律规则体系的发展与完善。因此，只有从法律规则体系这一视角切入，并以我国古代法律样式和英美法系的判例法与大陆法系的判例制度为背景，才能深刻地揭示案例指导制度之于我国法治建设的重大意义。

2010 年，最高人民法院和最高人民检察院（以下简称两高）分别颁布了《关于案例指导工作的规定》（以下简称《规定》）。两高的《规定》所确立的案例指导制度，是指由两高确定并统一发布对全国审判、检察工作具有指导作用的指导性案例的制度。根据最高人民法院《规定》第 2 条的规定，指导性案例是指裁判已经发生法律效力，并符合以下条件的案例：(1) 社会广泛关注的；(2) 法律规定比较原则的；(3) 具有典型性的；(4) 疑难复杂或者新类型的；(5) 其他具有指导作用的案例。根据最高人民检察院《规定》第 3 条的规定，指导性案例是指检察机关在履行法律监督职责过程中办理的具有普遍指导意义的案例，主要包括：(1) 职务犯罪立案与不立案案件；(2) 批准（决定）逮捕与不批准（决定）逮捕、起诉与不起诉案件；(3) 刑事、民事、行政抗诉案件；(4) 国家赔偿案件；(5) 涉检申诉案件；(6) 其他新型、疑难和具有典型意义的案件。由此可见，两高的《规定》都强调指导性案例是对审判、检察工作具有指导性意义的案例，从而把它与不具有指导意义的案例加以区分。我认为，这里所谓指导性案例，就是一种具有判例性质的案例。实际上，判例是一个约定俗成的两大法系通用的称谓，没有必要刻意地采用“指导案例”这样一个具有中国特色的措辞。因此，案例指导制度就是我国的判例制度，只不过具有中国的独特性而已。

随着指导性案例的颁布，一种司法规则形成的机制得以产生，并将对我国法制规则体系的发展与完善产生重大而深刻的影响。

我国法律规则体系其实可以分为三部分：一是立法机关创制的法律，这是狭义上的法律；二是行政机关创制的行政法规，这是中义上的法律；三是司法机关创制的司法规则，以前是司法解释，现在又增加了一种，即指导性案例中的裁判规则，这是广义上的法律。司法机关的司法活动不仅仅是一个适用法律的过程，法律、行政法规和司法规则，也共同构成我国法律规则体系。

法律样式的多元性，可以说是中华法系的传统之一。近代法学家沈家本在为清代著名律学家薛允升著《读例存疑》所作之序中指出：

> 商鞅改里悝之法为律，于是有律之名。自汉以来，律之外有令，有驳议，有故事，有科，有格，有式。隋则律、令、格、式并行。宋则律之外，敕、令、格、式四者皆备，而律所不备，一断以敕，初无所谓例也。晋于魏《刑名律》中分为《法例律》，亦但为律之篇目，而非于律之外别之为例……明初有律，有令，而律之未赅者，始有条例之名。弘治三年定《问刑条例》，嘉靖时重定为三百八十条，至万历时，复加裁定，为三百八十二条。

国朝（指清代——引者注）因之，随时增修。同治九年修订之本，凡条例一千八百九十二条，视万历时增至数倍，可谓繁矣。其中或律重例轻，或律轻例重，大旨在于祛恶俗，挽颓风，即一事一人，以昭惩创，故改重者为多；其改从轻者，又所以明区别而示矜恤，意至善也。第其始病律之疏也而增一例，继则病例之仍疏也而又增一例，因例生例，孳乳无穷，例固密矣。究之世情万变，非例所可赅。往往因一事而定一例，不能概之事事。因一人而定一例，不能概之人人。且此例改而彼例亦因之以改，轻重既未得其平。此例改而彼例不改，轻重尤虞其偏倚。既有例即不用律，而例所未及，则同一事而仍不能不用律。盖例太密则转疏，而疑义亦比比皆是矣。①

沈家本的上述论断，为我们勾勒了我国古代法律规则体系形成与变动的一条基本线索。中国古代除基本的法律形式——律，也就是刑律以外，还存在补充性的法律形式——敕、令、格、式等。尤其是从明代开始，例成为律的辅助性法律形式。沈家本对律例关系作了生动说明，并对例可能带来的对律的冲击作了深刻的阐述。

在以上各种法律形式中，例是最值得我们重视的。在对例的研究中，除关注律例关系以外，其实更应当关注的是例与判例的关系。如果转换成现代话语，这个问题应该表述为：例到底是属于成文法的范畴，还是属于判例的范畴？对此，在我国法学界存在争议。我国学者武树臣提出了法律样式的概念，并认为中国古代的法律样式是“混合法”，即成文法与判例存在循环互补性。武树臣教授在论及中国古代的判例时指出：

历代的决事比、故事、法例、断例、例等，都标志着“判例法”一脉相传、经久不衰的独特地位。判例经朝廷核准后成为与成文法典并行的法律渊源。有价值的判例则被抽象成为成文法条并被成文法典所吸收。成文法典本身的缺欠（不可能包揽无余，也不可能随时变更）使判例制度得以存在和发展。而朝廷对判例的集中管理（审核、批准、选择、编纂）又避免了判例庞杂无序的缺点。而成文法典对判例的吸收，则既避免了双方的短处，又综合了双方的长处。“成文法”与判例的相辅相成、互为因果、并行不悖、循环往复的动态联系，构成了中国“混合法”的独特样式。②

在此，武树臣教授把我国古代法中的例视为判例。那么，到底什么是我国古代法中的判例呢？关于例的含义，清代学者王明德曾经作过以下描述：

例者，丽也，明白显著，如日月之丽中天，令人晓然共见，各为共遵共守而莫敢违。又利也，法司奏之，公卿百执事议之。一人令之，亿千万人凛之。一日行之，日就月将，遵循沿习而使之，故曰例。③

王明德认为，例之为义有五：（1）名例；（2）条例；（3）比例；（4）定例；（5）新例。显然，王明德所说的例之五种含义，均是指成文化的法条，而不是判例。当然，例和判例之间是紧密相关的，某些例就是从判例中抽象提炼出来的，我国学者汪世荣将这一过程称为因案生例，将因案生例称为判例形成机制，并指出：

因案生例的判例形成规则，是指司法官在其司法活动中，针对具体案件的裁判，认为应该通过该案总结、创制出特定法律规范时，便在判决中附请定例。最高统治者以上谕的形式，在对该案作出批结的同时，可以概括出具体的、普遍适用的法律规范，这就是例。

① 沈家本．历代刑法考（四）．北京：中华书局，1985：2221-2222.
② 武树臣．中国的“混合法”——兼及中国法系在世界的地位．政治与法律，1993（2）.
③ 王明德．读律佩觿．何勤华，等点校．北京：法律出版社，2001：18.

例的表现形式虽然为制定法，但通过具体案例附请产生的例，却体现的是判例法制度。因为，就这种例的产生看，其产生于具体案件的司法判决，来源于特定案例；就这种例的形成程序来看，要经过司法官的附请，经过上谕的确定，离不开对具体案件的裁判程序；就这种例的适用看，其赖以产生的具体案例是对其正确理解和适用的基础，这些具体的导致例的直接形成的案例，被称为例案，例案是例不可分割的组成部分，是准确理解和适用例的重要参考依据。因案生例的判例形成规制，在体现封建专制皇权对司法权的绝对垄断时，体现着中国古代法律的统一性特点，有限制地认可了司法官创制法律的作用。①

因案生例确实是对例的形成机制的生动描述，大多数例，如清代律例合编中的条例，都是从成案中提炼出来，针对特殊情形所制定的规则。例如，在《大清律例·谋杀人》中有以下条例：

凡僧人逞凶谋故惨杀十二岁以下幼孩者，拟斩立决。其余仍照本律办理。

上述条例系乾隆四十二年（公元1777年），山西巡抚觉罗巴延三审提僧人界安将十一岁幼徒韩二娃用绳拴吊叠殴立毙一案，钦奉谕旨，纂为定例。薛允升在《读例存疑》中对该案例作了分析：

上条十一岁以上，照常办理，此条十二岁以下，即拟斩决。上条专言谋杀，此条兼及故杀，较上条更严。僧人毙命，虽在保辜限外，不得宽减，与此条均系严惩僧人之意。②

由此可见，上述严惩僧杀条例虽然出自僧人界安杀幼徒韩二娃案，但该案只是形成条例的缘由，就条例本身而言其是一条法律规则，而非判例。这一条例的形成符合因案生例的特征，但形成的条例是否等同于判例，尤其是因案生例是判例形成机制还是成文法形成机制，则不无商榷之处。我国学者刘笃才提出“判例是可以援引作为审理类似案件的判决”这一命题，并以此作为出发点，对判例作了以下界定：

判例之所以是判例，必须保持其自身的形态，即作为具体的判决而在其后的司法领域发生法律效力。也就是说，作为后来判决案件的依据的，是某一具体案件的判决，而不是据此判决经过改造已经上升为制定法的抽象的法律条文。③

根据以上标准，我国古代的例当然是成文法而不是判例。可以说，律例合编的《大清律例》是一部成文法典，而不是成文法与判例法的合编。我国古代虽然曾经出现以成文法为主、以判例为辅的法律体制，但自明清时条例入刑律以后，判例逐渐被禁止援引。因此，条例的兴盛恰恰意味着判例的衰亡。《大清律例》附例规定：

除正律、正例而外，凡属成案未经通行著为定例，一概严禁，毋得混行牵引，致罪有出入。如督抚办理案件，果有与旧案相合可援为例者，许于本内声明，刑部详加查核，附请著为定例。

在以上规定中，正律、正例相提并论，这里的正例是指条例。《大清律例》就是正律与正例的合体编纂，其例并非判例而是成文法，由此可见其彰。这种律例合编的形式不但便于使用，而且解决了清初法律中律、例相抵牾的矛盾。④ 因此，被编入法典的条例是从成案演变而

① 汪世荣．中国古代判例研究．北京：中国政法大学出版社，1997：122.

② 胡星桥，邓又天主编．读例存疑点注．北京：中国人民公安大学出版社，1994：547.

③ 刘笃才．中国古代判例考记．中国社会科学，2007（4）.

④ 田涛，郑秦．大清律例．北京：法律出版社，1999：6.

来的，但经过编纂以后，已不见判例的踪影。

我国古代的条例，不仅与英美法系判例法不同，而且不同于大陆法系的判例制度。条例与英美法系的判例法不同，这是十分容易理解的，因为在英美法系国家是以判例为法律，判例中的司法规则是法律的载体。但对于条例与大陆法系判例制度的不同，则需要加以界分。大陆法系是采用成文法的，但与此同时又充分发挥判例的作用。这时，判例不是要取代法律，而是对法律起到一种解释作用。然而，大陆法系国家的判例一般都不具有法律上的拘束力，但是在事实上具有拘束力，这种事实上的拘束力来自对司法统一的内在要求与下级法院对上级法院在审级上的从属性的制度设计。大陆法系国家的判例具有规则性质的是"裁判要旨"。正如我国学者指出：

> 一个判决被确立为判例时，一般都附有适当的"要旨"，判例中隐含的法律原则与规则均体现于此。因此，判例仍然带有成文法的烙印，它通过裁判要旨的形式引导法官和民众去适用，在某种程度上发挥着司法解释的功能。①

尽管大陆法系的判例带有成文法的烙印，但就其以分散的形式，由法官选择适用这一点而言，其判例制度与成文法是根本不同的。尤其是在判例制度中，案情本身是裁判规则的前提，也是判例不可或缺的组成部分。判例制度仍然存在对案情的比对，以此作为援引适用裁判规则的根据。而我国古代的条例，已经从判例中剥离出来，以成文法的形式存活，因而在形式上完全不同于大陆法系国家的判例制度。判例的成文法化，是我国古代法律的一个重要特征。中华法系具有成文法的悠久传统，即使是判例也具有成文化的顽强定势。我国学者对中国古代判例的命运作了以下论述：

> 从成文法的角度看，吸收判例的过程就是改造消灭判例的过程。而从判例的角度看，融入成文法的过程也就是自我异化消亡的过程。判例上升为条例，是判例的异化。没有这一步，判例无从进入成文法体系。而进入成文法体系，也为其消亡创造了条件。"我已经不再是我，而你却依然是你。"成文法得到了滋养，变得更加丰满，而判例则丧失了其存在的根据。这就是古代判例的最终命运。②

以上论述中的"我"是指判例，"你"是指成文法。"我已经不再是我，而你却依然是你"一语生动地描述了判例被编入法典以后丧失了其自身的命运。判例经过提炼以后以条例形式进入法典，而在律例以外成案不得被援引作为判决根据，我认为这是由我国古代的政治结构所决定的。我国古代是一个专制集权的社会，皇权至上，一切法律规则都必须由上而下地颁行，并形成对官吏的有效约束。在这种情况下，不能任由官吏援引成案，一切成案如欲发生法律效力，都必须经最高统治者确认，以便维护中央集权的体制。

成文法与判例法及其判例制度，实际上是满足司法活动对法律规则的需求的两种不同方式。这里涉及规则生成的规律问题。我国学者在论及我国古代法律生成规律时指出：

> 在中国古代，法律是经由两条并行的路线发展成长的：一是设计生成的理性主义路线，主要体现在律典的修定。二是自然生成的经验主义的路线，主要体现在成文法体系之外，通过创设及适用判例，在实践活动中不断地探索，反复地检验，逐步地积累，在成熟后再将其改造吸纳入法律体系之中。③

---

① 董皞主编．中国判例解释构建之路．北京：中国政法大学出版社，2009：180.

② 刘笃才．中国古代判例考记．中国社会科学，2007（4）.

③ 刘笃才．中国古代判例考记．中国社会科学，2007（4）.

我认为，以上对我国古代法律形成的设计生成与自然生成两条路线的归纳是正确的。当然，在自然生成的路径中，判例充当了过渡的角色，一旦被纳入法典其主体性地位就丧失了。因此，我国古代法律更为强调的还是设计生成，即强调立法者的权威，强调成文法的作用。如果我们把成文法与判例法这两种法律形式推向极致，那么，成文法体现的是设计生成的法律规则形成模式，而判例法反映的是自然生成的法律规则形成模式。

成文法的制度曾经被中央集权的政治体制所采用。在这种体制下，立法权与司法权乃至于行政权都集于最高统治者一身，它们都只不过是皇权的派生物。但是，立法者可以是一人或一个机构，它具有高度集中性，而司法者不可能是一人或一个机构，它必然具有分散性。为此，专制统治者需要通过立法对司法加以控制。而成文法就是对司法加以控制的主要形式，它形成对司法裁量权的有效制约，从而维护中央集权。成文法的制度还曾经被古典自由主义者所采纳：在古典自由主义所主张的民主体制下，立法权与司法权分立，由此形成立法权与司法权之间的互相制约，从而保障公民个人的权利和自由。在这种政治制度的设计中，人民通过立法活动形成法律规则，司法者只能根据这些法律规则处理个案，从而实现人民的意志。虽然专制体制与民主体制是两个极端，但其政治制度的设计具有异曲同工之妙，只不过原先至高无上的皇权被人民主权所取代，在通过立法控制司法这一点上，二者却有共同之处。

在成文法的体制下，立法权与司法权的相对分工是存在的，尽管终极的皇权或者人民主权在名义上都具有最终的司法权。因此，立法者生成法律规则，司法者消费法律规则，这就是成文法制度的一个基本特征。这是一种计划经济模式下的规则供给机制，具有自上而下的特征。诚然，这种法律规则供给机制存在一个根本弊端，这就是立法者提供的法律规则难以完全满足司法活动对法律规则的需求，因为立法是一般的、抽象的，而案件是具体的、个别的，两者之间的鸿沟是难以逾越的。这也就是所谓成文法的局限性之所在。

判例法制度往往被称为法官造法，即司法者既是法律规则的生成者，又是法律规则的消费者。在判例法制度中，判例中存在的裁判规则就是法律，对此后的判决具有法律约束力。判例法遵循的是一种自然形成的规律。哈耶克的自发秩序理论可以为这种法律规则形成机制提供根据。哈耶克并不赞同理论主义与经验主义的分析框架，而是提出了进化论理性主义与建构论唯理主义的分析框架，亦即进化论与建构论的对立。哈耶克的自发秩序的观念最初是在经济学意义上提出的，意图阐明市场经济秩序的形成。此后哈耶克才意识到自发秩序不仅可以在物理领域中发现，而且可以在社会领域中发现，后者就是所谓自生自发的社会秩序。① 这里的社会秩序，当然也包括法律秩序。因此，从哈耶克的自发的社会秩序的概念中也可以引申出自发的法律秩序的概念，因为这里的法律本身就是行为规则与社会规则。我国学者在论及哈耶克的自发的社会秩序形成的机制时指出：

> 所谓用演化说明自发秩序的形成与演进，就是指出抽象的行为规则（制度与习惯），如何经由一套模仿和适应、修正的机制，由人们在并不完全明了其所以然的情况下采用依循，从而自发地形成社会秩序。演化的机制主要有二：选择（selection）和适应（adaptation）。可是由于规则的抽象性格，由于它们所凝聚沉淀下来的文化遗产——知识与经验的积累——超越了个人所能掌握的目的、后果以及牵涉到的一对一的环境特色，每个个人选择、调整和适应规则的理由，必然受到一定知识与关怀的限制，并不是这种规则被全体采用的终极理由。换言之，社会秩序的形成和演变，自有其演进的机制，不是人们基于有限

---

① 邓正来．规则·秩序·无知：关于哈耶克自由主义的研究．北京：生活·读书·新知三联书店，2004：78.

知识与特定目的的考量与抉择所能说明的。①

自发的秩序，无论是社会秩序还是法律秩序的形成，其所谓自发并不完全是无意识的，就个人来说是一种有意识的规则创制活动，但它超出个人知识范围，形成一般秩序则并非设计而是演化的结果。

通过判例法形成法律规则，其机制具有自发的秩序演化的特征。就个别判例而言，法官是在处理个案，而并非脱离个案去创制一般的法律规则。但从个案中引申出来的法律规则又具有超然于个案的一般性，从而为后来处理类似案件提供了裁判规则。可以说，判例法的法律规则形成类似于市场经济方式，它是自下而上地形成法律规则，由此满足司法活动对法律规则的需求。在判例法的制度中，法官不像在成文法中那样，是在与立法者对话，而是与整个司法系统对话，尤其是与法律传统对话，司法的重心也从阐释法律转变为案情对比。因为在成文法制度下，法律规则本身较为抽象，将一个抽象的法律规则适用于个案时，重要的是对法律规则进行解释，为司法三段论的演绎推理提供逻辑起点，而在判例法制度下，裁判规则本身已经十分具体，已经不需要解释，关键问题在于后案与先例所依存的前案之间是否具有同一性，这也就是判例法的区分技术所要解决的问题。

相对于成文法来说，判例法更能够满足司法活动对法律规则的需求，因为判例具有及时性。判例法的自我生长、自我修复与自我调节机能，是成文法所无法比拟的。当然，判例法也并非完美无缺，其最为人所诟病之处在于，判例具有分散性，不似成文法那样将法律规则以一种集约化的方式（法典）呈现给社会。这一批评当然是有一定道理的，但也不是没有误解。判例虽然是零散的，但却因为审级制度的存在而自发地形成一种法律规则效力体系。审级制度决定了判例的效力等级，因而使判例具有一种天生的服从性，否则，不同于上级判例的下级判决就会被撤销。这里存在一个判决的淘汰机制与遴选机制，它们都是自动地发挥作用的，而不是依赖于人为的设计。因此，判例法制度也完全能够满足自上而下的控制，这主要是通过审级制度实现的，这种诉讼程序对实体规则的牵引作用体现得十分明显。

事实上，极端的成文法模式和极端的判例法模式都是不存在的。在任何一个社会中，法律规则既不可能完全通过立法提供，也不可能完全通过判例提供，而是两种法律规则的形成模式同时存在，当然，两者之中必然有一种是主导性路径。在大陆法系国家，成文法典是法律规则的主要载体，判例对法律适用起到补充作用。而在判例法国家，判例法仍然是法律规则的基本形式，但成文的法律也日益增加。这就是所谓两大法系之间的融合与接近。

我国自古就是一个成文法的国家。清末沈家本主持的法律改革引入大陆法系的制度，绝不是偶然的，而是有着深远的法律文化传统的原因。在20世纪50年代，新中国引入苏俄法制。在成文法这一点上苏俄法制与我国传统法制也是契合的。近40年来，我国法制恢复重建，2010年有中国特色的社会主义法律体系宣告建成，这是我国法治建设的重大成果。在此基础上，我国的司法解释制度也日益规范化，它在司法规则提供方面发挥了重要作用。我国司法解释与古代条例的功能是极为相似的，都是法律的细则化。当然，即使细则化如司法解释，仍然不能完全满足司法活动对法律规则的需求。在这种情况下，判例成为提供司法规则的又一种途径。

从目前我国案例指导制度的设计来看，它不能等同于我国古代因案生例的形式。因案生例的结果是有例无案，它其实是一种成文法的形成机制，而不是判例形成机制。但案例指导制度

① 钱永祥．演化论适合陈述自由主义吗？——对哈耶克式论证的反思//姚中秋主编．自发秩序与理性．杭州：浙江大学出版社，2008：7.

是以指导性案例为载体的，是案情与裁判规则的有机统一。指导性案例对司法活动的指导，不仅体现在裁判规则的类比适用上，而且会采用区分技术，说明指导性案例和现在审理的案件在事实或法律问题上的区别，以此作为适用指导性案例的前提。在这一点上，它比较接近于大陆法系国家的判例制度。但指导性案例必须经一定程序由最高司法机关确认并正式颁布这一点，体现了对指导性案例的集中统一管理的特征，因而它与大陆法系国家的判例制度也是不同的。大陆法系国家的判例作为成文法的补充，是自发地生成的，并未受到集中统一管理。从这个意义来说，我国目前的案例指导制度既不是我国古代条例制度的复活，也不是大陆法系国家判例制度的引入，而是极具中国特色的一种法律制度。当然，现在我国案例指导制度还只是搭建了一个框架，颁布的指导性案例数量尚少，指导性案例对司法活动的效果尚未彰显，对这一制度进行全面评价尚为时过早。尽管如此，我们还是可以对我国案例指导制度进行一个初步的评估：

> 我国案例指导制度以最高司法机关集中统一管理指导性案例为特征，表明这一制度具有较为明显的行政控制特征，从指导性案例的遴选过程来看，仍然类似于立法。如果每年颁布的指导性案例数量较少，那么，案例指导制度对司法活动的指导作用也会极为有限。事实上，判例制度的特点就是法律规则的自然生成，形成自发的法律规则。如果判例只有经过人工的选择公布才能发生指导效力，那么，这仍然是一种采用立法方式提供法律规则的路径，并未获得判例制度之真谛。由此可见，我国距离真正实现判例制度，仍然有很长一段路要走。

2012 年 4 月 19 日

目 录

上 篇 刑法总论

下 篇 刑法各论

细　目

上　篇　刑法总论

下 篇 刑法各论

上篇

刑法总论

第一章　组织男性从事同性性交易行为之定性研究

——李宁组织卖淫案

（客观解释论　主观解释论　解释方法）

我国刑法中有组织卖淫罪之规定，按照通常理解，这里的卖淫是指女性向男性出卖肉体。但在现实生活中，同性之间性交易的行为时有发生，那么，组织男性从事同性性交易的行为是否构成组织卖淫罪呢？李宁案[①]的审理过程凸显出对于这个问题的争议，尤其是该案在媒体上被披露以后，更是引起社会的广泛关注。本章试图通过对李宁案的分析，阐明刑法解释的立场与方法，以及在罪刑法定原则下刑法解释的限度问题。

一、案情及诉讼过程

被告人李宁以营利为目的，以"公关先生"的名义招聘多名男青年向男性顾客提供同性性服务。江苏省南京市秦淮区人民检察院以李宁犯组织卖淫罪提起公诉。李宁辩称其行为不构成犯罪，其辩护人提出卖淫是指妇女出卖肉体的行为，因此，组织男性从事卖淫活动不属于组织卖淫。

江苏省南京市秦淮区人民法院认为，组织他人卖淫中的"他人"主要是女性，也包括男性。李宁以营利为目的组织男性从事性交易活动，虽然该交易在同性之间进行，但该行为亦为卖淫行为。一审判决李宁犯组织卖淫罪，判处有期徒刑8年并处罚金人民币6万元。

李宁以组织同性卖淫不构成犯罪、量刑过重为由提出上诉。江苏省南京市中级人民法院经审理，裁定驳回上诉，维持原判。

二、争议问题及裁判理由

李宁案发生以后，其处理过程并不顺畅。根据有关媒体的报道[②]，2003年8月17日，李宁等人归案。警方根据李宁等人的口供，以及掌握的其他证据，以涉嫌组织卖淫罪、协助组织卖淫罪，将李宁等人刑事拘留，随后向检察机关提请批捕。警方向检察机关提请批捕后，对案件如何定性产生了争议。江苏省南京市秦淮区检察院经过再三研究，最终认定刑法对组织同性卖淫行为没有明确界定，按照"法无明文规定不为罪"的刑法原则，李宁等人的行为并不构成组织卖淫罪，李宁等人应当"无罪释放"。此前，鉴于此类案件的特殊性，四川省成都市检察院曾拒绝受理同性恋卖淫案件。由于李宁这起案件比较少见，警方为慎重起见，特地请教了南京市一些法律界人士。南京大学法学院刑法学教授、江苏省刑事辩护委员会主任孙国祥和南京市律师协会副会长薛济民律师都认为，《刑法》第358条规定的"组织他人卖淫行为"中的

---

① 最高人民法院编．刑事审判参考：总第38集．北京：法律出版社，2004.

② 李飞，等．定性一波三折，凸显法律盲点．人民法院报，2004-02-07（4）.

“他人”并没有特指女人，就应该理解为包括男人。因此，李宁案应按有罪论处。同时，警方还找出了全国其他城市的类似判例。但检察院认为，上海等地对类似案件作出的有罪判决，并没有请示立法机关或相关上级司法机关，因而不具有借鉴性和参照性。此外，法律界人士的观点属于学理解释，也不宜引用。所以，李宁等人应被“无罪释放”。之后，检察院作出不批捕决定。按法律规定，李宁等人必须在最长刑事拘留时间 30 天之内获释，否则就是超期羁押。不得已，警方按法律规定，在向检察院申请复议的同时，将李宁等人释放。复议的最终结果是，检察院维持原来的意见。鉴于这起案件的特殊性，检察院、警方将案件向上级部门做了汇报。在江苏省政法委的协调下，江苏省级政法部门召开了案件研讨会。江苏省政法委有关负责人认为，李宁等人的行为已造成较为严重的社会危害，符合犯罪的基本特征，会议决定立刻由江苏省高级人民法院向最高人民法院请示。最高人民法院接到请示后，随即向全国人大常委会做了汇报。2003 年 10 月下旬，案件的特殊性引起了全国人大常委会的关注，人大常委会下属专业委员会听取案件汇报后，作出口头答复：组织男青年向同性卖淫，比照组织卖淫罪定罪量刑。由此可见，本案的最终定性经历了一个曲折的演变过程。本案争议的核心问题在于：组织男性从事同性之间性交易活动的，是否构成组织卖淫罪。而这个问题，又直接与对卖淫一词的界定相关。将李宁组织男性从事同性之间性交易活动行为认定为组织卖淫罪的裁判理由如下：

组织卖淫罪，是指组织他人卖淫的行为。所谓“组织”，根据 1992 年 12 月 11 日最高人民法院、最高人民检察院《关于执行〈全国人民代表大会常务委员会关于严禁卖淫嫖娼的决定〉的若干问题的解答》（以下简称《解答》）第二条的规定，是指以招募、雇佣、强迫、引诱、容留手段，控制多人从事卖淫的行为。所谓“他人”，从有关卖淫嫖娼犯罪的立法沿革不难看出，应当是既包括女性，也包括男性。但是，何谓“卖淫”？对此，刑法本身及相关立法、司法解释均未作出明确界定。

本案中，被告人李宁的行为从其方式、对象看，显然符合组织卖淫罪的特征。具体而言：（1）李宁通过张贴广告、登报的方式招聘多名男青年作“公关人员”，并为他们制定了严格的《管理制度》进行约束。从《管理制度》的内容看，这些所谓“公关人员”的活动均由李宁及其同伙刘超、冷成宝等人安排、布置、调度，亦即均在李宁等人的控制之下。由此可见，李宁的行为明显属于“组织”行为。（2）李宁组织的虽是男性“公关人员”，但如前所述，组织卖淫罪的对象也可以是男性。因此，从对象上看，李宁的行为也符合组织卖淫罪的特征。但是，李宁组织下的男性“公关人员”所从事的活动是否属于、能否认定为“卖淫”呢？这是本案争执的焦点。在此问题上，辩方给出了否定的回答。其主要理由是，根据有关辞典的解释，“卖淫”是指妇女出卖肉体的行为，而涉案男性“公关人员”所从事的活动不符合这一特点；李宁的行为不构成组织卖淫罪。但控方及审判机关则作出了肯定的回答。他们认为，同性之间的金钱与性的交易活动，也属于“卖淫”的一种；对被告人李宁应当以组织卖淫罪论处。

我们赞同本案两审法院的意见。我们认为，“卖淫”，就其常态而言，虽是指女性以营利为目的，与不特定男性从事性交易的行为；但随着立法的变迁，对男性以营利为目的，与不特定女性从事性交易的行为，也应认定为“卖淫”；而随着时代的发展、社会生活状况的变化，“卖淫”的外延还可以、也应当进一步扩大，亦即还应当包括以营利为目的，与不特定同性从事性交易的行为（为论述方便，以下简称此种卖淫行为为“同性卖淫”）。对“卖淫”作如上界定，并不违背刑法解释原理和罪刑法定原则，相反，是刑法立法精神的当然要求，主要理由是：

（一）如上所述，至今，刑法本身及相关立法、司法解释均未曾对刑法中“卖淫”一词的内涵作出过明确界定，均未曾明确限定“卖淫”仅限于异性之间的性交易行为。鉴于此，认为“卖淫”也包括同性卖淫，并不与现行立法和有效刑法解释相抵触；或者说，至少在形式上并不违背罪刑法定原则。

（二）由于种种原因，辞典，尤其是非专业性辞典对某一刑法用语的解释，往往与我们对该刑法用语所作的规范解释不尽一致，有的甚至与刑法本身规定相冲突。例如，根据有关辞典的解释，“卖淫”是“指妇女出卖肉体”，而如上所述，在《关于严禁卖淫嫖娼的决定》作出后，刑法中的“卖淫”已明显不只限于妇女出卖肉体，也包括男性出卖肉体。再如，根据有关辞典的解释，“抢劫”是指“以暴力把别人的东西夺过来，据为己有”，这一解释，不仅明显与《刑法》第二百六十三条关于抢劫是“以暴力、胁迫或者其他方法”强行劫取公私财物的规定不尽一致，同时也模糊了抢劫与抢夺之间的界限，等等。此种状况表明，辞典对刑法用语的解释不能成为我们办理具体案件的“法律依据”；不能以辞典的解释取代我们对刑法用语的规范解释；对刑法用语作出不同于辞典解释的专业解释并不必然违背罪刑法定原则，相反，在有些场合下，是坚持罪刑法定原则的当然要求。

（三）我们认为，刑法所规定的“卖淫”的本质特征在于，其是以营利为目的，向不特定的人出卖肉体的行为。至于行为人的性别是男是女，以及其对象是异性还是同性，均不是判断、决定行为人的行为是否构成“卖淫”所要考察的因素。之所以这样理解，是因为无论是女性卖淫还是男性卖淫，无论是异性卖淫还是同性卖淫，均违反了基本伦理道德规范，毒害了社会风气，败坏了社会良好风尚。从此角度看，将同性卖淫归入“卖淫”范畴，以组织卖淫罪追究组织同性卖淫的行为人的刑事责任，并不违背且完全符合刑法有关卖淫嫖娼犯罪规定的立法精神。

（四）根据刑法解释原理，对刑法用语，应当适应社会发展，结合现实语境，作出符合同时代一般社会观念和刑法精神的解释。这并不违背罪刑法定原则，相反是贯彻罪刑法定的当然要求。因为：其一，一个词的通常的意义是在逐渐发展的，是在事实的不断再现中形成的；法律制定以后，其所使用的文字还会不断产生新的含义；任何一种解释如果试图用最终的、权威性的解释取代基本文本的开放性，都会过早地吞噬文本的生命；在解释刑法时，必须正视刑法文本的开放性，适应社会生活事实的发展变化，科学界定法律用语的准确含义，不能将“熟悉与必须”相混淆，否则便会人为窒息刑法的生命，使刑法惩治犯罪、保护法益的功能无法有效实现。其二，坚持罪刑法定原则不仅要求做到“法无明文规定不为罪，法无明文规定不处罚”，也要求做到“法有明文规定应为罪，法有明文规定应处罚”；同时，将罪刑法定原则中的“法无明文规定”曲解为“法无明确规定”是教条的、错误的，在有的场合下，甚至可以说在很多场合下，即使刑法本身及有权刑法解释对某些行为（实质是某些刑法用语）未作出明确、具体的规定，但若能在准确把握刑法精神、科学运用刑法解释原理的前提下，将该行为解释进刑法的明文规定之中，则对该行为进行定罪处罚就并不违反罪刑法定原则，相反，恰恰是贯彻罪刑法定原则的当然要求。据此，结合目前社会生活事实的发展变化——已出现同性卖淫行为；现时代一般社会观念对男性之间以营利为目的的性交易行为的认识——人们已习惯用同性“卖淫”来指称这种现象；以及刑法精神——禁止任何有伤风化的淫媒行为，以组织卖淫罪追究本案被告人李宁的刑事责任，是符合罪刑法定原则的。

三、刑法解释的立场探究

对李宁案能否定罪的关键是如何解释卖淫一词，裁判理由赞同两级法院对卖淫一词的解释，指出："对刑法用语，应当适应社会发展，结合现实语境，作出符合同时代一般社会观念和刑法精神的解释。这并不违背罪刑法定原则，相反是贯彻罪刑法定原则的当然要求。"这一阐述涉及刑法解释与罪刑法定原则的关系以及作者在刑法解释论上的立场，对此有必要加以适当分析。

刑法解释与罪刑法定原则的关系，确实是一个十分重要且又微妙的问题。从历史上看，罪刑法定原则的首倡者恰恰都是以反对刑法解释而著称的，由此表明其站在刑法解释与罪刑法定相对立的立场上。例如，孟德斯鸠指出：

> 在共和国里，政制的性质要求法官以法律的文字为依据；否则在有关一个公民的财产、荣誉或生命的案件中，就有可能对法律作有害于该公民的解释了。①

根据孟德斯鸠的观点，法律是不经解释就可以直接适用的，解释会有损于法律的原意。而贝卡里亚更是从罪刑法定原则出发得出结论：刑事法官根本就没有解释刑事法律的权力，因为他们不是立法者。贝卡里亚深入地阐述了否定法官的法律解释权的理由，指出：

> "法律的精神需要探询"，再没有比这更危险的公理了。采纳这一公理，等于放弃了堤坝，让位给汹涌的歧见。在我看来，这个道理已被证实。而在凡人看来却似乎是奇谈怪论，他们往往只感触到眼前的一些小麻烦，却察觉不出在一个国家已根深蒂固的荒谬原则所产生的致命而深远的结果。我们的知识和我们的观念是相互联系的，知识愈是复杂，观点的差距也愈大。每个人都有自己的观点，在不同的时间里，会从不同的角度看待事物。因而，法律的精神可能会取决于一个法官的逻辑推理是否良好，对法律的领会如何；取决于他感情的冲动；取决于被告人的软弱程度；取决于法官与被侵害者间的关系；取决于一切足以使事物的面目在人们波动的心中改变的、细微的因素。所以，我们可以看到，公民的命运经常因法庭的更换而变化。不幸者的生活和自由成了荒谬推理的牺牲品，或者成了某个法官情绪冲动的牺牲品。因为法官把从自己头脑中一系列混杂概念中得出的谬误结论奉为合法的解释。我们还可以看到，相同的罪行在同一法庭上，由于时间不同而受到不同的惩罚。原因是人们得到的不是持久稳定的而是飘忽不定的法律解释。②

这种法律不经解释即可直接适用的观点，是以存在一部明确而完备的刑法典为前提的，即关于一切事宜均已在刑法典中明白无误地加以规定。在这种情况下，刑法当然不经解释即可直接适用，解释反而添乱。但是，这一前提是根本不存在的。就像本案中涉及的卖淫这一概念，在法律规定上不可谓不明确，但一旦涉及具体案件，就会出现卖淫是否包括同性之间的性交易这样一些疑难问题，而刑法解释就是以解决这些疑难问题为使命的。美国学者梅利曼对大陆法系曾经把否定法律解释的观点称为"法规自动适用"理论，指出：这种理论认为，立法机关制定的法规非常清楚，以致它的适用成了一个自动实现的过程。然而，当这种理论面对现实时便不攻自破。自从革命（指法国大革命——引者注）时代以来，大陆法系法院在审判案件中总是以成文法规的表述作为判决的根据。这些法规常常被基层法院诉请修改或解释，上诉法院撤销原审判决的情况也很普遍。一个典型的法典中，几乎没有一个条款不需要作司法解释，因为它的意思不仅当事人及其代理人无法理解，有时就连法官自己也难定其义。③ 由此可见，刑法解释本身对于法律适用来说是不可或缺的。

---

① 孟德斯鸠．论法的精神：上册．张雁深，译．北京：商务印书馆，1961：76.

② 贝卡里亚．论犯罪与刑罚．黄风，译．北京：中国大百科全书出版社，1993：12-13.

③ 约翰·亨利·梅利曼．大陆法系：2版．顾培东，等译．北京：法律出版社，2004：42-43.

那么，刑法解释是否与罪刑法定原则相抵触呢？我认为，随着从绝对罪刑法定向相对罪刑法定的转变，正如同罪刑法定并不绝对排斥法官的自由裁量一样，罪刑法定也并非绝对地与刑法解释不相容。关键在于：刑法应当受到罪刑法定的严格限制，如不能进行类推解释等，否则就会违反罪刑法定原则。因此，刑法解释与民法解释或者其他法律解释在性质上还是有区别的。出于对法律性质的考虑，刑法解释更应当受到法律文本的约束，这就是刑法应当严格解释的基本法理。例如，《法国刑法典》第111—4条明确规定了“刑法应当严格解释之”。刑法严格解释是罪刑法定原则的一个直接必然的结果。刑法之所以应当严格解释，是为了防止法官以“解释”之名，在法律之外增加并专断地惩处立法者并未明文规定的行为，从而实现人权保障的刑法机能。当然，刑法应当严格解释，主要是指对不利于被告的解释应当加以限制，对有利于被告的解释则是不加限制的。关键问题在于：如何理解对不利于被告的解释应当加以限制。例如，在李宁案中，将同性之间的性交易解释为卖淫，当然是不利于被告的。被告辩护人指出：刑法及相关司法解释对同性之间的性交易是否构成卖淫未作明文规定，依照罪刑法定原则，李宁的行为不构成犯罪。依据有关媒体的观点，对组织男青年向同性卖淫的行为“比照组织卖淫罪定罪量刑”是一种类推定罪，法院的判决在司法中再次开启了类推定罪的“先例”，是有悖于罪刑法定原则的。① 我不赞同上述观点。当然，“比照”组织卖淫罪定罪量刑的表述本身是有问题的，容易引起误解。因为，比照是类推的相似用语。同性之间性交易是包含在卖淫含义之中的，而不是比照的问题。因此，刑法的严格解释并不意味着不能作出不利于被告的解释。只要是法律规定本身能够容纳的，完全可以作出不利于被告的解释。对此，法国学者指出：

> 刑法“严格解释规则”并不强制刑事法官仅限于对立法者有规定的各种可能的情形适用刑法。只要所发生的情形属于法定形式范围之内，法官就可将立法者有规定的情形扩张至法律并无规定的情形。例如，1810年，《刑法典》在规定对盗窃罪进行惩处时，并未就“在电表上作假”进行偷电的行为作出规定，也未对直接与电力公司的输电网进行搭接连线进行“偷电”的行为作出规定。但是，判例并没有因此而对采取这些方法窃电的人不适用《刑法典》第379条的规定，并且法院认为“电是一种可以占有的动产物品”②。

当然，在理解上述论述时，“法官均可将立法者有规定的情形扩张至法律并无规定的情形”这句话可能引起误解，即如何理解这里的“有规定”与“无规定”？我认为，对法律之“有规定”与“无规定”不能作机械的理解。刑法没有规定偷电是犯罪，从这个意义上说偷电似乎在法律上没有规定，但将电解释为财物，从而将偷电行为涵括在盗窃之中以盗窃罪论处，在这种情况下，偷电就是法律有规定的，这种法律规定是通过刑法解释而得以彰显的。从表面上看，好像是通过刑法解释使法律从没有规定变成有规定。但实际上，在法律解释之前，某一含义在逻辑上已经或者可能被某一概念所涵括，只是受到某种遮蔽而已。通过刑法解释，此种含义得以明确。因此，刑法解释并不能把法律文本所没有的东西加诸它，而只能把法律文本所隐含的东西彰显。

刑法解释包含一个方法论的问题，即站在何种立场上解释法律。对此，存在主观解释论与客观解释论之争议。

主观解释论认为，法律是立法者为社会一般人设计的行为规范，表达了立法者希望或不希望、允许或不允许人们从事什么样的行为的主观愿望，因而法律应该具有明确性。就刑法而

① 王兆京．“类推定罪”借同性卖淫案“复活”？．南方周末，2004-02-26（6）．

② 卡斯东·斯特法尼，等．法国刑法总论精义．罗结珍，译．北京：中国政法大学出版社，1998：143．

言，刑法应以成文法的形式明确规定什么行为是犯罪以及应受何种和何种程度的刑罚处罚。依据法律规定的行为规范，人们就可以在社会生活中设计自己的行为方式，预见到自己行为的法律后果。法律的明确性同时促使法官严格依法办案，在法律规定的权限范围内行使权力，禁止法官滥用职权侵犯公民的合法权利，即使是犯罪人也不应受到不应有的惩罚，而法律的安全价值由此得到保障。因此，任何对法律的解释都是对立法者在立法时表达的立法原意的理解，亦即找出立法原意。由于这种法律解释的主张以立法原意为认识目标，企图达到立法者的主观状况，因而被称为法律解释上的主观解释论。①

主观解释论之所谓主观，是指法律解释的对象是主观的，即通过法律文本所体现出来的是立法者的旨意。因此，法律解释就是探寻立法者的旨意。一般认为，主观解释论的根据主要在于：（1）立法行为是立法者的意思行为，立法者透过立法来表示他们的看法和企图，借助于法律表明他们追求的社会目的，这些目的在法律解释中应表现出来。（2）立法者的意思是一种可以借助立法文献加以感知的历史的事实。只要每一个人取向于这种能历史地被探知的意旨，执行机关的裁判或决定就不会捉摸不定，而法律则只能由立法机关来制定。因此，立法者的意思，在法律的适用上应为决定性的因素，法律解释即应以探求立法者的意思为目标。②

客观解释论认为，法律是社会的产物，法律解释必须符合实际的社会生活。因此，所谓“客观”在词义上是指客观的社会需要，以此对应于主观解释论主张的立法者的主观状况。客观解释论者指出，法律并非死文字，而是具有生命的、随时空因素的变化而变化的行为规范。立法者一旦颁布了法律，法律便随着时间的变化而逐渐地并越来越远地脱离立法而独立自主地生存下去，并逐渐地失去了立法者赋予它的某些性质，获得了另外一些性质。法律只有在适应新的社会需要的情况下才能保持活力。激进的客观解释论者认为所谓立法意图只是一个纯属虚构的概念。从否定立法意图开始，法官对法律的解释逐渐演变成在法律解释的名义下对法律的创造，即法官造法。③

客观解释论之所谓客观，是指法律解释的对象是客观的，即通过法律文本所体现出来的是法律蕴含本身，这种法律蕴含是立法者想要表达的但并不以立法者的意志为转移，法律一经颁布，法律蕴含就已经服务于立法者。因此，客观解释论的根据在于：（1）法律自从颁布时起，即与立法者脱离关系。法律思想也在那时确定下来。因此，裁判应在法律内，而不是法律外找依据。法律典范经常是从同时或先后颁布之不同的法律章节、条款中摘取归纳出来的。这个事实也说明了法律与立法者（的意思）并非一体这一事实。（2）依据客观解释论的立场去做，可以提高法的安定性。法的安定性的保障，以文义解释为必要。当初法律即由于习惯法的不确定性而被颁布。如果法律解释以立法者的意思为基准，那么人们势必再求助于那一堆一般人接触不到的庞杂烦琐的立法资料。从而，事实上，受法律规范的人，将无法认知法律的所在。法律必须以那人人得认知的意旨为意旨，盖人民因法律而负义务，同时也依法形成自己的法律关系。除此而外，人民在这种情况下，也较容易对治权加以控制。④ 在上述观点中，激进的客观解释论显然有悖于“解释”一词的原意，从而混淆了立法与司法的界限。在此，有必要对“解释”一词加以科学界定。解释一词，字面含义是指分析说明。在解释学（Hermeneutics，又译为释义学）中，解释（Hermes）来自一个希腊神话。Hermes是古希腊神话中专司向人传递诸神信息的信使。他不仅向人们宣布神的信息，而且担任了一个解释者的角色，对神谕加一番注

---

① 王平．论我国刑法解释的有效性．法律科学，1994（2）：30.

② 黄茂荣．法学方法与现代民法．台北：台湾大学印行：275.

③ 王平．论我国刑法解释的有效性．法律科学，1994（2）：31.

④ 黄茂荣．法学方法与现代民法．台北：台湾大学印行：278.

释和阐发，使诸神的意旨变得可知而有意义。因此，解释主要是指在阿波罗神庙中对神谕的解说，由此衍生出两个基本的意思：（1）使隐藏的东西显现出来；（2）使不清楚的东西变得清楚。由此可见，解释不同于创作，而颇类似于翻译，它是以一定的客体（往往是文本）为前提的，是在对文本所包含的意义的理解基础上的阐发。创作虽然要有所本，但其所本的客体并非一定的文本，而是直接面对社会生活的一种精神性创造。立法，根据马克思的说法，是将一定的客观规律以法律条文的形式确认下来。虽然马克思在说明立法对客观规律的反映时使用过“翻译”一词，但这只是借喻而已。立法是否反映客观规律或者反映的好坏，是评价立法的一个客观标准，但立法者在立法的时候，有着充分的自由度。解释则有所不同，它受到文本的限制，不像立法那样是一种从无到有的确立，而是一种从隐到显的阐发。法律解释更是如此，它只是把已经或者应当包含在法律文本中的意义（可以称之为立法意蕴）阐发出来，因此，离开了法律文本的意义，像激进的客观解释论者所主张的那样，从根本上否认立法意图的存在，就已经不是在解释法律，而是在创制法律了。因此，只有从解释的特定含义出发，才能进一步阐发如何解释的问题。

应该说，主观解释论与客观解释论，两说均有其部分的真理，但亦有其不足。对此，德国学者进行了精辟的评价：

> 主观论的真理在于：法律与自然法则不同，它是由人类为人类所创造的，它表现立法者创造可能的——符合社会需要的——秩序的意志。法律背后隐含了参与立法之人的规定意向、其价值、追求，以及其对于事物的考量。客观论的真理在于：法律一旦开始适用，就会发展出固有的实效性，其将逾越立法者当初的预期，法律介入——立法者当时不能全部预见的——多样而且不断变更的生活关系中，对一些立法者根本没有考虑到的问题，法律必须提供答案。一段时间以后，它渐渐地几乎发展出自己的生命，并因此远离原创者原本的想法。①

因此，正确的解释方法，在这位德国学者看来，应当是各取主观解释论与客观解释论之所长，这实际上是一种折中解释论。因为，法律是原创者——企图创设完全或部分的法律规整之——意志的具体化，此中既有“主观的”想法及意志的目标，同时也包含“客观的”目标及事物必然的要求。如果想充分了解法律，就不能不同时兼顾两者。② 这种兼顾两者的态度其实就是一种折中的立场。当然，折中也并非完全的不偏不倚，或多或少地总有一定的倾向性：偏重于主观解释论或者偏重于客观解释论。

那么，我国在刑法解释上应当采用何种方法论呢？对于这个问题存在不同观点，换言之，同样存在主观解释论、客观解释论与折中解释论之争。③ 在我看来，除绝对的自由解释论以外，主观解释论与客观解释论的分歧也许并没有我们想象的那么大。因此，较为现实的态度还是在两者之间寻找某种平衡。需要先对立法原意本身作出正确的界定，即立法原意是指立法者制定法律时的意图还是法律文本中所蕴含或者隐含的意图。就此而言，我们应当在后者的意义上理解立法原意而非在前者的意义上。因此，我倾向于将立法原意改称为立法意蕴，以免使人将立法原意误解为立法者主观上的意图。这样一种界定，使立法意蕴在一定程度上得以客观化，但又未脱离法律文本，因而也不与主观解释论的宗旨相背离。此外，客观解释论也并不认

---

① 卡尔·拉伦茨．法学方法论．陈爱娥，译．北京：商务印书馆，2003：198.

② 卡尔·拉伦茨．法学方法论．陈爱娥，译．北京：商务印书馆，2003：199.

③ 这些争论的观点综述，参见：李国如．罪刑法定原则视野中的刑法解释．北京：中国方正出版社，2001：70页以下。

为解释是没有限度的，明显的法律漏洞也是不能通过类推解释填补的。李宁案的裁判理由还是强调刑法解释应当受到罪刑法定原则的限制，同时也阐明刑法解释应当适应社会发展，因而带有某种客观解释论的倾向性。对此，我是持肯定态度的。

四、刑法解释的方法分析

刑法解释存在各种方法，这些方法大体上可以分为：文义解释、体系解释、目的解释、沿革解释等。在这些解释方法中，文义解释是一种最基本的解释方法。在李宁案中，对卖淫一词的解释，就属于文义解释的范畴。

文义解释是建立在词与物的对应关系的基础之上的。物是客观存在的，而词是对物的一种描述。法国学者福柯在《词与物——人文科学考古学》一书中，对词作了界定："词指定什么，这就是说，就其本性来讲，词是一个名词。它是一个专名，因为它总是指向一个特殊的表象，除此之外，它什么都不指。"① 因此，词总是与其所指称的物相对应的，是对该物的命名。正是这种词与物的对应性，才使词具有某种表意功能，使我们能够通过词理解物。但是，词与物之间的这种对应性又不是绝对的，而是相对的。词是相对静止与停滞的，而物则是变动与发展的。在这种情况下，就会出现词与物之间的非对应性，甚至某些物已经不复存在而指称该物的词却依然保留，由此可以通过已经不存在与之相对应的物的词去进行考古，发现曾经存在过的物。例如，摩尔根正是通过考察易洛魁人对亲属的称谓与实际的家庭状况之间的矛盾，揭示了这种称谓只不过是已经消失的某种家庭形式的遗留，由此发现一种更早期的家庭形式的存在。马克思指出："家庭是一个能动的要素，它从来不是静止不动的，而是由较低级的形式进到较高级的形式。反之，亲属制度却是被动的；它把家庭经过一个长久时期所发生的进步记录下来，并且只有当家庭已经根本变化了的时候，它才发生根本的变化。"② 当然，这种物亡词存的情形只是极少数的，更多的情形是词随着物的变动而演进，这就是所谓语词的流变。卖淫一词就属于此种情形。《现代汉语词典》对卖淫的解释是："旧社会妇女为生活或恶势力所迫而出卖肉体。"③ 这一解释给我们的印象是：卖淫这种现象是旧社会才有的，这里的旧社会是指1949年10月1日中华人民共和国成立以前的社会，而在新社会，卖淫现象已经被消灭，因此，卖淫也就成为一个行将消亡的名词。此外，卖淫的内容是女性向男性出卖肉体，并且其是为生活所迫或被恶势力所迫。考虑到这一词典出版于1978年，当时我国确实不存在卖淫现象，该词只是对旧社会卖淫现象的一种描述，因而词典对卖淫一词的解释并无大错。但在改革开放以后，我国卖淫现象死灰复燃。卖淫活动重新成为社会丑恶现象在我国出现的时间，最早是在1979年年底，以沿海开放城市和特区为甚。1983年"严打"后，1984年有所减少，自1985年起呈回升和逐步蔓延的趋势。近年来，卖淫风已从沿海刮到内地，从城市传到乡村，目前仍在继续发展中。④ 而且，卖淫的形式也出现了新变化，就是男性向女性卖淫现象以及同性之间卖淫现象的出现。正如我国学者指出：

> 传统的观念认为，卖淫是指女人自愿与男人性交而获取金钱的行为。然而，从当前卖淫嫖娼的情况来看，这一概念在很大程度上与现实存在着差距。主要表现在：(1) 卖淫不再是只有女性才能实施的行为，在现实生活中，男性也与女性一样，向他人出卖自己的肉

---

① 米歇尔·福柯．词与物——人文科学考古学．莫伟民，译．上海：上海三联书店，2006：130.

② 马克思．路易斯·亨·摩尔根《古代社会》一书摘要//马克思恩格斯全集：第45卷．北京：人民出版社，1985：353.

③ 中国社会科学院语言研究所词典编辑室编．现代汉语词典．北京：商务印书馆，1978：752.

④ 康树华主编．犯罪学通论．北京：北京大学出版社，1992：319.

体供人为同性性行为或异性相淫行为，以赚取钱财。他们这种以肉体换取钱财的行为与女性以肉体换取钱财的行为，在本质上是完全一致的。(2) 卖淫人员出卖肉体的对象不再仅仅是局限于男性。在传统观念和实践中，卖淫者是女性，女性出卖肉体的对象只能是男性。而今，卖淫人员不仅有女性而且也有男性，嫖客中不仅有男性而且同样也有女性。所以，出卖肉体的对象已不再仅限于男性。所谓女性嫖客就是能满足其需要的卖淫人员所追逐出售自己肉体的对象。(3) 卖淫人员把自己的肉体提供给他人不再仅以性交为内容。在传统的概念里，卖淫就是以男嫖客与女娼妓发生性交为内容的性与金钱之间的交易。而现在，有相当多的嫖客，尤其是男性嫖客与女性娼妓之间多不以性交为内容，他们只是想尝试口淫、鸡奸等等性交以外的满足性欲的行为。对于同性之间发生的卖淫嫖娼而言，性交不仅不是卖淫嫖娼活动的内容，也不可能是卖淫嫖娼活动的内容，他们只能实施同性之间的猥亵淫乱行为。①

在这种情况下，尽管法律采用了卖淫一词，但上述在卖淫现象变化之前所编词典对卖淫的解释能够袭用吗？显然不能。在此，需要考虑卖淫一词能否适应现实情况的发生。我国 1979 年《刑法》有关于强迫妇女卖淫罪、引诱、容留妇女卖淫罪的规定，由于在此明确地显示是“妇女卖淫”，因而这里的卖淫是指妇女向男子出卖肉体。当时出版的刑法教科书对卖淫作如是解释，也是完全正确的。但在 1991 年全国人大常委会《关于严惩卖淫嫖娼的决定》（以下简称《决定》）颁布以后，将强迫妇女卖淫修改为强迫他人卖淫，1997 年《刑法》修订中吸纳了这一规定。这里的他人，既包括妇女，也包括男性。② 在这种情况下，卖淫的内涵已经从女性向男性出卖肉体扩大到包括男性向女性出卖肉体。由此可见，在法律规定修改以后，卖淫一词已经在内容上发生了变化。现在需要解决的问题是，卖淫能否包括同性之间的性交易。关于这种同性之间的性交易行为，从国外立法例看，有不少国家把男性进行以营利为目的的性行为规定为犯罪。如《奥地利刑法》第 210 条规定：“从事男性间以营利为目的的性猥亵行为，处二年以下自由刑。”③ 我国刑法无此规定，是否可以通过法律解释将这种行为包含在卖淫一词之中呢？

值得注意的是，1995 年公安部《关于对以营利为目的的手淫、口淫等行为定性处理问题的批复》（公复字〔1995〕6 号，1995 年 8 月 10 日）认为，“卖淫嫖娼是指不特定的男女之间以金钱、财物为媒介发生不正当性关系的行为”。该批复强调了发生性关系的男女的不特定性，且未限于男性给付金钱、财物，女性出卖肉体。这里的出卖肉体，一般认为是指性交。但 2001 年 2 月 28 日，该批复被公安部《关于对同性之间以钱财为媒介的性行为定性处理问题的批复》（公复字〔2001〕4 号，2001 年 2 月 28 日）所废止。2001 年批复认为，不特定的异性之间或者同性之间以金钱、财物为媒介发生不正当性关系的行为，包括口淫、手淫、鸡奸等行为，都属于卖淫嫖娼行为。在此，公安部批复对性关系作了广义的解释，不限于异性之间的性交，还包括与性有关的行为，例如手淫。从实际情况来看，不仅手淫，其他各种满足他人性欲的具有猥亵性质的色情活动，也都被包含在卖淫的概念当中。因此，在处理李宁案的时候，根据公安部的有关批复，为同性提供性服务属于卖淫。问题在于，公安部的这一规定能否适用于对卖淫嫖娼犯罪的认定。尤其是，上述公安部的规定没有区分性服务与色情服务，因此，卖淫嫖娼的含义是相当宽泛的。例如，女性为男性提供手淫服务，即所谓“打飞机”，是否属于卖淫嫖娼，

① 欧阳涛主编．当代中外性犯罪研究．北京：社会科学文献出版社，1993：301-302.

② 胡康生，郎胜主编．中华人民共和国刑法释义．3 版．北京：法律出版社，2006：542.

③ 转引自欧阳涛主编．性犯罪．郑州：河南人民出版社，1989：199.

争议就极大。在处理治安案件中，这种行为是认定为卖淫嫖娼的；但在对组织他人卖淫行为定罪的时候，各地法院的做法并不一致。有些地方法院根据公安部批复，将提供手淫服务的也认定为卖淫嫖娼，由此把组织这种活动的行为认定为组织他人卖淫罪。但在另外一些地方，则将提供手淫服务排除在组织他人卖淫罪的卖淫之外。

尽管公安部2001年批复对此作了规定，但在组织卖淫罪的认定中，能否将同性之间的性交易解释为卖淫，确实还是存在较大争议的。从刑法解释的角度来说，这里有一个是否存在解释余地的问题。申言之，同性之间的性交易能够成为卖淫的“可能的定义”吗？基于对词物之间大致对应关系的认识，语言学上提出了一种语言的核心/边缘理论。按照这种理论，每个语词都有一个核心的含义，但语词的边界却是含混的、富有弹性的，可以变化、延展的。为解决这个边界含混的问题，习惯的方法是强调定义，通过定义将语词的边界界定清楚。① 这种语词的边界应该就是语词的“可能的字义”。德国学者在论及语词的“可能的字义”时指出：我把“可能的字义”理解为依一般语言用法，或立法者标准的语言用法（这可能只在特殊情况下才存在），这个用语还能够指称的意义。② 这里的“可能的字义”应当不是该词所明确禁止或被该词的限定条件所禁止的。例如，刑法关于强迫妇女卖淫的规定，明确地将卖淫主体限于妇女，从而排除了将男性卖淫行为解释为包括在刑法所规定的卖淫概念中的可能性。即使现实生活中存在男性卖淫现象，也属于法无明文规定的情形。在语词没有明确禁止时，某一含义是否为该词的“可能的字义”，则要看它是否与该词的基本含义相抵触，若不相抵触则可以涵括在该词之中。以卖淫而言，其本质含义是性交易，在一般情况下指异性之间的性交易。但在某些特殊情况下，将同性之间的性交易包含在卖淫的内涵之中，并不违反该词的基本含义。因此，对卖淫一词作如此解释显然是合乎解释原理的。

---

① 梁慧星．民法解释学．北京：中国政法大学出版社，1995：215.

② 卡尔·拉伦茨．法学方法论．陈爱娥，译．北京：商务印书馆，2003：202.

第二章　正当防卫成立条件之研究

——于欢故意伤害案（正当防卫　防卫过当）

正当防卫是我国刑法规定的出罪事由，也称违法阻却事由。根据我国《刑法》第20条的规定，正当防卫是指为保护国家、公共利益、本人或者他人的人身、财产权利而对正在进行的不法侵害的反击行为。正当防卫在外观上符合犯罪的构成要件，十分容易混同于犯罪，因此如何正确区分正当防卫与犯罪行为之间的界限，就成为一个十分重要的问题。本文通过对最高人民法院指导案例（第93号）于欢故意伤害案的分析，对正当防卫的成立条件，以及正当防卫与防卫过当的区分等问题进行深入分析。

一、案情及诉讼过程

被告人于欢的母亲苏某在山东省冠县工业园区经营山东源大工贸有限公司（以下简称源大公司），于欢系该公司员工。2014年7月28日，苏某及其丈夫于某1向吴某、赵某1借款100万元，双方口头约定月息10%。至2015年10月20日，苏某共计还款154万元。其间，吴某、赵某1因苏某还款不及时，曾指使被害人郭某1等人采取在源大公司车棚内驻扎、在办公楼前支锅做饭等方式催债。2015年11月1日，苏某、于某1再向吴某、赵某1借款35万元。其中10万元，双方口头约定月息10%；另外25万元，通过签订房屋买卖合同，用于某1名下的一套住房作为抵押，双方约定如逾期还款，则将该住房过户给赵某1。2015年11月2日至2016年1月6日，苏某共计向赵某1还款29.8万元。吴某、赵某1认为该29.8万元属于偿还第一笔100万元借款的利息，而苏某夫妇认为是用于偿还第二笔借款。吴某、赵某1多次催促苏某夫妇继续还款或办理住房过户手续，但苏某夫妇未再还款，也未办理住房过户手续。

2016年4月1日，赵某1与被害人杜某2、郭某1等人将于某1上述住房的门锁更换并强行入住，苏某报警。赵某1出示房屋买卖合同，民警调解后离去。同月13日上午，吴某、赵某1与杜某2、郭某1、杜某7等人将上述住房内的物品搬出，苏某报警。民警处警时，吴某称系房屋买卖纠纷，民警告知双方协商或通过诉讼解决。民警离开后，吴某责骂苏某，并将苏某头部按入座便器接近水面位置。当日下午，赵某1等人将上述住房内物品搬至源大公司门口。其间，苏某、于某1多次拨打市长热线求助。当晚，于某1通过他人调解，与吴某达成口头协议，约定次日将住房过户给赵某1，此后再付30万元，借款本金及利息即全部结清。

4月14日，于某1、苏某未去办理住房过户手续。当日16时许，赵某1纠集郭某2、郭某1、苗某、张某3到源大公司讨债。为找到于某1、苏某，郭某1报警称源大公司私刻财务章。民警到达源大公司后，苏某与赵某1等人因还款纠纷发生争吵。民警告知双方协商解决或到法院起诉后离开。李某3接赵某1电话后，伙同么某、张某2和被害人严某、程某到达源大公司。赵某1等人先后在办公楼前呼喊，在财务室内、餐厅外盯守，在办公楼门厅外烧烤、饮酒，催促苏某还款。其间，赵某1、苗某离开。20时许，杜某2、杜某7赶到源大公司，与李某3等人一起饮酒。20时48分，苏某按郭某1要求到办公楼一楼接待室，于欢及公司员工张某1、马某陪同。21时53分，杜某2等人进入接待室讨债，将苏某、于欢的手机收走放在办公桌上。杜某2用污秽言语辱骂苏某、于欢及其家人，将烟头弹到苏某胸前衣服上，将裤子褪至大腿处裸露下体，朝坐在沙发上的苏某等人左右转动身体。在马某、李某3劝阻下，杜某2穿好裤子，又脱下于欢的鞋让苏某闻，被苏某打掉。杜某2还用手拍打于欢面颊，其他讨债人员实施了揪抓于欢头发或按压于欢肩部不准其起身等行为。22时07分，公司员工刘某打电话报警。22时17分，民警朱某带领辅警宋某、郭某3到达源大公司接待室了解情况，苏某和于欢指认杜某2殴打于欢，杜某2等人否认并称系讨债。22时22分，朱某警告双方不能打架，然后带领辅警到院内寻找报警人，并给值班民警徐某打电话通报警情。于欢、苏某想随民警离开接待室，杜某2等人阻拦，并强迫于欢坐下，于欢拒绝。杜某2等人卡住于欢颈部，将于欢推拉至接待室东南角。于欢持刃长15.3厘米的单刃尖刀，警告杜某2等人不要靠近。杜某2出言挑衅并逼近于欢，于欢遂捅刺杜某2腹部一刀，又捅刺围逼在其身边的程某胸部、严某腹部、郭某1背部各一刀。22时26分，辅警闻声返回接待室。经辅警连续责令，于欢交出尖刀。杜某2等四人受伤后，被杜某7等人驾车送至冠县人民医院救治。次日2时18分，杜某2经抢救无效，因腹部损伤造成肝固有动脉裂伤及肝右叶创伤导致失血性休克死亡。严某、郭某1的损伤均构成重伤二级，程某的损伤构成轻伤二级。

山东省聊城市中级人民法院于2017年2月17日作出刑事附带民事判决［（2016）鲁15刑初33号］，认定被告人于欢犯故意伤害罪，判处无期徒刑，剥夺政治权利终身，并赔偿附带民事原告人经济损失。宣判后，被告人于欢及部分原审附带民事诉讼原告人不服，分别提出上诉。山东省高级人民法院经审理于2017年6月23日作出刑事附带民事判决［（2017）鲁刑终151号］：驳回附带民事上诉，维持原判附带民事部分；撤销原判刑事部分，以故意伤害罪改判于欢有期徒刑5年。

二、争议问题及裁判理由

本案在法律适用方面的争议焦点主要有两个方面：一是于欢的捅刺行为性质，即是否具有防卫性、是否属于特殊防卫、是否属于防卫过当；二是如何定罪处罚。

（一）关于于欢的捅刺行为性质

《刑法》第20条第1款规定："为了使国家、公共利益、本人或者他人的人身、财产和其他权利免受正在进行的不法侵害，而采取的制止不法侵害的行为，对不法侵害人造成损害的，属于正当防卫，不负刑事责任。"由此可见，成立正当防卫必须同时具备以下五项条件：一是防卫起因，不法侵害现实存在。不法侵害是指违背法律的侵袭和损害，既包括犯罪行为，又包括一般违法行为；既包括侵害人身权利的行为，又包括侵犯财产及其他权利的行为。二是防卫时间，不法侵害正在进行。正在进行是指不法侵害已经开始并且尚未结束的这段时期。对尚未开始或已经结束的不法侵害，不能进行防卫，否则即是防卫不适时。三是防卫对象，即针对不法侵害者本人。正当防卫的对象只能是不法侵害人本人，不能对不法侵害人之外的人实施防卫行为。在共同实施不法侵害的场合，共同侵害具有整体性，可对每一个共同侵害人进行正当防卫。四是防卫意图，出于制止不法侵害的目的，有防卫认识和意志。五是防卫限度，尚未明显超过必要限度造成重大损害。这就是说正当防卫的成立条件包括客观条件、主观条件和限度条件。客观条件和主观条件是定性条件，确定了正当防卫"正"的性质和前提条件，不符合这些条件的不是正当防卫；限度条件是定量条件，确定了正当防卫"当"的要求和合理限度，不符合该条件的虽然仍有防卫性质，但不是正当防卫，属于防卫过当。防卫过当行为具有防卫的前提条件和制止不法侵害的目的，只是在制止不法侵害过程中，没有合理控制防卫行为的强度，明显超过正当防卫必要限度，并造成不应有的重大损害后果，从而转化为有害于社会的违法犯罪行为。根据本案认定的事实、证据和我国刑法有关规定，于欢的捅刺行为虽然具有防卫性，但属于防卫过当。

首先，于欢的捅刺行为具有防卫性。案发当时杜某2等人对于欢、苏某持续实施着限制人身自由的非法拘禁行为，并伴有侮辱人格和推搡、拍打于欢等行为；民警到达现场后，于欢和苏某想随民警走出接待室时，杜某2等人阻止二人离开，并对于欢实施推拉、围堵等行为，在于欢持刀警告时仍出言挑衅并逼近，实施正当防卫所要求的不法侵害客观存在并正在进行；于欢是在人身自由受到违法侵害、人身安全面临现实威胁的情况下持刀捅刺，且捅刺的对象都是在其警告后仍向其靠近围逼的人。因此，可以认定其是为了使本人和其母亲的人身权利免受正在进行的不法侵害，而采取的制止不法侵害的行为。该行为具备正当防卫的客观和主观条件，具有防卫性质。

其次，于欢的捅刺行为不属于特殊防卫。《刑法》第20条第3款规定："对正在进行行凶、杀人、抢劫、强奸、绑架以及其他严重危及人身安全的暴力犯罪，采取防卫行为，造成不法侵害人伤亡的，不属于防卫过当，不负刑事责任。"根据这一规定，特殊防卫的适用前提条件是存在严重危及本人或他人人身安全的暴力犯罪。本案中，虽然杜某2等人对于欢母子实施了非法限制人身自由、侮辱、轻微殴打等人身侵害行为，但这些不法侵害不是严重危及人身安全的暴力犯罪。其一，杜某2等人实施的非法限制人身自由、侮辱等不法侵害行为，虽然侵犯了于欢母子的人身自由、人格尊严等合法权益，但并不具有严重危及于欢母子人身安全的性质。其二，杜某2等人按肩膀、推拉等强制或者殴打行为，虽然让于欢母子的人身安全、身体健康权遭受了侵害，但这种不法侵害只是轻微的暴力侵犯，既不是针对生命权的不法侵害，又不是发生了严重侵害于欢母子身体健康权的情形，因而不属于严重危及人身安全的暴力犯罪。其三，苏某、于某1系主动通过他人协调、担保，向吴某借贷，自愿接受吴某所提10%的月息。既不存在苏某、于某1被强迫向吴某高息借贷的事实，又不存在吴某强迫苏某、于某1借贷的事实，与司法解释以借贷为名采用暴力、胁迫手段获取他人财物以抢劫罪论处的规定明显不符。可见杜某2等人实施的多种不法侵害行为，符合可以实施一般防卫行为的前提条件，但不具备实施特殊防卫的前提条件，故于欢的捅刺行为不属于特殊防卫。

最后，于欢的捅刺行为属于防卫过当。《刑法》第20条第2款规定："正当防卫明显超过必要限度造成重大损害的，应当负刑事责任，但是应当减轻或者免除处罚。"由此可见，防卫过当是在具备正当防卫客观和主观前提条件下，防卫反击明显超越必要限度，并造成致人重伤或死亡的过当结果。认定防卫是否"明显超过必要限度"，应当从不法侵害的性质、手段、强度、危害程度，以及防卫行为的性质、时机、手段、强度、所处环境和损害后果等方面综合分析判定。本案中，杜某2一方虽然人数较多，但其实施不法侵害的意图是给苏某夫妇施加压力以催讨债务，在催债过程中未携带、使用任何器械；在民警朱某等进入接待室前，杜某2一方对于欢母子实施的是非法限制人身自由、侮辱和拍打于欢面颊、揪抓其头发等行为，其目的仍是逼迫苏某夫妇尽快还款；在民警进入接待室时，双方没有发生激烈对峙和肢体冲突，当民警警告不能打架后，杜某2一方并无打架的言行；在民警走出接待室寻找报警人期间，于欢和讨债人员均可透过接待室玻璃清晰看见停在院内的警车警灯闪烁，应当知道民警并未离开；在于欢持刀警告不要逼过来时，杜某2等人虽有出言挑衅并向于欢围逼的行为，但并未实施强烈的攻击行为。因此，于欢面临的不法侵害并不紧迫和严重，而其却持刃长15.3厘米的单刃尖刀连续捅刺四人，致一人死亡、二人重伤、一人轻伤，且其中一人系被背后捅伤，故应当认定于欢的防卫行为明显超过必要限度造成重大损害，属于防卫过当。

（二）关于定罪量刑

首先，关于定罪。本案中，于欢连续捅刺四人，但捅刺对象都是当时围逼在其身边的人，未对离其较远的其他不法侵害人进行捅刺，对不法侵害人每人捅刺一刀，未对同一不法侵害人连续捅刺。可见，于欢的目的在于制止不法侵害并离开接待室，在案证据不能证实其具有追求或放任致人死亡危害结果发生的故意，故于欢的行为不构成故意杀人罪，但他为了追求防卫效果的实现，对致多人伤亡的过当结果的发生持听之任之的态度，已构成防卫过当情形下的故意伤害罪。认定于欢的行为构成故意伤害罪，既是严格司法的要求，又符合人民群众的公平正义观念。

其次，关于量刑。《刑法》第 20 条第 2 款规定："正当防卫明显超过必要限度造成重大损害的，应当负刑事责任，但是应当减轻或者免除处罚。"综合考虑本案防卫权益的性质、防卫方法、防卫强度、防卫起因、损害后果、过当程度、所处环境等情节，对于欢应当减轻处罚。

被害方对引发本案具有严重过错。本案案发前，吴某、赵某 1 指使杜某 2 等人实施过侮辱苏某、干扰源大公司生产经营等逼债行为，苏某多次报警，吴某等人的不法逼债行为并未收敛。案发当日，杜某 2 等人对于欢、苏某实施非法限制人身自由、侮辱及对于欢间有推搡、拍打、卡颈部等行为，于欢及其母亲苏某连日来多次遭受催逼、骚扰、侮辱，导致于欢实施防卫行为时难免带有恐惧、愤怒等情绪。尤其是案发当日，杜某 2 当着于欢之面公然以裸露下体的方式侮辱其母亲苏某，对引发本案有重大过错。虽然距于欢实施防卫行为已间隔约 20 分钟，但于欢捅刺杜某 2 等人时难免带有报复杜某 2 辱母的情绪，故杜某 2 裸露下体侮辱苏某的行为是引发本案的重要因素，对此在刑罚裁量上应当作为对于欢有利的情节重点考虑。

杜某 2 的辱母行为严重违法、亵渎人伦，应当受到惩罚和谴责。但于欢在民警尚在现场调查、警车仍在现场、警灯依旧闪烁的情形下，为离开接待室、摆脱围堵而持刀连续捅刺四人，致一人死亡、二人重伤、一人轻伤，且其中一重伤者系于欢从背部捅刺，损害后果严重；除杜某 2 以外，其他三人并未实施侮辱于欢母亲的行为，其防卫行为造成的损害远远大于其保护的合法权益，防卫明显过当。于欢及其母亲的人身自由和人格尊严应当受到法律保护，但于欢的防卫行为明显超过必要限度并造成多人伤亡的严重后果，超出法律所容许的限度，其依法也应当承担刑事责任。

根据我国刑法规定，故意伤害致人死亡的，处 10 年以上有期徒刑、无期徒刑或者死刑；防卫过当的，应当减轻或者免除处罚。如上所述，于欢的防卫行为明显超过必要限度造成重大伤亡后果，减轻处罚依法应当在 3 至 10 年有期徒刑的法定刑幅度内量刑。鉴于于欢归案后如实供述主要罪行，且被害方有以恶劣手段侮辱于欢之母的严重过错等可以从轻处罚的情节，综合考虑于欢犯罪的事实、性质、情节和危害后果，遂判处于欢有期徒刑 5 年。

（三）正当防卫的成立条件

《刑法》第 20 条第 1 款规定："为了使国家、公共利益、本人或者他人的人身、财产和其他权利免受正在进行的不法侵害，而采取的制止不法侵害的行为，对不法侵害人造成损害的，属于正当防卫，不负刑事责任。"刑法关于正当防卫的这一法定概念，正确地揭示了正当防卫的内容，对于司法机关认定正当防卫行为，科学地区分正当防卫与防卫过当具有重要意义。

1. 正当防卫的概念

在刑法教义学中，正当防卫存在狭义、广义和最广义之分。狭义上的正当防卫是指自我防卫，简称自卫。自卫是指本人的人身权利、财产权利遭受正在进行的不法侵害的情况下，为保护本人利益而对不法侵害人所实行的反击。因此，自卫是以防卫权为根据的，它具有天然的正当性。广义上的正当防卫除自卫以外，还包括紧急救助。紧急救助是指为保护他人的人身权利、财产权利而对正在实施不法侵害的行为人所采取的救助。因此，紧急救助是以他人防卫权为依据的，具有代行他人防卫权的性质。最广义上的正当防卫，除自卫和紧急救助以外，还包括为保护国家利益、公共利益而对正在实施不法侵害的行为人所采取的防卫措施。与自卫和紧急救助是为个人利益的防卫相对应，为保护国家利益、公共利益的防卫属于为社会利益的防卫，可以简称为社会防卫。各国刑法典对正当防卫的规定各不相同，大部分国家刑法典都规定了自卫和紧急救助，而我国刑法则同时规定了自卫、紧急救助和社会防卫。十分明显，紧急救助和社会防卫具有见义勇为的性质，它是与犯罪行为做斗争的行为。

根据刑法的规定，对于正当防卫的内容可以从以下三个方面来理解。

(1) 正当防卫是目的的正当性和行为的防卫性的统一。

根据刑法规定，目的的正当性是指正当防卫行为的目的在于使国家利益、公共利益、本人或者他人的人身、财产等合法权利免受正在进行的不法侵害。正当防卫的目的明确地揭示了正当防卫的社会、政治内容：我国刑法中的正当防卫不仅是免除正当防卫行为的刑事责任的法律依据，而且是公民和正在进行的不法侵害作斗争的法律武器。正当防卫的目的在正当防卫的概念中占有主导地位，它对于理解我国刑法中的正当防卫的本质以及确定正当防卫的构成要件都具有重要的意义。行为的防卫性是指正当防卫具有防卫的性质，它是对于正在进行不法侵害的违法犯罪分子的人身或者财产所实施的暴力手段，是基于保护国家、公共利益和其他合法权益的需要而采取的，是对正在进行的不法侵害的反击。正当防卫目的的正当性和行为的防卫性之间具有密切的联系：首先，目的的正当性制约着行为的防卫性，它表明正当防卫不是报复、侵害，更不是对不法侵害人的惩罚，而是一种有限度的防卫行为。其次，行为的防卫性体现着目的的正当性，是目的的正当性的客观体现，它充分说明了正当防卫行为仅仅是一种在紧急情况下，为保护国家、公共利益和其他合法权益而采取的救济措施，因而具有一定的限度，这一限度就是正当防卫的目的得以实现的必要限度。离开了行为的防卫性，也就没有目的的正当性可言。

(2) 正当防卫是主观上的防卫意图和客观上的防卫行为的统一。

在正当防卫的情况下，防卫人主观上具有防卫意图。这里所谓防卫意图，是指防卫人意识到正在进行的不法侵害，而为使国家、公共利益、本人或者他人的人身和其他权益免受正在进行的不法侵害，对不法侵害人实行正当防卫的心理状态。因此，正当防卫行为在主观上区别于一般的违法行为。正当防卫行为在客观上对不法侵害人造成了一定的人身或者财产的损害，因此具有犯罪的外观。但是，正当防卫行为和犯罪行为在性质上有着内在的本质区别。我们只有透过正当防卫对不法侵害人造成一定的人身和财产的损害，因而具有不法或者犯罪的外观这一现象，看到正当防卫制止不法侵害，保护国家、公共利益和其他合法权益的本质，才能真正把握正当防卫不负刑事责任的根据。正当防卫的主观上的防卫意图和客观上的防卫行为的统一，清楚地表明它不具备犯罪构成，这正是正当防卫不负刑事责任的理论根据。

(3) 正当防卫是社会、政治评价和法律评价的统一。

正当防卫的目的是使国家、公共利益、本人或者他人的人身、财产等合法权益免受正在进行的不法侵害，而且客观上具有制止不法侵害、保护合法权益的性质。因此，正当防卫没有法益侵害性，这是我国刑法对正当防卫的肯定的社会、政治评价；正当防卫不具备犯罪构成，没有刑事违法性，因此，正当防卫行为不负刑事责任，这是我国刑法对正当防卫的肯定的法律评价。在这个意义上说，正当防卫是排除社会危害性和阻却刑事违法性的统一。

2. 正当防卫的本质

正当防卫的本质是指正当防卫的正当性根据，对此，在我国刑法学界存在个人法益保护说和社会秩序维护说的一元论与二元论之争。其中，一元论是指在个人法益保护原则与法秩序维护原则中选择其一，以此揭示正当防卫的本质。二元论则认为，个人法益保护原则与法秩序维护原则两者都是正当防卫的本质。只不过，应当以个人法益保护原则为主，以法秩序维护原则为辅。我国刑法学界的通说是二元论，认为我国刑法中的正当防卫不仅具有保护个人法益的功能，而且具有维护社会秩序的功能。

（1）个人法益保护。

个人法益保护是指正当防卫具有对公民个人的人身权利、财产权利和其他合法权利的保护功能，并且以此作为正当防卫的正当性根据。正当防卫是法律赋予公民的权利，这是从公民角度观察所得出的结论。正当防卫通常是指一种行为，然而，它同时又是指一种权利，即防卫权。在法治社会，公民的人身权利和财产权利受到法律保护，这就是所谓公力救济。对于犯罪行为应当根据刑事诉讼程序予以刑罚惩治，由此保护被害人的合法权益。只有在公民受到突发的不法侵害，来不及获得公力救济的情况下，法律赋予公民以防卫权，借此保护公民个人的法益免受不法侵害。这种防卫行为具有一定的自力救济的属性，同时它还是一种排除不法侵害的权利行为。权力行为赋予了正当防卫法律上的正当性，它受到法律的保障。

（2）社会秩序维护。

社会秩序维护是指正当防卫具有对社会秩序的维护功能，并且以此作为正当防卫的正当性根据。我国刑法中的社会防卫，就是以维护社会利益为目的而设立的，因而它不同于个人防卫。在我国刑法中，因为将保护国家利益和公共利益的正当防卫与自卫防卫和防卫他人相并列，所以法秩序维护就不再隐身于个人法益保护之后，而是直接成为决定正当防卫本质的要素。这也反映出我国刑法中正当防卫立法规定的特殊性，只有从这种特殊性出发，才能正确地揭示正当防卫的本质。

（3）个人法益保护与社会秩序维护的二元论。个人法益保护和社会秩序维护都只是论证了正当防卫指导性根据的某个侧面，不能全面地说明正当防卫的本质。其实，在正当防卫中，个人法益保护和社会秩序维护是不可分离的。例如，自卫作为最为典型的保护个人法益的正当防卫，具有一般预防功能。正当防卫通过对不法侵害的反击，在保护个人法益的同时，也确证了法秩序。如果说，正当防卫对不法侵害人是个人预防性保护，那么，对于其他意欲实施不法侵害的人同时也就施加了一般预防的效果。在这个意义上说，在自卫的情况下，个人法益保护与社会秩序维护这两者并不是并列的，社会秩序维护隐身在个人法益保护之后发生作用。至于紧急救助和社会防卫具有见义勇为、与犯罪做斗争的性质，其社会秩序维护功能显而易见。而在维护社会秩序的同时，它也具有保护个人法益的间接作用。如果说，个人法益保护只是反映了正当防卫所具有的个别公正，那么，法秩序维护就是反映了正当防卫所具有的一般公正。只有从个人与社会两个维度，才能正确揭示正当防卫的正当性根据，这是对正当防卫本质的全面诠释。

3. 正当防卫的构成

正当防卫是公民依法享有的权利，行使正当防卫权利的诸条件的统一，就是正当防卫的构成。根据《刑法》第 20 条关于正当防卫概念的规定，我认为，正当防卫的构成是主观条件和客观条件的统一。现分述如下。

（1）防卫意图。

正当防卫是公民和正在进行的不法侵害作斗争的行为，因此，防卫人主观上必然具有某种防卫意图，这就是正当防卫构成的主观条件。所谓防卫意图，是指防卫人意识到不法侵害正在进行，为了保护国家、公共利益、本人或者他人的人身、财产等合法权利，而决意制止正在进行的不法侵害的心理状态。因此，防卫意图可以包括两个方面的内容：1）对于正在进行的不法侵害的认识，即正当防卫的认识因素。这里所谓对不法侵害的认识，是防卫人意识到国家、公共利益、本人或者他人的人身、财产等合法权益受到正在进行的不法侵害。因此，认识内容包括防卫起因、防卫人产生正当防卫意志的主观基础，是对客观存在的不法侵害的正确反映。没有正当防卫的认识，就不可能产生正当防卫的意志，也就没有防卫意图可言。2）关于制止正在进行的不法侵害的决意，即正当防卫的意志因素。正当防卫意志体现在对防卫行为的自觉支配或者调节作用，推动防卫人实施防卫行为，并且积极地追求保护国家、公共利益和其他合法权利等正当防卫的目的。因此，防卫意图是正当防卫的认识因素和意志因素的统一。

防卫意图作为正当防卫构成的主观条件，对于正当防卫的成立具有十分重要的意义。最高人民法院、最高人民检察院、公安部《关于依法适用正当防卫制度的指导意见》（以下简称《指导意见》）指出："正当防卫必须是为了使国家、公共利益、本人或者他人的人身、财产和其他权利免受不法侵害。对于故意以语言、行为等挑动对方侵害自己再予以反击的防卫挑拨，不应认定为防卫行为。"由此可见，根据行为人主观上是否具有防卫意图，可以将那些主观上没有防卫意图的行为排除在正当防卫之外。

某些行为，从形式上看似乎符合正当防卫的客观条件，但由于主观上不具备防卫意图，因而不能被视为正当防卫。这种情况可以包括以下三种：1）偶然防卫。在刑法理论上，偶然防卫是指行为人出于一定的犯罪故意实施其行为，但该行为在客观上发生了防卫效果的情形。例如，甲在枪杀乙时，恰好丙出于杀害甲的意图向甲开枪，将其杀死，从而在客观上使乙免遭甲的杀害。在这种偶然防卫的情况下，丙的行为客观上具有防卫效果，但由于主观上不存在防卫意图，因而其行为不得被视为正当防卫。2）防卫挑拨。在刑法理论上，把故意地挑逗对方进行不法侵害而借机加害于不法侵害人的行为，称为防卫挑拨。在防卫挑拨中，虽然存在一定的不法侵害，挑拨人也实行了所谓的正当防卫，形式上符合正当防卫的客观条件，但由于该不法侵害是在挑拨人的故意挑逗下诱发的，其主观上具有犯罪意图而没有防卫意图，客观上实施了犯罪行为，因而依法构成犯罪，其行为不得被视为正当防卫。3）互相斗殴。在刑法理论上，互相斗殴是指参与者在其主观上的不法侵害故意的支配下，客观上所实施的连续的互相侵害的行为。在互相斗殴的情况下，由于行为人主观上没有防卫意图，其行为也不得被视为正当防卫。《指导意见》对准确界分防卫行为与相互斗殴论述如下："防卫行为与相互斗殴具有外观上的相似性，准确区分两者要坚持主客观相统一原则，通过综合考量案发起因、对冲突升级是否有过错、是否使用或者准备使用凶器、是否采用明显不相当的暴力、是否纠集他人参与打斗等客观情节，准确判断行为人的主观意图和行为性质。因琐事发生争执，双方均不能保持克制而引发打斗，对于有过错的一方先动手且手段明显过激，或者一方先动手，在对方努力避免冲突的情况下仍继续侵害的，还击一方的行为一般应当认定为防卫行为。双方因琐事发生冲突，冲突结束后，一方又实施不法侵害，对方还击，包括使用工具还击的，一般应当认定为防卫行为。不能仅因行为人事先进行防卫准备，就影响对其防卫意图的认定。"

（2）防卫起因。

不法侵害是正当防卫的起因，没有不法侵害就谈不上正当防卫。因此，防卫起因是正当防卫构成的客观条件之一。作为防卫起因的不法侵害，必须具备两个基本特征：1）法益侵害性。这里所谓法益侵害性，是指某一行为直接侵害国家、公共利益、本人或者他人的人身、财产等合法权益，具有不法的性质。2）侵害紧迫性。这里所谓侵害紧迫性，一般来说是指那些带有暴力性和破坏性的不法行为，对我国刑法所保护的国家、公共利益和其他合法权益造成的侵害具有一定的紧迫性。只有同时具备以上两个特征，才能成为正当防卫的起因。行为的法益侵害性，是正当防卫起因的质的特征，没有法益侵害性就不存在正当防卫的现实基础，因此不发生侵害紧迫性的问题。侵害紧迫性是正当防卫起因的量的特征，它排除了那些没有紧迫性的不法侵害成为防卫起因的可能性，从而使正当防卫的起因限于为实现正当防卫的目的所允许的范围。总之，作为正当防卫起因的不法侵害，是具有法益侵害性的不法侵害，确切地说，是危害国家、公共利益和其他合法权益，并且达到了一定的紧迫程度的不法侵害。

不法侵害是正当防卫的起因，没有不法侵害，也就没有正当防卫可言。根据《指导意见》的规定，“正当防卫的前提是存在不法侵害。不法侵害既包括侵犯生命、健康权利的行为，也包括侵犯人身自由、公私财产等权利的行为；既包括犯罪行为，也包括违法行为。不应将不法侵害不当限缩为暴力侵害或者犯罪行为。对于非法限制他人人身自由、非法侵入他人住宅等不法侵害，可以实行防卫。不法侵害既包括针对本人的不法侵害，也包括危害国家、公共利益或者针对他人的不法侵害。对于正在进行的拉拽方向盘、殴打司机等妨害安全驾驶、危害公共安全的违法犯罪行为，可以实行防卫。成年人对于未成年人正在实施的针对其他未成年人的不法侵害，应当劝阻、制止；劝阻、制止无效的，可以实行防卫。”因此，只有在不法侵害真实地发生的情况下，才存在正当防卫的问题。在现实生活中，往往发生这样的情形，即一个人确实由于主观认识上的错误，将实际上并不存在的不法侵害误认为存在，因而对臆想中的不法侵害实行了所谓的正当防卫，造成他人的无辜损害。这就是刑法理论上的假想防卫。我认为，假想防卫属于刑法中的认识错误，具体地说，是行为人在事实上认识的错误，是行为人对自己行为的实际性质发生错误认识而产生的行为性质的错误。因此，对于假想防卫应当按照对事实认识错误的一般原则解决其刑事责任问题，即：1）假想防卫不可能构成故意犯罪；2）在假想防卫的情况下，如果行为人主观上存在过失，应以过失犯罪论处；3）在假想防卫的情况下，如果行为人主观上没有罪过，其危害结果是由于不能预见的原因引起的，则是意外事件，行为人不负刑事责任。

（3）防卫客体。

正当防卫是通过对不法侵害人造成一定损害的方法，使国家、公共利益、本人或者他人的人身、财产等合法权益免受正在进行的不法侵害的行为。正当防卫的性质决定了它只能通过对不法侵害人的人身或者财产造成一定损害的方法来实现防卫意图，因此，防卫客体的确定对于正当防卫的认定具有重要意义。我认为，防卫客体主要是不法侵害人的人身。因为不法侵害是人的积极作为，它通过人的一定的外部身体动作来实现其侵害意图。为了制止这种正在进行的不法侵害，必须对其人身采取强制性、暴力性的防卫手段。应当指出，在某些特定情况下，物也可以成为防卫客体。根据《指导意见》的规定，“正当防卫必须针对不法侵害人进行。对于多人共同实施不法侵害的，既可以针对直接实施不法侵害的人进行防卫，也可以针对在现场共同实施不法侵害的人进行防卫。明知侵害人是无刑事责任能力人或者限制刑事责任能力人的，应当尽量使用其他方式避免或者制止侵害；没有其他方式可以避免、制止不法侵害，或者不法侵害严重危及人身安全的，可以进行反击。”

正当防卫的性质决定了其防卫客体主要是不法侵害人本身，而缺乏防卫客体的防卫第三者的行为，不得被视为正当防卫。所谓防卫第三者，就是对第三者实行了所谓的正当防卫，即加害于没有进行不法侵害的其他人，使之遭受损害。我认为，对于防卫第三者应当根据以下三种情况处理：1）防卫第三者而符合紧急避险的条件的，应以紧急避险论，行为人不负刑事责任。2）防卫第三者而出于侵害之故意的，应以故意犯罪论。3）防卫第三者而出于对事实的认识错误，但主观上具有过失的，应以过失犯罪论。

（4）防卫时间。

正当防卫的时间是正当防卫的客观条件之一，它所要解决的是在什么时候可以进行正当防卫的问题。正当防卫是为制止不法侵害而采取的还击行为，必须面临正在进行的不法侵害才能实行。所谓不法侵害之正在进行，是指侵害处于实行阶段。这个实行阶段可以表述为已经发生并且尚未结束。因此，关于防卫时间可以从以下两个方面进行认定：1）开始时间。这里的关键是要正确地认定不法侵害行为的着手。我认为，在确定不法侵害的着手，从而判断正当防卫的开始时间的时候，不能苛求防卫人，而是应该根据当时的主观和客观的因素全面分析。例如，对于入室犯罪来说，只要已经开始入室，未及实施其他侵害行为，也应当视为已经开始不法侵害。在个别情况下，不法侵害虽然还没有进入实行阶段，但其实施已逼近，侵害在即，形势十分紧迫，不实行正当防卫不足以保护国家、公共利益和其他合法权益的，可以实行正当防卫。2）终止时间。在不法侵害终止以后，正当防卫的前提条件已经不复存在，因此，一般不再发生防卫的问题。所以，必须正确地确定不法侵害的终止，以便确定正当防卫权利的消灭时间。我认为，我国刑法中正当防卫的目的是使国家、公共利益、本人或者他人的人身、财产等合法权益免受正在进行的不法侵害，因此，不法侵害的终止应以不法侵害的危险是否被排除为其客观标准。在以下三种情况下，应当认为不法侵害已经终止，不得再实行正当防卫：第一，不法行为已经结束；第二，不法侵害行为确已自动中止；第三，不法侵害人已经被制伏或者已经丧失侵害能力。在以上三种情况下，正当防卫人之所以必须停止防卫行为，是因为客观上已经不存在危险，或者不需要通过正当防卫排除其危险。

不法侵害之正在进行是正当防卫的时间。正确认定不法侵害的着手和终止，对于判断正当防卫是否适时具有重大意义。关于如何准确把握正当防卫的时间条件，《指导意见》指出："正当防卫必须是针对正在进行的不法侵害。对于不法侵害已经形成现实、紧迫危险的，应当认定为不法侵害已经开始；对于不法侵害虽然暂时中断或者被暂时制止，但不法侵害人仍有继续实施侵害的现实可能性的，应当认定为不法侵害仍在进行；在财产犯罪中，不法侵害人虽已取得财物，但通过追赶、阻击等措施能够追回财物的，可以视为不法侵害仍在进行；对于不法侵害人确已失去侵害能力或者确已放弃侵害的，应当认定为不法侵害已经结束。对于不法侵害是否已经开始或者结束，应当立足防卫人在防卫时所处情境，按照社会公众的一般认知，依法作出合乎情理的判断，不能苛求防卫人。对于防卫人因为恐慌、紧张等心理，对不法侵害是否已经开始或者结束产生错误认识的，应当根据主客观相统一原则，依法作出妥当处理。"所以，凡是违反防卫时间条件的所谓防卫行为，在刑法理论上被称为防卫不适时。防卫不适时可以分为两种形式：1）事前防卫，是指在不法侵害尚未发生的时候所采取的所谓防卫行为。在这种情况下，不法侵害没有现实地发生，因此，其行为不得被视为正当防卫。2）事后防卫，是指不法侵害终止以后，对不法侵害人的所谓防卫。公民实施防卫行为，已使不法侵害人丧失了侵害能力，在有效地制止了不法侵害以后，又对不法侵害人实施侵害的，属于不法行为。这种不法侵害行为构成犯罪的，行为人应当负刑事责任。

（5）防卫限度。

正当防卫的必要限度是它和防卫过当相区别的一个法律界限。根据我国《刑法》第 20 条第 2 款的规定，认定防卫过当应当同时具备"明显超过必要限度"和"造成重大损害"两个条件，缺一不可。因此，正当防卫的必要限度，可以从防卫行为是否过当和防卫结果是否过当这两个方面进行考察。

第一，防卫行为是否过当。《指导意见》规定，防卫是否"明显超过必要限度"，应当综合不法侵害的性质、手段、强度、危害程度和防卫的时机、手段、强度、损害后果等情节，考虑双方力量对比，立足防卫人防卫时所处情境，结合社会公众的一般认知作出判断。在判断不法侵害的危害程度时，不仅要考虑已经造成的损害，还要考虑造成进一步损害的紧迫危险性和现实可能性。不应当苛求防卫人必须采取与不法侵害基本相当的反击方式和强度。通过综合考量，对于防卫行为与不法侵害相差悬殊、明显过激的，应当认定防卫明显超过必要限度。根据上述规定，在考察防卫行为是否超过必要限度的时候，应当采取综合的标准，从以下三个方面进行考察。

1）不法侵害行为的强度。在确定必要限度时，首先需要考察不法侵害的强度。所谓不法侵害的强度，是指行为的性质、行为对客体已经造成的损害结果的轻重，以及造成这种损害结果的手段、工具的性质和打击部位等因素的统一。对不法侵害实行正当防卫，如果用轻于或相当于不法侵害的防卫强度不足以有效地制止不法侵害的，可以采取大于不法侵害的防卫强度。当然，如果大于不法侵害的防卫强度不是为制止不法侵害所必需，那就超过了正当防卫的必要限度。

2）不法侵害行为的缓急。不法侵害的强度虽然是考察正当防卫是否超过必要限度的重要因素，但我们不能把侵害强度在考察必要限度中的作用绝对化，甚至认为这是唯一的因素。在某些情况下，不法侵害已经着手，形成了侵害的紧迫性，但侵害强度尚未发挥出来，因此，无法以侵害强度为标准，只能以侵害的缓急为标准，确定是否超过了正当防卫的必要限度。所谓不法侵害的缓急，是指侵害的紧迫性，即不法侵害所形成的对国家、公共利益、本人或者他人的人身、财产等合法权益的危险程度。不法侵害的缓急对于认定防卫限度具有重要意义，在防卫强度大于侵害强度的情况下，考察该大于不法侵害的防卫强度是否为制止不法侵害所必需，更应以不法侵害的缓急等因素为标准。

3）正当防卫保护的权益。正当防卫保护的权益，它是决定必要限度的因素之一。根据不法正当防卫保护的权益在确定是否超过必要限度中的作用，可以作出以下判断：为保护重大的权益而将不法侵害人杀死，可以认为是为制止不法侵害所必需，因而没有超过正当防卫的必要限度；而为了保护轻微的权益，即使是非此不能保护，造成了不法侵害人的重大伤亡，仍可以认为是超过了必要限度。

第二，防卫结果是否过当。根据《指导意见》的规定，防卫结果超过必要限度是指造成重大损害。这里的重大损害，是指造成不法侵害人重伤、死亡。造成轻伤及以下损害的，不属于重大损害。防卫行为虽然明显超过必要限度但没有造成重大损害的，不应认定为防卫过当。因此，只有在防卫行为超过必要限度，同时造成重大损害的情况下，才能认定为超过必要限度。

（四）于欢正当防卫行为的司法认定

在于欢故意伤害案一审审理期间，对案件的定性，控、辩、审三方存在较大的分歧。辩方认为，被告人于欢系防卫过当，被害人对本案的发生具有严重过错。但控方只认可被害人一方对本案的发生具有过错，对被告人可以从轻处罚，并且提出了判处无期徒刑以上刑罚的量刑建议。一审法院认为，被告人于欢持尖刀捅刺多名被害人腹、背部，虽然当时其人身自由权利受到限制，也遭到对方辱骂和侮辱，但对方未有人使用工具，在派出所已经出警的情况下，被告人于欢和其母亲的生命健康权利被侵犯的现实危险性较小，不存在防卫的紧迫性，所以于欢持尖刀捅刺被害人不存在正当防卫意义的不法侵害前提，辩护人认为于欢系防卫过当，以此要求减轻处罚的意见法院不予采纳。因此，一审法院不仅没有认定于欢的行为是正当防卫，即使是防卫过当也未予以认定，而是认为本案被告人于欢的行为根本就不具有防卫性质。在一审判决宣判以后，媒体报道了于欢故意伤害案，该案因死者具有辱母情节而引发社会的广泛关注。随着最高人民检察院和最高人民法院的介入，于欢的命运发生了巨大的变化。二审判决认定于欢具有防卫情节，但属于防卫过当，因而改判于欢有期徒刑5年。在二审判决生效以后，于欢故意伤害案被最高人民法院以指导案例93号的名义公布，对于此后司法机关正确认定正当防卫和防卫过当具有重要指导意义。

那么，在本案中，于欢持刀捅刺的行为是否构成正当防卫呢？对于这个问题，指导案例的意见认为，于欢的行为具有防卫性质，但其防卫行为超过了必要限度，因而构成防卫过当。我认为，于欢的行为具有防卫性质，这是没有疑问的，但其防卫行为是否超过必要限度而构成防卫过当，也值得进一步商榷。因此，我从以下四个方面对于欢故意伤害案进行评析。

1. 本案是否存在不法侵害

正当防卫是对不法侵害的反击行为，因此，不法侵害是正当防卫的起因。如果没有不法侵害，当然也就不存在对不法侵害的正当防卫。判断本案中于欢的行为是构成正当防卫还是防卫过当，首先需要考察在本案中是否存在不法侵害。

本案起因于讨债，这是没有问题的。如果是单纯的讨债，即使是讨要非法债务，当然不能视之为不法侵害，也不存在正当防卫问题。关键是讨债人在讨债过程中采取的手段是否属于不法侵害，如果属于不法侵害，则完全可以进行正当防卫。一审判决认为，虽然当时其人身自由权利受到限制，也遭到对方辱骂和侮辱，但对方未有人使用工具，在派出所已经出警的情况下，被告人于欢和其母亲的生命健康权利被侵犯的现实危险性较小，不存在防卫的紧迫性，所以于欢持尖刀捅刺被害人不存在正当防卫意义的不法侵害前提。这一裁判结论否定了在本案中存在不法侵害，因而否定了于欢的行为具有防卫性质。一审判决一方面肯定在讨债过程中存在侮辱言行和限制人身自由的现象，另一方面又认为人身受到侵害的现实危险性较小，不存在防卫的紧迫性。

如前所述，在讨债过程中，讨债人对于欢母子进行了极其下流的辱骂。更为出格的是，死者杜某2脱下裤子，在近处将下体对着于欢母子。该行为明显属于侮辱行为，性质极为恶劣。当然，在杜某2实施上述侮辱言行的时候，于欢并没有当场进行防卫。因此，侮辱言行并不是本案的防卫起因，只是为此后的防卫提供了心理动因。在本案中最为明显的不法侵害还是非法拘禁行为。值得注意的是，一审判决并没有将讨债人的扣押行为认定为非法拘禁，而是界定为限制人身自由权利的行为。这里存在对我国刑法中的非法拘禁罪的理解问题。根据我国《刑法》(2015年修正)第238条的规定，非法拘禁罪是指非法拘禁他人或者以其他方法非法剥夺他人人身自由的行为。因此，非法拘禁罪的本质特征是非法剥夺他人人身自由，至于采取何种方法并无限制。显然，非法剥夺人身自由与非法限制人身自由在性质上是不同的。我国《刑法》(2015年修正)第241条第3款规定，在收买被拐卖的妇女、儿童的情况下，限制其人身自由就可以构成非法拘禁罪。这是一个特别规定。在通常情况下，只有剥夺人身自由才构成非法拘禁罪，限制人身自由则不能构成非法拘禁罪。问题在于：本案中讨债人的行为是构成对于欢母子人身自由的限制还是剥夺？本案中的讨债从案发当天下午4点开始一直延续到晚上10点，并且，从证言描述来看，是将于欢母子扣押在一个特定场所，不让外出，吃饭也有人跟着。尤其是晚上8点杜某2来到现场以后，将于欢母子拘禁在接待室长达两个小时。在此期间，其对于欢母子进行辱骂和殴打。我国《刑法》第238条第3款专门规定了索债型非法拘禁罪："为索取债务非法扣押、拘禁他人的，依照前两款的规定处罚。"对照本案中讨债人的行为，难道讨债人不正是对债务人实施了扣押和拘禁行为吗？根据最高人民检察院2006年7月26日发布的《关于渎职侵权犯罪案件立案标准的规定》，非法剥夺他人人身自由，实施殴打、侮辱行为的，构成非法拘禁罪。该司法文件虽然是针对国家工作人员犯非法拘禁罪的成立条件所做的规定，但对于一般主体构成非法拘禁罪亦具有参考价值。因此，参照前引司法文件的规定，本案中讨债人的行为已经构成非法拘禁罪，这是一种十分明显的不法侵害。

缺乏紧迫性是一审判决否定于欢的行为具有防卫性质的一个主要理由。那么，什么是这里的紧迫性呢？我认为，作为防卫起因的紧迫性是指正在面对不法侵害，需要通过防卫来消除不法侵害。在这个意义上说，防卫的紧迫性也就是防卫的必要性，即不防卫无以排除侵犯。在本案中，面对的不法侵害主要是非法拘禁。那么，对非法拘禁行为是否可以进行正当防卫呢？对此，在刑法理论上存在争议。第一种观点认为，非法拘禁罪所侵害的犯罪客体是公民的人身自由，而被害人实行正当防卫也是为了解除拘禁，保护本人的人身自由。因此，对于非法拘禁行为可以实行正当防卫。第二种观点认为，在非法拘禁的情况下，尽管现实的不法侵害尚未结束，但行为人的人身权益并没有处在现实、紧迫的威胁中，在该过程中进行正当防卫是不合适的。这种观点认为非法拘禁行为不具有即时性和迫切性，因此不能对其进行防卫。我认为，这是对正当防卫之性质错误理解所致。事实上，只要存在客观现实的不法侵害，为了避免这种侵害，公民都可以对不法侵害人实行防卫，而没有忍受不法侵害的义务，除非侵害结果已经发生，不能通过防卫予以排除。非法拘禁具有对人身自由的侵害性，这是没有问题的。而且，非法拘禁罪属于继续犯，将他人予以扣押以后，他人的人身自由被剥夺的整个期间都属于犯罪行为进行的时间，被害人完全可以通过防卫解除非法拘禁的状态。至于是否过当，这是另外一个需要考察的问题。在本案中，非法拘禁持续时间长达 6 个多小时，在此期间不法侵害人未间断地对于欢母子进行辱骂、殴打和精神折磨，使于欢处于极度的心理紧张状态。在民警来到现场以后，于欢要求出去。这里的“出去”，应当被理解为解除非法拘禁状态。但讨债人仍然对此加以阻止，并且使用暴力殴打。在这种情况下，于欢使用从办公桌上拾起的水果刀捅刺杜某 2 等讨债人，不能否定存在侵害的紧迫性。因此，在非法拘禁案件中，为解除对自己的非法拘禁，对拘禁人采取适当的暴力措施，应当被认为具有防卫的性质。从整个案件看，于欢确实是针对不法侵害采取了防卫措施，存在防卫起因。

2. 本案的不法侵害是否正在进行

不法侵害正在进行是正当防卫的时间要件，只有对正在进行的不法侵害才能实行正当防卫。在针对非法拘禁行为进行防卫的情况下，因为非法拘禁罪具有继续犯的性质，所以，在非法拘禁持续的时间内，都应当认为不法侵害正在进行，可以实行正当防卫。从本案的案情来看，从下午 4 点到晚上 10 点都处于非法拘禁行为持续的时间。问题在于：经过报警以后，民警来到拘禁现场，此时是否消除了非法拘禁？一审判决在裁判理由中也强调在派出所已经出警的情况下，被告人于欢和其母亲的生命健康权利被侵犯的现实危险性较小，不存在防卫的紧迫性。这里涉及对民警出警效果的判断，值得深入分析。其实，民警到场以后并没有意识到讨债人在对于欢母子进行非法拘禁，因此并没有制止讨债人的不法侵害，而只是说“讨债可以，但是不能打人”，说完就要离开。民警出警，应当被视为公权力的介入。于欢母子在受到讨债人的非法拘禁的情况下，通过报警获得公权力的救济，是法律赋予的权利。可惜的是，出警的两位民警并没有及时解救于欢母子，这就使于欢绝望，也成为压垮骆驼的最后一根稻草。假设没有民警到场，这场讨债活动也许还会持续下去，如何收场当然无从得知。反倒是民警来而又去，刺激了于欢。于欢在也要走出拘禁场所而又遭受杜某 2 等人暴力制止的情况下，正好发现办公桌上有一把水果刀。事态由此急转直下，血案瞬间酿成。综观全案，在本案中，不法侵害处于长时间的持续之中，于欢持刀捅刺之时，不仅针对非法拘禁行为，而且针对暴力阻止行为，存在防卫时间。

3. 本案是适用《刑法》第 20 条第 2 款还是第 3 款

这主要涉及对《刑法》第 20 条关于正当防卫三款规定的理解。我国《刑法》第 20 条第 1 款对正当防卫的概念作了规定，第 2 款对防卫过当作了规定，第 3 款对无过当防卫作了规定。

因此，这三款分别涉及正当防卫、防卫过当和无过当防卫这三种情形。关于这三款规定之间的逻辑关系，我认为：第 2 款以第 1 款为前提，而第 3 款是第 2 款的例外，即在一般情况下，正当防卫超过必要限度构成防卫过当，而防卫过当应当被追究刑事责任。但在符合第 3 款规定的情况下，就不存在过当问题。这里应当注意：根据第 3 款，只有当不法侵害严重危害人身安全且具有暴力犯罪性质时才能适用。如果这样认定，本案就要考虑是否存在暴力犯罪以及暴力犯罪是否达到了严重危害人身安全的程度。根据我的理解，《刑法》第 20 条第 3 款规定的严重危害人身安全的暴力犯罪，除强奸和绑架以外，其他情形应当要达到致人死亡或者致人重伤的严重程度。本案的情况可能还没有达到这一程度。因为对方是来讨债的，其目的是为债权人实现债权，且在讨债过程中虽然存在拘禁、殴打和辱骂等不法侵害行为，但这是为了对债务人施加精神压力，以便达到还债的效果。从这个意义上说，本案中的讨债人并没有导致于欢母子人身伤亡的目的和行为。因此，本案中于欢的行为不具备《刑法》第 20 条第 3 款无过当防卫的适用条件。

4. 若本案适用《刑法》第 20 条第 2 款，那么防卫是否超过必要限度

在承认本案中于欢的行为构成正当防卫的情况下，于欢捅死一人、捅伤三人的防卫行为是否超过正当防卫的必要限度构成防卫过当？这是一个在主张本案存在防卫前提的情况下，仍然存在争论的核心问题。应当指出，我国《刑法》第 20 条第 2 款规定，防卫过当是指防卫明显超过必要限度。也就是说，即使超过必要限度，也不一定就构成防卫过当，还要考察是否明显超过必要限度。

在本案中，考察于欢的防卫行为是否过当的时候，以下因素需要考虑：一是人数对比。对方人高马大，有 11 人，能够控制局面；于欢母子 2 人，处于弱势。二是存在严重侮辱行为。虽然侮辱行为在前，但明显会引发于欢的激愤情绪，对于后来于欢采取的反击措施在心理上有刺激作用。三是侵害的时间长达 6 个小时，不是一般的拘禁，而是在持续的殴打和侮辱中被长时间拘禁。四是警察出警之后不能有效解除不法侵害，使于欢感到绝望。私力救济是在不能得到公力救济的特殊情况下，为维护自己的人身、财产安全而采取的措施。在本案中，以民警出警为代表的公力救济虽然到场，但未能有效制止不法侵害。此时，于欢才寻求私力救济。五是于欢母子要出门时，对方暴力阻止，存在殴打行为，从而刺激了于欢。六是作案工具不是刻意准备的，而是随手从桌上拿的，说明具有随机性。如果当时没有这把水果刀，于欢就不会实施持刀捅刺的防卫行为。所以，就地取材拿刀防卫具有一定的合理性。七是将多人捅伤是于欢在对方围上来阻拦其出去并遭受讨债人殴打情况下的应激反应，具有一定的消极被动性。基于以上因素，不能简单地以死伤结果论，认为捅死、捅伤人了就是过当。我认为，于欢的防卫行为没有明显超过正当防卫必要限度，不构成防卫过当，即使根据《刑法》第 20 条第 2 款的规定，也不能认为是防卫过当。因为对方采取了长时间地侮辱和殴打等非常过分的侵害手段，于欢是在公权力介入不能及时解除不法侵害的情况下实施的防卫行为，不应认为超出了正当防卫的必要性。在考虑正当防卫的必要性时，不仅仅应当从客观上的暴力程度、力量对比来考察，还要考察行为人受到长时间折磨产生的压力和激怒，这些主观因素是免责的事由。虽然我国没有明确规定，但在考察是否超过必要限度、是否需要承担刑事责任时，还是应当考虑这些主、客观因素，综合进行分析。

值得注意的是，对于本案，二审判决认定于欢的行为具有防卫性，但同时认定防卫行为构成防卫过当。二审判决指出，评判防卫是否过当，应当从不法侵害的性质、手段、紧迫程度和严重程度，防卫的条件、方式、强迫和后果等情节综合判定。根据本案查明的事实及在案证据，杜某 2 一方虽然人数较多，但其实施不法侵害的意图是给苏某夫妇施加压力以催讨债务，

在催债过程中未携带、使用任何器械；在民警朱某等进入接待室前，杜某2一方对于欢母子实施的是非法拘禁、侮辱和对于欢拍打面颊、揪抓头发等行为，其目的仍是逼迫苏某夫妇尽快还款；在民警进入接待室时，双方没有发生激烈对峙和肢体冲突，当民警警告不能打架后，杜某2一方并无打架的言行；在民警走出接待室寻找报警人期间，于欢和讨债人员均可透过接待室的玻璃清晰看见停在院内的警车警灯闪烁，应当知道民警并未离开；在于欢持刀警告不要逼过来时，杜某2等人虽有出言挑衅并向于欢围逼的行为，但并未实施强烈的攻击行为。即使四人被于欢捅刺后，杜某2一方也没有人对于欢实施暴力还击行为。因此，于欢面临的不法侵害并不紧迫和严重，而其却持利刃连续捅刺四人，致一人死亡、二人重伤、一人轻伤，且其中一人即郭某1系被背后捅伤，应当认定于欢的防卫行为明显超过必要限度造成重大损害。

在以上对防卫过当的认定中，二审判决强调了以下因素：第一，不法侵害人在催债过程中未携带、使用任何器械。第二，不法侵害行为表现为非法拘禁、侮辱和拍打于欢面颊、揪抓其头发等行为。第三，在于欢实行防卫时，民警并未离开而且不法侵害人只是对于欢围逼，没有强烈的攻击行为。第四，作为不法侵害人之一的郭某1系被背后捅伤。第五，造成了一人死亡、二人重伤、一人轻伤的严重后果。如果对于欢面对的不法侵害孤立或者分散地进行分析，确实会得出防卫过当的结论；而且在当前司法实践中大量防卫行为被认定为普通犯罪的情况下，二审判决将于欢的行为认定为防卫过当，已经是一种进步。然而，于欢的行为是否超过正当防卫的必要限度，笔者认为还存在探讨空间。应当承认，本案中的不法侵害是具有特殊性的，这就是前文所述的持续性和复合性。因此，在判断是否超过正当防卫的必要限度的时候，同样应当考虑不法侵害的特殊性，从整体的视角进行分析。例如，二审判决强调对方没有使用器械而于欢动刀，由此得出武器不对等的结论。但于欢只是母子二人，而对方有11人之多。这种人数上的严重不对等，在是否过当的判断中却没有受到重视。二审判决强调不法侵害并不严重，只是非法拘禁和侮辱、殴打等，没有造成伤害后果。但死者杜某2的辱母情节没有得到强调。当然，辱母情节可以包含在侮辱行为之中。但辱母并不是通常的贬低人格，而是性质十分恶劣的性羞辱，并且是当着于欢对其母进行侮辱。虽然在辱母的当时于欢并未进行防卫，而是在辱母以后20多分钟才发生持刀捅刺事件，但不可否认，辱母以及整天的殴打和拘禁、辱骂累积的情绪，对于此后爆发持刀捅刺事件，起到了重要的作用。因此，对于于欢的防卫是否过当，不能仅将面对围逼该时该刻的暴力程度作为判断基准，而是要结合前后一天内不法侵害人的所作所为进行综合判断，只有这样，才不至于得出于欢面临的不法侵害并不紧迫、并不严重的结论。至于一人死亡、二人重伤、一人轻伤的后果，从表面来看是严重的，但于欢对这四个围逼自己的不法侵害人每人都只是刺了一刀，就此而言，还是有节制的。而且，于欢并没有追赶不法侵害人。二审判决中提及的郭某1系被背后捅伤，是于欢出手以后郭某1见状转身逃跑所致，而不是郭某1逃跑以后，于欢从背后刺中。总之，在肯定于欢的行为构成防卫的前提下，其防卫行为很难说是明显过当。防卫过当的认定未能充分考量本案不法侵害的特殊性，不能不说是平衡正与不正双方之利益的结果。这是令人遗憾的。

本案是作为控方的检察机关以故意伤害罪起诉的，而没有认定防卫情节。这里涉及检察机关在正当防卫或者防卫过当认定中的作用问题。检察机关是公诉机关，对于公安机关移送的刑事案件，具有审查的职责。在审查起诉环节，检察机关如果认为犯罪嫌疑人的行为属于正当防卫，可以决定不起诉；如果认为犯罪嫌疑人的行为属于防卫过当，可以决定不起诉，也可以决定起诉。根据我所掌握的数据，全国2014年至2016年3年期间，检察机关在审查起诉过程中，因正当防卫或防卫过当而决定不起诉的案件共计91起。其中，因正当防卫决定不起诉的76起，因防卫过当决定不起诉的15起，平均每年约30起。由此可见，这个数量是极少的。对于大量应当被认定为正当防卫或者防卫过当的案件，检察机关并没有作出正确认定，而是以普通犯罪起诉到法院。本案就是十分典型的例子。虽然检察机关的职责是指控犯罪，推进刑事司法程序，但检察机关在刑事诉讼过程中，同样具有保障犯罪嫌疑人的合法权利的职责。而在对公安机关移送的案件进行审查起诉的过程中，根据事实和法律正确认定是否具有正当防卫或者防卫过当的性质，就是检察机关的重要职责。然而，检察机关在审查起诉的时候，更多考虑的是打击犯罪，而未时刻铭记保护人民的根本宗旨，这是十分令人遗憾的。

当案件被起诉到法院以后，如何正确认定正当防卫或者防卫过当，这对于法院来说，也是一个考验。在本案中，一审法院没有正确认定正当防卫或防卫过当，而是简单地以检察机关建议的无期徒刑对于欢判刑。如果不是有媒体对本案进行了较为真实的报道，由此引发全国民众的关注，同时也引起最高人民检察院和最高人民法院的关注，本案也可能像其他案件一样，悄无声息地消失在刑事案件的汪洋大海之中。

第三章　妻子自杀不救助行为之定性研究

——宋福祥故意杀人案（不纯正的不作为　不作为之作为义务）

在现实生活中，自杀案件时有发生，因自杀而导致与自杀相关人员受刑事责任追究的案件也时有发生。宋福祥案就是一个典型①，在我主编的《刑事法评论》第3卷（中国政法大学出版社1998年版）中，开辟专栏对宋福祥间接故意、不作为故意杀人案进行了讨论。本章就宋福祥案涉及的不作为犯罪展开论述。

一、案情及诉讼过程

对于本案，一审判决认定的事实与二审判决认定的事实，在某些细节上存在差异。因此，需要分别予以介绍。

一审判决认定：1994年6月30日晚，被告人宋福祥酒后回到自己家中，因琐事与其妻李霞发生争吵厮打。李霞说："三天两头吵，活着还不如死了。"被告人宋福祥说："那你就去死。"后李霞在准备自缢用的凳子时，宋福祥喊来邻居叶某对李霞进行规劝。叶某走后，二人又发生吵骂厮打。在李霞寻找自缢用的绳索时，宋福祥采取放任态度，不管不问不加劝阻，致使李霞于当晚在其家门框上上吊自缢身亡。

河南省南阳市卧龙区人民法院经审理认为：宋福祥目睹其妻李霞寻找工具准备自缢，应当预见李霞会发生自缢的后果而放任这种后果的发生，在家中只有夫妻二人这样特定的环境中，宋福祥负有特定义务，其放任李霞自缢身亡的行为，已构成故意杀人罪（不作为），但情节较轻。判决宋福祥犯故意杀人罪，判处有期徒刑4年。

宋福祥不服一审判决，提出上诉称：没有放任李霞的死，根本想不到她这次会真的自杀，要求依法改判无罪。

二审判决认定：1994年6月30日晚，被告人宋福祥同其妻李霞生气，李霞要上吊，宋福祥喊来邻居叶某进行劝解，叶某走后二人又吵骂厮打，后李霞寻找自缢工具时，宋福祥意识到李霞要自缢却无动于衷，放任不管。直到宋福祥听到凳子响声时，才起身过去，但其仍未采取有效措施或呼喊近邻，而是离开现场到一里以外的父母家中去告知自己父母。待其家人赶到时李霞已无法挽救，宋福祥实际是放任了李霞的死亡。对此有宋福祥本人的供述、叶某的证言等证实。

河南省南阳市中级人民法院认为：被告人宋福祥与其妻李霞关系不和，在争吵厮打中用语言刺激李霞，致使其产生自缢轻生的决心。被告人宋福祥是负有特定义务的人，对李霞自缢采取放任态度，致使李霞在家中这种特定环境下自缢身亡，其行为已构成故意杀人罪（不作为）。因此，河南省南阳市中级人民法院裁定驳回上诉，维持原判。

---

①　中国高级法官培训中心，中国人民大学法学院．中国审判案例要览（1996年刑事审判案例卷）．北京：中国人民大学出版社，1998.

二、案件事实的认定

宋福祥案首先涉及的是一个案件事实的认定问题，而这一点也是容易被人所忽略的。

在一审判决认定的事实中，李霞系自缢死亡这个事实是可以确定的，并且在宋福祥和李霞之间曾经发生过两次争吵。第一次争吵后，宋福祥曾经叫来邻居叶某对李霞进行规劝，这一事实也是可以确认的。在第二次争吵后，李霞上吊自缢的时候，宋福祥的所作所为才是对于定罪具有重要影响的事实。由于李霞已经自缢身亡，因而对这一事实的认定除宋福祥的口供以外，很难有其他事实加以佐证，这也为本案的事实认定带来困难。一审判决对此的认定简略为一句话：

> 在李霞寻找自缢用的绳索时，宋采取放任态度不问不加劝阻，致使李霞于当晚在其家门框上吊自缢身亡。

在一审判决以后，宋福祥提出上诉，上诉的理由并非法律适用错误，而是认为一审判决认定事实错误。宋福祥的上诉理由是：

> 没有放任李霞的死，根本想不到她这次会真的自杀，她上吊我不知道。

显然，在宋福祥及其辩护人看来，放任的前提是宋福祥明知李霞要自缢。因此，宋福祥所作的辩解是其不知道李霞会自杀。在这种情况下，二审法院只有证明宋福祥对于李霞的自杀是知道的，才能维持一审判决。二审判决认定的案件事实与一审判决认定的案件事实存在细微差别：

> 后李霞寻找自缢工具时，宋福祥意识到李霞自缢却无动于衷，放任不管。直到宋福祥听到凳子响声时，才起身过去，但其仍未采取有效措施或呼喊近邻，而是离开现场到一里以外的父母家中去告知自己父母，待其家人赶到时李霞已无法挽救，宋福祥实际是放任了李霞的死亡。

需要注意的是，在上述描述中有一句关键性的，也是对宋福祥具有致命性的话——“宋福祥听到凳子响声”。这里的凳子响声，是指李霞上吊自杀时发出的凳子响声。问题在于：这一事实认定的根据是什么？宋福祥明确否认知道李霞自杀，他又怎么会陈述听到李霞上吊的凳子响声呢？因此，到底是宋福祥听到了李霞上吊自杀时的凳子响声，还是法官听到了李霞上吊自杀时的凳子响声，这还真是一个问题。在本案的裁判理由中，法院对被告人宋福祥的主观心理状态作了以下论述：

> 本案犯罪构成的主观方面，即行为人宋福祥对死者李霞的死亡所持的态度，也是一个值得探讨的较为复杂的问题。我国刑法理论在认定犯罪时，坚持主客观一致的原则。在认定构成不作为犯罪时，尤其需联系犯罪的主观方面和客观方面。就本案来说，如果行为人不知道李霞要自杀，或在李霞自杀时不是采取放任甚至希望的态度，那么本案被告人就不应负刑事责任。如果单单依据被告人在客观方面实施了不作为的杀人行为而认定被告人构成犯罪，这就是客观归罪，实在太勉强了。认定本案被告人构成犯罪必须将主客观联系起来，只有在确认本案被告人明知死者会自杀并放任死者的自杀行为，在有条件、有能力救助的情况下而不救助之时，才能认定被告人构成故意杀人罪（不作为）。那么，本案行为人宋福祥对死者的放任心态是如何体现的呢？
>
> 我国刑法理论的犯罪构成的主观方面主要指的是犯罪行为人的心理态度，即行为人的认识因素和意志因素。行为人的心理态度，是比较抽象的，但它却是具体地表现于行为人

的犯罪行为之中的，因此，不仅要从行为人的供述中分析判断，而且更要从行为人的具体犯罪行为中去分析判断，才能得出符合客观实际的结论。本案中，当行为人宋福祥的邻居叶某走后，宋与死者李霞又吵骂厮打，后李霞寻找自缢用工具时，宋福祥已意识到李要自缢，但他无动于衷，不加阻止；当其听到凳子响声时（这时他知道李已上吊），才起身过去，这时他本应呼喊近邻或采取其他有效措施来阻止李的死亡，但宋却没有，宋放任李霞死亡的发生，到一里以外的父母家中告知其父母，以致李霞未能得到及时抢救而死亡，宋实际上是放任了李死亡结果的发生，二审法院对此点分析是很透彻的。

这一论证当然还是以宋福祥听到凳子响声，因而知道李霞已上吊为基础的。这里存在一个事实问题，除此以外还存在一个对事实的理论概括问题。尤其是，在案件事实的认定中还存在逻辑推理问题。这些都是保证案件事实得以正确认定的司法技术。事实和对事实的认识，是两个不同层次的问题，对事实的认识和对这种认识的理论概括或者理论表述又是两个不同层次的问题。认识要符合事实，而表述又要符合认识的内容。那么，法院判决对于宋福祥的主观方面是如何表述的呢？我们可以来看一看二审判决中以下这句论断：

被告人宋福祥应当预见其妻会发生自缢死亡的结果，而放任这种结果的发生，且系负有特定义务的人，故其行为构成了故意杀人罪（不作为）。

在此，二审判决使用了“应当预见”一词。而我们知道，《刑法》第14条关于间接故意的规定，刑法使用的是“明知”一词。《刑法》第15条关于疏忽大意的过失的规定，才使用“应当预见”一词。那么，什么是“应当预见”呢？应当预见是以没有预见为前提的，只有对没有预见的行为人才能提出是否应当预见的问题。因此，疏忽大意的过失才在刑法理论上称为无认识的过失。二审判决认为宋福祥对其妻自杀是“应当预见”，正好证明宋福祥对其妻自杀是不知道的，只不过根据当时的情形应当预见而已。在这种情况下，宋福祥对于其妻的死亡就不是间接故意而是疏忽大意的过失。

由于李霞自杀时只有宋福祥和李霞两人在场，当时的客观真相确实已经很难重现。这里涉及的主要不是故意杀人与过失致人死亡的区分问题，而是案件事实的认定问题，这也是司法实践中遇到的疑难问题。本案一、二审法院为什么会对宋福祥定罪，曲新久教授作出了以下猜测性的论述：

我猜想，本案一、二审法院判决被告人宋福祥构成不作为间接故意杀人罪，是基于如下事实和刑事司法习惯：公安机关预审时宋福祥承认，叶某走后，他们二人又发生争吵厮打，他看到其妻李霞寻找自缢的工具，意识到李霞要自杀，但是未加阻止，直到他听到凳子响时，知道李霞已上吊，仍未加阻止和救护，而是到一里以外的父母家中告知其父母，结果等他与其家人赶到后，李霞已经自缢身亡。到一、二审法庭调查时，被告人宋福祥翻供，否认以前承认的事实。但是，一、二审法院认为，被告人宋福祥预审时供述真实，审判时翻供是为了推托罪责，逃避惩罚，不足采信，所以，一、二审法院才会以被告人宋福祥的供述并结合其他间接证据认定其有罪。①

在预审中，宋福祥曾经作过听到李霞上吊的凳子响声的供述，尽管他二审时翻供，法院却仍然对宋福祥定罪，这确实是像曲新久教授所说的那样，是我国司法实践中由来已久的一种审判习惯。当然，与其说是一种审判习惯，不如说是一种对待翻供的态度，或者一种论据掌握的

① 曲新久．论间接故意之不纯正不作为犯//陈兴良主编．刑事法评论：第3卷．北京：中国政法大学出版社，1999：254.

标准。对此，当然是可以从证据法上加以探讨的。由于我们并不掌握宋福祥在预审时的口供，因而对于这样一种说法无从求证，这只能是一种猜测。

不过，从案件事实认定的角度，我也可以提供另外一种解释，即对于宋福祥是否知道李霞上吊自缢，二审判决采用的是一种使用并不熟练的推定方法。对于案件事实的认定，我认为具有两种方法：一是确认方法，二是推定方法。确认方法是指具有某种证据可以直接证明某一事实存在，例如一具尸体可以确认某人已经死亡这一事实，采用的就是确认方法。但在另外一些场合，并不存在这种可以证明案件事实存在的直接证据，需要根据客观事实加以推断。这种推断，就是指刑法理论上的推定。在对行为人主观意图的证明中，往往采用推定方法。例如，英国的法律对明知的推定问题作出了专门性的规定。英国刑法中规定了三种程度的"明知"，除实际的明知和故意的漠视之外，第三种程度的明知是推定的明知，它存在于一个人虽不知道，但他应当知道的情况中。① 由此可见，在外国刑法中，推定是广泛采用的司法技术之一，尤其是在主观意图的认定上，可以减轻控方的证明负担，但在我国司法实践中，推定方法并不普及，有关法律与司法解释中缺乏推定的规则。凡此种种，都是值得我们关注的。

三、不作为之作为义务

尽管在宋福祥案中，主观上的明知如何认定，关系到间接故意与疏忽大意的过失之区分，但这并非本案关注的焦点问题。本案的法律问题主要还是集中在不作为的作为义务上。

可以说，宋福祥间接故意不作为杀人案能否成立，关键的问题之一在于宋福祥对于其妻李霞自杀是否存在防止义务。在此，有必要先从刑法理论上对不作为犯罪的作为义务进行探讨，在此基础上再对宋福祥间接故意不作为杀人案从作为义务的角度加以评判。

（一）不作为犯罪之作为义务的地位

日本学者日高义博教授在论述不真正不作为犯（即不纯正不作为犯）时，提出了等置问题，即"不真正不作为犯和作为犯究竟是否可以等置于同一犯罪构成要件"的问题。② 我认为，等置问题之提出意义十分重大，对于不纯正不作为犯尤其如此。对于纯正不作为犯来说，由于法律对此已经作出明文规定，因而无论是法定性还是等价性，都已经在法律上得到了解决。从这个意义上说，纯正不作为犯与作为犯存在相同的犯罪构成的结构，其犯罪性是不言而喻的。但在不纯正不作为犯的情况下，由于它与作为犯共用一个犯罪构成要件，但在犯罪构成的结构上两者存在显著的差异。日高义博教授将这种差异表述为结构上的间隙，指出：

> 在把不真正不作为犯和作为犯等置的情形中，两者存在结构上的空隙成为等置的障碍。因此，如果要使不真正不作为犯与作为犯能够等置，就要找到能够填补不真正不作为犯与作为犯存在结构上的空隙，即使两者在价值方面相等的媒介。所以，等置问题的核心就在于能否找到使两者在价值方面相等的媒介来填补不真正不作为犯与作为犯存在结构上的空隙。如果找不到克服不真正不作为犯与作为犯存在结构上的空隙的媒介，不真正不作为犯和作为犯就不能等置，这样就会由不能等置而必然得出处罚不真正不作为犯违反罪刑法定主义的结论。③

由此可见，等置问题在不纯正不作为犯的构成中具有重要地位。

在刑法理论上，作为与不作为是两种基本的行为方式。一般认为，作为是违反刑法禁止规

---

① 褚福民．刑事诉讼中的推定论要//陈兴良．刑事法评论：第22卷．北京：北京大学出版社，2008：154.

② 日高义博．不作为犯的理论．王树平，译．北京：中国人民公安大学出版社，1992：94.

③ 日高义博．不作为犯的理论．王树平，译．北京：中国人民公安大学出版社，1992：94-95.

范的行为，而不作为是违反刑法命令规范的行为。如果把这里的不作为限定为纯正不作为，这一说法显然是能够成立的。但不纯正不作为是以不作为的方式犯作为也能实施的犯罪。例如，以不作为方式犯故意杀人罪。在这种情况下，不纯正不作为违反的是命令规范还是禁止规范呢？对此，在刑法理论上存在下述三种观点之聚讼①：

第一种观点认为，不纯正不作为犯违反刑法的禁止规范。这种观点认为，不纯正不作为犯的作为义务，并非直接由命令规范产生，而是由“禁止不作为”的禁止规范而产生的。第二种观点认为，不纯正不作为犯既违反禁止规范又违反命令规范。这种观点认为，不纯正不作为犯的作为义务，虽然来自命令规范，但该项作为义务的事实，不但以不作为的方式侵犯了命令规范，同时在结果上又实现了禁止规范的构成要件，因此，又侵犯了禁止规范。第三种观点认为，不纯正不作为犯是违反命令规范的犯罪。这种观点认为，不纯正不作为犯的作为义务，只能来自命令规范，因此，违反作为义务的不作为，只能侵害命令规范，并非侵害禁止规范。因而，不纯正不作为犯是违反命令规范的犯罪。

在以上三种观点中，我赞同第二种观点。第一种观点认为不作为犯是违反禁止规范的行为，将不作为违反的规范与作为违反的规范视之若同。但依此观点，无法说明不作为的特点。至于把禁止规范理解为禁止不作为，则无异于肯定违反的是命令规范而非禁止规范。因为命令规范与禁止规范只是对同一对象而言的，改变对象则混淆了两种规范的区别。例如，禁止杀人与命令不杀人，同一含义，以此确定前者是禁止规范而后者是命令规范，并否认两者的区别，实际上是偷换概念。第三种观点认为不作为犯是违反命令规范的行为，将不作为违反的规范与作为违反的规范的行为加以区分，这是可取的。但在不纯正作为的情况下，其作为义务虽然来自命令规范，即应为而不为，但其行为却是违反了禁止规范，例如以不作为方式杀人，不作为的义务来自命令规范，其杀人行为违反的是禁止规范。就此而言，对于不纯正不作为，仅看到其作为义务违反命令规范，看不到其整体行为违反禁止规范，不能说是全面之论。因为不纯正不作为是以不作为而实施作为犯罪，所以不纯正不作为违反的规范具有双重性：既违反命令规范又违反禁止规范。不纯正不作为，其行为整体上违反的是禁止规范。在此意义上，它具有与作为犯罪的等价性。就故意杀人罪而言，刑法规定了“杀人行为”，提供了一种违法类型，只要符合“杀人行为”这一构成特征的，一概认为是有违法性。至于这种违法的杀人行为，是以作为实施还是以不作为实施，法律没有限定。不作为杀人，同样是一种杀人行为，其在否定的社会价值上与作为犯罪的无异，因此，也可以涵括在“杀人行为”这一违法类型之中，具有违反禁止规范的性质。但仅考虑不纯正不作为对于禁止规范的违反，虽然论证了其与作为犯罪的等价性，却仍然没有解决不作为犯的构成要件的该当性问题。这是因为，禁止规范在刑法中是对某种行为的禁止，当行为人以积极的身体动作即作为违反了这一禁止规范的时候，具有这一犯罪的构成要件的该当性，是十分明显的。但在不作为的情况下，如果是纯正的不作为犯，刑法的禁止内容也是十分明确的，例如遗弃罪，禁止的是遗弃行为，尽管是以不作为方式实施的，但也具有构成要件的该当性。如果是不纯正的不作为犯，在某种情况下发生了一定的危害后果，这一危害后果如果是由作为造成的，当然是违反了禁止规范而构成犯罪。但如果行为人并未实施一定的作为，那么其是否应对这一危害后果承担刑事责任呢？在此，其行为是否违反禁止规范的前提在于：其行为是否违反命令规范，即对于一定危害后果的防止义务。因此，不纯正不作为犯违反的刑法规范具有双重结构：既违反命令规范又违反禁止规范。在命令规范与禁止规范这一双重结构中，两种规范又不是等量齐观、互相对等的，而是由于违反命令规范而

① 熊选国．刑法中行为论．北京：人民法院出版社，1992：155.

违反禁止规范。这里的违反禁止规范是一切犯罪所共同的刑事违法性，而违反命令规范就是不作为犯所特有的义务违反性，这种义务违反性的内容就是对一定的作为义务的违反。不作为犯，尤其是不纯正不作为犯，只有在具有这种义务违反性的情况下，才具有刑事违法性。

论述至此，我们涉及了一个作为义务与违法性的关系问题。广而言之，这是一个作为义务在不作为犯罪构成中的体系性地位问题。关于这个问题，在刑法理论上存在以下三种观点：

> 一是因果关系说，认为在因果关系的领域中，存在着作为义务，仅对违反作为义务的不作为才认为是它的原因。二是违法性说。贝林和麦耶把作为义务理解为不作为的违法性问题，成为权威的学说；在日本，牧野博士提倡这种说法，至今还保持着通说的地位。这种学说认为，作为与不作为在构成要件该当性上是完全相同的；但不作为的情况异于作为的情况，就在于它的构成要件该当性不以违法性为标志。该当构成要件的不作为，原则上并不违法，只限于不作为义务时才构成违法。三是保证人说。为了克服违法性说的缺陷，那古拉把作为义务视为不作为的构成要件该当性问题，提出所谓保证人说。如果根据这种说法，由于依据作为义务，个人就成为有法律保证的使法益不受侵害的保证人。因此只有这样保证人的不作为，才能与作为的实现构成要件具有同等价值，从而被认为该当构成要件。因此，保证人的地位（即作为义务）不是违法性问题，而是构成要件该当性问题，是实行行为的问题，威尔泽尔更进一步把保证人的地位视为限定不作为人的范围的构成要件要素，认为不纯正不作为犯是需要具有保证人身份的纯正身份犯。①

在以上三种观点中，因果关系说和保证人说都是从构成要件的意义上论述作为义务的地位的，而违法性说则把作为义务视为一个违法问题。我认为，把作为义务视为一个违法问题是错误的。因为大陆法系的犯罪论体系，是按照构成要件该当性、违法性、有责性这样一个顺序递进的。如果把作为义务视为违法性的问题，则不具有作为义务的人也具有该当构成要件的不作为，只是因为不具有作为义务而阻却违法。显然，这是难以成立的。因果关系说把作为义务看作一个犯罪构成客观方面，具体地说是因果关系的问题；而保证人说则把作为义务看作犯罪构成主体要件的问题。这两种情况都不是把作为义务看作一个违法的问题。保证人说主张从不作为人和被害人之间的关系中探讨义务的实质内容。鲁道尔夫认为，所谓保证人就是在社会生活中行使应当回避紧迫的法益侵害的危险保护机能的人，称之为“统括者”（Zentralgestalt）②。根据保证人说，作为义务决定了保证人的地位，因而不作为犯是一个身份犯的问题。这一观点有一定道理。大多数情况下，不作为犯，尤其是纯正不作为犯，其作为义务来自法律规定或者职责要求，因而属于特殊主体的犯罪，例如遗弃罪就是如此。但这种观点不能绝对化，在不纯正不作为犯的情况下，作为义务可能来自先行行为，因而这种犯罪并非身份犯。例如，将邻居之子带去游泳，未能照顾好，邻居之子进入深水区，行为人未能及时抢救，结果邻居之子被淹死。在该案中，行为人构成不纯正不作为的故意杀人罪，其作为义务来自先行行为，但不能被视为身份犯，而是非身份犯。我认为，应当将作为义务与不作为的实行行为结合起来考察。在这个意义上，因果关系说是可取的。这种理论是李斯特等人的观点，从因果关系理论的角度出发，具有应当防止结果的作为义务的人，尽管有可能防止结果，却不履行作为义务，使其任凭自然演变而发生结果时，如果没有这种不作为，结果也就不会发生。在这一意义上，不作为就和作为犯中的作为可以作同样的评价。因此，这种观点又称为不作为、作为同价值说。③ 在刑

---

① 福田平，大塚仁．日本刑法总论讲义．李乔，等译．沈阳：辽宁人民出版社，1986：60－61.

② 黎宏．不作为犯研究．武汉：武汉大学出版社，1997：160.

③ 木村亀二主编．刑法学词典．顾肖荣，等译．上海：上海翻译出版公司，1991：141.

法理论上，有些学者认为不作为的因果关系，意味着如果作出作为将能防止后果的产生，由于它与作为义务无关，所以认为因果关系说是欠妥当的。① 我认为，不作为因果关系并非与作为义务无关，离开了作为义务，就不能科学地说明不作为的因果关系。因此，不能因作为义务与因果关系无关而否定因果关系说。应当说，就作为义务与因果关系两者的关系而言，恰恰是作为义务决定因果关系，而不是因果关系决定作为义务。总之，我认为，只有把作为义务纳入不作为的犯罪构成，才能科学地说明作为义务的体系地位。正如我国学者指出的：违反特定作为义务实际上反映了犯罪构成中客观方面的主要情况，它代表了基本的犯罪事实和犯罪情节，是决定犯罪能不能成立，以及犯罪属于何种性质的主要根据，因此理应包括在犯罪构成之中②，由此可见，不作为犯罪，尤其是不纯正的不作为犯罪，在构成要件上不同于作为犯罪。

（二）不作为犯罪作为义务的性质

不纯正不作为犯罪的作为义务，是其犯罪构成的核心要素。没有这种作为义务，也就不能构成不纯正不作为犯。在此，有必要对义务问题进行专门论述。

义务是与权利相对而言的，但对于义务与权利的关系在法哲学上并非一个得到完美解决的问题。美国学者范伯格认为，权利和义务的关系存在两种学说。③ 一是权利和义务的道德关联学说。这种学说认为，没有义务就不可能有权利，并且，获得和拥有权利的先决条件是承担义务和责任的能力和意愿，接受义务是任何人为了获得权利而必须付出的代价。二是权利和义务的逻辑关联学说。这种学说认为，赋予一个人的权利在逻辑上至少需要有一个对他负有义务的他人存在。权利拥有者自身必须承担义务在逻辑上绝不是一个必然命题。毫无疑问，权利和义务的道德关联学说和逻辑关联学说在一定意义以及一定范围内都具有其合理性。但这种理论都是在与权利相对应的意义上使用义务的概念，使得义务的概念受到极大的限制。范伯格指出了与权利无关的义务的概念：现在看来确实存在许多与权利不相关的义务的明显例子，这可能是由于“义务”一词的发展而使之具有新的、更为广泛的意义。尽管在初始的意义上，义务往往是与权利相关的，无论是道德上的关联，还是逻辑上的关联。但也不能不承认，存在与权利没有关联的义务。在不纯正的不作为中，这种作为义务，既可能是与一定的权利相关联的，也可能是与权利无关联的；前者如法律规定的特定义务，后者如先行行为引起的特定义务。

应当指出，作为不作为犯罪的前提之义务，并非泛泛的法律义务，而是特定的义务，这种特定义务的内容就是一种作为义务。所谓作为义务，是指必须实施一定行为的义务，因而是一种积极义务，它是相对于消极义务或不作为义务而言的，事实上，并非只有不作为犯罪与一定义务之违反有关，而且作为犯罪与一定之义务违反也同样有关。例如，我国《宪法》明文规定“保守国家秘密”是公民的基本义务之一。如果违反这一义务，以作为的方式泄露国家重要机密，情节严重的，就构成泄露国家机密罪。但是，作为犯罪所违反的这种义务，是一种不作为的义务，即一种消极的义务。在法律上，义务可以分为两种。一种是要求人们实施一定积极行为的义务，例如纳税的义务等，这是积极义务。积极义务的实质是要求人们实施一定的行为，因而是作为义务，即应为义务。在这种情况下，违背义务就表现为“应为而不为”，构成不作为犯罪。另一种是要求人们不实施某种行为的义务，即抑制人们实施某种行为的义务，这是消极义务。消极义务的实质是要求人们不实施一定的行为，因而是不作为义务，即不应为义务。在这种情况下，违背义务就表现为“不应为而为”，构成作为犯罪。因此，不作为犯罪所违反

① 福田平，大塚仁．日本刑法总论讲义．李乔，等译．沈阳：辽宁人民出版社，1986：60.

② 陈忠槐．论我国刑法中的不作为犯罪//硕士研究生论文集．西安：西北政法学院，1983：227.

③ 范伯格．自由、权利和社会正义——现代社会哲学．王守昌，戴栩，译．贵阳：贵州人民出版社，1998：87页以下．

的是作为义务，据此可以把它与作为犯罪所违反的义务加以区别。

不作为犯罪的义务不仅是一种作为义务，还是一种特定的义务，并且是基于某种特定的条件而产生，随着条件的改变而变化的。在这个意义上说，不作为犯罪的义务是一种特殊义务。特殊义务是相对于一般义务而言的，一般义务又称绝对义务、无条件义务。只要具有责任能力，一切人都应该遵守的义务，就是一般义务。而特殊义务是针对特定人的，并且附有某种条件的义务。因此，在认定不作为犯罪是否违反作为义务的时候，应当和一定的条件联系起来综合考察。如果具有这些条件，则负有特殊义务。如果不具有这些条件，则不负有特殊义务。如果先前具有这些条件，现在这些条件已经消失，则先前负有特殊义务，现在不负有特殊义务。

义务表示人在一定的社会关系中所处的地位及其应负的责任。但从性质上来说，义务有法律义务、道德义务、习惯义务之分。违反不同的义务，会给行为人带来不同的责任后果。例如，违反法律义务可受法律制裁，违反道德义务可受道德谴责。那么，不作为犯罪所违反的到底是什么性质的义务呢？对此，在刑法理论上存在不同的观点。通常认为不作为犯罪所违反的义务只能是法律义务。日本刑法学家指出：作为义务应属于防止产生构成要件结果的法定义务，不能单纯把它认为是道德义务。例如，见到与自己无关的人落水而不拯救，或过路人明知他人被非法监禁而不全力救助，这些都不能构成不纯正不作为犯。① 但在刑法理论上，也有的学者主张对不作为犯罪违反的义务进行实质的、扩展的解释，从而涵括了道德或者道义上的义务。例如，日本著名刑法学家牧野英一认为，违反义务不应仅仅局限于违反义务一点上，还有违反与结果相对的有关系的公序良俗的行为也可以不作为形式犯之，不作为在违反义务这一点上，便可以认为是违反公序良俗。因此，同作为的违法性一样，不作为的违法性问题也得从违反公序良俗中去寻找，即"即使依据法令的各条款的解释，仍不能判定作为义务的时候，应依据法律全体的精神乃至事物的性质来把握"②。这种从公序良俗中推导不作为犯罪的作为义务的关系明显地将不作为的作为义务从法律义务扩展到道德义务。我国刑法学者也有类似的观点，主张公共秩序和社会公德要求履行的特定义务也是作为义务的发生根据，指出：

> 在一般情况下，刑法所保护的社会关系处于危险状态，只要不是在场人的行为所引起的，刑法便不要求他履行排除和采取某种措施避免危险的发生的义务，但是，在特定的场合、关系和条件下，刑法则要求其履行这种义务，在不损害自己较大利益且有能力履行义务的基础上，他不履行这种义务从而造成严重后果的，也应认为是犯罪的不作为。③

我认为，不作为犯罪所违反的义务，只能是在基于特定的法律事实而产生的特定法律关系中，产生行为人应当承担的法律责任。道德义务，当然是指单纯的道德义务，其并非以国家强制力实施，不产生刑事责任。即使是在特定的场合、关系和条件下，只要刑法没有规定，不履行一定的道德义务，就不存在构成不作为犯罪的问题。

如上所述，不作为犯罪所违反的义务是法律义务，但并非一切违反作为的法律义务都能够构成不作为犯罪。这种义务还必须与刑法相联系，具有刑事强制性。正如我国学者指出：

> 不论某一特定义务是规定在何种法律部门之中，抑或是未在法律中明确规定，都必须和一定的刑事法律后果相联系，即只有当某种法律规范的制裁部分具有刑事制裁的内容时，其相应的法律义务才可以成为不作为犯罪的特定义务；不履行并不必然引起刑事法律后果时，该义务就不能作为认定不作为犯罪的根据。如在经济合同法律关系中，一方当事

---

① 福田平，大塚仁．日本刑法总论讲义．李乔，等译．沈阳：辽宁人民出版社，1986：61.

② 牧野英一．改订日本刑法．日文版，东京：有斐阁，1935：113，123.

③ 马克昌．犯罪通论．武汉：武汉大学出版社，1991：172.

人不履行合同所规定的义务，只能引起某种经济上的法律后果，则其负有的实施一定行为的义务就不是不作为犯罪的特定义务。①

当然，我们说不作为犯罪所违反的是法律义务而非道德义务，并非意味着不作为犯罪所违反的义务与道德毫无关系。事实上，许多不作为犯罪所违反的法律义务是由道德义务转化而来的，因此，它与道德义务有密切联系。但在司法实践中，由于不作为犯罪所违反的义务并不是都有明确具体的法律规定，因而，在许多情况下，对行为人违反的义务性质往往难以确定。例如，值班医生面对要求抢救的生命垂危的病人，以病人一时交不出大额押金为由推出不管，致使病人未能得到及时抢救而身亡。在这种情况下，值班医生是违反了职业道德义务还是违反了法律义务呢？如果是前者，只涉及批评教育的问题；如果是后者，则涉及构成不作为犯罪的问题。对于这种情况，我认为应当区分纯粹的道德义务与上升为法律义务的道德义务。事实上，道德义务与法律义务往往是紧密地联系在一起的，只有纯粹的道德义务才不发生不作为犯罪的问题。如果是包含着道德义务的法律义务，则毫无疑问地产生不作为犯罪的问题。

（三）不作为犯罪之作为义务的来源

不作为犯罪之作为义务的来源，就是作为义务的分类问题，也就是一个作为义务范围的确定问题，即哪些义务可以认为是不作为犯罪的作为义务。这个问题，直接关系到不作为犯罪构成的范围问题。在我国1979年《刑法》中，对不作为犯罪根本未予涉及。在刑法修改中，我国学者认为应在刑法中增设不纯正不作为犯的概念，表述为：法律上负有防止义务的人而不防止，或因自己行为将发生一定危害社会的结果，有防止义务而不防止，以致发生这种结果的，亦为犯罪。② 尤其值得注意的是，中国人民大学法律系刑法总则修改小组提交的《刑法修改理论案（总则）》中对不作为犯及其作为义务作了规定。上述理论案第19条规定："行为人依法律义务应防止危害社会结果而不防止时，应当负刑事责任。"第20条规定："因自己的行为导致合法权益遭受损害危险时，行为人有义务排除该危险。"③ 在此，第19条将作为义务限于法律义务，第20条则将作为义务扩大到先行行为产生的义务。可惜立法机关没有采纳这一建议，因而不作为犯罪的作为义务成为一个理论问题，这不能不说是一种定义权（实际上是立法权）的旁落。在各国（地区）刑法中，一般都有关于不作为犯罪之作为义务的明文规定。例如，《德国刑法典》第13条第1项规定："对属于刑法所定构成要件之结果，不防止其发生者，唯限于在法律上负有防止该结果发生处以刑罚时行为人应依法负有防止其结果发生之义务。"《奥地利刑法典》第2条规定："法律对结果之发生处以刑罚时，行为人应依法负有防止其结果发生之特别义务……"《澳门刑法典》第9条第1款规定了不作为犯："如一法定罪状包含一定结果在内，则事实不仅包括可适当产生该结果之作为，亦包括可适当防止该结果发生之不作为，但法律另有意图者，不在此限。"第2款还对不作为犯罪之作为义务专门作了规定："以不作为实现一结果，仅于不作为者在法律上负有必须亲身防止该结果发生之义务时，方予处罚。"在此，也强调不作为犯罪之作为义务仅限于法律上的义务。正如我国学者指出：判断不作为者是否应当作出某种行为和防止危害结果的发生，唯一的标准是看不作为者在法律上是否负有这方面的义务；只有当不作为者在法律上负有义务时，才可追究其刑事责任。④ 当然，法律的规定尚有笼统之嫌，仍须在刑法理论上加以梳理，再作进一步的分类。至于这个问题，在刑法理论

---

① 李学同．论不作为犯罪的特定义务．法学评论，1991（4）：55．

② 高憬宏．不作为犯论//全国刑法硕士论文荟萃（1981—1988届）．北京：中国人民公安大学出版社，1989：161．

③ 赵秉志．新刑法全书．北京：中国人民公安大学出版社，1997：1853．

④ 赵国强．澳门刑法总论．澳门：澳门基金会，1998：40．

上存在各种分类法。日本刑法学者一般将作为义务分为：

> (1) 法令情形。(2) 基于法律行为（契约、事务管理）的情形。(3) 从公共秩序、良好习俗出发的作为义务，其中又包括：习惯上的情形；管理者的防止义务；紧急救助义务；基于自己先行行为的防止义务。①

我国台湾地区学者一般将作为义务分为：

> (1) 以法律或法令明文规定者。(2) 基于契约或其他之法律行为者。(3) 法令及契约虽无该作为义务之根据，但依习惯、条理以及公序良俗之观念，或依交易上之诚实信用之原则而应发生一定之作为义务者，其中又包括：诚实信用上之告知义务；习惯上之保护义务；基于先行行为之防止义务；管理或监护者之防止义务；紧急救助之义务。②

我国刑法学界通常认为作为义务包括：

> (1) 法律上的明文规定；(2) 职务上或业务上的要求；(3) 法律行为；(4) 行为人先前的行为。③

由此可见，我国刑法学者所主张的作为义务的范围从总体上来说要小一些，主要是对于基于公共秩序、良好习俗（或曰公序良俗）而产生的作为义务，我国刑法学界一般没有将其纳入不作为犯罪的作为义务范围，但职务或职业上的作为义务则要比其他国家的广泛一些。这种情况是与一个国家的特定社会关系相适应的，不能简单地作出孰是孰非的判断。即使是在我国，随着社会成员协作的加强，随着经济体制改革的深入，不作为犯罪特定义务的范围也不是固定不变的，而会有逐步扩大的趋势。④

我认为，我国刑法中不作为犯罪的作为义务可以分为以下四类。

1. 法律明文规定的作为义务

法律明文规定的作为义务，是不作为犯罪的主要义务来源之一，这也是罪刑法定主义的必然要求。在纯正不作为犯罪中，其作为义务都是由法律明文规定的。这里的法律规定，是指由其他法律规定而由刑法予以认可。因此，所谓法律规定，既指其他法律的规定，又指刑法的规定，即具有法律规定的双重性。例如，《刑法》第 261 条规定，对于年老、年幼、患病或者其他没有独立生活能力的人，负有扶养义务而拒绝扶养，情节恶劣的，构成遗弃罪。遗弃罪所违反的这种扶养义务，是由婚姻法规定的，但经由刑法认可。如果只有其他法律规定，未经刑法认可，则不能成为不作为犯罪的作为义务。

2. 职务或者业务要求的作为义务

职务或业务要求的作为义务，是指一定的人由于担任某项职务或者从事某项业务而依法要求履行的一定的作为义务。在不纯正不作为犯罪中，其作为义务通常是职务或业务要求的义务。在我国刑法中，职务或者业务要求的作为义务是十分广泛的。职务或者业务要求的作为义务，一般都规定在有关的规章制度中，这些规章制度具有同样的法律效力，因此可以成为不作为犯罪的义务来源。

3. 法律行为引起的作为义务

法律行为是指在法律上能够引起一定的权利和义务的行为。在社会生活中，人的法律行为

---

① 木村龟二．刑法学词典．顾肖荣，等译．上海：上海翻译出版公司，1991：143－144.

② 洪福增．刑法理论之基础．台北：三民书局，1977：168－170.

③ 高铭暄，马克昌．刑法学．北京：北京大学出版社，高等教育出版社，2000：72－73.

④ 李学同．论不作为犯罪的特定义务．法学评论，1991（4）：56.

是多种多样的。从广义上来说，不仅行为人按照有关法律规定实施的行为属于法律行为，而且凡是自愿承担了某种实施一定行为或者防止损害结果发生的义务的，行为人都自然产生一定的法律义务，因而也属于法律行为。在我国法律及现实生活中，能够引起作为义务的法律行为主要是合同行为。合同是规定当事人之间权利义务的法律文件。根据民法的规定，合同一经签订，即产生法律效力。在一般情况下，合同一方当事人不履行合同所规定的一定义务，只产生违约的法律后果，并不产生不作为犯罪的作为义务。但当不履行合同所规定的义务给刑法所保护的社会关系造成严重危害时，这一义务就能成为不作为犯罪的作为义务。例如，一个妇女自愿被某人雇用，当后者小孩的保姆。这样，该妇女就具有看护小孩、防止其遭受意外伤害的义务。如果保姆不负责任，不加看护，致使小孩从楼上摔下死亡，该保姆就应负法律责任。当然，法律认为引起的作为义务存在一个产生、消失和转移的问题。以合同行为为例，它产生于合同生效，消失于合同届满失效。因此，不能把法律行为看作绝对的、超越时空的。

4. 先行行为引起的作为义务

由于行为人先前实施的行为（简称先行行为），使某种合法权益处于遭受严重损害的危险状态，该行为人产生积极行动阻止损害结果发生的义务，就是先行行为引起的作为义务。先行行为之作为不作为犯罪的作为义务，是由德国刑法学家斯特贝尔所首倡的，他从生活的实际感觉以及明白的法感性中归纳而得出这一结论。及至 1884 年 10 月 21 日，德国判例首次确认了先行行为与法律和契约同样是作为义务的发生事由。该判例指出："由不作为者的先行或者附随行为而产生的作为义务，或者，由不作为法律上所存在的作为义务被侵害的场合中，无论是在一般理论的意义上还是在刑法典的意义上不作为都是作为。"① 我国刑法对不作为犯罪的作为义务没有明文规定，但在刑法理论上都认为先行行为所产生的作为义务是不作为特定义务之一。

在认定先行行为引起的作为义务时，以下问题值得探讨。（1）先行行为是否限于违法行为，先行行为是限于违法行为还是包括合法行为。对此，在刑法理论上存在争论。有些学者认为，前行为只要是导致构成要件该当结果发生之危险者，即为已足，系合法或违法行为，在所不问。多数学者之通说则认为，前行为除必须具备导致结果发生之迫切危险外，尚须具备义务违反性。② 我认为，先行行为只要足以产生某种危险，就可以成为不作为的义务来源，而不必要求先行行为具有违法的性质。例如，带领邻居小孩去游泳以致发生危险而不予救助的，其救助义务产生了先行行为，而带领邻居小孩去游泳这一行为不能认为是违法行为，但并不妨碍其成为不作为犯罪之作为义务的来源。因此，无论是合法行为还是违法行为，都可以成为先行行为。我国学者进一步将违法行为分为一般的违法行为和犯罪行为是有一定意义的，但在先行行为与不作为之间，具有牵连关系，构成牵连犯。③（2）先行行为是否限于有责行为，先行行为是限于有责行为还是包括无责行为。对此，刑法理论上也存在争论。有些学者认为，先行行为必须出于故意或者过失，才能发生作为义务。还有些学者则认为，先行行为只要足以导致构成要件该当结果发生之危险，即为已足，系有责或无责行为，在所不问。④ 我认为，先行行为是否必须有责，只是对先行行为的法律评价问题，如果行为人对于先行行为显然无责，但该先行行为引起作为义务，行为人应当履行而不履行，也就是说，行为人对于不作为具有责任，那么，无责之先行行为，完全可以成为不作为的义务来源。因此，先行行为并不限于有责行为。

① 堀内捷三．不作为犯论．东京：青林书院新社，1973：12.

② 林山田．刑法通论．2 版．台北：三民书局，1986：302.

③ 李学同．论不作为犯罪的特定义务．法学评论，1991（4）：57.

④ 林山田．刑法通论．2 版．台北：三民书局，1986：302.

(3) 先行行为是否限于作为。先行行为，在通常情况下都是作为。例如某人骑自行车不慎将一老人撞倒受伤，从而产生了送被害老人去医院抢救治疗的义务。但先行行为并不限于作为，不作为也完全可以引起作为义务。例如某人携带有子弹之手枪，未予妥善保管，他人取枪想玩玩时，又未加阻止，致使他人因手枪走火致死。

(四) 宋福祥案之作为义务的评析

就宋福祥不作为故意杀人案而言，如何理解其作为义务，这是一个关系到不作为犯罪能否成立的关键问题。控方指认被告人宋福祥系有特定义务的人①，而辩方则辩称宋福祥对其妻之死没有特定救助义务。那么，法院是如何认定的呢？一审判决理由是：

> 被告人宋福祥目睹其妻李霞寻找工具准备自缢，应当预见李霞会发生自缢的后果而放任这种后果的发生，在家中只有夫妻二人这样特定的环境中，被告人宋福祥负有特定义务，其放任李霞自缢身亡的行为，已构成故意杀人罪（不作为），但情节较轻。

我注意到，在一审判决理由中，表述被告人宋福祥的主观认识因素时采用了应当预见一词，没有直接指明其明知李霞会自缢。尤其值得注意的是，在论证宋福祥的作为义务时，强调这种特定义务来自“在家中只有夫妻二人这样特定的环境中”。那么，这种特定义务是法律明文规定之义务，还是职务或业务上之义务，或者是法律行为或先行行为引起之义务，未予明确。由此可见，一审判决对作为义务的论证并不充分。二审判决理由是：

> 被告人宋福祥与其妻李霞关系不和，在争吵厮打中用语言刺激李霞，致使其产生自缢轻生的决心。被告人宋福祥是负有特定义务的人，对李霞自缢采取放任态度，致使李在家中这种特定环境下自缢身亡，其行为已构成故意杀人罪（不作为）。

在此，二审判决强调李霞自缢轻生的决心是由宋福祥语言刺激而产生的，在此隐含着其特定义务来自先行行为的意思，但并未予以明确。同时，二审判决也强调了“李在家中这种特定环境下自缢身亡”对于本案成立的意义。应该说，二审判决对于作为义务的论证也是不充分的，没有展开。由此使我想到，西方国家的判决书动辄上万言，甚至有数十万言的，俨然是一篇（本）法学论文（专著）。而我国的判决书多数只是寥寥数百字，该讲理处不讲理。正如我国学者指出：目前存在的普遍问题是，判决书的内容过于简略，多数判决书只是简单交代案件的大致情况和双方当事人的主张，对于双方当事人提出的证据缺乏必要的阐述，尤其是缺乏对不采信的证据的说明，不交代不采信的理由。在援引法律方面，多存在笼而统之的倾向，不交代具体的法律条文（包括条、款、项）及其内容。有些复杂的案件中，涉及法律的解释和法律漏洞补充，法官虽然做了这方面的工作，但是未在判决书中加以说明。② 这样的判决书只能说是不讲（法）理的判决书。本案的裁判理由对本案的特定义务作了如下论述：

> 就本案来说，本案行为人和死者是夫妻关系，夫妻间相互负有义务，在我国现行法律中，只有婚姻法规定了夫妻间有相互扶养的义务。法律没有明文规定夫妻间负有相互救助的义务。本案行为人宋福祥应是负有特定作为义务的行为人，这是基于家这个特定的社会环境，夫妻这种特定的社会关系以及社会公德和社会公共秩序的要求而产生的。本案行为人宋福祥在家中不可能有第三人在场的特定环境中，与其妻子——死者李霞发生口角并引起厮打，当李说三天两头吵，活着不如死了好，宋说你死就死去，后宋发现李上吊时也未采取有效措施或呼喊近邻，而是到一里以外的父母家中去告知自己的父母，待其家人赶到

---

① 这种特定义务系何种义务，起诉书中未予明确。

② 武树臣．裁判自律引论．法学研究，1998 (2)：27.

时李已无法抢救。由于本案发生在家中这种特殊的环境中，又无第三人在场，夫妻这种具体社会关系、社会公德要求行为人对死者履行救助义务，被告人又有能力、有条件实施救助义务，在行为人不履行抢救义务的这种情况下，造成李霞的死亡后果，人民法院追究行为人的刑事责任，以（间接）故意杀人罪（不作为）判处宋福祥有期徒刑4年的处理是正确的。

上述裁判理由反映出关于不作为犯罪的作为义务值得研究的以下问题。

1. 夫妻之间的扶养义务能否推论出救助义务

本案被告人宋福祥与死者李霞之间具有夫妻关系。这种特定关系显然对于本案的认定起到了重要作用，根据婚姻法的规定，夫妻之间负有相互扶养的义务。如果不履行这种义务，就有可能构成遗弃罪。法律没有规定夫妻之间的救助义务，那么，夫妻之间的救助义务是法律义务还是道德义务呢？显然，由于法律没有规定，因而救助只是夫妻之间道德关系的内容，而非法律上的义务。扶养与救助两者相比较而言，扶养是基本的要求，因而作为法律义务予以明文规定。救助只是在个别情况下偶然发生的要求配偶一方实施的行为，法律未予规定。对于这种法律未予规定的情况，能否通过类推解释涵括在内呢？例如，通过“举轻以明重”的方法，认为夫妻之间具有扶养义务，在发生生命危险的情况下，救助义务更应予以承认。据此，从夫妻之间的扶养义务中推论出救助义务。我认为，这种推论是不可取的。尤其是在罪刑法定原则的支配下，在法律解释上不能采取类推解释方法。对不纯正的不作为犯不定罪，本来就有违反罪刑法定主义之嫌，更不允许通过类推解释扩大法律义务的范围。因此，我认为，本案之作为义务不可能是法律明文规定的义务。

2. 家庭这一特定的社会环境能否引申出救助义务

本案的一审判决与二审判决在论述不作为犯罪的作为义务时都强调了“家”这一特定的社会环境。本案发生在家里，这是毋庸置疑的。但这种环境的因素是否能够引申出救助义务呢？我认为，单纯的社会环境这一因素，与不作为犯罪的作为义务是没有必然联系的。某种作为义务更多的与主体的身份以及行为有关，而与一定的时间和地点无关。如果是有救助义务，无论是发生在家里还是发生在其他地点，这种救助义务都是客观存在的，反之亦然。因此，本案的自杀发生在家里这一客观事实，并不能成为被告人宋福祥具有救助义务的充分必要条件。

3. 救助义务是否属于不作为杀人的作为义务

在宋福祥案中，是否存在救助义务当然是可以讨论的。另外一个与之相关但更为重要的问题是：即使存在这种救助义务，其不履行就可以构成不作为杀人罪吗？这个问题的实质是：救助义务是否属于不作为杀人作为义务。关于这一点，我国学者作了以下论述：

> 既然夫妻一方自杀，另一方因夫妻关系所担负的义务只能是给予救助的行为义务，而不能是防止危害的结果义务，那么，就不能以宋福祥违反了救助义务为由，认定其不救助行为构成不作为故意杀人罪。如果认为宋福祥案件情形下的行为人负有的作为义务是救助义务，又判决其构成故意杀人罪，那就是从根本上混淆了作为义务的性质。因为不纯正不作为犯的作为义务的一般都是防止结果发生的义务，这是其不同于纯正不作为犯的地方之一。不作为的杀人罪的作为义务不是救助义务，而是防止结果发生的义务。①

这种观点力图将救助义务与结果防止义务加以区分，认为违反救助义务的只能构成纯正不作为，例如日本刑法中的保护责任者遗弃罪等，但不构成不纯正不作为杀人。这一观点本身是

① 叶慧娟．见危不助犯罪化的边缘性审视．北京：中国人民公安大学出版社，2008：270-271.

有一定道理的，当然救助义务的内容如果排除结果防止，则无从界定。关键问题还是在于：这种需要防止的结果是否为行为人所制造，即所谓危险设定问题。宋福祥对其妻的救助义务应当属于纯正不作为犯罪的作为义务，而不是不纯正不作为犯的作为义务，对于这一点我是完全赞同的。张明楷教授认为，我国刑法没有规定遗弃致死伤的结果加重犯，这也是认定宋福祥的行为构成故意杀人罪的一个原因。① 这一说法是有道理的，如果我国刑法中设立了不救助罪或者保护者遗弃罪等纯正不作为犯，宋福祥是不可能以不作为故意杀人罪论处的。但是，这一情况不能成为对宋福祥以不作为故意杀人罪论处的理由。否则的话，因为刑法没有设立轻罪而以重罪论处，这显然违反罪刑法定原则。

4. 社会公德和社会公共秩序的要求能否产生不作为犯罪的作为义务

从社会公德和社会公共秩序中，理所当然地可以引申出夫妻之间的救助义务，但这只能是一种道德上的义务。那么，这种道德义务能否成为不作为犯罪的作为义务呢？对于这个问题，学说上存在争议，但通说均认为不作为犯罪的作为义务不能是单纯的道德义务。否则，就会扩大犯罪范围，而这是违反罪刑法定原则的。对此，我亦持相同的观点，前文已有相关论述。

5. 先行行为是不是本案的作为义务来源

从本案的情况来看，能够作为不作为犯罪的作为义务来源的，唯有从先行行为寻找。在本案的判决理由中，也提到了这一点。确实，在李霞自杀的原因中，被告人宋福祥与之发生口角并厮打是一个主要的因素。那么，这一因素能否成为引发不作为犯罪的作为义务呢？关于何种行为属于引发不作为犯罪的作为义务的先行行为，在学说上缺乏深入研究。我国学者李海东指出：

> 如果行为人由于自己的行为给法律保护的利益造成了一定的危险，他就有责任保证这一危险不会转变为损害法益的现实即构成要件的该当结果。但是，由于先行行为而产生的监控义务必须具备以下条件：首先，先行行为必须导致了结果发生的现实危险；其次，先行行为必须客观上是违反义务的（但不必是有责的）；最后，这一义务违反必须体现为旨在保护这一具体法益的法律规范的违反。②

尽管在先行行为是否必须是违法行为这一点上尚可商榷，但在强调作为不作为犯罪的作为义务来源的先行行为必须导致结果发生的现实危险这一点上，应该是一种共识。那么，在本案中，被告人宋福祥同其妻李霞吵架并厮打是否具有导致李霞自杀的现实危险性呢？这是一个有待研究的问题。当然，我们不是说吵架并厮打行为与自杀之间具有因果关系，若是，就是作为的杀人罪。但吵架并厮打作为引发不作为犯罪的作为义务，应当具备导致自杀（即死亡）这一结果发生的现实危险性。但这种现实危险性似乎不太容易被证实。换言之，自杀是李霞本人意思决定的；更何况，她第一次自杀时，被告人宋福祥已经找来邻居进行规劝。

（五）从形式的作为义务论到实质的作为义务论

不纯正的不作为犯的作为义务，存在一个从形式的作为义务向实质的作为义务转化的理论演变过程。从作为义务的来源或者根据上讨论作为的成立条件，具有明显的形式特征。在这种情况下，并未考虑不作为成立的实质根据。根据这种形式的作为义务论，容易造成不作为犯的范围扩张。实质的作为义务是从价值上为不纯正的不作为犯寻找作为义务。例如，日本学者日高义博教授提出了等置性说，这里的等置性就是等价值性。这是一种对作为义务进行实质判断

---

① 张明楷．论不作为杀人罪//陈兴良．刑事法评论：第3卷．北京：中国政法大学出版社，1998：277.

② 李海东．刑法原理入门（犯罪论基础）．北京：法律出版社，1998：165－166.

的观点。此外，德国学者提出的保证人说，从行为主体引申出行为义务，对于揭示作为义务的实质内容同样具有重要意义。如果把作为义务界定为形式的作为义务，那么等价值性判断就是在其之外的一种实质判断。但如果把作为义务理解为形式的作为义务与实质的作为义务的统一，那么，等价值性判断就属于实质的作为义务，因而如果不存在等价值性，则作为义务不存在。我认为，我国司法实践中，流行的还是形式的作为义务论，因此，不纯正的不作为犯的范围较为宽泛。宋福祥案就是一个典型例子。因此，对于宋福祥是否构成不作为的间接故意杀人，还应当从实质的作为义务出发，进行进一步的探讨。

在我主编的《刑事法评论》（第 3 卷）发表的宋福祥案的一组评论文章[①]中，我从不作为犯的作为义务的角度进行了讨论，否认在宋福祥案中从夫妻之间的扶养义务、家庭这一特定的社会环境、社会公德和社会公共秩序的要求以及先行行为，可以推论出不作为杀人的救助义务，因而得出结论：在现行法律的框架内，本案的作为义务的确证是极其困难的。因此，我们不能不得出以下结论：本案的定罪在很大程度上是道德战胜法律的结果。[②] 肖中华教授从不作为犯的因果关系角度对宋福祥案进行了讨论，肯定在宋福祥案中，宋福祥的不作为与其妻李霞的死亡结果之间存在因果关系。[③] 由于该论文主要论述不作为犯的因果关系问题，因而对于其前提的作为义务未能论及。曲新久教授对宋福祥案的讨论重点是间接故意，但他也对作为义务问题作了探讨，但观点似乎不明确，只是提出疑问：在我国，对于放任妻子自杀而不予以防止的不作为，以间接故意不作为杀人罪论处，对于放任妻子自杀而不予以救助的不作为，以故意不作为杀人罪论处，是否也过于扩大了不纯正不作为犯的成立范围呢？这是一个值得认真考虑的问题。但从曲新久教授的以下表态来看，他又似乎站在否定宋福祥案中存在不作为杀人的作为义务的立场上。曲新久教授提出：在我看来，在不作为犯的作为义务问题上，刑法应当是采取一种保守的态度，而不是扩张的态度。刑法关注的主要是一个人是否实施了危害社会的积极行为，它主要用以禁止侵害社会的积极行为，一个人只要无所事事，保持沉默，不去侵害他人的合法利益，原则上就应当认为符合刑法的要求。刑法所要求的命令性法律规范应受到尽可能多的限制，而不是无限地扩张。[④] 张明楷教授在关于不作为的杀人罪的论文中提出了作为义务程度的问题。关于作为义务程度强弱的判断标准，张明楷教授指出，作为义务的强弱，取决于作为义务与合法权益的关系：其一，合法权益所面临的危险是否紧迫？合法权益所面临的危险越紧迫，负有作为义务的人的作为义务程度就越高；反之，合法权益所面临的危险越弛缓，负有作为义务的人的作为义务程度就越低。其二，作为义务人与合法权益或合法权益主体之间的关系如何？一般来说，在只有某作为义务人可以采取措施防止结果发生，而其他人不可能干涉的情况下，该作为义务人的作为义务程度就高；反之，在其他人也可能采取某种措施防止结果发生的情况下，该作为义务人的作为义务程度就低。其三，履行作为义务的容易程度。一方面，作为可能性（履行作为义务的可能性）是成立不作为犯的条件，即使负有作为义务，但作为义务者不可能履行该义务时，就不可能成立不作为犯罪。另一方面，履行作为义务越容易，就使人们认为作为义务者越应当履行义务，因而作为义务越强。因此，作为的容易程度也影响

① 陈兴良主编．刑事法评论：第 3 卷．北京：中国政法大学出版社，1998.

② 陈兴良．论不作为犯罪之作为义务//陈兴良主编．刑事法评论：第 3 卷．北京：中国政法大学出版社，1998：220.

③ 肖中华．论不作为犯罪因果关系//陈兴良主编．刑事法评论：第 3 卷．北京：中国政法大学出版社，1998：236.

④ 曲新久．论间接故意的不纯正不作为犯//陈兴良主编．刑事法评论：第 3 卷．北京：中国政法大学出版社，1998：247－248.

作为义务的程度。以上三点应当考察：他人的生命处于紧迫的危险，只有行为人可以排除这种危险，并且可以轻易排除这种危险的，如果故意不排除危险，就应认定为不作为的故意杀人。① 根据以上作为义务程度强弱的判断标准，张明楷教授认为，宋福祥听到了妻子上吊自杀时的凳子响声，这表明其妻子的生命面临非常紧迫的危险；由于妻子是在自己家里上吊的，而家里又没有其他人，这说明妻子的生命完全依赖于宋福祥的救助行为；宋福祥确实可以轻易救助妻子。这些都足以说明宋福祥的作为义务程度高，或者说负有不作为的故意杀人罪的成立要件的作为义务。由此得出结论，宋福祥构成不作为的故意杀人罪。

对于作为义务程度的经验能否作为区分纯正不作为犯与不纯正不作为犯的作为义务的标准，我的疑问已经如前所述。我并不否认宋福祥对于其妻子具有救助义务，但这种救助义务是纯正不作为犯的作为义务，而不是不纯正不作为犯的作为义务。而我国刑法恰恰没有设立不救助罪。因此，救助义务的根据不能理所当然地成为不纯正不作为犯的作为义务。对此我国学者指出：既然夫妻一方自杀，另一方因夫妻关系所负担的义务只能是给予救助的行为义务，而不能是防止危害的结果义务，那么，就不能以宋福祥违反了救助义务为由，认定其不救助行为构成不作为故意杀人罪。如果认为宋福祥案件情形下的行为人负有的作为义务是救助义务，又判决其构成故意杀人罪，那就是从根本上混淆了作为义务的性质。② 以上对纯正不作为犯的作为义务与不纯正不作为犯的作为义务是性质的区分而非程度的区分的观点，我深以为然。我认为，宋福祥案的问题不仅是出在对义务的理解上，而且出在自杀这一特定行为方式上。在此，存在一个前提性问题：教唆或者帮助自杀是否构成杀人罪？如果回答是肯定的，那么，对自杀的不救助构成不纯正不作为的杀人罪尚具有一定的合理因素。如果回答是否定的，那么，对自杀的不救助无论其作为义务程度多么强，以不纯正不作为的杀人罪论处，其不合理性显而易见。道理在于：教唆或者帮助自杀这样一种作为方式致使他人自杀死亡都不构成杀人罪，在他人自愿自杀的情况下，仅仅不救助怎么可能构成杀人罪呢？因此，对自杀的不救助行为以不纯正不作为的杀人罪论处，除受到形式的作为义务论影响以外，在很大程度上还与受教唆或者帮助他人自杀构成故意杀人罪这一观念的影响有关。

就教唆或者帮助他人自杀的行为如何定性这一问题而言，我国刑法学界的观点经历了一个逐渐变化的过程。以张明楷教授为例，在其 1997 年出版的《刑法学》一书中，他是主张教唆或帮助他人自杀是可以构成故意杀人罪的。他指出：这里的教唆、帮助行为，是教唆、帮助他人实施自杀。因此，不能用共同犯罪理论来解释这里的教唆、帮助行为，而应将这种教唆、帮助行为理解为借被害人之手杀死被害人的故意杀人行为。《刑法》第 232 条规定的故意杀人包括教唆、帮助自杀的行为，对教唆、帮助自杀的，应直接定故意杀人罪。③ 但在 2003 年出版的《刑法学》第二版中，其观点有所改变。张明楷教授指出：

> 我国刑法对杀人罪规定得比较简单，没有将教唆、帮助自杀的行为规定为独立的犯罪。在这种立法体例之下，是认为教唆、帮助自杀的行为根据本不成立，还是认为教唆、帮助自杀的行为成立普通的故意杀人罪，的确是需要研究的问题。如果认为刑法分则条文规定的只是实行行为，那么，只有当教唆、帮助（与共同犯罪中的教唆、帮助不是共同概念）自杀的行为具有间接正犯性质时，才能认定为故意杀人罪。④

---

① 张明楷．论不作为的杀人罪//陈兴良主编．刑事法评论：第 3 卷．北京：中国政法大学出版社，1999：268－269.

② 叶慧娟．见危不助犯罪化的边缘性审视．北京：中国人民公安大学出版社，2008：270.

③ 张明楷．刑法学：下．北京：法律出版社，1997：696.

④ 张明楷．刑法学. 2 版．北京：法律出版社，2003：678.

以上观点的变化，对于他人自杀的不救助行为是否构成不纯正不作为的杀人罪是有影响的，其道理正如我在前文所述。但张明楷教授在2007年出版的《刑法学》第三版中，又增加了以下这段话：在教唆的帮助自杀的行为不具有间接正犯性质的情况下，我国的司法实践一般作为情节较轻的故意杀人罪处理。这种做法是否具有合理性，以及如何从理论上说明其合理性，都还值得研究。此外，对自杀负有救助义务的人故意不予救助的，可能成立不作为的故意杀人罪。① 既然教唆或者帮助他人自杀的行为只有在具有间接正犯性质的情况下才能构成杀人罪，那么，不具有间接正犯性质的教唆，或者帮助他人自杀的行为怎么可能构成情节较轻的杀人罪呢？那种把不具有间接正犯性质的教唆或者帮助他人自杀的行为当作情节较轻的故意杀人罪处理的做法，完全没有合理性可言。在这种情况下，对自杀负有救助义务的人故意不予救助构成不作为的杀人罪，同样是难以想象的。

值得注意的是，在2011年出版的《刑法学》第四版中，张明楷教授的观点又有所发展，对于不具有间接正犯性质的教唆或者帮助他人自杀的行为能否以杀人罪论处，采取了更为模糊的立场，他指出：中国人自杀不是一种主体性行为，在此意义上说，司法实践的上述做法具有妥当性。但是，如何从刑法上寻找处罚根据，还值得研究。倘若不能找到刑法上的处罚根据，就只能认为司法实践的上述做法违反了罪刑法定原则。② 我认为，自杀就是自杀，都是基于本人意愿而结束自我生命，无所谓主体性与非主体性之分。至少在刑法上是如此。在自杀的社会学分析中是否作如上区分，另当别论。张明楷教授试图为这种做法找到处罚根据，虽然承认存在疑问，但还是在注脚中提供了五种解释路径。其中，与不纯正不作为犯有关的是第二种路径，张明楷教授指出：教唆他人自杀且引起他人自杀时，教唆者具有救助义务（先前行为引起的义务），不救助的教唆者成立不作为的故意杀人罪。但是，这种路径扩大了先行行为的范围，也不能完全解决教唆自杀的问题（如教唆者不在现场时，就没有作为可能性，因而也不成立不作为犯罪），更不能解释帮助自杀行为。③ 既然对没有间接正犯性质的教唆或者帮助他人自杀的行为，难以解释为不纯正的不作为的杀人罪，那么，对单纯的对他人自杀的不救助行为更不能理解为不纯正的不作为的杀人罪。

---

① 张明楷．刑法学．3版．北京：法律出版社，2007：639．

② 张明楷．刑法学．4版．北京：法律出版社，2011：761．

③ 张明楷．刑法学．4版．北京：法律出版社，2011：761：注释⑧．

第四章　持刀追砍致人溺水死亡行为之定性研究

——赵金明故意伤害案（因果关系　事实因果关系　法律因果关系）

行为人的追赶行为致使他人跳入湖中或者河中，结果导致他人溺水死亡，类似的案件时有发生。在这些案件中，被害人自身跳入水中溺水而死，那么，追赶人是否对该死亡结果承担刑事责任呢？这里涉及行为的认定、因果关系的判断和主观心理状态等法律问题，需要从法理上加以探讨，本章以赵金明故意伤害案为例①，对持刀追砍致人溺水死亡行为之定性加以讨论。

一、案情及诉讼过程

被告人赵金明因与马国超有矛盾，便邀李旭等六人一同持刀乘车前往砍杀马国超。马国超发现赵金明等七人，便向河堤奔跑，七人随即追赶。马国超跑至河堤，从河堤跳下，摔倒在地，爬起后扑到河里，游向河心。赵金明等人因怕有警察，在附近躲藏半小时，随后逃离现场。后马国超的尸体在河中被发现，经鉴定，系溺水死亡。

湖北省汉川市人民法院认为，赵金明、李旭等为报复被害人，主观上有故意伤害他人身体的故意，客观上实施了持刀追赶他人的行为，并致被害人死亡后果的发生，其行为均已构成故意伤害（致人死亡）罪。马国超被逼跳水的行为是赵金明等拿刀追赶所致，马国超跳水后死亡与赵金明的行为有法律上的因果关系，即使赵金明对马国超的死亡结果是出于过失，但鉴于事先赵金明等已有伤害故意和行为，根据主客观相一致原则，亦应认定构成故意伤害（致人死亡）罪。李旭知道赵金明等有伤害他人的故意，且明知拿刀会有伤人的后果，受邀约参与并持刀进行了追赶，构成故意伤害（致人死亡）罪的共犯。一审认定赵金明犯故意伤害罪，判处有期徒刑15年，剥夺政治权利3年；判决李旭犯故意伤害罪，判处有期徒刑10年。

一审判决后，赵金明、李旭提出上诉。湖北省孝感市中级人民法院经审理裁定驳回上诉，维持原判。

二、方法论考察

关于本案被告人赵金明的行为是否构成犯罪以及构成何种犯罪，应当根据犯罪构成理论加以分析。在这个意义上，犯罪构成是认定犯罪的一种方法论。但是，如何根据犯罪构成理论来认定犯罪，绝不是一个简单的问题，必须遵循一些基本规则。而客观判断先于主观判断，正是犯罪认定的基本规则之一。但本案的裁判理由并不是按照这一规则进行思维的，因而先需要对客观判断先于主观判断这一定罪规则加以阐述。

任何犯罪可以分为客观要素与主观要素，并且在两种要素之间存在对应关系，即客观要素与主观要素具有共时性。因为故意与过失是行为人实施构成要件行为时的主观心理状态，所以，故意与过失等主观要素不仅具有对行为与结果等客观要素的依从性，而且在时间上是同时

---

①　最高人民法院编．刑事审判参考：总第55集．北京：法律出版社，2007.

发生的。从这个意义上说，主观要素是犯罪的内在方面，它与作为犯罪的外在方面的客观要素共同构成犯罪。

在犯罪构成体系中，犯罪的客观要件与主观要件的关系如何处理，是一个值得研究的问题。在大陆法系三阶层的犯罪论体系中，客观要件在逻辑位阶上是先在于主观要件的。在犯罪认定中，总是先确定是否存在构成要件该当的行为，然后才考虑故意或者过失等主观要件。德国著名刑法学家贝林曾经形象地把行为比喻成一个钩子，指出：

> 实务中，法官首先会在犯罪种类（独立的犯罪类型）范畴内一如既往地考察，某行为可以构成哪些犯罪类型。法官就相当于有了一个钩子，他可以把案件悬挂在这样一个钩子上面。因为所有犯罪类型（独立、直接的或者附属、间接的）都离不开一个作为指导形象的法定构成要件，然后分别进行排除，即客观方面的相关行为是否充足（genügen）法定构成要件（一般称为构成要件符合性，这是由提示犯罪形态而与构成要件建立联系的问题），也即是处于优先考虑地位的问题，因为所有后继研究都赖于该问题的解决，该问题本身相对于其解决的答案则具有独立性。①

贝林上述论断充分说明构成要件的行为在犯罪论体系中所处的重要地位。大陆法系的犯罪论体系，虽然通常是三阶层，即构成要件该当性、违法性和有责性，但也有些学者将行为作为独立要件，在构成要件该当性、违法性与有责性之前讨论，由此形成四阶层的犯罪论体系。之所以强调行为在定罪判断中的独立性，就是把行为当作犯罪论体系的中心线索，贯穿犯罪认定全过程。例如日本学者西原春夫教授就主张采用将行为作为犯罪成立首要条件的犯罪论体系。② 尤其是日本学者强调构成要件的故意规制机能，例如日本学者大谷实教授指出：犯罪原则上必须出于故意，但是，由于故意的内容是对符合构成要件的客观事实的认识和实现的意思，因而，在结局上，决定成立故意所必要的事实范围的还是构成要件。构成要件具有规制故意内容的机能。这一机能被称为故意规制机能。③ 大谷实教授在此所讲的构成要件，是指客观构成要件。这里的规制，是指限定其范围。由此可见，客观要件在逻辑上是先在于主观要件的。可以说，在大陆法系的犯罪论体系中，无论采取何种理论，无论其要素如何调整，客观判断先于主观判断这一原则是不可动摇的。

在我国四要件的犯罪构成体系中，通常的排列方式是犯罪客体、犯罪客观方面、犯罪主体、犯罪主观方面。尽管这一排列方式是将客观要件排在主观要件之前的，但这只是一种排列顺序而非逻辑位阶关系。因此，我国也有学者不赞同上述排列顺序，主张以犯罪构成各要件之间的内在逻辑关系作为犯罪构成共同要件排列的标准。据此，犯罪构成共同要件应当按照如下顺序排列：犯罪主体、犯罪主观方面、犯罪客观方面、犯罪客体。理由如下：

> 犯罪构成要件在实际犯罪中发生作用而决定犯罪成立的逻辑顺序是这样的：符合犯罪主体要件的人，在其犯罪心理态度的支配下，实施一定的犯罪行为，危害一定的客体即社会主义的某种社会关系。在这四个要件中，犯罪主体排列在首位，因为犯罪是人的一种行为，离开了人就谈不上犯罪行为，也谈不上被行为所侵犯的客体，更谈不上人的主观罪过。因此，犯罪主体是其他犯罪构成要件成立的逻辑前提。在具备了犯罪主体要件以后，还必须具备犯罪主观方面。犯罪主观方面是犯罪主体的一定罪过内容。犯罪行为是犯罪主

---

① 贝林．构成要件理论．王安异，译．北京：中国人民公安大学出版社，2006：30.

② 西原春夫．犯罪实行行为论．戴波，江溯，译．北京：北京大学出版社，2006：46－47.

③ 大谷实．刑法讲义总论：新版2版．黎宏，译．北京：中国人民大学出版社，2008：103.

体的罪过心理的外化，因而在犯罪主观方面下面是犯罪客观方面。犯罪行为必然侵犯一定的客体，因而犯罪客体是犯罪构成的最后一个要件。①

按照这一观点，在犯罪构成体系中，犯罪主观要件是排列在犯罪客观要件之前的。这种犯罪构成要件可以随意排列组合的特点，恰恰说明在这四个要件之间是不存在逻辑上的位阶关系的。四要件之间互相依存、缺一不可、同等重要，至于哪个排列在前面、哪个排列在后面，并无严格限制。这种将犯罪主体、犯罪主观方面排列在犯罪客观方面、犯罪客体前面的观点，实际上是以犯罪发生机制为根据的，从犯罪学意义上来说，这种从主观到客观的观察与分析的思路是合理的。但犯罪构成体系的功能并不在于描述犯罪发生的规律，而在于为司法机关认定犯罪提供法律标准，因此必须符合司法的逻辑。而认定犯罪的司法进程，恰恰是以行为为起点的，首先确定是否存在构成要件的行为，能否将某一结果归因于该行为，然后再考察行为的违法性，追究行为人的责任。这样一个路径，正好是从客观到主观的思路。由于我国四要件的犯罪构成体系并没有确认客观判断先于主观判断的原则，因而在犯罪认定中对各要件的认定存在逻辑上的混乱。

本案裁判理由对于犯罪的论证就存在这样的问题。法官在论证被告人赵金明等人持刀追砍致使他人泅水逃避致溺水死亡的行为应当认定为故意伤害（致人死亡）罪时，阐述了以下两点理由：第一，被告人赵金明等人主观上具有伤害的故意；第二，被告人赵金明等人持刀追砍的行为与被害人溺水死亡之间具有刑法上的因果关系。使我感到惊诧的是：为什么不先讨论被告人赵金明等人是否具有伤害行为呢？只有确实存在伤害行为，才说得上考察是否存在伤害故意的问题。在没有认定伤害行为的情况下考察伤害故意，容易作出错误判断。也许法官认为伤害行为是不言而喻的，正如死亡结果客观存在不需要经论证一样，但这样的观点是难以成立的。在本案中，首先需要讨论：存在作为故意伤害罪的构成要件之一的伤害行为吗？

三、伤害行为的分析

构成要件的行为是被害人所实施的行为。那么在本案中，被告人赵金明等实施了什么样的行为呢？这一点是明确的，被告人赵金明等人实施的是持刀追砍的行为。因此，在此需要论证的问题是：持刀追砍的行为是伤害行为吗？这里的伤害行为是指构成要件该当的伤害行为，也就是伤害的实行行为。裁判理由虽然没有对此进行论证，但其结论指出：

> 赵金明等人持刀追砍被害人马国超时已具有伤害的故意，且已着手实施犯罪，该伤害行为本身具有致人死亡高度危险，其持刀追砍的行为与被害人死亡结果之间具有刑法意义上的因果关系。根据主客观相一致的定罪原则，可以对赵金明等人以故意伤害罪定罪处罚。

我认为，持刀追砍的行为是否属于伤害行为，是一个需要加以论证的问题。在刑法理论上，伤害是指损害人体健康的行为。这种对人体健康的损害，主要包括两种情形：一是破坏人体组织的完整性，二是破坏人体器官的正常机能。由此可见，伤害行为是指造成某种伤害状态的行为，在刑法评价上侧重于伤害结果，任何行为只要造成了伤害结果就是伤害行为。刑法对于伤害方法本身并没有限制，无论是暴力的还是非暴力的、是作为的还是不作为的，都可以构成伤害。在理解伤害行为的时候，应当将伤害与殴打加以区分。关于两者的区分，从客观上说，主要是后果的不同，即伤害是对人体健康的损害，而殴打只是造成表皮损伤。从主观上

---

① 赵秉志，吴振兴主编．刑法学通论．北京：高等教育出版社，1993：84－85.

说，故意的内容也有所不同，不能把伤害看作殴打的结果加重，只有在对伤害后果有认识并希望或者放任其发生的情况下才能认定为故意伤害罪。如果基于殴打的故意，即使造成重伤或者死亡的后果，也不能认定为故意伤害罪，而应当认定为过失致人重伤罪或者过失致人死亡罪。

在本案中，赵金明等人持刀追赶的行为并没有造成被害人马国超的伤害，从后果上并不能得出持刀追赶的行为是伤害行为的结论。关键问题在于：持刀追赶行为是伤害行为的着手吗？如果可以认定为着手，那么持刀追赶的行为虽然没有达到造成伤害后果的程度，但也已经开始实施，因而在性质上可以认定为伤害。对于实行行为的着手，在刑法理论上存在各种不同的认定标准，讨论起来可能较为烦琐。在本案中，判断赵金明等人持刀追赶的行为是否属于伤害行为，其实还有一个较为简单的方法，就是持刀追人但并没有追上，在这种情况下能否认定是故意伤害罪的未遂犯。因为如果认为持刀追人是伤害行为的着手，那么由于意志以外的原因未能得逞的，就属于犯罪未遂。但十分明显，对于这种情形在司法实践中是不可能作为故意伤害罪的未遂犯论处的。由此可以得出结论：持刀追赶本身不是伤害行为。

那么，在本案裁判理由中，为什么会把持刀追赶当作伤害行为，而且似乎是不证自明呢？我认为，这是因为法官对伤害故意作了错误理解，然后从伤害故意反推出伤害行为。我们来看裁判理由是如何论证被告人赵金明等人主观上具有伤害的故意这一判断的：

> 本案中，根据赵金明等人因得知被害人马国超要搞自己，产生先下手为强要将马国超砍伤的作案动机，随即伙同被告人李旭等人拿刀追砍被害人马国超的事实，可以从以下方面分析其主观故意：一是从双方力量对比来看，被告人赵金明一方为多人，而被害人马国超仅1人徒手，双方力量悬殊；二是从作案工具看，赵金明等人使用的作案工具为长砍刀7把，在一般情况下，足以致人伤亡；三是从赵金明等人实施的行为看，其持刀追砍，且一下车即拿刀追赶，未与被害人有任何言语的交流和缓冲，来势凶猛；四是从被告人当时的心态来看，其在被害人跳水之后才停止追砍，又跑至附近一棉田内躲藏至少半小时，对被害人的生命持漠视态度。综上事实，可以充分认定赵金明等人主观上具有伤害的故意。

上述论述提到作案动机，也就是所谓犯罪动机。应该说，犯罪动机与犯罪目的是存在根本区别的，当然，这里的犯罪目的是指直接故意所包含的犯罪目的而非目的犯之目的。犯罪动机是促使行为人实施犯罪行为的内心动因，因此，犯罪动机是产生在实施犯罪行为以前的。犯罪目的则不然。犯罪目的是行为人的犯罪行为所要实现的结果，作为直接故意的内容，犯罪目的存在于行为人实施犯罪行为的过程之中，它与犯罪行为具有共时性。因此，在犯罪行为没有着手实施以前，不存在犯罪目的，只存在犯罪动机。在本案中，没有论证伤害行为的存在，怎么可能成立伤害故意呢？从根本上看，裁判理由还是把伤害动机等同于伤害目的，然后再等同于伤害故意。其实，在持刀追赶时，被告人赵金明等人主观上具有的是想要伤害的意图，而并非伤害故意，只有在实施伤害行为时才可能存在伤害故意。这种把想要伤害的意图等同于伤害的故意的错误判断之所以出现，就是由于在没有论证伤害行为存在之时就先行讨论伤害故意的思维方法所造成的。

我们再看看伤害故意的四个理由：一是双方力量对比，二是作案工具，三是实施情况，四是当时的心态。在这四点中，前三点都是客观情况，只有第四点是主观情况，即心态。但从具体内容来看，停止追赶、躲藏等仍是客观情况。那么，从这些客观情况怎么说明存在伤害故意呢？按照我的理解，裁判理由是想采用推定方法证明被告人赵金明等人主观上存在伤害故意，但对主观故意的推定也只能建立在客观上已经实施了某一犯罪构成要件行为的基础之上。在本案中，由于伤害行为并不存在，因而不可能通过推定方法确认伤害故意的成立。

四、因果关系的论证

虽然我认为在本案中不存在伤害行为，因而也就谈不上伤害行为与死亡结果之间的因果关系，但被告人赵金明等人持刀追赶的行为造成被害人溺水死亡，对于持刀追赶行为与死亡之间的因果关系，仍然是需要论证的。应该说，本案的裁判理由对被告人赵金明等人持刀追赶的行为与被告人溺水死亡之间具有刑法意义上的因果关系这一判断作了较为充分的论证，由此可以了解刑法上的因果关系理论在司法实践中的适用情况。当然，在刑法因果关系问题上也还存在一些问题值得研究。

（一）刑法因果关系的判断方法

关于刑法因果关系问题，大陆法系刑法理论上存在条件说、原因说和相当因果关系说等各种观点，但在司法实务中并不像理论聚讼上那样混乱，一般都形成了普遍遵循的判断方法。例如，日本学者西田典之教授指出：

> 关于如何判断因果关系的问题，日本的通说与判例一般认为，可分两个阶段判断是否存在因果关系：第一个阶段是判断是否存在条件关系，第二个阶段是在此基础上再判断是否存在相当因果关系。所谓条件关系，是指明确行为与结果之间是否存在事实上的关联（结合关系），而所谓相当因果关系，则是以存在条件关系为基础，进一步就客观性归责的范围，作规范性限定。①

而在德国，因果关系的判断方法分为客观归因与客观归责两个层次。例如，德国学者指出：

> 某人是否引起了结果的发生问题，在德国主要借助于所谓的条件理论（Bedingungstheorie）来回答：如果结果不消失，这个行为就不能从思想上赶走，那么，这个结果就由这个行为所引起。易言之，行为必须表明结果的“条件关系”（conditio sine qua non），其中，结果的所有条件均被等而视之（相当），因此，条件理论也称为相当理论（Aquivalenztheorie）。通过下列三个修正来对由因果关系而建立的非常广泛的责任联系加以限制，即通过客观归责理论、构成要件的行为要素与故意和过失的要求。②

在确定条件关系上，日本与德国的学说是一致的，这是判断事实因果关系的方法。但在判断法律因果关系上，日本刑法理论与司法实务采相当因果关系说，而德国刑法理论与司法实务采客观归责理论。应当指出，上述引语中将条件理论称为相当理论，这里的相当理论并非相当因果关系理论，而是指全条件同价值说，即在条件关系中，各种条件对于结果发生的价值是等同的，不能区分重要的条件与次要的条件。若加以区分，就不是条件说而是原因说。但原因说对于各种条件的价值区分无法提供可操作的标准，因而为各国司法实务所不采。客观归责理论，是德国学者罗克辛教授创立的，正是客观归责理论完成了从归因到归责的革命性转变。客观归责的判断可以分为以下四个层次：

> 第一阶段形成条件关联——这一阶段的关联是说明事实之间的关联，意味着借助于经验规律意义上的因果概念而查明行为和结果之间的最低限度的关联；第二阶段形成相当性关联——这一阶段是通过客观合目的性对或然律的补充而分析行为与结果之间的确定性关

---

① 西田典之．日本刑法总论．刘明祥，王昭武，译．北京：中国人民大学出版社，2007：68．

② 汉斯·海因里希·耶赛克，托马斯·魏根特．德国刑法教科书（总论）．徐久生，译．北京：中国法制出版社，2001：339．

联，从而确定事实之间的关系具有进行刑法评价的价值；第三阶段是风险性关联——这一阶段所要说明的是行为对谨慎义务的违反和结果发生之间的详细联系，从而在规范的意义上评价行为与结果之间所具有的确切联系在刑法上有相当的重要性；第四阶段是保护目的性关联——必须要说明所出现的结果是在被损害的规范的保护范围内。①

由此可见，在客观归责中引入了实质判断与价值判断，但这种实质判断与价值判断是以条件关系的形式判断与规范判断为前提的，因而是一种以归因为前提的归责。

在我国刑法理论中，刑法因果关系的讨论没有按照条件说与相当因果关系说的思路，而是引入哲学上必然性与偶然性这对范畴，形成因果关系必然说、偶然说与必然性和偶然性统一说等理论。② 那么，我国司法实践中是如何运用因果关系理论的呢？本案提供了一个实例。在本案的裁判理由中，法官对刑法因果关系作了以下界定：

因果关系是哲学上的一个重要范畴。一般认为，引起一定现象发生的现象是原因，被一定现象引起的现象是结果，这种现象与现象之间的引起与被引起的联系，就是因果关系。刑法上所关注的因果关系，是危害行为同危害结果的关系。其目的是确定危害社会的结果是由谁的行为所引起的，从而为追究刑事责任提供客观基础。这一特定目的就决定了刑法上的因果关系关注的是，在具体案件中，当一特定的危害结果发生时，行为人的行为对危害结果是否起了作用，起了多大作用，行为人应承担多大的责任。因此，在对具体案件中的危害行为与危害结果之间的因果关系进行判断时，主要从以下三个方面考察：

（1）行为人的行为是否属于引起危害结果的原因，即是否存在事实上的因果关系。刑法因果关系成立的前提是行为与危害结果之间首先存在事实上的因果关系。所谓事实上的因果关系，就是先行为与后结果之间引起与被引起的关系。从逻辑上讲，也就是“必要条件关系”，这种必要条件是指“如果没有被告人的行为，就不会发生这一危害结果”。

（2）行为对于危害结果产生所起作用的程度。事实因果关系除存在有与无之别外，还存在程度之别，即行为对结果产生所起作用的大小问题。这种程度直接影响到行为的责任认定。由于客观上引起危害结果产生的因素很多，从逻辑上说，这些众多因素都是该结果产生所不可缺少的必要条件。但事实上，对于危害结果的产生来说，有的行为可能起了决定性的作用，有的行为对于结果所起的客观作用相对较小，有的行为对于结果的产生只起了比较轻微的作用。同样，行为与危害结果的联系方式也是多种多样的。因此，在审判实践中，必须根据行为与结果联系的紧密程度、行为导致危害结果产生的力量大小、犯罪构成对行为与结果之间联系的要求程度等因素综合评判。在作具体分析时，必须全面弄清对结果产生起作用因素的分量，分析各种因素对结果起作用的程度，在对所有这些因素进行全面分析的基础上，确定具体的危害行为在其中起了什么作用；如果有多个危害行为同时存在，则还应分析多个行为之间的关系。

（3）行为的社会危害程度。根据刑法规定，只有达到一定严重程度的行为才能构成犯罪。因此，在确定刑法因果关系时，应注重考察下述三点：一是客观上危害行为实际造成的危害结果的严重程度。危害结果越严重，客观责任也就越大，如果案件中涉及多人的危害行为，那么需要承担责任者的范围也就相应越大；反之亦然。二是危害行为本身所具有的造成特定危害结果产生的可能性程度，也就是行为中所包含的造成危害结果产生的具体

---

① 吴玉梅．德国刑法中的客观归责研究．北京：中国人民公安大学出版社，2007：135.

② 关于采用必然性与偶然性的范畴对刑法因果关系进行分析的理论，可参见：侯国云．刑法因果关系新论．南宁：广西人民出版社，2000.

危险性。一般来说，如果行为造成某一结果需要起配合作用的因素愈多，这一行为造成结果产生的可能性也就愈小；反之亦然。这种行为造成结果的概率，在一定程度上表明了行为当时具有的社会危险性大小以及行为人的受谴责程度。三是危害行为本身客观上违反社会规范的程度。对于明显严重违反国家法律的行为，其行为对社会正常秩序的威胁严重，归责的必要性就大，对这种危害行为与危害结果之间的因果关系联系程度就可能要求较弱；而对行为违规程度较轻的，对于行为与结果之间的因果联系要求一般也就可能较高。如果行为本身没有违反社会规范，在通常情况下，其行为与结果之间的因果关系就可能不认为具有刑法意义。

在以上对刑法因果关系的判断中，法官没有采用必然因果关系与偶然因果关系的各种提法，当然仍然提及哲学上的因果关系。法官提出了刑法因果关系判断的三个方面：一是行为是否属于引起原因，二是行为对结果的作用程度，三是行为的社会危害程度，现分别评论如下。

1. 行为人的行为是否属于引起危害结果的原因

行为人的行为是否属于引起危害结果的原因是根据什么标准加以认定的呢？裁判理由提出了必要条件关系，这种必要条件是指“如果没有被告人的行为，就不会发生这一危害结果”，即所谓“若无前者，即无后果”的关系。法官认为，具备这一关系的，就应当认为具有事实上的因果关系。值得注意的是，裁判理由在此提出了事实上的因果关系这个概念。而在一审判决中又提到法律上的因果关系的概念。由此可见，事实因果关系与法律因果关系的分析范畴被本案的裁判理由所接受。

事实因果关系与法律因果关系的范畴，在我国传统刑法教科书中是没有的。如前所述，当时采用的必然因果关系与偶然因果关系的分析范式，这当然是从苏俄刑法学引入的。在《刑法哲学》（1992年初版）一书中，我较早地在因果关系认定中引入价值判断，指出：因果关系的价值评判是必要的。这种价值评判是指在纯行为事实的因果关系的基础上，确认因果关系在刑法上的意义。① 此后，我国学者张绍谦提出了事实因果关系与法律因果关系的范畴，指出：

> 刑法因果关系首先是事实关系，但是，作为追究刑事责任客观根据的刑法因果关系仅仅限于有事实关系还不行，这种关系还得具有刑法上的价值。也就是说，还需要对之进行刑法上的价值判断，才能作为法律因果关系产生法律后果。不经价值判断的事实因果关系不可能直接对刑事责任产生作用。这种从法律上对因果关系的作用所作的限制性评价，就使刑法因果关系表现出法律性特征。这一特征表明，刑法因果关系并非简单的事实关系，而在本质上是一种为法律所规定或要求的法律上的关系。因此，刑法因果关系是事实关系与法律关系的统一。②

这里所说的法律因果关系，我国学者张绍谦教授认为是指明确地或蕴含地规定在法律之中，作为司法机关定案标准的、定型的因果关系。这一定义当然是正确的，关键是如何判断。相当因果关系说从预见可能性切入，提供了某种判断标准。当然，如何引入客观归责理论，则在区分归因与归责的基础上，完全消解了法律因果关系问题。

从本案的裁判理由中可以看到，事实因果关系与法律因果关系的概念已经被司法实务部门所接受，尤其是以条件关系解释事实因果关系，这是较为可取的。当然，法律因果关系如何判断，则是迫切需要解决的问题。

---

① 陈兴良. 刑法哲学. 修订3版. 北京：中国政法大学出版社，2003：98.

② 张绍谦. 刑法因果关系研究. 北京：中国检察出版社，1998：120.

2. 行为对于危害结果产生所起作用的程度

在此，裁判理由论及一个程度的概念，这到底是指原因力的程度还是指相当性的程度，所指不明。而且，上述第一点是论证事实因果关系成立；那么，接下来的第二点和第三点是论证法律因果关系还是其他问题，也没有明确说明。按照我的理解，法官似乎是在事实因果关系的基础上，进一步论证法律因果关系。但法律因果关系的论证又没有采取相当因果关系的理论，而是采用实质的价值判断，即在多种条件造成结果发生的情况下，只有对于危害结果产生所起作用较大的条件行为才能被认为是原因。显然，这种论证方法就是原因说的观点。原因说意图防止条件说对因果关系范围的不当扩大，从引致结果的诸条件中根据某种标准找出应当成为原因的条件，称为原因条件。只有在这种原因和结果之间，才承认刑法上的因果关系。因此，原因说又称为原因与条件区别说。由于原因说是想从全体条件中找出原因，根据具体事态判断因果关系，因而又被称为个别化说。但由于条件与原因的区分标准不同，形成了以下各种观点：对结果而言在时间上处于最后的条件是原因的最终条件说、违反生活上常规而进行的行为是原因的异常条件说、为结果的发生提供决定性方向的条件是原因的优势条件说、对结果而言最有力的条件是原因的最有力条件说、为结果发生提供动力的条件是原因的动力条件说等。其标准各异，聚讼不定。因此，在刑法理论上不采原因说。例如，日本学者大塚仁教授指出：

> 原因说欲避免条件说的不合适意图是正当的，但是，从指向犯罪结果的多个条件中只取出一个条件视为原因，不仅是极其困难的，而且，未必是实际的。结果的发生，常常并非只依存于单一的条件，在不少事态中应该承认由复数的条件竞合在一起形成的共同原因，即使优势条件和最有力条件是有意义的，也很难说能够容易作出具体的认定。而且，在最终条件中也可能存在往往缺乏重要性的东西。①

本案裁判理由未能从被告人主观上的预见可能性对追砍行为与死亡结果之间的因果关系是否具有相当性，采用相当因果关系理论加以判断，而是采用原因说，从客观上加以论证，可能与对因果关系的客观性的误解有关。例如我国学者在对相当因果关系说进行批判时，认为该说的错误在于违背了刑法因果关系的客观性原理，指出：相当因果关系说把人们的经验作为第一性的东西，以此来判断是非，这是一种主观唯心论的表现。其主要错误在于把一般人或者行为人的主观认识混为一谈，背离了因果关系的客观真理性。② 不过，相当因果关系是在条件说所确认的事实因果关系的基础上引入主观要素，因此根本就不存在违反因果关系客观性原理的问题。

3. 行为的社会危害程度

裁判理由在第三点还对行为的社会危害程度作了论述，从行为造成结果的严重程度、具体危险性以及违反社会规范程度等方面加以分析。尤其是在论述中提及归责或者客观归责等概念。虽然没有明确采用客观归责的理论，但法官似乎是想从归责的角度对刑法因果关系进行论证。

从以上三个方面对因果关系的理论考察来看，虽然对这三个方面的逻辑关系的阐释还不够明确，但裁判理由并未简单地重复刑法教科书的观点，而是作了具有一定新意的论述。

（二）刑法因果关系的具体认定

在对刑法因果关系理论进行一般性讨论的基础上，裁判理由对本案涉及的因果关系加以具

---

① 大塚仁．刑法概说（总论）：第3版．冯军，译．北京：中国人民大学出版社，2003：162.

② 李光灿，等．刑法因果关系论．北京：北京大学出版社，1986：66.

体分析。裁判理由认为，赵金明等人持刀追砍的行为与被害人死亡的结果之间具有刑法上的因果关系。主要理由如下：

(1) 赵金明等人持刀追砍被害人的行为，具有严重的社会危害性。赵金明等人手持利刃在大街上追砍被害人，不仅直接危及被害人的生命和健康，而且对现场周围公民的生命和健康也构成了潜在的威胁，严重地破坏了正常的社会秩序，属于事先有预谋、有组织的共同故意伤害行为。

(2) 被害人马国超泗水逃避的行为，是一种在当时特定条件下正常的自救行为。面对7名持刀暴徒近距离的追砍，必然导致被害人逃避，被害人快速奔跑是其自救的本能反应。由于现场紧邻河道，被害人的主观选择受到较大限制，其根据自身会水的特点选择泗水逃生既是被迫无奈的行为，又是在当时特定条件下正常的行为。

(3) 被害人溺水身亡在特定的条件下具有较高的现实可能性。虽然在一般情况下，一个会水的成年人溺水死亡的可能性并不大，但基于本案的具体情况，该可能性转化为现实性的概率大大增加：一是被害人在狂奔和跳堤摔倒的情况下仓促下水，没有做下水前必要的准备活动；二是案发时系夜晚，被害人下水的河段不安全因素较多；三是逃生的恐惧心理将大大影响被害人正常的思维判断和体能发挥。在泗水逃生中，由于上述种种不利因素的汇集，加上被害人自身的原因导致了溺水死亡结果的发生，具有较高的现实可能性。

由此可见，上述事实原因、中介因素与危害结果之间环环相扣、紧密衔接，应该认定赵金明等人持刀追砍行为与被害人溺水身亡的结果之间存在刑法中的因果关系。本案中因果关系的联系方式属于间接联系类型，即事实原因与危害结果之间没有发生直接联系，而是介入了一些被害人个人因素，这时原因行为与危害结果之间的联系就是间接联系。

裁判理由是在将持刀追赶行为视为故意伤害行为的基础之上，讨论行为与死亡结果之间的因果关系。值得注意的是，裁判理由将这一因果关系确认为间接联系类型。其中，持刀追砍是事实原因，被害人泗水逃避是中介因素，被害人溺水死亡是结果。

法官没有将持刀追赶与泗水逃避视为死亡的共同原因，而是把泗水逃避看作中介因素。那这种中介因素是否属于原因呢？持刀追砍与溺水死亡之间是间接联系，那么是否属于间接因果关系呢？这些问题都是值得进一步深入讨论的。

应该说，在本案中，论证赵金明等人持刀追赶行为与被害人死亡之间的事实因果关系并不困难。问题在于：法律因果关系如何论证？在裁判理由的三点理由中，第一点是对持刀追赶行为的社会危害性的分析，第二点是对泗水逃避行为性质的分析，第三点是对溺水死亡的现实可能性的分析，虽然裁判理由认为上述三点是环环相扣、紧密衔接的，但在我看来仍然只是对作为原因的持刀追赶行为与作为结果的溺水而亡分别作了分析，而对两者之间的法律上的因果关系仍然语焉不详。现在的问题是：如何将这一溺水死亡的结果归责于被告人赵金明等人的持刀追砍行为，如果不引入相当因果关系理论，实在是难以作出回答的。相当因果关系之相当性，主要是基于经验法则。例如，日本学者西田典之教授主张经验性相当性说，他指出：

无论是行为之时的危险，还是行为后的危险（因果过程），只要属于经验法则上罕见的情况、通常不可能出现的情况，均不得予以考虑。也就是，如果行为时的罕见危险实现于结果，或者行为时的危险经过罕见的因果过程而实现于结果，这均不具有相当性。①

换言之，尽管根据经验法则，其结果并非罕见的、异常的，就应当认为存在刑法因果关

① 西田典之．日本刑法总论．刘明祥，王昭武，译．北京：中国人民大学出版社，2007：80.

系。本案属于被害人行为介入的情形，在某些情况下，被害人介入在刑法因果关系评价上是无须考虑的。例如，投毒杀人，毒药系被害人自己吸食，该吸食毒药的被害人介入因素在认定投毒行为与死亡结果之间的因果关系时不予考虑，直接认定投毒行为与死亡结果之间存在因果关系。但在某些情况下，被害人的介入是在认定刑法因果关系时应当考虑的，这里的考虑要点是该被害人行为是否非常罕见或者十分异常。例如日本学者西田典之教授所引日本最高裁判所判例：遭受激烈暴行的被害人在逃跑过程中，闯入高速公路而被车撞死的所谓高速公路事件。日本最高裁判所认为，考虑到被害人的心理状态，其（闯入高速公路的）行为“并非极不自然，也难言并不恰当”，从而肯定存在因果关系。在本案中，最高裁判所明确地考虑到了因果过程的相当性与通常性。① 根据这样一种思路论证本案的刑法因果关系，就要论证在被告人赵金明等人持刀追赶的情况下，被害人马国超泅水逃避的行为是否正常。关于这一点，裁判理由第二点作了论证，认为被害人泅水逃生是在当时特定条件下正常的行为，由此可以得出结论：持刀追砍行为与死亡结果之间存在法律上的因果关系。而第一点关于持刀追赶行为的性质论述与第三点关于结果发生可能性的论述，均非对法律上的因果关系的论证。因此，在本案中刑法因果关系是存在的，关键是如何论证以及采用何种理论加以论证。

五、定性结论

根据以上分析，在本案中持刀追砍行为本身并非伤害行为，其与死亡结果之间存在刑法上的因果关系，对于死亡结果的主观心理态度虽然裁判理由没有论及，但其为过失是当然的。在这种情况下，被告人赵金明的行为就应认定为过失致人死亡罪。

---

① 西田典之．日本刑法总论．刘明祥，王昭武，译．北京：中国人民大学出版社，2007：83.

第五章　患者明知他人没有医生执业资格而求医行为之定性研究

——周某某非法行医案（被害人承诺　治疗行为同意他人造成的危险）

非法行医罪是我国刑法中一个较有特点的罪名，该罪名具有行政犯与刑事犯、行为犯与结果犯（结果加重犯）复合的性质，因而对于非法的认定、对于因果关系的认定、对于主观罪责的认定都具有一定的疑难性。本章以周某某非法行医案为例①，讨论被害人承诺这一罪体排除事由。

一、案情及裁判理由

被告人周某某在未取得医生执业资格和办理医疗机构执业许可证的情况下，在某市某区私设诊所擅自从事行医活动。其应邀出诊为蒋某某接生时，给蒋某某肌肉注射催产素 1 支（1 毫升）、吗啉胍 1 支、安乃近半支。后蒋某某在医院检查时被诊断胎儿已死于腹中。经鉴定，蒋某某的胎儿系在脐带、胎盘病变的基础上，因肌肉注射催产素 1 毫升引起强烈宫缩，导致胎儿在宫内窒息死亡。

某市某区人民法院认为：周某某未取得医生执业资格，擅自从事行医活动，致就诊孕妇的胎儿死亡，情节严重，其行为已构成非法行医罪。一审判决周某某犯非法行医罪，判处有期徒刑 2 年 6 个月，并处罚金若干。

周某某未上诉，公诉机关亦未抗诉。

本案的案情较为简单，诉讼过程也较为简单。现有材料不能显示的是，在审理过程中，控辩双方是否就患者明知他人不具有医生执业资格而求医的行为能否排除被告人周某某的犯罪性问题展开了辩论。但在案外，裁判理由提出了患者“自愿”求医，能否阻却非法行医罪的成立这样一个颇有理论价值的问题，并对此进行了论证：

> 在非法行医案件中，患者有可能是误认为行为人取得了医生执业资格而求医，也可能是明知对方没有医生执业资格而求医。在患者自愿、主动求医的情况下，能否阻却行为人非法行医罪的构成？这涉及被害人承诺问题。
>
> 刑法理论一般认为，被害人的承诺，符合一定条件的，可阻却犯罪的成立。此属于非法定的或者说超法规的排除犯罪事由。总体而言，只有在以违反被害人意志为前提的犯罪（如强奸罪、非法侵入住宅罪等罪）中，被害人的承诺才可能排除犯罪性；而在其他一些不以违反被害人意志为成立条件的犯罪（如拐卖妇女、儿童罪）中，被害人的承诺并不能排除行为人的犯罪性。具体而言，被害人的承诺只有齐备以下条件时，才能阻却犯罪的成立：第一，承诺只能是对自己具有处分权限的利益承诺他人侵害；第二，承诺者必须具有

① 最高人民法院编．刑事审判参考：总第 40 集．北京：法律出版社，2004.

承诺能力；第三，承诺必须基于承诺者的真实意志；第四，事实上必须存在承诺①；第五，基于承诺所实施的侵害行为不得超过承诺者的处分权限，也不能违反法秩序。

据此，在非法行医案件中，即使行为人非法行医时得到患者的承诺，也不能阻却其犯罪的成立，这是因为②：第一，非法行医属于危害公共卫生的犯罪，侵害的是社会法益；任何人对社会法益都没有承诺权限，故患者的承诺是无效的。第二，对治疗行为的承诺，只能是一种具体的承诺，而且这种承诺只是对医疗行为本身的承诺，不包括对不当医疗行为致死、致伤结果的承诺。在行为人非法行医的情况下，患者只是承诺行为人为其治疗，这是一种抽象的承诺。在被害人并不了解非法行医者的具体治疗方案的情况下，非法行医者的具体治疗行为并没有得到承诺。患者求医当然是希望医治疾病，因此不可能承诺对自己造成伤亡。所以，非法行医者致患者伤亡的行为，也不可能因为被害人承诺而阻却犯罪的成立。第三，在许多情况下，患者是因为不了解非法行医者的内情才去求医的，即非法行医者或者谎称自己具有医生执业资格，或者谎称自己具有高明的医术，使患者信以为真，从而在不了解真相的情况下向非法行医人求医。这显然不能认为是患者的真实意志，即患者在了解真相的情况下将不会向其求医。由于患者求医是基于误解，因而其承诺也是无效的。第四，非法行医行为违反了法秩序，即使非法行医行为取得了患者的同意，也是法律所禁止的。

由此可见，在非法行医案件中，如果行为人隐瞒其未取得医生执业资格的事实，从而致使被害人错误作出同意其对自己实施医疗行为的“承诺”的，则因该项“承诺”并非出自被害人的真实意志，故而不能构成可以排除行为人犯罪性的承诺；即便在行为人已告知被害人其未取得医生执业资格的事实，被害人仍然同意或者请求其为自己医疗的情况下，由于被害人的同意或者请求（承诺）仅是对医疗行为本身的抽象承诺，并不包括对非法医疗行为可能引致的伤亡结果的承诺，也不能构成可以排除行为人犯罪性的承诺；甚至，在行为人已告知被告人其未取得医生执业资格的事实，被害人仍然同意或者请求其为自己医疗，并明确表示自愿承担医疗“风险”的情况下，由于被害人对公共卫生这一社会法益并无承诺权限，其承诺仍然是无效的，仍然不能因此排除行为人非法行医行为的犯罪性。

根据以上分析，在本案中，未取得医生执业资格的被告人周某某固然是应孕妇蒋某某亲属之邀出诊为蒋某某接生的，但其违规用药，引起蒋某某强烈宫缩致胎死宫内，应当认为其行为已至少达到《刑法》第336条规定的“情节严重”的程度，故认定其构成非法行医罪是正确的；周某某系因他人之邀为蒋某某接生这一情节，并不能排除其非法行医行为的犯罪性。

裁判理由根据被害人承诺的代理，对患者明知他人没有医生执业资格而求医的行为能否排除非法行医的犯罪性问题进行了论证。该论证引述了张明楷教授的有关观点，赞同被害人的承诺不阻却非法行医的违法性。③ 这是我所见到的第一份将被害人承诺的法理适用于司法实践的判例，但如上所述，控辩双方都未提及被害人承诺问题，因而我怀疑法官，包括控辩双方，在本案审理过程中，根本没有意识到本案涉及被害人承诺问题。这多少有些令人遗憾，也削弱了裁判理由的理论价值。

---

① 关于承诺的形式，刑法理论有不同认识。有人主张意思方向说，认为只要被害人具有承诺的现实，即使没有表示于外部，也是有效的承诺。有人主张意思表示说，认为承诺的意思必须以语言、举动等方式向行为人表示出来。与此问题有一定关联的是：对于被害人承诺的成立是否要求行为人必须认识到被害人的承诺，也有不同认识。有人持必要说，有人持不要说（张明楷．刑法学．2版．北京：法律出版社，2003：278.）。这两个问题可以进一步讨论。

② 张明楷．刑法学．2版．北京：法律出版社，2003：856－857.

③ 张明楷．刑法学．3版．北京：法律出版社，2007：815－816.

二、被害人承诺的法理分析

被害人承诺还是被害人同意，是否应当区分承诺与同意，这个问题本身在我国刑法理论中就是一个没有得到解决的问题。这个问题与德国刑法理论中，被害人承诺逐渐地从违法阻却事由向构成要件该当性的排除事由的转变有关。

最初的被害人承诺，是作为违法阻却事由确立的。在古罗马法中存在“被害人同意并不构成行为人无罪”（Volenti non fit injuria）原则，后来这一原则的普遍性受到怀疑，在某些轻微的故意伤害或过失伤害情形下，有关法律赋予同意以合法化意义。这种同意是阻却违法性事由，并且将其从一个私法问题上升为一个刑法问题。正如德国学者李斯特教授指出：

> 只要具有阻却违法之同意，处置的效力就不应当依据私法，而是依据刑法观点进行认定。因此，它总是涉及是否能够鉴于受害人精神和道德上的发展，赋予受害人同意以放弃其利益的意义。①

此后，被害人承诺逐渐地被作为一个构成要件该当性的问题而不是违法性的问题，在刑法理论上展开讨论。例如德国学者罗克辛教授对同意（Einwilligung）和认可（Einverstaendnis）的区分以及充满变化的历史作了叙述，尽管稍长一些，但我还是引述如下：

> 在麦兹格之后，传统的观点就区分承诺和同意了。根据这种理论，认可的作用是排除认为构成（指构成要件该当性——引者注，下同）的，是在下面这样的行为构成中加以考虑的。在这些行为构成中，行为构成的行为在概念上，是以一个行为违背了或者不具有受损害人的意志（invito laesio，根据外行人的表述方法）为条件的。在这里首先需要提到的是强制罪（Notigungsdelike）；在一个人同意他人的要求时，就不是不存在正当化的根据，而是完全不存在强制（第240条，指《德国刑法典》——引者注，下同）；在诸如一位妇女同意与他人睡觉时，这个男子的举止行为在行为构成符合性方面就不是强奸罪（第177条第2款第12项）；等等。法律还能提供许多其他的例子：在房屋的合法所有人欢迎来访者进入时，就缺乏了“闯入”，即那个侵害住宅安宁罪的行动构成条件（第123条）；在一个人同意其他人从自己的控制范围内拿走了自己的东西，就不存在第242条意义上的“拿走”，因为该条所要求的“打破（Bruch）”他人的保管就不存在了；当一个人在财产所有人允许时使用了他的汽车的，就不能满足第248b条的行为构成，因为根据这条法律的原文文字，这个行为构成要求一种违背有关人意志的行为。所有这些案件都有一个共同点，即这种认可从一开始就都是排除对受保护法益的侵害的；意志控制自由，房屋权，保管权，等等，在有关人员同意行为人的行为时，就都没有被侵害。
>
> 相反，对于狭义的同意来说，当各种法益的承担人给出这种同意时，它就仅仅具有正当化的效力，而不是排除行为构成的实现。重要的例子是毁坏财产和身体伤害。当财产所有人允许其他人损坏或者毁坏自己的物品时，那么，根据主流理论，同意并不能改变物品被损害和他人财产以符合行为构成的方式被损害的状态。根据这种观点，同意排除的就仅仅是违法性，而这种排除的基础，大多是在同意中存在着一种对法律保护的放弃。作为个人自决权的结果，这种放弃在习惯法上或者以宪法的行为自由（《德国基本法》第2条第1款）为根据，就具有了正当化的力量。②

---

① 李斯特．德国刑法教科书．徐久生，译．北京：法律出版社，2006：247.

② 罗克辛．德国刑法学总论：第1卷．王世洲，译．北京：法律出版社，2005：354－355.

如果将上述法理引入我国刑法理论，就存在以下三个问题值得研究。

（一）称谓问题

我国的被害人承诺中的承诺一词来自日语。我国20世纪40年代出版的刑法教科书，就称之为被害人之承诺，但又在括弧中注明“又可称曰同意”，当时这是作为加害行为的违法阻却之原因讨论的。① 此后，日本刑法理转而采用同意一词，或者将承诺与同意并用。在这种情况下，我国的译法是否也应当随之而改变，对此，我国学者中存在不同的观点。其中，较为保守的态度是仍然主张采用约定俗成的被害人承诺一词。例如，冯军教授在《被害人承诺的刑法涵义》一文的注中指出：

> “被害人的承诺”，是德文“Einwilligung des Verletzten”的翻译。在法益主体对他人侵害自己可以支配的法益的行为表示允许的情况下，该法益主体就很难说是被害人，因此，用“权利人的同意”来表述所谓“被害人的承诺”的情形或许更准确。但是，鉴于“被害人的承诺”一词已在中外刑法学中广为使用，遵约定俗成之例，本文沿用之。不过，在德语文献中论及“被害人的承诺”时，也往往使用“相关人的同意”（Zustimmung des Betroffener）一语。②

因此，冯军教授仍采被害人承诺一词，只不过将由于承诺的存在而不成立犯罪的情形，采用德国学者格尔茨的表述，分为阻却构成要件的被害人承诺（简称为“合意”Einverstaendnis）与阻却违法性的被害人承诺（简称为“同意”Einwilligung）。

王世洲教授在翻译罗克辛教授的《德国刑法学总论》（第1卷）时，把德语的Einverstaendnis译为“认可”，而将Einwilligung译为“同意”，但“认可”与“同意”的上位概念则采用“同意”一词。虽然在定义中，罗克辛教授认为“认可”的作用是排除构成要件，而“同意”的作用是正当化事由。但在构成要件中，主要讨论的是同意理论而非认可理论。在违法性中则没有讨论同意，而只是讨论了推定的同意。从引文表示上来看，罗克辛教授在论及正当化事由的同意时，采用了“狭义上的同意”一语③，似乎“广义上的同意”包括“认可”。

从日本的情况来看，早期日本学者大多使用汉语“承诺”一词，在翻译为中文的时候，保留了承诺的用语。因此，早期的日本刑法著作的中译本均称之为“被害人承诺”。此后，随着日本学者越来越多地采用“同意”一词，我国学者亦开始较多地译为“同意”，或将“同意”与“承诺”并用。在我国刑法学界，也有学者主张采用“同意”一词。例如，车浩教授指出：

> 在我国刑法学的语境中，二者（指“承诺”与“同意”）指向的对象是完全一样的，即所有得到被害人许可的情况。但“承诺”一词系日本翻译德语“Einwilligung”而来，而按照以往德日刑法学的通说，所谓的“承诺”适用范围很窄，仅仅用于身体侵害和财产毁坏的案件，与我国刑法学界所说的“承诺”的范围是大不一样的。因此，“被害人承诺”是一个直接移植概念的语词形式而忽略概念内涵的典型例子，使用它可能会带来术语本身与所指称对象之间的错位和混乱，这种混乱已经反映在国内很多学者的论述中。从汉语的意义和使用习惯来讲，“同意”比“承诺”更加适合表述刑法中出现的相关情况，也更加贴近德语中“Einwilligung”的本意。大部分学者在论及那些不属于“被害人承诺”而应该属于“被害人合意、认可”的情况时，不加区别地直接使用来自日本刑法学的“承

---

① 陈瑾昆．刑法总则讲义．北京：中国方正出版社，2004：145－146.

② 冯军．被害人承诺的刑法涵义//赵秉志主编．刑法评论：第1卷．北京：法律出版社，2002：62.

③ 罗克辛．德国刑法学总论：第1卷．王世洲，译．北京：法律出版社，2005：355.

诺”这一概念。近年来，很多日本学者也在使用“同意”而非“承诺”一词，在教科书和专著中使用“同意”字眼的更是占了多数。①

从德国的情况来看，用语的改变是与从二元论到一元论的发展相关的。在二元论的情况下，Einverstaendnis（合意或认可）和 Einwilligung（承诺）是用两个词来表达的：前者是构成要件排除事由，后者是违法性阻却事由。此后出现了一元论，不再对合意与承诺加以区分，统称为同意（Einwilligung，有时将承诺称为狭义上的同意），都是构成要件排除事由。② 从德语来看，是以“Einwilligung”取代了“Einverstaendnis”。在日本则是用“同意”取代了“承诺”。

合意与承诺能否合而为一，这当然是一个涉及被害人承诺的体系性地位问题。但从语言表达来看，是否有必要用“同意”取代“承诺”，还是值得商榷的。在汉语中，承诺是对某项事务答应照办，而同意是指对某种主张表示相同的意见。③ 由此可见，两个用语都有与他方合意之义，但两者之间又存在些微区别：“承诺”包含对后果承受之意，而“同意”则具有赞同之意。因为“承诺”一词已经约定俗成，并且是一个法律术语。例如民法中的承诺，是指为当事人一方对他方提出的要约表示完全同意。④ 在这种情况下，我赞同冯军教授的观点，倾向于维持“被害人承诺”一词，使之包含德语中的 Einwilligung 与 Einverstaendnis 这两个用语的含义，即对构成要件的排除事由与违法性的阻却事由都称为被害人的承诺。

（二）含义问题

如上所述，二元论主张区分排除构成要件的被害人承诺与阻却违法性的被害人承诺，而一元论则主张统一于排除构成要件的被害人承诺。在此，首先需要解决的是在事实以及语义上，这两者是否存在区别。我认为，这种区别是客观存在的，即使一元论也不应否认这种区别。排除构成要件的被害人承诺是使构成要件的行为本身不存在，阻却违法性的被害人承诺不能使构成要件的行为本身不存在，只能使违法性被否定。例如具有性承诺能力的妇女承诺男子与其性交，就是一种排除构成要件的被害人承诺。在这个意义上，妇女根本不是被害人，因而称为权利人承诺更为合适。由于存在权利人的承诺，在该妇女与男子之间只存在性交行为，而不存在强奸（强制性交）行为，因而强奸罪的构成要件该当行为不存在。但是在毁坏财物的情况下，无论财物所有人是否承诺，都不能改变毁坏财物这一行为的性质，只是在财物所有人承诺的情况下，对他人财物的故意毁坏不具有违法性而已。以上区分是客观存在的，也是我们理解被害人承诺含义时必须加以区分的。正如上文所说，以上两种情况严格来说都不是“被害人”的“承诺”，而是“权利人”的“承诺”。但由于“被害人承诺”一词也约定俗成，仍然可以保留，只是对这里的“被害人”需要加以特别说明。

（三）地位问题

被害人承诺的地位，是指它在犯罪构成体系中的地位。如上所述，在这个问题上德国刑法学中存在二元论与一元论之争。我认为，这一争论的关键在于：对构成要件是作形式解释还是作实质解释？如果形式地理解构成要件该当的行为，则只有具有性承诺能力的妇女承诺男子与其性交的行为，才是排除构成要件该当性的，而财物所有人承诺他人故意毁坏本人所有财物的行为也是具有构成要件该当性的，只是在违法性阶层作实质考察，才予以排除。但如果对构成

① 车浩．论被害人同意的体系性地位．中国法学，2008（4）：104.

② 关于二元论与一元论之争，参见：车浩．论被害人同意的体系性地位．中国法学，2008（4）：105－106.

③ 中国社会科学院语言研究所词典编辑室编．现代汉语词典．5版．北京：商务印书馆，2006：175，1369.

④ 邹瑜，顾明主编．法学大辞典．北京：中国政法大学出版社，1991：1130.

要件作实质解释，则故意毁坏财物行为必须具有实质上的法益侵害性，在财物所有人承诺他人故意毁坏本人所有财物的情况下，这种法益侵害是不存在的，因而根本就不是刑法所要求的故意毁坏财物行为，当然也就不具有构成要件该当性。之所以出现从二元论到一元论的转变，是随着构成要件从形式化向实质化演变而出现的。在德国刑法学中，罗克辛教授是坚定的一元论倡导者，并以自由的、与个人有关的法益理论为基础加以论证。① 但耶赛克教授显然并不赞成一元论的观点，而是主张继续将同意作为合法化事由来理解。如果将罗克辛教授的法益理论作为排除构成要件该当性的被害人承诺的根据，则存在法益概念的主观化，即对个人法益的意义不能从社会共同体的客观价值角度加以公正评价。② 我个人不赞同一元论，因为构成要件的实质化当然具有一定意义，但这种实质化是事实上的实质化而非价值上的实质化。构成要件基本上属于一个事实判断问题，将客观归责等纳入构成要件当中，克服构成要件过于形式化之弊，我是赞成的。但如果将价值判断也并入构成要件中考察，其结果是取消违法性要件，使之合而为一，这将使三阶层的犯罪论体系无法维持。当然，对于排除构成要件该当性的被害人承诺的类型化的努力也是值得肯定的，但它与阻却违法性的被害人承诺可以并存，在不同阶层成为出罪事由。

三、医疗行为中的承诺

周某某非法行医案不仅涉及被害人承诺问题，而且涉及医疗行为，尤其是医疗行为中的就诊人承诺。

医疗行为是一种超法规的违法阻却事由，指以治疗为目的，采用医学上一般所承认的方法，对病人身体所进行的医疗活动。在医疗活动，尤其是治疗活动中，涉及对就诊人的人身伤害或者不确定风险的承担。因此，医疗行为正当化的根据中，就包含了就诊人的承诺或者推定的承诺。在医疗行为正当化的根据中，存在：（1）以被害人的同意以及以推定同意的代理为根据的见解；（2）以保护优越法益和尊重病人意思为依据的见解；（3）以社会相当性为根据的见解；（4）以治疗目的为根据的见解之间的对立。但日本学者大谷实教授认为，为了尊重患者的自己决定权，应当重视“在充分说明基础上的同意（informed consent）”，在此意义上讲，上述（1）说妥当。③ 因此，对于医疗行为中的就诊人承诺问题也应当专门加以讨论。

医疗行为中的就诊人承诺与一般意义上的被害人承诺之间存在何种差别，我指的是在承诺内容上的差别，这是一个需要研究的问题。④ 对于这个问题，刑法理论认为，这里的“患者的同意”与在违法性论中一般论述的“被害人的同意”不一定完全相同。作为治疗行为的侵袭身体，是由于医学的适应性与医术的正当性优越地维持患者的身体利益的行为。从这点看，在阻却违法的阶段认为同意是问题时，比单纯的侵害法益行为中的同意，其要件更宽些，对其效果范围应作更广的理解。⑤ 对于这一观点，我是赞同的。在某些情况下，医疗行为中的就诊人承诺与被害人承诺的内容是相同的，都是对某一特定后果的承诺，例如为治疗需要而采取的截

---

① 罗克辛．德国刑法学总论：第1卷．王世洲，译．北京：法律出版社，2005：357.

② 汉斯·海因里希·耶赛克，托马斯·魏根特．德国刑法教科书（总论）．徐久生，译．北京：法律出版社，2000：453.

③ 大谷实．刑法讲义总论：新版2版．黎宏，译．北京：中国人民大学出版社，2008：241.

④ 关于医疗上的就诊人承诺问题的详尽探讨，参见林东茂．医疗上患者同意或承诺的刑法问题．中外法学，2008（5）：686.

⑤ 马克昌．比较刑法原理——外国刑法学总论．武汉：武汉大学出版社，2002：406.

肢。但在更多的情况下，就诊不是对某一特定后果的承诺，而是对可能发生的后果（例如治疗失败、并发症、副作用等）的承诺。这种可能发生的后果具有一定的不确定性，它与其说是后果，不如说是一定的风险。

在这种情况下就发生了一个问题：被害人承诺是否包括对行为的承诺，这是一个承诺的对象问题。关于这个问题，在德日刑法理论中存在行为说与结果说之争。[①] 要想厘清两说，首先需要对行为与结果加以界定，还要对故意犯与过失犯加以区分，等等，在此无法展开讨论。我个人倾向于结果说，这主要是指违法阻却的被害人承诺。对于某一行为承诺，但对于可能发生的结果是排斥的，无法避免而发生结果时又是不得已承受的，这种情形与其采用被害人承诺的法理，不如采用被害人同意风险或者危险接受理论。我国学者指出，被害人同意风险与被害人承诺似有共同之处，区别在于：被害人对风险的同意是一种冒险行为，在本质上排斥实际危害结果的发生；而在被害人承诺的情形中，被害人对结果的发生持肯定或者希望的态度。[②] 德国学者罗克辛教授是从客观归责角度讨论“同意他人造成的危险”这一问题的。虽然主流观点以及经常出现的司法判例，试图使用后来受到伤害的人的同意这种法律形象来解决这个问题，但罗克辛教授明显是倾向于承认同意他人造成的危险这种法律形象具有一种独立的意义这一观点的，他指出：

> 同意他人造成的危险这个法律形象还期待着更进一步的信条性深入探讨。然而，在行为构成的作用范围这种观点下对这个法律形象的理解，还具有进一步的好处：这类迄今以来几乎仅仅在过失理论中讨论的案件，能够安排在对客观行为构成归责的一般理论中，并且也能够由此对故意案件作出很多成果来。[③]

从客观归责中考虑同意他人造成的危险问题，将其作为归责不能的事由，排除构成要件，应该是有一定道理的，它与被害人承诺存在明显的不同，这里存在的是被害人的自我答责问题。[④]

在医疗行为中，就诊人的承诺实际上分为两个方面：一方面是对确定后果的承诺，这可以适用被害人承诺的法理。另一方面是对不确定后果的承诺，这属于客观归责问题。前者主要在于对故意犯的违法性的阻却，后者主要在于对过失犯的构成要件的排除。

四、周某某非法行医案的分析

根据我国《刑法》第 336 条第 1 款的规定，非法行医罪是指未取得医生执业资格的人非法行医，情节严重的行为。我国刑法规定的非法行医罪包括三个罪刑单位：基本犯以情节严重作为构成要件，属于情节犯。加重犯以严重损害就诊人身体健康作为构成要件。特别加重犯以造成就诊人死亡作为构成要件。我国刑法理论认为，非法行医罪是故意犯，这里的故意是指明知是非法行医而有意实施的主观心理状态，但对于加重结果的主观心理状态是过失。在这个意义上说，在非法行医罪结果加重犯的情况下，实际上是未取得医生执业资格的人犯医疗事故罪。我国《刑法》第 335 条规定，医疗事故罪是指对医务人员来说，其行医是合法的，只有在过失造成医疗事故的情况下才构成犯罪。因此，医疗事故罪是典型的业务过失犯。但非法行医罪是行医行为本身就非法，情节严重的构成犯罪。在非法行医过程中，过失造成医疗事故的，则要

---

① 张明楷．外国刑法纲要．2 版．北京：清华大学出版社，2007：183.

② 杨丹．被害人过错的刑法含义//冯军主编．比较刑法研究．北京：中国人民大学出版社，2007：173.

③ 罗克辛．德国刑法学总论：第 1 卷．王世洲，译．北京：法律出版社，2005：271.

④ 关于被害人的自我答责的详尽论述，参见：冯军．刑法中的自我答责．中国法学，2006（3）：99 页以下．

承担更重的刑事责任。从法定刑比较来看，犯医疗事故罪，造成就诊人死亡或者严重损害就诊人身体健康的，处3年以下有期徒刑或者拘役。但犯非法行医罪的基本犯，就处3年以下有期徒刑、拘役或者管制，并处或者单处罚金；严重损害就诊人身体健康的，则处3年以上10年以下有期徒刑，并处罚金。两者相比，非法行医罪的法定刑比医疗事故罪的要高得多，比过失致人重伤罪（第235条）、过失致人死亡罪（第233条）的还要重，几乎与故意伤害罪的相当。这里当然存在双重处罚：一是对故意的非法行医行为的处罚，二是对过失的医疗责任事故的处罚。

论及非法行医罪的就诊人承诺问题，先要对具体承诺情形加以区分：一是就诊人明知非法行医而就诊，二是就诊人不知而就诊，三是就诊人被骗而就诊。对于后两种情形在此不加讨论，重点讨论的是第一种情形。

那么，就诊人承诺阻却的是何种意义上的违法性，是行医的非法性还是非法行医的法益侵害性？我认为是后者而非前者。非法行医的非法，是指未取得医生执业资格而行医。根据我国《执业医师法》以及相关法规的规定，只有通过医师资格考试，取得医师资格，并且经医师注册取得执业证书后，才能合法地从事医师执业活动。否则，就是非法行医。这个意义上的非法，与违法性阻却的违法是两个完全不同的概念：前者是规范判断，后者是价值判断。① 无论就诊人如何承诺，都不可能否定行医的非法性，因为这种非法性是根据一定的法律规范确认的，具有客观性，不以人的主观意志为转移。因此，在非法行医案件中讨论的就诊人承诺是一个与行医主体资格无关的问题。对此，日本学者大塚仁教授指出：

> 治疗行为被阻却违法性，不问是具有执照、作为业务实施的人的行为还是不具有执照的人的非业务行为。但是，治疗行为需要是用医学上一般承认的方法实施的，不少必须由具有医学的知识、经验或者特别治疗能力的人实施。因此，从设立执照制度的趣旨来看，无执照者的行为被阻却违法性的范围，在很多情形中，有必要比有执照者的情形作更为狭窄的理解。另外，在实验性地使用医学上尚未承认的方法时，即使结果上有治疗之实，其行为也是违法的。②

因此，未取得行医资格的人同样适用被害人承诺的法理。例如：未取得行医资格的人施行外科手术，经就诊人同意，出于治疗目的，进行截肢。虽然行为人行医是非法的，但这一截肢行为仍然被视为医疗行为阻却其违法性。

在周某某非法行医案中，裁判理由提出的问题是：在患者自愿、主动求医的情况下，能否阻却行为人非法行医罪的构成。这一问题的真正含义是什么，是指阻却行医的非法性还是行医后果的非法性，我认为，这一点是极不明确的，有些似是而非。裁判理由引用张明楷教授的论述，非法行医罪属于危害公共卫生（社会法益）的犯罪，任何人对社会法益都没有承诺权限，故患者的承诺是无效的。③ 这个意义上的被害人的承诺不阻却非法行医的违法性，似乎是指行医的非法性。但正如我以上所论，这根本不是一个违法性阻却的问题，而是一个非法行医之非法性的认定问题：是根据法律规范认定还是就诊人承诺可以排除行医的非法性。至于张明楷教授所述第二点理由，这种承诺只是对医疗行为本身的承诺，而不包括对死伤结果的承诺。④ 在非法行医中，如上所述，也存在对死伤结果的承诺，是否阻却非法行医的非法性，换言之，是

---

① 关于两种违法性的区分，参见：陈兴良．违法性理论：一个反思性检讨．中国法学，2007（3）：163.

② 大塚仁．刑法概说（总论）：第3版．冯军，译．北京：中国人民大学出版社，2003：361-362.

③ 张明楷．刑法学．3版．北京：法律出版社，2007：815.

④ 张明楷．刑法学．3版．北京：法律出版社，2007：816.

否适用被害人承诺或者医疗行为的法理，这本身就是一个问题。如果说，张明楷教授在非法行医罪中讨论的“被害人的承诺不阻却非法行医的违法性”，根本不是在刑法总论中违法性阻却事由框架中讨论的，而只是针对个罪——非法行医罪中的非法性认定问题展开的，其实与被害人承诺及医疗行为等法理无关，那么，至少要说明两者之间的关联，才不至于使人误解。而裁判理由则明显发生了这种误解，将被害人的承诺是否阻却非法行医的违法性问题与刑法理论上的被害人承诺问题混为一谈了。

其实，在周某某非法行医案中涉及的是“同意他人造成的危险”的问题。因为就诊人明知他人没有取得行医资格仍然就诊，这本身就包含了对一定危险的同意，但这种同意能够排除构成要件、成为不可归责的事由吗？这是一个在客观归责中需要研究的问题。这一点要从行为人的谨慎义务是否履行、危险转化为实害的因果流程等方面加以深入考察。在周某某非法行医案中，被告人违规用药造成胎儿死亡，显然不能排除其行为的犯罪性。

第六章　吸毒影响责任能力而实施杀人行为之定性研究

——彭崧故意杀人案（限制责任能力　原因上的自由行为）

在我国吸食毒品行为本身并非犯罪，但吸毒往往诱发其他犯罪。尤其是在毒性发作的情况下，可能导致杀人、伤害以及其他侵犯人身权利的犯罪。由于吸食毒品会对行为人的责任能力产生一定影响，因而吸毒影响责任能力而实施犯罪行为，是否以及如何承担刑事责任，就成为一个值得研究的问题。本章通过对彭崧故意杀人案①的分析，探讨原因上的自由行为理论在我国司法实践中的运用。

一、案情及诉讼过程

被告人彭崧因服食摇头丸药性发作，在其暂住的室内，持刀朝同室居住的被害人阮召森胸部捅刺，致阮召森抢救无效死亡。当晚，彭崧到公安局投案自首。经司法鉴定，彭崧系吸食摇头丸和 K 粉后出现精神病症状，在精神病状态下作案，属于限制刑事责任能力。

福建省福州市中级人民法院认为，彭崧故意非法剥夺他人生命，并致人死亡，其行为已构成故意杀人罪。其作案后能主动投案，并如实供述自己的罪行，可认定为自首，可以从轻处罚。一审判决彭崧犯故意杀人罪，判处无期徒刑，剥夺政治权利终身。

一审判决后，彭崧提起上诉。其上诉理由和辩护人的辩护意见为：作案时彭崧属于无刑事责任能力人，即使构成犯罪，也只构成过失致人死亡罪。福建省高级人民法院裁定驳回上诉，维持原判。

二、归责根据的探寻

本案被告人彭崧在吸食毒品以后，出现精神病症状，在辨认和控制能力减弱的情况下杀人，是否具有可归责性。对此，存在不同层面上的问题：被告人及辩护人认为被告人作案时系无刑事责任能力人，要求重新进行司法精神病鉴定。但在侦查期间，经精神病鉴定，被告人彭崧属于限制刑事责任能力状态。而法院则认为吸毒后的责任能力问题不需要作司法精神病鉴定。言下之意，即使司法精神病鉴定属于无责任能力人，亦应承担刑事责任。裁判理由对此引用了原因自由行为的理论加以论证：

> 具有辨认、控制能力的行为人，故意或者过失使自己一时陷入丧失或者尚未完全丧失辨认、控制能力的状态，并在该状态下实施了符合犯罪构成的行为，依法应当承担刑事责任，刑法理论称此为原因自由行为。使自己陷入丧失或者尚未完全丧失辨认、控制能力状态的行为，称为原因行为；在该状态下实施的犯罪行为，称为结果行为。由于行为人可以自由决定自己是否陷入上述状态，故称为原因自由行为。由上述定义，根据实施原因行为

---

① 最高人民法院编．刑事审判参考：总第 55 集．北京：法律出版社，2007.

时的主观心态，原因自由行为可以分为故意陷入丧失或尚未完全丧失辨认、控制能力状态的情形与过失陷入丧失或尚未完全丧失辨认、控制能力状态的情形。虽然本案被告人彭崧在杀人时控制、辨认能力已经减弱，但这种状态的出现是由于他吸毒所致，因此，其杀人行为可以归责为其吸食毒品的行为。而且在本案中，彭崧在以前已因吸毒产生过幻觉的情况下，明知自己吸食后会出现幻觉仍故意吸食，进而出现精神障碍将阮召森杀死，主观上应当认定为故意使自己陷入该状态，其应承担故意杀人罪的刑事责任。

法院由此得出结论：

吸毒是国家法律所禁止的行为，被告人彭崧在以前已因吸毒产生过幻觉的情况下，再次吸毒而引发本案，其对自己吸毒后的杀人行为应当依法承担刑事责任。

这是我所见到采用原因上自由行为理论的第一个案例，因而具有重要理论意义。在此，先需要对原因上的自由行为加以界定。

原因上的自由行为（actio libera in causa），亦称原因自由行为，是指行为人故意或者过失地使自己处于丧失责任能力或者限制责任能力的状态，在这种状态下实施构成要件的行为并造成一定的法益侵害结果的情形。因为在实施构成要件行为的时候，行为人处于丧失责任能力或者限制责任能力的状态，所以缺乏意志自由或者意志自由程度有所降低，即无责任或者减轻责任。但由于行为人在使自己处于丧失责任能力或者限制责任能力状态的时候，其具有意志自由，因而称为原因上的自由行为。在原因上的自由行为中，存在先后衔接的两个行为：一是故意或者过失使某人陷于丧失责任能力或者限制责任能力状态之行为，可称为原因行为；二是在丧失责任能力或者限制责任能力的状态下实施的法益侵害行为，可称为结果行为。两者合称为原因上的自由行为（actio libera in causa，亦简称 alic）。原因上的自由行为从文字上来看，似乎是一个行为的问题，但实质上是一个责任能力的问题，因而大陆法系刑法理论都在有责性中研究原因上的自由行为。

原因上的自由行为，是一个十分古老的问题。该问题可以追溯到古罗马法。中世纪罗马法就有关于酩酊状态中之违法行为不能阻却刑事责任的规定。及至 17、18 世纪德国普通法的时代，已经对原因上的自由行为展开讨论，当时是承认原因上的自由行为和可罚性的。萨维尼对此采取否定的态度，并且对立法产生了影响。① 现在，德、日刑法均承认原因上的自由行为具有可罚性，但其可罚性的理论根据并没有得到圆满解决。一般来说，在原因上的自由行为可归责性问题上，主要存在以下两种理论论证思路：一是例外模式，二是构成要件模式。对此，德国学者罗克辛教授作过以下描述：

例外模式是赫鲁斯卡最先提出来的，并且作了最有力的发展。根据这种模式，原因自由行为的刑事可罚性表现为一种由习惯法加以正当化的对第 20 条基本原则的例外，即行为人“在实施构成行为时”必须是有罪责能力的。因此，这个人将为自己在心醉神迷状态下的举止行为受到刑事惩罚，虽然他在那时是没有罪责能力的。相反，在司法判决和理论中是行为构成（即指构成要件——引者注）模式占据着统治地位。根据这种理论，归责不是与处在迷醉状态下的举止行为相联系的，而是与自己喝酒或者其他造成排除罪责的那种行为相联系的。这种先前的举止行为，就意味着故意地或者过失地并且由此还意味着可能应受刑事惩罚地造成了符合行为构成的结果。根据这种观点，对原因自由行为的刑事惩罚并不是第 20 条的例外，相反，这种先前的举止行为表现了一种实施时有罪责的对行为构

---

① 关于原因上的自由行为的沿革，参见：徐文宗．论刑法的原因自由行为．北京：北京大学出版社，2006：15.

成的完成。①

罗克辛教授在上述论断中提及的第20条，是指《德国刑法典》第20条。该条规定："行为人行为时，由于病理性精神障碍、深度的意识错乱、智力低下或其他严重的精神反常，不能预见其行为的违法性，或依其认识而行为的，不负刑事责任。"这是德国刑法关于无责任能力的规定，从法条表述中可以看出，无责任能力是与行为时相对应的。此外，《德国刑法典》第21条还规定了限制责任行为，它也是与行为时相对应的。这里的行为，是指该当构成要件的犯罪实行行为。按照这一规定，在实施构成要件行为时，如果行为人处于丧失责任能力或者限制责任能力的状态，则其行为要么不负刑事责任（在丧失责任能力时），要么减轻其刑罚（在限制责任能力时）。而原因上的自由行为，若自陷于丧失责任能力状态，则亦应不负刑事责任；若自限于限制责任能力状态，则亦应减轻其刑罚。但这显然是不合理的。为使原因上的自由行为具有可归责性，必须从法理上加以证明。

例外模式，就是这种理论论证之一。如上所述，刑法关于刑事责任能力的规定，都强调行为时丧失责任能力而不负刑事责任，或者行为时限制责任能力而减轻刑事责任，由此引申出责任能力与实行行为同在原则。而例外模式，就是认为原因上的自由行为之应负刑事责任是对实行行为与责任能力同在原则的例外。我曾经是赞同例外模式的：之所以确立责任能力与实行行为同在原则，是为了防止客观归罪，从而坚持责任主义的立场。但原则必有例外，只要这种例外并不违背设立原则的初衷，就是合理的，就应当承认这种例外。因此，我认为与其对实行行为作牵强的扩大解释，不如径行承认原因上的自由行为是责任能力与实行行为同在原则的例外。② 现在看来，这一结论有失偏颇。这里主要存在理与法之间的冲突：承认原因上的自由行为的可归责性是合理的，但却与刑法规定发生了矛盾。尽管有些学者采用目的性限缩的方法，将原因上的自由行为从刑法关于责任能力规定的范围中予以排除③，但目的性限缩，若适用于有利于被告人的情形，则具有合理性；若适用于不利于被告人的情形，则确实存在与罪刑法定原则相抵牾的问题。对此，我国台湾地区学者指出：例外模式的论点，主要建构在自然法的适用上，唯其与刑法罪责原则及罪刑法定原则间，具有相当不相容的特质。依例外模式的认定，如忽略前行为与作为归责基础的结果间之因果连接关系，则主观要件的故意与过失将丧失其对行为之关系，而终使得罪责原则与法定原则的基础受到动摇，盖原因自由状态下之行为，并未落入法定构成要件的评价范围中，而陷入无责状态下之行为，却又非罪责规范的范围。故而例外模式在超越法定原则及罪责原则的情况下，其正当性的论据，不免受到质疑。④ 应该说，这一评论是有道理的，例外模式确实存在有悖于罪刑法定原则之虞。

构成要件模式，是在坚守责任能力与实行行为同在的原则下寻找原因上自由行为的归责根据，但因论证角度不同又可分为以下诸种观点。一是前置理论，这种理论也可以说是一种因果关系说，即把原因上的自由行为看作实行行为的原因，而实行行为则是其结果。这种理论将原因上的自由行为本身看作可罚行为，但这仍然是缺乏法律根据的。二是间接正犯理论，即把丧失责任能力或者限制责任能力的行为看作间接正犯中的被利用行为，而把原因上的自由行为看作间接正犯的利用行为，这是一种自我利用的间接正犯。应该说，间接正犯理论是对原因上的自由行为的归责根据的一种十分精致的论证，具有逻辑上的合理性。尽管对这种理论也存在批

---

① 罗克辛．德国刑法学总论：第1卷．王世洲，译．北京：法律出版社，2005：600.

② 陈兴良．本体刑法学．北京：商务印书馆，2001：331.

③ 黄丁全．刑事责任能力研究．北京：中国方正出版社，2000：253.

④ 柯耀程．变动中的刑法思想．北京：中国政法大学出版社，2003：144－145.

评，认为这仅是从原因自由行为结构性之观察，作纯粹逻辑性之推演而已，其根本即忽略支配关系的要求。①但在他人利用的间接正犯情形下的支配关系与在自我利用的间接正犯情形下的支配关系，应该有所不同而不必强作相同的要求。三是扩张理论，亦称统一行为说。该说将原因设定行为与丧失或者限制责任能力情况下实施的行为一并看作犯罪的实行行为，即对实行行为作扩大解释。因此，刑法关于刑事责任能力规定中的行为，不仅是指造成具体法益侵害的行为，而且包括原因设定行为。这种对行为的扩大解释，满足了责任能力与实行行为同在原则。

从以上刑法理论关于原因上的自由行为归责性观点来看，尽管大陆法系刑法学的通说是承认原因上的自由行为的可归责性，但在理论的论证上尚存在相当大的分歧，各种观点均有其道理，但也未能十分圆满地解决原因上的自由行为的归责根据问题。

在我国刑法学界，尽管刑法教科书一般都没有论及原因上的自由行为（因为我国刑法学来自苏俄，而在苏俄刑法学中并不存在原因上的自由行为的概念及理论），但我国学者在有关著作中对原因上的自由行为作了较为深入的研究。例如，熊选国在其博士论文《刑法中行为论》中，将原因上的自由行为作为一种特殊危害行为类型加以讨论，认为在原因上的自由行为中，原因行为与无责任能力状态下实施的侵害行为间的心理联系虽然可能隔断，但行为人在实施原因行为时，已具有对危害结果发生的预见或者预见可能性。而且后一行为是由前一行为所引起，也是沿着前者的轨道在发展。因此，现实的侵害行为，实际上是原因行为到达结果的因果关系的过程事实，两者应视为一个行为。②而冯军则在其博士论文《刑事责任论》中，主张以责任能力的特殊表现形式的名义对原因上的自由行为同在原则予以严格的维持，并根据不同情况确定责任能力是存在于原因行为之时还是结果行为之时。③显然，上述两种观点，在对原因上的自由行为的归责根据在论证思路上是有所不同的：熊选国主张的是一种扩张理论，倾向于把原因行为与结果行为视为统一的实行行为，以此对应于责任能力，而冯军则区别不同情况解决原因上的自由行为的可归责性问题，强调意思决定，认为只有意思决定包含着发生结果的现实危险性，原因上的自由行为才具有可归责性。因此，责任能力应当与意思决定的行为相对应：如果原因设定行为具有意思决定性质，则责任能力与原因设定行为同在；如果结果行为具有意思决定性质，则责任能力与结果行为同在。由于原因上的自由行为主要是一个大陆法系刑法学的问题，我国刑法学如何处理这个问题，尤其是在我国司法实践中如何适用原因上的自由行为，都是缺乏探讨的。在彭崧案的裁判理由中，法官采用原因上的自由行为理论解决彭崧的刑事责任问题，当然是值得肯定的。但在本案的裁判理由中，对原因上的自由行为可归责性本身是缺乏论证的，由此也存在理论上的隐患。例如，在本案裁判理由中，法官提出被告人彭崧的杀人行为可以归责为其吸食毒品的行为这样一个命题，在理论上就是值得推敲的。何谓杀人行为归责为吸食毒品的行为？因为杀人行为是在限制责任能力状态下实施的，而这种限制责任能力的状态又是吸食毒品行为造成的，就此而言，吸食毒品行为是杀人行为的原因行为。正确的表述应当是：杀人行为可以归因于其吸食毒品的行为。这里的归因是客观的，它只是解决了原因行为与结果行为之间的客观联系，但尚未解决原因上的自由行为的主观归责问题。

在彭崧案中，即使采用原因上的自由行为理论，被告人的主观罪过仍然是一个值得推敲的问题。这里的问题在于：原因上的自由行为中的犯罪故意或者犯罪过失，是指原因行为的故意或者过失，还是指结果行为的故意或者过失，抑或同时指两者。如果将这些要素组合排列，就会形成以下四种情形：

---

① 柯耀程．变动中的刑法思想．北京：中国政法大学出版社，2003：146.

② 熊选国．刑法中行为论．北京：人民法院出版社，1992：225－226.

③ 冯军．刑事责任论．北京：法律出版社，1996：150－151.

（1）原因行为与结果行为均为故意；

（2）原因行为与结果行为均为过失；

（3）原因行为为故意，结果行为为过失；

（4）原因行为为过失，结果行为为故意。

在上述第一种场合，行为人构成故意犯罪应无争议。应当指出，这里的故意，是指具有连续性的故意，即在原因行为之时就对结果行为具有故意。例如在本案中，彭崧必须是为故意杀人而故意使本人陷于限制责任能力的状态。这种情形，日本学者西田典之教授命名为双重故意。日本学者西田典之教授指出：

> 要根据原因上的自由行为作为实行行为加以处罚，除了首先必须与结果行为之间具有相当因果关系之外，其次，还必须在原因行为之时存在故意，而且这一故意实现于结果行为。也就是必须存在故意的连续性，即结果行为受原因行为之时的故意所支配。①

因此，这里的原因行为的故意，并非故意吸食毒品，而是指基于杀人的故意而吸食毒品使本人处于丧失或者限制责任能力的状态，这才构成故意杀人罪。在本案二审法院的判决中，强调被告人彭崧的吸毒、持刀杀人在主观上均出于故意，因此，认定为故意杀人罪。在裁判理由中，则并没有强调杀人时出于故意，而是从故意使自己陷入限制责任能力状态，就得出其应承担故意杀人罪的刑事责任。在这种情况下，如果不能论证原因设定时具有意图在丧失责任能力或者限制责任能力的状态下实施犯罪的故意，即不能证明原因设定时的故意与结果行为时的故意之间具有连续性，就不能认定为原因上的自由行为的故意犯，至多只能构成过失的原因自由行为。② 由此可见，在我国司法实践中采用原因上的自由行为理论，还应对该理论本身进行深入研究。

三、罪刑法定的理解

原因上的自由行为可归责性的理论根据，在刑法学界聚讼难息。那么，根据通说对原因上的自由行为追究刑事责任，是否具有法律根据呢？这里存在一个如何看待理论与法律之间关系的问题。

如前所述，主张原因上的自由行为具有可归责性的观点，都是在对刑法关于责任能力的规定作各种解释，以便使原因上的自由行为不适用刑法关于刑事责任能力的规定。例如我国《刑法》第 18 条第 1 款规定：“精神病人在不能辨认或者不能控制自己行为的时候造成危害结果，经法定程序鉴定确认的，不负刑事责任，但是应当责令他的家属或者监护人严加看管和医疗；在必要的时候，由政府强制医疗。”第 3 款规定：“尚未完全丧失辨认或者控制自己行为能力的精神病人犯罪的，应当负刑事责任，但是可以从轻或者减轻处罚。”在上述第 18 条第 1 款的规定中，存在“在不能辨认或者不能控制自己行为的时候”的表述，即所谓行为时，如果这里的行为时，是指结果行为时，则在丧失责任能力情况下的原因上的自由行为就不负刑事责任；在限制责任能力情况下的原因上的自由行为就可以从轻或者减轻处罚。但如果把这里的行为时，理解为包括原因行为，甚至认为在原因上的自由行为中就是指原因行为，则原因上的自由行为不适用上述规定，因为原因行为是自由的，在原因设定时行为人并没有丧失或者限制责任能力。若对刑法规定作此理解，则原因上的自由行为虽然法无明文规定，但可以通过对刑法规定的解释而解决其法律适用问题。这就是刑法理论对法律规定所起的补充作用。事实上，法律规定是有限的，大量问题是刑法没有规定的，对此应通过刑法理论加以弥补。所谓法无明文规定不为罪，

---

① 西田典之．日本刑法总论．刘明祥，王昭武，译．北京：中国人民大学出版社，2007：237.

② 徐文宗．论刑法的原因自由行为．北京：北京大学出版社，2006：48.

主要是指对刑法分则的规定，而不包括总则。我的这一对罪刑法定原则之“法”的理解，曾经受到质疑。[①] 对此，我在《“法无明文规定不为罪”之“法”的理解》一文中作了以下回应：

关于这个问题，我国刑法理论上以往一般鲜有论及。这里涉及刑法总则与刑法分则的界分。总则与分则的分立始于1810年《法国刑法典》。一般认为，刑法总则是关于犯罪与刑罚的一般性规定，而刑法分则是关于具体犯罪的构成要件及其法定刑的规定。因此，一个行为到底是不是犯罪，归根结底是由刑法分则的罪状规定的。在这个意义上说，“法无明文规定不为罪”之“法”就当是指刑法分则。一个行为，无刑法分则的明文规定不得入罪。我国刑法总则虽然有关于犯罪概念的一般规定，但这只是一个原则性的规定，它对于具体犯罪的认定具有指导意义，但一个行为决不能根据刑法总则关于犯罪概念的一般规定而认定为犯罪。当然，这里的刑法分则规定应作广义上的理解，它既包括刑法典中的分则规范，也包括单行刑法与附属刑法中的分则规范。为进一步说明这个问题，我们还可以从中外刑法关于罪刑法定原则的表述来加以分析。1810年《法国刑法典》是世界上第一部规定罪刑法定原则的刑法典，该法第4条规定：“不论违警罪、轻罪或重罪，均不得以实施犯罪前未规定之刑罚处罚之。”这里的“未规定”，当然是指对违警罪、轻罪或重罪的规定，这种规定当然是指刑法分则规定。及至1994年《法国刑法典》第111—3条对罪刑法定原则作了以下更为具体的规定：“构成要件未经法律明确规定之重罪或轻罪，不得以其处罚任何人；或者，构成要件未经条例明确规定之违警罪，不得以其处罚任何人。如犯罪系重罪或轻罪，法律无规定之刑，不得以其处罚任何人；如犯罪系违警罪，条例无规定之刑，不得以其处罚任何人。”显然，这里对违警罪、轻罪或重罪之构成要件做出规定的应当是指刑法分则。我国刑法关于罪刑法定原则的规定，最早出现在1910年《大清新刑律》，表述为：“法律无正条者，不问何种行为，不为罪。”这里的正条，是中国古代刑法对规定具体犯罪与刑罚的法条的称谓，即现代刑法中的分则条文。例如《唐律》就有“诸断罪而无正条”的规定，由于《唐律》并无罪刑法定原则，而是按照“出罪，举重以明轻；入罪，举轻以明重”的方法实行类推。我国现行《刑法》第3条将罪刑法定原则表述为：“法律明文规定为犯罪行为的，依照法律定罪处刑；法律没有明文规定为犯罪行为的，不得定罪处刑。”这里的“法律”，我认为也应当是指刑法分则条文。当然，刑法分则是受刑法总则制约的，因此，罪刑法定原则中的“法”，对于具体犯罪的规定而言，当然是指刑法分则规定，但在对某一具体犯罪定罪量刑的时候同样也离不开刑法总则的规定。在这个意义上，刑法总则规定对于罪刑法定原则的实现也是具有重要意义的，或者说，刑法总则规定同样应当贯彻罪刑法定原则。我们必须看到，刑法总则规定，在性质与功能上是存在重大差异的。刑法总则规定更为原则，规定也较为简单，在没有规定的情况下可依刑法理论加以补充。例如，我国刑法总则并无不作为之规定，但并不能以法无明文规定为由认为不纯正的不作为一般不构成犯罪（纯正的不作为在刑法分则有明文规定）。此外，我国刑法总则只规定了数罪并罚中，同种刑罚如何并罚；而没有规定异种刑罚如何并罚。在这种情况下，我们也不能以法无明文规定为由对异种刑罚不予并罚。正是为了强调这一点，我主张“法无明文规定不为罪”之“法”，应是指刑法分则条文。惟此，才能正确地理解罪刑法定原则。[②]

---

① 法学家茶座：第6辑．济南：山东人民出版社，2004：159.

② 陈兴良．“法无明文规定不为罪”之“法”的理解//法学家茶座：第7辑．济南：山东人民出版社，2005：147-148.

原因上的自由行为主要是一个刑法总则的问题，它涉及刑法关于刑事责任能力规定的适用范围。如果通过刑法理解能够解决，当然是求之不得的。当然，我们也必须看到，在某些国家的刑法中，对于原因上的自由行为还是作出了明文规定。这种规定分为以下两种立法例。

一是作为对责任能力的例外规定在刑法总则中加以规定。例如《意大利刑法典》第85条第1项规定："无责任能力人之行为，不罚。"第87条规定："意图犯罪或预谋免责而自陷于无辨别及意思能力状况者，不得适用第85条第1项之规定。"意大利学者在解释这一规定时指出：

> 这个规定的基础即所谓"原因中的自由行为"（actio libera in causa）。在这种情况下，构成犯罪的"actio"（行为）本身并不是"libera"（自由的）（因为主体在行为时处于无能力状态），但"in causa"（在原因中），即作为犯罪行为起因的行为，却是自由的（因为使自己陷入无能力状态是主体出于实施犯罪的目的，在有能力的情况下自由地作出的选择）。按照"原因中的自由行为理论"，犯罪行为实际上是被提前到了使自己陷入无能力状态的行为，而真正构成犯罪的事实只是先前自愿行为的结果。按照通行的说法，通过原因中的行为，主体将自身变成了自己实施犯罪的工具。因此，行为人对自己在无能力状态中实施的行为应承担何种责任，从根本上取决于主体使自己陷入无能力状态时的心理态度：如果实施的犯罪与行为人的预谋相合，行为人就应承担直接故意的责任；如果实际实施的不是主体预谋的犯罪，只要在主体陷入无能力状态前应预见的范围之内，行为人都应承担过失犯罪的责任。①

从上述论述来看，意大利学者对原因上的自由行为的归责根据是采用间接正犯说的，这与意大利刑法的规定也相吻合，因为《意大利刑法典》第86条规定的就是间接正犯。

二是作为独立罪名在刑法分则中加以规定。例如，《德国刑法典》第323条规定：（1）故意或过失饮酒或用其他麻醉品使自己处于无责任能力的醉酒状态下实施犯罪行为的，处5年以下自由刑或罚金。（2）所处刑罚不得重于其在醉酒状态下实施的犯罪的刑罚。当然，该条规定与原因上的自由行为的关系，在德国刑法理论上尚存在争议。事实上，《德国刑法典》第323条的规定，其适用范围是有限的，并不能完全解决原因上的自由行为的法律适用问题。因此，德国学者指出：无责任能力状态下行使的盗窃（第242条）和作伪证（第154条），因为行为人在符合构成要件的行为开始之前，操纵整个过程时完全具有责任能力（原因行为），因而其行为具有可处罚性（不得仅以第323条处罚）。②

我国刑法总则与分则，均无关于原因上的自由行为的明文规定。在这种情况下，是否存在适用原因上的自由行为理论的余地，对此，彭崧案的裁判理由认为，吸食毒品后犯罪应负刑事责任不违反罪刑法定原则，并作了以下论证：

> 首先，从刑法总则的规定看，行为人实施了犯罪行为，除非法律明文规定不负刑事责任的，都要承担刑事责任。《刑法》第三条规定，"法律明文规定为犯罪行为的，依照法律定罪处刑；法律没有明文规定为犯罪行为的，不得定罪处刑"。罪刑法定原则有两个方面的含义：一方面在于法无明文规定不定罪、不处罚；另一方面在于法有明文规定的，要定罪、要处罚。如果法律已经明确为犯罪行为的如故意杀人、故意伤害等，除法律明确规定

---

① 杜里奥·帕多瓦尼．意大利刑法学原理（注评版）．陈忠林，译评．北京：中国人民大学出版社，2004：175-176.

② 汉斯·海因里希·耶赛克，托马斯·魏根特．德国刑法教科书（总论）．徐久生，译．北京：中国法制出版社，2001：533.

不负刑事责任外，应当依法定罪处罚。我国刑法对不负刑事责任的情形作了明文的列举规定，即《刑法》第十五条第二款规定，法律没有规定应负刑事责任的过失犯罪；《刑法》第十七条规定，不满十六周岁的人，除已满十四周岁犯八种犯罪外，不予刑事处罚；第十八条规定，精神病人在不能辨认或者不能控制自己行为的时候造成危害结果，经法定程序鉴定确认的，不负刑事责任；第二十条规定，正当防卫不负刑事责任；第二十一条规定，紧急避险不负刑事责任。可见，刑法并没有规定被告人吸食毒品后影响其控制、辨别能力而实施犯罪行为的，不负刑事责任。

其次，根据举轻以明重的解释方法，吸毒的人犯罪，应当负刑事责任。我国《刑法》第十八条规定，醉酒的人犯罪，应当负刑事责任。吸食毒品在我国属于违法行为，吸食毒品后犯罪，比醉酒的人犯罪，性质更严重。唐律中有关“举重以明轻”“举轻以明重”的规定，这是司法解释的一个基本方法，至今，刑事司法工作中仍然沿用。依此原理，可以认为，法律虽然只规定醉酒的犯罪应当负刑事责任，但举轻以明重，吸毒的人犯罪，也应当负刑事责任。

在以上两个理由中，第一个理由涉及对我国刑法中罪刑法定原则的理解。我国《刑法》第3条规定的罪刑法定原则，在表述上确实不同于其他国家刑法的规定。我国学者认为，我国《刑法》第3条关于罪刑法定原则的规定，可以分为两个方面：第一个方面，可称为积极的罪刑法定原则；第二个方面，可称为消极的罪刑法定原则。① 积极罪刑法定原则乃我国刑法所特有，但其内容能否概括为“行为人实施了犯罪行为，除非法律明文规定不负刑事责任的，都要承担刑事责任”，则是殊为可疑的。如果按照这一理解，则超法规的违法性阻却事由在我国刑法中都应当按照犯罪处理。例如，经被害人承诺出于特定目的（例如防疫）而烧毁其带有传染病菌的衣物，如果衣物价值数额较大的，是否都应认定为故意毁坏财物罪呢？显然不能。由此可见，所谓积极的罪刑法定原则，并不能理解为只要刑法规定为犯罪就一定要定罪处罚，而是指“只有法律将某一种行为明文规定为犯罪的，才能对这种行为定罪判刑，而且必须依照法律的规定定罪判刑”②。由此可见，所谓积极的罪刑法定原则仍然是对司法权的限制，强调定罪处刑的合法性。原因上的自由行为，包括丧失责任能力与限制责任能力两种情形。在丧失责任能力的情况下，如果没有原因上的自由行为理论，则其行为时因缺乏责任能力而不构成犯罪，怎么还要承担刑事责任？在限制责任能力的情况下，如果没有原因上的自由行为理论，则其行为时因责任能力减弱而应当从轻或者减轻处罚，也同样不存在不负刑事责任的问题。事实上，只有在不适用原因上的自由行为理论的前提下，才有对原因上的自由行为追究刑事责任违反罪刑法定原则之虞。因此，第一个理由的论证与逻辑不合。

第二个理由是关于能否按照醉酒人犯罪规定的问题。我国《刑法》第18条第4款规定：“醉酒的人犯罪，应当负刑事责任。”这里的醉酒的人，在我国刑法理论上是指生理性醉酒而不包括病理性醉酒。因此，故意或者过失使本人陷于病理性醉酒状态，在丧失责任能力或者限制责任能力的情况下实施刑法分则规定的构成要件行为的，仍然应根据原因上的自由行为理论解决其归责根据问题。在生理性醉酒的情况下，确实存在丧失责任能力或者限制责任能力而实施法益侵害行为的情形，对此刑法明文规定应当负刑事责任。但这里应当负刑事责任的理论根据仍然应采用原因上的自由行为而予以解决。③ 现在的问题是：能否证明“醉酒的人犯罪，应当

---

① 何秉松．刑法教科书：上卷．北京：中国法制出版社，2000：63.

② 胡康生，郎胜主编．中华人民共和国刑法释义．3版．北京：法律出版社，2006：4.

③ 熊选国．刑法中行为论．北京：人民法院出版社，1992：231.

负刑事责任”的规定而引申出“吸毒的人犯罪，应当负刑事责任”的规则。裁判理由是以“举轻以明重”的解释方法为此作辩护的。但“举重以明轻”和“举轻以明重”都应当受到罪刑法定原则的限制，尤其是入罪时不得轻重相举，否则就是类推。我认为，原因上的自由行为若根据刑法理论已经从刑法关于刑事责任能力规定的范围中予以排除，就没有必要再寻找其他法律根据。

四、精神病人的定义

吸食毒品而产生精神障碍，在精神障碍状态下实施法益侵害行为，应当如何处理，是一个世界各国都面临的问题。对此，某些国家刑法作了专门规定。例如，《意大利刑法典》第 91 条是关于产生了偶然事件或不可抗力的醉酒状态的规定。第 92 条是关于自愿的、过失的或者预先安排的醉酒状态的规定。第 93 条规定：“当行为是在麻醉品作用下实施时，也适用前两条的规定。”第 94 条第 3 款规定，当沉溺于使用麻醉品的人在麻醉品作用下实施犯罪时，也适用本条第一部分规定的加重处罚。第 95 条规定：“在因酒精和麻醉品造成的慢性中毒状态中实施行为的，适用第 88 条和第 89 条中的规定。”这些规定，为处理麻醉品中毒者的刑事责任提供了法律根据。根据上述规定，意大利学者认为，对麻醉品中毒应按下列不同情况分别处理①：

> （1）如果行为人无认识或控制能力的状态是由不可预见或不可抗拒的原因引起的，即主体对这种状态的形成没有任何过错，应当排除主体的刑事责任能力；如果行为人的能力因上述原因而“极大地”减弱，则应减轻处罚。（刑法典第 91 条）。
>
> （2）如果中毒状态是行为人有意或过失地造成的，或者说按刑法典第 92 条第 1 款的规定，“不是由意外事件或不可抗力造成的”，行为人无能力的状态在刑法上就没有意义，即应将主体视为有刑事责任能力的人。
>
> （3）如果行为人的无能力状态是由“慢性中毒”造成的，按刑法典第 95 条规定，这种情况属于精神缺陷范畴，应按刑法典第 88 条和第 89 条的规定处理。②

由此可见，《意大利刑法典》对麻醉品中毒情形下的刑事责任作了较为具体的规定，以便于司法适用。其他国家虽然没有对麻醉品中毒者的刑事责任作出明确规定，但有关规定被包含在某一法律规定中。例如，《德国刑法典》第 20 条（精神病患者不负刑事责任）规定：“行为人行为时，由于病理性精神障碍、深度的意识错乱、智力低下或其他严重的精神反常，不能预见其行为的违法性，或依其认识而行为的，不负刑事责任。”第 21 条（限制责任能力）规定：“因第 20 条规定的各项原因，行为人行为时由于认识能力显著减弱，或依其认识而行为的，可依第 49 条第 1 款减轻其刑罚。”在此，《德国刑法典》将导致丧失或者限制责任能力的原因分为 4 项：病理性精神障碍、深度的意识错乱、智力低下或其他严重的精神反常。在此，病理性精神障碍可以分为外源性精神病与内因性精神病。外源性是指精神病的原因是从外部侵入器官组织。而内因性是指精神病的原因是在身体内部出现的。德国学者罗克辛教授认为，毒品性迷醉引发的精神病，属于外源性精神病。③ 因此，如果是毒品中毒引发精神障碍，则属于丧失责任能力或者限制责任能力的情形，除非存在原因上的自由行为。在此，以德国波恩某州法院关

① 杜里奥·帕多瓦尼．意大利刑法学原理（注评版）．陈忠林，译评．北京：中国人民大学出版社，2004：180-181.

② 这里的《意大利刑法典》第 88 条是指完全心智丧失不负刑事责任的规定，第 89 条是指部分心智丧失减轻处罚的规定。

③ 罗克辛．德国刑法学总论：第 1 卷．王世洲，译．北京：法律出版社，2005：583-585.

于一起故意杀人未遂案为例加以说明。被告人哈逊姆·马斯洛依长期吸食大麻，逐渐产生了幻觉。其于2001年12月7日实施故意杀人行为，未遂。在本案判决书中，法官布伦、马尔贝特、赖因霍夫指出：

> 根据神经病学和精神病学的专业女医生杨考斯基博士的判断——很多提交给法庭的鉴定报告表明，她是极其值得信赖的和内行的专家，在对被告人进行检查——也包括由专家教授施泰因迈尔博士所进行的检测心理学的附加检查——时并未出现任何线索表明存在深度的意识障碍（刑法典第20条第2个选择项）、智力低下（刑法典第20条第3个选择项）或者其他严重的精神病态（刑法典第20条第4个选择项）。
>
> 但是，这个女专家诊断出被告人存在心理病理学的综合征，它是慢性的、毒品产生的精神分裂的偏执狂的幻觉性精神病。此外，被告人还存在大量的后遗性综合征（缺陷状态），典型地出现在精神分裂的精神病之中。
>
> 这个疾病状况符合刑法典第20条第1个选择项意义上的疾病性精神障碍的各个前提。
>
> 与女专家仅仅根据她在莱茵巴赫司法执行设施进行的检查所暂时作出的鉴定不同，女专家根据在主要程序审判中获得的印象所得出的结论是：被告人存在的这种疾病性精神障碍并未导致刑法典第20条意义上的认识能力或者控制能力。①

在上述案件中，被告人因长期吸毒而产生精神障碍，但精神病专家认为其没有丧失责任能力。当然，判决指出，虽然不存在刑法典第20条意义上的排除刑法答责性的各种前提，但是，根据各位专家的判断，法庭认为被告人显著降低了其刑法典第21条意义上的控制能力。也就是说，判决对被告人按照《德国刑法典》第21条的规定，减轻处罚。在这个案件中，判决对被告人并没有采用原因上的自由行为理论。由此可见，德国司法机关对原因上的自由行为之适用采取了较为谨慎的态度：在原因上的自由行为的故意犯情况下，要求双重故意（故意的双重地位）。而在原因上的自由行为的过失犯的情况下，要求对实现某一特定的过失犯罪的构成要件能够预见。② 而我国刑法对适用原因上的自由行为的条件缺乏严格限制，甚至在彭崧案的裁判理由中提出了“吸食毒品而致精神障碍的，不属于刑法意义上的精神病人”的命题，并对此作了以下论证。

> 《刑法》第18条规定，精神病人在不能辨认或者不能控制自己行为的时候造成危害结果，经法定程序鉴定确认的，不负刑事责任。该条规定对不负刑事责任设定了三个条件：一是精神病人，即行为人在实施危害行为前就已经是精神病人；二是精神病人实施危害行为时不能辨认或者不能控制自己的行为，也即说如果实施危害行为时该精神病人能够辨认或者控制自己的行为，亦应当负刑事责任；三是程序条件即须经法定程序鉴定。本案情况表明，被告人彭崧是一个心智正常的人，其实施杀人行为时虽在辨认、控制能力上与其没吸食毒品时有区别，但其当时出现精神障碍，并非精神病发作的原因，而显然是受吸食毒品的影响，故被告人彭崧并非刑法意义上的精神病人。

这里涉及对我国《刑法》第18条第1款所规定之“精神病人”的理解。这里的精神病人，是指精神障碍者，这是一种丧失辨认或者控制自己行为能力的状态。只要存在这种状态，就是精神障碍者，至于引起这种精神障碍的原因在所不问。如前所述，在精神病学上把精神病分为

---

① 德国波恩某州法院关于一起故意杀人未遂案的判决书．冯军，译//冯军主编．比较刑法研究．北京：中国人民大学出版社，2007：451.

② 汉斯·海因里希·耶赛克，托马斯·魏根特．德国刑法教科书（总论）．徐久生，译．北京：中国法制出版社，2001：534－535.

外源性精神病与内因性精神病。在外源性精神病中，存在一种所谓中毒性精神病（intoxication psychoses；Intoxikation Psyohosen），是指由各种药物及毒物所引起之急性或慢性之精神错乱。[①] 因此，不能简单地认为吸食毒品而致精神障碍的，不属于精神病人。恰恰相反，吸食毒品而致精神障碍的，同样是精神病人。至于是否属于丧失责任能力或者限制责任能力的人，则应对其行为时的辨认能力与控制能力加以司法精神病鉴定。当然，如果属于故意或者过失的原因上的自由行为，则应追究刑事责任。

五、结论

彭崧故意杀人案，在作案时具有限制责任能力，但这种限制责任能力状态是吸食毒品后药性发作所致。从法院认定的案情来看，被告人彭崧是在主观上故意的支配下实施杀人行为的，就此认定为故意杀人罪似无不可。但能否适用原因上的自由行为理论，则是存疑的。我认为，本案不存在适用原因上的自由行为理论的余地，应按一般的限制责任能力人犯罪处理。

此外，吸毒以及其他原因引起的精神障碍，同样是精神病人。正如醉酒犯罪，不能因为《刑法》第18条第4款规定了醉酒的人犯罪应负刑事责任，就不再对醉酒的人进行责任能力的认定。如果是病理性醉酒，则属于精神病，也同样需要进行司法精神病鉴定。因此，以下结论是不能成立的：

> 鉴于被告人吸食毒品后实施犯罪行为，其犯罪行为归责于吸食毒品的行为，且吸食毒品后出现的精神障碍并不属于刑法意义上的精神病人，所以，对吸毒后犯罪的被告人作司法精神病鉴定对本案的处理不产生任何影响。换言之，被告人吸食毒品后的责任能力问题，不影响其对自己吸食毒品后的危害社会行为依法承担刑事责任，故对被告人吸食毒品后的责任能力不需要作司法精神病鉴定。

① 黄丁全．刑事责任能力研究．北京：中国方正出版社，2000：155.

第七章　不以骗取税款为目的的虚开发票行为之定性研究

——芦才兴偷税案（目的犯　非法定的目的犯）

虚开发票行为是指《刑法》第205条规定的虚开增值税专用发票、用于骗取出口退税、抵扣税款发票的行为。因此，虚开发票行为包括虚开以下三种发票：一是虚开增值税专用发票；二是虚开用于骗取出口退税发票；三是虚开抵扣税款发票。由此构成的犯罪是虚开增值税专用发票、用于骗取出口退税、抵扣税款发票罪。为行文方便，本章将本罪简称为虚开发票罪或在涉及具体发票时予以详称。

一、引论

虚开发票罪涉及的一个重要法理问题是：本罪是否以骗取税款为目的。《刑法》第205条第1款规定：

> 虚开增值税专用发票或者虚开用于骗取出口退税、抵扣税款的其他发票的，处三年以下有期徒刑或者拘役，并处二万元以上二十万元以下罚金；虚开的税款数额较大或者有其他严重情节的，处三年以上十年以下有期徒刑，并处五万元以上五十万元以下罚金；虚开的税款数额巨大或者有其他特别严重情节的，处十年以上有期徒刑或者无期徒刑，并处五万元以上五十万元以下罚金或者没收财产。

根据这一规定，只要有虚开行为即可构成本罪，并且根据虚开税款的数额大小规定了轻重不等的法定刑。显然，刑法对虚开发票罪没有规定以骗取税款为目的。同时，《刑法》第205条第1款只规定了虚开行为构成犯罪，但对虚开以后又骗取税款的行为如何处理没有规定。对此，我国刑法学界存在以下三种观点。① 第一种观点认为，虚开发票行为本身就构成犯罪，再用虚开的发票骗取国家税款，属于加重行为。第二种观点认为，该种情况属于犯一罪同时触犯数法条的法条竞合，适用特别法（《刑法》第205条）优于普通法（《刑法》第204条）的原则，应以《刑法》第205条论处。第三种观点认为，虚开增值税专用发票后又实施骗税行为的，完全符合牵连犯的情况，应依照牵连犯定罪的“从一重处断”的通行原则。我认为，《刑法》第205条第1款规定是存在缺陷的，它只规定了虚开行为，对于虚开后的骗取行为未作规定，由此与规定了骗取税款的第2款的规定不相协调。在这种情况下，应当比照第2款规定弥补第1款规定的立法缺陷。因此，实施《刑法》第205条第1款的虚开行为而又骗取税款的，应以虚开发票罪论处。在本章中，我并不想深入讨论这个问题，之所以论及这个问题，是想表明虚开发票行为与骗取税款行为是密切相连的。虚开发票而未去骗取国家税款的（简称开而未骗），应以本罪论处；虚开发票而骗取国家税款的（简称开且骗），同样应以本罪论处。在开且骗的情况下，行为人主观上当然是具有骗取税款目的的。但在开而未骗的情况下，行为人主观

---

① 高铭暄主编．新型经济犯罪研究．北京：中国方正出版社，2000：171.

上是否必须具有骗取税款目的？换言之，如果没有骗取税款目的是否构成本罪？进而言之，如果没有骗取税款目的但有其他犯罪目的并实施了其他犯罪行为的，是定虚开发票罪还是定其他犯罪呢？这才是本章讨论的问题。

在我国刑法理论中，关于虚开发票罪是否以骗取税款为目的，存在以下两种观点。第一种是肯定说，例如张明楷教授指出："本罪属于抽象的危险犯，司法机关应以一般的经济运行方式为根据，判断是否具有骗取国家税款的可能性。如果虚开、代开增值税等发票的行为根本不具有骗取国家税款的可能性，则不宜认定为本罪。例如，甲、乙双方以相同的数额相互为对方虚开增值税发票，并且已按规定缴纳税款，不具有骗取国家税款的主观目的与现实可能的，不宜认定为本罪。再如，代开的发票有实际经营活动相对应，没有而且不可能骗取国家税款的，也不宜认定为本罪。"① 第二种是否定说，认为一般来说，行为人主观上都是以营利为目的，但法律上并未规定"以营利为目的"是构成本罪在主观方面的必备要件。因此，如果以其他目的虚开增值税专用发票的，也构成本罪。② 在上述两种观点中，我是赞同肯定说的，主张虚开发票罪是目的犯。这一观点，在芦才兴案中得到确认。

二、案情及诉讼过程③

被告芦才兴在以某公司名义经营运输业务期间，为少缴应纳税款，先后从其他运输企业虚开表明营业支出的联运发票等运输发票共 53 张，价税合计人民币 600 余万元，并将上述发票全部入账，用于冲减其经营运输业务的营业额，合计偷逃税款 50 余万元，且偷逃税额占其应纳税额的 30%以上。为帮助其他企业偷逃税款，芦才兴将 50 余张运输发票提供给其他运输企业，这些企业将这些发票用以冲减营业额，合计偷税 30 余万元。

浙江省宁波市中级人民法院认为：芦才兴违反国家税收法规，故意采用虚假手段，虚增营业开支，冲减营业数额，偷逃应纳税款计人民币 50 余万元，且偷逃税额占应纳税额的 30%以上；又提供或虚开运输发票，帮助其他运输企业虚增营业开支，冲减营业数额，偷逃应纳税款，计人民币 30 余万元，其行为已构成偷税罪。④ 一审判决芦才兴犯偷税罪，判处有期徒刑 6 年，并处罚金若干。

一审判决后，芦才兴服判。浙江省宁波市检察院抗诉提出：本案中运输发票具有抵扣税款的功能，被告人芦才兴虚开了具有抵扣功能的发票，其行为已触犯《刑法》第 205 条的规定，构成虚开用于抵扣税款发票罪。浙江省高级人民法院审理后裁定驳回抗诉，维持原判。

三、争议及裁判理由

本案二审判决作出以后，由于涉及虚开发票是否以骗取税款为目的等重要法理问题，因而被最高人民法院编的《刑事审判参考》加上裁判理由后刊登。因此，关于本案的裁判理由，可将其视为法院在本章所讨论问题上的观点。

关于虚开可以用于抵扣税款的发票冲减营业额偷逃税款的行为如何定性，在审理本案的过程中，对于被告人芦才兴的行为如何定性存在两种不同意见。

---

① 张明楷．刑法学．3 版．北京：法律出版社，2007：613.

② 周道鸾，张军主编．刑法罪名精释．3 版．北京：人民法院出版社，2007：346.

③ 最高人民法院编．刑事审判参考：总第 17 辑．北京：法律出版社，2001.

④ 2009 年 2 月 28 日第十一届全国人大常委会第七次会议通过的《刑法修正案（七）》已对《刑法》第 201 条作出了修改，后相应罪名也修改为"逃税罪"。下文所引判决理由为原文收录，分析中为对应亦未对相关用语作更新。特此说明。——本书作者注

检察机关认为，《刑法》第205条规定的虚开用于抵扣税款发票罪是行为犯，行为人只要实施了虚开可以抵扣税款的发票（包括使用此种发票）的行为，不管其主观意图是想以虚增成本的方法偷税，还是想用虚开的发票非法抵扣税款，都只构成虚开用于抵扣税款的发票这一种罪。被告人芦才兴虚开的运输发票属于抵扣税款的发票，其行为构成虚开用于抵扣税款发票罪。

而一、二审法院认为，《刑法》第205条规定的虚开用于抵扣税款发票罪中的“抵扣税款”具有特定含义，行为人虚开可以抵扣税款的发票，如其主观意图不是用于抵扣税款，客观上也没有去抵扣税款，而是为了其他目的去使用虚开的发票，则不能以虚开抵扣税款发票罪定性。被告人芦才兴采用虚开运输发票的手段，达到偷逃税款的主观目的，其所虚开的运输发票均未用于抵扣税款，因此其行为不符合虚开用于抵扣税款发票罪的构成要件，应构成偷税罪。

一、二审判决理由如下：

（一）被告人芦才兴挂靠的旭日公司和承租的远航公司属于交通运输企业，无申报抵扣税款资格，其为自己和其他交通运输企业开具的运输发票不能用于抵扣税款。

根据《刑法》第二百零五条的规定，虚开抵扣税款发票罪，是指故意违反国家发票管理法规，为他人虚开、为自己虚开、让他人为自己虚开或者介绍他人虚开用于抵扣税款的专用发票的行为。虚开抵扣税款发票罪的成立，必须同时具备以下条件：

1. 行为人实施了虚开用于抵扣税款的发票的行为。所谓“虚开”，是指没有购销货物或者没有提供、接受应税劳务而开具用于抵扣税款的发票，或者虽有购销货物或者提供、接受了应税劳务但开具内容不实的用于抵扣税款的发票的行为。仅从这一点来说，被告人芦才兴的行为符合虚开抵扣税款发票罪的构成特征。

2. 犯罪对象必须是可以用于抵扣税款的发票。所谓“抵扣税款”，是指增值税纳税义务人抵扣增值税进项税额的行为。根据《中华人民共和国增值税暂行条例》第八条的规定，增值税纳税人购进货物或者接受应税劳务支付或者负担的增值税额即进项税额，准予从销项税额中抵扣。能够被用于“抵扣税款”的发票，除增值税专用发票以外，还有运输发票、废旧物品收购发票以及农业产品收购发票等其他特定发票。如根据有关规定，增值税纳税义务人购进货物（不包括固定资产）和销售货物所付运输费用，根据运费结算单据（运输发票）所列运费金额（不包括随运费支付的装卸费、保险费等杂费），按照7%的扣除率计算准予抵扣的进项税额，其计算公式是：进项税额＝运费金额×7%。因此，在我国税收征管制度中，除增值税专用发票以外，运输发票、废旧物品收购发票以及农业产品收购发票等其他特定发票也具有抵扣税款功能。本案被告人芦才兴为自己和他人虚开可以用于抵扣税款的运输发票，可以构成虚开抵扣税款发票罪。

3. 行为人必须具有抵扣税款的资格。由于“抵扣税款”只发生在增值税的纳税环节，即增值税纳税义务人（因大多数小规模纳税人销售货物或者提供应税劳务，实行简易办法计算应纳税额，不存在抵扣税款问题，抵扣税款主要适用于增值税一般纳税人）在缴纳增值税时，将其购进货物或者接受应税劳务所支付或者负担的增值税额予以抵扣的活动。根据《中华人民共和国增值税暂行条例》第一条的规定，“在中华人民共和国境内销售货物或者提供加工、修理修配劳务以及进口货物的单位和个人，为增值税的纳税义务人”。因此，只有在我国境内销售货物或者提供加工、修理修配劳务以及进口货物的单位或者个人，才有抵扣税款的资格，其虚开可以用于抵扣税款的发票，可以构成虚开抵扣税款发票罪（为非增值税纳税义务人虚开可以用于抵扣税款的发票，不能以虚开抵扣税款发票罪追究刑事责任）。非增值税纳税义务人，如营业税、所得税、城市建设维护税的纳税人不存在抵扣税款问题，其为自己虚开或者让他人为自己虚开可以用于抵扣税款的发票，不能以虚开抵扣税款发票罪定罪处罚；只有为增值税纳税人虚开或者介绍他人为增值税纳税人虚开可以用于抵扣税款发票的，才能以虚开抵扣税款发票定罪处罚。本案中，被告人芦才兴所挂靠和承租的企业，以及接受芦才兴虚开运输发票的企业，均为交通运输企业，依照有关税收法规的规定，不是增值税的纳税义务人。其虚开的发票也不能作为申报抵扣税款的依据。因此，被告人芦才兴为自己虚开和为其他交通运输企业虚开可以用于抵扣税款的运输发票的行为，不构成虚开抵扣税款发票罪。

4. 行为人必须具有抵扣税款的故意。虽然虚开抵扣税款发票罪是行为犯，只要行为人实施了虚开用于抵扣税款的发票，就可构成犯罪，至于是否已将发票用于抵扣税款，不影响虚开抵扣税款发票罪的成立。但行为人没有抵扣税款的故意，即使实施了虚开抵扣税款发票的行为，也不能以虚开抵扣税款发票罪定罪处罚。在这里，对《刑法》第二百零五条中的"用于抵扣税款"的理解不能过于宽泛，"用于"应指主观上想用于和客观上实际用于，而不包括虽然可以用于但行为人主观上不想用于，客观上也没有用于，也不能将行为人使用发票意图不明的视为准备用于。

综上，本案被告人芦才兴为自己和他人虚开可以用于抵扣税款的运输发票，在客观上虽然造成了少缴应纳税款 88.423 913 万元的后果，但因芦才兴在主观上是为了少缴应纳税款，而不是为了抵扣税款，在客观上因无申报抵扣税款的资格，既没有也不可能用于抵扣税款，因此，不能对被告人芦才兴以虚开抵扣税款发票罪定罪处罚，检察机关指控的罪名不能成立。

（二）被告人芦才兴通过虚开运输发票，虚增营业开支，冲减营业数额，以偷逃应纳税款的行为，构成偷税罪。

虚开可以用于抵扣税款的发票，不是为了抵扣税款，而是出于其他目的，应当结合行为人的犯罪故意和实施的客观行为择定其他罪名定罪处罚。根据《刑法》第二百零一条的规定，纳税人采取伪造、变造、隐匿、擅自销毁账簿、记账凭证，在账簿上多列支出或者不列、少列收入，经税务机关通知申报而拒不申报或者进行虚假的纳税申报，不缴或者少缴应纳税款，偷税数额1万元以上并且占纳税人应纳税额的10%以上，或者因偷税被税务机关给予两次行政处罚又偷税的，构成偷税罪。偷税罪的主体是"纳税人"，即负有纳税义务的单位和个人，不受是否具有申报抵扣税款资格的限制；偷税的手段是"伪造、变造、隐匿、擅自销毁账簿、记账凭证，在账簿上多列支出或者不列、少列收入，经税务机关通知申报而拒不申报或者进行虚假的纳税申报"；采取上述手段的目的是不缴或者少缴应纳税款；偷税数额1万元以上并且占纳税人应纳税额的10%以上，或者因偷税被税务机关给予两次行政处罚又偷税的，是构成偷税罪与非罪数额和情节上的界限。

本案中，被告人芦才兴以个体运输户的名义挂靠旭日公司和承租远航公司后，依法成为营业税、企业所得税、城市建设维护税的纳税人，为了少缴应纳税款，采取了虚开交通运输发票以虚增营业开支、冲减营业数额的方式，进行虚假的纳税申报，因此少缴营业税 20.037 925 万元，城建税 14.026 55 万元，企业所得税 33.396 541 万元，计偷逃税款 54.837 121 万元，且偷逃税额占其应纳税额的30%以上。此外，被告人芦才兴为帮助其他联运企业偷逃税款，还将运输发票提供给其他运输企业进行虚开，用于冲减营业额，接受虚开发票的运输企业因此实际偷逃税款 33.586 792 万元。被告人芦才兴的行为已构成偷税罪，并且应在"三年以上七年以下有期徒刑，并处偷税数额一倍以上五倍以下罚金"的量刑档次和幅度内判处刑罚。一、二审法院根据刑法、刑事诉讼法和《最高人民法院关于执行〈中华人民共和国刑事诉讼法〉若干问题的解释》第一百七十六条第（二）项的规定，改变起诉不当的罪名，以偷税罪判处被告人芦才兴有期徒刑六年，并处罚金人民币一百万元，是正确的。

四、裁判理由的评判

从芦才兴案的裁判理由中，我们可以看到，一、二审法院认定被告人芦才兴的行为不构成虚开发票罪的理由主要有两点：一是被告人芦才兴所在企业以及接受其虚开的企业均非增值税的纳税义务人，因而不具备抵扣税款的资格。二是被告人芦才兴不具有抵扣税款的故意。对于上述两点理由，我想重点讨论第二点，即被告人芦才兴不具有抵扣税款的故意。

值得注意的是，检察机关和法院都认为虚开发票罪是行为犯，但检察机关认为，《刑法》第205条规定的虚开用于抵扣税款发票罪是行为犯，行为人只要实施了虚开可以抵扣税款发票的行为，不管其主观意图是为了偷税或其他目的，客观行为上是否实施或完成了抵扣税款的行为，都只能构成虚开用于抵扣税款发票之罪。① 而法院则认为，虽然虚开抵扣税款发票罪是行为犯，只要行为人实施了虚开用于抵扣税款的发票，就可以构成犯罪，至于是否已将发票用于抵扣税款，不影响虚开抵扣税款发票罪的成立。但行为人没有抵扣税款的故意，即使实施了虚开抵扣税款发票的行为，也不能以虚开抵扣税款发票罪定罪处罚。这里涉及对行为犯的理解。在刑法理论上，行为犯是相对于结果犯而言的，结果犯是指以一定的法定结果作为犯罪构成要件的犯罪，而行为犯是指以刑法规定的一定行为作为构成要件的犯罪。只要实施了一定的构成要件的行为，不论结果是否发生，都构成犯罪。虚开发票罪是行为犯，对此并无异议，因此，只要实施虚开行为即可构成犯罪，这一点也没有错。但这只是罪体要素的问题，而未涉及罪责要素。实际上行为犯又可以分为两种情形：一是单纯的行为犯，二是短缩的行为犯。这种短缩的行为犯，也译为短缩的二行为犯，这里涉及两个行为：第一个行为是法定的行为，即刑法所规定的构成要件行为，无此行为即无该犯罪。第二个行为是附带的行为，构成该罪并非一定要有该行为，但实施了该行为也仍属于该罪的情形。这种情形之所以称为短缩的二行为犯，是该罪有两个行为，但刑法规定并不以两个行为都实施为必要，只要实施第一个行为即可构成犯罪。但是，主观上需要具有实施第二个行为的目的。因此，短缩的二行为犯是目的犯的一种情形，目的犯的另一种情形是断绝的结果犯。因此，本案被告人芦才兴是否构成虚开发票罪，关键不在于罪体要素，而恰恰在于罪责要素，即被告人芦才兴是否具有骗取税款的目的。根据以上分析，我认为检察机关对本案从行为犯这一点进行论证，未触及要害。本案的关键在于：虚开发票罪是否以骗取税款为目的。这是一个目的犯的问题，而不是一个行为犯的问题。

在刑法理论上，目的犯可以分为两种：一是法定的目的犯，二是非法定的目的犯。法定的目的犯，在刑法上有明文规定，在理解上也不会发生歧义。而非法定的目的犯，则往往发生争议。《刑法》第205条规定虚开发票罪，刑法对以骗取税款为目的并无明文规定，显然不是法定的目的犯。至于是否属于非法定的目的犯，如前所述，在刑法理论上存在争议。从芦才兴案的判决来看，一、二审法院是确认了虚开发票罪应以骗取税款为目的，因而该罪属于目的犯。从芦才兴案的裁判理由中可以引申出以下规则：

虚开增值税专用发票、用于骗取出口退税、抵扣税款发票罪，行为人即使实施了虚开

---

① 邹志刚．从两案例看虚开用于抵扣税款发票罪之犯罪构成．浙江检察，2003（11）：38．这里的两案例是指芦才兴案和郑时杰案，郑时杰案在后面讨论。由于本文作者的身份关系，本文将该文的观点作为检察机关对这两个案例的观点来对待，特此说明。

行为，如果主观上没有抵扣税款意图的，不构成本罪。

法院在其裁判理由中，并没有使用目的犯这个概念，而是使用了“没有抵扣税款的故意”这样一个用语，我认为是不准确的，也表明法院虽然对这个问题作出了正确的判断，但在理论根据上未能自觉地运用目的犯理论。一个犯罪只有一个犯罪故意，而不可能有两个犯罪故意，这是刑法理论之常识。虚开抵扣税款发票罪当然具有虚开的故意。所谓虚开的故意，是指明知是虚开增值税专用发票、用于骗取出口退税、抵扣税款发票的行为而有意实施的主观心理状态。① 根据裁判理由，构成虚开发票罪，行为人还须具有“抵扣税款的故意”。这种抵扣税款的故意是以抵扣税款行为为前提的，没有实施抵扣税款的行为，行为人主观上也就不具有抵扣税款的故意。如果要求行为人在客观上必须实施抵扣税款的行为，那么与裁判理由也主张的虚开发票罪是行为犯的观点又是自相矛盾的。因此，这里的抵扣税款的故意应当表述为抵扣税款的目的或者意图。这种抵扣税款的目的或者意图是超越的主观要素。这里所谓超越的主观要素，是指主观要素超越客观要素。在通常情况下，在犯罪构成范围内，主观要素与客观要素是相对应的，也就是我们通常所理解的主观与客观相统一。而在目的犯的情况下，主观与客观不相一致，即主观要素超越客观要素。对此，日本学者大塚仁教授指出：

> 目的犯的目的通常超出构成要件客观要素的范围称其为超过的内心倾向（überschieberde Innentendenz）。在这一点上，要把目的与故意区别开来，故意需要以符合构成要件的客观事实作为行为人表象的对象。只是，目的犯的目的中也并非没有处在构成要件客观要素的范围之内的。例如，通说、判例认为作为横领罪要件的“不法领得的意思”，就是以与横领行为共同的范围为对象，只不过是对其进行规整并且赋予其意义。这种目的，被称为赋予意义的目的（sinngebende Absicht）。②

这种主观超过客观的情形，在刑法上并不鲜见，是一种正常采用的立法例。我国台湾地区学者在分析目的犯（即所谓意图犯）时，将构成要件的主、客观要件的关系分为以下两种基本的形态：

> 第一种是主、客观完全相符的构成要件。一般而言，刑法的构成要件通常是主、客观完全相符，亦即主观要件所要求的内容与客观要件所规定者相当，即所谓“一致的构成要件（Kongruente Tatbestände）”。此种构成要件，主观要件的要求乃以故意为已足。而该构成要件该当的先决条件，必须主观要件涵盖所有的客观事实情状。而此种完全相符的情状，即主观要件的要求＝客观要件的规定。第二种是主、客观不相符的构成要件。立法者在设定若干犯罪类型的构成要件时，时常使用所谓“不一致的构成要件（inkongruente Tatbestände）”，即在此种构成要件中，主观要件的内容，较客观要件所规定者为多。而对于此种犯罪类型，一般上对于涵盖客观要件的主观要件，亦以故意要求之，但对于超出客观要件规定范围的主观要件则称之为“意图”或“超出的内在倾向”（übersehiessende Innenterdenz）③。

在一般情况下，主、客观要件相一致，两者之间存在对应关系：客观要件是主观要件的实现。但在目的犯的情况下，主、客观要件不一致。这种主、客观不一致之所以应当追究刑事责

---

① 陈兴良．规范刑法学：下册．2版．北京：中国人民大学出版社，2008：627.

② 大塚仁．刑法概说（总论）：第3版．冯军，译．北京：中国人民大学出版社，2003：124. 文中的横领罪，是直译，相当于我国刑法中的侵占罪。

③ 柯耀程．变动中的刑法思想．北京：中国政法大学出版社，2003：249－250.

任，是以主、客观相一致为前提的，即基本的行为与故意是相符合的，只不过在此基础之上，主观方要求具有一定的目的，与这一目的相对应的客观要件则并非构成犯罪所必须。因此，这一目的是超越基本的行为的主观要素。理解了这一点，我们再来分析虚开发票罪，就可以发现，对于虚开发票罪来说，虚开行为与虚开故意都是必须具备的构成要件，并且两者是主、客观相一致的。关键问题在于：本罪的成立是否还需要抵扣税款的目的，而非抵扣税款的故意。

由于虚开发票罪是非法定的目的犯，从法条的字面上来看，是对法律规定作了某种限制解释。那么，这种限制解释的正当根据何在，这是一个值得进一步探讨的问题，它涉及本罪的立法意图。检察机关认为，虚开用于抵扣税款发票罪侵犯的客体是国家对增值税专用发票和可用于骗取出口退税、抵扣税款的其他发票的监督管理制度。① 按照这种观点，行为人只要有虚开行为，侵犯国家对增值税专用发票和可用于骗取出口退税、抵扣税款的其他发票的监督管理制度，也就构成了本罪。但也有学者认为，虚开发票罪的客体是复杂客体，即国家的发票管理制度和税收征管制度。② 还有的学者更是认为，虚开发票罪的客体是我国的税收征收管理制度，具体主要是发票管理制度尤其是增值税专用发票管理制度。从广义上说，发票管理制度实际上是税收征收管理制度的重要内容。虚开增值税专用发票、用于骗取出口退税、抵扣税款发票行为正是通过对发票管理制度的违反，进而破坏我国增值税和其他有关税款的征收管理制度的。③ 显然，对虚开发票罪的客体的不同理解，可能会导致对虚开发票罪是不是目的犯的不同解释。我赞同对虚开发票罪作实质性的解释，立法者之所以将虚开行为规定为犯罪，主要是因为这种行为侵犯了税收征收制度。因此，如果行为人主观上没有抵扣税款的目的，只是一般的虚开，不会侵犯税收征收制度，是一般的违反发票管理的行为，不能构成本罪。当然，从立法完善的角度来说，我主张将这种一般的违反发票管理的行为予以犯罪化。

五、相关问题的分析

在芦才兴案处理中，还存在以下三个问题需要作法理上的进一步分析。

（一）为他人虚开而他人未用于抵扣税款行为之定性

在芦才兴一案中，存在两种行为：一是让他人为自己虚开，二是为他人虚开。因此，在本案处理中还存在一种观点，认为被告人在经营运输企业期间，将联运发票空白提供或虚开给其他运输企业，情节严重，其行为应当构成虚开用于抵扣税款发票罪。该观点认为联运发票是可用于抵扣税款的发票。根据税收征管的有关规定，联运发票的受票单位为运输企业的，不能抵扣增值税，但被告人提供空白或虚开发票，其他非运输企业获得发票抵扣联仍可用于抵扣税款。因此，被告人为他人虚开联运发票的行为，不管受票单位是运输企业还是非运输企业，均可构成虚开用于抵扣税款发票罪。但该观点同时又认为被告人在经营运输企业期间，利用空白或者虚开的联运发票冲减营业收入，多列支出，偷逃国家税额的行为只构成偷税罪，不构成虚开用于抵扣税款发票罪。④ 这一观点，在裁判理由中并未论及，我认为还是需要讨论的。裁判理由虽然没有明确批驳这种观点，但根据“本案被告人为别人虚开或让别人为自己虚开的发票在运输企业入账后，均不可能被用于抵扣税款”的认定，实际上表明法院的观点是：为他人虚

① 邹志刚．从两案例看虚开用于抵扣税款发票罪之犯罪构成．浙江检察，2003（11）：38. 类似观点还见于：周道鸾，张军主编．刑法罪名精释．3版．北京：人民法院出版社，2007：345. 从这种观点中，往往引申出本罪不以抵扣税款为目的的观点。

② 高铭暄，马克昌主编．刑法学．北京：北京大学出版社，2000：444.

③ 高铭暄主编．新型经济犯罪研究．北京：中国方正出版社，2000：153.

④ 邹志刚．从两案例看虚开用于抵扣税款发票罪的犯罪构成．浙江检察，2003（11）：38.

开的发票同为本人虚开的发票一样，是不可能被用于抵扣税款的，因而都不构成虚开发票罪。而上述观点则认为，为他人虚开的联运发票，当受票单位是运输企业时不能抵扣增值税，但其他非运输企业获得发票抵扣联仍可用于抵扣税款。因此，被告人为他人虚开联运发票的行为，不管受票单位是运输企业还是非运输企业，均可构成虚开用于抵扣税款发票罪。我认为，这一观点着眼于客观上的可能，而未顾及主观上的所知，因此具有一定的客观归罪的色彩。实际上，在本案中，被告人芦才兴为其他单位虚开运输发票，其明知接受发票的是运输企业，也明知其他运输企业用于偷税。在这种情况下，按照帮助其他运输企业偷税来认定其行为的性质，我认为是较为贴切的。

（二）为他人虚开而他人用于抵扣税款行为之定性

在芦才兴案中，为他人虚开、接受虚开发票的企业均为运输企业，运输企业不可能将虚开的发票抵扣税款，而是用于偷税，因此法院对此行为以偷税罪论处。但如果行为人为他人虚开，接受虚开发票的企业不是运输企业，可以并且实际已经将虚开发票用于抵扣税款，则对这一行为应以虚开发票罪论处。在处理芦才兴案的同时，浙江省宁波市中级人民法院、浙江省高级人民法院处理的郑时杰案①说明了这一点，在此予以一并讨论。

1997年年初，被告人郑时杰与鄞县古林汽车运输公司签订承包合同，以每年上交承包基数3 000元的形式经营该公司的江北托运部（以下简称江北托运部）并取得联运发票及有关印章，单独核算，承包期一年。1998年承包期满后，被告人郑时杰未与该公司续签合同，但仍以原合同的形式继续经营“江北托运部”至案发，鄞县古林汽车运输公司未表示异议。

被告人郑时杰在以“江北托运部”名义经营运输业务期间，先后从宁波港机厂劳动服务公司等单位虚开运输发票58张，共计金额为4 509 116.51元，偷逃营业税222 689.81元，城建税11 114.79元，企业所得税87 681.72元。

为帮助其他联运企业，被告人郑时杰将“江北托运部”的“联运发票”的发票联提供或虚开给宁波市港机厂劳动服务公司等单位63张，虚开金额共计4 732 265.30元，并偷逃营业税233 344.87元，城建税13 095.76元，企业所得税233 102.81元。

被告人郑时杰还伙同他人将盖有鄞县五乡甬兴托运站发票专用章或宁波市港机厂劳动服务公司发票专用章的“联运发票”提供给宁波市北仑区柴桥镇穿山南北托运部等单位44张，虚开发票金额为3 226 874.80元，并偷逃营业税159 444.02元，城建税9 267.13元，企业所得税194 817.25元。

1999年年初，被告人郑时杰让他人虚开抬头为宁波市港机厂劳动服务公司的“联运发票”6张，虚开金额共计459 184.46元，并偷逃营业税22 705.97元，城建税1 592.17元，企业所得税22 568.47元。

1998年期间，被告人郑时杰介绍宁波市北仑区柴桥穿山南北托运部从宁波旭日联运有限公司虚开“联运发票”8张，虚开的发票联金额为576 860.13元，存根联金额为7 600元，并偷逃营业税28 463元，城建税1 415.55元，企业所得税57 306.01元。

2000年4月7日，浙江省宁波市人民检察院以被告人郑时杰犯有虚开用于抵扣税款发票罪向宁波市中级人民法院提起公诉；2000年6月1日，宁波市中级人民法院以偷税罪判处被告人郑时杰有期徒刑6年6个月，并处罚金人民币140万元；同年6月13日，宁波市人民检察院以一审判决认定事实错误，适用法律不当向浙江省高级人民法院提出抗诉；浙

① 邹志刚．从两案例看虚开用于抵扣税款发票罪之犯罪构成．浙江检察，2003（11）：36-37．

江省人民检察院出庭支持抗诉；浙江省高级人民法院经开庭审理于2000年12月29日作出判决：一、撤销浙江省宁波市中级人民法院（2000）甬刑初字第76号刑事判决；二、被告人郑时杰犯虚开用于抵扣税款发票罪，判处有期徒刑5年，并处罚金人民币45万元。犯偷税罪，判处有期徒刑4年6个月，并处罚金人民币100万元，决定执行有期徒刑8年，并处罚金人民币145万元。

我们可以看出，郑时杰案与芦才兴案的犯罪事实既有相同之处，又有不同之处。相同之处在于：郑时杰和芦才兴让他人为自己虚开发票，均未用于抵扣税款，而是用于偷税。因此，法院对此以偷税罪论处。不同之处在于：芦才兴为他人虚开发票，他人均为运输企业，因而未用于抵扣税款而是用于偷税，因此对这一行为法院认定为是帮助其他企业偷税。而郑时杰案，从案情介绍上来看，接受其虚开的企业有宁波市港机厂劳动服务公司、宁波市北仑区柴桥镇穿山南北托运部等单位，这些单位中哪些属于运输企业、哪些属于非运输企业，在案情中没有说明。但从诉讼过程来看，浙江省高级人民法院对两案是同一天（2000年12月29日）作出二审判决的，郑时杰构成虚开用于抵扣税款发票罪和偷税罪。因此可以推定，在接受郑时杰虚开发票的企业中有些是非运输企业，这些企业可以用于抵扣税款，因而郑时杰为其虚开发票的行为构成虚开用于抵扣税款发票罪。

（三）没有骗取税款目的而有偷税目的的行为之定性

在一般虚开发票的案件中，行为人虽然实施了虚开行为但主观上没有抵扣税款的目的，其行为不构成虚开发票罪。但在具有其他目的的情况下，应以其他犯罪论处。在本案中，被告人芦才兴虽然没有抵扣税款的目的，但具有偷税的目的，以偷税罪论处是正确的。这里应当区分偷税的目的与骗税的目的。我认为这两种目的是有所不同的。偷税的目的是以行为人具有纳税义务为前提的。应当缴纳税款而故意地采用伪造、变造、隐匿、擅自销毁账簿、记账凭证，在账簿上多列支出或者不列、少列收入等方法偷逃税款，这些都是偷税行为。而骗税的目的，是不以具有纳税义务为前提的，例如通过虚开增值税发票方法抵扣税款，这就是一种骗税行为。实际上，虚开是骗税的预备行为，虚开的目的是骗税。立法者考虑到骗税行为的危害性，将处罚对象提前到虚开，只要为骗税而虚开就构成犯罪。因此，在只有虚开行为而没有骗税目的，但有偷税目的的情况下，不能定虚开发票罪而只能定偷税罪。我发现，检察机关在一定意义上将两种目的混为一谈。例如，检察机关认为，被告人芦才兴、郑时杰为达到偷税目的，各自以大头小尾形式为他人虚开或让他人为自己虚开的行为，完全符合虚开用于抵扣税款发票罪犯罪构成的特征。① 在此，就把偷税目的当作虚开发票罪的主观要件来认定，这显然有悖于法理。

那么，在构成偷税罪的情况下，如何认识虚开行为在偷税罪的构成要件中的地位呢？从本案情况来看，虚开行为由于没有骗税目的因而不能被评价为虚开发票罪，但行为人将虚开的发票入账，用于冲减经营运输业务的营业额，以达到偷逃税款的目的。因此，这种虚开发票的行为属于《刑法》第201条规定的伪造账簿的偷税方法。在本案讨论中，检察机关认为本案中被告人虚开运输发票所涉及偷逃税款的行为，鉴于目前此情况是作"数罪并罚"还是"从一重处"并无明确的法律规定或司法解释，因而，根据刑法理论和司法实践，对虚开抵扣税款发票案中涉及偷税行为的以"从一重处"较为妥当。② 这种观点是以虚开发票行为构成发票罪为前提的。实际上这是认为构成刑法理论上的牵连犯：手段行为——虚开发票，构成虚开发票罪；目的行为——偷逃税款，构成偷税罪。但如前所述，虚开发票行为由于缺乏主观上的骗税目的

① 邹志刚．从两案例看虚开用于抵扣税款发票罪之犯罪构成．浙江检察，2003（11）：38.

② 邹志刚．从两案例看虚开用于抵扣税款发票罪之犯罪构成．浙江检察，2003（11）：39.

因而不能单独构成虚开发票罪。在这种情况下，被告人的行为只能构成偷税罪。

六、补论

芦才兴案之所以没有认定为虚开发票罪，从案件审理过程来看，是与其所虚开的发票在客观上不能抵扣税款有关的。裁判理由正是从客观上不能抵扣税款而推导出行为人主观上不具有抵扣税款的故意。在裁判理由中，没有涉及目的犯问题，因而法理论证还不够充分。实际上，虚开发票是目的犯，只要没有抵扣税款的目的，即使在客观上实施了虚开发票的行为也不构成本罪。而且，这里的抵扣税款，由于是不应抵扣而抵扣，因而是一种骗取税款的性质。如果行为人客观上有虚开行为并且已经抵扣税款，但主观上不具有非法占有税款的目的，仍然不能构成本罪。下面这个案例说明了这一点，特此进行进一步讨论：

被告人崔孝仁，捕前系宿州市机械电子有限公司经理，因河南省云阳钢铁总厂等单位欠宿州市机械电子有限公司增值税专用发票没有开具，被告人崔孝仁为了“平衡”公司账目于1999年年初找到山西省孝义市兑镇镇韩家滩村曙光洗煤焦化厂厂长李积成（已对其中止审理），让李为其开增值税专用发票。李积成伙同吉玉岚以“山西省临汾物资局津临公司”（该公司不存在）名义与上诉人崔孝仁签订一份购5 000吨生铁的假工矿产品购销合同，崔在合同上签字并加盖其单位安徽省宿县地区机械电子供销公司（现宿州市机械电子有限公司）合同专用章。1999年4月李积成按照崔的要求先后两次来宿将虚假的山西省增值税专用发票十张交给被告人崔孝仁。增值税专用发票合计价税款644万元，税款93.572 65万元，该税款已在宿州市国税局申报抵扣。被告人崔孝仁以管理费的名义按价税款5%给李积成汽车三辆。

本案经审理，安徽省宿州市甬桥区人民法院于2002年6月23日作出以下一审判决：

被告人崔孝仁的辩护人当庭出示的宿州市机械电子有限公司与河南省云阳钢铁总厂等单位之间债权债务转让协议与本案指控的事实并无直接联系；被告人崔孝仁与李积成签订的5 000吨生铁工矿产品购销合同及补充协议，因无实际交易内容发生，均不能为开具增值税专用发票的行为提供合法依据；被告单位通过其法定代表人崔孝仁与“山西省临汾物资局津临公司”无生铁业务往来情况下，让他人为其开具增值税专用发票的行为侵害了国家对增值税专用发票管理制度且所开税款金额巨大，具有严重的社会危害性。被告人崔孝仁为达到平账的目的与他人协商虚开增值税专用发票事宜，虚开的主观故意是明显的，且根据《中华人民共和国发票管理办法》“开具发票应按规定的时限、顺序、逐栏、全部联一次性如实开具”、“任何单位和个人不得转借、转让、代开发票”的规定及《增值税专用发票使用规定》“专用发票必须按下列要求开具……（四）票物相符，票面金额与实际收取的金额相符……（九）不得开具伪造的专用发票……”的规定，其客观上也实施了让他人为本单位开具票物不符的假增值税专用发票的行为，由于本罪属于行为犯，即只要有虚开的故意和行为，无论“山西省临汾物资局津临公司”是否存在，无论虚开所使用的增值税专用发票是否是合法票据，无论行为人是否有骗取税款的牟利目的或故意以及事实上是否造成国家税款的损失（当然造成税款损失属构成该罪的“其他严重情节”）均不影响本罪的成立。故对被告单位、被告人崔孝仁及辩护人的相关辩护意见均不予采纳。综上，本院认为，被告单位宿州市机械电子有限公司及其法定代表人崔孝仁违反增值税专用发票管理规定，让他人为其虚开增值税专用发票用以申报抵扣税款，数额巨大；被告人崔孝仁作为单位直接负责的主管人员，为单位利益以单位名义实施上述行为，均已构成虚开增值税专用发票罪。公诉机关指控的罪名成立，本院予以确认。

根据《刑法》第205条第1、3款规定，被告人崔孝仁犯虚开增值税专用发票罪，判处有期徒刑7年。

一审判决以后，被告人崔孝仁提起上诉，安徽省宿州市中级人民法院经审理于2003年9月23日作出以下二审判决。

对于上诉人崔孝仁认为“其不构成虚开增值税专用发票罪”的上诉理由进行审查认为，上诉人崔孝仁为了达到平衡账目的目的，在与“山西省临汾物资局津临公司”无生铁业务的情况下，让李积成为其开具增值税专用发票的行为，应属让他人为自己虚开增值税专用发票的行为。但是本罪的构成要件规定，其主观方面表现为直接故意，即行为人不但明知自己在虚开增值税专用发票，而且还明知这种虚开行为可能导致国家税款的减少、流失；行为人一般都具有获取非法经济利益，骗取抵扣税款的目的。上诉人崔孝仁主观上不具有通过虚开增值税专用发票骗取国家税款的直接故意。从上诉人崔孝仁多次供述及其他证据来看，云阳钢厂等多家单位确实存在欠崔孝仁所在公司增值税专用发票的情况，而且这些单位和个人所欠税额远远超过已开具并抵扣的税额，虽然崔孝仁所在公司与李积成所在单位之间债权债务转让手续不完备，但根据云阳钢厂等证明，说明欠税票和债权债务转让事实的存在。另外从1999年4月至案发3年时间，崔孝仁所在公司没有让云阳钢厂等单位为其再开增值税专用发票，也说明崔孝仁没有重复开取税票的故意。崔孝仁和李积成的供述说明签订工矿产品购销合同的初衷并不是为了履行供货付款义务，而是为了实现债权转让。对接受增值税专用发票的单位崔孝仁所在公司而言，主观上必须有明知开票单位是假的，还将增值税专用发票予以接受并抵扣从而骗取国家税款的故意。对于虚开增值税专用发票的犯罪，不仅要有虚开行为，还应有骗取国家税款的直接故意，根据现有的证据材料说明，崔孝仁和李积成签订“工矿产品购销合同”的目的和动机，不是为了非法获取抵扣款，而是为了落实其债权债务，无通过虚开增值税专用发票骗取国家税款的直接故意。上诉人崔孝仁代表其单位所实施的行为不具备社会危害性。从崔孝仁所在公司的行为来看，与云阳钢厂等多家单位的经营业务确实存在，接受李积成为其开具的增值税专用发票的数额没有超出外部单位和个人所欠的税额，这些单位和个人所欠崔孝仁所在公司的进项税额理应在税务机关抵扣而未予抵扣，崔孝仁所在公司的行为不会造成国家税款的减少或流失。虽然以工矿产品购销合同的形式和名称不当，但不会因此而侵犯刑法所保护的相应的社会关系，即该行为不具备社会危害性。

本院认为，被告单位宿州市机械电子有限公司及其法定代表人崔孝仁为了平衡公司账目而虚开增值税专用发票的行为，其主观上没有骗取国家税款的直接故意，故不应认定为犯罪。原判认定上诉人崔孝仁及原审被告单位宿州市机械电子有限公司的行为构成虚开增值税专用发票罪的定性错误，依法应予纠正。上诉人崔孝仁的上诉理由及其辩护人的辩护意见成立，本院予以采信。依照《中华人民共和国刑事诉讼法》第一百八十九条第（二）项、第一百六十二条第（二）项之规定，判决如下：

一、撤销安徽省宿州市甬桥区人民法院（2002）甬刑初字第610—1号刑事判决；

二、上诉人崔孝仁及原审被告单位宿州市机械电子有限公司无罪。

在崔孝仁案中，一审法院与二审法院在事实认定上并无根本差别，对于宿州市机械电子有限公司与河南省云阳钢铁总厂等单位之间债权债务转让协议，一审法院认为与本案无关。被告单位及被告人只要实施了虚开行为并抵扣了税款就构成本罪，因而作出有罪判决。而二审法院则认为，债权债务转让协议与本案有关，证明被告人主观上没有骗取国家税款的直接故意。因此，二审判决把骗取国家税款理解为虚开发票罪的故意的内容，遂作出无罪判决。尽管从刑法理论上来说，骗取税款并非虚开发票故意的内容，而是故意之外的一种主观目的，但二审判决的结论我认为是正确的。

在崔孝仁案中，被告人实施了让他人为自己虚开的行为，并且以虚开的发票抵扣了税款。从形式上来看，似乎符合了虚开发票罪的犯罪构成。但是，虚开发票罪设立的初衷是惩治骗取国家税款的犯罪行为。但在本案中，由于客观上存在云阳钢厂等单位对被告单位的欠税票，并且所欠税额远远超出已开并抵扣税款的数额。被告人崔孝仁在不能得到云阳钢厂税票因而无法正常抵扣税款的情况下，将债权转让给李积成，并由李积成给被告单位虚开发票，并据以抵扣税款。此后，被告人未再找云阳钢厂为其开税票。因此，这是一种采用不正常甚至是违法的方式来实现其税权的行为，国家税收并没有受损失，因而不构成虚开增值税专用发票罪。

相对于芦才兴案而言，崔孝仁案是更为复杂的，它不仅涉及虚开发票罪是否为目的犯的理论争论，而且涉及形式上符合某一犯罪的构成要件，但实质上不具有法益侵害性的行为是否构成犯罪的问题。这又涉及实质违法性的理论，对此本章无法从理论上予以展开。我认为，二审法院对本案作出的无罪判决是正确的，也是难能可贵的。在虚开发票罪的构成上，我赞同进行实质解释的以下观点①：

> 在刑法中，虚开增值税专用发票罪是一个重罪，法定最高刑为死刑。刑法为什么对“虚开”票据的行为的刑罚规定得如此之重？是因为形式上的“虚开”行为就可以造成很大的社会危害吗？不是，是因为这种犯罪的危害实质上并不在于形式上的“虚开”行为，而关键在于行为人是通过虚开增值税专用发票抵扣税款以达到偷逃国家税款的目的，其主观恶性和可能造成的客观损害，都可以使得其社会危害性程度非常之大。所以，刑法虽然没有明确规定该罪的目的要件，但是偷骗税款的目的应当作为该罪成立的必要条件。

值得注意的是，全国法院经济犯罪案件审判工作座谈会综述（2004 年）有关于虚开增值税专用发票罪究竟属于行为犯还是目的犯问题的讨论，对此存在不同观点。对于结果犯的观点，大家基本持否定态度，因此，问题的焦点最终归结为行为犯和目的犯之争。第一种观点认为，根据《刑法》第 205 条的规定，并未将行为人具有偷、逃税目的作为虚开增值税专用发票犯罪构成的必要要件，因此，只要行为人着手实施犯罪并达到法律要求的程度，就完成了犯罪行为。至于行为人有无偷、逃税的目的，以及行为人有无实际骗取、抵扣税款，并不影响犯罪的认定。由此可见，该罪属于行为犯而不属于目的犯。第二种观点同意上述观点的结论性意见，但同时认为，刑法将虚开增值税专用发票规定为犯罪，主要是为了惩治那些为自己或为他人偷逃、骗取税款而虚开增值税专用发票的行为。对于确有证据证实行为人主观上不具有偷、骗税目的，客观上也不会造成国家税款流失的虚开增值税专用发票行为，不应以虚开增值税专用发票罪论处，构成诸如“提供虚假财会报告罪”等其他犯罪的，应以其他犯罪定罪处罚。第三种观点则认为，行为犯是故意犯罪的一种既遂形态，属于犯罪停止形态理论范畴体系，目的犯是故意犯罪的一种类型，属于罪过形式理论范畴体系，因此，行为犯和目的犯并非一对逻辑上的全异关系的概念，而是属于交叉关系，两者并行不悖。虚开增值税专用发票罪既是行为犯，也是目的犯。尽管《刑法》第 205 条并未将其规定为目的犯，但刑法将其规定为危害税收征管罪，具有偷、骗税款的目的应当是该罪的应有之义。正如有的金融诈骗犯罪，刑法并未明确规定行为人必须具有非法占有的目的，但这并不妨碍对其进行目的犯的认定一样。质言之，虚开增值税专用发票犯罪的客体问题与性质认定问题属于一个问题的两个方面，危害国家税收征管制度的客体要求客观上决定了该罪的目的犯性质。

---

① 郑鲁宁，肖中华．从实质特征上解释虚开增值税专用发票罪的构成．人民法院报，2002－11－11（3）．

尽管上述第二、三两种观点对虚开增值税专用发票犯罪性质的认识有异，但得出的结论一致，都认为行为人主观上不具有偷、骗税目的，客观上也不会造成国家税款流失的虚开行为不应以虚开增值税专用发票罪论处。因此，持上述两种观点的论者认为，对于实践中下列几种虚开行为，一般不宜认定为虚开增值税专用发票罪：(1) 为虚增营业额、扩大销售收入或者制造虚假繁荣，相互对开或环开增值税专用发票的行为；(2) 在货物销售过程中，一般纳税人为夸大销售业绩，虚增货物的销售环节，虚开进项增值税专用发票和销项增值税专用发票，但依法缴纳增值税，并未造成国家税款损失的行为；(3) 为夸大企业经济实力，通过虚开进项增值税专用发票虚增企业的固定资产，但并未利用增值税专用发票抵扣税款，国家税款亦未受到损失的行为。①

以上争论，仍然是在行为犯与结果犯这一框架下展开的。从刑法关于虚开增值税专用发票罪的规定来看，虚开增值税专用发票罪当然是行为犯而非结果犯。而且，虚开增值税专用发票罪是骗取国家税款的预备行为。从这个意义上说，虚开增值税专用发票罪是独立预备犯。在上述座谈会中，否定结果犯的观点，是完全正确的。实际上，行为犯与目的犯之间并不存在对立关系，就此而言，第三种观点是成立的。座谈会综述只是罗列了在虚开增值税专用发票罪是否属于目的犯问题上否定的与肯定的这两种观点，但似乎又没有十分明确的倾向性意见。

应当指出，在虚开增值税专用发票罪是否为目的犯的问题上，最高人民法院业务庭室有关人员发表了以下见解，值得我们参考：

> 笔者认为，探求立法原意和界定犯罪构成，应以刑法条文的明确规定为基础。从《刑法》第二百零五条第一款的规定看，虚开增值税专用发票罪的犯罪构成，表现为行为人客观上具有虚开行为，主观上有虚开的故意，并不要求有偷税、骗取税款的目的。而该条第四款进一步明确规定："虚开增值税专用发票或者虚开用于骗取出口退税、抵扣税款的其他发票，是指有为他人虚开、为自己虚开、让他人为自己虚开、介绍他人虚开行为之一的。"其中，为他人虚开和介绍他人虚开的行为，很难说行为人必须要以偷税或者骗税为目的。对于为他人虚开和介绍他人虚开的行为，因行为人无偷税或者骗税目的而绝对不以犯罪论处，恐怕并不符合立法原意。因此，无论是通过字面解释或者逻辑解释，我们都不能得出虚开增值税专用发票罪是目的犯的结论。
>
> 对于不具有严重社会危害性的虚开增值税专用发票行为，可适用目的性限缩的解释方法，不以虚开增值税专用发票罪论处。所谓目的性限缩的解释方法，是基于规范意旨的考虑，依刑法规范的调整目的或其意义脉络，将依法律文义已被涵盖的案型排除在原系争适用的规范外。可见，目的性限缩方法的适用，并不是从是否为目的犯而是从立法目的的角度考虑问题，它是司法实践中法律适用的重要方法。刑法将虚开增值税专用发票规定为犯罪，主要是为了惩治那些为自己或为他人偷逃、骗取税款虚开增值税专用发票的行为。因此，对于确有证据证实行为人主观上不具有偷、骗税目的，客观上也不会造成国家税款流失的虚开增值税专用发票行为，不以虚开增值税专用发票罪论处，构成其他犯罪的，以其他犯罪定罪处罚。据此类推，在货物销售过程中，一般纳税人为夸大销售业绩，虚增货物的销售环节，虚开进项增值税专用发票和销项增值税专用发票，但依法缴纳增值税，并未造成国家税款损失的，不应以虚开增值税专用发票罪论处。为夸大企业经济实力，通过虚开进项增值税专用发票虚增企业固定资产，但并未利用增值税专用发票抵扣税款，增值税

---

① 茅仲华，叶巍．经济犯罪案件中的法律适用问题——全国部分法院经济犯罪案件工作座谈会研究综述//最高人民法院编．刑事审判参考：总第41集．北京：法律出版社，2005：157-158.

款亦未受到损失的，也不应以虚开增值税专用发票罪定罪处罚。①

以上论述，在虚开增值税专用发票罪是否为目的犯问题上，是持否定观点的，其理由仅仅是刑法条文没有对目的犯加以规定。这一观点实际上也否定了非法定的目的犯。论者同时又认为，对不具有严重社会危害性的虚开增值税专用发票行为，可适用目的性限缩的解释方法，不以虚开增值税专用发票罪论处。实际上，非法定的目的犯正是采用目的性限缩的解释方法对刑法条文进行解释的结果，而且是一种类型化的结果。在可以采用非法定的目的犯解释方法的情况下，就没有必要采用其他目的性限缩的解释方法。而且，是否具有严重的社会危害性，是一种个别性的判断，以此作为是否限缩的标准，将使法官在个案判断上具有过大的自由裁量权。而如果通过非法定的目的犯解释方法，则可以通过一种类型性判断，较为明确地区分罪与非罪。当然，若能通过司法解释的方式对非法定的目的犯予以明确，使非法定的目的犯在一定程度上通过司法解释法定化，则虚开增值税专用发票罪的认定将有明确的法律根据。

不以骗取税款为目的的虚开发票行为到底是否构成我国《刑法》第 205 条的虚开增值税专用发票、用于骗取出口退税、抵扣税款发票罪，这个问题在刑法理论上的观点逐渐统一，而各地司法机关的处理结果则不一。2016 年 11 月 16 日，《人民法院报》刊登了最高人民法院法官姚龙兵的《如何解读虚开增值税专用发票罪的虚开》一文。在该文中，作者指出："在此问题上，最高人民法院的态度一贯明确。2001 年最高人民法院答复福建省高级人民法院请示的泉州市松苑锦涤实业有限公司等虚开增值税专用发票一案中，该案被告单位不以抵扣税款为目的，而是为了显示公司实力以达到与外商谈判中处于有利地位而虚开增值税发票。据此，最高人民法院答复认为，该公司的行为不构成犯罪。因此，本罪的'虚开'与日常生活中的'虚开'不同，必须从实质意义上对其进行解读，必须要有通过虚开骗取国家税款的目的。"为此，我在网上找到了该文提及的泉州市松苑锦涤实业有限公司等虚开增值税专用发票案。② 案情及诉讼过程如下：

公诉机关：福建省泉州市人民检察院。

被告单位：福建省泉州市松苑锦涤实业有限公司（以下简称"松苑公司"），中外合资企业。

被告人：林建基。

被告人：陈某某，原系松苑公司董事长兼总经理。1995 年 11 月 1 日曾因偷税罪被石狮市人民法院判处有期徒刑三年、缓刑五年，在缓刑考验期内因本案被采取强制措施。

被告人：施某某，原系松苑公司副总经理。

2000 年 5 月间，林建基在松苑公司向陈某某推销节能器材过程中，得悉陈某某为提高公司现有设备价格，以显示公司经济实力，欲购买一些伪造票据做公司账目。林建基即表示愿意提供，陈某某提出虚开票据数额为 3 700 余万元人民币。双方商定，由陈某某按虚开面额千分之五的比例支付酬金给林建基，并向林建基提供了 3 张松苑公司向江苏扬州惠勇物资有限公司、江苏盐城华强化纤机械有限公司、江苏苏州凯美化工有限公司购买设备所开具的增值税专用发票作样式。施某某在陈某某的授意下，根据该公司现有设备虚列

① 牛克乾．虚开增值税专用发票、用于骗取出口退税、抵扣税款发票犯罪法律适用的若干问题//最高人民法院编．刑事审判参考：总第 49 集．北京：法律出版社，2006：139－140.

② 牛克乾．福建省泉州市松苑锦涤实业有限公司等伪造、出售伪造的增值税专用发票案——虚开增值税专用发票罪与非罪之认定．人民司法·案例，2008（22）.

了一张价格3 700余万元人民币的设备清单，通过杨跃辉（另案处理）交给林建基，林建基则根据陈某某、施某某提供的发票样式及设备清单，从他处买来伪造的增值税专用发票942份，以及发票专用章12枚，并以松苑公司为受票人开具发票326份，面额总计37 087 001.15元，税额5 388 709.57元。同年6月23日，林建基指使杨跃辉将开具的326份伪造的增值税专用发票拿到松苑公司，经施某某核对后交由陈某某，陈某某付款人民币18.54万元给林建基。案发后，公安机关在林建基家中搜出开错税率及空白的伪造增值税专用发票和伪造的印章12枚。

福建省泉州市人民检察院以被告人林建基犯虚开增值税专用发票罪、购买伪造的增值税专用发票罪，被告单位松苑公司、被告人陈某某和施某某犯虚开增值税专用发票罪，向福建省泉州市中级人民法院提起公诉。

被告单位松苑公司及其辩护人辩称：松苑公司虚开增值税专用发票不是用于抵扣税款，犯罪情节轻微，可以不认为是犯罪。被告人林建基及其辩护人辩称：林建基在公安机关主动交代为松苑公司虚开增值税专用发票的事实，构成立功，应从轻、减轻处罚。被告人陈某某及其辩护人辩称：陈某某虚开增值税专用发票不是为了抵扣税款，归案后认罪态度好，应从轻处罚。被告人施某某及其辩护人辩称：施某某没有虚开增值税专用发票的主观故意和客观行为，不是本案单位犯罪的直接责任人员，施某某不构成犯罪。

福建省泉州市中级人民法院经审理认为：被告人林建基违反国家对增值税专用发票的管理规定，为牟取非法利益，购买伪造的增值税专用发票942份，并从中为被告单位松苑公司虚开326份，面额总计37 087 001.15元，税额5 388 709.57元，虚开数额巨大，其行为已构成虚开增值税专用发票罪及购买伪造的增值税专用发票罪；被告人陈某某、施某某分别是松苑公司的法定代表人和副总经理，为公司牟取非法利益，故意让他人以公司的名义虚开增值税专用发票，且虚开的税款数额巨大，其中被告人陈某某系直接负责的主管人员，被告人施某某系直接责任人员。被告单位松苑公司及被告人陈某某、施某某均已构成虚开增值税专用发票罪。林建基在被公安机关查获其伪造的增值税专用发票及印章的情况下，才交代赃物去向及其他同案犯的犯罪事实，故其辩护人提出林建基有立功情节的辩护理由不能成立。被告单位松苑公司违反国家对增值税专用发票的管理法规，虚开增值税专用发票数额巨大，社会危害性大，故其辩护人提出被告单位犯罪情节轻微、可以不认为是犯罪的辩护理由于法无据。被告人陈某某为牟取单位非法利益，与被告人林建基商定虚开增值税专用发票事宜，指使被告人施某某虚列设备清单，是主犯，其辩护人提出陈某某虚开增值税专用发票不是为了抵扣税款，归案后认罪态度好，建议从轻处罚的意见可以采纳。陈某某在缓刑期间犯罪，应撤销缓刑，数罪并罚。被告人施某某明知陈某某为显示松苑公司经济实力，在其授意下为虚开增值税专用发票而开具公司生产设备价格清单、验收虚开增值税专用发票的事实，有同案人供述，并有扣押的虚开的生产设备清单、虚开的增值税专用发票可佐证，施某某辩称事先不知道要虚开增值税专用发票及其辩护人提出的施某某没有虚开增值税专用发票的主观故意和客观行为，不是本案单位犯罪的直接责任人员，施某某不构成犯罪的辩解和辩护意见均无事实和法律依据，不予采纳。鉴于施某某系在陈某某的指使下实施犯罪行为，在本案犯罪中起次要、辅助作用，是从犯，对被告人施某某应比照陈某某减轻处罚。依照《中华人民共和国刑法》第二百零五条第一、二款，第二百零八条第一款，第三十条，第三十一条，第二十五条第一款，第二十六条第一款，第二十七条，第七十七条第一款，第六十九条，第六十四条之规定，于2001年3月20日判决如下：

（1）撤销石狮市人民法院（1995）狮刑初字第173号刑事判决中以偷税罪判处被告人陈某某有期徒刑三年，缓刑五年的缓刑部分之判决。

（2）被告单位泉州市松苑锦涤实业有限公司犯虚开增值税专用发票罪，判处罚金人民币三十万元。

（3）被告人林建基犯虚开增值税专用发票罪，判处有期徒刑十三年，并处罚金人民币十万元；犯购买伪造的增值税专用发票罪，判处有期徒刑三年，并处罚金人民币五万元。决定执行有期徒刑十五年，并处罚金人民币十五万元。

（4）被告人陈某某犯虚开增值税专用发票罪，判处有期徒刑十年，合并原偷税罪有期徒刑三年，决定执行有期徒刑十二年。

（5）被告人施某某犯虚开增值税专用发票罪，判处有期徒刑五年。

（6）继续追缴被告人林建基违法所得人民币18.54万元，上缴国库。

一审宣判后，被告单位松苑公司及被告人林建基、陈某某、施某某均不服，提出上诉。

被告单位松苑公司及其辩护人上诉称：该公司在招商引资过程中，为了提高公司设备的价格以显示公司的实力而购买一些伪造的发票做公司的账目。本案购买的伪造增值税专用发票，由于注明是固定资产，不能从销项税额中抵扣税款，因而该公司及其法定代表人都不具有虚开增值税专用发票偷逃税款的主观故意和行为，不构成虚开增值税专用发票罪。该公司只是具有购买伪造的增值税专用发票的行为，鉴于主观恶性较小，没有给国家造成经济损失，请求法院从轻判处松苑公司罚金人民币10万元，并对法定代表人陈某某从轻判处。

林建基及其辩护人诉称：（1）林建基虽然购买了伪造的增值税专用发票，但这只是犯罪的手段，购买发票是为了虚开，其实施的犯罪与其方法之间存在牵连关系，因而应以虚开增值税专用发票一罪认定，而不应实行数罪并罚；（2）原判对林建基量刑偏重，本案中林建基同样系从犯，却比主犯陈某某判处了更重的刑罚，显失公平；（3）林建基在公安机关主动交代了为松苑公司虚开发票的事实，应认定具有自首、立功情节。

陈某某及其辩护律师诉称：（1）陈某某只是购买了伪造的增值税专用发票，应以购买伪造的增值税专用发票罪定罪；（2）陈某某购买伪造的增值税专用发票只是做内部账目，没有抵扣税款，没有给国家造成损失；（3）陈某某主观恶性小，归案后认罪态度较好，其是泉州民营企业家，每年给国家上缴税款上千万元，对当地经济建设有一定贡献，请求从轻判处。

施某某及其辩护律师诉称：（1）松苑公司只是实施了购买伪造的增值税专用发票的行为，不构成虚开增值税专用发票罪；（2）施某某是在陈某某的授意下开具了生产设备清单，不知是用于购买增值税专用发票，因而本人不构成犯罪。

福建省高级人民法院二审查明的案件事实与一审认定的案件事实基本一致，认为：上诉人林建基违反国家对增值税专用发票管理规定，为牟取私利，受人之托，从他人处购买了伪造的增值税专用发票942份，从中出售给松苑公司326份，其行为已构成出售伪造的增值税专用发票罪。因其购买时即明知不是为了抵扣税款，也没有将抵扣联交给买方，未给国家税款造成损失，综合考虑本案的情节及后果，对林建基可予从轻处罚。林建基及其辩护人关于只构成虚开增值税专用发票一罪和具有自首和立功情节等辩护意见，经查与法律、事实不符，不予采纳。上诉单位松苑公司和上诉人陈某某、施某某向他人购买伪造的增值税专用发票的行为，不是以抵扣税款为目的，而是为了提高购进设备价值，显示公司实力，以达到在与他人合作谈判中处于有利地位的目的。根据国家税法的规定，注明为固定资产的增值税专用发票不能抵扣税款，且陈某某也没有要抵扣联，国家税款不会因其行为而受损失，松苑公司、陈某某、施某某的行为不具有严重的社会危害性，因此不构成犯罪。各被告人及其辩护人的有关辩护理由，予以采纳。原审以虚开增值税专用发票罪对松苑公司、陈某某、施某某定罪处刑不当，应予撤销。原审认定上诉人林建基出售伪造的增值税专用发票的事实清楚，但定罪不当。依照《中华人民共和国刑事诉讼法》第一百八十九条第（二）项及《中华人民共和国刑法》第二百零六条第一款、第六十四条之规定，于2002年5月31日判决如下：

（1）撤销泉州市中级人民法院（2000）泉刑初字第196号刑事判决；

（2）上诉人林建基犯出售伪造的增值税专用发票罪，判处有期徒刑五年，并处罚金人民币五万元；

（3）上诉单位泉州市松苑锦涤实业有限公司、上诉人陈某某和施某某无罪。

本案中，对于被告单位松苑公司，被告人陈某某、施某某为了提高购进设备价值，显示公司经济实力，向他人购买虚开的伪造增值税专用发票的行为如何定性，存在较大分歧。

第一种观点认为构成虚开增值税专用发票罪。理由是：《刑法》第205条规定，“虚开增值税专用发票或者虚开用于骗取出口退税、抵扣税款的其他发票的，处三年以下有期徒刑或者拘役，并处二万元以上二十万元以下罚金”。从法条规定看，虚开增值税专用发票罪是行为犯，立法并未将抵扣税款或骗取出口退税的目的和国家税款流失的犯罪结果作为该罪的构成要件。对于增值税专用发票，一经虚开达到一定数量，即构成犯罪。被告单位松苑公司，被告人陈某某、施某某的行为属于让他人为自己虚开增值税专用发票，且数额巨大，已经构成虚开增值税专用发票罪。不过，对这种不以抵扣税款和骗取出口退税为目的的犯罪，可以根据其犯罪情节适当从轻处罚。

第二种观点认为构成购买伪造的增值税专用发票罪。理由是：《刑法》第205条规定的立法本意是保障国家流转税制，不仅仅是保护发票管理秩序，打击的锋芒还指向利用增值税专用发票非法抵扣国家税款和骗取出口退税款。对于类似本案被告不以偷骗税为目的虚开增值税专用发票的行为，不宜认定构成虚开增值税专用发票罪。《刑法》第208条第1款规定：“非法购买增值税专用发票或者购买伪造的增值税专用发票的，处五年以下有期徒刑或者拘役，并处或者单处二万元以上二十万元以下罚金。”被告单位松苑公司和被告人陈某某、施某某实施了购买伪造的增值税专用发票的行为，从罪刑相适应的角度看，购买伪造的增值税专用发票罪的法定刑较虚开增值税专用发票罪的为轻，因此，对上述被告单位或被告人可以按购买伪造的增值税专用发票罪定罪处刑。

第三种观点认为不构成犯罪。理由是：本案中，被告单位松苑公司和被告人陈某某、施某某之所以虚开增值税专用发票，是为了增加其公司现有设备的价格，提高其固定资产的数量，以便在和外商谈判时处于有利的地位。而根据国家税法的规定，注明为固定资产的增值税专用发票不能抵扣税款，且涉案被告单位或被告人根本没有要增值税专用发票的抵扣联，因此国家税款不会因其行为而受损失。综合考虑，被告单位松苑公司以及被告人陈某某、施某某的行为不具有严重的社会危害性，因此不能以犯罪论处。

我同意第三种观点，理由如下。

（1）被告单位松苑公司，被告人陈某某、施某某为了提高购进设备价值，显示公司经济实力，向他人购买虚开的伪造增值税专用发票的行为不具有严重的社会危害性。

我国《刑法》第13条规定："一切危害国家主权、领土完整和安全，分裂国家、颠覆人民民主专政的政权和推翻社会主义制度，破坏社会秩序和经济秩序，侵犯国有财产或者劳动群众集体所有的财产，侵犯公民私人所有的财产，侵犯公民的人身权利、民主权利和其他权利，以及其他危害社会的行为，依照法律应当受刑罚处罚的，都是犯罪，但是情节显著轻微危害不大的，不认为是犯罪。"这一犯罪定义表明，严重的社会危害性是犯罪的本质特征。准确把握这一特征，是我们结合刑事法律界定一种行为罪与非罪的前提。根据罪刑法定原则，对于刑法没有明文规定的具有严重社会危害性的行为不能定罪，同时，对于不具有严重社会危害性的行为，即使从字面上看为刑法条文所规范，也必须适用限缩解释的方法将之排除在犯罪圈外。行为的社会危害性是主客观要素的统一，因此，在确定行为是否具有严重的社会危害性时，不仅要考察行为的客观危害性，而且要关注行为的主观危险性。

本案中，被告单位松苑公司，被告人陈某某、施某某从林建基处以人民币18.54万元购得伪造的增值税专用发票326份，面额总计37 087 001.15元，税额5 388 709.57元，并用于虚高公司设备的价值，以显示公司的实力。虽然从表面上看，松苑公司、陈某某、施某某实施了购买虚开的伪造增值税专用发票的行为，且涉案数额巨大，但与人民法院审理的大量虚开增值税专用发票案件相比，社会危害性具有本质区别：主观方面，涉案被告单位或被告人是为了虚夸公司实力，以便在和外商谈判时处于有利的地位，并不具有偷、骗税款故意，且无证据证实其具有获取其他非法利益的动机和目的；客观方面，根据国家税法的规定，注明为固定资产的增值税专用发票不能抵扣税款，且涉案被告单位或被告人根本没有要增值税专用发票的抵扣联，所以国家税款不会因其行为而遭受损失，且无证据证实有其他严重危害后果。因此，本案被告单位或被告人购买伪造的增值税专用发票和接受虚开增值税专用发票的行为，从本质上讲不具有严重的社会危害性。

（2）考察立法原意，应基于刑法谦抑的价值立场，对《刑法》第205条和第208条作限缩解释，被告单位松苑公司与被告人陈某某、施某某的行为不具有刑事违法性。

刑事违法性是犯罪的法律特征，是行为的严重社会危害性在法律上的表现形式。犯罪是严重社会危害性与刑事违法性的统一，其中，社会危害性是第一性的，刑事违法性是第二性的，行为不是因为违法才具有社会危害性，而是因为具有社会危害性才违法。因此，对于刑事违法性的判断，我们不能仅从法律规范本身去理解，还应结合社会危害性来考察。如前所述，对于不具有严重社会危害性的行为，即使从字面上看为刑法条文所规范，也必须适用限缩解释的方法将之排除在犯罪圈外。目的性限缩的解释方法是广义的限缩解释方法的一种，它是司法实践中法律适用的重要方法，是指基于规范意旨的考虑，依法律规范调整的目的或其意义脉络，将依法律文义已被涵盖的案型排除在原系争适用的规范外。对增值税专用发票犯罪相关刑法条文的理解和适用，也必须照应目的性限缩解释方法的运用。

从《刑法》第205条第1款的规定看，虚开增值税专用发票罪的犯罪构成，表现为行为人客观上具有虚开行为，主观上有虚开的故意，并不要求有偷逃、骗取税款的目的。但查立法资料可知，1997年《刑法》修改时没有注意到类似本案的虚开增值税专用发票情况，也没有考虑到对这种问题的处理，《刑法》第205条的立法本意是保障国家流转税制，打击的锋芒指向利用增值税专用发票非法抵扣国家税款和骗取出口退税款的行为。因此，对于确有证据证实行为人主观上不具有偷、骗税目的，客观上也不会造成国家税款流失和其他严重后果的虚开增值税专用发票行为，虽然字面上看其符合《刑法》第205条的规定，但认定其具备刑事违法性恐怕并不符合立法原意。

同时，认定本案行为难以被《刑法》第205条所规范，也是基于刑法谦抑的价值立场所应得出的结论。刑法事关生杀予夺，对其可能的扩张和滥用必须保持足够的警惕，谦抑是刑法较之其他部门法独特的价值立场。所谓刑法的谦抑性，又称刑法的经济性或者节俭性，是指用刑之道应力求以最小的支出——少用甚至不用刑罚（而用其他刑罚替代措施），获取最大的社会效益——有效地预防和抗制犯罪。刑法的谦抑性要求慎用刑罚，准确贯彻存疑时有利于被告人的原则，为行政处罚、经济制裁等非刑罚的社会调控措施留下足够空间。据了解，对类似本案行为是否定罪，理论界和实务部门都存在不同看法。在这种分歧观点争执不下的情况下，选择有利于被告人的谦抑立场，更加符合法无明文规定不为罪、法无明文规定不处罚的罪刑法定原则的要求。同理，适用《刑法》第208条购买伪造的增值税专用发票罪的规定时，亦应将本案这种购买伪造的增值税专用发票用于提高购进设备价值、显示公司经济实力的行为排除在外。综上，本案被告单位松苑公司与被告人陈某某、施某某的行为不具有严重的社会危害性和刑事违法性，不宜以犯罪论处，二审法院依法予以改判是正确的。

由此可见，在2001年，最高人民法院相关业务部门已经就不以骗取税款为目的的虚开发票行为到底是否构成我国《刑法》第205条的虚开增值税专用发票、用于骗取出口退税、抵扣税款发票罪这个问题进行过个案答复，明确了不构成该罪的意见。只是因为这是个案性的意见，未能及时公布，只是在相关讨论文章中涉及。现在，随着这一答复的披露，我认为在这个问题上，最高人民法院的观点已经是明确的，应当参照执行。当然，如果能够以指导案例的形式对此予以确认，则效果会更好。

值得注意的是，随着刑事法治的向前发展，尤其是在防止对经济行为的过度刑事干预、保障市场经济秩序的思想指导下，最高人民法院和最高人民检察院对于虚开增值税专用发票罪采用目的犯说的倾向性越来越明显。在这种情况下，最高人民法院于2018年12月4日公布了典型案例——张某强虚开增值税专用发票案①：

> 2004年，被告人张某强与他人合伙成立个体企业某龙骨厂，张某强负责生产经营活动。因某龙骨厂系小规模纳税人，无法为购货单位开具增值税专用发票，张某强遂以他人开办的鑫源公司名义对外签订销售合同。2006年至2007年间，张某强先后与六家公司签订轻钢龙骨销售合同，购货单位均将货款汇入鑫源公司账户，鑫源公司并为上述六家公司开具增值税专用发票共计53张，价税合计4 457 701.36元，税额647 700.18元。基于以上事实，某州市人民检察院指控被告人张某强犯虚开增值税专用发票罪。
>
> 某州市人民法院一审认定被告人张某强构成虚开增值税专用发票罪，在法定刑以下判处张某强有期徒刑三年，缓刑五年，并处罚金人民币五万元。张某强在法定期限内没有上诉，检察院未抗诉。某州市人民法院依法逐级报请最高人民法院核准。
>
> 最高人民法院经复核认为，被告人张某强以其他单位名义对外签订销售合同，由该单位收取货款、开具增值税专用发票，不具有骗取国家税款的目的，未造成国家税款损失，其行为不构成虚开增值税专用发票罪，某州市人民法院认定张某强构成虚开增值税专用发票罪属适用法律错误。据此，最高人民法院裁定：不核准并撤销某州市人民法院一审刑事判决，将本案发回重审。该案经某州市人民法院重审后，依法宣告张某强无罪。

本案的“典型意义”在于：本案张某强借用其他企业名义为其自己企业开具增值税专用发票，虽不符合当时的税收法律规定，但张某强并不具有偷逃税收的目的，其行为未对国家造成税收损失，不具有社会危害性。一审法院在法定刑之下判决其承担刑事责任，并报最高人民法院核准。虽然对于本案判决结果，被告人并未上诉，但是最高人民法院基于刑法的谦抑性要求

---

① 中华人民共和国最高人民法院（2016）最高法刑核51732773号刑事裁定书。

认为，本案不应定罪处罚，故未核准一审判决，并撤销一审判决，将本案发回重审。最终，本案一审法院宣告张某强无罪。这是最高人民法院以“典型案例”形式公布的一个案例，它虽然不具有指导案例所具有的权威性，但其对于处理同类案件的参考价值是不言而喻的。

此后，2020年7月22日最高人民检察院发布了《关于充分发挥检察职能服务保障“六稳”“六保”的意见》（以下简称《意见》）。《意见》第6条规定：“依法慎重处理企业涉税案件。注意把握一般涉税违法行为与以骗取国家税款为目的的涉税犯罪的界限，对于有实际生产经营活动的企业为虚增业绩、融资、贷款等非骗税目的且没有造成税款损失的虚开增值税专用发票行为，不以虚开增值税专用发票罪定性处理，依法作出不起诉决定的，移送税务机关给予行政处罚。”在此，《意见》将是否具有骗取国家税款目的作为区分一般涉税违法行为与涉税犯罪的标准，明确规定对于那些不具有骗取国家税款目的，没有造成国家税款损失的虚开增值税专用发票行为，不以虚开增值税专用发票罪定性处理。

第八章　数额认识错误的盗窃行为之定性研究

——沈某某盗窃案（客观处罚条件　数额认识错误）

盗窃罪是一种财产犯罪，行为人主观上是为了获取财物，对于财物数量来说，当然是多多益善。因此，在一般盗窃案件中，根据盗窃财物的数额对犯罪分子定罪量刑是没有问题的。但在某些案件中，行为人对所窃财物的价值发生重大认识偏差。在这种情况下，还能不能以财物价值作为对行为人定罪量刑的根据，这是一个值得研究的问题。本章以沈某某案为例①，对盗窃物品价值认识错误情况下的定罪量刑问题进行研究。

一、案情及诉讼过程

被告人沈某某（女）在与潘某某进行完性交易，准备离开时，乘潘某某不备，顺手将潘某某放在床头柜上的嫖资及一只手表拿走，并将该表藏匿于其租住房的灶台内。后潘某某发现手表丢失，疑系沈某某所为，便约见沈某某，称该表不值钱，但对自己的意义很大，如沈某某退还，愿送她 2 000 元。沈某某坚决否认。潘某某报案后，公安机关将沈某某羁押，当时沈某某已收拾好行李正准备离开该市，但手表仍在灶台内。沈某某供述了自己拿走潘某某手表的事实及手表的藏匿地点。在讯问中，沈某某不能准确说出所盗手表的牌号、型号等具体特征，并认为该表只值六七百元。经鉴定：涉案手表价值人民币 12 万余元。

某市某区人民法院认为：沈某某秘密窃取他人数额较大以上的财物，其行为已构成盗窃罪。沈某某知悉手表的实际价值前，一直误认为其所盗取的只是一只价值数百元的普通手表。结合沈某某的出身、年龄、职业、见识、阅历等状况来看，她的误认是真实可信的。沈某某顺手拿走他人手表的行为，主观上虽有非法占有他人财物的目的，但其当时没有认识到其所盗手表的实际价值，其认识到的价值只是“数额较大”，而非“数额特别巨大”。根据主客观相统一的刑法原则，不能让其对所不能认识的价值数额承担相应的刑事责任，而应按其盗窃时所能认识到的价值数额作为量刑标准。鉴于被告人犯罪后主动坦白其盗窃事实，且所盗手表已被追缴并退还失主，属于犯罪情节轻微。一审判决沈某某犯盗窃罪，免予刑事处罚。

一审宣判后，某市某区检察院以沈某某犯盗窃罪数额特别巨大，原判量刑畸轻为由，向某市中级人民法院提出抗诉。由于沈某某下落不明，二审中该案依法中止审理。

在《刑事审判参考》中刊登的案例，一般都是使用真名实姓，审判机关亦明示在案。唯独本案隐去被告人与被害人之名，也许是为维护当事人的隐私。

二、盗窃数额的法理分析

我国《刑法》第 264 条关于盗窃罪的规定，根据数额大小，分别规定了三个罪刑单位：

> 盗窃公私财物，数额较大的，或者多次盗窃、入户盗窃、携带凶器盗窃、扒窃的，处

---

① 最高人民法院编．刑事审判参考：总第 40 集．北京：法律出版社，2005.

三年以下有期徒刑、拘役或者管制，并处或者单处罚金；数额巨大或者有其他严重情节的，处三年以上十年以下有期徒刑，并处罚金；数额特别巨大或者有其他特别严重情节的，处十年以上有期徒刑或者无期徒刑，并处罚金或者没收财产。

从上述规定来看，在我国刑法中，盗窃数额对于盗窃罪的定罪与量刑具有重大影响。可以说，我国刑法将盗窃数额作为盗窃罪的定罪量刑根据的立法方式，秉承了我国古代刑法对盗窃罪以及其他财产犯罪“计赃论罪”的司法传统。在《秦律》中就有关于盗窃数额的规定，例如《秦律》规定盗窃110钱者，耐为隶臣；超过220钱而不到660钱的，黥为城旦；超过660钱的，黥劓以为城旦。① 从立法逻辑上来说，我国刑法的规定与《秦律》的这一规定，可以说是如出一辙。及至汉代，刘邦入关约法三章，特别提到“伤人与盗抵罪”。师古注曰：“抵，至也，当也。”即对盗窃罪的处理，要根据赃物的多少来判处不同的刑罚。② 因此，《汉律》承接了《秦律》确立的以赃计罪的规定。《唐律》的盗窃分为强盗与窃罪，其盗又分为计赃与不计赃两种：计赃的是凡盗，不计赃的是“盗大祀神御之物”等特殊盗罪。其中，关于凡盗的规定指出：“诸窃盗，不得财笞五十；一尺杖六十，一疋加一等；五疋徒一年，五疋加一等，五十疋加役流。”《唐律》还规定当不计赃的盗罪因减罪而轻于凡盗时，若计赃重，则应计赃，以凡盗论加一等。③ 这些规定对于理解我国现行刑法关于盗窃数额的规定都具有参考价值。当然，对于以赃计罪的司法传统，即使是在古代也曾受到质疑。例如，宋人曾布（1035—1107年）建言：“盗情有重轻，赃有多少。今以赃论罪，则劫贫家情虽重，而以赃少减免，劫富室情虽轻，而以赃重论死。是盗之生死，系于主之贫富也。”④ 曾布在此论及在盗罪中“情”与“赃”的关系：情轻赃重与情重赃轻。如果仅计赃论罪不顾及盗罪之犯情，则对盗罪处罚并不公允。因此，如何在以数额作为盗窃罪的定罪量刑主要根据的同时，考虑其他犯罪情节，这是一个在盗窃罪处罚中应当注意的问题。我国1997年《刑法》，对盗窃罪定罪量刑，虽然在数额以外，考虑了多次盗窃以及是否具有其他严重情节或者特别严重情节，但在盗窃罪的定罪量刑上还是存在较为明显的以赃计罪的痕迹。

从关于盗窃数额的立法转入盗窃数额在盗窃罪犯罪构成中的体系性地位问题，这是一个在刑法理论上存在争议的问题。在大陆法系三阶层的犯罪论体系中，在构成要件该当性中讨论盗窃行为，并不涉及盗窃数额。因此，盗窃数额并非构成要件要素。日本刑法未对盗窃数额加以规定，从法律逻辑上来说，即使盗窃一厘钱也构成盗窃罪。但日本大审院在一厘钱事件的判例中，明确指出：

零细的反法行为，只要不是在应该认为犯人具有危险性这种特殊情况下坚决实行的，就不能认为在共同生活的观念中存在应该要求通过刑罚制裁进行法律保护的法益侵害，就没有必要以刑罚处之，就没有必要施加刑罚制裁，不得不说立法的趣旨也在于此。

在日本刑法理论上，对这种特别轻微的违法行为不处罚如何解释，一般是采用可罚的违法性理论，例如佐伯博士主张零细的反法行为因其违法性极其轻微，没有达到法所预定的程度而不成立犯罪。但藤木教授则认为，犯罪构成要件中以其典型事态为中心，预定了一定类型性程度的严重性，没有满足这种程度的违法性的行为就缺乏构成要件符合性。⑤ 值得注意的是西田

① 赵秉志主编．侵犯财产罪研究．北京：中国法制出版社，1998：138.
② 乔伟．唐律研究．济南：山东人民出版社，1985：221.
③ 刘俊文点校．唐律疏议．北京：法律出版社，1999：386.
④ 高潮，马建石主编．中国历代刑法志注释．长春：吉林人民出版社，1994：420.
⑤ 大塚仁．刑法概说（总论）：第3版．冯军，译．北京：中国人民大学出版社，2003：314.

典之教授认为，可以把轻微违法分为绝对轻微型与相对轻微型。一种类型是绝对轻微型，也就是说，在受害程度极小的场合，根据缩小解释而否定具有构成要件该当性；另一种类型是相对轻微型，具体是指尽管受害程度并非轻微到可以否定构成要件该当性，但考虑到行为的状况、目的、其他相对立的价值的实现等因素，而认为其并未达到可以处罚的程度之时，可根据第35条的规定而否定其具有实质违法性。① 也就是说，绝对轻微型是一个构成要件该当性不具备的问题，而相对轻微型则是一个违法性不具备的问题。

在我国四要件的犯罪构成体系中，盗窃数额以及情节严重等描述违法程度的要素究竟属于四个要件中的哪一个要件，或者是四个要件之外的一个独立要件，这个问题在刑法理论上是存在争议的。早在20世纪80年代，我国学者论及盗窃数额对于认定盗窃犯罪的作用，就提出两种观点：一是构成要件说，二是处罚条件说。② 上述构成要件说主张盗窃数额是盗窃罪的构成要件，而处罚条件说是盗窃罪的量刑条件。就上述两种观点而言，处罚条件说明显不妥，盗窃数额，这里是指作为起刑点的数额较大，当然是定罪要件而并非仅是处罚条件。但把盗窃数额界定为构成要件，又存在一个它属于四要件中的哪一个要件的问题。我国早期的刑法教科书把数额纳入危害结果，以此作为犯罪客观方面的要素。③ 但情节严重、情节恶劣等要素，既包含客观内容又包含主观内容，如何确定其构成要件的归属呢？对此，我国学者张明楷教授提出了犯罪构成的综合要件的命题，指出："情节严重""情节恶劣"不是属于犯罪构成某一方面的要件，而是一个综合性的构成要件，它涉及客观方面、主体、主观方面的内容。④ 此后，尽管张明楷教授将犯罪构成共同要件从原先的三个（犯罪客观要件、犯罪主体、主观构成要件）改为两个（客观构成要件、主观构成要件），但仍然主张要在论述了客观构成要件与主观构成要件之后，再论述"情节严重"的内容。因为情节是否严重，需要通过分析案件的全部情况进行综合判断。⑤ 但情节严重是否属于独立于犯罪构成共同要件之外的一个要件，张明楷教授则语焉不详。当然，也有我国学者认为情节是该类犯罪的犯罪构成中的独特要件，因为它不能与犯罪构成中的其他要件相互包容。⑥ 我认为，对于犯罪成立数量要素在犯罪构成体系中的地位不加以正确地界定，会影响犯罪构成理论的逻辑性。

将盗窃数额作为犯罪的构成要件，这是正确的。但大陆法系三阶层的犯罪论体系中的构成要件与我国四要件的犯罪构成理论所称的构成要件，在语义上是存在重大差别的。在大陆法系三阶层的犯罪论体系的语境中，将盗窃数额视为构成要件，就意味着它不是作为违法性的排除要素。因此，在大陆法系三阶层的犯罪论体系中，盗窃数额较大之类的内容是不可能视为构成要件的，一般都作为违法性考察的内容。但在我国四要件的犯罪构成理论中，构成要件是犯罪成立条件的总和，因此，不仅大陆法系三阶层理论中的构成要件该当性、违法性、有责性属于犯罪构成要件，而且客观处罚条件等也属于犯罪构成要件。但如果把盗窃数额放在犯罪客观要件中，就存在一个需要行为人在主观上对盗窃数额具有认识的问题。因为犯罪故意中的认识对象就是客观的构成要件要素。关于对犯罪数额是否应当认识以及是否适用对象认识错误理论，我将在后文论及。在此我只是想强调，犯罪数额如果成为犯罪故意的认识内容，必将带来一系列刑法理论上的与司法实务中的难题。因此，我主张在犯罪客观要件——罪体和犯罪主观要

① 西田典之．日本刑法总论．刘明祥，王昭武，译．北京：中国人民大学出版社，2007：156－157.
② 高铭暄，王作富主编．新中国刑法的理论与实践．石家庄：河北人民出版社，1988：593.
③ 高铭暄．刑法学．修订版．北京：法律出版社，1984：123.
④ 张明楷．犯罪论原理．武汉：武汉大学出版社，1991：146.
⑤ 张明楷．刑法学．3版．北京：法律出版社，2007：109.
⑥ 李翔．情节犯研究．上海：上海交通大学出版社，2006：112.

件——罪责之外，确立罪量要件，将数额、情节等对于犯罪成立具有重大影响的要素单独设置为一个犯罪构成要件。①

在大陆法系刑法理论中，存在应受处罚的客观条件（objektive Bedingungen der Strafbarkeit）的概念，亦简称为客观处罚条件。德国学者在论及客观的处罚条件时指出：

> 应受处罚性的客观条件，是指这样一些情况，它们与行为直接相关，但既不属于不法构成要件也不属于责任构成要件。这些虽都属于实体上的应受处罚性要件，但在其内部都呈现着多样的形态。因为，它们部分构成纯正的特殊类型，部分与构成要件要素相似。由于存在这样的差异，应受处罚性的客观条件应当按照完全相同的原则来处理：即对于应受处罚性问题，仅仅取决于客观上存在或者不存在这样的事实，没有必要将故意或者过失牵扯进来。这就意味着，如果行为时存在应受处罚性的客观条件或者行为后发生该客观条件，即使行为人对此没有认识或者没有预见其发生，但他也未因未遂受处罚，如果他相信存在或发生该客观条件，而实际上并不存在或者并没有发生，行为人均应受处罚。②

客观处罚条件本身并非构成要件，但它对于行为是否应受处罚具有重大影响。因为它不是客观构成要件，所以也就不要求行为人主观上对其认识。我认为，将我国刑法中的罪量要件与客观处罚条件相比，具有某种功能上的相似性，它们都是刑事政策的产物，限定了刑罚的处罚范围。当然，对于这个问题也存在争议。质疑的观点认为，在我国的犯罪构成理论当中，根本就没有属于客观处罚条件的“超过的客观要素”的存在余地；从犯罪是应受刑罚处罚程度的社会危害行为的角度来看，所谓“超过的客观要素”，作为和行为人的实行行为具有某种关系的结果，是表明该行为达到了应受刑罚处罚程度的具体体现，作为说明该行为达到了应当受到刑罚处罚程度的社会危害性的标志，应当在行为人的认识范围之内，而不可能超出其外。③ 这里的“超过的客观要素”的命题，是张明楷教授提出来的，它也在一定程度上借鉴了客观处罚条件的理论。承认“超过的客观要素”主要是为了解决对某些客观要素的主观认识问题，这些要素虽然与客观构成要件相关，但如果纳入客观构成要件，要求行为人主观上加以认识，就会带来故意与过失区分上的困难。黎宏教授认为，应当将这些所谓超过的客观要素纳入行为人的主观认识范围，否则会带来一系列理论上的混乱。但我认为，如果不承认客观处罚条件，同样会带来理论上的混乱，而且会带来实务操作中的困难。例如在本案中，沈某某对于贵重手表价值是否应当认识的问题。如果盗窃数额是客观构成要件，当然需要有这种认识。但如果没有这种认识又怎么处理呢？黎宏教授认为这种认识不一定是确定的认识，也可以是一种可能的认识。④ 我认为，可能的认识也未必能解决这个难题，在以具体的盗窃数额作为定罪量刑标准的法律语境中，主观认识的模糊无法应对立法规定的明确。在这种情况下，将盗窃数额作为类似于客观处罚条件的罪量要件，并不要求行为人具有认识，只要客观上具有盗窃行为，主观上具有盗窃故意，就具备了盗窃罪的本体要件。盗窃数额较大作为一个罪量要件，只是基于刑事政策的考量，决定盗窃行为应受刑罚处罚的界限的一个指数而已。

三、盗窃物品价值的认识错误

如前所述，因为在德、日刑法中，数额价值并非盗窃罪构成的一般要件，当然也就没有关

---

① 陈兴良．规范刑法学：上册．2版．北京：中国人民大学出版社，2008：194.

② 汉斯·海因里希·耶赛克，托马斯·魏根特．德国刑法教科书（总论）．徐久生，译．北京：中国法制出版社，2001：667.

③ 黎宏．刑法总论问题思考．北京：中国人民大学出版社，2007：201.

④ 黎宏．刑法总论问题思考．北京：中国人民大学出版社，2007：202.

于盗窃物品价值的认识问题。在我国刑法中，因为数额较大是盗窃罪构成的一个必备要件，这就涉及对盗窃物品价值是否应当认识，以及发生了盗窃物品价值的认识错误应当如何处理的问题。

关于这个问题，我国刑法学界以往通常讨论在盗窃罪的故意中是否包括对数额的认识问题。对此，存在否定说与肯定说之争。

否定说认为，盗窃故意中的认识因素并不包括对盗窃数额的认识。例如我国学者姜伟认为，犯罪故意的认识内容并不包括犯罪构成中的情节因素，由于论者所界定的情节是包含数额的，因而其结论自然及于数额。姜伟指出，犯罪故意无法，也无须专门认识犯罪构成中的情节因素，具体理由如下：

> 其一，罪与非罪、罪重与罪轻的界限并不是由行为人的自我认识决定的，而是由司法机关根据法律和事实确定的，行为人的自我认识对定罪量刑毫无影响；
>
> 其二，行为人在故意犯罪过程中对说明犯罪客体、犯罪客观方面的事实的认识，事实上已经认识到情节的一部分内容，再要求行为人认识情节无异于重复认识；
>
> 其三，犯罪故意表明的是行为人必然反社会的主观倾向，情节是综合评价罪与非罪、罪轻罪重的因素，对犯罪故意的成立与否毫无影响；
>
> 其四，如果要求行为人的犯罪故意认识情节因素，不仅是徒劳的，也是有害的，会为行为人逃避罪责提供托词。①

上述理由当然是有一定说服力的，但论者并没有从情节在犯罪构成体系中的地位来论证，还是有所欠缺的。因为如果承认情节包括数额是构成要件事实，就没有理由不要求行为人主观上的认识。由于论者否认犯罪故意之成立必须具有对数额的认识，当然具体数额更不是犯罪故意的认识内容。

肯定说则认为数额是盗窃故意的认识内容。例如我国学者在论及盗窃罪犯罪故意的认识因素时指出：

> 行为人主观上必须预见到盗窃财物的数额达到了较大，或明知盗窃财物的行为达到了“多次盗窃”。根据犯罪构成必须是主客观相一致的原理，当盗窃数大是盗窃罪客观方面必不可少的要件时，行为人在主观方面也必须预见到所要窃取的财物达到了数额较大，这样才能主客观相统一。如果行为人根本就没有预见所要窃取财物数额达到了较大，则很难说行为人对盗窃犯罪结果有认识。因此，行为人只有预见到所要盗窃公私财物的数额达到较大，才可能形成盗窃罪故意。②

肯定说是在定罪的意义上论及对盗窃数额的认识，当然，这种认识是指预见到盗窃财物的数额达到较大程度，但对财物具体价值的认识则没有论及。在这种情况下，肯定说与否定说在财物数额是否属于盗窃故意认识内容这一点上的对立是明显的，但对于盗窃财物具体数额是否应当认识问题上，还没有进一步展开讨论。此后，在我国司法实践中出现了两个特殊的盗窃案件，才使这个问题的对立性得以凸显。这两个案件，一个是天价葡萄案，另一个是天价豆角案。

天价葡萄案

2003 年 8 月 7 日凌晨，4 名民工在北京香山附近盗窃了 47 斤科研用葡萄。被害单位

---

① 姜伟．罪过形式论．北京：北京大学出版社，2008：104.

② 董玉庭．盗窃罪研究．北京：中国检察出版社，2002：67.

称：它们是北京农林科学院林业果树研究所葡萄研究园投资40万元，历经10年培育研制的科研新品种。案发后，北京市物价局价格认证中心对被偷的葡萄进行估价，被偷葡萄的直接经济损失为11 220元。2004年4月，争议已久的估价问题，经过检察院两次退回补充侦查后，天价葡萄案最终估价按照葡萄的市场价格估算，价值仅为376元，远未达到目前北京地区实行的盗窃财物价值1 000元以上才追究刑事责任的标准。此后，检察机关对本案作出了不起诉决定。

天价豆角案

2004年7月6日，哈尔滨市一个窃贼从一个蔬菜大棚里偷摘了两袋看似一般的豆角，卖了110元钱。他没有想到，他进的是哈尔滨市农业科学院蔬菜花卉分院的实验棚，偷的是该院投资数万元，经4年苦心研究培育的“大豆豆角”。据悉，犯罪嫌疑人刘吉路被警方以涉嫌盗窃刑事拘留。受害方介绍，这些用于科研的豆角是他们经过4年时间培育，又经过太空育种后的CHC55号种子培育出来的。这样的种子一共仅有几十粒，极为珍贵。这些正处在种子成熟期的豆角被盗，使整个试验的完整性受到影响，并使实验数据失去了准确性，直接导致整个研究链断裂，其损失不是可以用价格来估算的。

以上两个案件在被媒体披露以后，引发广泛的争议。由于这两个案件中的天价葡萄与天价豆角，都属于科研试验品，因而存在一个如何计算葡萄与豆角价格的问题。从这个意义上来说，这两个案件对于研究盗窃数额的认识错误问题并非典型，而是属于极端的案件。但是，这两个案件确实引发了我国刑法学界对盗窃数额认识错误问题的理论思考。正如我国学者王作富教授在论及天价葡萄案讨论的意义时指出：

> 这个案例虽然小，但它涉及刑法的一些基本原则，如定罪的主客观相一致原则。当主观的心理状态与客观实行行为造成的损害不一致时应该怎样处理，理论上还没有作过深入细致的研究，学术界也没有一个通说，有关部门也没有相关的司法解释，所以遇到问题就会产生困惑。这些讨论和困惑也从一个侧面反映出我国刑法的基础理论研究还需进一步加强。基础理论的研究水平往往决定刑法学的整体研究水平，也直接影响司法实务部门对刑法条文的理解和适用。①

关于这个问题，我国刑法学者大多从责任主义出发，要求盗窃故意包含对数额较大的认识。例如张明楷教授认为，只有认识到所盗窃的财产数额较大时，才可能成立盗窃罪。近年来司法实务中发生的天价葡萄案和天价豆角案等案例中的行为人不成立盗窃罪，因为行为人缺乏盗窃故意的认识要素。张明楷教授甚至认为：

> 虽然行为人认识到所盗财物数额较大，但如果财物的真实价值为数额巨大甚至特别巨大，而行为人根本没有认识到数额巨大与特别巨大时，只能选择较大的法定刑，而不能选择数额巨大与特别巨大的法定刑。责任主义要求行为人主观上具有刑法所规定的责任能力、故意或过失以及期待可能性。责任主义的实际机能表现在两个方面：其一是归责中的责任主义，即只有当行为人对符合构成要件的违法行为具有主观责任时，其行为才成立犯罪；其二是量刑中的责任主义，即刑罚的程度必须控制在责任的范围内，或者说，刑罚的程度不能超出责任的上限。归责中的责任主义，决定了超出主观责任范围的结果，是不可归责的结果，不属于刑法评价的对象。因此，行为人不能预见的结果，既不能在定罪中起作用，也不能在量刑中起作用。如果在量刑时将一切结果作为从重处罚的情节，就意味着

---

① 尚晓宇．刑法学家王作富求解“天价”葡萄案．检察日报，2003-08-15.

将行为人没有罪过的结果也作为从重量刑的依据，进而意味着行为人对自己没有罪过的结果也作为从重量刑的依据，进而意味着行为人对自己没有罪过的结果承担刑事责任；这便违反了责任主义原则。所以，影响量刑的结果，只能是可以归责的结果。由于责任错误或者认识错误所导致的结果，如果行为人没有相应的罪过，就不能作为从重量刑的情节，更不能适用加重的法定刑。①

按照张明楷教授的上述观点，盗窃财物的数额不仅是一个客观数额，而且要求行为人主观上认识到数额较大、数额巨大或者数额特别巨大，因而是主客观相统一的数额。其最终结果是：数额对定罪量刑的影响完全取决于行为人对数额的认识，其不可操作性是显见的。理论上的问题在于：盗窃数额真的像张明楷教授所说的那样，是犯罪结果吗？我认为，盗窃的行为客体只是财物，取得财物是盗窃的结果。至于财物数额本身并非盗窃的结果，它只是这种结果的罪量要素，因而不能将其纳入盗窃故意的认识范围。此外，周光权教授引用《日本刑法》第38条第2款的规定"实施了本应属于重罪的事实，但行为时不知属于重罪的事实的，不得以重罪处断"，由此得出结论：在行为人无法对盗窃财物属于数额巨大、数额特别巨大有所认识时，对其不按照盗窃罪中的重罪处理，这也是对主客观相统一原则的贯彻。② 但《日本刑法》第38条第2款是对事实错误的规定，而事实错误是按照是否属于同一构成要件的错误来解决的。《日本刑法》第38条第2款是关于不同构成要件之间错误的规定。日本学者大塚仁教授指出：

关于不同构成要件间的错误，刑法第38条第2款规定："虽然实施了应该相当于重罪的行为，但是，行为时不知道成为相当于其重罪的事实的人，不能用重罪对其处断。"即，在上述打算杀他人的狗而误杀了人的情形下，行为人以犯轻的甲罪的意思而发生了重的乙罪的犯罪结果时，不能认为成立其重的乙罪（杀人罪）。③

因此，适用于不同构成要件之间的错误的《日本刑法》第38条第2款，不能用作处理同一构成要件之内的错误的借鉴。值得注意的是，我国还有学者直接提出了数额认识错误的命题，指出：所谓数额认识错误，就是行为人对表现为货币或财物的行为对象的经济价值量的认识错误。数额认识错误主要表现为以下两种情况：

（1）积极的数额认识错误。这种数额认识错误，是指行为人在实施危害行为时，主观上认为其侵害的行为对象的经济价值高于该对象的实际经济价值。

（2）消极的数额认识错误。这种数额认识错误，是指行为人在实施危害行为时，主观上认为其侵害的行为对象的经济价值低于该对象的实际经济价值。在这种情况下，如果行为人主观上认为的行为对象的经济价值尚未达到某一基本犯罪构成要件的要求，而该对象的实施经济价值达到了该犯罪构成要件的要求，就应当阻却犯罪故意的成立。④

在上述两种数额认识错误中，我主要关注的是消极的数额认识错误。论者认为在消极认识错误的情况下，可以阻却故意。这里需要深入追问的是：盗窃故意的内容是什么？明知是财物而予以窃取，这就是盗窃故意。在数额较大才构成犯罪的情况下，盗窃罪的故意与盗窃故意存

① 张明楷．论盗窃故意的认识内容．法学，2004（11）：69-70.

② 周光权．偷窃"天价"科研试验品行为的定理．法学，2004（9）：45-46.

③ 大塚仁．刑法概说（总论）：第3版．冯军，译．北京：中国人民大学出版社，2003：193. 注意，冯军翻译的《日本刑法》第38条第2款与其他文本不同，本引文予以保留。

④ 杨志国．数额认识错误初论．时代法学，2007（4）：96.

在区别吗？更进一步说，盗窃数额巨大财物的故意与盗窃数额特别巨大财物的故意，它们之间又存在区别吗？我认为，盗窃故意是一种概括故意，只要在这一故意支配下实施了盗窃行为，财物都是在盗窃故意的支配下取得的，都不影响盗窃罪的成立。至于数额大小，只是一个刑事政策掌握问题。从法理上来说，只有把数额以及情节视为一个独立于罪体的要件，不要求行为人认识，才能从犯罪构成理论上解决这个问题。

至于天价葡萄案、天价豆角案，与其说是一个盗窃数额的认识错误问题，不如说是一个对财物性质的认识问题。但问题在于：如果行为人明知葡萄、豆角是科研试验品，那么对其行为就不是定盗窃罪而是定破坏生产经营罪。如果行为人不知是科研试验品，能否将科研投入计算到财物价值当中去，这是一个财物价值的评判问题，而不是数额认识错误问题。只有沈某某盗窃案，才属于严格意义上的数额认识错误问题。

四、裁判理由的评判

在沈某某盗窃案中，裁判理由认为被告人沈某某对所盗手表价值存在重大认识错误，基于此，认为沈某某的行为虽然构成盗窃罪，但可以免予刑事处罚。裁判理由作了以下论证：行为人对所盗物品价值是否存在重大认识错误，不能仅凭被告人的供述或辩解来认定，否则，行为人均可以自称对所盗物品价值有重大认识错误，来规避或逃脱其应负的法律责任。判断行为人是否对所盗物品价值存在重大认识错误，主要应从行为人的个人情况及其行为前后的表现来综合分析：本案被告人沈某某出生于贫困山区，从没有见过此类手表，也不知道或者听说过有此类名贵手表；沈某某年龄不大，从偏远农村来到城市时间不长，其工作环境又是一个普通发廊，接触外界人、事、物相当有限，基本上无从接触到带有如此昂贵手表的人；案发地附近的市场上也没有此类名表出售，最好的商场内出售的最好的手表也不过千元左右。因此，以本案沈某某的出身及作案时的年龄、职业、见识、阅历等状况来看，认为其对所盗手表的实际价值没有明确的或概括的认识是有可信基础的。被害人将价值如此巨大的手表与几百元的嫖资随便放在一起，也有使对手表本来就缺乏认识的沈某某产生该表价值一般（而非巨大）的错误认识的客观条件。被告人沈某某到案后，在历次讯问中，始终不能准确说出该表的牌号、型号等具体特征，而且一直认为该表只值几百元钱。这表明其对名表确实一无所知，也不关心该表的实际价值。在盗得手表后，沈某某既没有马上逃走，也没有将财物及时处理掉，乃至收拾好行李准备离开某市时手表仍在灶台内，未予随身携带或藏入行李，说明被告人对该表的实际价值既没有明确的认识，也没有概括的认识。如果被告人对该表的实际价值有所认识，按常理是不可能不随身带走或转卖的。被害人在追索手表的过程中，虽表示愿意以 2 000 元换回手表，但其仅称该表“对自己意义重大”，并未明确表明该表的实际价值，而只表示该表并不太值钱。此项事实，并不足以使被告人对所盗手表的实际价值产生新的认识，相反却更可能加深被告人对该表价值的误认。综上，我们认为，被告人顺手拿走他人手表的行为，主观上虽有非法占有他人财物的目的，但被告人当时确实没有认识到（包括概括的认识）其所盗手表的实际价值。其认识到的所盗手表的价值只是“数额较大”而已，而非事实上的“数额特别巨大”。也就是说，被告人主观上只有非法占有他人“数额较大”财物的故意内容，而无非法占有“数额特别巨大”财物的故意内容。因此，被告人对其所盗手表存在重大的认识错误，是可以确认的。

行为人对所盗物品价值有重大认识错误，属于刑法理论中所讲的一种对象认识错误。刑法上的认识错误，包括事实认识错误和法律认识错误。事实认识错误，是指行为人主观认识的事实与客观的事实不一致，主要包括对象认识错误、行为性质和手段认识错误、因果关系认识错误等。对象认识错误，是指行为人主观所认识的行为对象与其行为所实际侵害的对象不相一致。

本案属于对所盗物品价值的对象认识错误。这种认识错误，包括对价值有无和高低的认识错误。对无价值的东西误认为是有较大、巨大或特别巨大价值的东西而盗走的，实践中一般可不作犯罪处理。对有较大、巨大或特别巨大价值的东西误认为是无价值的东西而随手拿走，如将别人所有的名家手迹或名画误认为是无价值的普通书画作品拿走，如果其发现具有价值后，没有继续非法占有，一般不应作犯罪处理；对于盗窃对象价值高低的认识错误，一般应当按照盗窃对象的实际价值定罪处罚；但对于将价值高的东西误认为价值低的东西拿走是否全部按实际价值定罪呢？我们认为，个别情况也应因具体案情而定。因为被行为人认为是无价值的东西很少被拿走，绝对无价值的东西也是少之又少的。多数行为人可能因认为该物品价值低而拿走它，而很少认为该物品无任何价值。如陕西一农民为方便而将邻居一“瓦盆”偷回家用来喂猪，数月后才发现该“瓦盆”是一地下出土的文物，实际价值数万元，该农民知道后即将该物退还邻居。

本案中，被告人沈某某对事实存在严重的认识错误，其所认识的数额远远低于财物的实际数额，不能让其对行为所不能认识的财物数额承担犯罪的责任。从对犯罪构成主客观统一的原则来看，被告人所认识的数额即使接近“数额较大”的起点，但因其行为也造成了严重后果(手表的实际价值特别巨大等)，根据最高人民法院《关于审理盗窃案件具体应用法律若干问题的解释》* （以下简称《解释》）第6条的规定，被告人的行为亦构成盗窃罪。

对此类案件认定为事实认识错误并不放纵犯罪。持反对意见的人主要是担心，在行为人既有盗窃故意又有盗窃行为，事实上也盗窃到了所想盗窃的财物时，如果行为人都辩解说对财物的价值数额有错误认识，不就都可以从轻甚至免除处罚吗？出现上述意见分歧，主要是因为在司法实践中，认定具有盗窃罪的明知，只要求行为人认识到盗窃他人财物会造成他人财物损失并希望这种危害结果发生就够了，并不要求行为人当时明知所盗财物是否达到“数额较大”的标准，更不要求行为人对财物的实际价值有准确认识，而且在许多情况下，要求其认识到所盗财物价值已达到“数额较大”或对所盗财物价值有准确认识也是不现实的。

就本案而言，我认为，只要被告人认识到是在盗窃他人手表就够了，其意图非法占有的是他人的手表，实际上非法占有的也是该手表，该手表的价值在被非法占有前后并无任何变化，被告人预见到的犯罪结果与其追求并实际发生的犯罪结果是一样的，至于该表的具体价值多少，则不需要强求其认识到，而应以鉴定结论为依据。对此类带有特殊性的盗窃，应从以下几方面予以把握。一是从主观上进行考察，即行为人是否认识到或应当认识到。除考察其供述、个人情况外，还要综合分析其行为的时间、地点、条件、行为人与被害人等。同时，应从一般人的角度来分析，一般人均能认识的，应视为行为人认识到，以避免行为人推脱责任。对于那些抱着“能偷多少偷多少，偷到什么算什么”心态的行为人来说，其主观故意属于概括性的犯罪故意，因为无论财物价值多少都不违背行为人的本意，自应以实际价值论。二是从手段上进行考察，即行为人采取特定手段进行盗窃即视为具有概括性的故意，犯罪数额以实际价值论。如惯窃、扒窃、入室盗窃、撬锁盗窃、团伙犯罪等，因其行为的严重性，推定其为概括性的犯罪故意，以实际价值认定其盗窃数额。在推定为概括性犯罪故意时，需要注意的是，当行为人辩称其不知财物的真实价值，也有充分理由相信其辩解，而行为人又主动退回的，则应对退回部分不作犯罪处理。三是从场合特定性上进行考察，即只能发生在行为人有合法（合理）机会接触被盗物品的顺手牵羊场合。被盗物品价值大又容易被误以为小的时候，才会产生认识错误问题。应当注意的是，事实认识错误只影响刑事责任的承担与否，而不影响责任的大小。因

---

* 该解释于2013年废止。——编者注

此，只有在特定环境和条件下，才能认定被告人是否对盗窃对象的价值存在严重的认识错误，避免出现客观归罪或主观归罪的现象。

根据《刑法》第264条的规定，数额是盗窃罪定罪量刑的重要标准，但不是唯一的依据。处理本案，一要对被告人按事实认识错误来对待，根据主客观相一致原则来认定盗窃数额；二要考虑其行为的社会危害程度是否达到了应当追究刑事责任的程度。从本案看，被告人沈某某虽然对所盗手表的价值有重大认识错误，但其确实盗走了他人数额特别巨大的财物。根据《解释》第6条关于盗窃公私财物接近数额较大的起点，但造成严重后果或者具有其他恶劣情节的，可以追究刑事责任的规定，对被告人沈某某的行为应认定为犯罪。因此，公诉机关指控被告人的罪名成立。被告人沈某某辩解其拿走潘某某手表时，潘某某并没有睡觉，但当时被害人没有察觉，因此，该辩解并不影响盗窃罪中秘密窃取要件的构成。其辩护人辩称被告人没有非法占有的目的，也没有事实和法律依据。但对被告人的处罚应按其盗窃时主观认识的数额作为量刑标准。

关于本案的处刑，有一种观点认为，鉴于本案中被告人犯罪情节的特殊性，可以对被告人在10年以下量刑，但应依照《刑法》第63条第2款，即犯罪分子虽然不具有本法规定的减轻处罚情节，但是根据案件的特殊情况，经最高人民法院核准，也可以在法定刑以下判处刑罚。我们认为，该条规定主要是用于解决具有特殊情节的个别案件的“法律适用”问题，而本案主要涉及对“案件事实”即被告人盗窃数额的认定问题，因此不宜适用此规定。结合本案具体情况，根据《刑法》第37条“对于犯罪情节轻微不需要判处刑罚的，可以免予刑事处罚”的规定，鉴于被告人沈某某对所盗手表的价值有重大认识错误，且所盗手表已追缴并退还失主，其行为属犯罪情节轻微的犯罪，对被告人沈某某免予刑事处罚是适当的。

对沈某某免予刑事处罚这一判决结果我也认为是合适的，但这一判决结果得出的理由是否成立，却是另外一个值得考虑的问题。在本案中，沈某某对于手表的价值确实存在错误认识，即没有想到手表那么值钱。本案裁判理由对沈某某的数额认识错误，采用了事实认识错误理论。正如我在上文指出的：事实认识错误理论并不适用于数额认识错误的情形。

事实错误排除故意，这是事实错误的一般规则。但事实错误排除故意不是绝对的，而是应当具备一定条件的。在这里，首先涉及的是事实错误的范围问题。在刑法理论上，关于事实错误的最重要的界定，是同一构成要件范围内的事实错误与不同构成要件之间的事实错误，前者是具体的事实错误，后者是抽象的事实错误，至于何种程度上成立事实错误，在刑法理论上存在法定符合说、具体符合说与抽象符合说等观点之争。① 但在刑法理论上，通说是法定符合说，要求行为人在法定的构成要件范围内具有对被类型化了事实的认识，而这一认识范围是被构成要件所界定的。因此，同一构成要件范围内的认识错误，无论是对象错误还是方法错误，都不影响故意存在；只有不同构成要件之间的错误，才影响故意的存在。而数额认识错误，属于同一构成要件内的认识错误，怎么能够阻却故意呢？显然，适用事实认识错误理论解决数额认识错误问题是缺乏法理根据的。

在论及数额认识错误问题时，我国学者通常都强调主客观相统一原则，认为让行为人对没有认识到的财物价值承担刑事责任，这是一种客观归罪，不符合主客观相统一原则，或者说违反责任主义。我认为，主客观的统一是相对的，没有绝对的主客观统一。主客观的统一是指在不同构成要件之间实现，在同一构成要件范围内不存在主客观统一问题。例如，误认枪支为一般财物而予以窃取，已经超出了同一构成要件范围，基于主客观相统一原则，对行为人不能定盗窃枪支罪。但如果误认电视机为录像机而予以窃取，尽管行为人发生事实认识错误，但也不

① 大谷实．刑法讲义总论：新版2版．黎宏，译．北京：中国人民大学出版社，2008：165.

影响定罪，这并不违反主客观相统一原则。

问题在于：在数额认识错误而财物价值相差不大的情况下，按照财物的实际价值认定，并不存在问题。但在财物的实际价值与主观认识的财物价值相差甚大的情况下，按照财物的实际价值认定，似乎对行为人不甚公平。像在本案中，被告人沈某某以为手表只值几百块钱，没想到手表价值十多万元。在这种情况下，从被害法益来说，被害人损失十多万元这是一个客观事实。而被告人所认识的财物价值与财物的实际价值之间存在巨大差距，这也是一个事实。对于定罪来说，我认为应以财物的实际价值为准，至于被告人对财物价值的认识错误，只能当作一个情节在量刑时考虑。在本案中，沈某某窃取手表的实际价值为 12 万余元，属于数额特别巨大。刑法规定的数额较大、数额巨大或者数额特别巨大，都是指财物的实际价值。但本案裁判理由以被告人沈某某当时认识到的价值只是数额较大而非数额特别巨大为由，按照被告人所认识的价值数额作为量刑标准，即将本案盗窃数额认定为较大而非特别巨大。这样，就使刑法规定的数额较大、数额巨大或者数额特别巨大，从一个客观的标准改变为主观的标准，这显然是不妥的。我认为，本案的盗窃数额仍然是特别巨大，但考虑到被告人主观上所认识的财物价值与财物的实际价值之间存在巨大差距，在这种情况下，仍然适用盗窃财物数额特别巨大的法定刑明显过重，应当适用《刑法》第 63 条第 2 款规定的特别减轻制度。

本案的特殊性在于：被告人沈某某窃取手表后没有销赃，如果已经销赃，且获利达 10 万元或者接近这个数额，那么，尽管在实施窃取行为时对数额存在认识错误，但事后予以认可，就不会再对其定罪量刑问题发生争议。当然，如果是以低价销赃，可能还是存在这个问题。因此，这里涉及的另一个问题是：在行为人对数额发生认识错误的情况下，其事后行为对于定性会产生什么影响，对此，我国学者论述了行为人的后续行为，提出：

> 如果行为人在案发后发现了此种意料外结果，立刻去自首或将此物送还被害人，则应当按行为人主观所预见的认定其行为性质，对于超出预见的多余部分，不应计算在盗窃数额内，应属于意外事件。行为人不必对此承担刑事责任，以防止客观归罪。但是如果行为人发现误盗真相后，没有采取有效措施，而是把预见外的部分非法占为己有，此种情况就应根据行为人的后续行为推定其在实施盗窃行为时对全部财物有所预见，这属于一种特殊的“事后故意”盗窃，行为人应按实际窃得的财物数额承担既遂的责任。①

应该说，上述观点根据后续行为对数额认识错误的处理作了一些区分，较之那种笼统地认为只要是数额认识错误就应当阻却故意的观点，是更为合理的。但在具体分析上，也还存在一些法理上的问题值得推敲。例如，在事后返还的情况下，将行为认定为意外事件而不负刑事责任，但这种行为与意外事件并不相同。又如，把事后占有的行为认为是一种事后故意，也与事后故意的性质不符。况且，事后故意的概念是否能够成立，本身就是存在疑问的。

我个人认为，数额认识错误，主要是指财物实际数额大于行为人所认识的财物数额，一般并不影响定罪。在司法实践中，应当按照财物实际数额确认数额较大、数额巨大或者数额特别巨大，以此适用相应的量刑幅度。在刑罚具体裁量时，将数额认识错误作为一个情节考虑。如果行为人事后知道财物实际价值以后予以占有的，这一情节对于量刑基本没有影响。如果行为人事后归还或者尚不知道财物实际价值即告破案的，则应根据数额认识错误的具体情况，予以减轻或者特别减轻处罚。因为数额和情节一样，都不是罪体要素，并不要求行为人主观上认识，因而认识错误也不发生阻却故意的问题。在这个意义上说，数额认识错误根本就不是一个主观故意的问题，而只是一个量刑问题。

---

① 董玉庭．盗窃罪研究．北京：中国检察出版社，2002：80.

第九章　肇事交通工具单位主管人员管理不善行为之定性研究

——梁应金交通肇事案（监督过失　管理过失）

我国经济的迅猛发展对各种生产安全管理提出了更高的要求。但生产安全管理尚存在某些不足，致使各种责任事故频繁地发生。在这种情况下，如何运用过失理论追究有关责任人员的刑事责任，就成为一个刑法理论上的重大课题。本章拟通过梁应金交通肇事案①对监督过失与管理过失进行理论探讨。

一、案情及诉讼过程

被告人梁应金原系榕山建筑公司经理及法定代表人，他以公司名义经批准建造短途客船“榕建”号，公司为该船的所有人。梁应金聘请只有四等二副资格的周守金驾驶，安排其子梁如兵、儿媳石萍及周良全任船员。该船试航时，就因违章行为被港监部门责令停止试航，坚持试航后受到港监部门通报处理。营运期间，梁应金为多载客，对船进行改装，且未向检验机构申请附加检验。2000 年 6 月 22 日晨，该船载客 218 名，属严重超载。后河面起大雾，能见度不良，周守金仍冒雾继续航行，终因河雾过大而迷失方向。周守金叫被告人梁如兵到驾驶室操舵，自己到船头观察水势。梁如兵操作不当，错开“鸳鸯”车（双螺旋桨左进右退），致使客船倾翻于江中，船上人员全部落水，造成 130 人溺水死亡，公私财物遭受重大损失。

四川省合江县人民法院认为：梁应金身为“榕建”号客船所有人的法定代表人，对客船有管理职责。但梁应金不吸取违章试航被处罚的教训，擅自对船进行改造，未经检验就投入营运，违反了《中华人民共和国船舶安全检查规则》，并为该船顶棚甲板非法载客创造了条件；梁应金不为客船配足船员，所聘驾驶员只具有四等二副资格（应具备四等大副资格），使之长期违章作业；梁应金不履行安全管理职责，使该船长期超载运输，均违反了《中华人民共和国内河交通安全管理条例》第 10 条和第 16 条的规定。梁应金违反交通运输管理法规的行为与“榕建”号客船翻沉的严重后果有直接的因果关系。被告人周守金不具备四等大副资格而受聘驾驶“榕建”号客船，事故中冒雾超载航行，迷失方向后指挥操作失误，是造成翻船的主要原因。被告人梁如兵盲目追求经济利益，使该船严重超载，操舵时错误使用左进右退“鸳鸯”车，造成客船急速右旋翻沉。被告人石萍不履行轮机职责而售票，未限制上船人数，造成严重超载。上述被告人的行为均违反了《中华人民共和国内河交通安全管理条例》等交通运输管理法规。被告人梁应金、周守金、梁如兵、石萍违反交通运输管理法规，造成水上交通事故，致 130 人死亡，后果严重，情节特别恶劣，已构成交通肇事罪，应予依法从重处罚。一审判决梁应金、周守金、梁如兵、石萍犯交通肇事罪，判处有期徒刑 7 年至 5 年。一审宣判后，各被告人均未上诉，检察机关亦未抗诉，判决已发生法律效力。

---

①　最高人民法院编．刑事审判参考：总第 13 辑．北京：法律出版社，2001.

二、监督过失与管理过失的法理阐述

在本案中，除梁应金以外的其他三名被告人系“榕建”号客船的驾驶人员，其构成交通肇事罪是没有问题的。那么，梁应金作为“榕建”号客船的主管人员，是否构成交通肇事罪呢？这里涉及监督过失（广义上的监督过失包括管理过失）的理论。

监督过失的理论来自日本。日本学者在对食品药品事故、工地工厂事故、火灾事故的有关判例进行研究的基础上形成了监督过失理论。例如日本学者指出：

有关管理过失、监督过失的讨论，在昭和40年（1965年）前后，曾在食品药品事故的领域，以及以北海道大学附属医院发生的电烙铁事件为代表的医疗事故领域，重点展开过讨论，但是，昭和50年（1975年）以后，其重心就逐渐转到工厂爆炸事故以及大规模火灾事故方面来了。特别是，随着最高法院有关大规模火灾事故的判决相继作出，有关其判决结果妥当与否的论文相继问世，使这一问题成为刑法学的争论中心之一。①

日本刑法理论中的监督过失理论是与日本刑法中过失理论的发展存在密切联系的。日本刑法中的过失理论经过了旧过失论、新过失论、恐惧感说的演变。可以说，监督过失理论是在恐惧感说的背景下形成的。

旧过失论，又称传统过失论，这是一种心理过失论，将过失的本质确认为违反结果预见义务。旧过失论把过失与故意相对应，认为故意是积极的恶意，过失则是消极的恶意，过失是非故意。例如德国学者贝林认为，符合构成要件的过失，通常是指：因为行为人没有认识到或者没有容认这种具有构成要件意义的行为，对不注意心理态度在构成要件的方向上进行非难，所以行为人并非故意。② 旧过失论把过失看作一种心理现象，从认识角度揭示过失的心理本质。

新过失论是以规范责任论为基础的，强调过失的本质是违反结果回避义务。结果回避义务是以结果预见为前提的。因此，新过失论认为过失的成立，不仅违反结果预见义务，而且违反结果回避义务。在新过失论的前提下，产生了被允许的危险、信赖原则等理论，进一步深化了过失理论。相对于旧过失论而言，新过失论对过失的成立提出了更为严格的条件，在一定程度上限缩了过失的成立范围，因而适应了工业革命以后过失犯罪复杂化的情势。

恐惧感说，又称新新过失论，是在新过失论的基础上进一步发展起来的过失理论。恐惧感说是日本学者藤木英雄首倡的，其历史背景是日本在20世纪六七十年代以后经济高速发展，公害现象、企业灾难成为日益严重的社会问题。新过失论强调的是结果回避义务，是以行为人对具体的结果预见可能性为前提的。如果不存在具体的结果预见可能性，就不能要求行为人为避免其预见的可能结果而采取必要的措施，因而也就无所谓结果回避义务。随着高科技广泛运用于企业生产领域，企业一方面提高了生产率水平，另一方面也给社会带来了极大危险，例如环境污染、食品中毒等，情节严重者，往往危及公共安全、公民大众的生命健康。类似这种因技术开发而产生的企业灾害，企业有关人员一般无具体的结果预见可能性；如果仅因无具体的预见可能性而不追究有关人员的过失刑事责任，于社会安全的维护、大众健康的保障，显然不利。基于此，日本学者藤木英雄提出了恐惧感说，并认为这是对责任主义的新理解。藤木英雄教授指出：

在科学技术的无限发展和扩大的同时，未知的危险对我们人类的威胁越来越大，这

---

① 大塚裕史．企业灾害和过失论//高铭暄，赵秉志．过失犯罪的基础理论．北京：法律出版社，2002：86.

② 贝林．构成要件理论．王安异，译．北京：中国人民公安大学出版社，2006：117.

一点已被人们清楚地认识到了。就这一点来说，要想利用科学技术，就必须具有社会性的责任。如果这种见解是正确的，那么，作为结果来说，即使是不能具体地预想到会有什么样的危险发生，但由于存有不知道会对人的生命和健康发生何种破坏的有害结果的危惧感，在这种情况下，为了能足以消除这种危惧感，防止结果发生，令其有合理的负担，应该说是理所当然的了吧！①

这样，恐惧感说就把是否具有恐惧感，作为是否具有预见可能性及结果回避义务的征表，从而扩大了过失责任的范围。当然，这里的恐惧感如何认定，是恐惧感说存在的一个致命缺陷。如果认定不当，就会使过失犯罪丧失边界，这显然不利于实现刑法的人权保障机能。

日本学者前田雅英教授对旧过失论、新过失论、恐惧感说的内容作了以下列表对比②，使我们对这三种过失理论的关系有更加深刻与直观的把握。

过失的意义	旧过失论	新过失论	恐惧感说
体系论	责任要素	违法要素	违法要素
注意义务	预见义务中心	回避义务中心	回避义务中心
预见可能性	具体的	具体的	恐惧感
处罚范围	—	限定	扩大

根据前田雅英教授的上述比较，在犯罪论体系中，旧过失论处于心理责任论时代，因而把过失作为一种责任要素讨论。新过失论则处于规范责任论时代，过失不再是责任要素，而是违法要素，也就是主观的构成要件要素。在过失的体系性地位上，恐惧感说与新过失论是相同的。在过失本质注意义务的理解上，旧过失论强调的是结果预见义务，只要具有结果预见义务就存在过失。新过失论则要求结果回避义务，而结果回避义务是建立在结果预见义务基础上的。在过失本质上，恐惧感说与新过失论也是相同的。在预见可能性上，旧过失论与新过失论都要求具体的预见可能性，而恐惧感说则要求抽象的预见可能性，这主要表现在具有恐惧感。在处罚范围上，以旧过失论的处罚范围为标准，新过失论是限制了过失犯罪的处罚范围，恐惧感说则是扩大了过失犯罪的处罚范围。对于恐惧感说，日本的判例与通说均持否定态度。例如日本学者西田典之教授指出：

这种恐惧感说是一种结果论，并不具体探讨行为之时的预见可能性，认为只要具有某种恐惧感即可，便要求行为人采取事后所明白的结果回避可能的措施，这最终属于追究结果责任，从责任主义的观点看，不应该被允许。③

恐惧感说虽然现在不被承认，但在监督过失理论形成中却发挥了重要作用。例如在日本1955年发生的森永奶粉事件中，法院判决指出：

预见可能性不要求是必须预见到具体的因果关系的可能性，而是为了规避结果的发生，就要采取适当的行动，而这种行动又必须是建立在能够预见结果发生的基础上，因而不仅需要把这种预见的可能性提高到预见义务的高度上来，而且还应该把结果的预见可能

① 藤木英雄．公害犯罪．丛选功，等译．北京：中国政法大学出版社，1992：62.

② 前田雅英．刑法总论讲义．4版．东京：东京大学出版社，2006：270.

③ 西田典之．日本刑法总论．刘明祥，王昭武，译．北京：中国人民大学出版社，2007：210.

性作为结果规避义务的前提加以考虑。

以往，总是习惯于过多地考虑过失，即有无违反结果预见义务，但是，过失行为最要紧的是首先应该抓住具有危害发生的客观过失。如果是因为有过失，那就必须按照加害行为的时间去认定加害者应尽而没有尽到的义务，而认定上述义务的具体内容，就是结果规避义务，若把科以结果规避义务作为前提，那么结果预见的可能性就成为问题了。在这种情况下的预见可能性，如果能保证对防止结果的发生科以某种义务是合理的，那当然好了，但这种情况下的预见可能性是不需要有预测因果关系的可能性的，虽然什么事情也特定不了，然而如果能够具有不能无视某种危险是绝对没有的这种程度的危惧感也就足够了。①

这一判决强调了预见可能性并不是必须预见到具体的因果关系的可能性，而是将过失建立在危惧感的基础之上。对此，日本学者指出：

从新过失论的立场出发的、主张回避结果义务的前提的预见可能性是发生结果的恐惧感的恐惧感说，以森永奶粉事件为契机，得到了提倡。

判例和通说，虽然从一般意义上来讲，对恐惧感说持批判态度，但是就具体事件的解决来看，很多场合下，其结论和恐惧感说并没有太大的差别。在森永奶粉事件中，认定制造科长有罪的结论，不仅得到了主张恐惧感说的学者的支持，而且也得到了主张具体的预见可能性说的学者的支持，这一点耐人寻味。它意味着，在现实的处罚要求前，具体的预见可能性的内容被理解得相当缓和。②

恐惧感说的命运是值得我们关注的，对于普通过失，包括业务过失而言，要求较为具体的结果预见义务是合理的。因此，将恐惧感说适用于普通过失案件，确实存在过于扩张过失范围之虞。但在监督过失的情况下，监督者、管理者与侵害法益结果之间的关系是较为间接的。在这种情况下，要求监督者与管理者对结果具有较为具体的预见义务，自然是不现实的，其必然结论就是导致无法追究背后的责任者。而当社会达成共识，对这些监督者与管理者必须追究责任的时候，恐惧感说就成为一种合适的理论根据，即使是旧过失论者，也不得不对预见可能性予以相当缓和的处理。就此而言，恐惧感说虽然作为一般的过失论被否定，但其精神蕴涵却在监督过失理论中得以保留，这确实是耐人寻味的。值得注意的是，恐惧感说是在日本20世纪60年代前后为应对企业事故频发而提出的一种过失理论，随着20世纪80年代以后日本经济进入一个平稳的发展阶段，各种企业安全法规与制度得以健全与完善，企业事故大幅度减少，恐惧感说也就完成了它的历史命运。但在20世纪90年代、21世纪10年代我国处于经济起飞时期，各处企业事故频发，死伤人数多，财产损失大。例如三鹿奶粉事件以及其他矿山安全事件、药品安全事件，在社会上产生了震动。在这种情况下，虽然没有必要让恐惧感说复活，但监督过失理论的引入并适用于我国的司法实践，是具有重要意义的。

监督过失有狭义与广义之分。广义的监督过失，是指处于监督引起直接结果的行为人（直接行为人）的立场的人的过失，它可以分为因为对直接行为人的指挥监督不当而成立过失的监督过失（狭义），以及（不通过直接行为人的不当行为）通过管理者的物质配备、人事制度的不完善自身和引起结果之间的关系而成立过失的管理过失。只是，在管理过失的场合，在命令从业人员完善物质配备、人事制度的时候，也存在对该从业人员的行为进行监督

① 藤木英雄．公害犯罪．丛选功，等译．北京：中国政法大学出版社，1992：70-71.

② 大塚裕史．企业灾害和过失论//高铭暄，赵秉志主编．过失犯罪的基础理论．北京：法律出版社，2002：98.

的问题。因此，其和监督过失（狭义）的区别是相对的，将二者进行区别，并不具有理论上的意义。[①] 尽管如此，我们还是要把监督过失与管理过失加以区分，这种区分主要表现在监督过失的对象是人——被监督者，因而往往与被监督者之间发生过失的竞合。例如日本学者大塚仁教授就是在过失的竞合名目下讨论监督过失的，他指出：

> 这种情况中，相竞合的过失行为是由处在下位者与上位者、被监督者与监督者的关系之上的各过失行为人实施的，与由在法上处于平等关系的人实施的通常过失的竞合不同。在对下位者的过失行为没有尽到其监督义务时就肯定上位者的过失。因此，可以称其为监督过失。[②]

而管理过失的对象是体制，包括人事制度、安全体制、物质配备等。管理过失虽然经常与监督过失发生竞合，但在管理过失单独成立的情况下，不存在与他人的过失竞合。

三、监督过失在我国的适用

正如上文所言，20 世纪 90 年代我国正处在经济腾飞的阶段，情形正与日本 20 世纪六七十年代相似，监督过失理论大有用武之地。但是，监督过失理论是近年来才开始引入我国并引起我国刑法学界重视的。在以往案件处理中，虽然涉及管理者的过失责任，但没有采用这一理论作为判案根据。例如，1994 年 12 月 8 日新疆克拉玛依特大火灾案件，烧死 323 人，烧伤 132 人，直接经济损失 3 800 余万元。检察机关指控阿不来提·卡德尔等四人犯重大责任事故罪，蔡兆锋等 10 人犯玩忽职守罪。[③] 我和赵秉志、邓又天、赵长青四人受聘担任被害人及其亲属的委托代理人，在法庭上发表了以下代理意见：

> 被告人阿不来提·卡德尔、陈惠君、刘竹英、努斯拉提·玉素甫江等 4 人作为友谊馆的主要负责人或具体管理人员，严重违反规章制度及《中华人民共和国消防条例》第八条之规定，其行为触犯了《中华人民共和国刑法》（1979 年刑法——引者注，下同）第 114 条之规定，构成重大责任事故罪。被告人岳霖、孙勇、赵忠铮作为友谊馆的上级主管领导，被告人蔡兆锋作为友谊馆的第一负责人，不抓安全工作，不采取有效措施消除事故隐患；被告人赵兰秀、方天录、唐健、况丽、朱明龙作为“12·8”演出活动的具体组织者和领导者，对汇报演出事先没有向友谊馆或其上级主管机关提出安全要求，没有采取安全措施。火灾发生时又没有有效地组织指挥、疏散、抢救场内人员，而是个人仓皇逃走，他们大多数很快逃出火灾现场，况丽躲进厕所直到大火被扑灭。这 10 名被告人均触犯了《中华人民共和国刑法》第 187 条之规定，构成玩忽职守罪。[④]

在上述代理意见中，我们论及有关被告人的管理责任，但并没有采用监督过失等法理加以论证。因此，这种管理责任与领导责任如何区分，就成为一个争议问题。因为当时在我国司法实践中，领导一般来说是不被追究刑事责任的。像上述案例中的赵兰秀，其作为副市长，最初并没有被确定追究刑事责任，是在被害人及其代理人的强烈要求下才被追究刑事责任的。在法庭上，赵兰秀的辩护人提出的辩护意见是：

---

① 大塚裕史．企业灾害和过失论//高铭暄，赵秉志主编．过失犯罪的基础理论．北京：法律出版社，2002：85-86.

② 大塚仁．刑法概说（总论）：第 3 版．冯军，译．北京：中国人民大学出版社，2003：211.

③ 中国高级法官培训中心，中国人民大学法学院．中国审判案例要览（1996 年刑事审判案例卷）．北京：中国人民大学出版社，1997.

④ 赵秉志，陈兴良，邓又天，等．克拉玛依“12·8”特大火灾案代理词．法学家，1995（6）.

被告人赵兰秀同意组织学生出场汇报演出，没有提出火灾安全要求，最后突发了火灾，造成了严重后果，所负的责任，只能是一种领导责任，应予以党纪、政纪处理；被告人赵兰秀发现舞台起火后，立即让人打电话报警，让人拉电闸断电，并迅速跑到舞台南侧疏散孩子，这些都应视为组织、疏散、抢救的行为。当舞台起火后，允许她能够进行组织、疏散、抢救的时间只有两三分钟。在此短时间内，她做出的上述行为，应该说是正确履行了法定职责和特定义务。因此被告人赵兰秀不应承担刑事责任。

最终，法院对本案 14 名被告人都作出了有罪判决，有关裁判理由指出：

第一，认定行为人阿不来提·卡德尔、陈惠君、努斯拉提·玉素甫江、刘竹英构成重大责任事故罪是于法有据的。《中华人民共和国刑法》第一百一十四条规定，重大责任事故罪是指工厂、矿山、林场、建筑企业或者其他企业、事业单位的职工，由于不服管理、违反规章制度或者强令工人违章冒险作业而发生重大伤亡事故，造成严重后果的行为。就本案而言，被告人阿不来提·卡德尔身为友谊馆副主任，对友谊馆存在的多处不安全隐患不积极采取有效措施整改，而继续开放友谊馆，严重违反了 1987 年 3 月 16 日颁布的《中华人民共和国消防条例》的有关规定。行为人阿不来提·卡德尔应当预见将存在多处不安全隐患的友谊馆开放，可能会导致严重后果的发生，但他却轻信能够避免，以至于 1994 年 12 月 8 日中小学生文艺汇报演出时发生火灾，造成严重后果。他的行为具备了重大责任事故罪的全部构成要件。

行为人陈惠君、努斯拉提·玉素甫江、刘竹英是友谊馆的服务人员，当班时只开启一个正门，未在场内巡回检查，火灾发生后又没有打开其他疏散通道。其中刘竹英还脱岗外出。她们都违反了《中华人民共和国消防条例实施细则》第二十一条关于礼堂、影剧院、俱乐部、文化宫等人员集中的公共场所必须做到“……管理人员应当坚守岗位，加强值班和检查，确保安全”的规定，造成了严重的后果，其行为也具备了重大责任事故罪的全部构成要件。

第二，认定蔡兆锋、孙勇、赵兰秀、唐健等 10 名行为人构成玩忽职守罪定性准确。根据我国刑法，构成玩忽职守罪必须具备三个条件，一是犯罪主体是国家工作人员；二是在客观方面，行为人必须具有违反工作纪律、规章制度、擅离职守，不尽职责义务或者不正确履行职责义务，致使公共财产、国家和人民利益遭受重大损失的行为；三是在主观方面由过失构成。最高人民检察院 1987 年 8 月 31 日下发的《关于正确认定和处理玩忽职守罪的若干意见（试行）》列举了玩忽职守犯罪十三个方面的行为，在“安全生产管理方面”列举了七种行为，其中第三种行为是“对屡次违章作业或违章指挥作业，熟视无睹不加制止，造成重大伤亡的”，第四种行为是“已发现隐患或有重大事故预兆，不及时采取有效措施，造成重大伤亡的”，第五种行为是“对有关部门或个人提出的消除不安全因素或加强安全防范的合理意见、建议不采纳，造成重大伤亡的”。在“文教、医药卫生方面”列举了“教育工作人员严重失职，造成学生重大伤亡的”。本案行为人蔡兆锋是友谊馆的主任，对友谊馆存在不安全隐患不采取有效措施，对消防部门提出的整改意见不采纳；被告人孙勇、赵忠锋、岳霖都是友谊馆的上级领导，明知友谊馆存在多处不安全隐患，而不督促友谊馆采取有效措施整改，对存在多处不安全隐患的友谊馆的违章开放，他们熟视无睹不加制止，其中岳霖还在 1994 年 12 月 6 日签字批准使用友谊馆举办大型活动，以至于 12 月 8 日中、小学生文艺汇报演出使用友谊馆时发生火灾，造成严重后果。行为人蔡兆锋、孙勇、赵忠锋、岳霖的行为具备了玩忽职守罪的构成要件，符合最高人民检察院在《意见》中列举的行为特征，构成了玩忽职守罪。

被告人赵兰秀和方天录是分别主管克拉玛依市、新疆石油管理局教育工作的副市长和副局长，又是迎接新疆维吾尔自治区“两基”评估验收工作领导小组组长，对组织“12·8”演出活动未提出安全方面的要求。被告人唐健、况丽、朱明龙、赵征是此次演出活动的具体组织者和实施者，对中、小学生的人身安全存在疏忽大意。12月8日文艺汇报演出时，被告人赵兰秀、方天录、唐健、况丽、朱明龙、赵征对中、小学生负有保护的法定职责和义务。但他们严重失职，未正确履行法定职责，造成了中、小学生重大伤亡的严重后果，具备了玩忽职守罪的全部构成要件，也符合最高人民检察院在《意见》中列举的玩忽职守罪在文教方面的行为。

在上述裁判理由中，被告人阿不来提·卡德尔是主要作为管理者而承担刑事责任的，其责任在于对友谊馆存在的安全隐患未能采取有效措施整改。蔡兆锋等人也主要在管理工作中玩忽职守，因而承担刑事责任。若依火灾现场的表现，除个别被告人以外，都履行了救助义务，确实不应当承担刑事责任。当然，由于当时未能采用监督过失理论加以论证，因而虽然法院判决有罪，被告人仍然一直不服判决。现在，我国已经有学者从监督过失角度解决该案，指出：1994年12月8日新疆克拉玛依特大火灾案中，14人严重违反规章制度，其中友谊馆主任蔡兆锋、副主任阿不来提·卡德尔未对职工进行安全教育和采取应急防范措施，对馆内安全隐患未进行有效的整修，对事故的发生负有监督过失责任。① 我认为，这一观点是能够成立的。当然，监督过失在我国司法实践中如何正确适用，还存在需要深入研究的问题。

本案提出一个关于监督过失在我国适用的重要问题，也就是玩忽职守罪是否属于监督过失。日本刑法只有业务过失犯罪而没有规定职务过失犯罪。例如，《日本刑法》第211条规定了业务过失致人死亡罪，这里的业务是指基于社会生活上的地位而进行的活动即职务、职业、营业等，如反复持续驾驶汽车的人，不论是基于娱乐而驾驶还是作为职业而驾驶，也不论是专职还是兼职，都负有同样的注意义务。所以，“社会生活上的地位”不是业务的要件，作为要件的应该是“社会生活上的事务”。从此意义上讲，本罪中的业务，是除自然的或个人的生活活动（教育孩子、做家务、饮食等）之外的事务的总称。② 由此可见，日本刑法中的业务过失致人死亡罪中的业务概念的外延是极为宽泛的，包含了职务、职业、营业等各种社会活动。这一点，我国刑法规定是十分不同的。我国刑法根据各种不同的业务种类，分别设立了各种业务过失罪名。仅在责任事故犯罪中，就设立了重大飞行事故罪（第131条）、铁路运营安全事故罪（第132条）、交通肇事罪（第133条）、重大责任事故罪（第134条第1款）、强令违章冒险作业罪（第134条第2款）、重大劳动安全事故罪（第135条）、大型群众性活动重大安全事故罪（第135条之一）、危险物品肇事罪（第136条）、工程重大安全事故罪（第137条）、教育设施重大安全事故罪（第138条）、消防责任事故罪（第139条）11个罪名。此外，我国刑法还另外根据主体身份设立了职务上的过失犯罪，包括玩忽职守罪等。日本刑法之所以创立监督过失理论，是为了使被监督者、被管理者与监督者、管理者共用一个罪名。例如在业务过失致人死亡的情况下，行为人对死亡结果具有预见可能性，构成本罪当然没有问题。但对于监督者与管理者来说，与死亡结果的关系是较为间接的，预见可能性也并非明确。在这种情况下，才有必要采用监督过失理论，使监督者与管理者入罪。在我国刑法中，情况较为复杂，现在分别加以说明。

在重大责任事故犯罪中，现在有关司法解释主要通过扩张主体的方法使监督者、管理者入

① 彭凤莲．监督过失责任论．法学家，2004（6）．

② 大谷实．刑法讲义各论：新版2版．黎宏，译．北京：中国人民大学出版社，2008：51．

罪。例如，2000 年 11 月 15 日最高人民法院《关于审理交通肇事刑事案件具体应用法律若干问题的解释》（以下简称《解释》）第 7 条规定："单位主管人员、机动车辆所有人或者机动车辆承包人指使、强令他人违章驾驶造成重大交通事故，具有本解释第二条规定情形之一的，以交通肇事罪定罪处罚。"在此，将交通肇事罪的主体从直接肇事人员扩大到单位的主管人员、机动车辆所有人和机动车辆承包人。此外，2007 年 2 月 28 日最高人民法院、最高人民检察院《关于办理危害矿山生产安全刑事案件具体应用法律若干问题的解释》* [以下简称《解释（二）》] 第 1 条将《刑法》第 134 条第 1 款规定的重大责任事故罪的主体界定为：对矿山生产、作业负有组织、指挥或者管理职责的负责人、管理人员、实际控制人、投资人等人员，以及直接从事矿山生产、作业的人员。前引《解释（二）》第 2 条将《刑法》第 134 条第 2 款规定的强令违章冒险作业罪的主体界定为：对矿山生产、作业负有组织、指挥或者管理职责的负责人、管理人员、实际控制人、投资人等人员。前引《解释（二）》第 3 条将《刑法》第 135 条规定的重大劳动安全事故的主体界定为：对矿山安全生产设施或者安全生产条件不符合国家规定负有直接责任的矿山生产经营单位负责人、管理人员、实际控制人、投资人，以及对安全生产设施或者安全生产条件负有管理、维护职责的电工、瓦斯检查工等人员。这一规定把争议较大的实际控制人、投资人等纳入刑事追究范围，从而解决了这两类人员因名义身份与实际身份存在差异导致的应否承担刑事责任的问题。这些人员之所以应当成为犯罪主体，是因为根据安全生产法及国务院《关于预防煤矿生产安全事故的特别规定》**，实际控制人与煤矿企业负责人一样对预防煤矿生产安全事故负主要责任。投资人对劳动安全设施或者安全生产条件的投入和维护负有资金投入义务。基于投资权益，投资人享有生产经营管理权，理应对生产安全事故负责。① 上述司法解释意图通过扩大有关责任事故犯罪的主体而使那些监督者与管理人入罪。但主体只是犯罪构成的要素之一，这些人员成立犯罪，其主观上还必须具有过失，这也就是所谓监督过失与管理过失。有关司法解释没有对监督过失与管理过失的认定，例如对预见可能性的判断、注意义务的设定等问题作出规定，只是扩大主体犯罪，对于追究刑事责任来说还是存在一定困难的。

另一个问题是我国除业务过失犯罪以外，还专门规定了职务过失犯罪，例如玩忽职守罪。那么，在玩忽职守罪的情况下，其过失是否属于监督过失或者管理过失呢？对此，张明楷教授认为，我国的司法实践，一直追究监督过失的责任，许多具体的玩忽职守罪表现为监督过失；现行刑法事实上也肯定了监督过失（参见《刑法》第 135 条、第 138 条、第 139 条）。② 我认为，玩忽职守罪是否属于监督过失不可一概而论。在某些情况下，存在监督者与被监督者的关系，存在共同过失，监督者是国家工作人员的应定玩忽职守罪，被监督者是非国家工作人员的应以一般的业务过失犯罪论处。但也存在国家工作人员玩忽职守直接造成国家和人民利益重大损失的情形，就不是监督过失。对此，应当区别对待。

四、裁判理由的评判

梁应金交通肇事案对于被告人是否构成交通肇事罪，也是从主体角度提出问题的，即肇事船舶的单位主管人员能否构成交通肇事罪，对此，裁判理由指出：

---

* 该解释于 2015 年失效。——编者注

** 该规定于 2013 年修订。——编者注

① 逄锦温，邱利军．《关于办理危害矿山生产安全刑事案件具体应用法律若干问题的解释》的理解与适用//最高人民法院编．刑事审判参考：总第 55 集．北京：法律出版社，2007：65－66.

② 张明楷．刑法学．3 版．北京：法律出版社，2007：245.

四川合江沉船造成130人死亡的严重后果，依法严惩肇事者，是社会各界、被害人及其家属的强烈呼声。其中，被告人周守金、梁如兵、石萍作为直接从事内河客运的人员，应当知道违章驾驶的严重后果，但仍违反交通运输管理法规，超载运输、冒雾航行，致使“榕建”号终因操舵时错误使用左进右退“鸳鸯”车造成客船急速右旋而发生船翻人亡的重大事故，根据刑法第一百三十三条的规定，构成交通肇事罪是没有疑问的。本案的焦点在于被告人梁应金作为“榕建”号船舶所有人的法定代表人，并没有直接从事“榕建”号的运输工作，能否以交通肇事罪追究刑事责任。我们认为：

首先，根据刑法第一百三十三条的规定，违反交通运输管理法规，因而发生重大事故，致人重伤、死亡或者使公私财产遭受重大损失的行为，构成交通肇事罪。交通肇事罪的犯罪主体是一般主体，司法实践中，虽然交通肇事罪主要由“从事交通运输的人员”构成，但从1997年刑法取消了1979年刑法第一百一十三条“从事交通运输的人员”和“非交通运输人员”之分的立法本意来看，立法肯定了交通肇事罪既可以由从事交通运输的人员构成，也可以由非交通运输人员构成。这里所说的“从事交通运输的人员”，既包括交通运输业的直接经营人员，也包括交通运输业的管理人员。“非交通运输人员”是指与交通运输的经营、管理无关的人员。

其次，非交通运输管理人员违反交通运输管理法规，也可以引起重大交通事故。如根据《中华人民共和国道路交通管理条例》第七条的规定，行人必须走人行道，借道通行时，应当让在其本道内行驶的车辆优先通行。《道路交通事故处理办法》第十七条规定，当事人有违章行为，其违章行为与交通事故有因果关系的，应当负交通事故责任。《最高人民法院关于审理交通肇事刑事案件具体应用法律若干问题的解释》第一条规定：“从事交通运输人员或者非交通运输人员，违反交通运输管理法规发生重大交通事故，在分清事故责任的基础上，对于构成犯罪的，依照刑法第一百三十三条的规定定罪处罚。”因此，非交通运输人员，如行人在借道通行时未避让在本道内行驶的车辆，致使在本道内行驶的车辆发生碰撞，造成人员伤亡或者重大公私财产损失的，应以交通肇事罪追究行人的刑事责任。

再次，船舶所有人属于对船舶的营运安全负有管理职责的人员。根据《中华人民共和国内河交通安全管理条例》（1986年）第十条的规定，船舶的所有人或者经营人必须对其所有的或者所经营的船舶、排筏、设施的安全负责，并且应当做到下列各项：

一、加强对船舶、排筏、设施的安全技术管理，使之处于适航状态或者保持良好技术状况；

二、配备的船员、排工或者人员必须符合国家有关规定，不得任用无合格职务证书或者合格证件的人员担任船长、轮机长、驾驶员、轮机员、报务员、话务员、驾长、渡工和排头工；

三、加强对船员、排工和其他人员的技术培训和安全教育，不得强令所属人员违章操作；

四、根据船舶的技术性能、船员条件、限定航区和水文气象条件，合理调度船舶；

五、接受主管机关的监督检查和管理。

无论船舶的所有人是否亲自、直接经营交通运输业，都应当对船舶的营运安全负责。船舶的所有人不履行或者不正确履行自己的职责，指使或者强令船舶的经营人违章驾驶，造成重大交通事务的，应当以交通肇事罪处罚。

本案中，被告人梁应金作为“榕建”号客船所有人的法定代表人，对“榕建”号客船的营运安全具有管理职责，在“榕建”号船舶未达到适航状态之前，不应将“榕建”号船舶投入运营，但其违反了《中华人民共和国内河交通安全管理条例》，聘用不具备资格的驾驶员周守金，安排无合格职务证书的梁如兵、石萍和周良全任船员，并且未按规定配足船员，在擅自改造船舶，决定升高驾驶舱后，未经检验即投入营运。也就是说，被告人梁应金将不具备适航条件的“榕建”号投入运营，实质上是指使周守金等人违章驾驶。在“榕建”号投入营运后，被告人梁应金对船舶长期超载运输不予管理，听任周守金等长期违章驾驶，最终导致“榕建”号因违章驾驶而倾覆，造成130人死亡的特大交通事故。参照《最高人民法院关于审理交通肇事刑事案件具体应用法律若干问题的解释》第7条“单位主管人员、机动车辆所有人或者机动车辆承包人指使、强令他人违章驾驶造成重大交通事故”，以交通肇事罪定罪处罚的规定，被告人梁应金的行为，完全符合交通肇事罪的构成要件，应当以交通肇事罪追究其刑事责任。

梁应金是否构成交通肇事罪，我认为并不是一个主体问题，而是一个是否存在监督过失的问题。在本案的裁判理由中，虽然论及被告人梁应金对船舶长期超载运输不予管理，表示其具有监督过失与管理过失，但并没有对此加以深入分析，尤其是未能引入监督过失理论，这是十分遗憾的。从监督过失理论出发，对于被告人梁应金是否构成交通肇事罪，应从以下三个方面加以考虑。

（一）实行行为

在监督过失犯罪中，实行行为是什么，这是首先应当加以确认的。从刑法理论上来看，过失犯罪的实行行为是指违反客观注意义务。因此，在分析过失实行行为的时候，首先应当确认注意义务的存在，然后再讨论是否违反这种客观注意义务。在本案中，被告人梁应金作为肇事船舶的单位主管人员，具有保证船舶营运安全的义务，对此裁判理由引用有关法规作了说明。现在的问题是：被告人梁应金是如何违反这一客观注意义务的，这里存在一个是作为还是不作为的问题。对于监督过失来说，少数是由于监督者制定不适当的计划方案或者监管失当这一作为而导致结果发生。但是，大多数还是由于没有实施有效监督或者疏于管理的不作为而导致结果发生。从判决书的表述来看，被告人梁应金不履行安全管理职责使该船长期超载运输，这显然是一种不作为。但裁判理由却认为：被告人梁应金将不具备适航条件的“榕建”号投入运营，实质上是指使周守金等人违章驾驶。从这一论述来看，被告人梁应金的行为似乎又是作为而非不作为。之所以要将被告人梁应金的行为解释为实质上的指使，是为了参照适用前引《解释》第7条关于“单位主管人员、机动车辆所有人或者机动车辆承包人指使、强令他人违章驾驶造成重大交通事故”以交通肇事罪论处的规定。也就是说，只有在具备指使、强令行为的情况下，相关人员才能构成交通肇事罪。这种指使、强令都是故意行为，并且是作为，在具备这一规定的情况下，是否排除了监督过失存在的余地，这是一个值得研究的问题。对此，我国学者周光权教授指出：

对于交通肇事中监督过失责任的范围，司法解释作了限制性解释，因此在实践中不能过于扩大，那么，单位主管人员等人员，如果不是“指使”“强令”驾驶人员违章驾驶，而是因为疏于监督管理，驾驶员独立驾车外出导致事故的，管理、监督者不构成交通肇事罪。例如，公交公司经理明知其手下的汽车司机在春运期间经常为多挣钱而严重超载，仍放任、纵容司机违章驾驶，因而发生重大交通事故的，监督者对于事故发生可能只有抽象的、模糊的危险感觉，谈不上有具体的预见，不宜认定为具有监督过失；根据司法解释的精神，这种行为也不成立交通肇事罪，因为该解释只明确了上述人员“指使”“强令”他人违章驾驶造成重大交通事故的情形，才能按照本罪定罪处罚。①

在上述这段论述的注释中，周光权教授特别提到了梁应金等交通肇事案，认为这是在实践中存在的扩大监督过失适用范围的倾向。这是一个十分吊诡的问题：裁判理由为参照有关司法解释规定，把疏于管理的情形实质解释为“指使”行为。而周光权教授则认为既然是“指使”，就不存在监督过失。在我看来，以“指使、强令”为构成犯罪的条件，确实排除了监督过失的存在可能性，对此我同意周光权教授的观点。但在梁应金案中，本来不属于前引《解释》的适用范围，在司法解释未作限制的情况下，完全可以直接按照监督过失理论进行论证。因此，被告人梁应金构成监督过失，其实行行为并非“指使”，而是疏于监督，即对被监督者过失行为防止义务的违反，具有玩忽职守性质，这是一种不作为。

（二）因果关系

在监督过失的情况下，这里是指狭义上的监督过失，监督者与被监督者具有过失竞合，并且对于结果来说，被监督者的过失是直接过失，而监督者的过失是一种间接过失。在这种情况下，监督过失的因果关系也往往表现为一种间接因果关系。对此，我国学者指出：

在监督过失中实际上存在着两个因果关系的链条：第一个链条是监督人的监督过失行为与被监督者的过失行为之间的因果关系，第二个链条是被监督者的过失行为与其危害结果之间的因果关系。这两个因果关系以被监督者的过失行为为中介而紧密联系在一起。被监督者的过失行为是第一个因果链的“结果”，同时又是第二个因果链条的“原因”。可见，被监督者的过失行为也是特定因果关系中的“结果”。监督者主要不是直接对被监督者的过失行为引起的危害结果承担刑事责任——这主要应归责于被监督者，而主要是对自己的监督过失行为引发的直接结果——被监督者的过失行为承担刑事责任。②

上述论述以双重因果关系描述监督过失的因果关系，从而提示监督过失因果关系的特殊性，这是正确的。但监督者与被监督者形成对结果发生的共同原因，仍然是对被监督者的过失行为造成的法益侵害结果负责，这是必须明确的。在梁应金案中，“榕建”号船舶的倾覆与周守金等人的操作失误具有直接关系，但梁应金作为“榕建”号船舶单位主管人员将不具备适航条件的“榕建”号投入运营，对该船舶长期超载运输不予管理，是发生船舶倾覆导致人员重大伤亡的重要原因，因而属于共同因果关系，都应对后果负责。

监督过失具有双重因果关系的特点，因而在判断的时候可以采用“合法行为的替代”这一方法。所谓合法行为的替代，是指在行为人违反规则或者违反日常生活中应当注意的事项引起法益侵害结果的场合，如果存在“即便行为人谨慎行为，但仍难以避免该结果发生”这种假设性事实，则过失犯罪不存在。当然，过失犯罪不存在的根据是否定不作为犯的因果关系还是否定预见可能性或者回避可能性，在刑法理论上是存在争议的。③ 我认为，这个问题与不作为的因果关系有关。在监督过失的情况下，被监督者的过失行为与结果之间存在因果关系，但监督者的过失行为（这里主要是指不作为的过失行为）与结果发生是否也具有因果关系呢？这就要看如果监督者履行了监督职责，结果是否还会发生。如果回答是否定的，那就说明监督者虽然存在过失，但这种过失与结果发生无关，不能以此追究其监督过失的责任。例如在日本大洋百货火灾事件中，法院认为：“即便被告人（贩卖科长）平常就对3号楼的营业人员进行防止火灾燃烧的训练，但也很难说，在本案中的火灾蔓延到3层店铺之前，能够有效地采取关上C号

① 陈兴良，周光权．刑法学的现代展开．北京：中国人民大学出版社，2006：458.

② 彭凤莲．监督过失责任论．法学家，2004（6）：62.

③ 黎宏．刑法总论问题思考．北京：中国人民大学出版社，2007：292.

楼梯的防火门的防火措施。”因此，法院否定了因果关系。反之，如果回答是肯定的，那就说明监督者的过失行为与结果发生之间存在因果关系。例如在日本川治王子饭店事件中，法院认为：“被告人如果事先制作消防计划并据此实施避险指导训练，同时，设置前述的防火门、防火区域的话，由于有这两种措施相配合，就能避免本案中火灾事故造成住宿客人等伤亡的结果，肯定了因果关系。”① 在梁应金案中，不仅应当认定梁应金存在管理中的疏失，而且要确认这种管理中的疏失与船舶倾覆结果之间的因果关系。方法之一，就是假设如果梁应金没有管理上的疏失，船舶倾覆的结果是否还会发生。这种因果关系的判断方法虽然具有一种假定性，但在理论上仍然是一种有效的方法。

（三）预见可能性

在监督过失中，预见可能性的判断是较为困难的，有关过失理论也正是在这一点上发生分歧。问题在于：监督者对于结果的预见可能性是一种具体的预见可能性还是抽象的预见可能性，甚或是只要具有恐惧感就可以认定这种预见可能性的存在。对此，我国学者认为，不管是管理过失还是狭义的监督过失，在疏忽大意过失的场合，都以行为人对结果具有具体的预见可能性为前提，不能以抽象的、一般的危惧感为根据认定过失责任；在过于自信过失的场合，都以具体结果的回避可能性为前提。② 但对于监督者来说，这种具体结果的预见可能性是有些难以认定的。我个人还是倾向于监督者对于法益侵害结果的较为抽象的预见可能性，以此区别于被监督者的较为具体的预见可能性。在梁应金案中，对于船舶倾覆的具体结果无法预见，但被告人梁应金对于可能发生事故这一点是具有预见的。因此，监督过失的预见可能性具有不同于普通过失的特殊性。

---

① 大塚裕史．企业灾害和过失论//高铭暄，赵秉志主编．过失犯罪的基础理论．北京：法律出版社，2002：97.

② 张明楷．刑法学．3版．北京：法律出版社，2007：245.

第十章　误认尸块为毒品予以运输行为之定性研究

——张筠筠运输毒品案（不能犯未遂　相对不能　绝对不能）

犯罪未遂是犯罪的未完成形态之一种。在犯罪未遂中，我国刑法分为能犯未遂与不能犯未遂。其中，不能犯未遂涉及不能犯的问题。本章以张筠筠运输毒品案①为例，对不能犯问题进行法理上的探讨。

一、案情及诉讼过程

被告人胡斌为贪图钱财，谋杀被害人韩尧根，并肢解尸体。胡斌将尸体装入编织袋中，以内装“毒品”为由，唆使被告人张筠筠和张筠峰帮其将编织袋运往南京。张筠筠、张筠峰按照胡斌的旨意，将编织袋运往南京，存于火车站寄存处。后因尸体腐烂而案发。

上海铁路运输中级人民法院认为：胡斌为贪图钱财而谋杀被害人韩尧根，并肢解尸体，其行为已构成故意杀人罪，且手段残忍、情节严重，依法应予严惩；被告人张筠筠、张筠峰明知是“毒品”仍帮助运往异地，均已构成运输毒品罪，但因二人意志以外的原因而犯罪未得逞，系未遂，应依法从轻处罚。一审判决胡斌犯故意杀人罪，判处死刑，剥夺政治权利终身；判决张筠筠、张筠峰犯运输毒品罪，分别判处有期徒刑2年、1年零6个月。

张筠筠不服，提出上诉，但在二审时又表示服判，要求撤回上诉；附带民事诉讼原告人王冠芬以原判赔偿金额不足为由，亦提出上诉。

上海市高级人民法院经审理后准予上诉人张筠筠撤回上诉，驳回王冠芬的上诉，维持原审各项判决。

二、不能犯理论：德日的比较

在上述判决中，虽然没有提到不能犯这个概念，但该案显然涉及不能犯的问题。在本案中提出讨论的问题，都与不能犯有关。第一个问题是：误认尸块为毒品予以运输的，能否认定为运输毒品罪（未遂）。第二个问题是：因对象不能犯形成的犯罪未遂，是否可以从轻处罚。因此，欲对本案裁判理由进行评判，必须先对不能犯问题从法理上加以界定。

不能犯是相对于能犯而言的，是指因认识错误而不能构成犯罪既遂的情形。这里的不能，是指不具有构成犯罪既遂的客观可能性。在理解不能犯的时候，首先需要对不能犯之不能与事实欠缺这两个概念加以厘清。事实的欠缺是德日刑法理论上的一个概念，又称欠缺事实、构成要件的欠缺，是指行为人虽然实施了类似于实现构成要件的行为，但由于缺少构成要件要素的一部分，而否定构成要件的实现的情形。事实的欠缺可以分为主体的事实欠缺、客体的事实欠缺、行为状态的事实欠缺、手段的事实欠缺等。关于事实的欠缺与不能犯的关系，在刑法理论

---

① 最高人民法院编．刑事审判参考：总第5辑．北京：法律出版社，1999.

上存在以下四种观点：一是等同于不能犯的观点，二是等同于幻觉犯的观点，三是具有独立意义的观点，四是区别对待的观点。① 从上述各种观点来看，等同说是可取的。因为事实的欠缺与不能犯的概念在内涵上是相重合的，只不过描述了同一现象的不同侧面：事实的欠缺是从原因角度来说的，之所以不能达到犯罪既遂，是因为构成要件要素事实的欠缺。而不能犯是从结果角度来说的，正因为欠缺构成要件要素的事实，才不可能达到犯罪既遂。因此，我们可以把事实的欠缺与不能犯相等同。当然，这里还要对事实的欠缺，实际上也就是不能犯与事实认识错误加以区分。因为事实的欠缺通常也是因为对事实产生错误认识而引起的，在广义上也可以把事实的欠缺看作事实认识错误。但狭义上的事实认识错误应当不包括事实的欠缺。② 我国传统刑法教科书是持广义的事实认识错误的观点的，因而将事实的欠缺混同于事实认识错误，导致在事实认识错误和未遂犯中重复地讨论不能犯问题。例如在对象的错误中，包括具体的犯罪对象不存在，行为人误以为存在而实施犯罪行为的情形，以及在工具的错误中包括行为人误把白糖、碱面等当作砒霜等毒药去杀人，误用空枪、坏枪、臭弹去射杀人，从而未能发生致人死亡的结果的情形。③ 在我国刑法学界，采狭义的事实认识错误的学者越来越多，在事实认识错误中只讨论同一构成要件的事实认识错误（具体的事实认识错误）与不同构成要件的事实认识错误（抽象的事实认识错误），而对不能犯则在未遂犯中加以讨论。在这种情况下，就有必要对事实认识错误与事实的欠缺，其实也就是不能犯加以区分。关于这种区分，我国学者刘明祥教授指出：

> 由于事实的欠缺是以行为人主观上的认识错误为条件的，因而与事实的错误极为相似，二者主要区别在于，事实的错误通常表现为某种犯罪事实本来存在而行为人误以为不存在，或者把本来是重的犯罪事实误认为轻的犯罪事实，事实的欠缺则正好相反，符合构成要件的事实本来不存在而行为人误以为存在。④

在以上关于事实的欠缺与不能犯的等同还是不等同的观点中，存在所谓区别对待说。这里的区别对待，是指将犯罪的主体、方法以及行为状况的事实的欠缺与客体的事实的欠缺加以区别：前者属于不能犯，后者构成未遂犯。⑤ 这种观点主要为日本学者大塚仁教授等所主张，它涉及不能犯与未遂犯的关系，因而有必要对这一问题加以深入研究。

不能犯与未遂犯的关系，应当从主观的未遂论与客观的未遂论切入考察。我国学者张明楷教授对主观的未遂论与客观的未遂论的基本观点作了以下概括：

> 主观的未遂论的基本观点是：未遂犯的处罚根据在于显示出犯罪人的性格危险性的、与法相敌对的犯罪意思；如果某种行为将这种犯罪意思表现在外部，则未遂犯的意思与既遂犯的意思没有差异；既然如此，未遂犯就应与既遂犯受到同等处罚。
>
> 客观的未遂论的基本观点是：未遂犯的处罚根据在于发生构成要件结果的客观危险性或者法益侵害的客观危险性；即使认定存在犯罪意思，但如果没有发生结果的客观危险性，则不能作为未遂犯予以处罚。⑥

---

① 张德友．不能犯——刑事上的法外空间．长春：吉林人民出版社，2002：137.

② 关于广义与狭义上的事实认识错误的区分，参见：刘明祥．刑法中的错误论．北京：中国检察出版社，1996：79.

③ 高铭暄，马克昌主编．刑法学．北京：北京大学出版社，高等教育出版社，2000：126.

④ 刘明祥．错误论．北京：法律出版社，1996：20.

⑤ 张明楷．未遂犯论．北京：法律出版社，1997：310－311.

⑥ 张明楷．未遂犯论．北京：法律出版社，1997：34－35.

在以上两种学说中，主观的未遂论是主观主义刑法理论在未遂犯问题上的体现，注重行为人的主观犯意，由此得出两个结论：一是在未遂犯的构成上以行为人的主观意思为标准，二是在未遂犯的处罚上采用与既遂犯同等的处罚主义。而客观的未遂论则是客观主义刑法理论在未遂犯问题上的体现，注重行为人的法益侵害行为及法益侵害结果，由此也得出两个结论：一是在未遂犯的构成上以法益侵害行为及结果为标准，二是在未遂犯的处罚上采用与既遂犯区别的处罚主义，通常采得减说。

不能犯作为一个与未遂犯密切相关的问题，在很大程度上与上述主观的未遂论和客观的未遂论相关。

在不能犯与未遂犯区分的问题上，最初的客观论与主观论的对立，发生在19世纪德国学者费尔巴哈与冯·布黎之间。根据德国学者李斯特教授的叙述，我们可以还原这段历史：

> 在19世纪，费尔巴哈（1808年教科书第4版）冷静地提出了该问题（指不能犯未遂——引者注）；其后，关于不能犯未遂处罚问题的争论又变得热烈起来了。费尔巴哈只想处罚危险的犯罪未遂行为，因此，他要求行为——根据其外在特征——与行为人所追求的结果之间存在因果关系。他的这一要求导致区分手段不能犯（Untauglichkeit des Mittel-es）和客体不能犯（Untauglichkeit des Objekts），并将之进一步区分为绝对的和相对的手段不能犯，或绝对的和相对的客体不能犯……该观点的主张者认为，应处罚相对不能犯，而不处罚绝对不能犯；该观点反对者则主张，无论是绝对不能犯还是相对不能犯均应处罚之……其后，各种观点出现了引人注目的根本性转变。自1872年起，冯·布黎在发表了一系列论文之后成为主观理论的新的创始人。主观理论认为，特定的已实行的行为在造成特定的结果方面，要么只能是能犯的未遂，要么只能是不能犯未遂，也就是说，要么有因果关系，要么没有因果关系，而不存在或多或少的因果关系。缺少客观构成要件的未遂的本质特征，存在于行为人的意志的体现上，而行为人这种意志的体现以同样的方式也存在于所谓的不能犯未遂中。①

从费尔巴哈的客观主义到布黎的主观主义，这是在未遂犯与不能犯关系问题上的一个转折。根据费尔巴哈的观点，相对不能是未遂犯——不能犯未遂，而绝对不能是不能犯，即在未遂犯之外还存在不能犯。但根据布黎的观点，不能犯都是未遂犯，未遂犯之外不存在不能犯，从而使不能犯与未遂犯这两个概念完全相等。布黎的观点在刑法理论上被称为纯粹主观说，当然，即使是纯粹的主观说也认为迷信犯不可罚，在这个意义上还是例外地承认了不能犯。

在主观说中，除纯粹主观说以外，还有主观的危险说。主观的危险说又称抽象的危险说，它自然属于主观说的范畴，但又不同于纯粹主观说。日本学者大塚仁教授指出：

> 主观的危险性认为，以行为当时行为人认识了的事情为基础，从客观的见地判断有无危险，如果按照行为人的预期进行计划，一般认为会实现犯罪时，就承认有抽象的危险（abstrakte Gefahr），即对法秩序的危险（Gefahr für die Rechtsordnug），成立未遂犯，但是，认为不能实现犯罪时，就是不能犯。例如，以杀人的目的使他人吃了砂糖，认为砂糖是氰化钾时，是杀人罪的未遂，但是，如果认为砂糖具有杀伤力，就是不能犯。②

主观的危险说虽然提出了危险这一概念，以此作为区分未遂犯与不能犯的实体标准，但在危险的判断上，又完全是以行为人主观上如何认识为根据的，因而仍然属于主观说的范畴。然

① 李斯特．德国刑法教科书．徐久生，译．北京：法律出版社，2006：340-341.

② 大塚仁．刑法概说（总论）：第3版．冯军，译．北京：中国人民大学出版社，2003：228.

而，危险概念的提出，对于未遂犯与不能犯的区分还是具有实质意义的。正是在主观的危险说以后，德国学者李斯特教授提出了客观的危险说。

李斯特教授对其学说作了以下论述：

> 意思活动的危险性，亦即其导致结果发生的客观特征，对刑法上的未遂概念具有重要意义。由此可认为，不危险的（“绝对不能犯”）未遂犯并非刑法意义上的未遂犯，而是一个幻觉犯（Wahnverbrechen），由此不处罚。①

那么，如何判断这里的危险呢？李斯特教授提出了事后判断的方法。这里的事后判断，其实就是客观判断，即根据行为时的犯罪手段的情况，并借助于行为人对事实的认识加以判断，这与单纯地根据行为人对危险的认识加以判断的主观的危险说是完全不同的。正因为根据客观的危险说，危险的判断是以客观事实为标准的，因而具有个别性判断的性质，应当遵循具体案件具体分析的判断方法。对此，李斯特教授作了以下示范性的判断：

> 如果行为人想以砒霜杀人，但使用了过小的剂量，则对评判人而言该问题具有下列含义：使用此等剂量在行为时就可以辨认之情况下，是否能够证明发生死亡的较大可能性。如果行为人由于疏忽大意使用白糖，则同样的问题也相应地适用于白糖，而且——这是每个客观理论所坚持的——即使当行为人错误地认为，他使用的是砒霜的情况下，亦如此，在第一种情况下，死亡危险是存在的，可认为存在未遂犯；后一种情况则不同，它不存在未遂犯问题。如果行为人用未装子弹的手枪瞄准他人，意图射杀之，或者行为人使用杀伤力不够强的武器，属于此的一般可辨认的事实，只是使用射击武器本身，不包括偶然未装子弹或该枪支的杀伤力不够大；因为过后两种情况只是在其后的事情经过之后才被发现的。因此，可以认为在这两种情况下，同样存在未遂犯问题。使用超自然的（祈求他人死亡，施魔力杀人等）永远不构成应处罚的未遂犯，根据以上所述就无须再作进一步的论述。②

应该说，李斯特的客观的危险说为区分未遂犯与不能犯提供了一个大致可行的理论框架，此后，又不断得以完善。德国刑法学界采用的是寻求主观说与客观说折中的印象说。印象说为德国学者麦兹格所创，他认为危险说原则上是正确的，在此基础上，基于刑法的一般预防目的的考虑，他又认为未遂的可罚根据在于“行为印象动摇了法益的安全性”。因此，麦兹格将危险说与印象说直接联系起来，从而使印象说成为危险说中的一种学说。印象说所重视的是行为者对法的敌视意思（法敌对性），当行为人的行为给外部以开始可罚的行为的印象时，换言之，给予侵害法秩序的印象时，就存在“危险”，就成立未遂。③ 尽管印象说是以法益的精神化为基础的，其影响主要限于德国，但这种理论还是在一定程度上深化了危险说，无论是主观的危险说还是客观的危险说，因而具有积极意义。

在日本刑法理论中，占通说地位的是具体的危险说。具体的危险说是在客观的危险说的基础上发展起来的，大体上属于客观说的范畴。但具体的危险说在判断危险是否存在的时候，引入了一般人的观念常识。例如，日本学者大谷实指出：

> 不能犯中有无危险性的判断，应以行为人特别认识到的事实以及一般人能够认识到的

---

① 李斯特．德国刑法教科书．徐久生，译．北京：法律出版社，2006：342－343.

② 李斯特．德国刑法教科书．徐久生，译．北京：法律出版社，2006：344－345.

③ 陈家林．德国的不能犯理论及对我国的启示//陈兴良主编．刑事法评论：第20卷．北京：北京大学出版社，2007：461.

事实为基础，以行为时为基准，从一般人的立场出发在认为具有发生构成要件结果的现实危险的场合，就是未遂犯；没有的场合，就是不能犯。①

上述对具体危险的判断，与对相当因果关系的判断是极为相似的。正如我国学者所说，德日刑法理论之所以肯定因果关系说与具体危险说之间的关系，其根本原因就在于，始终把因果关系论中的“可能性”概念作为可罚未遂犯中的“危险性”概念的核心和基础。② 在这种情况下，具体的危险说虽然可以追溯到李斯特，但其判断标准已经不同于客观的危险说的。客观的危险说中的危险是指结果发生的物理意义上的可能性，而具体的危险说中的危险则是指结果发生的规范或者价值意义上的可能性。当然，客观的危险说与具体的危险说同属于客观说，这也是不可否认的。

应该指出，不能犯理论在德国和日本之间还是存在较大差别的，主要在于：德国刑法学界承认不能犯未遂的概念，将具有危险性的不能犯，不论以何种标准判断，视为未遂犯的一种类型，只有不具有危险性的不可能才是与未遂犯对应意义上的不能犯。这与《德国刑法典》的规定有关，该法典第 22 条规定了未遂犯，第 23 条第 3 款规定：“行为人由于对犯罪对象和手段的认识错误，其行为根本不能实行终了的，法院可免除其刑罚，或酌情减轻其刑罚。”德国学者评论这一规定时指出：

> 第 23 条第 3 款在系统上的真正效果也就是，恰恰没有如客观论所希望的那样，将不能犯未遂规定为不受处罚。这条规定其实要求得出相反结论，即撇开严重无知这一疑难情况不谈，未遂的可罚性并不取决于它的危险性。确切地说，法律基本上采纳了主观的未遂理论，这不仅是帝国最高法院在这场争论中从一开始就选择的立场，也是理论界经过数十年的抵抗后，最终在很大程度上同意的观点。③

因此，不能犯未遂是《德国刑法典》明确规定的一种未遂犯的类型，从危险性判断来看，德国似乎倾向于主观的危险说。在这种情况下，德国刑法中的未遂犯（包括不能犯未遂）范围较为广泛，不可罚的不能犯的范围较小。但在日本刑法中，对不能犯未遂未作规定，因此刑法理论将不能犯与未遂犯加以区分，认为行为成为未遂犯，单在形式上符合构成要件还不够，未实施完毕的行为还必须具有引起构成要件结果发生的现实危险。没有这种危险的行为就是不能犯。换句话说，不能犯，是行为人基于实现犯罪的意思实施了行为，但该行为在其性质上，不可能引起结果发生的行为。④ 根据这一规定，不能犯是以行为不具有发生法益侵害结果的具体性危险为本质的。由于日本刑法学界通说采用的是具体的危险说，因而相对而言，日本刑法中的不能犯比德国刑法中的不可罚的不能犯的范围要更宽泛一些，并且日本刑法理论上也不存在不能犯未遂的概念。尽管如此，在德、日司法判例中，不能犯与未遂犯的区别可能并没有我们想象的那么大。

三、不能犯理论：中国的嬗变

我国刑法中的不能犯理论，来自苏俄刑法学，是以不能犯未遂形式出现的，而这一理论与德国不能犯理论又有较大的相关性。苏俄刑法学把不能犯未遂分为工具的不能犯未遂与客体的不能犯未遂。苏俄学者指出：

---

① 大谷实．刑法讲义总论：新版 2 版．黎宏，译．北京：中国人民大学出版社，2008：343.
② 郑军男．不能未遂犯研究．北京：中国检察出版社，2005：293.
③ 冈特·施特拉腾韦特，洛塔尔·库伦．刑法总论 I——犯罪论．杨萌，译．北京：法律出版社，2006：267.
④ 大谷实．刑法讲义总论：新版 2 版．黎宏，译．北京：中国人民大学出版社，2008：338－339.

> 不能犯的未遂，照一般常例，应依其他一切未遂犯之理由论罪。不能犯的未遂是社会危险行为，因为犯罪者自觉的期望达成犯罪的结果，并且使用了对社会主义法律秩序具有实际危险性的那些工具。如果某人以为他人之钱囊中有贵重物品，伸手窃取，尽管未达到目的，然此种行为无论对社会主义法律秩序，或对公民的个人财产来说，都表现了实际的危险性。只因为某种偶然的情况（该人的贵重物品适不在该处；而置于另一囊中），才使犯罪者未能实现其犯罪之意图。只有在犯罪主体极端无知与迷信，将其犯罪的阴谋置于实际上绝对不能实现的错误的因果关系假定之上的时候，才可以承认在其不能犯的未遂中，未包含犯罪意思图实现之实际可能。此种不能的未遂不适合于未遂之一般概念，因此，亦不能负刑事责任。①

以上关于不能犯未遂的理论几乎原封不动地被引入我国刑法教科书。在不能犯中，除迷信犯不可罚以外，其他不能犯均可罚。由于直接采用不能犯未遂一词，不能犯这一概念亦无存在余地。在以上论述中，苏俄学者还是强调了不能犯未遂中的实际的危险性，这与社会危害性理论是契合的，只是没有提供危险性的具体判断标准与方法，因而不同于德国刑法理论。

我国在相当长一个时期内，都是采用苏俄刑法学中的不能犯未遂理论的。但近年来，随着日本不能犯理论被引入我国，我国学者开始质疑不能犯未遂的通说，其中以张明楷教授为代表。张明楷教授是以客观的未遂论为根据，对我国不能犯未遂的通说进行反思的，观点如下：

> 首先，上述通说没有考虑行为在客观上是否侵犯了法益，导致客观上完全不可能侵犯法益的行为也成立犯罪未遂。
>
> 其次，通说没有坚持主客观相统一的原则，导致主观归罪。因为抽象的危险说不是根据行为的客观事实判断该行为有无侵害法益的危险，而是根据行为人的认识内容判断有无危险。只要行为人对实行行为有认识（有故意），不管客观上有无实行行为，都认为有危险，但这实际上属于主观归罪。
>
> 再次，与上述两者相联系，通说必然扩大刑法的处罚范围。这主要表现在，客观上完全没有危险性的行为，仅因为行为人的认识错误就作为犯罪来处罚。
>
> 最后，通说也存在自相矛盾之处。

通过以上论述，张明楷教授得出以下结论：

> 为了坚持主客观相统一的原则，为了贯彻客观的未遂论，笔者主张，只有当行为人主观上具有罪过，其客观上实施的行为具有侵害法益的危险时，才能认定为犯罪未遂，行为人主观上具有犯意，其客观行为没有侵害合法权益的任何危险时，就应认定为不可罚的不能犯。至于客观行为是否具有侵害法益的危险，则应以行为时存在的所有客观事实为基础，站在行为时的立场，根据客观的因果法则进行判断。②

张明楷教授将我国通说归结为抽象的危险说，站在客观的危险说的立场上对此进行了批判。我国学者周光权教授则认为我国的通说实际上是纯粹主观说，指出：

> 仅仅以行为人主观上的危险性为判断依据来认定犯罪未遂和犯罪成立，采取了从主观到客观的思考方法，有主观归罪之嫌，是刑法主观主义的集中体现，是应当受到批评的刑法学立场。③

---

① 苏联司法部令苏法学研究所主编．苏联刑法总论：下册．彭仲文，译．上海：大东书局，1950：436.

② 张明楷．刑法的基本立场．北京：中国法制出版社，2002：243－247.

③ 周光权．刑法总论．北京：中国人民大学出版社，2007：272.

周光权教授赞成具体的危险说，以此作为区分不能犯与未遂犯的判断标准。值得特别关注的是赵秉志教授在不能犯未遂问题上的立场转变。在其早期著作中，赵秉志教授是采通说的观点的，认为不能犯未遂是指犯罪人因事实认识错误而不可能完成犯罪、不可能达到既遂的犯罪未遂。① 在这一关于不能犯未遂的概念中，把不能犯的原因描述为事实认识错误，这就有事实的欠缺与事实认识错误混同之嫌。尤其是赵秉志教授没有指出行为人是具有危险而构成犯罪未遂，因而在逻辑上把没有具体危险的不可能也包括进去，在不能犯未遂的判断上实际上是采纯粹的主观说。在上述著作的第2版中，赵秉志教授转而赞同具体危险说，指出：

> 笔者以前也曾赞同通说的观点，认为所有因认识错误而致不能达到犯罪既遂的行为原则上均应成立不能犯未遂并按照未遂犯予以处罚。现在看来，有必要对此观点予以反思。正如批评通说的学者所指出的，通说观点将由于认识错误而客观上不能达到犯罪既遂的行为一概认为属于可罚的未遂犯，对某些一般人看来并无任何侵害法益的危险性的行为也按照未遂予以处罚，在一定程度上的确存在主观归罪的倾向，容易造成处罚范围的不当扩大。应当明确的是，刑法上处罚未遂犯的根据，不在于未遂犯存在主观恶意，而主要在于未遂犯具有侵害法益的危险性。所谓犯罪的实行行为，也必须是具有导致法益侵害的危险性的行为。对这种侵害法益的危险究竟应当如何理解，虽然刑法理论上尚存争议，但是像中国刑法理论通说中那样几乎完全以行为人的主观认识作为判断危险性的根据，则明显不够妥当。因此，笔者认为，应当通过对侵害法益之危险性的界定来排除部分由于认识错误而客观上不能达到犯罪既遂之行为的可罚性，而不应像通说那样对此类行为的可罚性予以普遍的承认。②

我认为，赵秉志教授的这种学术态度是值得充分肯定的，因为学术是随着时间延续而发展的，学术观点也会随之而更改，这是十分正常的学术现象。

尽管我国刑法关于不能犯的理论存在一个从抽象的危险说或者纯粹的主观说向客观的危险说或者具体的危险说的转变，一时之间，客观的危险说与具体的危险说大有取代抽象的危险说之势，但也有个别学者明确地站出来为我国现行不能犯理论辩护，指出：

> 具体的危险说与客观的危险说不是十全十美的学说，而学者们对抽象的危险说的批评并不正确。恰恰相反，抽象的危险说在理论上存在着诸多的优点。③

这种挑战潮流的学术勇气是值得嘉许的。但我认为，抽象的危险说除标准统一这一优点、具体的危险说除标准不统一这一缺点以外，两相比较，还是具体的危险说更为可取。根据抽象的危险说，在不能犯中，除迷信犯以外，无论是否具有法益侵害结果发生的客观危险性，都一概作为未遂犯处罚。而根据具体的危险说，在不能犯中，只有那些存在具体危险的情形才能作为未遂犯处罚，没有具体危险的情形则是不能犯，不具有可罚性。这样，就使那些形式上具备未遂犯的特征，但实质上不具有危险性的情形从未遂犯中予以排除，将未遂犯看作具体的危险犯，从而贯彻客观的未遂论。我以为这是正确的观点。

四、危险的具体判断：以本案为例

在张筠筠运输毒品案中，其将尸块误认为毒品而予以运输，这是一种客体不能犯。那么，

---

① 赵秉志．犯罪未遂的理论与实践．北京：中国人民大学出版社，1987：173.

② 赵秉志．犯罪未遂形态研究．2版．北京：中国人民大学出版社，2008：93.

③ 陈家林．为我国现行不能犯理论辩护．法律科学，2008（4）：126.

这种不能犯是否构成犯罪未遂而应当处罚呢？裁判理由的结论是：误认尸块为毒品予以运输，应以运输毒品罪（未遂）定性。其具体论证如下：

> 被告人张筠筠、张筠峰意图运输毒品，实际运输尸块的行为，属刑法理论上行为人对事实认识错误的一种，因此不能实现其犯罪目的，属对象不能犯。对于不能犯能否予以治罪，应当区分绝对不能犯与相对不能犯两种情形作出处理。
>
> 所谓绝对不能犯，是指行为人出于极端迷信、愚昧无知而采取没有任何客观根据，在任何情况下都不可能产生实际危害结果的手段、方法，企图实现其犯罪意图的情况，如使用"烧香念咒""画符烧纸""香灰投毒"等方法杀人等。
>
> 所谓相对不能犯，是指行为人在对自己行为的性质及实现行为目的的方法、手段的性质没有发生错误认识的前提下，由于疏忽大意等心理状态造成了对实施犯罪的工具或手段的误认，以致选择了实际上不可能实现其犯罪意图的工具或手段的情况，如误把白糖当砒霜用来毒人等。
>
> 绝对不能犯与相对不能犯的主要区别在于：前者意欲实施的行为与其实际实施的行为是一致的，但因使用的手段与目的之间的因果关系是建立在反科学、超自然的基础上，故该种手段行为在任何情况下都不可能引起危害结果发生，不具有实质的社会危害性；后者所认识到的手段与目的之间的因果联系是真实的、有科学根据的，只是因为行为人一时疏忽致使意欲实施的行为与其实际实施的行为形似而质异，才未能造成犯罪结果。否则，其所使用的手段或工具就能合乎规律地引起危害结果发生，实现其犯罪目的。因此，刑法理论上一般认为，绝对不能犯不构成犯罪，而相对不能犯则构成犯罪未遂。
>
> 本案被告人张筠筠、张筠峰的行为不属于手段或工具不能犯，当然不能归属绝对不能犯。因对象不能犯不影响对行为人犯罪故意的认定，只对其犯罪形态产生影响，故对两名被告人误认尸块为毒品予以运输的行为，应以运输毒品罪（未遂）定罪。

上述裁判理由将本案定性为对象（客体）不能犯，这是完全正确的。但同时，在不能犯问题上，裁判理由引入绝对不能犯与相对不能犯的范畴，将迷信犯看作绝对不能犯，而把其他的不能犯看作相对不能犯。由此得出结论：绝对不能犯不可罚，相对不能犯具有可罚性。

这里应当指出，绝对不能犯与相对不能犯的范畴是费尔巴哈提出来的，李斯特在介绍费尔巴哈的观点时指出：

> 如果行为所使用的手段和攻击之客体不可能达到目的，即为绝对不能犯（如用未上膛的手枪杀人未遂，杀已经死亡的人未遂）；如果所选择的手段或所攻击的客体虽在一般情况下是适当的，但在具体情况下由于情况的特殊性而表明是不适当的，即为相对不能犯（如用击发时已经损坏的手枪谋杀未遂，被害人穿有防弹衣而杀人未遂）。①

从以上费尔巴哈关于绝对不能犯与相对不能犯的定义来看，绝对不能是指在一般情况下不能，而相对不能是指在特殊情况下不能。由此可见，本案裁判理由关于绝对不能犯与相对不能犯的理解并不合乎费尔巴哈所界定的含义。我认为，绝对与相对的区分本身就是相对的，以此作为区分可罚与不可罚的标准并不可取。

在这个意义上，危险说具有其可取之处，尤其是具体的危险说，为区分不能犯的可罚与不可罚提供了一个可供掌握的标准。当然，即使都赞同具体的危险说，在个别案例的判断上同样会得出不同的结论。以下，以陈新故意杀人案为例进行分析。

---

① 李斯特．德国刑法教科书．徐久生，译．北京：法律出版社，2006：340.

陈新故意杀人案

1982年4月10日下午，被告人陈新上厕所时把女儿放在外面靠篱笆站着。陈新在厕所听到女儿哭声，出来见她扑倒在地，便将其抱起，发现其脸上、嘴上都是鸡屎，于是怀疑是站在女儿身边的杨红（男，4岁）推倒的，陈新便抓住杨红的左肩使劲“一推一转”，将杨红推倒在地，头部碰到石头上，杨扑下去脚蹬了几下。陈新将女儿脸擦干后转身一看，杨红仍扑在地上，就将杨红抱起，发现地上、石上都是血，并听见杨红的喉咙里像打鼾一样响了一声，且脸色苍白，四肢瘫软，不哭不哼，陈新害怕承担刑事责任，就将杨红抱进自己的猪屋，然后将地上有血的石头、树叶扔进厕所，用铁锹铲净地上的血土。陈新第二次进猪屋时，见杨红仍躺着未动，即解散一捆稻草盖在其身上。尔后出屋张望，见无人影，又第三次进猪屋。这时，陈新好像见覆盖的稻草动了一下，怕杨红活了，顺手拾起一块大石头向杨红的头部砸去，并用一块石磨压在杨红的身上。三天后陈新将杨红的尸体转移到河边涵洞里，后尸体被水冲了出来而侦查破案。经法医鉴定，杨红头部被砸伤痕系死后伤，陈新用石头砸之前，杨红已死亡。

对于上述案件，按照传统关于不能犯未遂的通说，陈新用石头砸已经死亡的杨红的行为构成故意杀人未遂，是不能犯未遂。因为通说采抽象的危险说，其论证方法为：主观上具有杀人故意，客观上具有杀人行为，如果对事实不发生认识错误，那么犯罪结果就会发生。[①] 显然，这种观点并没有对危险加以判断，现在，我国已经有些学者主张客观的危险说与具体的危险说，这里的客观危险或者具体危险如何判断，则仍然存在不同见解。例如张明楷教授以陈新在实施砸石头的行为时，杨红是否还具有活着的可能性为标准加以区分，认为：在杨红已经死亡的情况下，上述客观行为就不是剥夺其生命的杀人行为。剥夺生命的杀人行为以存在生命为前提，既然杨红已经死亡，不再具有生命，针对杨红的行为就不可能成为剥夺生命的行为，没有侵害法益的危险性，当然就不能认定为故意杀人罪。如果陈新在实施砸石头的行为时，杨红还具有活着的可能性，或者说有存在生命的可能性，则陈新的行为具有剥夺他人生命的可能性，则可能认定为故意杀人未遂。[②] 这种观点，是以是否存在活着的可能性为基础进行判断的，这种活着的可能性是客观的、事后的判断。按照这一思路，则不能犯范围较宽而未遂犯范围较窄。张明楷教授的这种观点，可以认为是客观的危险说。但也有学者站在具体的危险说的立场上分析本案认为，对于陈新案不能以杨红活着的可能性这一事实为根据进行判断，而应当以一般人和行为人是否相信杨红可能还活着为标准：在这种行为人实施杀人行为的当时，一般人和行为人本人都相信被害人可能还活着的情况下，行为人出于杀人的故意而实施了足以剥夺他人生命的行为，显然完全符合故意杀人罪的构成要件，故应成立故意杀人罪。只是从事后的判定来看，在行为人实施足以剥夺他人生命之行为的当时，由于被害人已经死亡，即出现了被告人意志以外的、不可能实现故意杀人罪的犯罪结果的原因，所以，陈新的行为构成故意杀人罪的不能犯未遂。[③] 根据这一观点，被害人是否可能活着不是一种事后判断的客观事实，而是在当时一般人和行为人的主观认识。也就是说，不能犯是由于认识错误引起的，例如在陈新故意杀人案中，陈新对杨红是否死亡发生了错误认识：误死为活。但是在当时，这种错误认识是否不可避免呢？如果错误认识是不可避免的，即一般人和行为人都认为杨红已经死亡，则其行为属于不能犯。如果错误认识是可以避免的，即一般人和行为人都认为杨红可能活着，则其行为属

① 朱莱华，夏吉先．我们对误认尸体为活人加以杀害如何定罪的看法．法学，1983（9）：43.

② 张明楷．刑法的基本立场．北京：中国法制出版社，2002：248-249.

③ 黎宏．从一案例看未遂犯和不能犯的区别．中国刑事法杂志，2001（3）：105-106.

于未遂犯。

在张筠筠运输毒品案中，虽然也是客体不能犯，但它与陈新故意杀人案存在明显区别。根据通说，也就是抽象的危险说，张筠筠的行为构成运输毒品罪的未遂犯，尽管本案的裁判理由引入绝对不能犯与相对不能犯的范畴，但其结论与通说并无不同。在我国有关司法解释中，对于这种基于对毒品认识错误而实施的行为如何定性，曾经作过规定。例如，1994年12月20日最高人民法院《关于适用〈全国人民代表大会常务委员会关于禁毒的决定〉的若干问题的解释》第17条规定：明知是假毒品而冒充毒品贩卖的，以诈骗罪定罪处罚。不知道是假毒品而当作毒品走私、贩卖、运输、窝藏的，应当以走私、贩卖、运输、窝藏毒品犯罪（未遂）定罪处罚。

在上述司法解释中，同样是贩运假毒品的行为，根据行为人是否明知是毒品而分别以诈骗罪与贩运毒品罪的未遂论处，可以看出该司法解释所表现出来的较为明显的主观主义色彩。对此，张明楷教授指称具有主观归罪之嫌。[①] 如果按照这一司法解释的逻辑推论，则误将尸块认为毒品的行为也应以运输毒品的未遂犯论处。由此引出的问题是：运输非毒品是否具有客观上的具体危险，运输毒品行为的危害性在于为贩卖毒品提供条件，而非毒品的运输不可能为贩卖毒品提供条件。就此而言，运输非毒品的行为是没有具体危险的。从这个意义上来说，我赞同对不能犯与未遂犯相区分的危险从客观上加以判断。这一思想不仅对于认定不能犯具有现实意义，而且对于认定未遂犯也是十分重要的。对于未遂犯，不仅要摒弃主观的未遂论，走向客观的未遂论；而且应当否定形式的未遂论，提倡实质的未遂论。

五、实质的未遂论之提倡

我国刑法中的未遂犯承担刑事责任的根据到底是什么？我国通说的观点是主客观相统一的刑事责任理论。[②] 对于这种通说，我国学者也提出了质疑的观点。[③] 实际上，这种主客观统一说虽然是以社会危害性理论为基础的，但在未遂犯的认定上最终走向形式的未遂论。所谓形式的未遂论，就是把未遂犯视为抽象的危险犯，只要具备构成要件之着手的行为，即使没有发生既遂结果，就认为具有可罚性。这种形式的未遂论导致将不能犯全部当作未遂犯处罚，除了迷信犯。而实质的未遂论，则是指在具备未遂犯的形式特征的基础上，再对未遂行为作实质判断，将未遂犯从抽象的危险犯改为具体的危险犯，只有具有这种危险的才构成未遂犯，否则就是不能犯。

关于未遂犯是否属于具体的危险犯，在日本刑法学界是存在争议的，例如日本学者大谷实认为，在杀人罪、盗窃罪等实害犯中，其危险犯当然是具体危险犯。但是，未遂犯在对有人居住的建筑物放火罪等抽象危险犯中也被规定，在这些场合，未遂犯是不能解释为具体危险犯的。[④] 根据这一观点，实害犯的未遂当然是具体危险犯，但抽象危险犯的未遂就不是具体危险犯，对于广泛存在抽象危险犯的日本，这一观点当然是能够成立的。但在我国刑法中，这种抽象危险犯规定本身就较少，作为未遂犯处罚的更少。在这种情况下，将未遂犯作为具体危险犯还是具有可行性的。

基于未遂犯是具体危险犯这一命题，在认定未遂犯的时候，不仅要满足未遂犯成立的形式特征，而且要对未遂犯所具有的法益侵害的具体危险进行判断。这种判断，是一种实质判

---

① 张明楷．刑法的基本立场．北京：中国法制出版社，2002：251.

② 赵秉志．犯罪未遂形态研究：2版．北京：中国人民大学出版社，2007：56.

③ 张永红．未遂犯研究．北京：法律出版社，2008：55.

④ 大谷实．刑法讲义总论：新版2版．黎宏，译．北京：中国人民大学出版社，2008：31.

断。在这个意义上的未遂犯，可以称为实质的未遂犯。就未遂犯的形式判断与实质判断而言，不是在先完成形式判断以后作一次性的实质判断，而是将实质判断贯穿于未遂犯的三个特征的认定过程中，例如对于着手的认定、对于未得逞的认定以及对于意志以外原因的认定，都应当采取实质判断的方法。只有这样，才能限缩未遂犯的处罚范围，实现刑法的谦抑机能。

第十一章 基于索债目的帮助他人绑架行为之定性研究

——高海明绑架案 郭永杭非法拘禁案（共同正犯 承继性 重合性）

共同犯罪是刑法中的一种特殊形态，大陆法系已经形成完整的共同犯罪理论，并且存在各种学说的激烈争论。在我国司法实践中，对共同犯罪案件的处理，往往涉及一些较为疑难的法律问题。这些疑难案件的解决不能不借助于共同犯罪的理论，但由于大陆法系的共同犯罪理论在我国司法实践中尚未普及，因而司法人员往往只是根据对法条的理解去解决这些疑难案件。作为刑法理论工作者，我们有必要从法理上对裁判理由进行分析，从而为在司法实践中贯彻共同犯罪理论奠定基础。本章以高海明绑架案、郭永杭非法拘禁案为例①，对共同正犯的承继性与重合性问题进行法理研究。

一、案情及诉讼过程

被告人高海明伙同他人将沈国良等三人带至一小屋内进行关押，采用暴力、胁迫的方法，向三被害人索得人民币二十余万元。其间，被告人郭永杭受高海明欺骗，以为高海明是在追讨生意上的损失费，为高海明等人送饭以及看管三名被害人。

浙江省绍兴市越城区人民法院认为：高海明以勒索钱财为目的，伙同他人使用暴力、胁迫方法绑架他人，其行为已构成绑架罪。郭永杭在事前与高海明并不相识，事中在得知高海明等人在追讨债务的情况下，仍对高海明所关押的人施行看管，其行为已构成非法拘禁罪。因郭永杭主观上以帮他人索取债务为目的，而非明知高海明是以勒索钱财为目的，其与高海明没有共同的犯罪故意，故两被告人不属共同犯罪。一审判决高海明犯绑架罪，判处有期徒刑12年，剥夺政治权利2年，并处罚金若干；判决郭永杭犯非法拘禁罪，判处有期徒刑1年6个月。

一审法院判决后，高海明提出上诉，上诉理由是：其所犯的是非法拘禁罪，并非绑架罪；原判未认定其系从犯和犯罪未遂。浙江省绍兴市中级人民法院裁定驳回上诉，维持原判。

二、涉案罪名的法理分析

本案涉及我国刑法中的两个罪名，这就是绑架罪与非法拘禁罪。现分别对这两个罪名的构成要件以及两个罪名之间的逻辑关系分析如下。

根据《刑法》第239条的规定，绑架罪是指以勒索财物为目的绑架他人的，或者出于政治性和其他目的绑架他人作为人质，或者以勒索财物为目的偷盗婴幼儿的行为。根据上述规定，我国刑法中的绑架罪可以分为以下三种情形：一是以勒索财物为目的绑架他人；二是出于政治性和其他目的绑架他人作为人质；三是以勒索财物为目的偷盗婴幼儿。在这三种行为中，除第

---

① 国家法官学院，中国人民大学法学院．中国审判案例要览（2001年刑事审判案例卷）．北京：中国人民大学出版社，2002.

三种情形以外，前两种情形都包含绑架行为。那么，如何理解这里的绑架呢？在刑法理论上，一般认为这里的绑架，是指使用暴力、胁迫或者其他方法，劫持他人，使其置于本人的控制之下，限制或剥夺其人身自由的行为。因此，绑架行为可以分为前后相续的两个阶段，这就是劫持与扣押。从通常的绑架案件来看，行为人往往采取暴力、胁迫或者其他方法将他人予以劫持，然后作为人质加以扣押。这里的扣押，就是对他人的人身自由加以限制或者剥夺。

根据《刑法》第238条的规定，非法拘禁罪是指采用扣押或者其他方法，非法剥夺他人人身自由的行为。非法拘禁罪的拘禁行为，并不仅仅指使他人丧失人身自由的原因行为，还指对他人予以扣押，将他人予以控制，使他人从自由状态进入不自由的状态，并且在相当长的时间内使他人处于丧失人身自由的状态。因此，在刑法理论上，一般都认为非法拘禁罪是继续犯。在被害人丧失人身自由期间，非法拘禁行为始终处于持续状态。

通过对比绑架行为与非法拘禁行为，我们可以看到，虽然在刑法上使用的是绑架和拘禁这两个完全不同的用语，但在这两种行为之间存在实质上的相同性。换言之，绑架行为与拘禁行为在客观上具有内容的同一性，两者之所以被区分为不同之罪，完全在于绑架罪的主观超过要素——勒索财物的目的。如果以勒索财物为目的而拘禁他人的，则其行为构成绑架罪，否则只构成非法拘禁罪。至于绑架罪与非法拘禁罪之间的关系①，这是一个值得研究的问题，以往在我国刑法论著中往往语焉不详。例如，我国学者在论及绑架罪与非法拘禁罪的关系时作出以下界定：在绑架行为实施过程中，对他人人身自由的非法剥夺，是绑架的当然结果；而非法拘禁也可以绑架的手段实施。② 根据这种理解，绑架与非法拘禁是手段与结果之间的关系。但拘禁行为并非仅对丧失人身自由状态的描述，其本身也包括致使他人人身自由丧失的原因行为，因而这一论述不太确切。类似的论述认为，非法拘禁行为与结果又触犯其他罪名的，应根据其情节与有关规定处理。例如，以非法绑架、扣留他人的方法勒索财物的，成立绑架罪。③ 较为明确的论述则认为绑架行为与非法拘禁行为之间存在相似、竞合之处。例如，我国学者指出：绑架、扣押人质的行为是将他人劫持或者控制在行为人能够支配的范围内，在此过程中可能要使用暴力、胁迫、麻醉等方法，也可能使用其他平和的方法来实施，在这一点上，其和非法拘禁罪的实行行为有很多相似、竞合之处。绑架罪中扣押人质的行为并不都比非法拘禁罪中的实行行为强度大，使人丧失自由的一切方法都包含在绑架手段之中。④ 事实上，非法拘禁行为与绑架行为不仅相似，而且相同，正是在这个意义上，我认为绑架罪与非法拘禁罪之间存在法条竞合关系。正如我国学者指出：从犯罪构成来说，绑架罪的客观要件包含非法控制人质自由的要素，因而在某种意义上可以说与非法拘禁罪存在特别法与普通法的竞合关系。⑤ 简言之，非法拘禁罪是普通法的规定，而绑架罪是特别法的规定，在以勒索财物为目的绑架他人的情况下，客观行为完全符合非法拘禁罪的构成要件，但由于行为人主观上具有勒索财物的目的，因而应以绑架罪论处。

值得指出的是，我国《刑法》第238条第3款规定："为索取债务非法扣押、拘禁他人的，依照前两款的规定处罚。"这一规定在一定程度上限制了绑架罪的范围，因为为索取债务而非法拘禁他人要比绑架的性质轻一些，我国刑法学界将这种为索取债务的非法拘禁行为称为"人质型"非法拘禁罪，它通常也表现为"以钱换人"，因而与以勒索财物为目的的绑架行为极为

① 本章主要是指以勒索财物为目的的绑架罪与非法拘禁罪之间的关系。
② 高铭暄，马克昌主编．刑法学．北京：北京大学出版社，2000：485.
③ 张明楷．刑法学．3版．北京：法律出版社，2008：664.
④ 周光权．刑法各论讲义．北京：清华大学出版社，2003：35.
⑤ 刘树德．绑架罪案解．北京：法律出版社，2003：202.

相似。但两者之间仍然存在实质上的区分，尤其是 2000 年 7 月 13 日最高人民法院作出的《关于对为索取法律不予保护的债务，非法拘禁他人行为如何定罪问题的解释》规定："行为人为索取高利贷、赌债等法律不予保护的债务，非法扣押、拘禁他人的，依照刑法第二百三十八条的规定定罪处罚。"这就进一步扩大了非法拘禁罪的范围，这一解释是有利于被告人的，也进一步厘清了绑架罪与非法拘禁罪之间的关系。

三、共犯关系：承继性

无论是绑架罪还是非法拘禁罪，都存在共犯形态：既可以由一人实施又可以由二人以上共同实施。在二人以上共同实施的情况下，共同正犯是最为常见的一种共犯形态，参与劫持、看管的人均为正犯。我国台湾地区学者林山田教授在论及掳人勒赎罪的共同正犯时指出：

> 掳人勒赎行为常多数人共同实施，或数人分担掳人、看守人质、取赎等工作，而构成共同正犯。判例肯定本罪可能成立相续之共同正犯，而认为掳人勒赎罪固以意图勒赎而为掳人之行为时，即属成立，但在被掳人未经放以前，其犯罪行为仍在继续进行中，行为人对于被告人被掳时，虽未参与实施，而其出面勒赎，系在掳人勒赎之继续进行中，参与该罪之勒取赎款之目的行为，自应认为共同正犯。①

我国台湾地区"刑法"中的掳人勒赎罪，相当于我国大陆刑法中以勒索财物为目的的绑架罪，因而在绑架罪中同样存在这种相续的共同正犯或曰承继的共同正犯。在本案中，从整个犯罪过程分析，高海明与郭永杭之间的行为存在承继性。从案情来看，劫掳被害人的行为是被告人高海明与方韩通、方韩均、赵建荣、赵全康等人策划并实施的，这些被告人成立先行的或曰原始的共同正犯，而郭永杭是在被害人被劫持以后参与进来的，具体实施的是帮助找房并看管被害人的行为，因而其与高海明之间构成承继的共同正犯。

在刑法理论上，承继的共同正犯是指行为人已经开始实施犯罪实行行为，而在整个犯罪没有结束的状态下，又有他人通过意思联络与之形成共同行为决意，实施行为继续犯罪的形态。② 从这一定义中可以看出，承继的正犯是在犯罪的实行行为已经开始但尚未结束之前加入犯罪的实行当中，由此而与先行的正犯构成承继的共同正犯。我认为，在这里应当厘清一些概念：承继犯、承继的正犯以及承继的共同正犯。承继犯是一个大的概念，包括承继的教唆犯、承继的帮助犯与承继的正犯。而承继的正犯也不能等同于承继的共同正犯。承继的正犯是指后参与到犯罪的实行过程中的正犯，以区别于先行的正犯。而承继的共同正犯，是指承继的正犯与先行的正犯构成的共同犯罪，是就共同犯罪整体而言的。承继的正犯必须是在犯罪实行过程中参与到犯罪中来，因此，如果在他人完成犯罪实行以后再参与进来，则不存在承继的正犯，而可能构成连累犯，例如窝藏罪与包庇罪。但如何理解实行行为的完成，这是一个值得研究的问题，我认为，对此应当根据犯罪形态加以具体分析，不能一概而论。

首先应当将犯罪区分为单一犯与复合犯。单一犯是指由单一实行行为而构成的犯罪，复合犯则是指由复合行为而构成的犯罪。在单一犯中，根据实行行为的特点又可以分为即成犯与继续犯。一般来说，即成犯的犯罪实行行为持续的时间较短，因而成立承继的共同正犯的可能性亦较小，但同样不能排除承继的共同正犯。例如在故意杀人的场合，在甲已经开始实施杀人行为以后但未将被害人杀死之前，乙又以杀人的故意而参加进来，甲乙之间完全可以构成故意杀人罪的共同正犯。在继续犯的情况下，由于犯罪的实行行为本身存在一个持续的过程，因而承

---

① 林山田．刑法各罪论．台北：1996：813－814.

② 张淼，杨佩正．承继犯研究//吴振兴主编．犯罪形态研究精要：Ⅱ．北京：法律出版社，2005：486.

继的正犯在犯罪实行行为存续过程中参加进来，与先行的正犯构成共同正犯，是较为常见的情形。在复合犯的情况下，存在双重实行行为，例如抢劫罪，其方法行为是暴力、胁迫或者其他方法，其目的行为是劫取财物。在甲使用暴力将被害人控制以后，乙参加进来实施劫取财物行为，甲乙之间也可以构成承继的共同正犯。这里存在争议的是，承继的正犯对于先行的正犯造成的加重结果是否承担共同正犯的刑事责任。例如，甲使用暴力将被害人致伤甚至致死，在此基础上，乙参与劫取被害人的财物。甲符合抢劫罪的加重构成，应以抢劫致伤、致死承担刑事责任。那么，乙是否也应对此承担刑事责任呢？换言之，甲乙是否构成抢劫罪的加重犯的共同正犯？对此，日本学者大塚仁教授认为，甲乙应构成抢劫罪的共同正犯，而不能成为抢劫（致伤）罪的共同正犯。大塚仁教授把抢劫中的致伤称为“在法律上过剩的事实”，仅仅因为认识到这些事实的存在，尚不能归责于承继的正犯。① 这里主要涉及承继的正犯对于先行的正犯的先行行为是否承担刑事责任以及承担何种程度的刑事责任的问题，关键在于是否承认承继的正犯对于先行的正犯的犯罪行为的“追认”。我认为，应当承认有限度的追认，否则承继的正犯就难以与先行的正犯构成共同正犯。例如，甲以杀人的故意在被告人的食物中投下 5 分毒物，后乙在明知甲已投毒的情况下，与甲通谋又投入 5 分毒物，因而将被害人毒死。经过药理分析，5 分毒物不足以将人毒死，10 分毒物正好能把一个人毒死。如果不将先行的正犯的投毒行为追认为整个犯罪实行行为的一部分，承继的正犯的行为就难以构成故意杀人罪的既遂。在这种情况下，应将甲乙两者的行为作为整体予以考量。当然，这种追认只是构成犯罪的最低限度构成要素的追认，超出这一限制的，构成加重犯的犯罪事实，承继的正犯不应承担刑事责任。在复合犯的情况下，也应遵循这一原理。在牵连犯、结合犯等更为复杂的犯罪形态中，如果承继的正犯是在所牵连之罪或者所结合之罪实施完毕后介入的，则承继的正犯只对其所介入之罪承担共同正犯的刑事责任。

在本案当中，论及高海明与郭永杭之间是否构成承继的共同正犯，还涉及一个问题，这就是以勒索财物为目的的绑架罪与非法拘禁罪是即成犯还是继续犯以及与之相关问题：绑架罪是属于单一犯还是复合犯。如前所述，对于非法拘禁罪属于继续犯，在我国刑法理论上不存在争议，但对于绑架罪是否属于继续犯，则是一个尚未展开讨论的问题，而这个问题的解决又与绑架罪是属于单一犯还是复合犯的问题相关。单一犯说认为绑架罪只有一个绑架行为，而复合犯说则认为绑架罪属于复合行为，这就是绑架人质的行为和勒索财物的行为。② 我认为，上述复合犯说显然不妥，因为我国刑法规定的绑架罪是目的犯，勒索财物只是绑架他人的目的，它对于绑架行为来说，是一种超过的主观要素。在主张绑架罪是复合犯的观点中，理由之一是：《刑法》第 239 条将“以勒索财物为目的”明确规定为绑架罪的主观目的，并不排除有与之对应的勒索财物之实行行为存在，事实上，实践中绑架罪的犯罪分子在绑架他人或偷盗婴幼儿后，都往往有勒索财物的实行行为。③ 我认为，这一观点混淆了规范与事实的关系。在司法实践中，绑架罪的犯罪分子是否会实施勒索财物的行为是一个实然的事实问题，而刑法是否将这一行为规定为构成要件是一个规范的问题，从我国刑法关于绑架罪的规定来看，勒索财物只是绑架的目的，刑法并未将其规定为绑架罪的实行行为。关于这个问题，我们也可以从日本刑法中找到佐证。日本刑法中有略取、诱拐的犯罪，略取、诱拐相当于我国刑法中的绑架，是指不法地使他人脱离其受保护的生活环境、将其置于行为人或者第三者的实力支配内的行为。日本刑法在略取、诱拐犯罪中，设立了赎金目的略取、诱拐罪，略取、诱拐者赎金要求罪和基于赎

① 大塚仁．犯罪论的基本问题．冯军，译．北京：中国政法大学出版社，1993：269.
② 有关争议，参见：王作富主编．刑法分则实务研究：中．3 版．北京：中国方正出版社，2007：925.
③ 肖中华．侵犯人身权利罪．北京：中国人民公安大学出版社，1998：226.

金取得目的的收受罪。这三个罪名之间存在递进关系：赎金目的略取、诱拐罪是低度犯罪，行为人只要在获取赎金目的的支配下，进行了略取、诱拐，就构成本罪。至于是否实际上存在对被拐取者的安全与否表示忧虑的人，是否使该人交付了财物，都不影响本罪的成立与否。略取、诱拐者赎金要求罪是中度犯罪，是指利用近亲属和其他被拐取者的安全与否表示忧虑的人的忧虑，使其交付财物或者要求财物的行为。基于赎金取得目的的收受罪是高度犯罪，是指利用近亲属和其他对拐取者的安全与否表示忧虑的人的忧虑，以使其交付财物为目的而进行收受的行为。① 以上三罪，既可由一人依次实施，也可由数人分别实施，可见日本刑法规定之细。我国刑法对绑架罪未作如此细致的区分，因此，我国刑法中以勒索财物为目的的绑架罪只相当于日本刑法中的赎金目的略取、诱拐罪，在实施这一犯罪以后又实施勒索财物和收受财物行为的，都定绑架罪，甚至规定杀害被绑架人的也定绑架罪，这与我国刑法对绑架罪规定了较高的法定刑有关。但从刑法关于绑架罪的规定来看，显然不应将勒索财物行为看作与绑架行为并列的实行行为。就此而言，绑架行为只是单一行为。

在如何理解绑架行为上，又存在绑架行为本身是否具有单一性的问题。我国《刑法》第239条对绑架罪行为的描述使用的是绑架一词，在刑法理论上，又将绑架行为进一步界定为：使用暴力、胁迫或者其他方法，绑架他人的行为。② 这里存在一个问题，即暴力、胁迫或者其他方法与绑架之间到底是一种什么关系？这一表述与抢劫行为极为相似：以暴力、胁迫或者其他方法，强行劫取公私财物的行为。而抢劫罪被认为是复行为犯：手段行为是暴力、胁迫或者其他方法，目的行为是强行劫取财物。那么，绑架行为是否也作如此解释呢？我认为，绑架罪与抢劫罪有所不同：抢劫罪的方法是法定的、特定的方法，正是这一方法将抢劫罪与抢夺罪等其他财产犯罪相区分。但绑架罪的方法是非法定、非特定的，无论采取何种方法，只要使被害人处于行为人或第三者的实力控制下，就足以构成绑架罪。对此，我国学者正确地指出：通说将绑架界定为使用暴力、胁迫或者麻醉方法劫持或以实力控制他人。但是，这一主张是否过于狭隘，还值得进一步讨论。事实上，绑架应当界定为违反他人的意思，将他人置于自己的实力支配之下，使其丧失人身自由的一切行为。绑架的手段，并无限制，可以是秘密或公开的，通常行为人要使用程度较高的暴力，但也包括使用轻微暴力以及胁迫、欺骗以及其他方法。③ 例如，在本案中，被告人高海明就是伙同他人，以做生意为名，将被告人骗至诸暨，然后强行予以扣押。

绑架必然采用一定的方法，但这一方法未必都是暴力的，也可以是非暴力的。那么，这一方法与被告人处于丧失人身自由的被拘禁状态之间是一种什么关系呢？我认为两者之间是一种原因与结果的关系。被拘禁状态是绑架行为所造成的结果，但这一结果本身不是行为，为维系这一结果又要继续地实施拘禁行为。因此，绑架行为本身包含拘禁的内容。正是在这个意义上，绑架罪与非法拘禁罪一样都属于继续犯。换言之，被害人在丧失人身自由以后所处的被拘禁状态，不仅是不法状态的继续，而且是不法行为的继续。对此，我国学者指出：绑架罪是继续犯，其继续状态包括绑架行为实施后持续控制被绑架人、实施勒索财物行为等，直至结束对被绑架人的控制。④ 绑架罪和非法拘禁罪一样，都属于继续犯。对于绑架罪来说，并非将被害人控制使其丧失人身自由以后，犯罪行为就结束了。尽管将被害人劫持，绑架罪已经既遂，但既遂以后实行行为仍在持续之中，一直到被害人恢复人身自由，或者被杀害为止，绑架犯罪才

---

① 大塚仁．刑法概说（各论）：第3版，冯军，译．北京：中国人民大学出版社，2003：93.
② 周道鸾，张军主编．刑法罪名精释．3版．北京：人民法院出版社，2007：436.
③ 周光权．刑法各论讲义．北京：清华大学出版社，2003：34.
④ 刘树德．绑架罪案解．北京：法律出版社，2003：176.

最终结束。因此，行为人虽未参与劫持被害人，但在他人劫持被害人以后，参与看管人质的，或者实施勒索财物或收受被勒索财物行为的，应当视为绑架罪的共犯，并且是承继的共同正犯。

在本案中，控方是以被告人高海明、郭永杭构成绑架罪指控的，其中高海明为首策划绑架被害人，在这一环节郭永杭并未参与。在被害人被绑架后，郭永杭才介入，参与对被害人的看管。因此，控方认为被告人高海明与郭永杭构成共同犯罪，从刑法理论上分析，这种共同犯罪属于承继的共同正犯。

四、共犯关系：重合性

尽管控方以绑架罪的共同犯罪起诉被告人高海明和郭永杭，但一审法院判决认为，被告人高海明以做生意为名，将与其并无经济纠纷的三个被害人骗至诸暨市并加以劫持，其行为构成绑架罪。但被告人郭永杭以为高海明是在追讨生意上的损失费而为其看管被绑架的被害人，属于《刑法》第238条第3款规定的“为索取债务非法扣押、拘禁他人”的情形，不构成绑架罪而应以非法拘禁罪论处。二审法院维持了一审法院的判决。那么，被告人高海明与郭永杭之间是否还存在共犯关系呢？对此，一审判决以“没有共同的犯罪故意”为由认为两被告人不属共同犯罪。本案的裁判理由对此作了以下分析：

> 高海明和郭永杭共同实施绑架他人的行为是否构成共同犯罪，是本案定性的关键问题。根据我国《刑法》的规定和刑法理论，共同犯罪的成立，必须具备一定的条件。其中，共同的犯罪故意是重要的条件之一。如果二人以上仅在客观上共同实施了某种危害行为，但缺乏共同的犯罪故意内容，亦不构成共同犯罪。本案涉及绑架罪和非法拘禁罪的界限。该两罪在客观方面都可以表现为绑架他人行为，但是，绑架罪在主观方面要求行为人勒索财物的目的或者提出其他不法要求的目的，而非法拘禁罪无此要求。根据《刑法》第238条第3款的规定，为索取财物非法拘禁他人的，应认定为非法拘禁罪而非绑架罪。本案中，郭永杭虽与被告人高海明对同一对象实施了犯罪行为，但两人在客观行为与主观故意方面均有一定区别。高海明出于勒索钱财的目的，伙同他人使用暴力、胁迫手段，绑架了三被害人，其行为构成绑架罪无疑。而郭永杭与高海明事先无犯意的联络和沟通，其对高海明犯罪目的和意图并不明知。郭永杭在得知高海明等人在追讨债务的情况下，出于帮助高海明追讨债务而非向三被害人勒索钱财的目的，仍对高所关押的人员实施看管，其行为应属非法拘禁罪，而不构成与高海明间的共同犯罪。本案二审法院认定高海明构成绑架罪，郭永杭构成非法拘禁罪，是十分正确的。①

在上述裁判理由中，法官以被告人高海明、郭永杭不存在共同犯罪故意为由，否认两者之间的共犯关系。我国《刑法》第25条第1款规定“共同犯罪是指二人以上共同故意犯罪”，这是共同犯罪的法定概念，我国学者在此基础上，从共同犯罪故意与共同犯罪行为两个方面确定共同犯罪的构成要件，以此作为认定共同犯罪的标准。但共同犯罪中存在一些复杂情形，简单地套用共同犯罪故意与共同犯罪行为并不能解决。由此可见，情况并非如此简单，这里涉及共同犯罪的共同性的理解，在这一问题上存在犯罪共同说与行为共同说的理论争论，并且关系到我国共同犯罪理论的基本构造，因而有必要加以深入探究。

在共同犯罪成立的范围上，历来存在犯罪共同说与行为共同说之争。日本学者大塚仁教授

---

① 国家法官学院，中国人民大学法学院编．中国审判案例要览（2001年刑事审判案例卷）．北京：中国人民大学出版社，2002：61.

指出：

> 共犯以什么为共同？关于这一共犯的根本问题，犯罪共同说与行为共同说是对立的。犯罪共同说认为，数人共同进行特定的犯罪是共犯，客观地解释了构成要件上特定的犯罪，由数人共同实行它时是共犯，这种学说与古典学说的立场相适应。相对于此，行为共同说（事实共同说）认为，共犯是数人用共同的行为实行各自企图的犯罪，这是在近代学派的立场上采用的观点，因为在把犯罪看成是行为人社会危险性的征表的立场上，本来可以考虑脱离了构成要件的自然性行为本身的共同，认为可以在共同者共同的范围内跨越数个构成要件（例如，杀人罪和伤害罪）而存在共同关系。①

在这个意义上的犯罪共同说与行为共同说，被认为是刑法客观主义与刑法主观主义的对立。但现在犯罪共同说与行为共同说都已经发生了重大的变化，我国学者认为，犯罪共同说从严格的犯罪共同说到完全的犯罪共同说，再到部分的犯罪共同说，从严格意义上的在一个罪名范围内成立共犯，逐渐转变为在不同罪名之间也可成立共犯，从而向行为共同说靠拢。而行为共同说也从主观主义的行为共同说转变为客观主义的行为共同说，主要标志就是对行为共同说的行为在理解上发生了变化，建立在主观主义基础之上的行为共同说，其行为是自然行为，而建立在客观主义基础之上的行为共同说，其行为是构成要件的行为，已经是构成要件的行为而非自然行为，在这种情况下，犯罪共同说与行为共同说具有互相接近的趋势。② 基于以上对犯罪共同说与行为共同说的界定，现在需要分析的是：部分的犯罪共同说与构成要件的行为共同说之间到底存在何种差异。部分的犯罪共同说认为，如果数个犯罪的构成要件之间存在重合部分，那么在重合的限度内成立较轻之罪的共同正犯。例如甲以杀人故意、乙以伤害故意共同对丙进行侵害并致其死亡的，甲的杀人行为与乙的伤害行为之间具有重合，但甲的杀人行为已经超出重合部分具备了故意杀人罪的构成要件，在这种情况下，甲的行为在伤害的限度内与乙是共同正犯，但甲的伤害行为被其杀人行为所吸收，因而最终应以故意杀人罪论处。部分的犯罪共同说坚持了只有在同一犯罪的范围内承认共犯关系的犯罪共同说的立场，但对同一犯罪又不像严格的或者完全的犯罪共同说那样机械地以最终认定为同一罪名为必要，因而有其可取之处。构成要件的行为共同说认为，只要行为人实施了共同的行为，就可以成立共同正犯，并不要求必须是同一或者特定的犯罪。根据这种观点，甲以杀人的故意、乙以伤害的故意共同对丙进行侵害并致其死亡的，由于甲与乙存在共同行为，尽管甲是杀人行为，乙是伤害行为，同样构成共同正犯。从这里可以看出，部分的犯罪构成说与构成要件的行为共同说，尽管都承认在上述案件中，甲和乙之间成立共同正犯，并且结论都是甲定故意杀人罪，乙定故意伤害罪，但共同犯罪的内容是有所不同的。部分的犯罪共同说认为，甲乙是成立故意伤害罪的共同正犯，甲之所以定故意杀人罪而不定故意伤害罪，是因为其行为超出了伤害的性质。但构成要件的行为共同说则完全承认在不同犯罪之间可以成立共同正犯，而这一点恰恰与部分的犯罪共同说不同：部分的犯罪共同说并不承认不同犯罪之间的共同正犯。

共同犯罪应该是共犯一罪的关系，在这个意义上我是赞同犯罪共同说的，因为只有在同一犯罪之内，才存在责任的分担问题。共同犯罪，主要是在否认过失共同犯罪的立法例中，其承担刑事责任的方式与单独犯罪的根本区别在于：单独犯罪只对本人行为承担责任，而共同犯罪则在共同故意范围不仅对本人行为承担责任而且对他人行为承担责任。在共同正犯中，大陆法系刑法理论通行“部分行为之全体责任”的原则。这里涉及对共同犯罪本质的理解：到底是应

---

① 大塚仁．刑法概说（总论）：第3版．冯军，译．北京：中国人民大学出版社，2003：240－241.

② 陈家林．共同正犯研究．武汉：武汉大学出版社，2004：60.

从整体上理解还是从部分上理解，如何处理共同犯罪的整体与部分的关系。从哲学上说，整体是由部分构成的，没有部分也就没有整体，因而部分应当优于整体。但在共同犯罪中，其整体性与部分性都是不容忽略的。犯罪共同说更强调的是从整体上理解共同犯罪，这里的整体是指同一犯罪，部分只是同一犯罪的部分。而行为共同说则更强调从部分上理解共同犯罪，认为共同犯罪是基于各自的犯意各自遂行其犯罪。由此可见，犯罪共同说的共犯关系，是一种内部关系，即同一犯罪之内的关系。而行为共同说的共犯关系，不仅可以是同一犯罪的内部关系，而且可以是一种外部关系，即不同犯罪之间的关系。可以说，尽管部分的犯罪共同说与构成要件的行为共同说有所接近，但各自的根本立场仍然是对立的。考虑到共同犯罪主要解决定罪与量刑这两个问题，因而犯罪共同说是更为可取的。就定罪而言，共同正犯并非单独正犯的简单相加，而是正犯性与共犯性的统一，共同正犯之间具有行为的依存性，这种依存关系只有在同一犯罪之内才具有意义，超出了同一犯罪的范围，不同犯罪之间的依存性，在犯罪构成理论上是难以成立的。正如日本学者小野清一郎指出的：正是在这种数人的行为实现一个构成事实之上，成立了刑法总则中的共犯概念。换句话说，共犯是在数人的行为实现一个构成要件的场合，对其共同行动的数人的行为分别评价，以各自的行为作为犯罪而令行为人负责任的。① 就量刑而言，共同正犯是数人分担一个犯罪的责任。只有在同一犯罪之内，各个共犯的责任才是可以比较的，主犯与从犯的划分才是可能的。如果是在不同的犯罪之间，各自承担其所犯之罪的刑事责任，从而并不存在共犯中刑事责任的分担问题。根据以上理解，我认为，在完全不同的犯罪之间，尽管共同实施，因而存在共同行为，但各自定罪，并不存在共犯关系。只有在同一犯罪之内，共同实行犯罪的才构成共同正犯，各犯罪人之间存在共犯关系。

现在重要的问题是如何确定这里所谓同一犯罪。同一犯罪是指同一犯罪构成之罪，这是容易理解的。在通常情况下，我国传统观点都是主张犯罪共同说的，只承认同一犯罪之内存在共同犯罪，又将同一犯罪理解为同一罪名。但近年来随着部分的犯罪共同说传入我国刑法学界，这一观点获得了肯定。例如张明楷教授就是部分的犯罪共同说的积极主张者，并根据我国刑法理论与司法实践，认为在下述四种情形下应当承认犯罪之间具有重合的性质因而可以成立共同正犯：（1）当两个条文之间存在法条竞合的关系时，其条文所规定的犯罪一般存在重合的性质。（2）当两种犯罪所侵犯的同类法益相同，其中一种犯罪比另一种犯罪更为严重，从规范意义上说，严重犯罪包含了非严重犯罪的内容时，也存在重合性质。（3）一种犯罪所侵犯的法益包含了另一犯罪所侵犯的法益，因而存在重合性质。（4）在法定转化犯的情况下，如果数人共同实施了转化前的犯罪行为，而部分人实施了转化行为，但他人不知情的，应就转化前的犯罪成立共同犯罪。② 我认为，在上述四种情形中，第一种情形与第三种情形属于法条竞合。③ 第一种是从属关系的法条竞合，第三种是交叉关系的法条竞合。第二种情形所谓严重犯罪包含非严重犯罪的内容时出现的重合性质，情况较为复杂。在我看来，其中大部分仍然属于法条竞合，例如强奸罪往往包含强制猥亵罪的内容、抢劫罪往往包容抢夺罪的内容等。但也存在想象竞合的情形，例如故意杀人罪与故意伤害罪。至于第四种情形，是在共同犯罪中，部分共同犯罪人发生转化而另定他罪。此种情形还出现在实行过限的场合。在共同犯罪中，部分共同犯罪人实行过限，如果这种过限是一种重合性的过限，在重合部分也存在是否构成共同正犯的问题。因此，我认为犯罪的重合主要有以下四种情形，现在分别加以论述。

---

① 小野清一郎．犯罪构成要件理论．王泰，译．北京：中国人民公安大学出版社，2004：151.

② 张明楷．刑法的基本立场．北京：中国法制出版社，2002：273－276.

③ 陈家林．共同正犯研究．武汉：武汉大学出版社，2004：79.

（一）法条竞合情形下的共同正犯

法条竞合实质上是犯罪构成要件的重合。而犯罪构成要件的重合性是以犯罪构成要件的类型性为前提的。犯罪构成要件的类型性意味着每一种犯罪都是被法律，确切地说是指刑法，分别定型化了的特殊的犯罪概念，因而各种犯罪之间具有互异性，是不同的犯罪类型。但是，犯罪现象是复杂的，犯罪构成要件之间往往存在某种竞合关系。例如日本刑法学家小野清一郎在论及构成要件的类型性时，指出：

> 对一个行为在形态上符合了类型相同的两种构成要件，这是所谓的“法条竞合”，这多出现在与一种构成要件对应，同时又涉及修正构成要件特别是加重构成要件的场合。例如杀人罪（《刑法》第199条）和杀害等亲属罪（《刑法》第200条）、侵占罪（《刑法》第252条）和侵占业务上的占有物罪（《刑法》第253条）——身份加重犯；伤害罪（《刑法》第204条）和伤害致死罪（《刑法》第205条）——结果加重犯；单纯脱逃罪（《刑法》第97条）和加重脱逃罪（《刑法》第98条）——态样加重犯等等，它们之间就是这样。这些场合只成立其中较重的一罪。一方虽与他方的加重无关，但构成要件的类型相同。当概念定型是两个时，也可以认为是法条竞合。例如，成立侵占罪（《刑法》第252条）时，就可以不追究其违背任务罪（《刑法》第247条），成立《刑法》第246条第1款的诈骗罪时，就不追究其第2款的诈骗罪。有时，行为不一定完全竞合，但也不是完全各自独立，行为的发展过程中有几个阶段被构成要件类型化了，后一阶段的行为吸收了前一段的行为。例如，要求、约定、接受贿赂（《刑法》第197条）时，或提议、约定、提供贿赂（《刑法》第198条），聚众不解散（《刑法》第107条）又进行骚扰（《刑法》第106条）等。①

在上述情况下，犯罪存在一定的重合性，这种重合也可以称为竞合，也就是法条竞合。

我们过去讨论法条竞合，都是以单独犯罪为标本的，而没有涉及在共同犯罪下的竞合问题，即法条竞合的共同犯罪。包括法条竞合的共同正犯。所谓法条竞合的共同正犯，是指二人以上共同实行某一构成要件行为，由于二人之间存在身份、目的、客体等方面的差异，刑法对同一行为规定为两种不同犯罪。在这种情况下，二人以上在基本犯罪的意义上成立共同正犯。根据我的观点，我国刑法中的法条竞合可以分为以下四种形态，现对其构成的共同正犯分别论述如下。

1. 特别法与普通法的竞合

在特别法与普通法竞合的情况下，特别法规定之罪与普通法规定之罪存在外延上的从属关系。例如小野清一郎所说在日本刑法上的杀人罪与杀害等亲属罪之间的关系，在甲是被害人的儿子，乙是外人，在乙不知被害人是甲父的情况下，甲乙共同将甲父杀死。在这种情况下，甲成立杀害等亲属罪，乙成立杀人罪。但在杀人罪上，甲乙是共同正犯。当然，如果乙明知被害人是甲父而与甲一起将其杀死，则乙的行为是杀人罪正犯与杀害等亲属罪的想象竞合。在杀人罪上，甲乙仍然成立共同正犯。在我国刑法中，特别法与普通法的竞合也是常见的，例如《刑法》第252条规定了侵犯通信自由罪，其主体是一般主体，而《刑法》第253条规定了私自开拆、隐匿、毁弃邮件、电报罪，其主体是邮政工作人员，两种犯罪的构成要件行为是相同的，都是开拆、隐匿、毁弃他人信件或其他邮件。在某种意义上说，私自开拆、隐匿、毁弃邮件、电报罪是破坏通信自由的身份犯（身份加重犯）。② 因此，当作为普通公民的甲与邮政工作人

---

① 小野清一郎．犯罪构成要件理论．王泰，译．北京：中国人民公安大学出版社，2004：195-197.

② 张明楷．刑法学．3版．北京：法律出版社，2007：692.

员乙共同开拆、隐匿、毁弃他人信件时，甲定侵犯通信自由罪，乙定私自开拆、隐匿、毁弃邮件、电报罪。但由于两罪之间存在特别法与普通法的竞合，因而在侵犯通信自由罪上甲乙成立共同正犯，只不过由于乙的邮政工作人员的身份而另定私自开拆、隐匿、毁弃邮件、电报罪。

2. 整体法与部分法的竞合

在整体法与部分法的竞合的情况下，整体法规定之罪与部分法规定之罪存在内涵上的从属关系。整体法与部分法的竞合在我国刑法中也较为常见，例如《刑法》第239条规定的绑架罪与《刑法》第232条规定的故意杀人罪之间还存在整体法与部分法的关系。因为《刑法》第239条明确将杀害被绑架人规定为绑架罪的加重构成。甲在绑架他人以后，又与乙共谋将他人杀害，甲成立绑架罪无疑，那么乙能否作为承继的正犯与甲成立绑架罪的共同正犯呢？我认为，无论乙是否明知他人是被绑架人，乙都不成立绑架罪，而构成故意杀人罪。甲虽然成立绑架罪，但在故意杀人罪上，与乙成立共同正犯。

3. 重法与轻法的竞合

重法与轻法的竞合是指交互竞合，即两罪各有一部分内容重合，就重合部分而言属于法条竞合。例如，我国《刑法》第266条规定了诈骗罪，《刑法》第279条规定了招摇撞骗罪。这里的招摇撞骗罪是指行为人以假冒的国家机关工作人员的身份进行炫耀，利用人们对国家工作人员的信任，以骗取非法利益。这里的非法利益，是指荣誉称号、政治待遇、职位、学位、经济待遇、城市户口以及钱财。在行为人冒充国家机关工作人员领取财物的情况下，既符合诈骗罪的构成，又符合招摇撞骗罪的构成。由此可见，诈骗罪与招摇撞骗罪在内容上存在交叉，属于法条竞合，应当以重法论处。当冒充国家机关的工作人员的甲与没有冒充国家机关工作人员的乙共同实施诈骗行为，甲应定招摇撞骗罪，乙定诈骗罪，但在诈骗上，甲乙成立共同正犯。当然，对于诈骗罪与招摇撞骗罪之间的关系，在我国刑法学界是存在较大分歧的。首先是招摇撞骗罪是否包括骗取财物，对此张明楷教授认为，冒充国家机关工作人员招摇撞骗，原则上不包括骗取财物的现象，即使认为可以包括骗取财物，但也不包括骗取数额巨大财物的情况。[①]按照这一解释，招摇撞骗罪与诈骗罪之间就不存在法条竞合关系，而是两种互相完全独立的犯罪。我认为，如果刑法关于招摇撞骗罪规定增加一款，明文规定“冒充国家机关工作人员骗取公私财物的，以刑法第二百六十六条（诈骗罪）定罪从重处罚”，则能够较好地解决这个问题，即冒充国家机关工作人员骗取财物数额没有达到较大标准，其诈骗行为不构成诈骗罪时，以招摇撞骗罪论处。如果冒充国家机关工作人员骗取财物数额达到较大标准的，以诈骗罪从重处罚。但在刑法未作明文规定的情况下，我国刑法学界的通说认为招摇撞骗罪包括骗取财物而且没有数额上的限制。在这种情况下，招摇撞骗罪与诈骗罪之间就存在某种竞合关系。但这种竞合到底是想象竞合还是法条竞合，在我国刑法学界又存在不同观点。一种观点认为，如果行为人冒充国家机关工作人员是为了骗取财物，属于一行为触犯数罪名，应适用想象竞合犯的处罚原则，择一重罪处罚，即按诈骗罪处罚重时定诈骗罪，如果按招摇撞骗罪处罚重时就定招摇撞骗罪。[②]另一种观点认为，招摇撞骗罪和诈骗罪之间具有法条竞合关系，如果冒充国家机关工作人员主要是为了骗取财物，而且数额特别巨大的，则其侵犯的客体已主要不是国家机关的威信，而是财产权利，而且对这种行为，按照招摇撞骗罪处罚会失之过轻，所以应依照诈骗罪论处。[③]我认为，招摇撞骗罪与诈骗罪之间在外延上存在交叉关系，这是两罪之竞合的基础。区

① 张明楷．刑法学．3版．北京：法律出版社，2007：757.

② 周道鸾，张军主编．刑法罪名精释．3版．北京：人民法院出版社，2007：542.

③ 周光权．刑法各论讲义．北京：清华大学出版社，2003：377.

分到底是想象竞合还是法条竞合，关键要看这种犯罪外延的交叉是否能够脱离行为事实而独立存在。从招摇撞骗罪与诈骗罪的关系来看，其外延的交互重合是可以脱离具体行为而存在的，因而是一种法条竞合而非想象竞合。但这种法条竞合既非特别法与普通法的竞合，也不是简单法与复杂法的竞合。按照特别法与普通法竞合的观点，招摇撞骗罪与诈骗罪的法条竞合只能定诈骗罪。而按照简单法与复杂法竞合的观点，招摇撞骗罪与诈骗罪的法条竞合只能定招摇撞骗罪。我认为，一行为同时触犯招摇撞骗罪与诈骗罪，具有想象竞合的性质，但由于这种情形在构成要件上存在重合，因而是一种法条竞合化了的想象竞合。对此，立法者并未明示或暗示以何罪论处，因而应当按照重法优于轻法的原则论处。在甲乙共同骗取财物时，甲冒充国家机关工作人员，乙则没有冒充国家机关工作人员，但乙明知甲在冒充国家机关工作人员进行诈骗。在这种情况下，乙的行为是诈骗罪的正犯与招摇撞骗罪的帮助犯的想象竞合，应定诈骗罪。但甲的招摇撞骗行为与诈骗行为之间存在法条竞合关系，在招摇撞骗罪重而诈骗罪轻的情况下，按照重法优于轻法的原则，甲的行为应定招摇撞骗罪。但在诈骗罪上，甲乙成立共同正犯。

4. 基本法与补充法的竞合

基本法与补充法的竞合是一种偏一竞合，指两个罪名概念的内容交叉重合，但实际竞合的内容已经超出所重合范围的情形。例如，我国《刑法》第 240 条规定了拐卖儿童罪，《刑法》第 262 条规定了拐骗儿童罪。其中，拐卖儿童罪是基本法的规定，而拐骗儿童罪是补充法的规定，两者之间存在基本法与补充法的竞合关系。当一个行为人将儿童拐骗以后又将其出卖，则按照基本法优于补充法的原则，应定拐卖儿童罪。但甲乙二人，甲实施拐骗行为，乙实施出卖行为，如果甲乙二人事先有通谋，则成立拐卖儿童罪的共同正犯，因为《刑法》第 240 条第 2 款规定，“拐卖妇女、儿童是指以出卖为目的，有拐骗、绑架、收买、贩卖、接送、中转妇女、儿童的行为之一的”。因此，以出卖为目的拐骗儿童，就是拐卖儿童罪的正犯。但如果甲以拐卖儿童的故意，乙以拐骗儿童的故意，共同实施拐骗儿童的行为，在拐骗以后，甲将儿童予以出卖。在这种情况下，甲按照基本法优于补充法的原则，应定拐卖儿童罪。而乙并无出卖的目的，因而其拐骗儿童的行为只构成拐骗儿童罪。但在拐骗儿童罪上，甲乙成立共同正犯。

根据以上分析，我认为在法条竞合的情况下，甲乙二人共犯此罪，其中甲因法条竞合而另定彼罪，但在此罪上，甲乙二人应成立共同正犯。最终结论虽然也是甲乙各定此罪与彼罪，但在此罪与彼罪存在重合的范围内，共同正犯是成立的。在这种情况下，之所以应当承认在重合范围内共同正犯的成立，是因为其具有定罪量刑两个方面的意义：从定罪上来说，如果不承认共同正犯，就不能适用“部分行为之全体责任”的原则，因而难以正确地解决定罪问题。例如，甲勾结乙杀害甲父，乙并不知情。在这种情况下，甲乙各砍 3 刀共计 6 刀将甲父砍死。单独地看，3 刀并不能将人砍死，合起来 6 刀正好把人砍死。如果甲乙是同时犯，各应对本人行为负责，就属于杀人未遂。但如果是杀人罪的共同正犯，甲乙不仅要对本人行为负责，而且要对他人行为负责，由此才能认定为杀人既遂。因此，如果不承认甲乙是杀人罪的共同正犯，就不能认定甲乙的杀人行为是既遂。又如，甲是邮政工作人员，乙是非邮政工作人员，二人共谋非法开拆他人信件，甲和乙各开拆 100 封信。如果不承认在侵犯通信自由罪上甲乙是共同正犯，对甲乙就只能以本人非法开拆的信件论罪。只有将甲乙认定为侵犯通信自由罪的共同正犯，尽管甲因法条竞合而另定私自开拆邮件罪，但甲乙仍然应对开拆 200 封信承担刑事责任。

法条竞合的共同正犯表明在犯罪构成要件具有重合性的情况下，共同正犯具有竞合性，这种竞合的共同正犯与刑法上共犯的竞合是两个不同的概念。共犯竞合，是指实施一个基本的构成要件行为，同时出现了共同正犯、教唆犯、帮助犯这样三种共犯形式。在共犯竞合的场合，上述共犯形式作为实现一个基本的构成要件而实施的行为，具有共同性。因此，较轻的共犯形式被较重的共犯形式所吸收，只成立较重的共犯形式。而且，教唆人、帮助人进而分担了实行行为的时候，就只负担共同正犯的罪责，教唆犯帮助正犯的时候，作为教唆犯，从重处罚。[①] 由此可见，共犯竞合是以一人实施数个共犯行为为前提的，在我国刑法学界，一般认为共犯竞合是一个吸收犯的问题，正如我国学者指出：所谓共犯竞合不过是同一共同犯罪人由于实施了不同形态的共犯行为，而同时属于不同的共犯类型，本质上是一种共同犯罪人类型的重叠。共犯竞合在犯罪形态上完全是一种吸收犯，应当按照重度行为吸收轻度行为的原则确定犯罪人的刑事责任。[②] 但法条竞合情形下的共同正犯是共同正犯的一种特殊形式，在实行同一之罪的情况下，由于该罪与他罪之间存在法条竞合，因而共同正犯的行为人分别以不同犯罪论处。

（二）想象竞合情形下的共同正犯

如果说，法条竞合是一种法律的竞合，这种竞合是不以具体犯罪的发生为转移的，那么，想象竞合就是行为的竞合——一种事实性竞合而非评价性竞合。在想象竞合的情况下，发生竞合的两个犯罪在犯罪的构成事实上存在一定的重合性，在重合范围内可以成立共同正犯。例如在故意杀人罪与故意伤害罪之间，到底是想象竞合、法条竞合还是包括的一罪，在刑法理论上存在争议。[③] 在故意杀人罪与故意伤害罪的关系问题上，存在对立理论与单一理论之争。根据对立理论，杀人故意在概念上已经排斥伤害故意的同时存在，换言之，两个概念之间有排斥的关系，所以不能成立法条竞合。但根据单一理论，杀人故意始终包含伤害故意，所以伤害罪退居补充地位，伤害罪是杀人罪的过程犯，伤害罪的不法内涵已经包含在杀人罪的不法内涵中。在这种情况下，实质上存在逻辑结构上的隶属关系，因此应该是特别关系。[④] 我认为，在犯罪构成要件上，杀与伤是相互排斥的，因而不能承认两罪之间存在法条竞合关系。但杀和伤之间又的确在一定程度上存在某种事实的重合，即通过伤害而达致杀害。在这种想象竞合的情况下，故意杀人罪与故意伤害罪之间存在着局部犯罪事实的重合。在这一重合限度内，可以成立共同正犯。因此，甲以杀人的故意、乙以伤害的故意共同侵害丙，致丙死亡。在这种情况下，尽管甲成立故意杀人罪，但在其所重合的故意伤害罪的范围内，甲乙成立共同正犯。

（三）转化犯情形下的共同正犯

转化犯是我国刑法规定的一种特殊犯罪类型，是指行为人在实施某一较轻的犯罪时，由于连带的行为又触犯了另一较重的犯罪，因而法律规定以较重的犯罪论处的情形。在转化犯中，存在时间上具有先后衔接关系的两个犯罪：本罪与他罪。本罪是指转化以前的犯罪，他罪是指转化以后的犯罪。例如，我国《刑法》第 292 条第 1 款规定了聚众斗殴罪，第 2 款规定：聚众斗殴，致人重伤、死亡的，依照故意伤害罪、故意杀人罪定罪处罚。甲乙丙在聚众斗殴共同犯罪过程中，甲突然将他人捅死，转化为故意杀人罪。乙丙对故意杀人既无故意又无行为，不符合转化条件。在这种情况下，甲应定故意杀人罪。但在聚众斗殴罪范围内，甲乙丙三人仍然成立共同正犯。如果不包括甲在内，乙丙二人就不能构成聚众斗殴罪，因为聚众必须有三人以上共同参与。因此，在转化犯的情况下，符合转化条件的行为人按照他罪定罪，但在本罪范围内仍然成立共同正犯。广义上的转化犯还包括我国《刑法》第 267 条第 2 款和第 269 条规定的转化型抢劫罪。前者是指携带凶器抢夺的，法律规定依照抢劫罪定罪处罚。后者是犯盗窃、诈

---

① 大谷实．刑法讲义总论：新版 2 版．黎宏，译．北京：中国人民大学出版社，2008：430.

② 刘士心．竞合犯研究．北京：中国检察出版社，2005：20.

③ 陈家林．共同正犯研究．武汉：武汉大学出版社，2004：71.

④ 陈志辉．刑法上的法条竞合．台北：1998：74-75.

骗、抢夺罪，为窝藏赃物、抗拒抓捕或者毁灭罪证而当场使用暴力或者以暴力相威胁的，以抢劫罪定罪处罚。在上述两种转化型抢劫的共同犯罪中，都有可能发生部分行为人转化而定抢劫罪，部分人未转化而定盗窃、抢夺、诈骗罪。在这种情况下，转化的行为人虽然应定抢劫罪，但在未转化的犯罪范围内，成立共同正犯。例如甲乙共同到丙处盗窃，甲进入室内行窃，乙在室外望风。甲行窃时遇丙抓捕，遂将丙打成重伤。在这种情况下，甲构成抢劫罪，符合转化型抢劫的条件。但在盗窃罪上，甲乙成立共同正犯。

（四）实行过限情形下的共同正犯

实行过限是指实行犯实施了超过共同犯罪故意的行为。在某种意义上说，前述共同犯罪中的转化犯，也往往是实行过限。但由于转化犯是刑法有明文规定的，可以单独归类，而这里的实行过限，则是刑法没有规定为转化犯的情形。实行过限可以分为重合性过限与非重合性过限。① 重合性过限是指预谋的犯罪与过限行为构成的犯罪之间具有重合性。例如甲乙共谋伤害丙，在伤害过程中甲起意杀害丙，甲的实行过限就是一种重合性过限。因为故意杀人罪与故意伤害罪之间存在一种事实上的重合性。非重合性过限则是指预谋的犯罪与过限行为构成的犯罪之间不具有重合性。例如甲乙共同盗窃，甲在盗窃过程中又临时起意强奸了女事主。但在重合性过限的情况下，尽管过限的行为人应以更重的犯罪论处，但在轻罪上成立共同正犯。例如，甲乙共谋伤害丙，在实施伤害的过程中甲临时起意将丙杀死。甲应定故意杀人罪，但在故意伤害（致死）罪上，甲乙成立共同正犯。

五、结语

基于以上分析，我们再来看高海明绑架、郭永杭非法拘禁案，法院简单地得出“高海明、郭永杭在对同一对象共同实施了犯罪行为，但其二人的犯罪故意和目的不同，故不属共同犯罪”的裁判结论，其根据明显不足。实际上，绑架罪与非法拘禁罪之间存在法条竞合关系，绑架罪属于特别法，非法拘禁罪属于普通法。高海明出于勒索财物的目的与没有勒索财物目的的郭永杭共同对被害人进行扣押、监禁。在非法拘禁罪上，高海明与郭永杭之间成立共同正犯，因此，对高海明定绑架罪、郭永杭定非法拘禁罪，这一最终的定罪结果是正确的。但如果不承认高海明与郭永杭在非法拘禁罪上存在共同正犯的关系，则不利于解决高海明、郭永杭的定罪量刑问题。因为郭永杭是在高海明伙同他人将被害人劫持以后才对被害人看管的。如果郭永杭是非法拘禁的单独正犯，则其非法拘禁的实行行为是不完整的，令其对高海明的劫持被害人的行为承担刑事责任，就缺乏足够的法理根据。此外，就量刑而言，如果不把高海明的行为与郭永杭的行为视为一个整体，难以区分各自在共同犯罪的作用，无法区分主犯与从犯，这也不利于公正地解决刑事责任的分担问题。因此，我们应当在承认高海明与郭永杭之间成立非法拘禁罪的共同正犯的基础上，根据特别法优于普通法的原则，对高海明以绑架罪论处。

高海明绑架、郭永杭非法拘禁案，是一个并非特别复杂的案件，在我国司法实践中只是根据对共同犯罪法律规定的简单理解进行了处理，但实际上涉及共同犯罪，主要是共同正犯中的一些重大理论问题，包括承继的共同正犯与重合的共同正犯。关于承继的共同正犯，我们的理论以往关注的是承继的正犯是否对其介入前先行的正犯的行为承担刑事责任的问题。实际上，在承继的共同正犯中，存在承继的正犯独自完成其介入以后的行为的情形，那么，先行的正犯对承继的正犯的行为是否承担刑事责任呢？这个问题，是值得我们研究的。例如在本案中，假如后加入的被告人郭永杭在拘禁过程中将被害人杀死，在这种情况下，被告人高海明是否对此

① 吴振兴．论教唆犯．长春：吉林人民出版社，1986：183－184.

承担杀人的刑事责任呢？关于重合的共同正犯，更是一个重要的理论问题，它涉及不同犯罪之间能否成立共同正犯的问题。以往的行为共同说是承认不同犯罪之间存在共同正犯的，而犯罪共同说则往往不承认。但对于存在重合关系的不同犯罪，如果不承认共犯关系，则显然不合理。为此，在犯罪共同说中出现了部分的犯罪共同说，试图解决这个问题。部分的犯罪共同说承认在犯罪之间存在重合的情况下，在重合的限度内可以成立共同正犯。但我并不认为部分的犯罪共同说是犯罪共同说的否定或者是为弥补犯罪共同说而出现的理论。毋宁说，部分的犯罪共同说是在犯罪重合的情况下犯罪共同说的一种实际适用。因此，这不是一个在共同正犯的性质上是坚持犯罪共同说还是行为共同说的问题，而是一个在犯罪重合的情形下共同正犯的认定问题。

第十二章　内外勾结窃取银行现金行为之定性研究

——高金有盗窃案（共犯与身份）

内外勾结进行贪污或者盗窃犯罪如何定性，始终是刑法理论上的一个难题。它不仅涉及盗窃罪与贪污罪的区分，而且涉及有身份者与无身份者的共同犯罪的认定，需要从刑法理论上加以深入研究。本章以高金有盗窃案为视角进行分析①，该案既有一般内外勾结进行贪污或者盗窃犯罪的共性，又有其特殊性，其定性问题更需从法理上加以阐述。

一、案情及诉讼过程

申玉生（在逃）原系某银行出纳，其说服被告人高金有盗窃其与另一出纳共同管理的保险柜内的现金。此后，申玉生告知高金有其近日将提款 30 万元存放保险柜的情况，并详细告诉高金有作案的时间、步骤、开启保险柜的方法及进出路线等。高金有依计行事，窃得保险柜内的 30 万元后逃离现场。申玉生分给高金有 3 万元，携其余赃款潜逃。

陕西省铜川市中级人民法院认为：高金有潜入金融机构盗窃，情节特别严重，数额特别巨大，其行为已构成盗窃罪，铜川市检察院指控其犯罪的事实清楚、证据充分，但指控的罪名（贪污罪）不当。一审判决高金有犯盗窃罪，判处死刑，剥夺政治权利终身，并处没收财产。

一审宣判后，高金有以自己不是主犯、应以申玉生的身份定贪污罪、原判量刑过重等为由，提出上诉。铜川市检察院亦以原判定性不当，提出抗诉。二审期间，陕西省检察院认为抗诉不当，撤回抗诉。陕西省高级人民法院裁定准予撤回抗诉，并继续审理本案。

陕西省高级人民法院认为：本案中的窃取行为都是高金有单独实施的，也是造成 30 万元现金脱离存放地点、失去该款保管人控制的直接原因，因而高金有属主犯。申玉生虽为业务部出纳，利用职务之便为高金有实施盗窃提供和创造条件，但仅以其个人职务便利尚不足以与高金有共同侵吞这笔巨额公款，因而不能以申玉生的身份和其行为确定本案的性质。鉴于另一案犯申玉生在逃，高金有归案后能如实坦白交代自己的罪行，认罪态度较好，有悔罪表现，故对其判处死刑，但不应立即执行，故判决高金有犯盗窃罪，判处死刑，缓期二年执行，剥夺政治权利终身，并处没收财产人民币 1 200 元。

二、争议及裁判理由

外部人员勾结、伙同银行工作人员盗窃银行现金的行为，应当如何定罪。本案是一起共同犯罪案件，在逃犯罪嫌疑人申玉生系银行工作人员，被告人高金有不具备法定特殊身份。对于这起共同犯罪案件如何认定犯罪性质，从起诉、审判、抗诉、上诉到庭审判决的全过程来看，存在以下两种不同主张：

第一种意见认为，对高金有盗窃银行现金的行为应定为贪污罪。其理由是，在整个案

① 最高人民法院编．刑事审判参考：总第 7 辑．北京：法律出版社，2000.

件中，在逃犯罪嫌疑人申玉生利用经管银行现金的职务之便，授意、安排高金有盗窃巨额现金，且分得全部赃款的90%。无论是采用共同犯罪应以主犯的犯罪性质认定罪名，还是根据刑法第382条第3款关于“与前两款所列人员勾结、伙同贪污的，以共犯论处”的规定，对被告人高金有的行为，都应认定为贪污罪。

第二种意见认为，在整个犯罪中，30万元现金是被告人高金有单独窃取的，虽然申玉生对作案进行了周密的策划、带高到其工作单位熟悉环境、为高提供作案工具等，但这仅是申利用职务之便为高实施盗窃制造条件，尚不足以取得现金。被告人高金有必须撬盗另一把保险柜钥匙才能窃得现金，因此对高金有应以盗窃罪论处。

在上述两种争议观点中，两级法院均采纳了第二种观点，其裁判理由如下所述：

根据刑法第382条第3款的规定，与可单独犯贪污罪的人员伙同贪污的，以共犯论处。据此，对于没有法定特殊身份的人与国家工作人员、国家机关、国有公司、企业、事业单位、人民团体委托管理、经营国有财产的人员勾结、伙同贪污的，应一律作为贪污罪的共犯定罪处刑，这是法律规定的一种混合主体实施的共同犯罪。因此，这种特定身份与无特定身份的人勾结，共同犯罪的定性问题都解决了，却不一定全面。这是因为：

不具有国家工作人员身份的公司、企业或者其他单位的经理、副经理等负责管理本单位财物的人员，勾结、伙同公司、企业中的国家工作人员利用各自职务上的便利，共同侵吞本单位财产的共同犯罪，是以贪污罪、还是根据不同主体身份分别以职务侵占罪和贪污罪来定罪，实践中有不同意见。我们认为，考虑到上述两种犯罪均是刑法规定的职务犯罪，且法律和司法解释未作明确规定，刑法对两种不同身份的人实施的犯罪行为，均分别规定了不同的罪名和刑罚，就不能简单地以刑法第382条第3款的规定一律定贪污罪。仅就本案来说，无法定特殊身份的被告人高金有与有特定身份的银行工作人员申玉生互相勾结、伙同窃取银行现金，也不能简单地以贪污罪定性。按照过去有关司法解释的规定，全案应以主犯的犯罪性质确定。而在本案的全部犯罪过程中，在逃的申玉生提出犯意，并与高金有数次预谋，带领高到自己所在工作单位熟悉环境，指示高作案的时间、方式并提供了自己经管的保险柜钥匙，作案后自己分得绝大部分赃款，显系该共同犯罪的主犯。但同时，被告人高金有积极实施犯罪，撬开另一出纳员的办公桌，窃得打开保险柜的另一把钥匙，将30万元巨额现金窃走，其作用不亚于申玉生。用这种本属于裁量刑罚的犯罪情节来作为判定全案犯罪性质的依据，必然产生以哪一主犯的犯罪性质确定全案性质的难题。因而这种以主犯犯罪性质确定全案性质的做法，已被现行刑法所否定。

共同犯罪案件性质的确定取决于共同故意与共同行为是否符合法定某一具体犯罪的构成要件。虽然本案被告人高金有与在逃犯罪嫌疑人申玉生都具有共同将银行现金非法占为己有的共同故意，但如确定本案系共同贪污犯罪，还必须具备行为人共同利用职务便利侵吞、窃取、骗取或者其他方法非法占有公共财物的共同行为。这种共同行为可以从以下两个方面来考察：

一是各共同犯罪人实施犯罪都利用了职务上的便利，对于不具备特定身份的其他共犯则必须利用了有特定身份的犯罪人的职务之便。本案被告人高金有利用申玉生的职务之便熟悉了作案现场的环境，掌握了打开保险柜的另一把钥匙的存放处，以及巨额现金存放的具体部位。但是高金有撬开另一出纳员的办公桌窃取钥匙，以及用两把钥匙打开保险柜，窃走巨额现金的行为，虽与利用申的职务之便有联系，但并不是全部利用了申玉生的职务便利。换句话说，仅仅利用申玉生的职务便利，尚不能顺利地窃取存放在申与他人共同保管的保险柜内的巨额现金。

二是各共同犯罪人实施了共同的贪污行为。在共同犯罪中，虽然存在着不同的分工和不同共犯参与犯罪的程度不同，以及各自发挥的作用不同的情况，但是所有行为都必须围绕着一个犯罪目的而彼此配合、互相衔接。本案被告人高金有撬开办公桌、窃取钥匙、窃走现金的行为过程，不是申玉生的职务行为，也不是在申的职务所及范围内，与申的职务无关。此一行为无论是申本人实施，还是申与高共同实施，或如本案，仅是申提供前提条件，由高单独实施，都不属刑法规定的职务犯罪行为，而是典型的盗窃行为。

综上，我们认为，只有同时具备共同贪污的故意和共同利用职务便利的贪污行为，全案才能以共同贪污犯罪定性。本案被告人高金有利用了申玉生的职务之便，秘密潜入并藏匿在银行业务部套间的壁柜内，趁申玉生请工作人员吃饭而离开现场的机会，实施了超出申玉生职务范围的窃取他人钥匙、秘密窃走保险柜内巨额现金的行为，并不完全符合贪污罪的构成要件，也就不完全符合共同贪污犯罪的特征。即使在逃犯罪嫌疑人申玉生被缉拿在案，对高金有也不能以贪污罪定性。原因就在于全案并不是完全以申玉生的职务行为完成的。未完全利用他人的职务便利实施全部犯罪，全案就不能仅以行为人利用职务便利为实施犯罪作了必要准备这一部分行为定性。故一、二审人民法院认定被告人高金有的行为构成盗窃罪，是正确的。

三、法律及司法解释的沿革

本案涉及有身份者与无身份者共同犯罪如何处理的问题。关于这个问题，大陆法系刑法一般均有专条规定。例如，《德国刑法典》第 28 条（特定的个人特征）第 1 项规定："正犯的刑罚取决于特定的个人特征（第 14 条第 1 款)。正犯（教唆犯或帮助犯）缺少此等特征的，依第 49 条第 1 款减轻处罚。"《日本刑法》第 65 条（身份犯的共犯）第 1 款规定："对于因犯罪人身份而构成的犯罪行为进行加工的人，虽不具有这种身份的，也是共犯。"我国刑法，无论是 1979 年《刑法》还是 1997 年《刑法》，都无关于身份与共犯的一般规定，但在法律与司法解释中涉及某些个罪，主要是贪污罪的规定。

在 1979 年《刑法》施行以后，首次涉及内外勾结共同犯罪如何定性问题的规定是 1985 年 7 月 18 日颁布的最高人民法院、最高人民检察院《关于当前办理经济犯罪案件中具体应用法律的若干问题的解答（试行）》（以下简称《解答》）。该《解答》第 2 条对内外勾结进行贪污或者盗窃活动的共同犯罪案件如何定罪的问题作出如下规定：

> 内外勾结进行贪污或者盗窃活动的共同犯罪（包括一般共同犯罪和集团犯罪），应按其共同犯罪的基本特征定罪。共同犯罪的基本特征一般是由主犯犯罪的基本特征决定的。如果共同犯罪中主犯犯罪的基本特征是贪污，同案犯中不具有贪污罪主体身份的人，应以贪污罪的共犯论处。例如：国家工作人员某甲与社会上的某乙内外勾结，由甲利用职务上的便利，侵吞、盗窃或者骗取公共财物，乙在共同犯罪中起次要、辅助作用，甲定贪污罪，乙虽然不是国家工作人员，也以贪污罪的共犯论处。售货员某甲与社会上的某乙、某丙内外勾结，由甲利用职务上的便利，采取付货不收款、多付货少收款，或者伪开退货票交由乙、丙到收款台领取现金等手段，共同盗骗国家财物，三人共同分赃，甲定贪污罪，乙，丙也以贪污罪的共犯论处。如果共同犯罪中主犯犯罪的基本特征是盗窃，同案犯中的国家工作人员不论是否利用职务上的便利，应以盗窃罪的共犯论处。例如：社会上的盗窃罪犯某甲、某乙为主犯，企业内仓库保管员某丙、值夜班的工人某丁共同为某甲、某乙充当内线，于夜间引甲、乙潜入仓库盗窃国家财物，四人分赃。甲、乙、丁均定盗窃罪，丙虽是国家工作人员，在参与盗窃活动时也曾利用其仓库保管员

职务上的便利，但因他在共同犯罪中起次要或辅助的作用，仍以盗窃罪的共犯论处。

这一司法解释首次在我国刑法中确立了内外勾结共同犯罪，按照主犯的犯罪性质定罪的司法原则。这一司法原则虽然对于统一定性起到了一定的作用，但该司法原则缺乏正确的法理根据与操作可行性。以法理根据而言，该司法解释是建立在“共同犯罪的基本特征一般是由主犯犯罪的基本特征决定的”这一命题基础之上的，但这一命题显然是不能成立的。因为主犯是一个量刑的概念，是指在共同犯罪中起主要作用的犯罪分子。而共同犯罪的定性是一个定罪的概念，是指内外勾结进行贪污或者盗窃活动的共同犯罪案件，到底是定贪污罪还是定盗窃罪的问题。以量刑的概念解决定罪的问题，完全是本末倒置，有悖基本的逻辑关系。就操作可行性而言，按照主犯的犯罪性质定罪，是以区分主犯与从犯为前提的，但在同一个共同犯罪案件中，有身份者与无身份者在共同犯罪中的作用没有明显差别均应认定为主犯的情况下，这种按照主犯的犯罪性质定罪的司法原则不具有可行性。

1988 年 1 月 21 日全国人大常委会《关于惩治贪污罪贿赂罪的补充规定》* （以下简称《补充规定》）第 1 条第 2 款对有身份者与无身份者共同贪污的问题作出了明文规定：“与国家工作人员、集体经济组织工作人员或者其他经手、管理公共财物的人员勾结，伙同贪污的，以共犯论处。”此后，1997 年《刑法》第 382 条第 3 款吸纳了上述规定，作出以下规定：“与前两款所列人员勾结，伙同贪污的，以共犯论处。”根据这一规定，有身份者与无身份者共同犯罪的应以有身份者所犯之罪的共犯论处。对这一法律规定的含义，我国学者理解为：“与上述人伙同贪污的人员，刑法没有限制，其在共同犯罪中的地位、作用，法律也没有限定。因此，这部分人不论是否国家工作人员，是否被委托管理、经营国有财产的人员，不论其在共同犯罪中处于主犯还是从犯的地位，该共同犯罪都应以贪污罪定性，所有共犯均应以贪污罪定罪处罚。”① 这一论述虽然没有涉及这一法律规定是否完全否定了 1985 年司法解释确定的“按照主犯的犯罪性质定罪”的司法原则，但从论述的行文来解读，这一含义是包括在其中的。关于这一点，另有学者明确加以论述，认为修订后的《刑法》第 382 条第 3 款修改了最高人民法院、最高人民检察院 1985 年 7 月《解答》中所规定的从犯随主犯定罪的原则，而对 1988 年 1 月《补充规定》中按有特殊身份的行为人的身份定罪的原则予以维持，这一修订解决了实践中存在的对于其他人员与贪污罪前两款所列人员勾结，伙同贪污公共财物、国有财物，是按各自不同的身份定罪还是按共同犯罪定罪；如果按共同犯罪定罪，是遵循从犯随主犯定罪还是按有特定职务的行为人的身份定罪的问题。明确对于与贪污罪规定的前两款所列人员勾结，只要共同犯罪中的前两款人员利用职务上的便利，侵吞、窃取、骗取或以其他手段非法占有了公共财物、国有财产的，则参与犯罪的行为人无论主犯和从犯，都以贪污共犯论处。② 这一理解是有一定道理的，但 2000 年司法解释的颁布，又重申了按照主犯的犯罪性质定罪的司法原则，从而限制了《刑法》第 382 条第 3 款的适用范围。

自 2000 年 7 月 8 日起施行的最高人民法院《关于审理贪污、职务侵占案件如何认定共同犯罪几个问题的解释》（以下简称《解释》）规定如下：

为依法审理贪污或者职务侵占犯罪案件，现就这类案件如何认定共同犯罪问题解释如下：

---

* 该规定于 1997 年失效。——编者注

① 周道鸾，等. 刑法的修改与适用. 北京：人民法院出版社，1997：782.

② 顾德镛，赵丽萍. 贪污罪的认定//丁慕，等主编. 刑法实施中的重点疑难问题研究. 北京：法律出版社，1998：834.

第 1 条　行为人与国家工作人员勾结，利用国家工作人员的职务便利，共同侵吞、窃取、骗取或者以其他手段非法占有公共财物的，以贪污罪共犯论处。

第 2 条　行为人与公司、企业或者其他单位的人员勾结，利用公司、企业或者其他单位人员的职务便利，共同将该单位财物非法占为己有，数额较大的，以职务侵占罪共犯论处。

第 3 条　公司、企业或者其他单位中，不具有国家工作人员身份的人与国家工作人员勾结，分别利用各自的职务便利，共同将本单位财物非法占为己有的，按照主犯的犯罪性质定罪。

上述司法解释的第 1 条与第 2 条，规定以共犯论处，与刑法规定的精神是相符合的，而且强调这种情形应以具有职务的人利用职务便利为前提，这显然是正确的。但第 3 条则对国家工作人员与公司、企业或者其他单位人员相勾结，分别利用各自的职务便利，共同将本单位财物非法占为己有的，按照主犯的犯罪性质定罪，即如果国家工作人员是主犯的，对处于从犯地位的公司、企业或者其他单位中非国家工作人员，应当以贪污罪共犯定罪处罚；反之，则应当以职务侵占罪的共犯论处。司法解释制定者在阐述上述规定的理由时指出：

对这种情况如何认定，实践中有不同认识：一种意见认为，应当依照刑法第 382 条和第 271 条第 1 款的规定，分别以贪污罪和职务侵占罪定罪处罚。主要理由是：刑法对贪污行为和职务侵占行为分别规定了相应的处罚，明确表明了两者的区别。因此，对于公司、企业或者其他单位中，非国家工作人员与国家工作人员分别利用了各自职务上的便利，共同将本单位财物非法占为己有的，依照刑法的规定分别定罪处罚，能够体现罪、责、刑相适应的原则。另一种意见认为，虽然可以依法对上述行为分别定罪处罚，但是由于贪污罪的法定刑较之职务侵占罪重，假设在这种共同犯罪中国家工作人员是从犯，非国家工作人员是主犯，如果分别定罪，就有可能出现对从犯量刑比主犯重的情况，将会违背刑法有关共同犯罪处罚的规定，导致主、从犯的量刑失衡，甚至对整个案件从轻处罚，影响对此类犯罪行为的打击力度。根据刑法第 382 条第 3 款的规定，以贪污罪共犯定罪处罚既有充足的法律依据，又可避免出现上述问题。司法解释的制定者没有采纳上述两种观点，认为分别定罪的观点在有些具体案件中可能会出现不符合刑法有关共同犯罪的处罚规定，导致案件处理不能收到良好的社会效果。而以贪污罪共犯论处，则缺乏对公司、企业或者其他单位中非国家工作人员职务行为的刑罚评价，与立法本意也不完全吻合。因此主张“按照主犯的犯罪性质定”的观点。①

但这一司法解释存在如果无从区分主犯与从犯的情况下如何认定的问题。对于这种情况，我国学者指出，在定性中存在三种选择：一是全案定贪污罪，这与前述司法解释的规定不一致；二是全案定职务侵占罪，这也与司法解释的规定不一致，且有违《刑法》第 271 条第 2 款规定的精神；三是对各共同犯罪人分别依其身份和所利用职务便利的不同，以贪污罪和职务侵占罪分别定罪量刑。在刑法没有修改、司法解释没有作出进一步明确规定之前，这似乎是比较妥当的一种处理方法。② 这是一种弥补疏漏的做法，但问题在于：《解释》本身是否正确呢？

---

① 张军主编．解读最高人民法院司法解释：刑事、行政卷（1997—2002）．北京：人民法院出版社，2003：326－327.

② 周道鸾，张军主编．刑法罪名精释．2 版．北京：人民法院出版社，2003：712. 值得注意的是，在该书第 3 版，作者修改为：对于此种情况，根据《全国法院审理经济犯罪案件座谈会纪要》的精神，对于此种共同犯罪可全案以贪污罪定罪处罚。周道鸾，张军主编．刑法罪名精释．3 版．北京：人民法院出版社，2007：812.

对此，我国学者王作富教授认为，对于国家工作人员与公司、企业或者其他单位中的非国家工作人员勾结，利用各自职务上的便利占有单位财物的情形如何定罪，用传统的罪数理论分析，实际上是想象竞合犯，因为各共犯可能有不同的分工，但他们的行为已经结合成为不可分割的统一体，即行为同时触犯贪污罪和职务侵占罪，换句话说，就是互为共犯，因而应当从一重罪处断。具体说，国家工作人员的行为符合《刑法》第 271 条第 2 款的规定，无论其是主犯或是从犯，都无例外地应以贪污罪论处。如果不这样处理，就不可避免地会出现这样极不合理的现象：非国有公司、企业中的劳务人员与被委派来的国家工作人员相勾结，通过后者利用职务上的便利非法共同占有本单位的财物，无论前者是主犯或是从犯，都以贪污罪的共犯论处。非国有公司、企业中非国家工作人员的管理人员与其中的国家工作人员相勾结，分别利用各自的职务上的便利，共同非法占有本单位的财物，前者是主犯反而只能定为比贪污罪轻得多的职务侵占罪，这是令人难以接受的。因此，王作富教授认为《解释》是否恰当，值得研究。① 由此可见，尽管刑法与司法解释都有规定，但在刑法理论上对此问题却都莫衷一是。问题的症结何在，值得深入研究。

四、共犯理论之展开

对于有身份者与无身份者共同犯罪如何处理，涉及共犯与身份的关系。如同前文所述，我国刑法理论之所以对内外勾结的共同犯罪问题未能达成共识，主要还是因为缺乏法理上的一致根据。我认为，在解决这个问题的时候，需要研究以下三个问题。

（一）1985 年《解答》的评释

1985 年《解答》所规定的内外勾结进行贪污或者盗窃活动的共同犯罪（包括一般共同犯罪和集团犯罪）适用按照主犯的犯罪性质定罪的司法原则。那么，这里的共同犯罪到底是指共同正犯还是也包括教唆犯和帮助犯，这是一个首先值得研究的问题，而这也恰恰是以往没有引起充分重视的一个问题。我认为，这里的内外勾结进行贪污或者盗窃活动的共同犯罪，是指共同正犯，而不包括共犯（教唆犯与帮助犯）。从《解答》中所举案例来看，有身份者与无身份者都参与了犯罪的实施。根据刑法规定，有身份者利用职务上的便利，盗取、骗取或者侵吞公共财物的，构成贪污罪。无身份者窃取、骗取或者侵吞公共财物的，分别构成盗窃罪、诈骗罪和侵占罪。② 在《解答》中列举的第一个案例，售货员甲与社会上的乙、丙内外勾结，由甲利用职务上的便利，采取付货不收款、多付货少收款，或者伪开退货票交由乙、丙到收款台领取现金等手段，共同盗骗国家财物，三人共同分赃。在此，乙和丙实施了诈骗行为，《解答》所称盗窃一词是不确切的。第二个案例，社会上的盗窃罪犯甲、乙为主犯，企业内仓库保管员丙、值夜班的工人丁共同为甲、乙充当内线，甲、乙于夜间潜入仓库盗窃国家财物，四人分赃。在此，甲、乙、丁实施了盗窃行为。由此可见，1985 年《解答》并未解决贪污罪中所有共犯问题，而只适用于共同正犯的情形。当然，这种有身份者与无身份者能否构成共同正犯，在刑法理论上是存在争议的。在这种情况下，有身份者的行为与无身份者的行为是一个不可分割的整体，他们互相分工、共同实施，对此应当从整体上加以分析。但在不同罪名之间简单地承认其为共犯关系，也是不正确的。对此，我的观点是，有身份者构成身份犯，无身份者的行为具有想象竞合的性质：一方面认为属于身份犯的帮助犯，另一方面认为其行为又构成非身份犯的正犯。以内外勾结进行贪污或者盗窃而言，国家工作

---

① 王作富主编．刑法分则实务研究：下．3 版．北京：中国方正出版社，2007：1768.

② 1985 年《解答》颁布时，我国刑法中尚无侵占罪之规定，这种侵占情形一般类推为盗窃罪，1997 年我国刑法中才首次设立侵占罪。

人员构成贪污罪，无论其为主犯或为从犯；非国家工作人员既构成贪污罪的帮助犯又构成盗窃罪的正犯，在这种共犯与正犯竞合的情况下，根据正犯优于共犯的原则，应以盗窃罪论处。这就是分别定罪说的由来。当然，分别定罪会存在刑罚不协调的问题：贪污罪与盗窃罪之间量刑标准相差悬殊，对非国家工作人员定盗窃罪处罚重而以贪污罪的共犯论处处罚反而轻。这种现象是立法与司法本身的缺陷造成的。如果仅以刑罚轻重作为定罪之引导，那显然是本末倒置。

（二）《刑法》第382条第3款的评释

1988年《补充规定》和1997年《刑法》第382条第3款均规定对非国家工作人员伙同国家工作人员贪污的，以贪污罪的共犯论处。那么，这里的共犯如何界定，这也是一个值得研究的重要问题。

如前文所述，《日本刑法》第65条第1项规定："对于因犯罪人身份而构成的犯罪行为进行加工的人，虽不具有这种身份的，也是共犯。"关于这里的共犯如何理解，在日本刑法学界也是存在争议的。对此，日本学者大塚仁教授曾经作过以下介绍：

> 第一说主张从教唆犯、从犯（指帮助犯——引者注）附随于正犯的立场出发，认为非身份者的教唆行为、帮助行为附随于身份者的实行行为，成立教唆犯、从犯当然不需要特别的规定，因此，第二项是只关于共同正犯的特别规定。第二说认为，没有必要把教唆犯、从犯特别从"共犯"中除外，即使其成立是当然的，也并非没有作为注意规定的意义。因此，"共犯"中除了共同正犯之外也包括教唆犯和从犯。第三说认为，重视实行行为的规范意义时，在真正身份犯中，不能承认基于非身份者的实行行为。例如，非公务员与公务员一起接受了与公务员的职务相关的不正当财物时，该行为就公务员来说是"贿赂的收受"。但是，对非公务员来说，该财物不是"贿赂"，接受它的行为也不能说是"收受"。即，只应该对身份者承认身份犯的共同正犯，在非身份者与身份者之间不能考虑身份犯的共同正犯。必须认为，本项的"共犯"也不可能包括共同正犯，只是指教唆犯和从犯。第四说认为，本项中也包括不真正身份犯时，不真正身份犯只不过由于身份而在法定刑上有轻重，非身份者也能够参与其实行行为，在这个限度内，也可以承认共同正犯。这样，应该认为，关于真正身份犯，所谓"共犯"只指教唆犯、从犯；关于不真正身份犯，所谓"共犯"意指共同正犯、教唆犯和从犯。①

由此可见，在日本刑法理论上，共犯与身份犯是一个极为复杂的理论问题。我国刑法学界对这个问题虽然有所讨论，但远没有达到深入的程度。这个问题看似烦琐，其实应当从理论上予以澄清。尽管日本学者是对《日本刑法》第65条第1项（附带地也涉及第2项）的讨论，但对于我们正确理解我国《刑法》第382条第3款的规定也是有帮助的，因为法理总是相通的。

我国《刑法》第382条第3款规定："与前两款所列人员勾结，伙同贪污的，以共犯论处。"该法条未明示的主体是没有"前两款"所规定的身份的人员，而"前两款所列人员"是指有"前两款"所规定的身份的人员。由此可见，这是关于有身份者与无身份者共同犯罪的规定。对于这一规定，立法者解释为：这里所说的"伙同贪污"，是指伙同国家工作人员进行贪污，其犯罪性质是贪污罪，对伙同者，应以贪污罪的共犯论处。② 这一解释似是而非，它没有从共犯理论上对"伙同"作出确切的界定，即这里的伙同是指教唆、帮助还是也包括共同正犯

---

① 大塚仁．刑法概说（总论）：第3版．冯军，译．北京：中国人民大学出版社，2003：283-284.

② 胡康生，郎胜．中华人民共和国刑法释义．3版．北京：法律出版社，2006：573.

呢？对于这个问题的理解，我们遇到了与日本刑法学界对《日本刑法》第 65 条第 1 项规定理解时相同的争议。对此，我国刑法学界通常认为，这里所说的“共犯”，是“共同犯罪人”的简称，包括共同正犯在内。① 但也有学者持相反的观点，例如在解释 1988 年《补充规定》的“以共犯论处”时，我国学者指出：这是不是说无特殊身份者与有特殊身份者共同盗窃、骗取公共财物的都必须以贪污罪论处呢？我们认为应具体问题具体分析，不能一概而论。根据刑法理论中共犯与身份犯关系的理论，共同犯罪中的实行犯既有有身份者又有无身份者的，应以其中起主要作用者有无身份来确定犯罪性质。实行犯中起主要作用者是身份犯的，应定贪污罪；不是身份犯的，不能定贪污罪，构成其他罪的，定其他罪。② 根据这种观点，以共犯论处的情形只能包括教唆犯与帮助犯，共同正犯则应以主犯的身份定罪。在上述两种观点中，我是赞同第二种观点的，在《刑法疏议》一书中我曾经对《刑法》第 382 条第 3 款之规定作过以下解释：这里的共犯，是指贪污罪的教唆犯与帮助犯。贪污罪是身份犯，只有具有法定身份的人员才能构成本罪，即成为本罪的实行犯。不具有这种法定身份的人，不能单独构成贪污罪，即不能成为贪污罪的实行犯。但这种人与前两款规定的人员相勾结的，可以成为贪污罪的教唆犯和帮助犯。因此，本款是对有身份的人与无身份的人共犯贪污罪的处罚规定。③ 现在看来，对于我的这一观点需作进一步的论证。

在刑法理论上，身份犯有纯正身份犯与不纯正身份犯之分。纯正身份犯之身份是构成的身份，在日本刑法理论上也称违法的身份，由此构成的是违法身份犯。在这种情况下，无此身份则无此犯罪。因而，构成身份是一种对定罪具有决定意义的身份。不纯正身份犯之身份是加减的身份，在日本刑法理论上也称之为责任的身份，由此构成的是责任身份犯。在这种情况下，身份对于定罪没有影响，无此身份有此犯罪，但对量刑有影响。因此，加减身份是一种对量刑具有影响的身份。一般认为，《日本刑法》第 65 条第 1 项规定的是违法身份犯，第 2 项规定的是责任身份犯。对此，日本学者山口厚教授指出：就以违法身份为要件的违法身份犯而言，应该适用（日本）刑法第 65 条第 1 项，认定无身份者构成身份犯的共犯；就以责任身份为要件的责任身份犯而言，应该适用或者准用第 65 条第 2 款的规定，认定无身份者构成非身份犯的共犯（但是，在欠缺责任身份的行为不被处罚的情况下，则无身份者不可罚）。④ 那么，我国《刑法》第 382 条第 3 款是关于纯正身份犯的规定还是关于不纯正身份犯的规定？显然，它是关于纯正身份犯的规定。应该说，我国刑法对于不纯正身份犯的处理原则并无规定，对此应当按照刑法理论加以解决。例如《刑法》第 243 条第 1 款规定了诬告陷害罪，第 2 款规定：“国家机关工作人员犯前款罪的，从重处罚。”这里的国家机关工作人员犯诬告陷害罪，就是不纯正的身份犯：无此身份也可构成诬告陷害罪，有此身份则应从重处罚。问题在于：非国家机关工作人员与国家机关工作人员共同进行贪污或者盗窃，在这种情况下，国家机关工作人员的身份是构成身份还是加减身份？在回答这个问题之前，我们来看一下日本学者山口厚教授的解释。日本判例对身份作广义解释，不仅包括一定的资格或者个人情状，而且包括一定的目的。那么，日本的判例为什么要采取广义的身份，其根据和用意何在？对此，山口厚教授指出：意义在于，对身份掌握得宽是为了适用刑法第 65 条第 2 款。如走私麻药罪和以营利为目的的走私麻药罪，如前者加功于后者，就可以将后者解释为身份犯，可适用这一款，被告人具有营利

① 肖中华．犯罪构成及其关系论．北京：中国人民大学出版社，2000：324.

② 赵廷光．中国刑法原理各论卷．武汉：武汉大学出版社，1992：470.

③ 陈兴良．刑法疏议．北京：中国人民公安大学出版社，1997：619.

④ 山口厚．日本刑法中的“共犯与身份”//马克昌，莫洪宪主编．中日共同犯罪比较研究．武汉：武汉大学出版社，2003：143.

目的，直接适用后罪即可。但如其没有此目的而与有目的的人一起走私麻药，不如此解释就会构成以营利为目的的走私麻药罪共同正犯，处罚更重；如此解释就适用第 65 条第 2 款，有利于被告人。此外，山口厚教授还进一步解释：日本的贪污罪没有主体区分，但有一般委托物侵占罪和业务侵占罪，如果这种情况在日本，国家工作人员和其他人员分别定贪污罪和职务侵占罪。① 由此可知，在国家工作人员和非国家工作人员共同进行贪污或者盗窃的情况下，国家工作人员的身份是加减身份而非构成身份，因而贪污罪相对于盗窃罪、诈骗罪、侵占罪来说是不纯正的身份犯。在这种情况下，没有特定身份的人，应以无特定身份的犯罪定罪，判处通常之刑。这也就是《日本刑法》第 65 条第 2 项的规定："因身份而特别加重或者减轻刑罚时，对于没有这种身份的人，判处通常的刑罚。"我国刑法虽然无此规定，但这一规定所揭示的法理是我们在处理不纯正的身份犯时应当遵循的。基于以上分析，我认为，《刑法》第 382 条第 3 款规定的共犯，并不包含国家工作人员与非国家工作人员的共同正犯。

（三）2000 年《解释》的评释

2000 年《解释》是对贪污罪和职务侵占罪的共犯问题的规定，这一规定是对《刑法》第 382 条第 3 款的解释，但这一解释是否符合立法原意及其法理，确有可商榷之处。

《解释》第 1 条规定："行为人与国家工作人员勾结，利用国家工作人员的职务便利，共同侵吞、窃取、骗取或者以其他手段非法占有公共财物的，以贪污罪共犯论处。"这一规定将《刑法》第 382 条第 3 款规定的"伙同贪污"，解释为"利用国家工作人员的职务便利，共同侵吞、窃取、骗取或者以其他手段非法占有公共财物"，实际上是指国家工作人员与非国家工作人员共同进行的贪污或者盗窃，也就是所谓共同正犯。因此，根据这一《解释》，《刑法》第 382 条第 3 款的以共犯论处，包括共同正犯。显然，这一规定违反了刑法对具有国家工作人员身份的人与不具有国家工作人员身份的人实施相同行为，分别规定为贪污罪与盗窃罪、诈骗罪和侵占罪，以体现对国家工作人员犯相同之罪行处以较重之刑的法理。

《解释》第 2 条规定："行为人与公司、企业或者其他单位的人员勾结，利用公司、企业或者其他单位人员的职务便利，共同将该单位财物非法占为己有，数额较大的，以职务侵占罪共犯论处。"这一规定的性质与上述规定的相同，不再赘述。

《解释》第 3 条规定："公司、企业或者其他单位中，不具有国家工作人员身份的人与国家工作人员勾结，分别利用各自的职务便利，共同将本单位财物非法占为己有的，按照主犯的犯罪性质定罪。"这是引起争议最大的一个规定，究其原委，问题是在"按照主犯的犯罪性质定罪"这一规定违反定罪的一般法理。同时，这一规定与前两条规定也有不相协调之处。如果按照这一条规定的精神，就应将"按照主犯的犯罪性质定罪"这一原则贯彻到前两条规定的情况之中。

当然，2000 年《解释》也有一定的积极意义，即该《解释》强调"利用国家工作人员的职务便利"才能以贪污罪共犯论处。因此，如果虽然是国家工作人员与非国家工作人员共同犯罪，但未利用国家工作人员职务上的便利的，仍应定盗窃罪的共同正犯而非贪污罪。

五、裁判理由的评判

高金有案是一个典型的内外勾结窃取公共财产的案件。在本案中，高金有是非国家工作人员，在逃的申玉生是国家工作人员，作案时任中国人民银行陕西省铜川市分行业务部出纳。这

① 山口厚．日本刑法中的"共犯与身份"//马克昌，莫洪宪主编．中日共同犯罪比较研究．武汉：武汉大学出版社，2003：247，300.

个案件的特点是内外勾结共同作案，因而关系到对被告人如何定罪的问题。从诉讼经过来看，检察院以贪污罪起诉，而法院以盗窃罪判处，因而存在到底是定贪污罪还是定盗窃罪的争论。

本案之所以对被告人高金有应定盗窃罪而不应定贪污罪，是因为窃取银行现金并未完全利用被告人申玉生的职务上的便利。利用职务上的便利，是贪污罪构成的一个前提条件。这里所说的“利用职务上的便利”，是指利用自己职务范围内的权力和地位所形成的主管、管理、经手公共财物的便利条件。① 利用职务上的便利，在一般情况下并不难理解。在某些特殊情况下，就像在本案中，如果保险柜内的现金是在两人共同保管的情况下，两人共谋共同利用职务上的便利窃取保险柜内财物的，当然可以构成贪污罪的共同正犯。但在本案中，另一人并不知情，申玉生乘其他工作人员外出吃饭离开办公室之际，打开壁柜将自己保管的保险柜钥匙交给高金有，并告知人都走了，自己即离开业务部去吃饭。被告人高金有撬开另一出纳员的办公桌抽屉，取出钥匙，打开保险柜窃取30万元人民币。在这种情况下，即使申玉生本人实施上述行为，也并不构成贪污罪而构成盗窃罪。因此，本案对贪污罪的利用职务上的便利确认了以下规则：

> 国家工作人员在与其他国家工作人员共同保管财物情况下，利用本人职务上的便利但未利用他人职务上的便利，从而窃取其所共同保管财物的，构成盗窃罪而非贪污罪。

在上述共同保管的情形下，部分利用职务上的便利，部分没有利用职务上的便利，裁判理由解释为不具备利用职务上便利，这是一种不利于被告人的解释，其他理论根据尚可探究。但基于上述规则，在本案中，由于国家工作人员申玉生的行为本身不构成贪污罪，对被告人高金有也就不能以贪污罪的共犯论处。

本案的裁判结论虽然是正确的，但从裁判理由来看，涉及内外勾结共同犯罪如何定罪问题的有关论述是值得研究的。例如，在本案中被告人高金有是否可能实施贪污行为，就是一个问题。裁判理由认为，只有同时具备共同贪污的故意和共同利用职务便利的贪污行为，全案才能以共同贪污犯罪定性。这一观点，如果是就共同保管公共财物的两个国家工作人员而言，无疑是正确的。但如果是针对本案中国家工作人员申玉生和非国家工作人员高金有而言，就值得推敲。这种观点实际上是以高金有可能实施贪污行为为其逻辑前提的。那么，只有纯正身份犯才能实施的行为，无身份者是否可能实施呢？这里应当区分两种情形。

第一种情形是某一行为只有具有特定身份的人才有可能实施，没有这种特定身份的人根本不能实施或只能实施部分行为。根本不能实施的是指受贿行为，收受财物的行为是利用职务便利为他人谋取利益的对价，只有国家工作人员才有可能实施，他人不可能实施。即或有国家工作人员家属收下行贿人送上门来的财物的，也只是一种“代为收受”的性质，因而不是受贿罪的实行行为，充其量只能是受贿罪的帮助犯。只能实施部分行为的是指强奸行为，强奸行为即使用暴力、胁迫或者其他方法，违背妇女意志强行与其发生性关系。因而，强奸罪的实行行为只能由男子实施，妇女不可能实施完整的强奸行为，但可以实施暴力、胁迫或者其他方法。在这种情况下，妇女与男子是否构成强奸罪的共同正犯是存在争议的。但如果不是形式地而是实质地考察强奸罪的实行行为，就不能不认为妇女的行为是对男子强奸的帮助行为，属于事中帮助犯。对此，1984年最高人民法院、最高人民检察院、公安部《关于当前办理强奸案件中具体应用法律的若干问题的解答》指出：“妇女教唆或帮助男子实施强奸犯罪的，是共同犯罪，应当按照她在强奸犯罪活动中所起的作用，分别定为教唆犯或从犯，依照刑法有关条款论处。”根据这一规定，妇女不可能成为强奸罪的共同正犯。

---

① 胡康生，郎胜主编．中华人民共和国刑法释义．3版．北京：法律出版社，2006：573.

第二种情形是某一行为无论是有身份者或无身份者均可实施，但刑法规定为不同的犯罪，予以不同的法律评价。例如非法开拆他人信件的，如果是普通公民实施，构成侵犯通信自由罪；如果是邮政工作人员实施，则构成私自开拆邮件罪。贪污罪与盗窃罪的关系也是如此，国家工作人员利用职务上的便利窃取公共财物的，是贪污行为。非国家工作人员窃取公共财物，是盗窃行为。由于非国家工作人员没有职务上的便利，其不可能实施贪污行为。

根据以上分析，我认为高金有不可能实施贪污行为，也就不存在申玉生与高金有实施共同贪污行为的问题。在窃取银行现金的犯罪中，申玉生与高金有确实是作了分工：申玉生提供本人的职务便利，高金有利用了申玉生提供的这种便利，从而窃取了申玉生与他人共同保管的现金。在这种情况下，申玉生的行为本身也不构成贪污罪，高金有更是直接实施了盗窃行为。因此，高金有不可能实施贪污行为。即使申玉生实施的是贪污行为，高金有的行为仍然是盗窃性质。

第十三章　冒充刑警骗取财物行为之定性研究

——梁其珍招摇撞骗案（法条竞合）

冒充刑警骗取财物的行为，涉及招摇撞骗罪与诈骗罪两个罪名，而两个罪名之间存在法条竞合关系。在司法实践中如何运用法条竞合理论正确地区分招摇撞骗罪与诈骗罪，是一个值得研究的问题。本章以梁其珍案为例①，对冒充刑警骗取财物行为之定性问题进行探讨。

一、案情及诉讼过程

被告人梁其珍谎称自己是公安厅刑警队重案组组长，骗得王某与其恋爱并同居。其间，梁其珍通过伪造公安厅文件、荣誉证书等手段，骗取王某及其亲属的信任，骗得王某家人及亲戚现金 39 750 元，并挥霍。后，梁其珍又冒充安徽省公安厅刑警，骗取张某与其恋爱并发生性关系，并骗取张某现金 500 元。此外，梁其珍冒充池州市公安局副局长前往潜山县，骗取了该县人大、公安局有关领导的信任，陪同其游玩。

一审法院认为：被告人梁其珍伪造公安机关的文件、印章，盗取警服、警帽，多次冒充人民警察招摇撞骗，骗取多名受害人钱款 40 250 元，并骗取了其他非法利益，严重妨害了国家机关的正常管理活动，侵犯了公民的合法权益，情节严重，其行为已构成招摇撞骗罪。梁其珍冒充人民警察招摇撞骗，且系累犯，依法均应从重处罚。一审判决梁其珍犯招摇撞骗罪，判处有期徒刑 10 年，并追缴其违法所得，没收作案工具。

一审判决以后，梁其珍提起上诉。在二审审理期间，梁其珍申请撤回上诉，法院裁定予以准许。

二、法条竞合概念评述

本案涉及招摇撞骗罪与诈骗罪的区分。关于招摇撞骗罪与诈骗罪的区分，以往在我国刑法理论中，一般都采用犯罪构成要件简单对比的方法，典型的表述是这样的：（1）侵犯的客体不同。招摇撞骗罪侵犯的客体是国家机关的正常活动；诈骗罪侵犯的客体则是公私财产所有权。（2）犯罪手段不同。招摇撞骗罪的行为方式只能是冒充国家机关工作人员或人民警察行骗；而诈骗罪的行为手段则是多种多样的，不限于冒充有特别身份的人员行骗。（3）成立犯罪的标准不同。招摇撞骗罪不要求行为人诈骗所得财物数额多少，只要行为人实施了冒充国家机关工作人员或人民警察招摇撞骗的行为，原则上便构成犯罪；而诈骗罪的成立，必须是行为人诈骗所得的财物数额较大。② 尽管该书也论及如果行为人冒充国家机关工作人员实施诈骗犯罪的，属于法条竞合的情况，对此，应按刑法理论上处理法条竞合犯的原则来解决行为人的定罪与量刑问题，但该书对如何采用法条竞合理论对招摇撞骗罪和诈骗罪的界限加以区分，并没有进一步

---

① 最高人民法院编．刑事审判参考：总第 34 集．北京：法律出版社，2004.

② 高铭暄，马克昌主编．刑法学．北京：北京大学出版社，2000：536.

加以论述。

应该指出，法条竞合理论在苏俄刑法学中并没有得到充分研究，没有形成完整的法条竞合理论。因此，我国刑法学中的法条竞合理论是在借鉴大陆法系刑法中的法条竞合理论的基础上，结合我国的刑事立法与刑事司法而建构的。例如，1984 年冯亚东在《法学》发表了《论法条竞合的从重选择》一文，对制造、贩卖假药罪与投机倒把罪之间的法条竞合现象进行了分析，指出了重法优于轻法的法律适用原则，作者认为在特别法与普通法相竞合时，在依特别法刑罚不足以抵罪的情况下，可以适用重法，以实现罪刑相适应原则的要求。① 此后，肖开权在《法学》发表了《法条竞合不能从重选择——与冯亚东同志商榷》一文，提出了不同意见。作者认为，特别法与普通法竞合时，只能适用特别法，不能适用处刑更重的普通法，从重选择原则混淆了立法与司法的权限划分，违反罪刑法定原则。② 这一争议，使法条竞合理论进入我国刑法学研究的理论视野。尤其是我国刑法由于立法技术等原因所决定，刑法分则所规定的罪名概念之间的竞合现象大量存在，而法条竞合理论对于解决在罪名概念之间发生竞合情况下的法条适用问题具有重要指导意义。因此，法条竞合理论在我国刑法学中得到了长足的发展，各种论文与专著多有发表与出版，成为我国刑法学理论研究中的一个热点问题。而且，对于法条竞合的概念，尤其是法条竞合的类型，我国刑法学界存在各种不同的表述与见解。那么，在司法实践中如何看待法条竞合理论，司法人员如何运用法条竞合理论解决实际问题呢？梁其珍案给我们提供了一个观察的样板。在本案的裁判理由中，法官对法条竞合的概念与特征作出如下叙述：

> 法条竞合，又称法规竞合、法律竞合、规范竞合，是指一个犯罪行为，同时符合数个法条规定的数个犯罪构成，但从法条之间的逻辑关系看，只能适用其中一个法条，而当然排除适用其他法条的情形。法条竞合是一个客观存在的法律现象，其不只是刑法理论上的一个概念，而且有其刑事立法依据。例如，刑法第二百三十五条规定："过失伤害他人致人重伤的，处三年以下有期徒刑或者拘役。本法另有规定的，依照规定。"该规定表明，如果某种行为虽然符合过失致人重伤罪的构成要件，但又符合其他法条规定的犯罪构成要件的，则应依其他法条论处，不再适用刑法第二百三十五条。这不仅肯定了法条竞合的存在，而且肯定了法条竞合时只能适用其中一个法条。
>
> 对于法条竞合，既可以从静态方面加以研究，即分析哪些刑法分则条文之间存在竞合关系；也可以从动态方面研究，即在具体案件中实际分析行为人的行为是否属于同时触犯数个存在竞合关系的法条，并进而决定案件的法律适用（在此意义上，亦不妨将法条竞合称为"法条竞合犯"）。从静态方面看，法条竞合的基本特征在于数个刑法分则条文的竞合性；从动态方面看，法条竞合具有如下主要特征：其一，行为人基于一个罪过实施了一个犯罪行为。其二，行为人的一个犯罪行为同时触犯了数个刑法分则条文。该数个刑法分则条文，既可以为同一法律所规定，如现行刑法第二百六十四条（盗窃罪）和第一百二十七条（盗窃枪支、弹药、爆炸物罪）；也可以为不同法律所规定，如 1979 年刑法典第一百八十六条（泄露国家机密罪）和《中华人民共和国军人违反职责罪暂行条例》第四条第一款。其三，行为人一行为同时触犯的数个刑法分则条文，所规定的必须是性质不同的犯罪构成（即罪名相异）。同种犯罪的未完成形态与完成形态之间不存在所谓法条竞合关系，同种犯罪的实行犯与教唆犯、组织犯、帮助犯之间，结果加重犯与基本犯之间，实害犯与

① 冯亚东．论法条竞合的从重选择．法学，1984（4）．

② 肖开权．法条竞合不能从重选择——与冯亚东同志商榷．法学，1984（8）．

行为犯、危险犯之间，也无所谓法条竞合问题。认为同种犯罪的不同形态、构成之间亦存在法条竞合的观点，既混淆了法条竞合与犯罪停止形态、共同犯罪形态以及犯罪基本构成和加重构成等刑法范畴之间的界限，又没有实际意义，并不科学。其四，行为人一行为同时触犯的数个性质相异的刑法分则条文，在逻辑上存在竞合关系。

具体何谓法条之间的"竞合"关系，或者说法条竞合可以表现为哪些形态，这在刑法理论上一直就有争论。对此，我们的基本观点是：（1）法条竞合中数法条之间的竞合关系，不仅可以表现为包容竞合（即数法条所规定的犯罪构成要件在外延上存在包容与被包容的关系），也可表现为交叉竞合（即数法条所规定的犯罪构成要件在外延上存在部分交叉、重叠关系），交叉竞合客观存在，如刑法第二百五十四条（报复陷害罪）与第二百五十五条（打击、报复会计、统计人员罪）之间、第二百六十六条（诈骗罪）与第二百七十九条（招摇撞骗罪）之间、第二百七十五条（故意毁坏财物罪）与第二百七十六条（破坏生产经营罪）之间以及第二百七十五条（故意毁坏财物罪）与第二百九十九条（侮辱国旗、国徽罪）之间等，均存在交叉关系；否认交叉竞合的存在，不符合立法实际；将交叉竞合排除在法条竞合之外，一方面势必将导致此类法律现象在理论研究上无所归属，另一方面也不利于相关案件的正确处理。（2）有学者提出，法条竞合包括独立竞合（指一个罪名概念的外延为另一个罪名概念的外延的一部分，而犯罪行为正适合于这一部分的情形）、包容竞合（指一个罪名概念的外延是另一个罪名概念的外延的一部分，但犯罪构成的内容已超出外延窄的罪名概念的情形）、交叉竞合（指两个罪名概念之间各有一部分外延相互重合）和偏一竞合（指两个法条交叉重合，但犯罪已经超出重合范围的情形）四种形态。此种观点能否更为科学准确地反映法条之间的竞合关系，并为我国的立法与司法实践所运用，尚有待进一步研究和实践。

在上述关于法条竞合概念的论述中，裁判理由从静态与动态两个方面界定法条竞合。从静态上来说，法条竞合的特征在于数个刑法分则条文的竞合性。这里的竞合性，是指两个刑法分则条文的完全竞合，例如特别法与普通法的竞合等情形。对于这种竞合，只要对法条进行逻辑分析即可确定。值得注意的是，裁判理由所指的从动态上考察法条竞合，需要实际分析行为人的行为是否同时触犯数个存在竞合关系的法条。对于这种法条竞合关系的确定，需要引入具体行为这一分析要素，并在此意义上提出了法条竞合犯的概念，以区别于纯粹的法条竞合。这里主要涉及法条竞合理论属性问题，我国学者提出了法条关系论与犯罪形态论的对立，即法条关系论把法条竞合看作是一种法律现象或者法律形态，是法条之间的逻辑关系，它不以具体犯罪发生为转移，由此区分法条竞合与想象竞合。而犯罪形态论则认为法条竞合只有体现在具体犯罪行为的时候才有意义，否则无从界定法条竞合的适用范围，法条竞合是一种犯罪形态，应当用法条竞合犯一词取代法条竞合，以与其他犯罪形态相区别。① 由于作者是以犯罪形态的名义研究法条竞合的，如果不把法条竞合界定为犯罪形态，法条竞合现象就不能进入其研究视野。但法条竞合到底是法条形态还是犯罪形态，并不取决于研究的需要，而是决定于事物的本质。我认为，法条形态与犯罪形态的根本区分在于：法条形态不以具体行为发生为转移，可以脱离具体行为而对法条之间是否存在竞合进行逻辑上的分析。而犯罪现象则与法条无关，是犯罪行为本身的特征。因此，法条竞合是法条形态，而想象竞合则是犯罪形态。当然，对于交叉竞合等较为复杂的法条竞合类型，在确定的时候引入具体行为可以提供更为直观的标准，但一旦确定法条竞合以后，它可以脱离具体行为而独立存在。从这个意义上说，采用引入行为要素作为

① 姜伟．犯罪形态通论．北京：法律出版社，1996：160－161.

中介的动态分析视野是有一定意义的，但不能由此而改变法条竞合的性质。

裁判理由对法条竞合类型进行分析，认为存在包容竞合与交叉竞合，尤其是肯定了交叉竞合的存在。应当指出，在两个法条之间存在交叉关系的情况下是否承认其为法条竞合，在刑法理论上观点聚讼不一，否定说亦有一定影响。这里主要涉及法条竞合与想象竞合的区分，否定说认为：一个法条内容的一部分是另一法条内容的一部分时，不是法条竞合，而是想象竞合。① 我国学者对这一观点作了进一步论证，指出：

> 如果一个行为仅仅符合两个构成要件之间的交叉部分，刑法就该交叉部分有独立的犯罪规定，一个行为与具备交叉关系的两个构成要件不会发生疑似该当问题；如果一个行为仅仅符合两个构成要件之间的交叉部分，而刑法对该交叉部分没有独立的犯罪规定，那么就可能出现两种情况：一种是一个行为都符合两个构成要件，两个构成要件对一个行为都有评价关系；另一种是一个行为都不符合这两个构成要件，两个构成要件都无法单独完全而充分地对一个行为予以评价。前者是想象竞合犯问题，后者是另行找法或罪与非罪问题，都不会发生法条竞合问题。②

对两个法条之间具有交叉的部分，如果刑法有独立的犯罪规定，当然不存在法条竞合问题，这是毋庸置疑的。而当刑法对该交叉部分未作独立的犯罪规定，在这种情况下，一行为该当两个犯罪的构成要件，并且两个犯罪构成要件之间存在逻辑上的交叉关系，因而不是想象竞合而是法条竞合。论者把一个行为符合两个构成要件都看作想象竞合，这是没有正确地区分法条竞合与想象竞合。在想象竞合的情况下，一行为符合两个法条的构成要件，在两个法条的构成要件之间是不存在逻辑上的交叉关系的，因而是一种犯罪形态。如果两个法条的构成要件之间存在逻辑上的交叉关系，那就是法条竞合，属于法条形态。如果把一个行为符合两个构成要件都视为想象竞合，那就否定了法条竞合现象。因为不仅交叉竞合是一个行为符合两个构成要件，而且包容关系的竞合也是一个行为符合两个构成要件。尽管对于交叉竞合是否属于法条竞合在刑法理论上存在争议，但本案裁判理由认可交叉竞合为法条竞合具有现实意义。

三、法条竞合的法律适用原则评述

在法条包含理论中，除关于法条竞合的一般理论以外，最引人注目的是法条竞合的法律适用原则，而这个问题也是在刑法理论上和司法实践中争议最大的问题。本案的裁判理由对法条竞合的法律适用原则作了以下叙述：

> 法条竞合的法律适用原则，是法条竞合理论与实践的最为重要的问题。由于法条竞合是因一个犯罪行为同时符合数个刑法条文所引起的法律现象，因而，其法律适用的一个总的原则是对行为人只能选择适用竞合数法条中的一个法条进行定罪量刑，而不能重复适用数法条，不能实行数罪并罚。对此，不存在任何疑义。但是，究竟应当以什么样的标准来具体确定竞合数法条的选用呢？这在理论上尚有颇多争议，在实践中也多有困惑。基于我国刑法立法现状，结合我们关于法条竞合形态的基本观点，我们认为，在法条竞合情形下，应当按以下原则选择适用法律。
>
> 首先，刑法已对竞合法条的法律适用已作明确规定的，应当按照刑法规定。例如，刑法第一百四十九条第二款规定，“生产、销售本节第一百四十一条至第一百四十八条所列

① 高铭暄主编．中国刑法学．北京：中国人民大学出版社，1989：217－218.

② 赵丙贵．想象竞合犯研究．北京：中国检察出版社，2007：129.

产品，构成各该条规定的犯罪，同时又构成本节第一百四十条规定之罪的，依照处罚较重的规定定罪处罚”；再如，刑法第二百三十三条（过失致人死亡罪）后半段、第二百三十四条（故意伤害罪）第二款后半段、第二百三十五条（过失致人重伤罪）后半段、第二百六十六条（诈骗罪）后半段以及第三百九十七条（玩忽职守罪、滥用职权罪）第一款后半段均规定有“本法另有规定的，依照规定”，在办理相关案件时，应当按照上述有关刑法条文的明确规定选择所应适用的法律。

其次，对刑法未明确规定法律适用原则的竞合法条，通常情况下应当按照特殊法优于普通法的原则选择适用法律，在例外情况下，如果按照特殊法优于普通法的原则适用法律将导致罪刑明显有失均衡，则应当按照重法优于轻法原则选择适用法律。对此，需要明确以下两个问题。

(1) 在刑法理论上，有观点认为，将重法优于轻法作为法条竞合的补充法律适用原则，违背了立法原意，背离了罪刑法定原则，是应当予以反对的。因为立法之所以在普通法条之外又另立特别法条，就是要运用该特别法条对某些特定的社会关系给予特殊保护，简言之，在此种情形下，只有适用特别法条方切合立法意旨，方符合罪刑法定原则的精神；相比于罪责刑相适应原则而言，罪刑法定原则处于更高层次，不能以牺牲罪刑法定原则为代价追求罪责刑相适应的效果；有的特殊法条规定的刑罚偏轻，不能适应惩治犯罪的需要，应当通过修改完善法律的途径来解决，而不应通过刑法解释来“弥补”，否则便会混淆立法权与司法权的界限。

我们认为上述观点值得商榷。应当说，在法条竞合的一般情况下，特别是在刑法已对法条竞合的法律适用作出明确规定的情况下，依照刑法规定选择适用特别法，无疑是正确的，也是必须的。然而，当刑法对竞合法条的法律适用未作明文规定时，主张无论何种情形、即便在适用特别法对行为人定罪量刑将导致罪刑明显有失均衡时，也必须一律坚持特别法优于普通法的原则，否则就“背离了立法原意”，则未免过于绝对。因为刑法未对这部分竞合法条的法律适用作出明确规定，原因比较复杂，并非立法者的疏忽，也不是因为立法者认为不需作出规定而只需按特别法优于普通法原则选择适用法律即可。在我们看来，那些刑法并未明确规定其法律适用原则的法条竞合，实际上大多蕴含着这样一种立法技术和思想：立法者有意给司法者留予了裁量空间，即由司法者根据案件的具体事实和刑法基本原则决定法条选择适用的原则。其中，如按照特别法优于普通法原则选择适用特别法，并不存在罪刑明显失衡问题，则适用特别法，这样可以更为准确地反映案件的性质和行为人的行为特征；而如果适用特别法将导致罪刑明显失衡时，则按照重法优于轻法原则选择适用重法，从而避免最终的定罪量刑结论与罪责刑相适应之刑法基本原则相冲突。显然，在此种情形下，并不存在违背罪刑法定原则的问题。因为，第一，刑法并未明文规定必须适用特别法；第二，在法条竞合的情况下，行为人的行为同样符合普通法、重法规定之罪的构成；第三，这样处理也符合立法者的立法意旨。

(2) 需要特别指出的是，在数法条交叉竞合时，仍存在特别法与普通法之别，因此，对交叉竞合，原则上仍应首先考虑适用特别法优于普通法原则，只有在按该原则定罪量刑将明显有违罪责刑相适应原则时，才应考虑适用重法优于轻法原则。以刑法第二百七十五条（故意毁坏财物罪）与第二百七十六条（破坏生产经营罪）为例，如果行为人故意毁坏的是用于生产经营的机器设备，且行为人毁坏这些财物是为了泄愤报复的，则相对于一般的故意毁坏财物罪行而言，其显然更为特殊，因此，应当认为第二百七十五条规定属于普通法条，第二百七十六条规定属于特殊法条；在二者交叉竞合的范围内，应当适用第二百七十六条规定而不是第二百七十五条规定。

在以上论述中，裁判理由把法条内容的法律适用分为法律有明确规定的与法律没有明确规定的这两种情形。对于法律有明确规定的依照规定，当然不会存在争议。但即使在这种情况下，我们仍然需要对法条竞合的类型加以分析。对于法律没有明确规定的，裁判理由提出了在通常情况下按照特别法优于普通法的原则适用法律，在例外情况下按照重法优于轻法原则适用法律这样一个基本原则，并作了一定的论证。在此，存在以下三个问题值得研究。

（一）法条竞合类型的确定

按照本案的裁判理由，所有的法条竞合，无论是包容竞合还是交叉竞合，都属于特别法与普通法的竞合，因此，在一般情况下，都应当按照特别法优于普通法的原则解决其法律适用问题。我认为，把所有的法条竞合类型都称为特别法与普通法的竞合，而否认法条竞合类型的多样性，是一种理论上的简单化做法，容易导致片面性。

在大陆法系刑法理论中，法条竞合类型一般是与法律适用原则紧密相关的，不同的法条竞合类型具有与之相适应的法律适用原则。例如，李斯特认为，法条竞合类型及其法律适用原则可以分为以下四种关系：(1) 特别性，即特别法优于普通法适用（lex specialis derogat legi generali）；(2) 吸收性，即被适用的法规吸收其他法规（lex consumens derogat legi consumtae）；(3) 补充性，即对保护法益只起辅助和补充作用的法规，只有在最初的不可能实现对法益的保护情况下始可适用之（lex primaria derogat legi subsidiariae）；(4) 选择性，即给法益以保护的构成要件，彼此相互排斥。① 在以上四种法条竞合关系中，特别关系是最没有争议的，其他三种关系，尤其是选择关系存在相当大的争议。当然，法条竞合是以一定的立法规定为前提的，在确定法条竞合类型的时候，还是要考虑一个国家的刑法规定。

在我国刑法中，对于法条竞合的类型及其法律适用原则都存在较大争议。② 我的观点是将法条竞合分为两类四种：两类是指从属关系的法条竞合与交叉关系的法条竞合。从属关系的法条竞合又分为独立竞合与包容竞合。其中，独立竞合是指一个罪名概念的外延是另一个罪名概念的外延的一部分，而犯罪行为正适合于这一部分的情形。独立竞合的两个法条之间存在特别法与普通法之间的关系，应当适用特别法优于普通法的原则。包容竞合是指一个罪名概念的内涵是另一罪名概念的内涵的一部分，但犯罪构成的内容已超出内涵窄的罪名概念的情形。包容竞合的两个法条之间存在部分法与整体法之间的关系，应当适用整体法优于部分法的原则。交叉关系的法条竞合则可以分为交互竞合与偏一竞合。交互竞合是指两个罪名概念之间各有一部分外延相互重合的情形。在交互竞合的情况下，两个法条之间存在择一关系，应当适用重法优于轻法的原则。偏一竞合是指两个法条交叉重合，但犯罪行为已经超出重合范围的情形。在偏一竞合的情况下，两个法条之间存在补充关系，应当适用补充法优于被补充法的原则。③ 我国刑法在罪名设置上，特殊因素考虑较多，因而法条竞合现象大量存在，这是我国刑事立法的一大特色。在这种情况下，法条竞合的现象本身在其表现形态上也是较为复杂的。如果将法条竞合只是概括为特别法与普通法的竞合这样一种类型，难以客观地反映我国刑法中法条竞合现象的复杂性，也不利于在司法实践中正确地解决法律适用问题。

（二）重法优于轻法原则的清理

重法优于轻法，是我国刑法学界争议最大的问题。如前所述，在1984年法条竞合问题提

---

① 李斯特．德国刑法教科书．徐久生，译．北京：法律出版社，2006：391-392.

② 刘士心．竞合犯研究．北京：中国检察出版社，2005：92.

③ 陈兴良．刑法适用总论．2版，上卷．北京：中国人民大学出版社，2006：673.

出之初，就围绕着重法能否优于轻法展开过讨论。三十多年过去了，这种分歧依然存在。例如，否定说认为，对法条竞合犯只能分别采取特别法优于简单法、全部法优于局部法、基本法优于补充法原则处理，不应在这些原则之外再附加上重法优于轻法原则。当法条竞合触犯的数刑法规范有轻重之别时，司法中即便选择适用了重法，那也只是按照前述四种原则处理的结果，而不是缘于重法优于轻法原则。① 但也有学者认为，法条竞合的法律适用基本原则是适用全面法，补充原则是适用重法，指出：在绝大部分的情况下，适用全面法原则即可解法条竞合犯的法条选择问题。但是，在个别情况下，适用全面法原则可能导致罪刑不相适应或者无法适用法条，这时候就必须考虑补充原则，适用能够给以最全面的刑罚评价的法条。亦即适用刑罚较重的法条。② 我个人并不赞同一般性地将重法优于轻法的原则作为法条竞合的法律适用的补充原则。尤其是在特别法与普通法竞合的情况下，不能以重法优于轻法原则作为解决罪刑不均衡的根据，否则势必破坏罪刑法定原则。但我并不否认，在某一特殊的法条竞合类型，即择一关系中，应当适用重法优于轻法原则。

（三）择一关系的辨析

择一关系，或者法条之间的择一性，是法条竞合理论中存在较大争议的问题。我国台湾地区学者陈志辉对德国刑法中择一关系的理论演变作了以下描述：

> 19 世纪末叶的 Binding 最先提出构成要件选择关系（Alternativität）的原始概念，他认为只要数个法条基于不同的法律观点对同一行为加以处罚，则有选择关系的存在。如果不同的法条论以相同的刑罚，无论使用哪一条都可以，但是刑罚不同时，则适用在具体案例中对行为人最不利的法条。晚近发展出“狭义的选择关系”（engere Alternativität），这里所涉及的是概念之间相互排斥的关系，所以根本没有存在竞合的现象，为了与 Binding 所提出的原始意义的选择关系作区别，本文将晚期发展出来的概念称之为“择一关系”，以表达该概念所显示出的排斥内涵。
>
> 德国学说上后来皆认为，Binding 在选择关系所提及的案例，事实上可以被德国通说的法条竞合理论所取代。针对同一犯罪行为，理论上可能在相关的附属刑法中，处以相同的刑罚规定，这时所产生的问题是，究竟要适用哪一条规定？如果在判决主文中适用两个法条，这又不合比例原则。Jakobs 的观点是，依照“后法优于前法”（lex posterior derogat legi priori），适用后法。不过这样的做法其实是依照一般法律原则在运作，也与择一关系无关。
>
> 从 20 世纪初期的德国学者 von Hippel 和 von Liszt 开始，就已经不再追随 Binding 对择一关系的定义，反而将择一关系定义为概念上含有矛盾要素的犯罪，彼此相互排斥的情形。今日德国通说也赞同这个看法，也认为择一关系以异质性（Heterogenität）为基础，所以认为择一关系并非法条竞合的下位类型，因为这里只有一个构成要件可以加以适用，所以没有适用上的疑问。③

尽管上述论述认为择一关系在德国刑法学中不再被认为是法条竞合的特殊类型，但实际上在有关德国刑法教科书中同样就存在对择一关系的论述。例如德国学者将构成要件的部分重叠作为择一关系的逻辑前提。④ 日本学者也同样承认择一关系，认为在择一关系中，在不能并存

① 刘士心．竞合犯研究．北京：中国检察出版社，2005：110.

② 庄劲．犯罪竞合：罪数分析的结构与体系．北京：法律出版社，2006：131.

③ 陈志辉．刑法上的法条竞合．台北：1998：120-122.

④ 汉斯·海因里希·耶赛克，托马斯·魏根特．德国刑法教科书（总论）．徐久生，译．北京：中国法制出版社，2001：895.

的两个规定中，只适用规定着重刑的那一个。[①] 这些论述对于我们理解择一关系的竞合具有参考价值。我国刑法中的诈骗罪与招摇撞骗罪之间，我认为存在交互竞合。在交互竞合的情况下，立法者对于应当适用哪一个法条没有明确的意思表示，也不能从逻辑分析中得出法律适用的立法意图。在这种情况下，重法优于轻法是解决择一关系的法条竞合的法律适用问题的基本原则。因此，不能把重法优于轻法当作法条竞合一般性的法律适用原则，而只能当作特定法条竞合类型的法律适用原则。因此，只有对法条竞合的类型作较为细致的区分，才能正确地确定法条竞合的法律适用原则。

四、诈骗罪与招摇撞骗罪的竞合关系

诈骗罪与招摇撞骗罪是我国刑法中两个常见的罪名。我们应当在正确地界定两罪的基础上，对两罪之间的关系加以分析。

根据《刑法》第266条的规定，诈骗罪是指以非法占有为目的，采用虚构事实或者隐瞒真相的方法，骗取公私财物的行为。这是我国刑法学界对诈骗罪的通常表述，其本质特征是诈骗财物，因而诈骗罪属于侵犯财产所有权的犯罪。

根据《刑法》第279条的规定，招摇撞骗罪是指为牟取非法利益，假冒国家机关工作人员进行招摇撞骗活动，损害国家机关形象、威信和正常活动，扰乱社会公共程序的行为。因为招摇撞骗罪中行为人也采取欺骗手段，因而容易与诈骗罪发生混淆。

关于诈骗罪与招摇撞骗罪之间的关系，我国刑法学界存在不同的观点，通说认为存在法条竞合关系，即行为人冒充国家机关工作人员实施诈骗犯罪的，属于法条竞合。[②] 但也有观点认为，诈骗罪与招摇撞骗罪之间存在想象竞合关系。例如，我国学者指出：如果行为人冒充国家机关工作人员是为了骗取财物，属于一行为触犯数罪名，应适用想象竞合犯的处罚原则，择一重罪处罚，即按诈骗罪处罚重时定诈骗罪，如果按招摇撞骗罪处罚重时就定招摇撞骗罪。[③] 值得注意的是，上述两种观点都是以招摇撞骗罪的客体包括财物为前提的，只是认为招摇撞骗的客体不限于财物，还包括其他非法利益。在这种情况下，当行为人采用冒充国家机关工作人员的方法骗取财物时，由于既符合诈骗财物的诈骗罪的本质特征，又符合冒充国家机关工作人员骗取财物的部分属性，因而应认定为法条竞合而非想象竞合。这里还是涉及我们在本章中反复论及的一个问题：法条竞合与想象竞合的区分。在冒充国家机关工作人员骗取财物的情况下，符合一行为触犯数罪名的特征。但法条竞合与想象竞合都符合一行为触犯数罪名的特征，关键是数个罪名概念之间是否存在逻辑上的从属或者交叉关系。如果存在从属或者交叉关系，就是法条竞合，如果不存在从属或者交叉关系，就是想象竞合。因为在诈骗罪与招摇撞骗罪的构成要件之间存在交叉关系，所以应当认定为法条竞合而非想象竞合。

值得注意的是，现在我国刑法学界有些学者通过将财物排除在招摇撞骗罪的构成要件之外而否定两罪之间的法条竞合关系。例如我国学者指出：诈骗罪骗取的对象只限于公私财物，并且要求财物达到一定的数额，侵害的是公私财物合法财产利益；招摇撞骗罪骗取的对象主要不是财产，而是财产以外的其他利益，如地位、待遇等，侵害的主要是国家机关的威信和形象。如果行为人冒充国家机关工作人员为了骗取财物，应当以诈骗罪处罚。[④] 在上述论断中，作者采用了"主要不是"这样的表述，有些模棱两可。张明楷教授则指出：在冒充国家机关工作人

---

① 泷川幸辰．犯罪论序说．王泰，译．北京：法律出版社，2005：160.

② 高铭暄，马克昌主编．刑法学．北京：北京大学出版社，高等教育出版社，2000：536.

③ 周道鸾，张军主编．刑法罪名精释．3版．北京：人民法院出版社，2007：542.

④ 胡康生，郎胜主编．中华人民共和国刑法释义．3版．北京：法律出版社，2006：431.

员招摇撞骗的过程中，偶然骗取少量财物的，不影响本罪的认定，但本罪不包括骗取数额巨大财物的情况。① 按照这种观点，在招摇撞骗骗取财物数额较大限度内，承认诈骗罪与招摇撞骗罪的法条竞合关系，按照"本法另有规定的，依照规定"，以招摇撞骗罪论处。但如果招摇撞骗骗取财物数额巨大以及数额特别巨大的，则不承认其成立招摇撞骗罪，应径行以诈骗罪论处。即招摇撞骗罪只包括骗取数额较大的财物，但不包括骗取数额巨大或者数额特别巨大的财物，以此解决诈骗罪与招摇撞骗罪之间的刑罚协调问题。周光权教授则更直接主张对招摇撞骗限缩解释为假冒国家机关工作人员的身份骗取爱情、职位、荣誉、资格等，原则上不包括骗取数额巨大的财物的情形。冒充国家机关工作人员骗取少量财物的，可以认为行为对财产法益的损害很小，而对国家机关的威信和正常秩序危害极大，与诈骗罪的实行行为并不相当，只成立招摇撞骗罪。但在骗取数额巨大财物的场合，应当直接定诈骗罪。如此处理，在适用《刑法》第 279 条的规定时不会遇到障碍，也不会与《刑法》第 266 条的规定相冲突。同时，防止司法上对最终侵害财产权的行为根据是否有冒充国家机关工作人员的情节适用不同的罪名，使罪刑相适应原则能够得到贯彻。② 但在我看来，这种观点还不够彻底。如果通过立法解释或者司法解释，直接将财物（无论是较大或是巨大或是特别巨大）都从招摇撞骗罪的客体中排除出去，在这种情况下，冒充国家机关工作人员招摇撞骗财物的行为，既触犯诈骗罪又触犯招摇撞骗罪，就属于想象竞合，应按照从一重处断的原则处理。

但在我国司法实践中，还是认为招摇撞骗罪的客体中是包括骗取数额较大或者巨大或者特别巨大的财物的，因而是在法条竞合的框架下考虑其法律适用问题。对于诈骗罪与招摇撞骗罪的法条竞合下的法律适用问题，本案的裁判理由作了以下论述：

> 该两法条之间存在交叉竞合关系；而第二百六十六条后半段又明确规定有"本法另有规定的，依照规定"，据此，当行为人的行为同时符合该两法条规定的犯罪构成时，应当一律适用第二百七十九条规定，以招摇撞骗罪追究其刑事责任。过去乃至现在一直有一种观点认为，在招摇撞骗人骗取数额较大的财物的情况下，招摇撞骗罪与诈骗罪之间存在法条竞合关系，应按照重法优于轻法的原则适用法条。这种观点似乎未能注意到刑法第二百六十六条后半段所明确规定的特别法优于普通法原则。
>
> 但是，能否认为无论行为人招摇撞骗了多少财物都符合招摇撞骗罪的构成，进而依照刑法第二百六十六条后半段的规定，均只能适用刑法第二百七十九条规定，对其以招摇撞骗罪论处呢？显然不能。否则，便会导致罪刑明显有失均衡——骗取同样数额的财物，行为人以一般方式行骗的，最高得处无期徒刑，而行为人以冒充国家机关工作人员身份这一性质更为恶劣、危害性更为严重的方式行骗的，反倒最高只能处 10 年有期徒刑。那么究竟应当如何厘定招摇撞骗罪的构成要件、如何评价以冒充国家机关工作人员身份的方式骗取财物的行为？有些学者提出，"冒充国家机关工作人员招摇撞骗，原则上不包括骗取财物的现象，即使认为可以包括骗取财物，但也不包括骗取数额巨大财物的情况"。上述学者的思路是正确的，但其结论似有待推敲。在我们看来，即便是冒充国家机关工作人员骗取数额巨大的财物，也宜认为符合招摇撞骗罪的构成条件，进而依照刑法第二百六十六条后半段所确立的特别法优于普通法原则，仍宜以招摇撞骗罪追究行为人的刑事责任；只有在冒充国家机关工作人员骗取数额特别巨大的财物的情况下，方宜认为此种行为已超出刑法第二百七十九条规定的招摇撞骗罪所能评价的范围，而只符合刑法第二百六十六条规定

① 张明楷．刑法学．3 版．北京：法律出版社，2007：757.

② 陈兴良，周光权．刑法学的现代展开．北京：中国人民大学出版社，2006：650.

的诈骗罪的构成要件。主要理由是，在行为人冒充国家机关工作人员骗取财物，数额并非特别巨大的情况下，适用刑法第二百七十九条规定，以“情节严重”的招摇撞骗罪追究其刑事责任，并不存在罪刑明显失衡的问题（目前虽尚无关于招摇撞骗“情节严重”的司法解释，但通过比较招摇撞骗罪与诈骗罪，应当可以确认，招摇撞骗数额巨大公私财物的，属于招摇撞骗“情节严重”范畴。而招摇撞骗“情节严重”的法定刑是3年以上10年以下有期徒刑，诈骗“数额巨大”的法定刑是3年以上10年以下有期徒刑，并处罚金，二者区别仅在于是否并处罚金），且如此处理，更能全面地反映行为人行为的性质、特点。

上述分析论证进一步说明，对立法者在立法时的“无心之失”，是可以而且应当通过适当的刑法解释方式进行弥补的：立法者在诈骗罪之外又专门设立招摇撞骗罪，似乎意味着对所有以冒充国家机关工作人员身份骗取财物的行为都应当以招摇撞骗罪论处，但立法者恐怕没有考虑到，以冒充国家机关工作人员身份方式行骗的所骗取的对象有可能是数额特别巨大的财物，而一旦出现这样的情况，如果严格遵循其表述欠妥的立法本意，并适用刑法第二百六十六条后半段规定，就会出现罪刑明显失衡现象，这显然不是立法者愿意看到的，不能体现其内心真意；通过对刑法第二百七十九条规定的招摇撞骗罪的构成要件作如上的适当解释，避免明显违背罪责刑相适应之刑法基本原则的定罪量刑结论，应当是恰当地反映了立法者的本来意思。

裁判理由对诈骗罪与招摇撞骗罪是按照特别法与普通法之间的法条竞合来理解的。但特别法与普通法的法条竞合是一种独立竞合，指一个罪名概念的外延是另外一个罪名概念外延的一部分，而犯罪行为正好符合该重合部分的情形。例如在诈骗罪与贷款诈骗罪之间是一种特别关系，这里的特别性表现为客体特别：贷款为财物是诈骗的一种特殊表现形式。而诈骗罪与合同诈骗罪之间也是一种特别关系，这里的特别性表现为手段特别：利用合同诈骗是诈骗的一种特殊方式。但在诈骗罪与招摇撞骗罪之间，存在一种交叉关系，即部分外延的重叠。就诈骗罪而言，对诈骗方法并无限制，冒充国家机关工作人员也可以成为诈骗方法。而招摇撞骗罪，对诈骗的客体也没有限制，除非法利益以外，也包括财物，因此，这两个罪名概念之间存在外延上的交叉，属于刑法上的择一关系，应当按照重法优于轻法的原则适用法律。也就是说，当冒充国家机关工作人员骗取财物数额较大时，应定招摇撞骗罪；当冒充国家工作人员骗取财物数额巨大时，应定诈骗罪。

按照重法优于轻法原则处理诈骗罪与招摇撞骗罪之间的法条竞合关系，存在一个法律上的问题，即《刑法》第266条规定：“本法另有规定的，依照规定。”那么，招摇撞骗罪关于骗取财物的规定，是否属于本法另有规定呢？如果属于另有规定，就只能定招摇撞骗罪而不能定诈骗罪，裁判理由将这一规定看作是立法者的“无心之过”，若按照这一规定适用法律，就会导致罪刑不相适应，因此，主张以重法优于轻法作为法律适用的补充原则。但我认为，可以将“本法另有规定，依照规定”理解为对诈骗罪的特别法与普通法的法条竞合的法律适用原则的规定，而不适用于诈骗罪中的择一关系的法条竞合。对于择一关系的法条竞合，可以径直采用重法优于轻法的原则。

五、结论

在梁其珍冒充刑警招摇撞骗案中，被告人梁其珍冒充国家机关工作人员不仅骗取他人的爱情，而且骗取数额巨大的财物。这种情况应当认定为招摇撞骗罪。因此，法院对被告人梁其珍的判决是正确的。

第十四章　婚恋纠纷引发的杀人行为之死刑适用研究

——王志才故意杀人案、李飞故意杀人案

（死刑缓期执行　死刑控制　限制减刑制度）

案例指导制度的功能不仅在于指导定罪，而且在于指导量刑。死刑的司法适用具有较强的政策性，更需要通过案例进行指导。在最高人民法院发布的第一批和第二批指导性案例中，有两个案例涉及死刑的适用，包括限制减刑制度的适用，这就是最高人民法院指导案例 4 号王志才故意杀人案和最高人民法院指导案例 12 号李飞故意杀人案。本章对这两个刑事指导案例进行法理分析，意在使我们更加深刻地把握死刑适用的条件，并对死刑适用的司法控制进行探讨。

一、案情

（一）王志才故意杀人案

被告人王志才与被害人赵某某（女，殁年 26 岁）在山东省潍坊市科技职业学院同学期间建立恋爱关系。2005 年，王志才毕业后参加工作，赵某某考入山东省曲阜师范大学继续专升本学习。2007 年赵某某毕业参加工作后，王志才与赵某某商议结婚事宜，因赵某某家人不同意，赵某某多次提出分手，但在王志才的坚持下二人继续保持联系。2008 年 10 月 9 日中午，王志才在赵某某的集体宿舍再次谈及婚恋问题，因赵某某明确表示二人不可能在一起，王志才感到绝望，愤而产生杀死赵某某然后自杀的念头，即持赵某某宿舍内的一把单刃尖刀，朝赵的颈部、胸腹部、背部连续捅刺，致其失血性休克死亡。次日 8 时 30 分许，王志才服农药自杀未遂，被公安机关抓获归案。王志才平时表现较好，归案后如实供述自己罪行，并与其亲属积极赔偿，但未与被害人亲属达成赔偿协议。

（二）李飞故意杀人案

2006 年 4 月 14 日，被告人李飞因犯盗窃罪被判处有期徒刑 2 年，2008 年 1 月 2 日刑满释放。2008 年 4 月，经他人介绍，李飞与被害人徐某某（女，殁年 26 岁）建立恋爱关系。同年 8 月，二人因经常吵架而分手。8 月 24 日，当地公安机关到李飞的工作单位给李飞建立重点人档案时，其单位得知李飞曾因犯罪被判刑一事，并以此为由停止了李飞的工作。李飞认为其被停止工作与徐某某有关。同年 9 月 12 日 21 时许，被告人李飞拨打徐某某的手机，因徐某某外出，其表妹王某某（被害人，时年 16 岁）接听了李飞打来的电话，并告知李飞，徐某某已外出。后李飞又多次拨打徐某某的手机，均未接通。当日 23 时许，李飞到哈尔滨市呼兰区徐某某开设的“小天使形象设计室”附近，再次拨打徐某某的手机，与徐某某在电话中发生吵骂。后李飞破门进入徐某某在“小天使形象设计室”内的卧室，持室内的铁锤多次击打徐某某的头部，击打徐某某表妹王某某头部、双手数下。稍后，李飞又持铁锤先后再次击打徐某某、王某某的头部，致徐某某当场死亡、王某某轻伤。为防止在场的“小天使形象设计室”学徒工佟某报警，李飞将徐某某、王某某及佟某的手机带离现场抛弃，后潜逃。同月 23 日 22 时许，李飞到其姑母李某某家中，委托其姑母转告其母亲梁某某送钱。梁某某得知此情后，及时报告公安机关，并于次日晚协助公安机关将来姑母家取钱的李飞抓获。在本案审理期间，李飞的母亲梁某某代为赔偿被害人亲属 4 万元。

二、死刑适用条件的司法考察

王志才故意杀人案与李飞故意杀人案都是十分典型的因婚恋纠纷引起的杀人案件。在我国司法实践中，此类杀人案件占有相当的比重。如何处理由于婚恋纠纷所引起的杀人案件，对于司法机关来说，是一个重要的课题。在上述两个故意杀人案的处理中，涉及死刑立即执行与死刑缓期执行的界限区分问题。应该指出，死刑立即执行与死刑缓期执行同属于死刑的范畴，都是以犯罪分子所犯罪行极其严重，论罪应当判处死刑为前提的。那么如何区分死刑立即执行与死刑缓期执行的界限呢？从我国《刑法》第 48 条的规定来看，适用死刑缓期执行的条件是："对于应当判处死刑的犯罪分子，如果不是必须立即执行的，可以判处死刑同时宣告缓期二年执行。"可以说，这个法律规定是十分笼统的，几乎就是一个授权性的规定。在个案中对犯罪分子是否判处死缓，完全取决于法官对于该犯罪分子是否必须立即执行的内心确信。当然，在刑法理论上还是可以为死刑立即执行与死刑缓期执行的区分提出刑法教义学的根据的。

（一）死刑适用条件的一般理解

值得注意的是，1979 年《刑法》关于死刑适用条件的规定采用的是"罪大恶极"一语，从客观上的社会危害性极大与主观上的人身危害性极大这两个方面为死刑适用提供了一般性条件。尽管"罪大恶极"四字仍然是极为概括性的，但毕竟指出了从主客观这两个方面加以考察的基本思路。但是，1997 年《刑法》却将"罪大恶极"一语修改为"罪行极其严重"一词。那么，这一修改的用意究竟何在呢？对于这一修改，高铭暄教授指出：1979 年刑法典颁布后，对于"罪大恶极"，一些学者指出，这一死刑适用标准在理论上有多种解释，实践中理解和执行标准不一，势必造成司法的不统一，故应当将其具体化为"犯罪性质和危害后果特别严重，而且犯罪人的主观恶性特别巨大"。考虑到立法用语的规范化的要求，1997 年 1 月 10 日的刑法修订草案将"罪大恶极"修改为"罪行极其严重"。后来，这一修改为 1997 年刑法典所沿用。在这里，"罪行极其严重"应当理解为犯罪性质和犯罪情节极其严重，而且犯罪分子的主观恶性也极其严重。① 从以上解释来看，"罪行极其严重"是"罪大恶极"的替代语，两者只是具体与抽象的关系。即立法者试图采用较为具体的"罪行极其严重"一语代替"罪大恶极"一词。当然，"罪行极其严重"一语其实也并不具体。因此从立法本意上来说，"罪行极其严重"仍然是客观危害与主观恶性的统一。但是，从文字上来看，"罪行极其严重"一语似乎只是指客观上的危害，而并不包括主观上的恶性。对此，我国刑法学界存在质疑。例如我国学者指出：

> 不论刑法的修改意义如何，单从文字来理解，似乎让人感觉到在死刑的适用上，修订刑法更加注重客观罪行的标准，因而冲淡了可能因为单纯恶极被判处死刑的适用。但这同样带来了一个不得不令人思考的问题：立法者将罪大恶极修改为罪行极其严重，岂不是降低了死刑（包括死缓）适用的条件？也即按照新刑法典之规定，是否只需要从犯罪的客观危害一个方面去确定是否应当判处死刑，而置行为人的主观恶性和人身危险性于不顾？我们认为，不论立法者对这一词语的修改是旨在将概念含义具体化，还是要对死刑适用的条

① 高铭暄．中华人民共和国刑法的孕育诞生和发展完善．北京：北京大学出版社，2012：225－226.

> 件作实质性的变更，降低死刑适用条件的立法意图是可以排除的。唯一可作为合理解释的是：立法者为了便于司法操作，力求概念明确化，出于这一初衷的用语却导致了不应有的概念异化（即罪行极其严重与将罪大恶极具体化的立法本意相去甚远）。这不能不说是立法技术上的一个缺憾。①

以上学者所说的概念异化，是指立法上的言不达意。在这种情况下，如果根据立法者的本意，罪行极其严重应该包括客观上的危害极其严重与主观上的恶性极其严重这两个方面。但如果仅从法条的文字上理解，则罪行极其严重是指客观上的危害极其严重，而不能包含主观上的恶性极其严重。从我国刑法学界的解释来看，基本上还是采取基于立法者本意的理解。因为如果把适用死刑的条件罪行极其严重从需要具备客观上的危害极其严重与主观上的恶性极其严重这两个方面的要素，改为只需要客观上的危害极其严重这一个方面的要素，显然降低了死刑的适用标准，这与限制死刑适用的刑事政策精神抵牾。

值得注意的是，我国学者储槐植教授对我国刑法规定的死刑适用条件作了全新的解读，指出："罪行极其严重"为死刑适用的一般化标准，即不能因人而异，属行为刑法，体现形式理性，同等情况同等对待；具体"犯罪分子"为死刑执行方式裁量的个别化根据，即需因人而异，属行为人刑法，体现实质理性，不同情况不同对待。综观《刑法》第48条，兼有形式理性与实质理性；协调行为刑法与行为人刑法，是谓矛盾统一。《刑法》第48条同时规定了死刑适用的标准和死刑执行的两种方式，即死刑立即执行和缓期二年执行，两种执行方式的区分主要取决于"犯罪分子"的不同情况，理论和实践都只能得出这样的结论。② 根据以上论述，对于我国《刑法》第48条所规定的死刑只适用于罪行极其严重的犯罪分子，应该将"罪行极其严重"与"犯罪分子"这两个用语分别理解。"罪行极其严重"是指客观上的危害特别严重，这是死刑适用的一般标准。而"犯罪分子"则是对行为人的主观恶性的考察，其决定死刑执行方式，即死刑立即执行还是死刑缓期执行。由此可见，储槐植教授认为应当根据文字本身对法条进行解释，适用死刑的条件是罪大，而决定死刑是否立即执行的条件是犯罪分子是否恶极。在这种情况下，就必然得出结论：1979年《刑法》的法定死刑圈小，1997年《刑法》的法定死刑圈大。因此，死缓的适用条件就是罪大但不恶极。③

这一解释当然是具有一定新意的，根据储槐植教授的这一解释，罪大恶极是死刑立即执行的适用条件，罪大不恶极则是死刑缓期执行的适用条件，这对于正确区分死刑立即执行与死刑缓期执行是具有参考价值的。当然，储槐植教授也认识到这样一种对《刑法》第48条关于死刑适用条件的理解与立法本意并不符合，但又认为这是立法初意（原意）在司法实践过程中发生了合乎生活逻辑的蜕变，是客观解释论之典范。从司法实践的情况来看，确实是客观上的"罪大"容易把握，主观上的"恶极"不太容易把握。而恰恰是主观上的是否恶极对于确定是否适用死缓具有重要意义，对于故意杀人罪的死刑适用来说尤其如此。

《刑法》第48条第1款规定："死刑只适用于罪行极其严重的犯罪分子。对于应当判处死刑的犯罪分子，如果不是必须立即执行的，可以判处死刑同时宣告缓期二年执行。"在此，如何理解"罪行极其严重"关涉是否判处死刑的标准把握，而如何理解"不是必须立即执行"，则关涉死刑立即执行与死刑缓期执行的区分。对于这些法律规定的理解问题，只有通过法教义

---

① 黄伟明．死缓制度的当代价值．北京：科学出版社，2007：137.

② 储槐植．死刑司法控制：完整解读刑法第四十八条．中外法学，2012（5）.

③ 储槐植．遵从立法多判死缓：罪大但不恶极//赵秉志主编．刑法评论：第1卷．北京：法律出版社，2012：237.

学方法的适用，才能获得正确的理解。例如，劳东燕教授对《刑法》第48条规定的死刑适用标准进行了教义学的解读，认为应当从以下四个方面理解该规定：（1）从第48条第1款表述的内在逻辑来看，应当得出以适用死缓为通例、以适用死刑立即执行为例外的结论。（2）对第48条第1款采取以适用死缓为通例、以适用死刑立即执行为例外的理解，有助于合理界定“罪行极其严重”与“不是必须立即执行”各自所应考虑的因素。（3）对第48条第1款采取以适用死缓为通例、以适用死刑立即执行为例外的理解，有助于协调其与第50条第2款之间的关系，同时避免判决时思考逻辑上的迂回反复。（4）对第48条第1款采取以适用死缓为通例、以适用死刑立即执行为例外的理解，在刑事政策上有助于真正贯彻削减死刑适用的理念，有助于合理分配举证责任。从以上综述可以看出，第一点是后三点的逻辑前提，即对第48条第1款采取以适用死缓为通例、以适用死刑立即执行为例外的理解，这是对《刑法》第48条第1款关于死刑适用标准问题的一个至关重要的问题。对此，劳东燕教授做了具有新意的教义学解读。

传统的理解认为，《刑法》第48条第1款规定“死刑只适用于罪行极其严重的犯罪分子”中的死刑，既包括死刑立即执行又包括死刑缓期执行，而将“不是必须立即执行”理解为从既包含死刑立即执行又包含死刑缓期执行的“死刑”中，将死缓分离出来。因此，“不是必须立即执行”是死缓的适用条件。据此，可以认为在罪行极其严重的情况下，适用死刑立即执行是通例；只有在不是必须立即执行的情况下，例外地适用死缓。而劳东燕教授则对《刑法》第48条第1款做了与之不同的解释，认为“死刑只适用于罪行极其严重的犯罪分子”中的死刑，既包括死刑立即执行又包括死刑缓期执行，对此没有异议。满足这一条件，便达到进入“死刑圈”的门槛。但不能把“不是必须立即执行”理解为死缓的适用条件，而应当把“必须立即执行”理解为死刑立即执行的适用条件，由此得出以适用死缓为通例、以适用死刑立即执行为例外的结论。[①] 应该说，这些观点以刑法关于死刑适用条件的规定为根据，采取刑法教义学的方法，加以分析与演绎，对于正确理解死刑适用条件具有一定的参考价值。

关于死刑适用条件的理解，因为该条件是适用于所有的死刑案件的，所以我们还要考虑到不同犯罪类型之间的差别。一般来说，故意杀人、故意伤害、强奸、抢劫等所谓自然犯的主观恶性是较为明显的，可以从其客观危害当中比较容易地分离出来。然而诸如贪污、受贿等职务犯罪以及集资诈骗等法定犯，除犯罪数额这一客观危害的要素区分度较高以外，其主观恶性的差别并不太大。在这种情况下，即使是死刑立即执行与死刑缓期执行的区分，在很大程度上也取决于犯罪数额的要素。因此，我还是倾向于对罪行极其严重加以更为全面的解释，它是一个综合性的判断标准。在这个意义上，我认为死刑适用条件的罪行极其严重完全是一个政策界限，更需要的是政策上的指导。至于死刑立即执行与死刑缓期执行之间也并没有根本性的区分，换言之，这种区分本身是相对的。因此，对于死刑适用标准从政策上予以把握是极为重要的。当然，这并不是说，刑法教义学的分析可以缺位。即使是体现死刑政策的司法解释，也还是需要通过刑法教义学的分析而使之具体化，并在个案中得以适用。

（二）故意杀人罪的死刑适用

基于杀人者死的传统观念，在我国刑法中，故意杀人罪是判处死刑最多的罪名之一。在这种情况下，如何限制故意杀人罪的死刑适用，是我国司法机关面对的一种考验。对于故意杀人罪来说，在将他人杀死的情况下，主要是一个适用死刑立即执行还是死刑缓期执行的界限把握问题。本章所涉及的王志才故意杀人案和李飞故意杀人案，均是如此。在故意杀人罪中，客观

① 劳东燕．死刑适用标准的体系化构造．法学研究，2015（1）．

上的危害特别严重的标准是较为容易把握的，这就是指将人杀死。换言之，只要将人杀死，一般而言就具备了适用死刑的条件。关于这一点也是存在法律根据的，因为我国《刑法》第232条对故意杀人罪的法定刑是按照“死刑、无期徒刑或者十年以上有期徒刑”这样一个从重到轻的顺序排列的，这在我国刑法分则关于法定刑的规定中可谓独一无二。这表明，立法者认为故意杀人是我国刑法中最为严重的犯罪，对其应当适用最为严厉的刑罚。这一立法精神与我国公众对于故意杀人罪的法感觉是吻合的。就我国司法的死刑限制来说，更多的还是应当大量减少非暴力犯罪的死刑适用，而对故意杀人罪的死刑限制应当慎之又慎。从各国废除死刑的经验来看，故意杀人罪是死刑废除的最后堡垒。在大量非暴力犯罪存在死刑适用的情况下，贸然减少故意杀人罪的死刑适用，必然会引起民意的反弹，这是值得警觉的。当然，这并不意味着只要是故意杀人罪就一概适用死刑，尤其是适用死刑立即执行。因为故意杀人罪适用死刑在这个死刑适用中所占的比重较大，如果在故意杀人罪的死刑适用上无所作为，则减少死刑适用就会无能为力。因此，对于故意杀人罪的死刑适用应当采取一种谨慎而又稳妥的做法。

我认为，对于故意杀人罪来说，当务之急是减少死刑立即执行的适用，而增加死刑缓期执行的适用。所以，对于故意杀人罪来说，死刑立即执行与死刑缓期执行的区分是更为重要的。目前，在我国司法实践中，关于故意杀人罪的死刑适用的政策法律根据主要是1999年10月27日最高人民法院《全国法院维护农村稳定刑事审判工作座谈会纪要》（以下简称《纪要》）的规定。在论及故意杀人罪的死刑适用时，该纪要指出：“对故意杀人犯罪是否判处死刑，不仅要看是否造成了被害人死亡结果，还要综合考虑案件的全部情况。对于因婚姻家庭、邻里纠纷等民间矛盾激化引发的故意杀人犯罪，适用死刑一定要十分慎重，应当与发生在社会上的严重危害社会治安的其他故意杀人犯罪案件有所区别。对于被害人一方有明显过错或对矛盾激化负有直接责任，或者被告人有法定从轻处罚情节的，一般不应判处死刑立即执行。”根据这一规定，在考虑故意杀人罪是否判处死刑的时候，应当考虑以下三个方面的因素。

1. 杀人起因所决定的犯罪性质

正如世界上没有无缘无故的爱，也没有无缘无故的恨一样，世界上也没有无缘无故的杀人。即使是那些在一般人看来是无故杀人的情形，其实也是有因的杀人，只不过该杀人原因与被害人无关而已。在一定程度上，杀人的起因决定着故意杀人罪的性质。在《纪要》中区分了两种杀人犯罪，即因婚姻家庭、邻里纠纷等民间矛盾激化引发的故意杀人犯罪与发生在社会上的严重危害社会治安的其他故意杀人犯罪，并且认为这两种杀人犯罪之间存在性质上的根本区分。这是在故意杀人罪死刑适用时首先必须把握的一条政策法律界限。以上两种杀人犯罪的主要区分就在于杀人的起因：前一种杀人犯罪是由于婚姻家庭、邻里纠纷等民间矛盾激化引发的；后一种杀人犯罪是由其他原因引发的。在民间矛盾引发的杀人犯罪中，《纪要》特别列举了婚姻家庭、邻里纠纷这两种情形。所谓婚姻家庭纠纷引发的杀人犯罪，是指由于当事人处理婚姻家庭事务不当产生矛盾，由于这种矛盾激化而发生的杀人犯罪案件。在这种杀人案件中，被告人与被害人之间存在较为密切的人际关系，甚至是亲属关系。例如发生在夫妻之间的杀人案件，其父母子女既是被告人的亲属，又是被害人的亲属，具有这种双重身份。所谓邻里纠纷引发的杀人犯罪，是指被告人与被害人之间存在邻里关系的杀人犯罪案件。以上杀人案件都是从民事纠纷转化的刑事犯罪案件，并且都发生在熟人之间，这就决定了这种杀人犯罪是一种侵犯他人生命权的单纯的杀人犯罪案件。与这种婚姻家庭、邻里纠纷等民间矛盾激化引发的杀人犯罪案件不同，发生在社会上的严重危害社会治安的其他故意杀人犯罪具有两个特征：一是发生地域的公共性，二是严重危害社会治安。所谓发生地域的公共性，是相对于发生在家庭或者邻里之间而言的，表明两种犯罪在犯罪地点上的差异。所谓严重危害社会治安，是指对于社会治安的危害性，这对于故意杀人罪来说是一种间接的危害后果。当然，以上两个因素，前者是表象性的因素，后者才是实质性的因素。以上两个特征决定了上述两种故意杀人罪之间在杀人起因上的不同。例如寻衅滋事或者聚众斗殴引发的杀人犯罪案件，以及报复性的杀人犯罪案件等，这些杀人案件不仅侵犯了被害人的生命权，而且严重危害社会治安。这些杀人犯罪案件的被害人是不特定的，因此可能使其他人产生心理上的恐惧并对其产生影响。由此可见，以上两种杀人犯罪在性质上是有所不同的。

在有关的司法文件中，曾经论及注意区分两类不同性质的故意杀人案件的原则。例如最高人民法院刑三庭在《在审理故意杀人、伤害及黑社会性质组织犯罪案件中切实贯彻宽严相济刑事政策》的文件中指出，在实践中，故意杀人、伤害案件从性质上通常可分为两类：一类是严重危害社会治安、严重影响人民群众安全感的案件，如极端仇视国家和社会，以不特定人为行凶对象的；一类是因婚姻家庭、邻里纠纷等民间矛盾激化引发的案件。对于前者应当作为严惩的重点，依法判处被告人重刑直至判处死刑。对于后者处理时应注意体现从严的精神，在判处重刑尤其是死刑时应特别慎重，除犯罪情节特别恶劣、犯罪后果特别严重、人身危险性极大的被告人以外，一般不应当判处死刑。对于被害人在起因上存在过错，或者是被告人案发后积极赔偿，真诚悔过，取得被害人或其家属谅解的，应依法从宽处罚，对同时有法定从轻、减轻处罚情节的，应考虑在无期徒刑以下裁量刑罚。以上司法文件关于正确区分两类不同性质的故意杀人案件的精神是十分可取的，应当在司法活动中切实地予以贯彻。

2. 被害人的过错

被害人的过错，是故意杀人罪的死刑适用中需要考虑的一个重要因素。被害人的过错，除诈骗罪以外，一般都会影响对被告人的量刑，这是一个基本原则。对于故意杀人罪来说，考虑是否对被告人适用死刑的时候，尤其需要注意被害人是否存在过错，以及这种过错在何种程度上影响对被告人的死刑适用。

在犯罪学上，被害人的过错也是犯罪起因的一种，它对于促使被告人实施犯罪行为起到了一定的激发作用。换言之，被害人的过错本身就是引起被告人的犯罪行为的动因。在暴力犯罪中，被害人的过错所引起的案件往往占有一定的比例。根据我国学者的总结归纳，在司法实践中，被害人的过错在暴力犯罪案件中主要有以下四种表现形式：(1) 挑衅。这类被害人过错主要发生于聚众斗殴、民事纠纷等原因引起的故意杀人、故意伤害等暴力犯罪案件中。挑衅是指被害人向守法者进行攻击而使之受到刺激。被害人的故意挑衅行为，在一定的情景之下，激发了被告人的犯罪意识及犯罪行为，因而可以认为，被害人在犯罪起因上存在过错。(2) 激将。即在一般纠纷或争吵斗殴中因被害人使用激将语言或行为诱发犯罪人犯罪意识导致受到侵害。学理上往往把激将称为“被害人推动”，加害人本无实施严重加害行为的故意，由于被害人用语言刺激加害人，而促使加害人实施犯罪行为。(3) 暴力或生活中品质恶劣的其他行为。这类被害人过错主要发生在婚姻家庭矛盾引发的暴力犯罪案件中。如被告人长期因生活琐事遭其丈夫即被害人的殴打、辱骂，被告人因此将被害人杀死；又如被告人的配偶与第三者发生不正当性关系，被告人十分愤怒，遂将其配偶或第三者杀死等。上述情况下的被告人原亦系被害人，但正是案件中被害人的种种恶劣行为，经长时间的积累而导致被告人的报复心理，使被告人实施了犯罪。因而被害人的行为与案件的发生具有直接的因果关系。(4) 贪欲。被害人的贪欲常常表现为勒索的行为，这种勒索的对象包括金钱等物质利益，也包括其他非物质的利益。如被害人因敲诈麻将室老板而被该老板开枪打死。如被害人与被告人发生不正当两性关系后，常常以将此事告知被告人工作单位为要挟，多次向被告人索要巨额钱款，被告人不堪重负，遂起意将被害人杀死。[①] 应该说，以上的总结与归纳还是较为符合实际的。上述被害人的过错，都或多或少地对被告人实施暴力犯罪起到了一定的激发作用，在对被告人量刑的时候都是应当予以考虑的。但是，对于死刑的适用，例如是否判处死刑以及是否适用死缓等的裁量发生作用的，并不是一般意义上的被害人过错，而是重大且明显的被害人过错。这里的重大过错，是指该被害人的过错对于被告人实施杀人犯罪行为具有根本性的激发作用，例如被害人抓住被告人的把柄进行一而再，再而三的勒索，促使被告人将被害人杀死。这就是一种重大的过错，因为这一勒索行为本身不仅违法而且涉及犯罪。如果只是一般性的言语辱骂刺激，由此而导致被告人杀人的，被害人虽然也有一定的过错，但这一过错是微小而非重大的。这里的明显过错，是就该被害人过错的表现程度而言的，指这种过错具有显而易见的性质，根据社会一般人的是非观都会认为存在过错，而不是只有被告人自认为的过错。因此，在是否存在被害人过错的判断上，应当采用社会一般人标准说，而不是被告人的个人标准说，这是合理的。

被害人的过错在故意杀人罪中之所以能够影响死刑的适用，主要是因为它反映了被告人的主观恶性较小。最高人民法院刑三庭于《在审理故意杀人、伤害及黑社会性质组织犯罪案件中切实贯彻宽严相济刑事政策》的文件中指出：主观恶性是被告人对自己行为及社会危害性所抱的心理态度，在一定程度上反映了被告人的改造可能性。一般来说，经过精心策划的、有长时间计划的杀人、伤害，显示被告人的主观恶性深；激情犯罪，临时起意的犯罪，因被害人的过错行为引发的犯罪，显示的主观恶性较小。对主观恶性深的被告人要从严惩处，对主观恶性较小的被告人则可考虑适用较轻的刑罚。在对故意杀人罪适用死刑的时候，被害人的过错以及程度，是一个重要的指数，对于是否适用死刑以及死刑立即执行与死刑缓期执行的区分，都具有重大的影响。同时，这也是律师辩护的一个主要理由。在司法实践中法官应当实事求是地认定被害人的过错，以便对被告人正确地量刑。在以往的人民法院指导案例中，曾经颁布过因为被害人过错而从对被告人死刑立即执行改判死缓的案例。例如在王勇故意杀人案[②]中，一审法院以被害人有明显过错判处被告人王勇死刑缓期二年执行。一审宣判后，附带民事诉讼原告人以对王勇犯罪应当判处死刑立即执行、赔偿数额太少为由提出上诉。二审法院经审理认为：被告人王勇故意非法剥夺他人生命，已构成故意杀人罪，且犯罪手段凶残，情节特别严重，应依法严惩。但被害人无故打伤被告人王勇的父亲，又找到王勇家，对引发本案有一定的过错责任，且被告人王勇作案后能投案自首，故依法从轻判处。原判决定罪准确，量刑适当，审判程序合法，故裁定驳回上诉，维持原判。有关裁判理由指出：在本案中，被害人董德伟无理纠缠并打伤被告人王勇的父亲，引起被告人与被害人争吵、厮打，并用刀当场杀死被害人。被害人董德伟打伤被告人王勇父亲，与被告人王勇杀死董德伟的行为是紧密联系的。被害人无故纠缠被告人王勇的父亲，并致其父头皮血肿、胸壁软组织损伤，属于有严重过错。因此，虽然被告人王勇用菜刀对被害人头部、面部等要害部位连砍数刀，致其死亡，手段残忍，后果严重，亦可以酌情予以从轻处罚。[③] 王勇故意杀人案是以被害人有明显过错而对被告人适用死刑缓期执行的一个范例，对于此后司法实践中根据被害人的明显过错对被告人正确适用死缓具有参考价值。当然，我们也还必须注意，在王勇故意杀人案中，被告人不仅存在被害人有明显过错这一个酌情从轻的情节，而且存在自首这一法定从轻情节。

3. 法定的从轻情节

是否具有法定的从轻情节，对于故意杀人罪的死刑适用同样具有重要意义。所谓法定的从

---

① 任志中．死刑适用问题研究．北京：知识产权出版社，2012：249－250.

② 最高人民法院编．刑事审判参考：总第 3 辑．北京：法律出版社，1999.

③ 最高人民法院编．刑事审判参考：总第 3 辑．北京：法律出版社，1999：21.

轻情节，是相对于酌定的从轻情节而言的，一般是指自首、立功，以及在《刑法修正案（八）》中增加的坦白。关于自首、立功与坦白，在刑法中都有明文规定，但这些法定的从轻情节如何在故意杀人罪的死刑裁量中正确适用，则是一个需要进一步研究的问题。值得注意的是，在有关司法文件中都有关于这方面的规定，这对于司法机关处理此类问题提供了参考依据。例如，最高人民法院刑三庭于《在审理故意杀人、伤害及黑社会性质组织犯罪案件中切实贯彻宽严相济刑事政策》的文件中指出：对于自首的故意杀人、故意伤害致人死亡的被告人，除犯罪情节特别恶劣，犯罪后果特别严重的，一般不应考虑判处死刑立即执行。对亲属送被告人归案或协助抓获被告人的，也应视为自首，原则上应当从宽处罚。对具有立功表现的故意杀人、故意伤害致死的被告人，一般也应当体现从宽，可考虑不判处死刑立即执行。但如果犯罪情节特别恶劣，犯罪后果特别严重的，即使有立功情节，也可以不予从轻处罚。从以上规定可以看出，凡是具有自首、立功等法定的从轻处罚情节的，除特殊情况以外，一般都可以考虑适用死刑缓期执行。当然，如何在故意杀人案件中正确地进行死刑立即执行与死刑缓期执行的裁量，仍然是一个具有较高的政策把握难度与法律理解深度的专业问题，可谓失之毫厘，谬以千里。对此，我将在下文结合个案进行较为细致的探讨。

（三）指导案例的比较分析

王志才故意杀人案和李飞故意杀人案都有一个从死刑立即执行到死刑缓期执行的改判过程，这里涉及故意杀人罪的死刑立即执行与死刑缓期执行的正确区分问题。从上述两案的具体案情来看，既存在从轻处罚的情节，又存在从重处罚的情节。

关于王志才故意杀人案，裁判理由认为：被告人王志才的行为已构成故意杀人罪，罪行极其严重，论罪应当判处死刑。鉴于本案系因婚恋纠纷引发，王志才求婚不成，恼怒并起意杀人，归案后坦白悔罪，积极赔偿被害方经济损失，且平时表现较好，故对其判处死刑，可不立即执行。同时考虑到王志才故意杀人手段特别残忍，被害人亲属不予谅解，要求依法从严惩处，为有效化解社会矛盾，依照《刑法》第50条第2款等规定，判处被告人王志才死刑，缓期二年执行，同时决定对其限制减刑。由此可见，王志才故意杀人案具有以下从轻处罚的情节：(1) 本案系因婚恋纠纷引发；(2) 归案后坦白悔罪；(3) 积极赔偿被害方经济损失；(4) 平时表现较好。王志才故意杀人案从重处罚的情节是：被害人亲属不予谅解，要求依法从严惩处。

关于李飞故意杀人案，裁判理由认为：被告人李飞的行为已构成故意杀人罪，罪行极其严重，论罪应当判处死刑。本案系因民间矛盾引发的犯罪；案发后李飞的母亲梁某某在得知李飞杀人后的行踪时，主动、及时到公安机关反映情况，并积极配合公安机关将李飞抓获归案；李飞在公安机关对其进行抓捕时，顺从归案，没有反抗行为，并在归案后始终如实供述自己的犯罪事实，认罪态度好；在本案审理期间，李飞的母亲代为赔偿被害方经济损失；李飞虽系累犯，但此前所犯盗窃罪的情节较轻。综合考虑上述情节，可以对李飞酌情从宽处罚，对其可不判处死刑立即执行。同时，鉴于其故意杀人手段残忍，又系累犯，且被害人亲属不予谅解，故依法判处被告人李飞死刑，缓期二年执行，同时决定对其限制减刑。由此可见，李飞故意杀人案具有以下从轻处罚的情节：(1) 本案系因民间矛盾引发的犯罪；(2) 案发后李飞的母亲梁某某在得知李飞杀人后的行踪时，主动、及时到公安机关反映情况，并积极配合公安机关将李飞抓获归案；(3) 李飞在公安机关对其进行抓捕时，顺从归案，没有反抗行为，并在归案后始终如实供述自己的犯罪事实，认罪态度好；(4) 在本案审理期间，李飞的母亲代为赔偿被害方经济损失。李飞故意杀人案从重处罚的情节是：(1) 累犯；(2) 被害人亲属不予谅解。

应该说，以上两案中的被告人都是罪行极其严重，因此就故意杀人罪而言，具备适用死刑的条件。问题在于：是否应当适用死刑缓期执行？根据最高人民法院关于故意杀人罪适用死刑的有关司法解释，对于因婚姻家庭、邻里纠纷等民间矛盾激化引发的故意杀人犯罪，适用死刑一定要十分慎重，应当与发生在社会上的严重危害社会治安的其他故意杀人犯罪案件有所区别。对于被害人一方有明显过错或对矛盾激化负有直接责任，或者被告人有法定从轻处罚情节的，一般不应判处死刑立即执行。这里的一般不应判处死刑立即执行，我认为其界限是明确的。王志才故意杀人案和李飞故意杀人案都符合上述司法解释的规定，不宜判处死刑立即执行，而应当判处死刑缓期执行。在此，我们可以将上述两案与轰动一时的李昌奎故意杀人案进行比较性的考察。李昌奎故意杀人案的案情如下：

> 被告人李昌奎与被害人王家飞存在感情纠纷。2009 年 5 月 14 日，李昌奎之兄李昌国与王家飞之母陈礼金因琐事而打架，李昌奎得知此事后便于 5 月 16 日 13 时许赶到家，在途经王廷金（王家飞父亲）家门口时遇见被害人王家飞及其弟王家红（3 岁），李昌奎与王家飞发生争吵，进而抓打，在抓打过程中李昌奎将王家飞掐晕后抱到王廷金家厨房门口实施强奸。后又将被害人王家飞抱到王廷金家堂屋，王家飞醒来后跑向堂屋，李昌奎便提起一把条锄击打王家飞头部致王家飞当场倒地，并将王家飞拖入王廷金家堂屋左面第一间房内，又提起王家红的手脚将其头猛撞门框。后又在王廷金家屋里找来一根绳子勒住已经昏迷的王家红和王家飞的脖子，并逃离现场。经法医鉴定，王家飞、王家红均系颅脑损伤伴机械性窒息死亡。对于本案，云南省昭通市中级人民法院以故意杀人罪，判处李昌奎死刑立即执行，剥夺政治权利终身；以强奸罪，判处被告人李昌奎有期徒刑 5 年，决定执行死刑立即执行，剥夺政治权利终身。由被告人李昌奎赔偿附带民事诉讼原告人经济损失共计人民币 30 000 元。一审宣判以后，被告人不服，提出上诉。云南省高级人民法院经审理认为，上诉人李昌奎目无国法，将王家飞掐致昏迷后对其实施奸淫，而后又将王家飞、王家红姐弟杀害的行为，分别构成强奸罪、故意杀人罪，应依法严惩。被告人李昌奎在犯罪后到公安机关投案，并如实供述其犯罪事实，属自首；在归案后认罪、悔罪态度好；并赔偿了被害人家属部分经济损失，故上诉人李昌奎及其辩护人所提被告人具有自首情节，认罪、悔罪态度好，积极赔偿被害人家属的上诉理由和辩护意见属实，法院予以采纳。鉴于此，对李昌奎应当判处死刑，但可以不立即执行。二审法院作出如下判决：(1) 维持云南省昭通市中级人民法院（2010）昭中刑一初字第 52 号刑事附带民事判决第二及第一项中对被告人李昌奎强奸罪的定罪量刑及故意杀人罪的定罪部分；撤销第一项中对故意杀人罪的量刑部分。(2) 上诉人（原审被告人）李昌奎犯故意杀人罪，判处死刑，缓期二年执行，剥夺政治权利终身。

李昌奎故意杀人案被改判死缓的判决在被媒体披露以后，引发社会公众和舆论的广泛质疑。后云南省高级人民法院提起再审，云南省高级人民法院经再审认为，被告人李昌奎因求婚不成及家人的其他琐事纠纷产生报复他人之念，强奸、杀害王家飞后，又残忍杀害王家飞年仅 3 岁的弟弟王家红，其行为已分别构成强奸罪、故意杀人罪，且犯罪手段特别残忍，情节特别恶劣，后果特别严重，社会危害极大，虽有自首情节，但不足以对其从轻处罚。原二审死缓判决量刑不当，故改判死刑立即执行。本案在报请最高人民法院核准以后，对李昌奎执行了死刑。至此，李昌奎故意杀人案画上了一个句号。

李昌奎故意杀人案从重处罚的情节包括：(1) 杀死二人，且手段极其残忍；(2) 将被害人掐晕后实施强奸。除此以外，李昌奎故意杀人案也存在以下从轻处罚的情节：(1) 本案系婚恋纠纷引发的故意杀人案件；(2) 自首；(3) 赔偿被害人家属部分经济损失。将李昌奎故意杀人案的以上情节与王志才故意杀人案和李飞故意杀人案相比，从轻处罚的情节相差不多，但犯罪行为方面相差较大，即李昌奎所犯罪行远比王志才和李飞的严重。但在云南省高级人民法院原二审判决中，仅仅根据本案系婚恋纠纷引发的故意杀人案件、存在自首以及赔偿了被害人家属部分经济损失这些从轻处罚的情节，就将死刑立即执行改判为死刑缓期执行。这里存在的质疑意见是：本案是否应当适用司法解释关于民间纠纷引发的故意杀人案件一般不应当判处死刑立即执行的规定？更为重要的问题是：在死刑裁量中，究竟如何平衡客观上的危害与主观上的恶性之间的关系？

关于本案是否属于民间纠纷引发的故意杀人案件的问题，涉及对本案起因及性质的判断，与本案的死刑裁量也密切相关。对于最高人民法院《纪要》所称的婚姻家庭、邻里纠纷等民间矛盾（以下简称“民间纠纷”）激化所引发的故意杀人案件，在进行刑法教义学解读的时候，首先涉及的问题是：从地域上来说，该类故意杀人案件是否必须发生在农村？详言之，发生在农村以外地域的民间纠纷引发的故意杀人类案件，是否也适用《纪要》关于一般不判处死刑立即执行的规定？对于这个问题，我认为，虽然《纪要》是针对农村犯罪情况制定的，而且农村更多地保留了熟人社会的特征，因此这种婚姻家庭、邻里纠纷等民间矛盾激化所引发的故意杀人案件在数量上也是较多的，《纪要》对此作出了有针对性的规定，但是，不能由此而将《纪要》的适用范围仅限于农村。事实上，因为婚姻家庭纠纷引发的故意杀人案件，在城镇也并不鲜见。至于邻里纠纷，由于城镇，尤其是大城市熟人社会的特征逐渐消失，呈现出陌生人社会的性质，邻里关系不如在农村那样密切。因此，纯粹的邻里纠纷引发的故意杀人案件确实较为少见。但如果发生了此类邻里纠纷引发的故意杀人案件，也还是要参照《纪要》的精神处理。同时，《纪要》强调的是民间纠纷引发的故意杀人案件，婚姻家庭、邻里纠纷只是一种列举，除此以外的民间纠纷也应该适用《纪要》的规定。当然，民间纠纷在农村与城镇的表现形式上有所不同。在农村，除较为常见的婚姻家庭、邻里纠纷引发的故意杀人案件以外，还有水利纠纷、山林纠纷、赡养纠纷、殡葬纠纷以及村界纠纷引发的群体性械斗等发生的故意杀人案件。在城镇，则有出租车收费纠纷、停车收费纠纷、交通纠纷等引发的故意杀人案件，这些纠纷不太可能发生在农村，具有城市纠纷的特征。而且，这些纠纷不是熟人之间的纠纷，而是陌生人之间的纠纷；这些纠纷不是发生在私密场所，而是发生在公共场所。但这些纠纷同样具有民间纠纷的性质，因而也应当参照适用《纪要》。从这个意义上说，我认为应当突破《纪要》的地域限制，按照案件的性质确定是否适用该《纪要》。

无疑，李昌奎故意杀人案发生在农村，具备适用《纪要》的前提条件，这是没有问题的。关键在于，引发李昌奎杀人的是否属于民间纠纷，尤其是邻里纠纷。对此，我国学者指出：在该案中，在自然意义上引发血案的纠纷，是在被害人王家飞的母亲与李昌奎的哥哥之间发生的“收费纠纷”，而王家飞、王家红与李昌奎本都不属于该纠纷的直接当事人。即使承认李昌奎与王家飞之间另外存在直接的“感情纠纷”，但是无论如何，李昌奎与3岁幼儿王家红之间，不存在任何直接的纠纷，其杀死王家红的行为不能被评价为《纪要》中规定的因“邻里纠纷”矛盾激化引发的杀人案件，因此即使其存在自首情节，也不宜适用“邻里纠纷引发的杀人一般不判处死刑立即执行”的规定。云南省高级人民法院的二审改判将李昌奎案放在《纪要》的背景下理解，方向是对的，不能说是没有根据的判决，但是具体到“邻里纠纷”的引用上，则是仅依据字面作了过于宽泛的、教条化的理解。① 以上观点是有一定道理的。当然，我认为在本案中所谓的民间纠纷是存在的，故意杀人罪在一定程度上说也是由于这些纠纷所引发的。但是，在李昌奎案中，这种民间纠纷对于量刑究竟有多大的影响，这是值得研究的。更为重要的是，

① 车浩．从李昌奎案看“邻里纠纷”与“手段残忍”的涵义．法学，2011（8）．

在本案中，李昌奎杀死3岁幼儿王家红，属于滥杀无辜。在这种情况下，还能否根据《纪要》不判处死刑立即执行，这是一个政策界限的把握问题，也是李昌奎故意杀人案引发我们思考的更为重要的一个问题。

即使是根据《纪要》的精神，对于民间纠纷引发的故意杀人案件，也只是一般不判处死刑立即执行，而不是一律不判处死刑立即执行。那么，李昌奎案是否属于“一般不判处死刑立即执行”的范畴呢？对此，原二审判决并没有加以深入的论证。在李昌奎案中，行为人触犯了两个罪名：一是故意杀人罪，二是强奸罪。对于这种犯有数罪的情形，首先应当分别定罪量刑，然后再考虑如何并罚。因此，在对故意杀人罪进行量刑的时候，不应把强奸罪作为从重情节加以考虑。换言之，不能因为在故意杀人罪以外还犯有一个强奸罪，而在故意杀人罪不应当判处死刑立即执行的情况下，因为考虑强奸罪而将被告人判处死刑立即执行。但是，在李昌奎案中另外一个犯罪要素是必须考虑的，这就是李昌奎杀死二人。在日本刑法中，生命法益是一身专属法益，因此杀死一人即构成一个杀人罪，杀死二人即构成两个杀人罪，应当对此进行数罪并罚。但在我国刑法中，对于同种数罪是不并罚的，而是作为一罪加以处罚。但是，杀死一人与杀死二人在量刑上是绝不能一视同仁的。在李昌奎故意杀人案中，如果只是杀死一人，根据其情节判处死刑缓期执行还是适当的；但在杀死二人的情况下，死刑缓期执行的判决确实存在罪刑不相称的问题。

在李昌奎故意杀人案中，还存在一个问题，即如何看待自首在量刑，尤其是在死刑裁量中的作用。我国《刑法》规定：“对于自首的犯罪分子，可以从轻或者减轻处罚。其中，犯罪较轻的，可以免除处罚。”李昌奎的故意杀人当然不属于犯罪较轻的情形。但我国刑法对自首的处理采取的是裁量性的而非强制性的从轻或者减轻处罚的制度。因此，对于自首的犯罪分子，如果其所犯罪行极其严重，不予从轻或者减轻也是可以的，并不违反刑法的规定。当然，在一般情况下应当从轻或者减轻处罚。那么，在李昌奎故意杀人案中，是否因为存在自首情节而应予以从轻处罚呢？减轻处罚当然不可能，不过，从死刑立即执行降为死刑缓期执行，究竟是从轻处罚还是减轻处罚，在学理上也还是不明确的。我个人还是认为这是从轻处罚而非减轻处罚。在自首的情况下，是从轻处罚还是减轻处罚，以及是否不予从轻处罚或者减轻处罚，都取决于所犯罪行的轻重。因此，在李昌奎故意杀人案中，最终还是要回到对李昌奎故意杀人行为的客观危害性的评价上来。死刑适用条件的罪行极其严重，仍然是一个相对的概念。也就是说，在罪行极其严重的情况下，还是存在程度上的区分。当罪行达到极其严重这个界限的时候，就具备了适用死刑的基本条件。在达到这一条件以后，还存在死刑立即执行与死刑缓期执行的区分，对于这一区分，并不是不再考虑罪行严重程度这个因素，而只考虑主观恶性以及人身危险性这些因素。无疑，李昌奎杀死二人是其故意杀人犯罪情节特别严重的一个重要因素。

此外，还要论及故意杀人罪的所谓手段特别残忍。在王志才故意杀人案和李飞故意杀人案中，都存在手段特别残忍这一用语，甚至存在以手段特别残忍代称罪行极其严重的现象。我认为，这是不正常的，不能将手段特别残忍这一用语泛化，以至于将其适用于所有的故意杀人案。只要是故意杀人就是手段特别残忍，这显然是一种错误的认识。在故意杀人罪中，存在手段特别残忍的故意杀人与手段不是特别残忍的故意杀人之分。换言之，手段特别残忍并不是一句套语，不可以随便乱用，而是需要证据证明、需要论证的一个具体影响量刑的情节。事实上，王志才故意杀人案与李飞故意杀人案，都只是一般性地杀人，还谈不上手段特别残忍。我国学者认为，目前我国司法实践在故意杀人的案件中，当其他因素不产生影响或影响很小的时候，对于以特别残忍手段杀人者一般处以死刑立即执行，而对于不是以特别残忍手段杀人者一般处以死缓、无期徒刑甚至有期徒刑，这也是司法实践中长期以来形成的一种不成文的裁判惯例。① 其实，并不尽然。司法实践并没有自觉地形成以手段特别残忍作为区分死刑立即执行与死刑缓期执行的标志的惯例。在王志才故意杀人案和李飞故意杀人案中，重审判决虽然都认定杀人手段特别残忍，但仍然判处死刑缓期执行。可见，故意杀人罪的手段特别残忍在相当程度上还是一句内容空泛的套语。另外，杀死二人或者杀死妇孺老人也不能称为手段特别残忍。就故意杀人罪的手段特别残忍而言，这里的手段是指杀人所采取的具体方法以及行为方式，例如杀人毁容、杀人碎尸等。这些特别残忍的手段都是指将人杀死以外附加的内容。如果只是出于将人杀死而采取的一般杀人手段，就不存在手段特别残忍的问题。换言之，手段特别残忍的杀人只是故意杀人罪中较为例外或者较为特殊的一种类型，它并不能等同于罪行极其严重。也就是说，即使没有采取手段特别残忍的方式杀人，同样可以认定为罪行极其严重。那么，李昌奎的故意杀人是否属于手段特别残忍呢？对此，我国学者作了肯定的回答，认为李昌奎故意杀人的手段残忍性表现在两个方面：一方面，李昌奎将被害人王家飞掐晕后实施强奸，再用锄头猛击其头部，性质上属于先奸后杀；另一方面，李昌奎又对 3 岁的无辜幼儿王家红实施暴力，依据法院判决书的描述，其“提起王家红的手脚将其头猛撞房间门框”②。这里涉及的问题是：先奸后杀是否属于故意杀人的手段特别残忍？以及，将人摔死是否属于故意杀人的手段特别残忍？就一般社会公众的观念而言，该故意杀人手段引起了众怒，挑战了法律与道德的底线，这是可以肯定的。但从刑法上来说，是否属于故意杀人的手段特别残忍，还是需要论证而不能简单地予以赞同的。就先奸后杀而言，这是指犯有故意杀人罪与强奸罪两罪。根据数罪并罚原则，应当分别评价。我认为，不能以此前构成的强奸罪作为此后实施的故意杀人罪的手段特别残忍加以评价。其实，除了先奸后杀，还有先杀后奸。先杀后奸当然只构成故意杀人罪，其后的强奸行为实际上是奸尸，在刑法上并不构成强奸罪。但是，在这种情况下，奸尸情节可以作为故意杀人罪的从重处罚情节予以考虑，将其视为手段特别残忍的杀人或许具有一定的道理。至于李昌奎杀死 3 岁幼儿所采用的摔死手段，是否属于手段特别残忍，也还值得研究。摔死也只是杀死的一种行为方式，只是较少发生，很难说一定就是手段特别残忍。总之，对于故意杀人的手段特别残忍需要进行刑法教义学的分析，而不是在社会公众观念的意义上使用。

在李昌奎故意杀人案中，其杀人犯罪的罪行极其严重，足以抵消自首的法定从宽情节与民间纠纷等酌定从宽情节，属于《纪要》所规定的“不判处死刑立即执行”的例外情形。因此，云南省高级人民法院原二审将本案从一审的死刑立即执行改判为死刑缓期执行，确实存在政策界限把握上的疏失，甚至严重偏差。正如我国学者指出：李昌奎虽有自首等从宽情节，但其从宽情节对刑罚轻重调节的整体作用力要明显弱于所具有的从重情节，从整体上无法降低其犯罪行为的极其严重的社会危害程度，因而不足以对其从轻处罚。③

通过对王志才故意杀人案与李飞故意杀人案和李昌奎故意杀人案的对比性考察，我们看到，死刑立即执行与死刑缓期执行之间的界限还是不够明晰的，更多的是一种政策把握而非裁量规则的指引。当然，案例的指导作用对于此后死刑判决还是具有重要的参照作用的。

三、限制减刑制度的司法裁量

限制减刑制度是我国《刑法修正案（八）》新设的一种刑罚制度，根据我国《刑法》第 50

① 车浩．从李昌奎案看“邻里纠纷”与“手段残忍”的涵义．法学，2011（8）．

② 车浩．从李昌奎案看“邻里纠纷”与“手段残忍”的涵义．法学，2011（8）．

③ 赵秉志，彭新林．我国死刑适用若干重大现实问题探讨——以李昌奎案及其争议为主要视角．当代法学，2012（3）．

条第 2 款的规定："对被判处死刑缓期执行的累犯以及因故意杀人、强奸、抢劫、绑架、放火、爆炸、投放危险物质或者有组织的暴力性犯罪被判处死刑缓期执行的犯罪分子，人民法院根据犯罪情节等情况可以同时决定对其限制减刑。"根据我国《刑法》第 78 条第 2 款第 3 项的规定，限制减刑的犯罪分子实际执行的刑期应当按照以下规定执行："人民法院依照本法第五十条第二款规定限制减刑的死刑缓期执行的犯罪分子，缓期执行期满后依法减为无期徒刑的，不能少于二十五年，缓期执行期满后依法减为二十五年有期徒刑的，不能少于二十年。"这就是我国《刑法》关于限制减刑制度的完整规定。

限制减刑制度是为减少死刑适用而设立的一种制度，因此将其称为死刑制度的一部分也不为过。事实上，我国刑法就是把限制减刑制度规定在死刑当中的。在限制减刑制度设立之前，随着在以往刑法修订中死刑罪名的增加，我国刑法的刑罚体系中存在一个结构性矛盾，这就是我所说的"死刑过重，生刑过轻"。针对这一结构性矛盾，我提出了"限制死刑，加重生刑"的对策，指出：在严格限制死刑适用的前提下，首先应当做到重者更重。这里所谓重者更重，是指那些严重犯罪，包括暴力犯罪与非暴力犯罪，由过去判处死刑立即执行改判为死缓和无期徒刑以后，应当加重死缓和无期徒刑的处罚力度。被判处死缓的，原则上关押终身。个别减刑或者假释的，最低应关押 30 年以上。被判处无期徒刑的，多数应关押终身，少数减刑或者假释的，最低应关押 20 年以上。有期徒刑的上限提高到 25 年，数罪并罚不超过 30 年。① 我的以上观点虽然是使生刑趋重之论，但从根本上说还是为了减少死刑适用，调整我国刑罚结构，使之更为合理。在《刑法修正案（八）》的立法讨论过程中，围绕着如何加重生刑，存在一个从"不得减刑"到"限制减刑"的转变过程。对此，高铭暄教授曾经做过以下描述：最初拟定的条文是以"不得减刑"为基调的，以此体现宽严相济刑事政策的要求。但也有意见认为这一规定过于严厉，只强调了刑罚的惩罚性，不符合我国以改造人为宗旨的刑罚目的。立法机关综合各方面意见，将草案原先"不得再减刑"的写法改为"限制减刑"，并最终获得通过。② 尽管只是一种有限度地加重生刑的立法，但对于减少死刑的适用还是具有积极意义的。

限制减刑实际上在死刑立即执行与死刑缓期执行之间又增加了一个裁量的层次，即除死刑立即执行以外，由于限制减刑制度的存在，死刑缓期执行分为了两种：一种是没有附加限制减刑的死刑缓期执行，另一种是附加了限制减刑的死刑缓期执行。那么，限制减刑如何适用呢？我认为，并非对刑法所列举的各种犯罪被判处死刑缓期执行的犯罪分子一概适用限制减刑，而只有对于那些本来应当判处死刑立即执行，因为存在某些从轻情节，而判处一般的死刑缓期执行又不足以体现罪刑相适应原则的犯罪分子，才能适用限制减刑的规定。因此，法官需要在死刑立即执行与死刑缓期执行之间进行尺寸的艰难拿捏。从王志才故意杀人案和李飞故意杀人案的情况来看，犯罪分子的杀人犯罪都属于因婚姻家庭、邻里纠纷引发的杀人案件。而且在李飞故意杀人案中，李飞的母亲梁某某在得知李飞杀人后的行踪时，主动、及时到公安机关反映情况，并积极配合公安机关将李飞抓获归案；李飞在公安机关对其进行抓捕时，顺从归案，没有反抗行为，并在归案后始终如实供述自己的犯罪事实，认罪态度好。虽然没有被认定为自首，但其效果相当于自首。而无论是王志才故意杀人案还是李飞故意杀人案，都存在一些从重的因素需要考虑。例如，在王志才故意杀人案中，其亲属虽然积极赔偿，但未与被害人亲属达成赔偿协议，因此不判处死刑立即执行存在着来自被害人亲属方面的压力。而在李飞故意杀人案中，被告人系累犯，且被害人亲属不予谅解。在这种情况下，在判处死刑缓期执行的同时，适

① 陈兴良主编．宽严相济刑事政策研究．北京：中国人民大学出版社，2007：20.

② 高铭暄．中华人民共和国刑法的孕育诞生和发展完善．北京：北京大学出版社，2012：230.

用限制减刑，我认为是一种较为合理的判决结果：既减少了死刑立即执行的适用，又体现了对犯罪分子较为严厉的惩罚，这对被害人亲属也是一个交代。换言之，在以上两个案件中，在王志才故意杀人案中，如果被告人不仅积极赔偿，而且与被害人亲属达成了赔偿协议，获得了被害人亲属的谅解，则只能判处死刑缓期执行，不应再适用限制减刑。在李飞故意杀人案中，如果被告人不是累犯，并且获得了被害人亲属的谅解，也同样不应再适用限制减刑。因此，从实体裁量上说，王志才故意杀人案和李飞故意杀人案的限制减刑适用条件的把握，为此后司法机关正确适用限制减刑提供了可以参照的样板。

在限制死刑的适用中还存在一个刑法关于限制减刑制度的时间效力问题。《刑法修正案（八）》是2011年5月1日生效的，那么，对于此前发生的案件符合限制减刑规定的，是否适用限制减刑呢？这个问题涉及对刑法的溯及力的理解与适用。2011年4月25日，最高人民法院发布的《关于〈中华人民共和国刑法修正案（八）〉时间效力问题的解释》第2条明确规定："被告人具有累犯情节，或者所犯之罪是故意杀人、强奸、抢劫、绑架、放火、爆炸、投放危险物质或者有组织的暴力性犯罪，罪行极其严重，根据修正前刑法判处死刑缓期执行不能体现罪刑相适应原则，而根据修正后刑法判处死刑缓期执行同时决定限制减刑可以罚当其罪的，适用修正后刑法第五十条第二款的规定。"王志才故意杀人案和李飞故意杀人案的一审与二审都发生在《刑法修正案（八）》生效之前，而限制减刑的判决的时间是2011年5月3日，这可以说是第一批适用限制减刑的案件。

四、最高人民法院在控制死刑中的作用

王志才故意杀人案和李飞故意杀人案都经历了一个由死而生的司法转折历程，即一审和二审法院都宣告了死刑立即执行的判决。只是到了最高人民法院的死刑复核程序，才因没有核准死刑立即执行被发回原审法院，最终改判为死刑缓期执行并宣告限制减刑。例如王志才故意杀人案，山东省潍坊市中级人民法院于2009年10月14日以（2009）潍刑一初字第35号刑事判决，认定被告人王志才犯故意杀人罪，判处死刑，剥夺政治权利终身。宣判后，王志才提出上诉。山东省高级人民法院于2010年6月18日以（2010）鲁刑四终字第2号刑事裁定，驳回上诉，维持原判，并依法报请最高人民法院核准。最高人民法院根据复核确认的事实，以（2010）刑三复22651920号刑事裁定，不核准被告人王志才死刑，发回山东省高级人民法院重新审判。山东省高级人民法院经依法重新审理，于2011年5月3日作出（2010）鲁刑四终字第2—1号刑事判决，以故意杀人罪改判被告人王志才死刑，缓期二年执行，剥夺政治权利终身，同时决定对其限制减刑。而李飞故意杀人案，黑龙江省哈尔滨市中级人民法院于2009年4月30日以（2009）哈刑二初字第51号刑事判决，认定被告人李飞犯故意杀人罪，判处死刑，剥夺政治权利终身。宣判后，李飞提出上诉。黑龙江省高级人民法院于2009年10月29日以（2009）黑刑三终字第70号刑事裁定，驳回上诉，维持原判，并依法报请最高人民法院核准。最高人民法院根据复核确认的事实和被告人母亲协助抓捕被告人的情况，以（2010）刑五复66820039号刑事裁定，不核准被告人李飞死刑，发回黑龙江省高级人民法院重新审判。黑龙江省高级人民法院经依法重新审理，于2011年5月3日作出（2011）黑刑三终字第63号刑事判决，以故意杀人罪改判被告人李飞死州，缓期二年执行，剥夺政治权利终身，同时决定对其限制减刑。从以上两案的诉讼过程来看，可以假设，如果没有最高人民法院的死刑核准程序，即若高级人民法院具有死刑的复核权，则王志才和李飞两被告人均已被执行死刑。通过王志才故意杀人案和李飞故意杀人案死刑判决结果的逆转，可以明显地看出最高人民法院在控制死刑中的重要作用。

限制死刑可以分为立法控制与司法控制。立法控制是指通过立法程序，减少死刑罪名，以达到限制死刑的目的。而司法控制是指通过司法裁量活动，减少死刑判决，以达到限制死刑的目的。死刑的立法控制与司法控制，可以说是各有利弊。立法控制从根本上取消了某些罪名，使法律上的死刑罪名得以减少，具有一劳永逸之效。这是死刑的立法限制之利。但死刑的立法限制同样存在弊端，这就是具有一定的政治风险。尤其是在死刑的社会基础尚较为雄厚的情况下，骤然减少死刑，可能会引起社会动荡。而死刑的司法控制是一种个案的控制，社会影响没有那么大，个案的死刑控制可以达到积沙成塔的累积效应。当然，死刑的司法控制其效果仅及于个案，不如立法控制那样具有普遍的效力。从世界各国限制与废除死刑的经验来看，除个别国家为某种特定目的，例如加入以废除死刑为前提的欧盟，而对死刑采取休克疗法以外，大多数国家都首先通过司法控制逐渐减少，乃至于完全不用死刑。在社会就废除死刑已达成共识的情况下，再水到渠成地在立法上废除死刑。当然，死刑的司法控制也会受到来自被害人及其亲属以及民意的较大压力，尤其是在较为极端的个案，例如李昌奎故意杀人案中，如果把握不好，同样会有风险。我认为，在目前中国的具体国情下，对于限制死刑来说，主要还是应当采取司法控制的途径。

死刑的司法控制，从法院的级别上来说，可以区分为最高法院的控制与中高级法院的控制。中高级法院承担着死刑案件的一审与二审，可以说是处在死刑案件审理的第一线，承担着死刑司法控制的主要职责。但是，中高级法院毕竟属于地方法院，因而在审理死刑案件的时候更多地受到来自各方面的干扰与压力。相对来说，最高法院更具有超脱性。因此，最高法院在死刑的司法控制当中发挥着其独特的作用。最高法院对死刑的司法控制又可以分为直接控制与间接控制，分别论述如下。

（一）最高人民法院对死刑的直接控制

最高人民法院对死刑的直接控制是指通过履行死刑案件的复核职责，严格控制死刑适用条件，以期通过个案的改判或者不核准，直接减少死刑的适用。应该说，最高人民法院死刑的直接控制是以其行使死刑核准权为前提的。我国1979年《刑法》虽然规定最高人民法院行使死刑核准权，但在20世纪80年代初“严打”中，为严厉惩治犯罪的需要将死刑核准权授予高级人民法院行使以后，除少部分特殊类型的案件以外，最高人民法院对于具体案件的死刑复核权不复存在。自2007年1月1日起，死刑案件的核准权统一收回最高人民法院行使。最高人民法院严格掌握死刑适用条件，统一死刑裁判标准，对于那些没有达到死刑立即执行条件的案件不予核准死刑，对于死刑的司法控制起到了重要的把关作用。从实际情况来看，那些没有核准死刑的案件，主要存在以下问题：(1) 对于具有法定从宽处罚情节的案件，充分体现、落实政策不够；(2) 对于因日常琐事、感情纠葛、民间矛盾激化引发的案件，适用死刑立即执行，从严把握不够；(3) 对于共同犯罪案件，仔细区分各被告人在共同犯罪中的地位、作用的差别，体现区别对待的政策精神不够；(4) 对于被告人同时具有从重、从宽处罚情节，综合考虑，争取更好裁判效果的司法能力有待加强；(5) 做附带民事调解工作不力，积极争取当地党委政府及有关部门的支持、协助，充分发挥基层组织的作用不够；(6) 有的案件，直至复核阶段再做依法不核准的善后工作，才实现被害方对依法从轻处罚被告人的谅解。应该说，最高人民法院通过行使死刑复核权，对于减少死刑适用起到了重要的作用。

（二）最高人民法院对死刑的间接控制

最高人民法院对死刑的间接控制，是指通过制定死刑的司法政策，颁布死刑适用的指导案例，为死刑适用提供明确可行的统一规则，指导中高级法院的死刑审判活动，以此达到限制死刑的司法适用之目的。我认为，最高人民法院对死刑的直接控制与间接控制之间，存在某种相关性。最高人民法院通过死刑案件的核准工作，可以较为具体地发现中高级法院在死刑适用中存在的问题，然后通过制定死刑适用的政策与规则，指导中高级法院的死刑审判活动，并使这种指导具有针对性与有效性。最高人民法院对于死刑的间接控制，主要有以下三种方式。

1. 制定死刑的司法政策

我国刑法的死刑政策从总体上说是“保留死刑，严格控制和慎重适用死刑”的政策。在目前世界上相当多的国家已经废除死刑的情况下，考虑到我国的犯罪状态和具体国情，在短时期内尚不具备废除死刑的条件，仍然存在保留死刑的必要性。但是，减少、限制死刑是势在必行的一项措施，应当在条件许可的情况下，尽可能地减少死刑的适用。从20世纪80年代初“严打”以来，我国立法上的死刑罪名一直呈现出增长的势头。直到《刑法修正案（八）》，我国立法机关取消了刑法中的13个罪名的死刑，从而使我国刑法开启了减少死刑罪名的立法发展进程，这是具有里程碑意义的一个事件，也足以表明我国死刑政策的价值取向。在这种情况下，死刑的司法政策也应当是与死刑的立法政策同步的，并且是方向一致的，都是要严格控制死刑。最高人民法院在制定死刑的司法政策方面起步较早，本书前面提及的1999年10月27日最高人民法院《全国法院维护农村稳定刑事审判工作座谈会纪要》，对于故意杀人罪的死刑适用的控制就起到了积极的作用。尤其值得注意的是，2010年最高人民法院颁布了《关于贯彻宽严相济刑事政策的若干意见》（以下简称《意见》），根据宽严相济的刑事政策具体提出了死刑适用的司法政策。《意见》第29条规定：要准确理解和严格执行“保留死刑，严格控制和慎重适用死刑”的政策。对于罪行极其严重的犯罪分子，论罪应当判处死刑的，要坚决依法判处死刑。要依法严格控制死刑的适用，统一死刑案件的裁判标准，确保死刑只适用于极少数罪行极其严重的犯罪分子。拟判处死刑的具体案件定罪或者量刑的证据必须确实、充分，得出唯一结论。对于罪行极其严重，但只要是依法可不立即执行的，就不应当判处死刑立即执行。

可以说，在司法活动中控制死刑，严格把握死刑适用标准是宽严相济刑事政策的应有之义。最高人民法院所制定的死刑司法政策对中高级法院审理死刑的司法活动具有重要的指导意义。

2. 提供死刑的裁判规则

我国《刑法》第50条对死刑适用条件的规定是极为抽象、笼统的，即使是死刑立即执行与死刑缓期执行的法律界限也是具有裁量性的，这是由立法本身的局限性所决定的。但是，司法活动所面临的死刑案件需要的是极为具体的裁判规则。在这种情况下，最高人民法院承担着制定死刑裁判规则的使命。死刑的裁判规则可以分为实体规则与证据规则两个部分。相对来说，制定统一、完整的死刑适用的实体规则是有难度的。从目前的情况来看，最高人民法院主要是在那些适用死刑较多的罪名的相关司法解释中，制定了死刑适用的实体规则。例如运输毒品罪的死刑适用存在较多问题，尤其是对于那些受雇用为他人运输毒品的案件，其毒品的数量巨大，如何掌握死刑适用标准，就是一个值得关注的问题。2008年最高人民法院《全国部分法院审理毒品犯罪案件工作座谈会纪要》就对运输毒品罪的刑罚适用问题作了规定，其中涉及运输毒品罪的死刑适用问题。上述纪要规定了毒品犯罪死刑适用的数量加情节的原则，即近期掌握的死刑数量标准，应当结合本地毒品犯罪的实际情况和依法惩治、预防毒品犯罪的需要，参照最高人民法院复核毒品犯罪案件的典型案例，恰当把握。例如，关于运输毒品罪的死刑适用，上述纪要指出：“对于运输毒品犯罪集团首要分子，组织、指使、雇佣他人运输毒品的主犯或者毒枭、职业毒犯、毒品再犯，以及具有武装掩护、暴力抗拒检查、拘留或者逮捕、参与有组织的国际毒品犯罪、以运输毒品为业、多次运输毒品或者其他严重情节的，应当按照刑法、有关司法解释和司法实践实际掌握的数量标准，从严惩处，依法应判处死刑的必须坚决判处死刑……对有证据证明被告人确属受人指使、雇佣参与运输毒品犯罪，又系初犯、偶犯的，可以从轻处罚，即使毒品数量超过实际掌握的死刑数量标准，也可以不判处死刑立即执行。毒品数量超过实际掌握的死刑数量标准，不能证明被告人系受人指使、雇佣参与运输毒品犯罪的，可以依法判处重刑直至死刑。”应该说，这一规定对于运输毒品罪的死刑适用是具有指导性的，它有利于区分运输毒品犯罪中的不同性质的案件，使运输毒品罪的死刑适用具有了更为明确的裁判规则。

除死刑的实体裁判规则以外，死刑的证据规则也是十分重要的。因为死刑涉及对人的生命的剥夺，所以其证据标准比一般的案件要求要高，必须达到确实、充分，排除合理怀疑，得出的结论应当具有唯一性。为此，最高人民法院、最高人民检察院、公安部、国家安全部、司法部颁布了《关于办理死刑案件审查判断证据若干问题的规定》（以下简称《规定》），对办理死刑案件的证据规则作了专门规定。《规定》确立了死刑证据的裁判原则，这就是其第 2 条规定：“认定案件事实，必须以证据为根据。”这是“以事实为根据”的法律原则的具体化。其实，它不但适用于死刑案件，而且适用于普通案件。《规定》还细化了死刑案件的证明标准，明确了死刑案件的证明对象。尤其是《规定》还创设了死刑证据的裁判规则，例如第 33 条对死刑案件中间接证据的裁判规则就作了具体规定，强调根据间接证据定案的，判处死刑应当特别慎重。以上这些死刑案件的证据规则，对于保障死刑案件的证据质量具有重要意义。

3. 颁布死刑的指导案例

通过案例指导死刑的司法适用，这是一个较为直观、具有成效的途径。最高人民法院历来重视对死刑适用的案例指导。在《最高人民法院公报》《刑事审判参考》等刊物上，都颁布了一些死刑案件的指导案例。例如本书在前面提及的王勇故意杀人案，就刊登在最高人民法院刑庭所编的《刑事审判参考》上，它传达了最高人民法院有关死刑的政策精神和裁判规则。与此同时，最高人民法院还注重通过案例进行死刑审判工作的内部工作指导。例如 2009 年最高人民法院《关于印发严格执行死刑政策依法不核准死刑典型案例的通知》（以下简称《通知》），选择 19 个严格执行死刑政策依法不核准死刑的典型案例，印发给中高级法院，要求组织刑事法官和审判委员会委员进行学习讨论。《通知》印发的死刑案例大多是故意杀人案，并对依法不核准的理由都作了具体说明，这对于中高级法院把握死刑适用条件无疑具有直接的示范效应。

应该说，指导案例所提供的裁判规则具有较之司法解释和政策原则更为具体的表现形式，对于司法活动来说，具有更为直观的可参照性。关于死刑立即执行与死刑缓期执行的界限，尽管以往的政策原则是明确的，司法解释的规定也是可行的，但是在具体操作上仍然不易掌握。例如，关于民间纠纷引发的故意杀人案件，司法解释提出，原则上不应适用死刑立即执行。那么，这里的原则内与原则外如何界分，就是一个较为疑难的问题。而王志才故意杀人案的裁判要旨指出：“因恋爱、婚姻矛盾激化引发的故意杀人案件，被告人犯罪手段残忍，论罪应当判处死刑，但被告人具有坦白悔罪、积极赔偿等从轻处罚情节，同时被害人亲属要求严惩的，人民法院根据案件性质、犯罪情节、危害后果和被告人的主观恶性及人身危险性，可以依法判处被告人死刑，缓期二年执行，同时决定限制减刑，以有效化解社会矛盾，促进社会和谐。”李飞故意杀人案的裁判要旨指出：“对于因民间矛盾引发的故意杀人案件，被告人犯罪手段残忍，且系累犯，论罪应当判处死刑，但被告人亲属主动协助公安机关将其抓捕归案，并积极赔偿的，人民法院根据案件具体情节，从尽量化解社会矛盾角度考虑，可以依法判处被告人死刑，缓期二年执行，同时决定限制减刑。”这两个裁判要旨是从具体案件中引申出来的，结合案情能够更为准确地把握死刑立即执行与死刑缓期执行的界限，而这也正是案例指导制度中的裁判规则所具有的优越性。

2010年最高人民法院正式建立了案例指导制度，使案例指导成为一种除司法解释以外的裁判规则的提供方式。在最高人民法院公布的第一和第二批指导案例中，就有王志才故意杀人案和李飞故意杀人案涉及死刑适用问题。通过这两个依法不核准死刑的案例，最高人民法院确立了故意杀人罪的死刑适用的裁判规则，这是值得我们重视的。

第十五章　形迹可疑经盘问交代罪行构成自首之认定研究

——杨永保走私毒品案　刘兵故意杀人案（形迹可疑　自首）

一、自首制度的一般性论述

自首是指犯罪以后自动投案，如实供述自己的罪行，或者被采取强制措施的犯罪嫌疑人、被告人和正在服刑的罪犯，如实供述司法机关还未掌握的本人其他罪行的情形。由此可见，我国刑法中的自首可以分为两种：第一种是一般自首，第二种是特殊自首。特殊自首的主体是已被司法机关采取强制措施的犯罪嫌疑人、被告人和正在服刑的罪犯，这些人已经归案，因而其构成的特殊自首不以自动投案为成立条件。但一般自首的成立，必须具备自动投案的特征。可以说，自动投案是一般自首成立的前提条件，在自首认定中具有十分重要的意义。我国刑法条文本身对自动投案未作具体解释，但有关司法解释对自动投案作了较为详细的规定。例如1998年4月最高人民法院《关于处理自首和立功具体应用法律若干问题的解释》（以下简称《自首和立功解释》）第1条第1款中规定：

> 自动投案，是指犯罪事实或者犯罪嫌疑人未被司法机关发觉，或者虽被发觉，但犯罪嫌疑人尚未受到讯问、未被采取强制措施时，主动、直接向公安机关、人民检察院或者人民法院投案。
>
> 犯罪嫌疑人向其所在单位、城乡基层组织或者其他有关负责人员投案的；犯罪嫌疑人因病、伤或者为了减轻犯罪后果，委托他人先代为投案，或者先以信电投案的；罪行未被司法机关发觉，仅因形迹可疑被有关组织或者司法机关盘问、教育后，主动交代自己的罪行的；犯罪后逃跑，在被通缉、追捕过程中，主动投案的；经查实确已准备去投案，或者正在投案途中，被公安机关捕获的，应当视为自动投案。
>
> 并非出于犯罪嫌疑人主动，而是经亲友规劝、陪同投案的；公安机关通知犯罪嫌疑人的亲友，或者亲友主动报案后，将犯罪嫌疑人送去投案的，也应当视为自动投案。

以上司法解释关于自动投案的界定，我认为是十分宽泛的，即尽量作出有利于被告人的解释。从《自首和立功解释》对自动投案的规定来看，可以分为三种情形：第一种是典型意义上的自动投案。第二种是视为自动投案的情形，是一种准自动投案。第三种则是更宽泛意义上的自动投案，已经具有某种法律拟制的性质。

在司法实践中，由于《自首和立功解释》对自动投案作了较为明确、具体的规定，因而一般来说不会发生疑难问题。但在“形迹可疑”构成自动投案的情形，则存在一些争议，争点在于：因“形迹可疑”构成自动投案需要具备哪些条件？对于这个问题，最高人民法院刑事业务部门曾经在《刑事审判参考》的“审判实务释疑”栏目刊登过一篇短文，对于我们理解这个问题具有重要参考价值。全文如下：

因形迹可疑被盘问后交代罪行的能否认定为自首

根据《自首和立功解释》第1条第1款第1项的规定，“罪行未被司法机关发觉，仅因形迹可疑被有关组织或者司法机关盘问、教育后，主动交代自己的罪行的”，应当视为自动投案，并认定为自首。这一规定体现了惩办与宽大相结合的刑事政策，对于鼓励犯罪分子实施犯罪后投案自首、悔过自新，节约司法成本，提高诉讼效率有积极的意义。但在司法实践中，被告人因形迹可疑被盘问后交代自己罪行的原因、背景多种多样，情况复杂，是否认定为自首，尚需根据刑法关于自首的规定和有关司法解释的基本精神，具体分析认定。

我们认为，自动投案、主动交代自己所犯罪行，是自首的本质特征，因此，如果司法机关没有掌握行为人实施犯罪的任何证据、线索，行为人身上、所携带的物品也不能证明其有实施犯罪的嫌疑，仅因形迹可疑被有关组织或者司法机关盘问，或者有关组织或者司法机关进行例行检查，行为人如实交代自己所犯罪行的，应当视为自首。

如果司法机关掌握有一定的线索，已将行为人纳入排查范围，或者行为人因形迹可疑被盘问时，其身上或者所携物品能证实其有实施犯罪嫌疑的，如枪支、毒品、赃物等，行为人主动交代了自己罪行的，不能视为自动、主动交代自己的犯罪行为，不能认定为自首。①

上述短文，对形迹可疑构成自首作了以下界定：如果司法机关没有掌握行为人实施犯罪的任何证据、线索，行为人身上、所携带的物品也不能证明其有实施犯罪的嫌疑，仅因形迹可疑被盘问后交代罪行的，应当视为自首；如果司法机关掌握了一定的线索，或者行为人因形迹可疑被盘问时，其身上或者所携带物品能证实其有实施犯罪嫌疑的，如枪支、毒品、赃物等，即使行为人主动交代犯罪行为，也不能视为自首。我认为，以上规定对于认定因形迹可疑而构成自首具有重要参考价值。

自首制度，是我国刑法中的一项刑罚裁量制度，对那些在犯罪以后投案自首、主动交代自己的犯罪事实的犯罪人予以宽大处理，体现了宽严相济的刑事政策，因而具有重要意义。本章通过杨永保走私毒品案（以下简称杨永保案）和刘兵故意杀人案②（以下简称刘兵案），对司法实践中的自首认定问题进行研究。

二、杨永保案：构成自首

1998年12月30日，被告人杨永保、陈兴助及一女子在缅甸勐古答应帮一名毒贩运毒品到中国内地，后分别将海洛因藏于体内。毒贩又安排被告人李春明为杨永保等三人带路。第二天杨永保等四人从云南省畹町入境至芒市欲乘飞机前往内地，在飞机场时携带毒品的女子不见踪影，杨永保等三被告人被机场公安民警查获。从杨永保体内查获海洛因486克，从陈兴助体内查获海洛因441克。

德宏傣族景颇族自治州中级人民法院认为：被告人杨永保、陈兴助、李春明为牟取非法利益，无视我国法律，走私毒品海洛因，其行为已触犯中国刑律，构成走私毒品罪，应依法惩处。遂依照《刑法》第347条第2款第1项和第57条的规定，于1999年9月7日判决如下：

---

① 最高人民法院编. 刑事审判参考：总第17辑. 北京：法律出版社，2001：81-82.

② 杨永保案刊载于：最高人民法院编. 刑事审判参考：总第12辑. 北京：法律出版社，2000；刘兵案刊载于：最高人民法院编. 刑事审判参考：总第59集. 北京：法律出版社，2008.

(1) 被告人杨永保犯走私毒品罪，判处死刑；(2) 被告人陈兴助犯走私毒品罪，判处死刑，剥夺政治权利终身；(3) 被告人李春明犯走私毒品罪，判处死刑，缓期二年执行，并处没收财产2万元人民币；(4) 查获的毒品海洛因依法予以没收。

一审宣判后，杨永保、陈兴助均以量刑过重为由，向云南省高级人民法院提出上诉。

云南省高级人民法院经审理认为：上诉人杨永保、陈兴助、李春明无视我国法律，从境外走私海洛因进入我国境内，其行为均构成走私毒品罪。杨永保、陈兴助归案后虽能如实交代罪行，但二被告人走私毒品数量大，应依法从重惩处。原审判决定罪准确，量刑适当，审判程序合法。依照《刑事诉讼法》第189条第1项的规定，于1999年12月30日裁定如下：驳回上诉，维持原判。

云南省高级人民法院依法将此案报送最高人民法院核准。

最高人民法院经复核查明：1998年12月30日，被告人杨永保、陈兴助在缅甸勐古被毒贩雇佣运送海洛因到中国境内。同月31日清晨，杨永保、陈兴助分别将毒贩交给的海洛因吞匿于腹内，然后进入中国境内，与毒贩安排带路的李春明（同案被告人，已判刑）等一起从云南省畹町乘车至芒市机场，欲乘飞机前往内地。在机场安检时，杨永保、陈兴助被我公安人员盘查，即交代体内藏毒的事实。后公安人员分别从杨永保体内查获海洛因486克，从陈兴助体内查获海洛因441克。

最高人民法院认为：一审判决、二审裁定认定被告人杨永保、陈兴助走私毒品的犯罪事实清楚，证据确实、充分，定罪准确，审判程序合法。但杨永保、陈兴助因形迹可疑被公安人员盘查后，即如实供述自己走私毒品的犯罪事实，应认定为自首，对杨永保、陈兴助判处死刑，可不立即执行。一、二审法院没有依法对杨永保、陈兴助并处没收财产不当，应予纠正。遂依照《刑事诉讼法》第199条和《刑法》第347条第2款第1项和最高人民法院《自首和立功解释》第1条第1项的规定，于2000年7月14日判决如下：(1) 撤销云南省高级人民法院（1999）云高刑三终字第548号刑事裁定和云南省德宏傣族景颇族自治州中级人民法院（1999）德刑初字第192号刑事判决中对被告人杨永保、陈兴助的量刑部分。(2) 被告人杨永保犯走私毒品罪，判处死刑，缓期二年执行，并处没收个人全部财产；被告人陈兴助犯走私毒品罪，判处死刑，缓期二年执行，剥夺政治权利终身，并处没收个人全部财产。

在杨永保案中，被告人因形迹可疑被盘问后，即如实交代了走私毒品的犯罪事实，因此最高人民法院认定其为自首。本案的裁判理由指出：

> 本案被告人杨永保、陈兴助携带毒品走私入境，欲由云南乘飞机前往内地。在机场接受公安人员例行安全检查时，仅因形迹可疑被公安人员盘查，即如实交代了走私毒品的犯罪事实。对杨永保、陈兴助交代走私毒品应如何看待，是否构成自首，应否从轻处罚，最高人民法院作出了与一、二审法院不同的认定和处罚。这一认定和处罚的依据，源自于最高人民法院《关于处理自首和立功具体应用法律若干问题的解释》第一条的规定。该条规定：犯罪以后自动投案，如实供述自己罪行的，是自首。对何为自动投案，该条解释为："是指犯罪事实或者犯罪嫌疑人未被司法机关发觉，或者虽被发觉，但犯罪嫌疑人尚未受到讯问、未被采取强制措施时，主动、直接向公安机关、人民检察院或者人民法院投案。"这种情形，即为司法机关通常所说的典型的自动投案。然而，在司法实践中，如果将自动投案仅限于上述情形则限制过死。为了更有利于分化、瓦解和争取犯罪分子，使其在犯罪后不与司法机关对抗或逃逸，该司法解释又将七种情形规定为应当视为自动投案，其中包括"罪行尚未被司法机关发觉，仅因形迹可疑，被有关组织或者司法机关盘问、教育后，主动交代自己的罪行的"。根据这一规定，犯罪事实尚未被司法机关发觉和主动交代自己

的犯罪事实，是构成这种自动投案的两个基本要件，只要符合这两个要件就应当视为自动投案。

需要说明的两点是：第一，这里所说的主动是相对于未被发觉而言的；第二，应当视为自动投案即指以自动投案认定。从本案来看，杨永保、陈兴助在机场接受的是例行安全检查，其携带毒品的罪行尚未被公安机关发觉，仅因形迹可疑受到盘问，即如实交代了体内藏毒的罪行。这种情形符合司法解释的相关规定，因而应当视为自动投案。又由于杨永保、陈兴助所交代的罪行属如实供述，因而构成自首。《刑法》第67条规定："犯罪以后自动投案，如实供述自己的罪行的，是自首。对于自首的犯罪分子，可以从轻或者减轻处罚。其中，犯罪较轻的，可以免除处罚。"（第1款）"被采取强制措施的犯罪嫌疑人、被告人和正在服刑的罪犯，如实供述司法机关还未掌握的本人其他罪行的，以自首论。"（第2款）基于上述理由，最高人民法院认定杨永保、陈兴助如实供述自己走私毒品犯罪事实的行为构成自首，依法分别以走私毒品罪判处死刑，缓期二年执行。

就杨永保案而言，公安人员在机场发现被告人形迹可疑，并没有掌握任何犯罪线索，但是，杨永保等被告人身上带有毒品能够证明其走私毒品的犯罪事实。那么，为什么杨永保还能被认定为自首呢？这主要是因为杨永保等人是采取体内藏毒的特殊方式走私毒品。采取这种体内藏毒方法后，如果被告人不主动交代，是难以查出毒品的，因此，这种情形也应当认定为自首。如果不是采取体内藏毒方法，而是随身携带毒品，该毒品能够被查出，并证明犯罪事实，则即使主动交代也不构成自首。在杨永保案中，一、二审法院只是简单地描述为被告人在机场被公安民警查获，而没有叙述因形迹可疑被盘问后主动交代走私毒品的犯罪事实，因而未能将之认定为自首。而最高人民法院在复核中认定在公安机关没有掌握犯罪线索和证据的情况下，被告人仅因形迹可疑被盘问，即交代了走私毒品的犯罪事实，因而将之认定为自首，由此将死刑立即执行改判为死刑缓期执行。在这一点上，最高人民法院正确地掌握了自首的成立条件，对于限制死刑具有重要意义。

三、刘兵案：不构成自首

2006年5月26日凌晨1时许，被告人刘兵在贵阳市花溪区贵筑办事处霞晖路自己经营的"1+1"面食店内与被害人韩某（14周岁）发生性关系。因韩某处女膜破裂，刘兵所穿白色横条T恤和裤子上均沾上韩某的血迹。之后，韩某提出要到贵筑办事处云上村二组杨家山其姐的住处，把刘兵与之发生性关系一事告知其姐，并报告派出所。刘兵担心事情败露，遂产生杀人灭口的念头。当刘兵送韩某走到云上村二组杨家山小路时，刘兵用双手将韩某扼掐致死，并将尸体藏匿于路边菜地刺蓬后逃离现场。经鉴定，被害人韩某系被他人扼压颈部致窒息死亡。案发后，公安机关根据掌握的情况到刘兵家调查，从洗衣机中查获了带血迹的白色横条T恤，刘兵遂交代了所犯罪行。

贵阳市中级人民法院认为，被告人刘兵与被害人发生性关系后因害怕事情败露而产生杀人灭口之恶念，用手扼掐被害人颈部，非法剥夺他人生命，其行为已构成故意杀人罪。刘兵虽能坦白交代自己的罪行，是初犯，认罪态度好，但其手段残忍，情节特别严重，社会影响极坏。依照《刑法》第232条、第57条第1款之规定，判决如下：被告人刘兵犯故意杀人罪，判处死刑、剥夺政治权利终身。

一审宣判后，被告人刘兵以具有自首情节、量刑过重为由，向贵州省高级人民法院提出上诉。

贵州省高级人民法院经审理认为：上诉人刘兵与未成年被害人韩某发生性关系后因害怕事

情败露而产生杀人灭口恶念，用手扼掐被害人颈部并向被害人口中塞入泥土，致被害人死亡，其行为已构成故意杀人罪。其作案动机卑劣，手段残忍，社会影响极坏，应依法严惩。刘兵是在公安机关已掌握了一定线索且从其家中发现犯罪证据后才供认犯罪事实的，其行为不具备投案的自动性，不构成自首。原判定罪准确，量刑适当，审判程序合法。遂依照《刑事诉讼法》第 189 条第 1 项的规定，裁定驳回上诉、维持原判，并依法报请最高人民法院核准。

最高人民法院经复核认为，被告人刘兵与未成年人发生性关系后，因害怕事情败露而杀人灭口，其行为已构成故意杀人罪，且犯罪手段残忍，后果严重，无法定从轻、减轻处罚情节。一审判决、二审裁定认定的事实清楚，证据确实、充分，定罪准确，量刑适当，审判程序合法。遂依照《刑事诉讼法》第 199 条和最高人民法院《关于复核死刑案件若干问题的规定》* 第 2 条第 1 款的规定，裁定核准贵州省高级人民法院（2006）黔高刑一终字第 589 号维持第一审以故意杀人罪判处被告人刘兵死刑、剥夺政治权利终身的刑事裁定。

在刘兵案中，被告人刘兵是在公安机关掌握了有关犯罪线索以后交代犯罪事实的，因此，其交代犯罪事实的行为未被认定为自首。对此，本案的裁判理由指出：根据《刑法》第 67 条的规定，构成自首须同时具备自动投案和如实供述罪行两个条件。对于自动投案，《自首立功解释》第 1 条作出了解释，“是指犯罪事实或者犯罪嫌疑人未被司法机关发觉，或者虽被发觉，但犯罪嫌疑人尚未受到讯问、未被采取强制措施时，主动、直接向公安机关、人民检察院或者人民法院投案”。《自首立功解释》具体列举了属于自动投案的数种情形，其中，对于“罪行未被司法机关发觉，仅因形迹可疑被有关组织或者司法机关盘问、教育后，主动交代自己的罪行的”，也规定为“应当视为自动投案”。如何理解这里的形迹可疑，是本案中判断被告人是否具有自首情节的关键。

从司法实践看，形迹可疑有两种常见情形：一种是司法机关或有关组织尚未掌握行为人犯罪的任何线索、证据，而是根据行为人当时不正常的衣着、举止、言语、神态等情况判断行为人可能存在违法犯罪行为。这种情形的特点是，可疑是非具体的、泛化的、无客观依据的，无法将行为人同某一具体犯罪案件联系起来，而只是有关人员根据经验和直觉来作出判断。在公路、铁路、水运、民航等部门的日常检查中，常能发现这种形迹可疑的人，不少案件也是通过这种检查、盘问而破获的。行为人若在接受这种检查时主动供述所犯罪行的，当然构成自首。另一种是某一犯罪案件发生后，司法机关或有关组织已经掌握了一定的证据或者线索，明确了侦查方向，圈定了排查范围，在排查或者调查过程中发现行为人的表现或者反应不正常，引人生疑，但尚不足以通过现有证据确定其为犯罪嫌疑人。这种情形的特点是，可疑具有一定的针对性，能够将行为人同具体案件联系起来，但这种联系仍不够明确和具有较为充分的把握，还不能达到将行为人锁定为犯罪嫌疑人进而采取强制措施的程度。这时，行为人主动供述所犯罪行的，仍应认定为自首。但是，如果有关侦查人员从行为人身边或者住处找到客观性证据，如赃物、作案工具、带血迹的衣物等，或者有目击证人直接指认行为人为作案人，从而在行为人与具体犯罪案件之间建立起直接、明确、紧密的联系的，由于当时已有一定的证据指向行为人，其具有较其他排查对象更高的作案嫌疑，则行为人就“升级”为犯罪嫌疑人，而不再仅仅是形迹可疑了，因为对于侦查机关来讲，案件侦查到这个程度，就可以对其采取一定强制措施或者进行传讯了。也就是说，判断行为人是否属于形迹可疑，关键就是看司法机关能否依凭现有证据特别是客观性证据在行为人与具体案件之间建立起直接、明确、紧密的联系。依据当时的证据，行为人作案的可能性已经大大提高，达到了被确定为犯罪嫌疑人的程度。能建立起这

* 该规定现已失效。——编者注

种联系的，行为人就属于犯罪嫌疑人；建立不起这种联系，而主要是凭经验、直觉认为行为人有作案可能的，行为人就属于形迹可疑。行为人在因形迹可疑受到盘问、教育时主动交代自己所犯罪行的，应当认定为自动投案，构成自首。

本案中，被告人刘兵在菜地藏匿尸体时已被云上村杨家山组村民陈某荣等人发现，其逃离后，陈某荣等人即向公安机关报案。公安机关通过现场勘查、询问证人，获悉作案人抛尸时穿白色横条T恤上衣，抛尸后穿深色夹克外衣逃离。公安人员侦查得知，被害人在一个叫刘兵的人所经营的面食馆里打工，食宿均在刘兵家里。根据这些情况，公安人员在贵筑派出所办公室同刘兵进行了谈话，谈完话后让其回家吃饭。公安机关汇总调查、谈话情况后认为刘兵有作案可能，决定派公安人员到刘兵家里查看是否有作案证据。公安人员到刘兵家后问刘兵案发当晚的衣着情况，刘兵所述与群众报案情况吻合，并说衣物放在洗衣机里未洗。公安人员当场从洗衣机里的衣物中找出了带血迹的白色横条T恤。公安人员就此质问刘兵，刘兵便供认了其作案的经过，并带领公安人员把作案所穿的鞋、裤子、夹克全部找出。

从本案案发过程可以看出，本案的情形不属于上述两种“形迹可疑”情形中的任何一种。公安机关在到被告人刘兵家之前，通过现场勘查、尸体检验、询问证人等工作已经怀疑系刘兵作案，但尚无客观性证据将其确定为犯罪嫌疑人。当公安人员从刘兵家起获带血迹的白色横条T恤后，刘兵的犯罪嫌疑程度得到进一步强化。此时，刘兵杀害韩某的罪行已经被发觉，即使刘兵不主动交代，公安机关也可通过血迹鉴定等工作在进一步收集证据后，将案件侦破。也就是说，被告人刘兵是在面对有力的客观性证据而无法提供合理解释的情况下被迫供认其罪行的，并非因形迹可疑受到盘问时主动交代所犯罪行，故不具备投案的自动性，不能认定为自首。一、二审法院不采纳被告人刘兵的辩护人所提刘兵具有自首情节的辩护意见，是完全正确的。

需要说明的是，形迹可疑与犯罪嫌疑之间常常并没有明确的界限，判断某一具体案件的被告人是否构成形迹可疑情形下的自首，需要结合具体案情进行具体分析。实践中，有的案件之所以出现界分形迹可疑与犯罪嫌疑的困难，与侦破过程中的工作方法有关。如果取证或者询问工作到位或者缜密，相当一部分案件的被告人会更早被确定为犯罪嫌疑人，而不会给其留下因形迹可疑而自动投案的机会。对于有的案件中难以界分被告人是形迹可疑还是有犯罪嫌疑的，应当通过正确理解法律规范的意义和准确把握个案事实来判断，既要保障人权，又要防止犯罪人逃避应有的惩罚，而不能不分情形，简单适用对被告人有利的原则。判断行为人是否具有形迹可疑情形下的自首情节，最终要以投案的自动性为出发点和落脚点，只有具备投案的自动性，才能认定为自首。

比较刘兵案与杨永保案，两案的根本区别就在于：杨永保案是在公安人员尚未掌握有关犯罪线索的情况下被告人主动交代罪行，而刘兵案是在公安人员已经掌握有关犯罪线索的情况下被告人主动交代犯罪行为。因此，杨永保案属于在形迹可疑情况下经盘问而主动交代罪行，刘兵案则属于在具有犯罪嫌疑情况下经盘问而主动交代罪行：前者构成自首，后者只构成坦白。这里主要涉及如何区分形迹可疑与犯罪嫌疑。

那么，什么是形迹可疑呢？这里的形迹，是指行为人的形容举止，包括身体神态、穿着打扮等外部特征。可疑，是指怀疑。在具体判断形迹可疑的时候，应当区分不同的情况。对此，我国学者对形迹可疑作了以下具体分析：

> 所谓形迹可疑，应当是指这样两种情况：一是司法机关或者有关组织尚未掌握行为人犯有某宗罪行的任何线索、证据，而仅凭行为人的举动、神态不正常，认为行为人可疑。这种形迹可疑是一种纯粹基于常理、常情或者特定的工作经验所形成的主观判断。二是司

法机关或有关组织已经掌握了据以推测行为人可能与某宗罪行有联系的一定的线索、证据，但据此线索、证据尚不足以合理地将行为人确定为某宗罪行的犯罪嫌疑人。此种形迹可疑虽不属纯粹的主观判断，但仍主要属于直觉性的推测范畴。①

在以上两种形迹可疑中，第一种形迹可疑与犯罪嫌疑区别较大，第二种形迹可疑则与犯罪嫌疑只有量的区分，因而不易被认定。

那么，什么是犯罪嫌疑呢？犯罪嫌疑是指已经存在一定的线索或者证据，据此而对行为人的作案可能性发生怀疑。尽管犯罪嫌疑也具有一定的推测性，但这种推测性是建立在一定的客观事实基础之上的。在最高人民法院《刑事审判参考》刊载的《庄保全抢劫案——犯罪嫌疑人一经传唤即如实供认犯罪事实的可否认定为自首》一文②中，裁判理由对形迹可疑与犯罪嫌疑的区分归纳为以下两点：

第一，形迹可疑人的地位具有随机性，而犯罪嫌疑人与怀疑他的侦查人员的地位不具有随机性。有关组织或者司法机关工作人员认为某人形迹可疑，是偶然接触对方，因其举止神态不正常而产生怀疑，因而不会，也不可能将可疑人与特定的案件相联系。在一般情况下，对形迹可疑人产生怀疑的有关组织或者司法机关工作人员即使是公安人员，也不是特定刑事案件的侦查人员。侦查人员认为某人有犯罪嫌疑，则是因为有特定的案件待侦破，侦查人员自己就是案件的办案人，必然将嫌疑人与特定的案件相联系。

第二，对形迹可疑人或者犯罪嫌疑人盘问、讯问的性质不同。对形迹可疑人的盘问，如果被盘问人应答没有破绽，盘问就无法持续下去，原来产生的疑问就会被冲淡或打消；对犯罪嫌疑人的讯问，讯问人要弄清事实真相，如果嫌疑人否认犯罪但又不能用事实说明、解脱其与某项特定犯罪的联系，讯问就不会停止，侦查工作就要深入。

我认为，庄保全抢劫案的裁判理由对形迹可疑与犯罪嫌疑的区分是十分可取的。在刘兵案中，公安机关已经对杀人现场进行了勘查，并了解了有关情况，根据这些线索与证据，已经判断刘兵具有作案可能。在这种情况下，刘兵不只是形迹可疑，而是具有犯罪嫌疑，因此，对其交代罪行的行为不应认定为自首。

---

① 周加海．自首制度研究．北京：中国人民公安大学出版社，2004：51．

② 最高人民法院编．刑事审判参考：总第8辑．北京：法律出版社，2000：22．

下篇

刑法各论

下篇

研究答案

第一章　交通肇事转化为故意杀人罪之定性研究

——韩正连故意杀人案　倪庆国交通肇事案（交通肇事罪　遗弃致人死亡）

在我国司法实践中，交通肇事案件时有发生，某些犯罪分子在交通肇事以后，不仅不采取措施救治被害人，而且采取非法手段将其带离肇事现场，致使被害人得不到及时救治而死亡，由此转化为故意杀人罪。对于从交通肇事转化为故意杀人罪的案件，应当如何区分交通肇事罪与故意杀人罪，是一个值得研究的问题。本章以韩正连故意杀人案为线索①，对交通肇事转化为故意杀人罪的定性问题进行探讨。

一、案情及诉讼过程

韩正连酒后驾车，将路边行走的妇女徐寿花撞倒。韩正连发现撞到人后，将徐寿花转移至附近一楼道口进行藏匿，致使徐寿花无法得到救助而死亡。当夜，韩正连借用另一辆车将徐寿花的尸体运至河边，沉尸于河中。

江苏省连云港市中级人民法院认为，韩正连驾车撞人，又将被害人徐寿花隐藏导致其死亡，其行为已构成故意杀人罪。一审以故意杀人罪，判处韩正连有期徒刑15年，剥夺政治权利5年。

一审判决后，韩正连不服，以被害人徐寿花是被当场撞死的，其没有杀人的主观故意为由，提出上诉。江苏省高级人民法院二审裁定驳回上诉、维持原判。

二、涉案罪名的法理分析

本案检察机关是以故意杀人罪向法院起诉的，但辩方认为本案应定交通肇事罪，一、二审法院没有采纳辩护意见，对被告人韩正连以故意杀人罪论处。在本案处理过程中，存在以下三种不同意见：

第一种意见认为，被告人韩正连构成故意杀人罪。理由是：被告人交通肇事撞人后本应积极施救，其不但不抢救被害人，反而将被害人转移藏匿，致被害人大量失血休克死亡，具有放任被害人死亡的主观故意，符合《最高人民法院关于审理交通肇事刑事案件具体应用法律若干问题的解释》第六条规定的情形，应当以故意杀人罪处罚。

第二种意见认为，被告人构成交通肇事罪和过失致人死亡罪。应当数罪并罚。理由是：本案被告人交通肇事后以为被害人已经被撞死，为了隐匿罪迹将被害人隐藏，过失导致被害人死亡，主观上具有疏忽大意的过失心理态度，应认定过失致人死亡罪，与前行为的交通肇事罪进行并罚。

第三种意见认为，被告人构成交通肇事罪，具有因逃逸致人死亡的加重处罚情节。理由是，被告人交通肇事后为了隐匿罪迹，而将被害人转移隐藏，客观上实施了肇事逃逸和

① 最高人民法院编．刑事审判参考：总第56集．北京：法律出版社，2007.

过失致人死亡两种行为，但其主观上并不希望发生被害人死亡的后果，转移被害人是为了逃逸，符合刑法第一百三十三条因逃逸致人死亡的情形，应当认定为交通肇事罪，处七年以上有期徒刑。

在以上三种意见中，涉及交通肇事罪、过失致人死亡罪和故意杀人罪三个罪名。对此，我结合我国刑法和司法解释的规定加以分析。

（一）交通肇事罪

《刑法》第133条规定："违反交通运输管理法规，因而发生重大事故，致人重伤、死亡或者使公私财产遭受重大损失的，处三年以下有期徒刑或者拘役；交通肇事后逃逸或者有其他特别恶劣情节的，处三年以上七年以下有期徒刑；因逃逸致人死亡的，处七年以上有期徒刑。"

在我国刑法中，交通肇事罪属于危害公共安全罪中的责任事故犯罪，因为该罪是以违反交通运输法规为特征的，所以具有业务过失犯罪的性质。我国刑法根据三个标准，将交通肇事罪的处罚分成三个幅度，即基本构成、加重构成和特别加重构成。

1. 基本构成

交通肇事罪是过失犯罪，因而属于结果犯。根据我国刑法规定，一般违反交通运输管理法规的行为并不构成犯罪，属于交通违法行为。只有发生重大事故，致人重伤、死亡或者使公私财产遭受重大损失的，才构成交通肇事罪。

根据2000年11月10日最高人民法院《关于审理交通肇事刑事案件具体应用法律若干问题的解释》（以下简称《解释》），交通肇事具有下列情形之一的，处3年以下有期徒刑或者拘役：（1）死亡1人或者重伤3人以上，负事故全部或者主要责任的；（2）死亡3人以上，负事故同等责任的；（3）造成公共财产或者他人财产直接损失，负事故全部或者主要责任，无能力赔偿数额在30万元以上的。该《解释》还规定，交通肇事致1人以上重伤，负事故全部或者主要责任，并具有下列情形之一的，以交通肇事罪定罪处罚：（1）酒后、吸食毒品后驾驶机动车辆的；（2）无驾驶资格驾驶机动车辆的；（3）明知是安全装置不全或者安全机件失灵的机动车辆而驾驶的；（4）明知是无牌证或者已报废的机动车辆而驾驶的；（5）严重超载驾驶的；（6）为逃避法律追究逃离事故现场的。

在以上规定中，值得注意的是，根据司法解释的规定，交通肇事造成的后果必须与一定的交通事故责任相联系，才能构成交通肇事罪。例如，交通肇事造成1人死亡的，只有在对交通事故负全部或者主要责任的情况下才构成犯罪，如果负次要责任则仍然不构成交通肇事罪。关于交通事故的责任确认，《道路交通安全法实施条例》第91条规定："公安机关交通管理部门应当根据交通事故当事人的行为对发生交通事故所起的作用以及过错的严重程度，确定当事人的责任。"在司法实践中，交通事故责任分为全部责任、主要责任、同等责任和次要责任。由此可见，交通肇事罪的成立是以交通事故责任为前提的。在交通事故责任的确认中，已经考虑了危险分配、信赖原则等法理。例如，交通事故责任等级划分是把被害人过错考虑进来的。在同等责任的情况下，交通肇事者与被害人对于交通事故的发生具有相等的过错。全部责任则是指对交通事故的发生被害人没有过错，所有过错都应当由交通肇事者承担。主要责任与次要责任，也是指交通肇事者对于交通事故发生所应当承担的责任份额的大小。在我国司法实践中，交通事故责任是由公安机关交通管理部门确认的，这是一种行政性确认，它对于交通肇事罪的司法认定具有决定性意义。当然，对于这种以事故责任作为交通肇事罪成立的前置条件和决定因素的做法，也存在质疑的观点，认为交通事故责任即交通事故发生的原因，且是违章行为的原因。因此，交通事故责任只是犯罪构成客观方面的一个事实条件，即违法行为和因果关系，需要与犯罪构成的其他要件（主体、损害后果、过失程度等）一起通盘考虑后，才能决定是否构成犯罪。肇事者责任的大小只表明行为的社会危害性及其程度，它只是定罪的必要条件，不是充分条件。它不能作为定罪的决定因素，只能作为量刑情节加以考虑。① 应该说，这种观点是具有参考价值的，我国刑法关于交通肇事罪的规定采取的是空白罪状，该罪的认定在很大程度上取决于公安交通管理部门对交通责任的确认，因而导致司法机关的定罪权旁落至公安交通管理部门。

2. 加重构成

交通肇事后逃逸或者有其他特别恶劣情节，是交通肇事罪的加重构成事由。根据前引《解释》第3条的规定，交通肇事后逃逸，是指在发生交通事故后，为逃避法律追究而逃跑的行为。因此，交通肇事后逃逸行为的构成要件是：(1) 主观上具有逃避法律追究的目的。如果不是为逃避法律追究，而是害怕受害方或者其他围观群众对其进行殴打而躲避，但及时报警等待司法机关处理，不得视为逃逸。(2) 客观上具有逃跑行为。这里的逃跑既包括逃离事故现场，也包括在将伤者送至医院后或者等待交管部门处理的时候逃跑。例如，在孙贤玉案中②，判决认定：被告人孙贤玉在肇事后没有立即停车、保护现场、报警的行为，但随后即弃车逃离现场，且没有及时向有关部门进行报告，应当认定其有交通肇事后逃逸的行为。对此，该案的裁判理由指出：

> 在司法实践中，肇事人逃逸的目的大多是为了逃避法律追究，但也有少数肇事人的逃逸确实是出于害怕受害方或者其他围观群众对其进行殴打或是当时精神高度紧张慌乱而逃等原因。结合立法设置“交通肇事后逃逸”加重处罚情节的初衷，我们认为，认定肇事人“逃逸”不能仅仅看肇事人是否离开现场，其关键在于肇事人是否同时具有“积极履行救助义务”和“立即投案”的行为特征。如果肇事人肇事后积极对被害人进行救助，如拦截车辆将被害人送往医院，并立即报案在医院守候等待公安机关的审查处理，虽然其离开了肇事现场，但是为了救助被害人所致，当然不属于交通肇事后“逃逸”。反之，如果肇事人积极履行救助义务后仍没有立即投案，如将被害人送往医院后而逃跑的；或者虽然肇事人立即投案但有能力履行却没有积极履行救助义务，均属于肇事后“为逃避法律追究”的“逃逸”行为。

上述裁判理由，对于正确认定交通肇事后逃逸具有一定的参考价值。当然，将积极履行救助义务作为认定逃逸的本质条件，似有商榷。如果肇事人在肇事后没有逃离现场，但也没有积极履行救助义务，能认定为肇事人逃逸吗？显然不能。即使是肇事后去向公安机关投案的，肇事人虽然没有积极履行救助义务，但不具有逃避法律追究的目的，仍然不符合肇事后逃逸的要件。因此，将积极履行救助义务作为认定逃逸的本质要件，是附加了立法所没有的内容。

在认定交通肇事后逃逸的时候，应当把作为交通肇事罪基本构成事由的逃逸与作为交通肇事罪加重构成事由的逃逸加以区分。在交通肇事罪基本构成事由中，根据前引《解释》第2条第2款第(6)项，包括交通肇事致1人以上重伤，负事故全部或者主要责任，并为逃避法律追究逃离事故现场的情形。这里的逃逸是交通肇事罪构成要素之一，是定罪条件。而作为加重构成事由的交通肇事后逃逸，是在构成交通肇事罪的基础上具备这一条件的应当适用加重的法定刑。

交通肇事罪的加重构成事由，除交通肇事后逃逸以外，还包括其他特别恶劣情节。从这一

---

① 王立．交通肇事罪研究——以交通事故责任认定为视角//陈兴良主编．刑事法判解：第7卷．北京：法律出版社，2004：9.

② 最高人民法院编．刑事审判参考：总第53集．北京：法律出版社，2007.

表述来看，交通肇事后逃逸本身就是特别恶劣情节之一，由于这种情形在现实生活中较为常见，因而刑法加以明文列举。而对于其他特别恶劣情节，刑法作了概然性规定。前引《解释》第4条对特别恶劣情节作了具体规定，其是指具有下列情形之一的：(1) 死亡2人以上或者重伤5人以上，负事故全部或者主要责任的；(2) 死亡6人以上，负事故同等责任的；(3) 造成公共财产或者他人财产直接损失，负事故全部或者主要责任，无能力赔偿数额在60万元以上的。在我国刑法理论上，对于司法解释规定以肇事人有无赔偿能力在一定条件下作为加重处罚的条件，也是存在争议的。①

3. 特别加重构成

我国刑法关于交通肇事罪的规定，分为三个罪刑等级，其中最高等级是交通肇事罪的特别加重构成。根据我国刑法规定，交通肇事罪的特别加重构成事由是因逃逸致人死亡。前引《解释》第5条规定“因逃逸致人死亡”，是指行为人在交通肇事后为逃避法律追究而逃跑，致使被害人因得不到救助而死亡的情形。从这一规定来看，因逃逸致人死亡，在逃逸与死亡之间存在因果关系，逃逸是不救助，因而是一种不作为，由此引起被害人死亡的结果。但对于因逃逸致人死亡，行为人的主观罪过形式如何理解，刑法与司法解释都没有明文规定，在刑法理论上存在各种不同的观点。一般来说，对于逃逸致人死亡的主观罪过，主要有以下三种观点②：一是故意说，认为适用于对死亡结果持希望或者放任的情形。二是过失说，认为适用于对死亡结果持疏忽大意或者过于自信的过失的情形。三是间接故意与过失说，认为主要适用于对死亡结果持过失，个别情况下包括间接故意的情形，但应当排除直接故意。对于这个问题，学者大多均持过失说。例如张明楷教授认为，“因逃逸致人死亡”，应限于过失致人死亡，除司法解释所规定的情形之外，还应包括连续造成两次交通事故的情形，即已经发生交通事故后，行为人在逃逸过程中又因为过失发生交通事故，导致他人死亡。③ 将逃逸致人死亡的主观罪过限于过失，符合结果加重犯的一般法理，属于过失犯的结果加重犯。在司法实践中，则往往采用过失与间接故意说，认为这一规定强调的是“被害人因得不到救助而死亡”，主要是指行为人主观上并不希望发生被害人死亡的后果，但是没有救助被害人或者未采取得力救助的措施，导致发生被害人死亡结果的情形。④ 在此，作者只是排除了直接故意，而间接故意与过失显然是包含在内的。但在过失犯罪的结果加重中，对加重结果包含了间接故意，这种情形在刑法理论上确实难以成立。但从司法实践情况来看，要将间接故意排除出去确实不好操作。

（二）过失致人死亡罪

《刑法》第233条规定：“过失致人死亡的，处三年以上七年以下有期徒刑；情节较轻的，处三年以下有期徒刑。本法另有规定的，依照规定。”

我国刑法中的过失致人死亡罪，过去曾经被称为过失杀人罪，后来考虑到杀人这一行为更多地用于主观上是故意的场合，因而改称其为过失致人死亡罪。当然，杀人并非故意所专用，其实中国古代刑律中就有“六杀”之说。谋杀、故杀、斗殴杀、戏杀、误杀、过失杀称六杀。⑤

在我国刑法关于过失致人死亡罪的规定中，尤其值得注意的是“本法另有规定的，依照规

---

① 关于这个问题的详尽讨论，参见：刘东根．刑事损害赔偿研究．北京：中国法制出版社，2005：190.

② 张兆松．论交通肇事逃逸致人死亡的定罪问题//刑法问题与争鸣．2001年第3辑．北京：中国方正出版社，1999：376.

③ 张明楷．刑法学．3版．北京：法律出版社，2007：543.

④ 周道鸾，张军主编．刑法罪名精释．3版．北京：人民法院出版社，2007：119.

⑤ 韩相敦．传统社会杀伤罪研究．沈阳：辽宁民族出版社，1996：27.

定”一语。立法机关认为，“本法另有规定的，依照规定”的含义是指，过失致人死亡，除本条的一般规定外，刑法规定的其他犯罪中也有过失致人死亡的情况，根据特别规定优于一般规定的原则，对于刑法另有特殊规定的，一律适用特殊规定，而不按本条定罪处罚。如《刑法》第 115 条关于失火、过失决水、过失爆炸、过失投放危险物质或者过失以其他危险方法致人死亡的规定；第 133 条关于交通肇事致人死亡的规定；第 134 条关于重大责任事故致人死亡的规定等。[①] 由此可见，“本法另有规定的，依照规定”是法条竞合的引导性规定。在我国刑法中，各个罪名之间大量地存在法条之间的重合或者交叉关系。上述论断提及一般规定与特殊规定的关系。我认为，这里的一般规定与特殊规定的关系包括两种情形：第一种是普通法与特别法的关系。例如诈骗罪与贷款诈骗等金融诈骗罪。在这种情况下，特别法的外延是普通法的外延的一部分，因而是一种独立竞合。对此，应当按照特别法优于普通法的原则适用法律。第二种是部分法与整体法的关系，例如故意杀人罪与绑架罪，我国刑法规定的绑架罪包含了“杀害被绑架人”的内容。因而故意杀人罪成为绑架罪的构成要件的一部分。在这种情况下，部分法是整体法的内涵的一部分，因而是一种包容竞合。对此，应当按照整体法优于部分法的原则适用法律。

按照上述法条竞合理论分析，在过失致人死亡罪与交通肇事罪之间存在部分法与整体法之间的法条竞合关系。在以过失致人死亡作为交通肇事罪构成要件的情况下，过失致人死亡是交通肇事罪的基本构成的内容。因为交通肇事罪的其他特别恶劣情节，包括过失致人死亡 2 人以上的情况。所以，过失致人死亡是交通肇事罪的加重构成的内容。在交通肇事后逃逸而过失致人死亡的情况下，过失致人死亡是交通肇事罪的特别加重构成的内容。

（三）故意杀人罪

《刑法》第 232 条规定：“故意杀人的，处死刑、无期徒刑或者十年以上有期徒刑；情节较轻的，处三年以上十年以下有期徒刑。”

这是我国刑法关于故意杀人罪的规定，这一规定采用了简单罪状，并未对杀人的构成特征加以详细描述，而只是列举了杀人行为。在我国刑法理论上，杀人是指非法剥夺他人生命的行为。杀人从行为方式上来说，可以分为作为与不作为。对于不作为的杀人，尤其是因先行行为使他人处于危险状态，因未救助而引起他人自杀的，由于在我国刑法中没有规定类似于日本刑法中的保护责任者遗弃罪，因此在我国司法实践中往往以故意杀人罪论处。

在交通肇事以后，被害人造成重伤，作为先行行为者，被告人具有对被害人的救助义务。在这种情况下，被告人不履行救助义务，甚至将被害人搬离肇事现场予以遗弃。在这种情况下涉嫌故意杀人罪。对此，前引《解释》第 6 条规定：行为人在交通肇事后为逃避法律追究，将被害人带离事故现场后隐藏或者遗弃，致使被害人无法得到救助而死亡或者严重残疾的，以故意杀人罪或者故意伤害罪处罚。这就是司法解释关于交通肇事转化为故意杀人罪或者故意伤害罪的规定，对于正确处理此类案件具有重要意义。

三、肇事后被害人是否死亡的认定

在关于本案的三种分歧意见中，首先涉及的是一个事实问题，即在被告人韩正连交通肇事后，被害人是否当场死亡。如果已经死亡，则不存在此后的故意杀人或者交通肇事后逃逸致人死亡的问题。

对此，被告人韩正连辩解提出，当时天黑，以为被害人已经死亡，主观上没有杀人的故

---

① 胡康生，郎胜主编．中华人民共和国刑法释义．3 版．北京：法律出版社，2006：362.

意。裁判理由针对被告人的辩解作了以下分析：

> 如其辩解属实，则因为在转移被害人之前被害人已经死亡，故只能构成交通肇事罪，不发生转化故意杀人的问题。虽然从现场环境看，韩正连撞人的地点处于居民小区之间，一些居民听到撞击声已从家中出来，韩正连是急于逃避而没有仔细检查被害人的伤势情况，且案发时间是农历的九月二十四日晚9点多钟，天很黑，多名证人及行为人均证实当晚没有月亮，车辆撞人后继续向前又撞到电线杆，造成停电，货车也已经熄火，没有车灯，可以推想韩正连当时也是很难看清被害人的撞伤情况的，在被告人交通肇事撞倒被害人后，在黑暗中匆忙将被害人转移隐藏，没有对被害人进行任何救治，对不具备医疗知识的韩正连来说，当时主观上不能也没有对被害人是否已经死亡进行准确判断。也就是说，在这种情况下，韩正连主观上对于当时被害人可能没有死亡的情况应当是明知的。而当时被害人是否已经死亡，应当从本案的客观情况出发来得出结论。从现场痕迹和鉴定结论以及鉴定人当庭所作的鉴定说明分析，在撞人现场地面上（第一现场）没有大量血迹，而在隐藏地点（第二现场）楼道口前发现大量血迹，表明被害人当时还有生命反应，可以认定被害人在被转移隐藏时还活着，同时结合被害人系腹腔多处脏器损伤后失血性休克，受出血速度和出血量的影响，不会在受伤后立即死亡的鉴定结论，也证实韩正连是在被害人尚未死亡的情况下将被害人转移隐藏的。据此，韩正连的上述辩解不能成立。因此，被告人韩正连明知隐藏被撞伤的被害人可能没有死亡，但为了逃避法律追究，置被害人死活于不顾而逃逸，造成被害人死亡的严重后果，可以认定其具有放任被害人死亡的主观故意。

上述裁判理由认定被告人韩正连明知被害人没有死亡，从两个方面作了论证。一是主观明知的推定，认为被告人韩正连“当时主观上不能也没有对被害人是否已经死亡进行准确判断。也就是说，在这种情况下，韩正连主观上对于当时被害人可能没有死亡的情况应当是明知的。”应该指出，这一推定是十分勉强的，其逻辑是：“没有准确判断，因而是明知的”。该逻辑的前提是：在发生交通肇事以后，被告人具有对被害人是否当场死亡作出准确判断的义务，不履行这一义务的就是明知被害人没有死亡。二是客观上是否当场死亡的分析。其实，被害人在客观上是否当场死亡，对于被告人韩正连来说，已经不重要，他的辩解称“以为”被害人已经死亡，因而转移。即使这导致被害人死亡，其主观上也没有杀人故意，不构成故意杀人罪，仍有可能构成过失致人死亡罪。当然，这一过失致人死亡是包含在交通肇事罪中还是交通肇事转化为过失致人死亡罪，或者应当以交通肇事罪与过失致人死亡罪实行数罪并罚，是后文需要展开讨论的。

从我国刑法和司法解释关于交通肇事罪的规定来看，被害人在交通肇事当时是否在客观上已经死亡以及被告人主观上是否明知其没有死亡，对于定罪量刑具有十分重要的意义。现作以下分析。

1. 交通肇事当场致人死亡，且被告人明知被害人已经死亡，即使转移尸体，只定交通肇事罪，若有逃逸情节的，属于交通肇事罪的加重构成。

2. 交通肇事当场致人死亡，但被告人误认为其没有死亡，将尸体转移并予以遗弃，因主观认识错误而构成故意杀人罪的未遂。

3. 交通肇事当场没有死亡，无论被告人是否明知，只要是逃逸使被害人得不到及时救治而死亡的，属于交通肇事逃逸致人死亡。

4. 交通肇事当场没有死亡，但被告人误认为已经死亡，将被害人转移并予以遗弃，如何定罪？对此存在三种可能的结论：（1）交通肇事罪；（2）过失致人死亡罪；（3）交通肇事罪与过失致人死亡罪实行数罪并罚。

5. 交通肇事当场没有死亡，被告人将被害人带离事故现场后隐藏或者遗弃，致使被害人死亡的，构成故意杀人罪。

在本案中，被告人辩解自己属于上述第4种情形，但裁判理由则认为其属于上述第5种情形。在司法实践中，交通肇事后被害人当场是否已经死亡以及被告人主观上是否明知被害人死亡，一直都是一个难以证明的问题，使控方的举证十分困难，因而这种法律设计的可操作性是值得质疑的。因此，在司法实践中，认定交通肇事逃逸致人死亡或者转化为故意杀人罪，往往不是一个法律问题而是一个事实问题或者证据问题。为使我们进一步了解这个问题，现以倪庆国交通肇事案①作一个对比性研究：

> 被告人倪庆国违反交通运输管理法规，酒后驾驶制动系统不合格的车辆，将行人严学桂撞倒。倪庆国立即将严抱送附近诊所求治，并按医嘱将其速送县医院抢救。送往县医院途中，倪庆国因害怕承担法律责任，将严学桂弃于河滩上。当日下午4时，严学桂被群众发现时已死亡。
>
> 灌南县法院审理后认为：倪庆国违反交通运输管理法规，酒后驾驶制动系统不合格的车辆，致发生1人死亡的重大交通事故，负事故的全部责任，其行为已构成交通肇事罪，且肇事后逃逸，应予惩处。倪庆国在交通肇事后即将被害人抱送附近诊所求治，并按医嘱速送被害人去县医院抢救，其后来遗弃被害人是在认为被害人已死亡的主观状态下作出的。本案现有证据无法证明被害人在被遗弃前确实没有死亡，也无法证明被害人的死亡是因被遗弃无法得到救助而造成，故其行为不符合《解释》第6条关于交通肇事转化为故意杀人的条件。本着疑罪从轻的原则，对倪庆国只能以交通肇事罪定罪处罚。一审判决倪庆国犯交通肇事罪，判处有期徒刑4年。
>
> 一审判决后，倪庆国未提出上诉，灌南县检察院亦未抗诉。

对比两案，在案件事实上存在一定差异。主要是在倪庆国案中，被告人倪庆国曾将被害人送到附近卫生室请求救治，因伤势过重，被要求转送县医院急救。但在去县医院的路上，其将被害人遗弃。相同的是，被告人都辩称当时以为被害人已经死亡。在倪庆国案中，裁判理由认为：

> 本案被告人虽有为逃避法律追究遗弃被害人的行为，客观上也发生了被害人死亡的后果，但是被害人死亡的具体、确切时间，其死亡后果是否系因被告人遗弃而无法得到救助所致，均无法证实。具体地说：(1) 被害人在被遗弃时是否尚未死亡是判定被告人可否构成故意杀人罪的前提因素之一，但认定被害人在被遗弃时尚未死亡，没有任何证据证实。倪庆国本人供述，其在送被害人去县医院抢救途中，曾3次停车呼喊被害人而被害人均无应答，故认为被害人已经死亡、没有救治必要才产生抛“尸”想法的。抛“尸”当时，倪庆国还在现场观察了一会儿，仍没有看到被害人有任何动作，更加确信被害人确已死亡，最后才离开现场。参照被害人在第一次被接治时的表现、死因鉴定结论以及医学专业人员的分析，被害人在被遗弃前即已死亡并非不可能。(2) 被害人的死亡后果在能够得到及时有效的救治的情况下是否必然能够避免，同样无法定论。虽然医学专业人员表明，单纯脾破裂不可能导致伤者短时间内死亡，但同时也证实，如果脾脏前部损伤程度较深，累及脾门，并大血管损伤，或者伤者患有心脏疾病则可能在短时间内死亡。本案现有证据仅查明被害人被撞外伤性脾破裂、左肱骨骨折，但已无法查明被害人脾破裂是否伤及脾门，是否

---

① 最高人民法院编．刑事审判参考：总第30辑．北京：法律出版社，2003.

伴有脾门大血管破裂，以及其受伤前是否患有心脏疾病。也就是说被害人的死亡在正常情况下是否必然能够避免不能确定。（3）被害人的死亡是否因被告人的遗弃行为而无法得到救助所致，亦无法得到证明，即被害人死亡与被告人行为有无刑法的因果关系同样无法认定。我们认为，在上述事实无法查明的情况下，本着有利于被告人的原则，对被告人倪庆国以交通肇事罪，而非故意杀人罪定罪处罚是正确的。

上述裁判理由确认了对被告人有利推定的原则，对于处理同类案件是具有指导意义的。但由于对法律规定理解上的差异，这一标准的统一掌握实际上是难以做到的。

四、交通肇事后误以为死亡而遗弃的定罪

假如被告人韩正连辩解成立，其在误以为被害人已经死亡的情况下转移“尸体”进行隐匿造成被害人死亡，对于这种情形在刑法上应当如何定罪呢？关于这个问题，本案的第二种意见认为，被告人构成交通肇事罪和过失致人死亡罪，应当实行数罪并罚。而本案的裁判理由虽然对此没有专门论述，但附带地论及若被告人韩正连的辩解成立，则其行为应定为交通肇事罪。

在上述情况下，过失致人死亡这一事实是客观存在的，即被告人对被害人死亡发生了错误认识，将没有死亡误认为已经死亡，因而可以排除杀人故意。但被告人对于死亡结果的发生主观上是存在过失的，属于过失致人死亡。现在的问题是：这一过失致人死亡是否依附于交通肇事罪，被该罪所涵括？如果过失致人死亡被交通肇事罪所包含，是其构成要件的一部分，则应构成交通肇事罪，不能另定过失致人死亡罪。

如前所述，我国刑法中的交通肇事罪确实包含过失致人死亡的内容，可以分为两种情形。一是交通肇事行为直接造成他人死亡，也就是所谓当场死亡的情形。在这种情况下，肇事行为与死亡结果之间存在因果关系。二是交通肇事逃逸致人死亡。在这种情况下，死亡结果并非交通肇事所造成，而是交通肇事后的逃逸行为造成的，在交通肇事逃逸行为与死亡结果之间存在因果关系。尽管这两种情形有所不同，但过失致人死亡属于交通肇事罪的构成要件的一部分，这是没有疑问的。

在本案中，被告人韩正连的辩解如果能够成立，其行为属于交通肇事后逃逸致人死亡，那么，因逃逸致人死亡与交通肇事罪的基本构成之间是一种什么样的逻辑关系呢？换言之，如果没有逃逸致人死亡这一情节，其交通肇事罪的基本构成是否成立呢？我认为，这个问题是值得研究的。从本案来看，被告人韩正连违反交通运输法规，酒后驾车将他人撞倒，如果没有此后的逃逸致人死亡这一情节，就不能构成交通肇事罪。因此，逃逸致人死亡是被告人韩正连构成交通肇事罪的必不可少的要件。如果将逃逸致人死亡另行认定为过失致人死亡罪，则其交通肇事罪的构成要件就不完备。因此，我认为对此不能以交通肇事罪与过失致人死亡罪实行数罪并罚，而只能定交通肇事罪。

五、交通肇事转化为故意杀人罪的定罪

交通肇事以后逃逸致人死亡，如何与不作为的故意杀人罪相区分，这是一个十分复杂的问题。

日本刑法未规定交通肇事罪，但涉及交通事故中对被害人的遗弃。日本《道路交通法》规定了违反保护义务罪。例如日本学者大谷实教授在论及交通事故中的保护义务时，指出：

> 《道路交通法》第72条规定，交通肇事致人受伤的驾驶人员具有救护伤者的义务，违

反者处3年以下有期徒刑或者10万（原文如此，疑为50万——引者注）日元以下罚金。①因此，在肇事后逃逸的场合，驾驶员认识到造成他人受伤而逃走的时候，就成立违反救护义务罪。此时，如果驾驶员对由于自己的过失所造成的伤者需要进行保护有认识，但是却没有做任何保护径直离去，这种行为是否成立不保护罪，需要研究。问题在于，在上述情况下，行为人是不是具有保护责任？如果说自己过失实施的先行行为自身就成为保护责任的根据的话，当然就构成本罪。但是，如果根据“重要的是，在具体情况下，被害人的生命、身体的危险（安全）是否受制于驾驶员的话，就很难说，驾驶员马上具有保护责任”。判例中，也没有将这种肇事后逃逸的情况直接作为本罪处理。

相反地，行为人已经开始救护伤员。如为了送到医院而将伤员搬上车、途中又将伤员抛弃的场合，由于行为人接受了要保护者，形成了将他人置于自己支配之下的保护状态，所以，可以确认以无因管理为根据的保护关系，这时候，可以成立保护责任人遗弃罪。另外，害怕从车上跳下、身负重伤的人被人发现，便将其挪到离路边3米远的烟叶田里放置之后离去的事件，也被认定为保护责任人遗弃罪（东京高判1970年5月11日《高刑集》第23卷第2号第368页）。这种场合，由于行为人处于能够支配被害人生命危险的立场。所以，是妥当的判决。但是，也还具有成立遗弃罪的余地。②

从以上规定来看，违反救护义务罪是行为犯，只要交通肇事致使他人受伤，没有进行救助，就构成违反救护义务罪。但如果具有保护者的责任，则构成日本刑法中的保护责任人遗弃罪。如果发生死亡后果，在不具有保护者责任的情况下构成业务过失致人死伤罪；在具有保护者责任的情况下则构成遗弃致人死伤罪。

我国刑法设立了交通肇事罪，在该罪中包含过失致人死伤以及财产损失的内容。尤其是对交通肇事后逃逸致人死亡也专门作了规定，意图通过交通肇事罪，尽可能地包含交通肇事案件中的各种复杂情形。这一点与日本刑法除单独规定违反救助义务罪以外，尽可能地利用普通罪名处理交通肇事案件中的犯罪之立法思路是有所不同的。值得注意的是，日本在2001年刑法修改中增设了危险驾驶致死伤罪，2007年刑法修改中又增设了驾驶车辆过失致死伤罪，并相应地提高了法定刑。这种情况下，在交通肇事案件中，以前按照业务过失致人死伤罪处理的案件，大多数都可以适用驾车过失致死伤罪。③ 这是一种立法思路的调整，表现出交通肇事犯罪的罪名专门化的趋势，这是应当引起我们注意的。

当然，这里存在一个共同的问题，就是对于交通肇事后逃逸转化为故意杀人的案件如何处理。关于这个问题，日本刑法是采用不作为犯罪理论解决的。例如日本学者日高义博教授指出：

> 所谓“汽车撞人逃跑”就是由于不作为人的过失设定原因的情形。即汽车司机因自己的过失撞了步行人而使步行人负重伤，但司机对受伤人不采取救助措施，认为死了更好而丢下受害人逃之夭夭，结果被害人因流血过多而死亡的情形。在这个事例中，从撞倒行人致其重伤来看构成业务上过失致伤罪是无可争议的，但除此以外，司机对受害人不采取必要的救助措施而逃跑的行为，在刑法上应该怎样评价呢？这种撞人后逃跑的行为存在杀人

---

① 2007年日本《道路交通法》修改时，将该罪的法定刑提高到5年以下有期徒刑或者100万日元以下罚金。——引者注

② 大谷实．刑法讲义各论：新版2版．黎宏，译．北京：中国人民大学出版社，2008：68.

③ 只木诚．作为刑法犯的交通犯罪的处理．北京：“中日交通违法犯罪预防与对策学术研讨会”提交论文，2008-10-26。

的未必故意，而且由于过失的先行行为设定了对于被害人死亡的因果关系，这种情况下的不作为存在构成要件的等价值性。所以，成立杀人罪的不真正不作为犯。①

因此，在日本刑法中，交通肇事致人重伤，司机对被害人不采取救助而死亡，分别构成业务过失致伤罪和不作为的故意杀人罪。但在我国刑法中，逃逸致人死亡有相当一部分，甚至在某些情况下的间接故意都被交通肇事罪所包含。在这个意义上说，对于直接从交通肇事现场逃逸致使被害人死亡的案件中并不存在不作为的故意杀人罪构成的余地。但前引《解释》第6条规定：

行为人在交通肇事后为逃避法律追究，将被害人带离事故现场后隐藏或者遗弃，致使被害人无法得到救助而死亡或者严重残疾的，应当分别依照刑法第二百三十二条、第二百三十四条第二款的规定，以故意杀人罪或者故意伤害罪定罪处罚。

在适用这一司法解释的时候，应当从以下两个方面考虑。

（一）客观要件

交通肇事后逃逸构成的故意杀人罪在客观上表现为将被害人带离事故现场后隐藏或者遗弃，并且致使被害人无法得到救助而死亡。因此，没有带离现场而逃逸，无论被告人对死亡结果持何种主观心理态度，均不构成故意杀人罪。应当提出，上述司法解释中规定的隐藏，是指将被害人置于隐蔽的、秘密的地点、场所或者进行掩盖、伪装，使人在正常情况下难以发现或者根本不能发现。遗弃，是指将被害人转移到其他非隐蔽、非秘密的场所抛弃。并且，死亡结果是因被害人被隐藏或者遗弃而无法得到救助造成的。因此，如果被害人虽被隐藏或者遗弃，但因他人救助或其他原因而没有发生死亡结果的，不能构成故意杀人罪既遂。但能否认定为故意杀人罪未遂，还值得研究。

（二）主观要件

交通肇事后逃逸构成的故意杀人罪在主观上表现为逃避法律追究的目的。因此，如果不是为了逃避法律追究而将被害人带离现场也不构成故意杀人罪。在司法实践中，被告人即使是出于抢救被害人的紧急需要或者因为惧怕被害人亲属的非法报复等其他目的，将被害人带离现场，但带离现场以后没有进行抢救，而是将被害人隐藏或者遗弃后逃逸的，也应当认为被告人主观上具有逃避法律追究的目的。

本案的裁判理由对交通肇事转化为故意杀人罪的条件应当如何把握，提出了以下见解：

在交通肇事转化为故意杀人罪的条件中，如何把握交通肇事转化为故意杀人罪的主观故意，是审理此类案件的难点。行为人由过失交通肇事的行为到故意杀人的行为，存在一个主观心理转变的过程。行为人交通肇事造成他人伤害主观上是出于过失，在因交通肇事已经致被害人伤害结果而使其陷于死亡的现实危险状态情况下，被害人的生命安全依赖肇事行为人的及时救护，而行为人为了逃避法律追究，不采取措施防止死亡结果的发生，而是将被害人带离事故现场后隐藏或者遗弃，致使被害人因得不到及时的救护而死亡，其承担的刑事责任不再是交通肇事的结果加重犯的责任，而是因其先行行为造成他人死亡危险状态构成的不作为的刑事责任。《道路交通事故处理办法》第七条明确规定，“发生交通事故的车辆必须立即停车，当事人必须保护现场，抢救伤者和财产”，同时，由于肇事者自己先前的交通肇事行为才使被害人的生命处于现实危险状态，因此，从法律明文规定和行为人先行行为看，肇事行为人负有防止死亡危险结果发生的特定义务，如果能够履行而故

---

① 日高义博．不作为犯的理论．王树平，译．北京：中国人民公安大学出版社，1992：113.

意不履行，造成被害人死亡结果的就构成刑法上的不作为故意杀人犯罪。这种情况下，行为人对于造成被害人死亡的主观心态既可能希望被害人死亡，也可能是放任被害人死亡。因为行为人对被害人处于急需救助、生命安全处于危险状态是明知的，此时，再将被害人带离事故现场后隐藏或者遗弃，如果是明知自己的行为必然发生被害人死亡的结果，则属于直接故意杀人；如果仅是明知自己的行为可能会发生被害人死亡的结果，而放任这种结果的发生，则属于不作为的间接故意杀人。至于个案中被告人的主观心理状态的认定，一般可以从其实施的客观行为、肇事后被害人的伤害情况、当时的特定环境以及社会一般人的通常认识程度等方面进行综合分析判断。

在上述论述中，裁判理由的核心命题是：在交通肇事转化为故意杀人罪的条件中，如何根据交通肇事转化为故意杀人罪的主观故意，是审理此类案件的难点。我认为，这一命题是不能成立的，其实难点不在于主观故意，而恰恰在于客观行为。因为从主观上来说，存在一个从交通肇事的过失到杀人的故意的转化过程。但这一转化必然以一定的客观行为为根据。从这个意义上说，客观要件是认定主观故意的根据。例如，我国学者在论及过失向故意转化的认定时指出：

随着行为人主观心理由过失转化为故意，客观行为也发生相应的变化，也就是说故意心理也支配一定的行为，而且与过失行为保持相对的独立性，并与最终的危害结果之间存在因果关系。这是主、客观一致原则的要求。与故意转化为过失的情形相比，过失向故意的转化，不仅在客观行为上是可分的，而且在危害结果上也有明显的差别。认定过失向故意的转化，必须注意分析行为人客观行为的变化，这是主观心理转化的客观根据。如果行为人在过失造成危害社会的结果以后，未实施任何危害社会的行为，便无从确定行为人的心理已由过失转化为故意，如果行为人改变后的故意心理及客观行为对最终危害结果毫无影响，行为人一般也不应对他人造成的最终危害结果负故意责任。①

我认为，以上论述是十分正确的。在从过失向故意的转化中，并不仅仅是心理转变的问题，其必然以一定的行为，包括作为与不作为为前提。在犯罪认定中，始终应当坚持客观判断先于主观判断的原则。

六、犯罪形态的界定

从交通肇事向故意杀人罪转变，这种犯罪形态在我国刑法理论上称为转化犯。我认为，转化犯的概念较为妥当地概括了这一犯罪现象的特征。

在我国刑法理论上，转化犯是指行为人在实施某一较轻的犯罪时，由于连带的行为又触犯了另一较重的犯罪，因而以比较重的犯罪论处的情形。转化犯中存在从此罪向彼罪的转化，之所以能够转化，是因为在实施轻罪过程中又触犯了重罪，构成重罪以后轻罪就不能成立，因而应以重罪论处。我国刑法中存在转化犯的立法例。例如《刑法》第 292 条第 2 款规定，聚众斗殴，致人重伤、死亡的，依照本法第 234 条、第 232 条的规定定罪处罚。《刑法》第 292 条第 1 款规定的是聚众斗殴罪，第 2 款则规定了从聚众斗殴转化为故意杀人罪、故意伤害罪的情形。在我国刑法中，除法定的转化犯以外，还存在非法定的转化犯。从交通肇事向故意杀人罪的转化，在刑法中没有规定，司法解释对此作了规定，它也是一种转化犯。当然，这是一种从过失向故意转变的转化犯，并且是从作为向不作为转变的转化犯。

① 姜伟．罪过形式论．北京：北京大学出版社，2008：317－318.

第二章　合法贷款后采用欺诈手段拒不还贷行为之定性研究

——吴晓丽贷款诈骗案（贷款诈骗罪　拒不还贷行为）

《刑法》第193条对贷款诈骗方法作了明文列举，列举难免存在不周延，因而又以概然性规定作为弥补。但是，无论是在刑法理论上还是在司法实践中，对于如何正确理解贷款诈骗的其他方法，都是存在争议的。本章从吴晓丽贷款诈骗案①切入，对合法贷款后采用欺诈手段拒不还贷行为（以下简称拒不还贷行为）应当如何定性问题加以讨论。

一、案情及诉讼过程

吴晓丽系某厂厂长，其分别向两个信用社贷款合计四百余万元，贷款到期后，经信用社催要，未偿还。后，吴晓丽将包括贷款抵押物（未在产权机关登记）在内的厂房及土地转让给另一厂厂长王晓春。吴晓丽收到王晓春分期给付的300万元现金后，未用于还款。

营口市中级人民法院认为，吴晓丽明知其厂房已用于贷款抵押而将其出卖，其行为构成贷款诈骗罪，且数额特别巨大，应依法惩处，故一审判决吴晓丽犯贷款诈骗罪，判处有期徒刑10年，并处罚金50万元。

吴晓丽上诉称，其将厂房卖给王晓春时，已约定由王晓春代为偿还贷款，后王晓春否认。为此，其曾向法院诉王晓春，主张双方的合同无效，但遭败诉。故其因败诉而不能偿还贷款，并无非法占有贷款之主观目的。

辽宁省高级人民法院认为，吴晓丽在贷款时并未采取诈骗手段，只是在还贷过程中将抵押物卖掉。若该抵押物合法有效，银行可随时采取法律手段收回抵押物；且吴晓丽在转让抵押物后，确也采取了诉讼手段欲将抵押物收回，因抵押合同被认定无效而致使本案发生，故对吴晓丽不构成贷款诈骗的上诉理由予以支持，原审认定被告人吴晓丽犯诈骗罪不能成立。

二、裁判理由

本案经一审判决，被告人吴晓丽构成贷款诈骗罪，但二审判决贷款诈骗罪不成立。那么，二审法院认定被告人吴晓丽的行为不构成贷款诈骗罪的裁判理由是什么呢？以下是法院的裁判理由：

---

① 最高人民法院编．刑事审判参考：总第15辑．北京：法律出版社，2001.

（一）是否具有非法占有目的是区分贷款诈骗与贷款欺诈①的关键

根据刑法第一百九十三条规定，以非法占有为目的，使用虚构事实或者隐瞒真相的方法，骗取银行或者其他金融机构贷款，数额较大的，构成贷款诈骗罪。而贷款欺诈通常属于贷款纠纷，是指因贷款人在签订、履行借款合同过程中采取了虚构事实或者隐瞒真相的方法而产生的经济纠纷。从具体行为方式来看，贷款诈骗与贷款欺诈有许多相似或相同之处。例如，编造引进资金、项目等虚假理由，使用虚假的经济合同，使用虚假的证明文件，使用虚假的产权证明作担保或者超出抵押物价值重复担保，等等。也就是说，贷款欺诈行为也可以表现为刑法第一百九十三条列举的五种情形。但是，在法律责任上，二者有重大的差别：诈骗贷款数额较大的，构成贷款诈骗罪，须承担刑事责任；而通过欺诈方法获取贷款，即使数额较大，到期不能归还，如行为人没有非法占有的目的，也不能追究行为人的刑事责任。那么，如何区分贷款诈骗罪与贷款纠纷？我们认为，区分的标准主要应从借款人主观上是否具有非法占有目的上来分析。

"非法占有的目的"属于行为人主观上的心理活动，往往通过其客观行为表现出来。从行为人具体实施的客观行为事实来判断，某些行为本身就足以证明行为人主观上具有非法占有的目的，例如，行为人使用虚假的产权证明作担保，从金融机构获取贷款后，携款逃跑的，这一行为本身就直接表明行为人主观上具有非法占有的目的。但是，某些行为本身尚不能直接表明行为人主观上是否具有非法占有的目的，例如，编造引进资金的虚假理由取得贷款，使用虚假证明文件取得贷款等，而只能间接表明行为人主观上具有非法占有目的的可能性。也就是说，在某些情况下，并不能直接表明行为人主观上具有非法占有的目的，还必须借助相关的客观事实来加以分析认定。至于查明行为人在实施了某种间接表明其主观上具有非法占有目的可能性的行为之后，还需借助哪些具体客观事实来认定行为人主观上确实具有非法占有的目的，应根据不同的犯罪构成要件来加以分析。至于如何具体认定行为人有"非法占有目的"，最高人民法院印发的《全国法院审理金融犯罪案件工作座谈会纪要》（以下简称《纪要》）已提出明确意见："应当坚持主客观相一致的原则，既要避免单纯根据损失结果客观归罪，也不能仅凭被告人自己的供述，而应当根据案件具体情况具体分析。对于行为人通过诈骗的方法非法获取资金，造成数额较大资金不能归还，并具有下列情形之一的，可以认定为具有非法占有的目的：(1) 明知没有归还能力而大量骗取资金的；(2) 非法获取资金后逃跑的；(3) 肆意挥霍骗取资金的；(4) 使用骗取的资金进行违法犯罪活动的；(5) 抽逃、转移资金、隐匿财产，以逃避返还资金的；(6) 隐匿、销毁账目，或者搞假破产、假倒闭，以逃避返还资金的；(7) 其他非法转移资金、拒不返还的行为。"也就是说，判断行为人主观上具有非法占有贷款的目的，必须同时具备以下客观事实：其一，行为人是通过欺诈的手段来取得贷款的；其二，行为人到期没有归还贷款；其三，行为人贷款时即明知不具有归还能力或者贷款后实施了某种特定行为，如携款逃跑，肆意挥霍贷款，抽逃、转移资金、隐匿财产以逃避返还贷款，等等。只有在借款人同时具备上述 3 个条件时，才能认定借款人在主观上具有非法占有贷款的目的。若借款人所实施的行为欠缺上述条件之一的，一般不能认定其主观上具有非法占有的目的。

---

① 需要指出，《刑法修正案（六）》设立了骗取贷款罪。《刑法》第 175 条之一规定，以欺骗手段取得银行或者其他金融机构贷款、票据承兑、信用证、保函等，给银行或者其他金融机构造成重大损失或者有其他严重情节的，处 3 年以下有期徒刑或者拘役，并处或者单处罚金；给银行或者其他金融机构造成特别重大损失或者有其他特别严重情节的，处 3 年以上 7 年以下有期徒刑，并处罚金。这里，就包含骗取贷款罪。

（二）认定被告人吴晓丽具有非法占有目的的证据不足

从本案的事实来看，被告人吴晓丽是否构成贷款诈骗罪，一是要分析吴晓丽是否实施了刑法第一百九十三条列举的四种具体行为或者吴晓丽所实施的行为能否归属于“以其他方法诈骗贷款”；二是要认定吴晓丽在主观上是否具备“非法占有贷款的目的”。具体来说，一方面，吴晓丽在多次贷款中，并没有采取刑法第一百九十三条列举的四种具体行为方式来取得贷款。另一方面，吴晓丽在贷款的过程中以及在得到贷款之后，并不具备“非法占有贷款的目的”。尽管她在贷款到期后，经两个信用社多次催要，不仅没有偿还借款，而且利用抵押合同的瑕疵又擅自将抵押物再次转让，得到转让收入后又不用来偿还贷款。但是，这些事实尚不能直接证明吴晓丽主观上具有非法占有贷款的目的，至多只能表明吴晓丽在主观上具有占有贷款的可能性。在这种情况下，就需借助其他的客观事实来加以分析认定。从本案的事实来看，吴晓丽并没有实施《纪要》中列举的第（2）至（7）项的行为，也不属于第（1）项“明知没有归还能力”的情形。相反，吴晓丽试图通过诉讼手段欲将抵押物收回，最终因法院确认其与盖州市亚特塑料制品厂的转让合同有效而未能如愿，以致吴晓丽不能再用抵押物来偿还贷款。因此，上述客观事实反而能够证明吴晓丽在主观上不具备将贷款占为己有的目的。辽宁省高级人民法院二审对吴晓丽不定贷款诈骗罪是正确的。

三、理论分析

1979年《刑法》只设立了诈骗罪而未规定贷款诈骗罪。1995年全国人大常委会《关于惩治破坏金融秩序犯罪的决定》第10条首次规定了贷款诈骗罪。此后，在1997年《刑法》修订中，吸纳了这一规定，形成《刑法》第193条的规定。根据《刑法》第193条的规定，贷款诈骗罪是指以非法占有为目的，使用虚构事实或者隐瞒真相的方法，骗取银行或者其他金融机构贷款，数额较大的行为。从刑法关于贷款诈骗罪的规定来看，构成贷款诈骗罪，须具备罪体、罪责和罪量三个方面的条件：罪体是刑法列举的五种贷款诈骗方法，罪责是主观上以非法占有为目的，罪量是数额较大。在上述三个要件中，罪量是不成问题的，关键在于罪体与罪责两个方面，尤其是对以非法占有为目的的认定。当然，罪体与罪责又是相关的。在没有罪体的情况下，也就没有罪责可言。关于这一点，将在后文重点论及。

（一）贷款诈骗罪的罪体要素

《刑法》第193条对贷款诈骗罪的罪体要素作了以下规定。

1. 编造引进资金、项目等虚假理由

在这一诈骗方法中，又可分为两种情形：一是编造引进资金的虚假理由。二是编造引进项目的虚假理由。当然，也还包括编造其他类似的虚假理由。犯罪分子往往打着发展地方经济的幌子，向政府有关部门和银行等金融机构编造国外某财团或国外某华侨的巨额资金要以优惠条件存入某银行，或者是能够创造高额利润的生产项目，条件是引进单位必须具有一定的资金实力或者自有资金必须达到一定的比例。所以，如果能从银行或者其他金融机构贷到款，就能立即引进这笔资金或者项目，待资金、项目引进后，即可立即筹建或者投入生产，并依约偿还贷款本息，以骗取银行的贷款和手续费。在现实生活中，这是一种较为常见的贷款诈骗方法。

2. 使用虚假的经济合同

贷款一般须用于特定用途，因而在贷款过程中，银行一般都要审查经济合同。因此，有无经济合同是能否取得贷款的重要条件之一。为此，犯罪分子伪造并使用虚假的经济合同，以此作为贷款诈骗的方法。

3. 使用虚假的证明文件

这里的证明文件，是指银行的存款证明、公司和金融机构的担保函、划款证明等在向银行或者其他金融机构申请贷款时所需要提交的文件。没有这些证明文件，无法获得贷款。因此，使用虚假的证明文件是贷款诈骗的方法之一。

4. 使用虚假的产权证明作担保或者超出抵押物价值重复担保

在此，使用虚假的产权证明是虚构事实的诈骗方法，而超出抵押物价值重复担保则是隐瞒真相的诈骗方法。产权证明是指财产权利证明、抵押物或质物的财产权利证明。因此，使用虚假的产权证明作担保，就是指虚构产权证明，并以此作为担保而骗取贷款。重复担保是指将同一项财产分别向数个债权人提供担保。根据《担保法》（现已失效）的规定，只有财产抵押后其价值大于所担保债权的余额部分才可以再次抵押，但不得超出其余额部分。而重复担保则已经超出抵押物价值，实际上是在虚构产权。当然，从已经抵押而予以隐瞒，致使银行或者其他金融机构认为是有效抵押而发放贷款而言，这种行为是一种隐瞒真相的诈骗方法。

5. 以其他方法诈骗贷款

这是一个概然性规定，以弥补列举不全之缺憾。这里的其他方法，指一切方法，但这种方法必须是和列举的四种情形性质相当的诈骗贷款的方法。立法者在解释这里的其他方法时指出：其他方法是指伪造单位公章、印鉴骗取贷款的；以假货币为抵押骗取贷款的；以非法占有为目的，先借贷后采用欺诈手段拒不还贷的等情况。考虑到要在法律中将所有的诈骗银行或者其他金融机构贷款的行为都具体列举，予以规定，是不可能也是不现实的，因而本条规定了以其他方法诈骗银行或者其他金融机构贷款的，根据这一规定，不论行为人是以何种方法诈骗贷款的，都要予以追究刑事责任。① 当然，这里的先借贷后采用欺诈手段拒不还贷的情形是否属于贷款诈骗，是本章分析的重点，将在下面予以展开。

（二）贷款诈骗罪的罪责要素

贷款诈骗罪主观上须具有非法占有的目的，对于这一点，刑法已有明文规定，关键问题在于：如何认定非法占有的目的。非法占有贷款目的只是罪责要素之一。贷款诈骗罪的主观故意，是指明知是贷款诈骗行为而有意实施的主观心理状态。因此，非法占有贷款的目的是指通过诈骗方法非法占有贷款的目的。由此可见，非法占有贷款目的是以存在诈骗方法为前提的。尽管没有诈骗方法，也可能产生占有贷款的目的，但却不可能存在通过诈骗方法非法占有贷款的目的。

四、拒不还贷行为的定性

从本案认定的事实来看，被告人吴晓丽的行为就在于：明知其厂房已用于银行贷款的抵押而将该厂房卖掉。一审法院认为这一行为已构成贷款诈骗罪。而二审法院则认为，在还贷的过程中将抵押物卖掉，如果该抵押是合法有效的，银行可随时采取法律手段将抵押物收回，不会造成贷款不能收回的后果；且吴晓丽在转让抵押物后，确也采取了诉讼的手段将抵押物收回，因认定抵押合同无效才致使本案发生，故对吴晓丽不构成贷款诈骗罪的上诉理由予以支持，原审认定被告人吴晓丽犯贷款诈骗罪不能成立。由此可见，一审法院与二审法院之间的分歧并不在于是否具有非法占有贷款的目的，而恰恰在于是否具有贷款诈骗的行为。在此，我先就这个问题加以讨论。

在理论分析部分，我对贷款诈骗的五种方法都作了分析，本案被告人吴晓丽的行为不属于

---

① 胡康生，郎胜主编．中华人民共和国刑法释义．3版．北京：法律出版社，2006：302.

前四种方法，因为其在贷款当时没有采取欺诈手段，这一点已被二审法院认定。关键问题在于：吴晓丽是否具备贷款诈骗的其他方法。吴晓丽在合法获取的贷款到期后，没有偿还借款，而且利用抵押合同的瑕疵擅自将抵押物转让，得到转让收入后又不用来偿还贷款，这一行为明显属于采用欺诈手段拒不还款的行为。那么，这种合法贷款后采取欺诈手段拒不还款的行为是否属于贷款诈骗的其他方法呢？立法者认为，以非法占有为目的，先借贷后采用欺诈手段不还贷的情况属于贷款诈骗的其他方法。但这种情形构成贷款诈骗罪，是以贷款前存在非法占有目的为前提的。也就是说，行为人在贷款以前就已经确定获得贷款后不予归还而予以非法占有。这种情形，从理论上说似乎可以归入贷款诈骗，但对贷款前的非法占有目的如何认定是一个极大的难题，而且将客观上的拒不归还贷款作为贷款诈骗方法本身就与前四项方法在性质上不协调。退一步说，即使这种情形属于贷款诈骗，也只限于贷款前已有非法占有的目的。如果贷款前并无非法占有的目的，只是合法获得贷款后才不想归还，想要占有贷款，即所谓赖账不还，能否也认定为贷款诈骗罪，这是涉及本案定性的核心问题。因为裁判理由已经确认：吴晓丽在贷款的过程中以及在得到贷款之后，并不具备“非法占有贷款的目的”。要认定其行为构成贷款诈骗罪，除非将其采用欺诈手段拒不还贷的行为认定为贷款诈骗的其他方法。

关于合法贷款后采用欺诈手段拒不还贷的行为是否构成贷款诈骗罪，我国刑法学界存在以下两种观点。第一种观点认为，这种拒不还贷行为构成贷款诈骗罪。例如，我国学者指出：行为人在设定抵押获取贷款后，减少或者隐匿、转移抵押财产，实现诈骗贷款的目的。即诈骗行为人用自己的财产作为贷款抵押担保，在获得贷款之后，利用抵押担保抵押物不转移占有的特点，以挥霍、变卖、“赠送”、转移、隐匿等方法减少抵押财产，逃之夭夭，致使银行等金融机构的债权不能实现，达到骗取贷款的目的。① 还有学者从主观上非法占有目的产生的时间上加以论证，指出：如果行为人在贷款的初期并无非法占有贷款的目的，而随着后来情况的变化，产生了非法占有的目的，因而拒不归还贷款的，仍是贷款诈骗罪。也就是说，作为本罪主观要件的非法占有的目的，既可以是形成于事前，也可以形成于事中。② 如果把贷款界定为“事”，那么，这里的非法占有的目的不是形成于事中，而是形成于事后。由此可见，这种观点在客观上把拒不还贷的行为认定为贷款诈骗的其他方法，在主观上认为行为人具有形成于事后的非法占有的目的。

第二种观点认为，这种拒不还贷行为不构成贷款诈骗罪。例如，我国学者指出：行为人占有贷款后形成非法占有的目的，因不可能再有诈骗的行为，所以属于事后故意，而非行为实施中的故意（事中故意）。事后故意实际上是对前一行为的追认，并非前一行为的故意。从客观上看是对因果关系的颠倒，但不符合犯罪的理论和因果关系的规律。事后故意是不可能构成故意犯罪的罪过的。这种观点还进一步指出：对于行为人贷款后起意非法占有的情形，可以考虑以侵占罪论处。理由在于，上述情形下，贷款后行为人即已合法占有该项资金，在贷款期限内对其有权支配（甚至超过约定的使用范围）。而当合同期限届满或者依法或依约定事由而解除时，其对该项资金的占有就没有法律依据，其应当予以返还而不能再行支取，返还前即可以认为是“代为保管”，行为人非法据为己有、拒不返还，符合侵占罪的构成特征。③ 这种观点主要是从主观目的角度论述的，但结论与第一种观点的明显不同。

上述两种观点的争论涉及以下三个问题，下面分别展开讨论。

---

① 王作富主编．刑法分则实务研究：上．3版．北京：中国方正出版社，2007：604.

② 周振想主编．金融犯罪的理论与实务．北京：中国人民公安大学出版社，1998：410.

③ 赵秉志主编．金融诈骗罪新论．北京：人民法院出版社，2001：161. 关于拒不还贷构成侵占罪的论述，参见该页注③。

（一）如何理解“其他方法”

贷款诈骗的其他方法，应当是和前四种方法性质相一致的用以骗取贷款的诈骗方法，对此在理论上并无异议。这种一致性源于它对诈骗行为的依从性，因为它是诈骗的其他方法，所以这些方法也必然具有虚构事实、隐瞒真相的特征，并且行为人正是通过这种诈骗方法而获取贷款的，即所谓骗取贷款。骗取者，骗而取之也。通过诈骗而取得贷款，是贷款诈骗罪的本质特征。在合法取得贷款后拒不还贷，贷款是合法取得，而非骗而取得，怎么可能构成贷款诈骗罪呢？在通过抵押以后合法获取贷款，而后转移抵押物而不还贷，只是一种赖账行为，它与骗取贷款在性质上不同，不能归入贷款诈骗的其他方法。就此而言，第一种观点是不能成立的。

（二）如何理解“非法占有的目的”

关于非法占有的目的的内涵，我国刑法学界存在非法所有说、非法获利说、非法占有说、不法所有说等观点，其实这些观点大同小异，只不过是表述有所不同而已，核心的意思都是非法获得对财物的所有权的一种主观意图。对此，本章不拟讨论。在这里，我想提出的问题是：非法占有目的能否离开诈骗行为而存在。上述第二种观点在对第一种观点的反驳中，涉及事后故意的问题，即非法占有目的是否可能产生在事后。我认为，这并不是一个非法占有目的产生在事前、事中还是事后的问题，而是非法占有目的是否可以脱离诈骗行为而存在的问题，也就是一个主观要件与客观要件之间的关系问题。在我看来，非法占有目的，在贷款诈骗罪中是指非法占有贷款的目的，是指通过诈骗非法占有贷款的目的，因而诈骗是非法占有贷款目的实现的手段，离开诈骗手段就不存在本罪之所谓非法占有目的可言。在这一点上，第一种观点也存在认识上的误区，由此而得出非法占有目的可以产生在事后的结论。

（三）拒不还贷行为是否构成侵占罪

第二种观点正确地指出了非法占有目的不可能产生在事后，因而拒不还贷行为不构成贷款诈骗罪，但又认为，拒不还贷行为符合侵占罪的特征。对此，我是不同意的。关键在于：如何理解侵占罪之所谓“代为保管”？这里的代为保管是指对他人财物的代为保管，将代为保管的他人财产占为己有，是对他人物权的侵犯。但通过借贷合同取得贷款，属于借款关系。我国学者指出：在消费借贷合同中，持有人从所有人处取得种类物进行消费，而消费意味着非替所有人保管种类物，这意味着种类物的所有权已转移给持有人。所以，持有人消费该种类物已不是替他人保管该物，因而也不能成立侵占对象。由于消费借贷合同中，所有人将种类物转让出去用以消费，意味着他对原种类物已不再有返还请求权，他已将物的所有权用来与持有人设定债权债务关系，其物的所有权已通过债权形式来实现。这种物的所有权转移符合双方的合意，因而，当持有人拒绝返还相同品质、数量的种类物时，所有人只能通过债权请求权而不是物权请求权主张自己的财产权利，所以，这种拒返种类物之行为属于民事法律关系范畴。[①] 由此可见，获得贷款后拒不还贷的行为属于民法调整范畴，不构成刑法上的侵占罪。因此，第二种观点认为拒不还贷的行为可构成侵占罪，是不能成立的。在本案中，二审法院也没有在判决中宣告吴晓丽的行为在不构成贷款诈骗罪的同时成立侵占罪。

五、从裁判理由引发的思考

拒不还贷行为之所以不构成贷款诈骗罪，并非因为没有非法占有的目的，而是因为不具备贷款诈骗的行为，对此前文已有论述。那么，裁判理由如何论述本案被告人吴晓丽不构成贷款诈骗罪呢？

---

① 于世忠．侵占罪研究．长春：吉林人民出版社，2002：120，121.

本案的裁判理由分为两部分：第一部分是关于贷款诈骗与贷款欺诈区分的一般论述，并认为是否具有非法占有目的是区分的关键。第二部分则认为，被告人吴晓丽之所以不构成贷款诈骗罪是因为认定其非法占有目的的证据不足。裁判理由指出，吴晓丽在多次贷款的过程中，并没有采取《刑法》第193条列举的五种具体行为方式来取得贷款。但裁判理由并没有进一步分析吴晓丽的行为是否具备贷款诈骗的其他方法，转而讨论其主观上是否具有非法占有贷款的目的，并以不具有非法占有贷款的目的为由认定贷款诈骗罪不成立。因此，裁判理由并非从未实施贷款诈骗行为上寻找被告人吴晓丽不构成贷款诈骗罪的理由，而是从吴晓丽主观上没有非法占有贷款的目的上寻找不构成贷款诈骗罪的理由。因此引申出以下值得思考的问题：犯罪构成各个要件之间的逻辑关系应当如何界定？进一步引申：我们应当采用何种犯罪构成体系？

我国目前采用的是从苏俄引入的耦合式的犯罪构成体系，将犯罪构成要件分为：犯罪客体、犯罪客观方面、犯罪主体、犯罪主观方面。那么，这四个要件之间是一种什么样的逻辑关系呢？尽管我国刑法学界对犯罪构成要件是否包括犯罪客体与犯罪主体存在争议，对犯罪构成要件的排列顺序存在争议，但对各个要件之间的关系理解大体上是一致的：它们是一种彼此依存关系。对于各个犯罪构成要件之间的依存性，我国学者作了以下生动的描述：

> 犯罪构成是一系列主客观要件的总和，并不是指各个要件之间互不相干，只是机械地相加在一起，而是指犯罪构成的各个要件彼此联系，相互依存，形成了犯罪构成的有机的统一体。任何要件脱离了这一整体都将不再成为犯罪构成的要件。同样，缺少了其中任何一个要件，其他要件也将丧失作为犯罪构成要件的意义，因而犯罪构成的整体也就不复存在了。①

按照这种整体分析的逻辑：一无固然俱无，一有则必然俱有，关键在于对定罪主体的认识。而这种犯罪构成体系恰恰有利于入罪而不利于出罪，尤其是在将打击犯罪放在首位的刑事政策思想的指导下，这一犯罪构成体系不能实现限制故意定罪的法治功能。与之相反，大陆法系的递进式的犯罪构成体系则是更为科学的。在递进式的犯罪构成体系中，构成要件的该当性、违法性与有责性这三个要件之间是一种依次递进的关系。根据这一犯罪构成体系认定犯罪的过程，是一个将非罪行为不断地予以排除的过程。对于这一犯罪构成体系，日本学者大塚仁教授指出：

> 它以抽象的、一般的而且定型的构成要件符合性的判断为前提，对肯定了构成要件符合性的行为，再进行具体的、个别的而且非定型的违法性及责任的判断。那么，相对于构成要件符合性，对违法性和责任的要素是应该都并列地对置理解，还是应该重叠地、发展地考虑呢？违法性的判断是从法规范的立场客观地、外部地论事，而责任的判断则是主观地、内部地研讨能否进行与行为人人格相结合的非难，着眼于这一点时，应该给予两者先后的顺位。而且，在把构成要件解释为违法性及责任的类型的立场上，承认构成要件符合性时，就能推定违法性的存在及责任的存在。可以说，这一体系既符合思考、判断的逻辑性、经济性，又遵循着刑事裁判中犯罪认定的具体过程。②

因此，大陆法系递进式的犯罪构成体系在逻辑上不同于我国现代的犯罪构成体系，它不是一有俱有，一无俱无，而是三个要件呈现出逻辑上的递进关系：具备构成要件该当性，可以推定为具有违法性，若存在违法阻却事由则否定违法性之存在。因此，就构成要件该当性与违法

① 高铭暄主编．刑法学原理：第1卷．北京：中国人民大学出版社，1993：445.

② 大塚仁．刑法概说（总论）：第3版．冯军，译．北京：中国人民大学出版社，2003：108-109.

性这两个要件的关系而言，具备前者未必一定有后者，而后者则一定以前者为前提。同时具备构成要件该当性与违法性的，可以推定为有责，若存在责任排除条件则否定责任之存在。因此，责任必然以该当性与违法性为前提，反之则不然。对比以上两种犯罪构成体系，孰优孰劣一目了然。下面，以本案为例，分别适用两种犯罪构成体系加以分析。

按照递进式的犯罪构成体系，首先考察构成要件该当性，主要是指是否存在构成要件的行为。根据《刑法》第193条之规定，贷款诈骗罪具有五种诈骗方法，前四种方法本案均不符合。那么，合法贷款后采用欺诈方法拒不还贷的行为是否属于贷款诈骗的其他方法呢？因为拒不还贷发生在贷款以后，即使有欺诈行为存在，也不是骗取贷款。因此，回答是否定的。在这种情况下，拒不还贷的行为就因不具备构成要件该当性而予以排除，定罪过程即告中断，不再进一步去考察违法性与有责性的问题。

按照耦合式的犯罪构成体系，一是犯罪客体。在贷款诈骗罪中，犯罪客体仍是国家对银行贷款的管理制度和社会主义公有财产的所有权。① 这一要件对于认定贷款诈骗罪并无实际作用，而且容易产生误导。在拒不还贷的情况下，银行贷款的管理制度和社会主义公有财产的所有权都是受到侵犯的。并且，如果将本罪之客体限于社会主义公有财产的所有权，那么，股份制商业银行、将来的私营银行或者外资银行的贷款被诈骗，就不能认定为贷款诈骗罪。二是犯罪客观方面要件。对此，《刑法》第193条作了列举，但第五项中“其他方法”是含糊的，拒不还贷行为是否被包含，会引起争议。而且立法者也认为，出于非法占有的目的借贷后拒不还贷的，属于贷款诈骗的其他方法。这样，在分析客观要件的时候，又把主观要件考虑进来，更容易引起逻辑上的混乱。三是犯罪主体，对此没有疑问。四是犯罪主观方面要件，主要是指非法占有贷款的目的。拒不还贷，当然有非法占有贷款的目的。以此分析，在四个要件中，除客观方面要件略为含糊外，其他三个要件都具备。基于一有俱有的思维习惯，客观方面要件也就会被认定为有。在这种情况下，不是没有客观方面要件而中止定罪，而是以存在主观方面要件而反推其客观方面要件之存在。在贷款诈骗罪中，只要具有非法占有贷款的目的，就必然存在诈骗行为。在这一逻辑下，只是非法占有贷款目的产生时间是在贷款之前还是之后之分：有的学者认为借贷形式虽然合法，但贷款时即有意非法占有，借贷后故意转移资产拒不返还的，就是贷款诈骗罪的其他方法。② 还有的学者则进一步认为，即使贷款时并无非法占有贷款的目的，贷款后产生非法占有的目的，因而拒不归还贷款的，仍是贷款诈骗罪。因此，其所理解的贷款诈骗的其他方法当然就包括了先借贷后采用欺骗方法拒不还贷。③ 虽然本案被告人吴晓丽是事后拒不还贷，根据前一观点尚不构成贷款诈骗罪，根据后一观点则构成贷款诈骗罪，因而似乎有所不同，但在思维逻辑上并无根本区别，都是以主观推论客观。当主观要件理解有误，例如对贷款诈骗罪的非法占有目的作脱离诈骗前提的理解时，就会反过来错误地推导出其客观上诈骗方法的存在，由此导致入罪的结果。

我在《本体刑法学》（商务印书馆2001年版）中提出了罪体与罪责二分的犯罪构成体系，这里的罪体是指犯罪的客观要件，罪责是指犯罪的主观要件。此后，在《规范刑法学》（中国政法大学出版社2003年第1版、中国人民大学出版社2008年第2版）中，又根据我国刑法中存在数量因素这样一个特征，在罪体与罪责以外，提出了罪量要件，由此形成三位一体的犯罪构成体系。在此，涉及罪体与罪责之间的关系。我曾经指出，这是一种对合关系。那么，这种对合关系在逻辑上是耦合式还是递进式呢？对于这一点，我在以往的著作中未作深入分析。我

① 周道鸾，张军主编．刑法罪名精释．3版．北京：人民法院出版社，2007：315.

② 赵秉志主编．金融诈骗罪新论．北京：人民法院出版社，2001：167.

③ 周振想主编．金融犯罪的理论与实务．北京：中国人民公安大学出版社，1998：410，412.

认为，罪体、罪责与罪量，应当是一种递进关系。就罪体与罪责而言，没有罪体也就没有罪责，反之则不然。罪体是罪责的前置性要件，罪责必然建立在罪体之上，不能脱离罪体而存在。但存在罪体的情况下，并不意味着必然存在罪责，定罪进程可在罪体判断中因得出否定性结论而告中断。关于罪量，它是建立在罪体与罪责的基础之上的，是决定犯罪成立的数量要素。根据以上论述，采用罪体、罪责、罪量的犯罪构成体系来分析本案，首先应当考察的是罪体。罪体是由行为事实与规范评价构成的，这里的关键是被告人吴晓丽是否具备《刑法》第193条规定的贷款诈骗行为。如果不具备，则没有必要进一步考察其罪责问题。由此可见，我的这一犯罪构成体系尽管在结构上不同于大陆法系的递进式犯罪构成体系，但在各要件之间的逻辑关系上具有递进性，对于认定犯罪来说，其逻辑路径自以为是可取的。

裁判理由对本案无罪的理由不从客观上没有贷款诈骗方法来寻找，而是从没有非法占有贷款的目的来寻找，可以说是本末倒置。尽管本案裁判的结论是正确的，但裁判理由难以成立。本案本来是解决如何理解贷款诈骗的其他方法的一个绝好判例，结果成为如何认定非法占有目的的判例，差之甚远。这一逻辑错位，与我国采用的耦合式的犯罪构成体系存在一定的关系，这就是从本案的裁判理由引发的一点理论思考。

第三章 《刑法》第225条非法经营罪的兜底条款之适用研究

——王力军非法经营案（非法经营罪 兜底条款）

非法经营罪是我国司法实践中适用较为广泛的一个罪名，对于规制市场经济秩序具有重要作用。然而，《刑法》第225条，除前3款对非法经营行为加以明文列举以外，第4款则设立兜底条款，规定“其他严重扰乱市场秩序的非法经营行为”。那么，如何正确认定这里的“其他严重扰乱市场秩序的非法经营行为”呢？这个问题一直困扰着我国司法机关。如果不能对“其他严重扰乱市场秩序的非法经营行为”加以严格限制，则会扩张非法经营罪的范围，过度干预市场经济秩序，有悖于罪刑法定原则。本章通过最高人民法院指导案例（第97号）王力军非法经营再审改判无罪案，对非法经营罪的兜底条款的司法适用进行分析。

一、案情及诉讼过程

内蒙古自治区巴彦淖尔市临河区人民检察院指控被告人王力军犯非法经营罪一案，内蒙古自治区巴彦淖尔市临河区人民法院经审理认为，2014年11月至2015年1月期间，被告人王力军未办理粮食收购许可证，未经工商行政管理机关核准登记并颁发营业执照，擅自在临河区白脑包镇附近村组无证照违法收购玉米，将所收购的玉米卖给巴彦淖尔市粮油公司杭锦后旗蛮会分库，非法经营数额218 288.6元，非法获利6 000元。案发后，被告人王力军主动退缴非法获利6 000元。2015年3月27日，被告人王力军主动到巴彦淖尔市临河区公安局经侦大队投案自首。原审法院认为，被告人王力军违反国家法律和行政法规规定，未经粮食主管部门许可及工商行政管理机关核准登记并颁发营业执照，非法收购玉米，非法经营数额218 288.6元，数额较大，其行为构成非法经营罪。鉴于被告人王力军案发后主动到公安机关投案自首，主动退缴全部违法所得，有悔罪表现，对其适用缓刑确实不致再危害社会，决定对被告人王力军依法从轻处罚并适用缓刑。内蒙古自治区巴彦淖尔市临河区人民法院于2016年4月15日作出（2016）内0802刑初54号刑事判决，认定被告人王力军犯非法经营罪，判处有期徒刑1年，缓刑2年，并处罚金人民币20 000元；被告人王力军退缴的非法获利款人民币6 000元，由侦查机关上缴国库。宣判后，王力军未上诉，检察机关未抗诉，判决发生法律效力。

最高人民法院于2016年12月16日作出（2016）最高法刑监6号再审决定，指令内蒙古自治区巴彦淖尔市中级人民法院对本案进行再审。再审中，原审被告人王力军及检辩双方对原审判决认定的事实无异议，再审查明的事实与原审判决认定的事实一致。内蒙古自治区巴彦淖尔市人民检察院提出了原审被告人王力军的行为虽具有行政违法性，但不具有与《刑法》第225条规定的非法经营行为相当的社会危害性和刑事处罚必要性，不构成非法经营罪，建议再审依法改判。原审被告人王力军在庭审中对原审认定的事实及证据无异议，但认为其行为不构成非法经营罪。辩护人提出了原审被告人王力军无证收购玉米的行为，不具有社会危害性、刑事违法性和应受惩罚性，不符合刑法规定的非法经营罪的构成要件，原审判决也不符合刑法谦抑性原则，应宣告原审被告人王力军无罪。

内蒙古自治区巴彦淖尔市中级人民法院再审认为，原判决认定的原审被告人王力军于2014年11月至2015年1月期间，没有办理粮食收购许可证及工商营业执照买卖玉米的事实清楚，其行为违反了当时的国家粮食流通管理有关规定，但尚未达到严重扰乱市场秩序的危害程度，不具备与《刑法》第225条规定的非法经营罪相当的社会危害性、刑事违法性和刑事处罚必要性，不构成非法经营罪。原审判决认定王力军构成非法经营罪适用法律错误，检察机关提出的王力军无证照买卖玉米的行为不构成非法经营罪的意见成立，原审被告人王力军及其辩护人提出的王力军的行为不构成犯罪的意见成立。内蒙古自治区巴彦淖尔市中级人民法院于2017年2月14日作出（2017）内08刑再1号刑事判决：(1）撤销内蒙古自治区巴彦淖尔市临河区人民法院（2016）内0802刑初54号刑事判决；(2）原审被告人王力军无罪。

二、兜底条款的理论界定

兜底条款是指刑法对犯罪的构成要件在列举规定以外，采用“其他……”这样一种概然性方式所作的规定，以避免列举不全。因此，兜底条款在本质上属于概然性规定，亦被我国学者称为堵漏条款。刑法对犯罪行为的规定天然地具有不周延性、不完整性。对此，中国古代曾采用“比附援引”的类推方式加以弥补，此外，还设立兜底罪名以备不时之需。例如《唐律疏议》曾经设立不应得为罪，这是一个典型的口袋罪，具有对整部法律的兜底功能。《唐律·杂律》不应得为条规定：“诸不应得为而为之者，笞四十（谓律、令无条，理不可为者）；事理重者，杖八十”。我国台湾地区学者黄源盛教授揭示了不应得为罪设立的立法指导思想，即以刑驭民，使民处于疏而不漏的法网之中。这样一种立法指导思想，显然是前罪刑法定主义时代的产物，亦即专制思想的体现。从立法技术上来说，不应得为罪起到一个兜底作用，使所有不合法理的行为均落人彀中，难以脱罪。

在我国现行刑法中，虽然不存在上述绝对的兜底性罪名，但仍然存在兜底性条款，甚至存在相对的兜底性罪名。我国刑法中的兜底条款主要存在以下三种情形。

1. 相对的兜底罪名

兜底罪名可以分为绝对的兜底罪名和相对的兜底罪名。所谓绝对的兜底罪名是指像不应得为罪那样，对整部刑法起到堵漏作用的兜底罪名。而相对的兜底罪名是指对某一条款起到堵漏作用的兜底罪名，它较之绝对的兜底罪名所兜底的范围更小一些。例如，我国《刑法》第114条规定：“放火、决水、爆炸以及投放毒害性、放射性、传染病病原体等物质或者以其他危险方法危害公共安全，尚未造成严重后果的，处三年以上十年以下有期徒刑。”在以上条文中，设立了放火罪、决水罪、爆炸罪、投放危险物质罪和以危险方法危害公共安全罪。其中，以危险方法危害公共安全罪的构成要件行为是“放火、决水、爆炸、投放危险物质以外的其他危险方法”。在此，刑法完全没有描述其他危险方法的具体行为，而只是指明这里的其他危险方法具有与放火等方法的相当性。至于具体内容，完全授权司法机关加以认定。除上述以危险方法危害公共安全罪以外，我国《刑法》第115条第2款还设立了以过失危险方法危害公共安全罪。

2. 兜底的行为方式

在某些犯罪中，刑法列举了各种行为方式，为防止遗漏，又设兜底条款。例如：(1）《刑法》第169条之一背信损害上市公司利益罪，列举了五种背信损害上市公司利益行为，其后又规定：“（六）采用其他方式损害上市公司利益的”。(2）2015年修正的《刑法》第182条操纵证券、期货市场罪，列举了三种操纵证券、期货市场行为，其后又规定：“（四）以其他方法操纵证券、期货市场的”。[(3)《刑法》第190条之一骗购外汇罪，列举了两种骗购外汇行为，其后又规定：“(三) 以其他方式骗购外汇的”。] (4)《刑法》第191条洗钱罪，列举了四种洗钱行为，其后又规定：“(五) 以其他方法掩饰、隐瞒犯罪所得及其收益的来源和性质的”。(5)《刑法》第193条贷款诈骗罪，列举了四种贷款诈骗行为，其后又规定：“(五) 以其他方法诈骗贷款的”。(6)《刑法》第195条信用证诈骗罪，列举了三种信用证诈骗行为，其后又规定：“(四) 以其他方法进行信用证诈骗活动的”。(7)《刑法》第225条非法经营罪，列举了三种非法经营行为，其后又规定：“(四) 其他严重扰乱市场秩序的非法经营行为”。

3. 兜底的行为方法

这里的行为方法与上述行为方式有所不同，行为方式是单独可以构成犯罪的行为类型。而行为方法只是某种行为类型所采取的具体方法，这种方法从属于一定的行为类型，因而不能单独成为一种犯罪的行为类型。例如，《刑法》第236条强奸罪，规定的行为方法是“以暴力、胁迫或者其他手段强奸妇女”。又如，《刑法》第263条抢劫罪，规定的行为方法是“以暴力、胁迫或者其他方法抢劫公私财物”。在以上规定中，“其他方法”是强奸行为与抢劫行为的具体方法，具有与法条所列举的“暴力、胁迫”在性质上的相当性，但刑法对此并没有明确规定。这种立法例，在中国刑法规定中十分常见。

以上三种兜底条款的规定，由于刑法的规定是概然性的，因而明确性程度较低，某些情形，例如相对的兜底罪名甚至完全没有明确性可言。笔者认为，兜底条款的明确性问题是我们应该重点讨论的，因为这些兜底条款在司法适用中往往存在争议，也是我国刑法的罪刑法定原则的软肋。

我国《刑法》第225条对非法经营罪采取了兜底条款的立法方式。非法经营罪的前身是1979年《刑法》第117条的投机倒把罪，该罪采用绝对空白罪状，对投机倒把行为未作任何规定，只是规定参照工商金融管理法规，因而被认为是一个“口袋罪”。“口袋罪”的意思是对入罪行为未作明确规定，致使敞开口袋，使更多违反工商金融管理法规的行为得以入罪。因此，“口袋罪”是对不具有明确性的罪名的形象比喻。在1997年《刑法》修订中，取消了投机倒把罪，将原投机倒把罪中所包括的犯罪作了具体分解规定，《刑法》第225条就是其中之一。从《刑法》第225条关于非法经营罪的规定来看，采用的是明文列举的方式，对非法经营行为加以描述。但是，在前三项中，除第3项以外，前2项都包含着“其他……”这样一种措辞，表明其对非法经营行为的描述是不周延的，可以由司法机关随时续造。当然，其续造的行为性质受法律规定的限制。例如，第1项的“其他”只限于限制买卖物品，而第2项的“其他”只限于经营许可证或者批准文件。因此，这是一种有限度的续造。从明确性的角度来说，是一种相对明确。在此，尤其引起我们注意的是第4项，该项是一种完全的概然性规定，对非法经营罪起到一种兜底作用。由于该项规定的存在，非法经营罪仍然保留着某种“口袋罪”的特征。那么，如何理解这里的“其他严重扰乱市场秩序的非法经营行为”呢？对此，立法机关指出：“这是针对现实生活中非法经营犯罪活动的复杂性和多样性所作的概括性规定，这里所说的其他非法经营行为应当具备以下条件：(1) 这种行为发生在经营活动中，主要是生产、流通领域。(2) 这种行为违反法律、法规的规定。(3) 具有社会危害性，严重扰乱市场经济秩序”①。上述规定虽然为认定“其他严重扰乱市场秩序的非法经营行为”提供了一般原则，但具体如何认定，仍然存在很大的裁量空间，足以出入人罪。

---

① 全国人大法工委刑法室：中华人民共和国刑法条文说明、立法理由及相关规定．北京：北京大学出版社，2009：458.

应该指出，其他非法经营行为虽然是一种概然性的刑法规定，但最高人民法院采用司法解释的方式对此作出规定，使其内容逐渐明确。迄今为止，最高人民法院将以下9种行为解释为《刑法》第225条第4项规定的其他严重扰乱市场秩序的非法经营行为：（1）非法经营出版物。1998年12月17日最高人民法院《关于审理非法出版物刑事案件具体应用法律若干问题的解释》，将非法从事出版物的出版、印刷、复制、发行业务，严重扰乱市场秩序，情节特别严重的行为，规定以非法经营罪定罪处罚。（2）非法经营电信业务。2000年5月12日最高人民法院《关于审理扰乱电信市场管理秩序案件具体应用法律若干问题的解释》规定，违反国家规定，采取租用国际专线、私设转接设备或者其他方法，擅自经营国际电信业务或者涉港澳台电信业务进行营利活动，扰乱电信市场管理秩序，情节严重的，以非法经营罪定罪处罚。（3）非法传销或者变相传销。2001年4月10日最高人民法院《关于情节严重的传销或者变相传销行为如何定性问题的批复》规定，对从事传销或者变相传销活动，扰乱市场秩序，情节严重的，以非法经营罪定罪处罚。①（4）在生产、销售的饲料中添加盐酸克伦特罗等禁止在饲料和动物饮用水中使用的药品或者销售明知是添加有该类药品的饲料，情节严重的行为。上述行为在我国刑法中本来并未被规定为犯罪，但2002年8月16日最高人民法院、最高人民检察院《关于办理非法生产、销售、使用禁止在饲料和动物饮用水中使用的药品等刑事案件具体应用法律若干问题的解释》将上述行为规定为《刑法》第225条第4项的“其他严重扰乱市场秩序的非法经营行为”，应以非法经营罪论处。（5）非法经营互联网业务。2004年7月16日最高人民法院、最高人民检察院、公安部《关于依法开展打击淫秽色情网站专项行动有关工作的通知》规定，对于违反国家规定，擅自设立互联网上网服务营业场所，或者擅自从事互联网上网服务经营活动，情节严重，构成犯罪的，以非法经营罪定罪处罚。（6）非法经营彩票。2005年5月11日最高人民法院、最高人民检察院《关于办理赌博刑事案件具体应用法律若干问题的解释》规定，对未经国家批准擅自发行、销售彩票，构成犯罪的，依照《刑法》第225条第4项的规定，以非法经营罪定罪处罚。（7）非法经营非上市公司股票。2008年1月2日最高人民法院、最高人民检察院、公安部、中国证券监督管理委员会《关于整治非法证券活动有关问题的通知》规定，对于中介机构非法代理买卖非上市公司股票，涉嫌犯罪的，以非法经营罪定罪处罚。（8）违反国家规定，使用销售点终端机具（POS机）等方法，以虚拟交易、虚开价格、现金退货等方式向信用卡持卡人直接支付现金。2009年12月3日最高人民法院、最高人民检察院《关于办理妨害信用卡管理刑事案件具体应用法律若干问题的解释》（2018年修正）规定，对上述行为，情节严重的，以非法经营罪处罚。（9）擅自发行基金份额募集资金。2010年12月13日最高人民法院《关于审理非法集资刑事案件具体应用法律若干问题的解释》规定，违反国家规定，未经依法核准擅自发行基金份额募集资金，情节严重的，以非法经营罪定罪处罚。（10）非法生产、销售非食品原料。根据2013年5月2日最高人民法院、最高人民检察院《关于办理危害食品安全刑事案件适用法律若干问题的解释》（以下简称《食品安全案件解释》）第11条第1款的规定，以提供给他人生产、销售食品为目的，违反国家规定，生产、销售国家禁止用于食品生产、销售的非食品原料，情节严重的，依照《刑法》第225条的规定，以非法经营罪定罪处罚。（11）非法生产、销售农药、兽药，饲料、饲料添加剂，或者饲料原料、饲料添加剂原料。根据《食品安全案件解释》第11条第2款的规定，违反国家规定，生产、销售国家禁止生产、销售、使用的农药、兽药，饲料、饲料添加剂，或者饲料原料、饲料添加剂原料，情节严重的，依照《刑法》第225条的规定，以非法经营罪定罪处罚。

① 此批复已失效。

(12) 非法从事生猪屠宰、销售等经营活动。根据《食品安全案件解释》第12条的规定，违反国家规定，私设生猪屠宰厂（场），从事生猪屠宰、销售等经营活动，情节严重的，依照《刑法》第225条的规定，以非法经营罪定罪处罚。(13) 非法生产赌博机或者其专用软件。2014年3月26日最高人民法院、最高人民检察院、公安部《关于办理利用赌博机开设赌场案件适用法律若干问题的意见》规定，以提供给他人开设赌场为目的，违反国家规定，非法生产、销售具有退币、退分、退钢珠等赌博功能的电子游戏设施设备或者其专用软件，情节严重的，依照《刑法》第225条的规定，以非法经营罪定罪处罚。(14) 非法生产、销售伪基站设备。根据2014年3月14日最高人民法院、最高人民检察院、公安部、国家安全部《关于依法办理非法生产、销售、使用"伪基站"设备案件的意见》，具有该意见规定的情形之一的，以非法经营罪处罚。(15) 发放高利贷。根据2019年7月23日最高人民法院、最高人民检察院、公安部、司法部《关于办理非法放贷刑事案件若干问题的意见》（以下简称《高利贷司法解释》）的规定，违反国家规定，未经监管部门批准，或者超越经营范围，以营利为目的，经常性地向社会不特定对象发放贷款，扰乱金融市场秩序，情节严重的，依照《刑法》第225条第4项的规定，以非法经营罪定罪处罚。前述规定中的"经常性地向社会不特定对象发放贷款"，是指2年内向不特定多人（包括单位和个人）以借款或其他名义出借资金10次以上。贷款到期后延长还款期限的，发放贷款次数按照1次计算。

这份清单随着时间的推移还可以不断地拉长，因为司法解释规定的只是"其他严重扰乱市场秩序的非法经营行为"中的一种，不可能穷尽非法经营行为。由此可见，《刑法》第225条第4项虽然采用的是堵漏式的立法方式，从刑法层面来看，确实缺乏明确性，但在司法运作中，对这一兜底条款，通过颁布司法解释的方法加以明确是必要的。在我国的法律体系中，司法解释虽然不属于法律、法规，但立法机关授权最高司法机关（最高人民法院和最高人民检察院）行使司法解释权，司法解释具有法律拘束力，法官可以在个案判决中援引作为判案根据。可以说，通过司法解释对刑法的兜底条款加以明确，是具有中国特色的刑法明确性问题的解决之道。

三、兜底条款的司法适用

兜底条款具有一定的空白性，如何填补兜底条款的空白是一个值得研究的问题，对于刑法第225条第4款规定也是如此。在此，笔者以王力军非法经营案为视角，对兜底条款的司法适用问题进行论述。

王力军的非法经营是指未经许可经营粮食，为此，有必要从我国粮食流通体制的沿革进行考察。我国的粮食收购制度存在从计划经济时代的统购统销到经济体制改革以后的自由流通这一历史演变过程。统购统销是中华人民共和国成立初期实行的一项控制粮食资源的计划经济政策，它以1953年10月16日中共中央《关于实行粮食的计划收购与计划供应的决议》为标志。在20世纪90年代初，全国逐渐放开粮食价格，由此形成粮食市场，统购统销就此退出历史舞台。在对粮食实行统购统销政策的历史条件下，违反统购统销政策，私自买卖粮食的行为是一种投机倒把犯罪行为，受到法律严惩。在结束粮食统购统销政策以后，这样的刑法制度当然也就不复存在。当然，粮食经营的市场化是一个缓慢的渐进过程。为了维护粮食市场秩序，保障粮食供应，我国在废除粮食统购统销政策后不久，建立了粮食定购制度。1998年6月6日国务院颁布了《粮食收购条例》（以下简称《条例》），该《条例》明确粮食定购的主体只能是国有粮食收储企业，擅自收购粮食的行为属于违法犯罪，应当受到处罚。应该说，粮食定购制度强化了国有粮食收储企业在粮食收购中的垄断地位，对于稳定粮食收购秩序，维护粮食生产者的利益具有一定的作用。然而，粮食定购制度过于强调粮食经营秩序的稳定性，不利于建立粮食流通的市场秩序。可以说，粮食流通市场化仍然是我国粮食流通制度改革的基本方向。

及至2004年5月23日，国务院发布了《关于进一步深化粮食流通体制改革的意见》（国发〔2004〕17号，以下简称《意见》）。《意见》指出，深化粮食流通体制改革的总体目标是：在国家宏观调控下，充分发挥市场机制在配置粮食资源中的基础性作用，实现粮食购销市场化和市场主体多元化。与此同时，2004年5月26日国务院颁布了《粮食流通管理条例》[以下简称《条例（二）》，2013年、2016年、2021年修订]，以此取代《粮食收购条例》。2004年《条例（二）》第9条、第10条对粮食经营资质的取得条件及其程序作了明确规定，且其第41条规定："未经粮食行政管理部门许可或者未在工商行政管理部门登记擅自从事粮食收购活动的，由工商行政管理部门没收非法收购的粮食；情节严重的，并处非法收购粮食价值1倍以上5倍以下的罚款；构成犯罪的，依法追究刑事责任。"这里涉及对构成犯罪的规定，但由于行政法规无权设置罪名，因而这个规定只能作为一种照应性条款，是否能够追究刑事责任，还是应当根据刑法的明文规定。如果刑法没有相应规定，则这种照应性条款并不能成为追究刑事责任的直接根据。

王力军无证收购玉米的行为发生在2014年至2015年间，当时适用的是2013年修订的《条例（二）》。关于王力军无证收购玉米行为能否入罪，涉及三个问题：第一，王力军无证收购玉米的行为是否属于《刑法》第225条要求的"违反国家规定"？第二，若为肯定答案，则王力军无证收购玉米的行为属于《刑法》第225条第1项的经营"其他限制买卖的物品的行为"还是第4项的"其他严重扰乱市场秩序的非法经营行为"？第三，如果王力军的行为属于"其他严重扰乱市场秩序的行为"，应当如何判断其是否构成非法经营罪？以下将逐一对这三个问题进行分析。

（一）王力军无证收购玉米的行为是否属于"违反国家规定"

违反国家规定是非法经营罪入罪的第一道门槛，尤其是在采取兜底式规定的情况下，违反国家规定这一规范要件对于非法经营罪的认定具有堵截功能。毫无疑问，根据《条例（二）》的规定，王力军未经许可从事粮食收购的行为是一种违反行政许可的行为，具有行政违法性。那么，这种未经许可的行为是否就完全具备了非法经营罪所要求的违反国家规定的要件呢？如果仅仅从粮食经营行政许可是国务院设立的，因而违反行政许可就是违反国家规定的意义上说，似乎符合逻辑。然而，正如前文所指出的，不能将所有违反行政许可的行为都直接等同于违反国家规定，还要考察行政许可的性质和类型。《条例（二）》对粮食经营实施的许可仅是一种普通许可，违反这种行政许可的行为，只是形式违法而并不是实质违法，其社会危害性并没有达到犯罪程度，因此不应当构成非法经营罪，王力军无证收购玉米案，不能认为具备了非法经营罪的违反国家规定的要件。因此，笔者认为，对于违反行政许可行为是否构成非法经营罪，要区分普通许可与特许。只有违反特许的行为才可能构成非法经营罪，违反普通许可的行为不能构成非法经营罪。即使是司法解释，能否将违反普通许可的行为规定为非法经营罪，这也是一个值得讨论的问题。

（二）王力军无证收购玉米的行为属于"经营其他限制买卖物品的行为"还是"其他严重扰乱市场秩序的行为"

《刑法》第225条第1项规定了非法经营其他限制买卖物品，这里的其他限制买卖物品属于概然性条款，如果能够将无证收购玉米解释为经营其他限制买卖物品，则可以认定王力军的行为构成非法经营罪。对此，阮齐林教授指出："王力军违反市场准入无证收购玉米的行为，原本属于第（一）项行为类型，按照刑法'兜底条款'限制适用规则，即使王力军的行为构成犯罪，也只能适用第（一）项定罪，排斥适用第225条第（四）项'兜底条款'定罪。”阮齐林教授的上述观点隐含着一个前提，即只要是违反市场准入的非法经营行为，都属于《刑法》第225条第1项的情形：如果不属于专买专卖的非法经营行为就属于限制买卖物品非法经营行为。也就是说，第225条第1项主要惩治的是违反市场准入规定的非法经营行为。然而，这一前提本身值得商榷。市场准入并不是一个严格的法律概念，而是一个经济学概念，它是指国家准许公民和法人进入市场，从事商品经营活动的实体条件和程序规则。其中，行政许可就是国家通过法律设置市场准入条件的重要方式。违反行政许可从事经营活动，具有主体资质上的违法性。这种非法经营行为在性质上不同于那些虽然具备主体资质但在实体上违反经营规则的非法经营行为。以上两种非法经营行为在我国刑法中都可以构成非法经营罪，《刑法》第225条第1项的未经许可经营专营、专卖物品的行为确实属于不具备主体资质的非法经营行为。但未经许可经营其他限制买卖物品，是否属于不具备主体资质的非法经营行为，值得讨论。因为这里的限制买卖物品是指在特定时期紧俏的物品，这个概念本身就是紧缺经济的产物。自从我国实行市场经济体制以后，随着商品越来越丰富，限制买卖物品失去了其存在的合理性。大量违反行政许可的行为都具有违反行政管理的属性，例如粮食经营的行政许可并不是解决粮食短缺问题，而是为了维护粮食经营秩序，保护粮食生产者的利益。在这个意义上说，不能认为因为对经营粮食设置了行政许可，所以粮食就是一种限制买卖物品。笔者认为，《刑法》第225条第1项的限制买卖物品具有其特定含义，它应当以一定时期行政法规的统一规定为根据进行认定，而不能将违反行政许可经营物品认定为经营限制买卖物品。因此，王力军无证收购玉米的行为如果构成非法经营罪，只能是将其认定为第4项的其他严重扰乱市场秩序的行为。

（三）如何判断王力军无证收购玉米的行为属于“其他严重扰乱市场秩序的行为”

《刑法》第225条第4项是一个兜底条款，它的认定前提是违反国家规定并且属于严重扰乱市场经济秩序的行为。在此，需要进行法益侵害性的实质判断。也就是说，并不是所有违反国家规定的经营行为都属于第4项的其他非法经营行为，而是要进行实质判断，这也是王力军无证收购玉米案能否认定为非法经营罪的关键之所在。在该案原审判决中，仅仅根据王力军违反了粮食收购的行政许可，并且《条例（二）》又明确规定未经粮食行政管理部门许可擅自从事粮食收购活动，构成犯罪的，依法追究刑事责任，认定王力军的行为构成非法经营罪。然而，在形式上符合其他严重扰乱市场经济秩序行为的特征，并不等于该种行为已然具备非法经营罪的构成要件，还要对此进行实质上是否具有法益侵害性的判断。就本案而言，虽然王力军收购玉米没有取得粮食收购资质，但其收购玉米的行为解决了当地农民卖粮难问题，并没有侵犯粮食生产者的利益，不具有严重扰乱市场经济秩序的性质。在此情况下，王力军无证收购玉米的行为只是一种行政违法行为，不能按照非法经营罪定罪处罚。对于王力军无证收购玉米案，最高人民法院指令进行再审。再审对王力军作出了无罪判决，其理由并不是该无证收购粮食的行为不属于刑法所规定的非法经营行为，而是没有考察该行为是否具有严重扰乱市场经济秩序。本案裁判要点指出：“判断违反行政管理有关规定的经营行为是否构成非法经营罪，应当考虑该经营行为是否属于严重扰乱市场秩序。对于虽然违反行政管理有关规定，但尚未严重扰乱市场秩序的经营行为，不应当认定为非法经营罪。”

通过王力军无证收购玉米案，可以看出，将违反行政许可行为直接认定为非法经营行为予以入罪，潜藏着混淆行政违法行为与非法经营犯罪行为之间界限、将行政违法行为予以入罪的危险。事实上，王力军无证收购玉米案在是否具备违反国家规定、是否属于非法经营行为、是否符合其他严重扰乱市场经济秩序的非法经营罪的入罪实质条件三个阶层问题上都存在疑问，都具有出罪的可能性。然而，该案还是轻松地跨越了这三个法律界限而被入罪。最高人民法院指令本案再审，虽然纠正了司法认定错误，但是如果不从非法经营罪的构成要件上进行严格界定，尤其是不能正确处理违反行政许可与非法经营罪之间的关系，那么此类非法经营罪的错案还是难以避免。

第四章　杀害被绑架人行为之定性研究

——王建平绑架案　吴德桥绑架案（绑架罪　杀害被绑架人）

绑架罪是我国刑法中的一个重罪，它不仅严重地侵犯公民的人身权利，而且严重地侵犯公民的财产权利，是刑法惩治的重点。我国《刑法》第239条将杀害被绑架人作为绑架罪的一种情形加以规定，并设置了绝对法定刑——死刑。在这种情况下，如何理解这里的杀害被绑架人就成为死刑适用的一个重大问题。本章以王建平绑架案与吴德桥绑架案①为例，对杀害被绑架人如何定性的问题加以研究。

一、王建平案的案情及诉讼过程

被告人王建平将其表弟之子高某（10岁）骗至外地，多次亲自或胁迫高某向家里打电话索要现金1.5万元，未果。王建平将高某带至火车隧道内，用石块击昏高某，将其放入下水道内，并用水泥板盖住后逃离现场。后来，高某被人发现，经抢救后脱险。经鉴定，高某构成轻伤。

邢台市中级人民法院认为，王建平以勒索财物为目的，将被害人高某打昏后放在下水道内，杀害被绑架人，手段恶劣，情节严重，其行为构成绑架罪，虽未造成被害人死亡，但所犯罪行严重，不足以从轻处罚。一审以绑架罪判处王建平死刑，剥夺政治权利终身，并没收个人全部财产。王建平以绑架未遂、量刑过重为由提出上诉。河北省高级人民法院裁定驳回上诉、维持原判。

二、绑架罪加重构成的法理分析

我国1997年《刑法》第239条规定，以勒索财物为目的绑架他人的，或者绑架他人作为人质的，处十年以上有期徒刑或者无期徒刑，并处罚金或者没收财产；致使被绑架人死亡或者杀害被绑架人的，处死刑，并处没收财产。以勒索财物为目的偷盗婴幼儿的，依照前两款的规定处罚。此后，《刑法修正案（七）》和《刑法修正案（九）》分别对绑架罪作了修改。其中，《刑法修正案（七）》增加了情节减轻罪的规定：情节较轻的，处5年以上10年以下有期徒刑，并处罚金。值得注意的是，《刑法修正案（九）》又将上述规定修改为：以勒索财物为目的绑架他人的，或者绑架他人作为人质的，处10年以上有期徒刑或者无期徒刑，并处罚金或者没收财产；情节较轻的，处5年以上10年以下有期徒刑，并处罚金。犯前款罪，杀害被绑架人的，或者故意伤害被绑架人，致人重伤、死亡的，处无期徒刑或者死刑，并处没收财产。以勒索财物为目的偷盗婴幼儿的，依照前两款的规定处罚。这里的修改，主要是把致使被绑架人死亡修改为故意伤害被绑架人，这就排除了过失致使被绑架人死亡适用死刑的内容。在上述

---

① 王建平绑架案刊载于：最高人民法院编．刑事审判参考：总第38集．北京：法律出版社，2004；吴德桥绑架案刊载于：最高人民法院编．刑事审判参考：总第26辑．北京：法律出版社，2002。

规定中，前半段是对绑架罪的基本犯的规定，后半段是对绑架罪的加重犯的规定。

在《刑法修正案（九）》之前，致使被绑架人死亡，是绑架罪的结果加重犯，对此在刑法理论上不存在争议。立法机关对致使被绑架人死亡所作的解释是：由于在绑架过程中对被绑架人使用暴力、捆绑过紧或者进行虐待等原因致使被绑架人死亡，以及被绑架人在绑架过程中自杀身亡等。① 在此虽然没有明示，但对于被绑架人的死亡绑架人主观上是过失这一点也是毋庸置疑的。因此，致使被害人死亡，包括在绑杀过程中过失致人死亡与在绑架过程中故意伤害致人死亡这两种情形。在司法实践中，对于绑架致使被害人死亡的认定一般都强调死亡结果与绑架行为之间的因果关系。例如，在乔中华绑架案②中，被绑架人王飞、王金才乘绑架人睡觉之机，翻窗跳楼逃跑，结果造成王飞轻微伤、王金才死亡的结果。在该案中被害人当时在没有被行为人实际威胁的情况下跳楼而致死亡，是否属于刑法中规定的绑架致人死亡？

在本案审理过程中，存在以下两种意见，一种认为绑架致人死亡指行为与死亡必须有直接的因果关系，包括行为人用力伤害或因捂住鼻子、嘴过失致人死亡，行为人殴打被害人致重伤死亡，被害人因不堪忍受折磨而自杀等。本案中被害人在被行为人绑架后，人身自由受到限制、受到威胁，其中一人因身体受到轻微伤害，迫不得已答应了行为人的无理要求，但在其被控制期间及出逃时生命并没有受到实质性的严重威胁，被害人王金才也没有受到伤害，行为人也没有预见到或追求此结果，故被害人王金才的死亡与各行为人的行为无直接的因果关系，虽有间接关系，但不宜按绑架致人死亡量刑，因为绑架致人死亡是刑法规定的唯一确定死刑条件，应该从严掌握。另一种认为虽然本案中被害人的死亡系其跳楼所致，但其跳楼的原因是为逃避行为人的绑架，行为人的绑架行为直接引发被害人的跳楼行为，故被害人为逃脱跳楼身亡的结果与行为人的绑架行为之间有一定的因果关系。一审法院采纳了第二种意见，江苏省高级人民法院经审理后也认为：本案中被害人的死亡虽非乔中华等人的暴力行为或者虐待直接所致，但王金才跳楼是为了躲避进一步的暴力而采取的，其死亡与绑架行为有刑法上的因果关系，应按绑架致人死亡定罪量刑。

在乔中华绑架案中，司法机关强调被绑架人的死亡与绑架行为之间的因果关系，并且这种因果关系必须是直接关系而非间接关系。如果只有间接关系，即使被绑架人死亡，也不能认定为绑架过程中致使被绑架人死亡。例如在柯金星绑架案中③，被告人柯金星等人以勒索财物为目的，采用暴力手段将被害人詹传平绑架，把詹传平捆绑在一棵树上。被告人发现有人在找被害人，赶紧逃走躲避。过了半个多小时，又回到原地，发现被害人詹传平已不知去向，只剩一根捆人的绳子留在原地。他们以为被害人已经跑走了，即逃离现场。后詹传平尸体在隆兴村前小溪里被发现，经法医检验，死者詹传平系生前溺水死亡。

在本案审理过程中，对于被告人柯金星等人的行为是否认定为致使被绑架人死亡存在以下两种意见：第一种意见认为，被告人采用暴力绑架他人，致被绑架人死亡，根据《刑法》第239条的规定，应判死刑，并处没收财产。第二种意见认为，被告人的行为构成绑架罪，但被绑架人的死亡非因绑架行为引起，与绑架行为无法律上的因果关系，被告人无须承担被绑架人死亡的法律后果，只需在10年以上有期徒刑或无期徒刑范围内量刑。

本案的一、二审判决采纳了第二种意见，认为本案被害人的死亡结果与被告人行为没有必

---

① 胡康生，郎胜主编．中华人民共和国刑法释义．3版．北京：法律出版社，2006：371.

② 国家法官学院，中国人民大学法学院编．中国审判案例要览（2006年刑事审判案例卷）．北京：人民法院出版社，中国人民大学出版社，2007：236.

③ 国家法官学院，中国人民大学法学院编．中国审判案例要览（2003年刑事审判案例卷）．北京：人民法院出版社，中国人民大学出版社，2004：209.

然因果关系，不能认定为在绑架过程中致使被害人死亡。该案裁判理由在论证时指出：

> “致使被绑架人死亡”，包括在绑架过程中对被绑架人使用暴力或者进行虐待等导致被绑架人死亡，或者被绑架人自杀身亡等情景。对于该规定的适用，应注意把握以下几方面的内容。
>
> 1. 被绑架人死亡。适用该规定时，应有被绑架人死亡结果的发生。被绑架人被害致伤或自杀未遂等情景，都不得引用该规定以适用死刑。
>
> 2. 确认被绑架人死亡与绑架行为之间具有直接因果关系。有观点认为，区分是否绑架致人死亡，要以死亡的时间为准，绑架期间，被绑架人死亡，则予认定；绑架行为结束，被绑架人释放后死亡，则不予认定。该观点值得商榷，理由是，认定是否属于绑架致人死亡，需正确区分被绑架人死亡的原因。若死亡确因绑架行为引起，即死亡与绑架行为有法律上的因果关系，则应引用该规定适用死刑。例如，被绑架人被殴打致伤，经抢救无效死亡，不论死亡发生在绑架过程中，还是在绑架结束后，都属绑架致人死亡的情形。又如，被绑架人因不堪忍受绑架期间所遭受的精神上或肉体上的伤害，一时想不开，在绑架过程中或释放后自杀死亡，亦属该情形。反之，被绑架人因自身原因（如患急症，正常情况下亦无生还可能）或其他意外情况（如被绑架人吸烟引起火灾致其被烧死，或者因房屋倒塌被砸死）死亡，则不论死亡何时发生，均不属绑架致人死亡之情形。当然，如前例，假如被绑架人不是被拘禁在该室内，也就不会被烧死或砸死，因此不能说死亡与绑架毫无联系，也可以说绑架成为被绑架人被烧死、被砸死的先在条件。但是该先在条件对结果的发生不起决定性作用，也就是两者之间不存在必然的因果关系。该结果纯属难以预见的偶然事件，当然不能让绑架人对死亡负直接的刑事责任。
>
> 分析本案，被害人被绑架后，虽然发生了死亡的事由，但被绑架人的死亡系因路况不熟，失足落水所致，并非由行为人的绑架行为直接引起，其死亡与绑架行为不具有直接的因果关系，而是意外事件所致，不应由行为人对死亡后果承担刑事责任，即不得引用“致使被绑架死亡”这一规定对行为人适用死刑。故本案的一审及二审裁判是正确的。

杀害被绑架人，是绑架罪的另一加重构成。但在刑法理论上，对于杀害被绑架人与绑架罪的基本构成之间的关系，存在不同的认识。其中，以下两种观点较为典型。第一种观点认为，杀害被绑架人是绑架罪与故意杀人罪的结合犯。例如，我国学者指出：

> “绑架他人作人质而杀害被害人的”实质上是一个结合犯的规定，应确定为独立的罪名，不应适用原罪罪名。因为行为人以勒索财物为目的而实行了绑架他人或者绑架他人作人质的行为本身构成绑架罪，在实施了绑架罪之后又杀死了被绑架人，它构成故意杀人罪。两个罪均是刑法分则规定的独立的具体犯罪，刑法对这两个罪结合的情况又规定了独立的法定刑，符合结合犯的特征。①

显然，上述观点是以结合犯应是一个独立罪名为前提的，即结合犯甲罪＋乙罪＝甲乙罪。我国刑法并没有将绑架杀人作为一个独立罪名加以设置，而是将杀人行为依附于绑架罪。在这个意义上说，将杀害被绑架人作为结合犯并不妥帖。

另一种观点认为，杀害被绑架人是绑架罪的加重犯。加重犯是相对于基本犯而言的，它是指在具备基本构成的基础上，由于存在某种法定事由而加重其刑的犯罪形态，因而，加重事由

---

① 李邦友．结果加重犯基本理论研究．武汉：武汉大学出版社，2001：197．持相同观点的还可参见：张明楷．刑法学．3版．北京：法律出版社，2007：667．

是正确认定加重犯的关键。我国学者将加重事由分为以下九种，由此形成加重犯的九种形态：

> 1. 情节加重犯。即指犯罪的“情节严重”“情节特别严重”“情节恶劣”“情节特别恶劣”而加重其刑的加重犯形态。例如，《刑法》第 279 条招摇撞骗罪。
>
> 2. 结果加重犯。即由于行为人之犯罪行为造成了超出基本犯罪范围的重结果而加重其刑的加重犯形态。例如，《刑法》第 234 条故意伤害罪。
>
> 3. 数额加重犯。即由于行为人之犯罪数额超过了基本犯的构成数额范围，而加重其刑的加重犯形态。例如，《刑法》第 140 条生产、销售伪劣产品罪。
>
> 4. 身份加重犯。即犯罪主体是特殊主体，而由刑法规定加重法定刑的加重犯形态。例如，《刑法》第 103 条第 2 款煽动分裂国家罪。
>
> 5. 对象加重犯。即由于犯罪对象的特殊而规定了比基本犯较重的刑罚的加重犯形态。例如，《刑法》第 127 条盗窃、抢夺枪支、弹药、爆炸物、危险物质罪。
>
> 6. 手段加重犯。即由于犯罪手段恶劣而规定加重其刑的加重犯形态。例如，《刑法》第 263 条抢劫罪规定的“持枪抢劫”。
>
> 7. 时间加重犯。即由于行为人在特定时期实施了基本罪行而由刑法规定了加重法定刑的加重犯形态。例如，《刑法》第 435 条逃离部队罪规定“战时”犯前款罪的，加重处罚。
>
> 8. 地点加重犯。即行为人在特定地点实施了基本罪行而由刑法规定了加重法定刑的加重犯形态。例如，《刑法》第 237 条强制猥亵、侮辱罪，猥亵儿童罪规定，在“公共场所”当众实施犯罪的处加重之法定刑。
>
> 9. 行为加重犯。即行为人在实施基本罪的过程中，实施了比基本罪行为的性质更为严重或者除实施了基本犯罪行为之外还实施了其他行为，而依法加重其刑的加重犯形态。例如，《刑法》第 292 条聚众斗殴罪的加重构成中规定“多次聚众斗殴”的情形。①

那么，杀害被绑架人属于上述哪一种加重犯呢？对此，我国刑法学界又存在以下三种观点。第一种观点认为，杀害被绑架人是绑架罪的结果加重犯，例如我国学者指出：

> 刑法第 239 条第 1 款规定的绑架罪，其基本犯处 10 年以上有期徒刑或者无期徒刑，而致使被绑架人死亡或者杀害被绑架人的，处死刑，是该罪的结果加重犯。在这里，致使被绑架人死亡，无疑是过失致人死亡；而杀害被绑架人，明显是为了杀人灭口、逃避法律制裁，属于故意杀人。但该条并未规定对此种情况应当实行数罪并罚。这可以说明我国刑法中的人身伤害类的结果加重犯，其加重结果的罪过形式，不但包括过失，也包括故意。②

尽管上述论者也认为绑架罪中故意杀害被害人作为绑架罪的结果加重犯处理，在法理上明显不妥，但还是不得不承认这一立法例，属于结果加重犯。我认为，杀害被绑架人作为绑架罪的结果加重犯，与结果加重犯的特征明显不符。在客观上，结果加重犯只有一个基本行为，加重结果是基本行为造成的，并且两者之间存在因果关系。但在杀害被绑架人的情况下，杀人行为与绑架行为是两个行为，死亡是由杀人行为而不是绑架行为造成的。在主观上，结果加重犯对于加重结果是过失的，但杀害被绑架人对被绑架人的死亡是故意的。因此，杀害被绑架人不符合结果加重犯的构成特征，不应被认定为结果加重犯。

---

① 卢宇蓉．加重构成犯罪研究．北京：中国人民公安大学出版社，2004：34－35．

② 吴振兴．罪数形态论．修订版．北京：中国检察出版社，2006：109－110．

第二种观点认为，杀害被绑架人是绑架罪的情节加重犯。情节加重犯，是指某种基本犯罪因具有某种严重的情节而加重其法定刑的犯罪类型。我国学者认为，加重情节包括可以作为独立的犯罪行为加以评价的情形，《刑法》第 239 条将故意伤害（致死）罪与故意杀人罪作为绑架罪的加重情节，因此属于情节加重犯。① 这种观点把情节加重犯中的情节分为抽象的加重情节与具体的加重情节。但这种观点将情节加重犯与其他加重犯相混淆，无从正确地界定情节加重犯。其实，情节加重犯就是指刑法规定以“情节严重”“情节恶劣”作为加重构成事由的犯罪类型。因此，加重情节具有综合性，它与结果加重犯、数额加重犯、对象加重犯、行为加重犯、地点加重犯、时间加重犯等加重构成不同，情节加重犯之加重情节并非从某一个方面反映犯罪加重的罪质与罪责，而是一个综合指标，它在犯罪构成中具有特殊的地位。因此，情节加重犯之加重情节，在未具体化之前是一个抽象的概念，不被犯罪构成的四个基本要件中任何一个所容纳。它以主观和客观相统一的形式衡量一定犯罪的社会危害性程度，可以说是一个综合指标。② 因此，不能认为杀害被绑架人是绑架罪的情节加重犯。

第三种观点认为，杀害被绑架人是绑架罪的行为加重犯。行为人实施基本的犯罪行为，构成基本罪，若行为人所实施的犯罪除基本罪的危害行为外，还增加了其他危害行为，或者实施了比基本罪行为性质更恶劣、更具有社会危害性的同种行为，刑法对此仍规定为一罪，但加重其法定刑的，就是行为加重犯。③ 行为加重犯的特征是以行为（包括他种行为与同种行为）作为法定加重事由。显然，杀害被绑架人对于绑架行为来说，是一种他种行为，因而属于行为加重犯。例如，我国学者认为，杀害被绑架人是行为加重犯中以行为为加重因素，以加重形式处罚的类型。④

在上述各种观点中，我赞同杀害被绑架人属于绑架罪的行为加重犯的观点。行为加重犯是加重犯中一种极为特殊的情形，而且在我国刑法分则中，此种立法例多有存在。在行为加重犯中，有些行为本身并非刑法中的独立犯罪，例如，我国《刑法》第 133 条规定交通肇事后逃逸的以及因逃逸致人死亡的，就属于此种情形。对于这种行为加重犯，刑法理论一般不存在争议。只是在过失犯罪中包含故意的加重行为，对共同犯罪理论带来一定影响。另外一种行为加重犯，其行为是刑法中的一种独立犯罪。例如，我国《刑法》第 240 条将奸淫被拐卖的妇女作为拐卖妇女、儿童罪的加重事由。而《刑法》第 239 条关于杀害被绑架人也是极为典型的行为加重犯的立法例。在这种情况下，如何将它与结合犯加以区分呢？的确，从两个罪的结合来看，这种以另一种独立犯罪作为法定加重事由的行为加重犯，与结合犯是极为类似的。但结合犯中的甲罪与乙罪之间是一种并列的关系，这种并列关系在甲乙罪这一罪名上也能够反映出来。例如强奸杀人罪、抢劫杀人罪等，是强奸罪与杀人罪或者抢劫罪与杀人罪的结合，结合以后互相结合之罪丧失了独立存在的意义。但在行为加重犯的情况下，加重之罪只是基本犯罪的加重形态，它具有对基本犯罪的依附性。例如，在绑架罪中，杀害被绑架人成为绑架罪的一部分，被绑架罪所包容。在这个意义上，绑架罪是包容犯。在绑架罪与故意杀人罪之间存在包容竞合，即整体法与部分法的法条竞合关系。

三、杀害被绑架人的理解

讨论杀害被绑架人与绑架罪之间的关系，归根到底还是为了解决绑架杀人未遂的法律适用

① 李翔．情节犯研究．上海：上海交通大学出版社，2006：155－156.

② 卢宇蓉．加重构成犯罪研究．北京：中国人民大学出版社，2004：133－144.

③ 卢宇蓉．加重构成犯罪研究．北京：中国人民大学出版社，2004：295.

④ 楼伯坤．行为加重犯研究．北京：知识产权出版社，2006：189.

问题。例如，主张杀害被绑架人是绑架罪的结果加重犯，则以结果加重犯不存在既遂与未遂形态的区分为由，认为行为人实施了绑架并故意杀害被绑架人但并未将被绑架人杀死的，不构成绑架罪的结果加重犯。而主张杀害被绑架人是绑架罪的情节加重犯，则认为故意杀害被绑架人未致死亡的情况可以构成绑架罪的情节加重犯的未遂形态。① 我认为，结果加重犯没有未遂，是以行为人对于加重结果具有过失的主观心理状态为前提的，因为过失是没有未遂的。但如果把对加重结果具有故意的主观心理状态的情形也纳入结果加重犯的范畴，然后又以建立在加重结果是过失的基础之上的结果加重犯没有未遂的原理适用于此，显然是不妥当的。关于把杀害被绑架人作为绑架罪的情节加重犯，然后将杀人未遂也包含在加重情节之中，虽然不存在逻辑上的问题，但仍然存在对杀害被绑架人的解释问题。行为加重犯也是如此，加重的犯罪行为是既遂还是未遂，取决于对法律规定的理解。

关于杀害被绑架人是否包括未遂，乃至于预备和中止等未完成的犯罪形态，在刑法理论上素来存在争论。关于杀害被绑架人如何理解，立法机关指出："杀害"，是指在掳走被绑架人后，出于勒索财物或者其他目的得不到实现或者其他原因，故意实施杀害行为，非法剥夺被绑架人生命的行为。② 但这一论述仍然没有明确杀害是指杀死还是包括杀人未遂等未完成形态。在刑法理论上，认为杀害被绑架人的情形直接包括杀人未遂的观点极为罕见，一般都认为杀害被绑架人本身不包括杀人未遂，但对于这种杀人未遂情形如何处理，则存在以下两种观点。

第一种观点认为，绑架杀人实际上是结合犯，结合犯也存在既遂与未遂之分。但结合犯的既遂与未遂和被结合前罪没有关系，只是取决于后罪是既遂还是未遂。对于结合犯的未遂，应当在适用结合犯的法定刑的同时，适用刑法总则关于犯罪未遂的规定。对绑架杀人未遂的，适用1997年《刑法》第239条"杀害被绑架人的，处死刑"的规定，同时适用刑法关于未遂犯从轻、减轻处罚的规定。③ 这种观点是以绑架杀人属于结合犯为其论证前提的，把杀害绑架人看作绑架过程中发生的一种故意杀人行为。因为刑法分则规定的犯罪是以既遂为标本的，所以杀害被绑架人当然不能直接包含杀人未遂。但可以引用刑法总则关于未遂犯的规定处理绑架杀人未遂问题。如果杀害被绑架人确定是一种一般的故意杀人行为，这种理解似乎有理。但杀害被绑架人可以直接等同于故意杀人吗？这个问题恰恰是值得考虑的。

第二种观点认为，从以现行刑法规定为前提来考察1997年《刑法》第239条第1款中的"杀害被绑架人"是否存在未遂形态的角度出发，按照结果加重犯的模式来理解"杀害被绑架人"，将"杀害"理解为"杀死"，并认为"杀害被绑架人"只是成立与否而无既遂形态与未遂形态之分。④ 这种观点是否认"杀害被绑架人"属于绑架罪的结果加重犯的，但在理解上倾向于把"杀害被绑架人"理解为将被绑架人杀死的一种结果状态，由此否认杀害被绑架人包括未遂。但这种观点对于绑架杀人未遂如何处理，并未给出答案。

正如前所述，我个人主张杀害被绑架人是绑架罪的行为加重犯。在这个意义上，我将杀害被绑架人理解为一种行为。但与此同时，我认为"杀害被绑架人"不能简单地等同于"绑架杀人"而是指"杀死被绑架人"，即俗称的"撕票"。因此，"杀害被绑架人"既是一种行为，又是一种结果，是一种包含死亡结果的杀人行为。因此，对于杀害被绑架人不能像一般故意杀人行为一样，援引刑法总则未遂的规定处理绑架中的杀人未遂问题。

---

① 有关分析，参见：赵秉志．犯罪未遂形态研究．2版．北京：中国人民大学出版社，2008：317.

② 胡康生，郎胜主编．中华人民共和国刑法释义．3版．北京：法律出版社，2006：371.

③ 张明楷．刑法学．3版．北京：法律出版社，2007：668.

④ 赵秉志．犯罪未遂形态研究．2版．北京：中国人民大学出版社，2008：319.

四、王建平案裁判理由的评判

在王建平案处理过程中，提出了这样一个法律问题：杀害被绑架人未遂的，是否属于《刑法》第239条第1款规定的“杀害被绑架人的”情形。对此，裁判理由指出：

刑法第239条第1款规定，以勒索财物为目的绑架他人的，或者绑架他人作为人质的，处十年以上有期徒刑或者无期徒刑，并处罚金或者没收财产；致使被绑架人死亡或者杀害被绑架人的，处死刑，并处没收财产。据此，刑法将绑架罪的死刑适用仅限定在致使被绑架人死亡和杀害被绑架人这两种情况。而本案的问题是，杀害被绑架人未遂的，能否适用死刑。在这一问题上，实践中分歧较大，至今没有统一认识，造成法律适用不统一，影响了法律的严肃性。本案在审理过程中，存在如下两种不同意见。

第一种意见认为，“杀害被绑架人”，按照汉语语义只限于故意杀人既遂，而不包括故意杀人未遂。否则对于杀人未遂，仅造成轻伤的，或者故意杀人中止等情形，按照杀害被绑架人处死刑的规定，也必须判处死刑，有违罪刑相适应原则。

第二种意见认为，“杀害被绑架人”既包括故意杀人既遂，也包括故意杀人未遂，否则，虽杀人未遂，但手段特别残忍致被绑架人重伤或造成严重残疾，论罪应当判处死刑的，也只能判处无期徒刑以下刑罚，这将导致绑架罪和故意杀人罪间的刑罚不平衡。

我们认为，刑法第二百三十九条规定的“杀害被绑架人”应当包括杀害被绑架人未遂的情况。理由如下。

（一）比较其他涉及侵犯公民人身权利罪的法定刑，刑法对绑架罪规定了最为严厉的法定刑，其最低刑为十年有期徒刑，最高刑是死刑。从法定最低刑看，起刑点即为十年有期徒刑，其严厉性相当于具有加重情形的抢劫罪、强奸罪等，重于故意杀人罪；从法定最高刑看，由于刑法对“致使被绑架人死亡或者杀害被绑架人”这两种情形只设置了唯一的即绝对确定的法定刑死刑，明显重于故意杀人罪、具有加重情形的抢劫罪、强奸罪等。刑法作此规定反映了立法者对绑架罪的不同寻常的否定评价。刑法将“致使被绑架人死亡”和“杀害被绑架人”这两种情形归入绑架罪进行综合评价，对其处罚，理所当然地应当重于对这两种行为独立发生时的处罚。如果将杀害被绑架人未遂的情况排除在可判处死刑的情形之外。显然，与立法者对故意杀人罪和绑架罪的评价不相符。

此外，如果将绑架罪与故意伤害罪相比较，亦有助于对这一问题的理解与把握。刑法第二百三十四条第二款中规定：“以特别残忍手段致人重伤造成严重残疾的，处十年以上有期徒刑、无期徒刑或者死刑。”这表明，故意伤害他人身体，尽管没有造成被害人死亡，但具有法定严重情形的，仍可能适用死刑。与故意伤害罪相比较，绑架罪是一种更为严重的犯罪，因此，法定刑的设置比故意伤害罪更为严厉。如果认为“杀害被绑架人”仅指杀人既遂，势必可能出现故意杀害被绑架人未遂，但手段残忍造成被绑架人严重残疾的，量刑反而要比类似情形的故意伤害罪更轻。这显然不是立法者的意图，更不能视为立法可能的疏忽。因此，对“杀害被绑架人”的合理解释，应当是将杀害被绑架人未遂的情况包括进去。

（二）从比较“致使被绑架人死亡”和“杀害被绑架人”这两类情形的罪过形式来看，致使被绑架人死亡可能包括行为人过失致使被绑架人死亡的情形，杀害被绑架人则指对被绑架人实施故意杀害的行为。显然，故意杀害被绑架人的主观恶性程度明显高于过失致被绑架人死亡的情形，对过失致使被绑架人死亡的情形尚需适用死刑，那么对故意杀害被绑架人未遂的，特别是手段残忍、后果严重的这类情形，就更没有理由不适用死刑了。①

我们认为将“杀害被绑架人”扩张解释为包括杀害被绑架人未遂的情况在内，更符合立法本意。而仅按“杀害”的字面含义，贸然断论这里的“杀害”就是仅指“杀死”则未免偏颇。其偏颇之处就在于这种理解，将导致对那些绑架并杀害被绑架人未遂，但手段特别残忍、后果特别严重，论罪应当判处死刑的情形，则不能直接适用绑架罪的相关条款对其准确定罪量刑。

需要特别注意的是，我们主张，将“杀害被绑架人”理解为包括杀害被绑架人未遂这一情形在内，绝不等于说，对所有绑架并杀害被绑架人未遂的情形，都必须一律判处死刑。根据刑法第四十八条的规定，死刑只适用于罪行极其严重的犯罪分子。对于应当判处死刑的犯罪分子，如果不是必须立即执行的，可以判处死刑同时宣告缓期两年执行。虽然刑法第二百三十九条第一款中规定“杀害被绑架人的”，其法定刑为绝对确定的法定刑死刑，但在具体量定刑罚时，还要贯彻不同情况区别对待的原则。就杀害被绑架人未遂的情况而言，我们认为，对其中那些杀害被绑架人手段特别残忍且已造成特别严重后果的，应依法考虑判处死刑。但造成的后果并非特别严重，如没有造成特别严重残疾的，并非不能从轻判处，如有的可考虑判处死缓。需要说明的是，杀害被绑架人未遂这一情形本身，能否作为一个法定的从轻或减轻的情节来考虑，目前尚有争议。有观点认为，杀害被绑架人未遂，并非绑架罪未遂，因此，不能作为一个的独立的法定从轻或减轻的情节。这种观点有一定的道理。我们认为，即便如此，把杀害被绑架人未遂的情形，视作一个可以酌定从轻或减轻处罚的情节，应当是没有什么疑问的。在没有其他法定从轻或减轻处罚情节的条件下，如根据案件特殊情况，确需要在法定刑（死刑）以下量刑的，则应依照刑法第六十三条规定的特别程序来解决。

对于上述裁判理由，存在以下三个问题值得研究。

（一）关于扩张解释

在刑法理论上，扩张解释又称为扩大解释，是相对于缩小解释而言的，是指刑法条文字面的通常含义比刑法的真实含义窄，于是扩张字面含义，使其符合刑法的真实含义。② 因此，无论是扩张解释还是缩小解释，都是在字面含义与真实含义之间的一种选择。这里的真实含义，是指立法原意。问题在于：如何把握立法原意。立法者是通过刑法条文的文字表达所谓立法意图的。因此，在一般情况下，只能根据法律条文理解立法意图。但在极其个别情况下，法律条文的字面含义也是可以突破的，当然必须要有足够的逻辑上的或者价值上的根据。尤其是，在刑法中，扩张解释应当被极为慎重地采用，不利于被告人的扩张解释尤其如此。《法国刑法典》第111—4条规定：“刑法应严格解释之。”法国学者在解释这一规则时指出：

“刑法应严格解释之”这一规则是受自由思想的影响而产生的，是为“个人”的利益确定的，因此，这一规则不可能反过来针对个人，所以，它并不自然而然地适用于所有的刑法规定，我们应当区分“不利于被告的规定”与“有利于被告的规定”。

如果说，法官有义务严格解释“不利于被告的规定”，也就是说，有义务严格解释那些确定什么是犯罪与相应刑罚的规定，但是，并没有任何障碍阻止法官对那些“有利于被

① 《刑法修正案（九）》已经将这里的致使被绑架人死亡修改为故意伤害致被绑架人死亡，因此不再包括过失致人死亡。特此说明。

② 林维．刑法解释的权力分析．北京：中国人民公安大学出版社，2006：93。

告的规定”作出宽松的与扩张的解释。①

就我国《刑法》第239条“杀害被绑架人”而言，“杀害”一词并不等同于杀人，从字面上来看是指“杀死”，明显地包含了死亡结果。应该说，立法者采用“杀害”一词并非随意为之，而是具有特定含义的，因为立法者对“杀害被绑架人”设置了死刑这一绝对法定刑，对适用绝对法定刑——死刑的条件作出严格限制是完全必要的。但像本案裁判理由那样，将杀人未完包含在“杀害被绑架人”中，虽然认为对所有绑架并杀害被绑架人未遂的情形不一定必须一律判处死刑，然而在本案中，被告人王建平对被绑架人实施杀人行为，只造成轻伤后果，却被判处死刑，连死缓都没有考虑。从判决结果来看，明显过重，这难道不是对“杀害被绑架人”进行扩张解释带来的后果吗？本案的裁判理由为不利于被告人进行扩张解释树立了一个非正面的典型，这是令人痛心的。

（二）关于“致使被绑架人死亡”与“杀害被绑架人”的轻重比较

在本案的裁判理由中，之所以主张“杀害被绑架人”包括杀人未遂，主要理由之一在于：致使被绑架人死亡可能包括行为人过失致使被绑架人死亡的情形，绑架杀人未遂要重于过失致使被绑架人死亡。如果对过失致使被绑架人死亡的适用死刑，而对绑架杀人未遂行为都不能适用死刑，则难以体现罪刑均衡。尤其是杀人未遂，在单独犯故意杀人罪的情况下可以适用死刑，在绑架罪中杀人未遂本来性质更为严重，却不能适用死刑，这显然不是立法者的意图。关于立法意图，只能根据法律条文的字面含义来把握，这一点我已在上文阐述。对于立法，司法者是不能批评的，但立法本身仍然是可以评判的。根据《刑法》第239条的规定，这实际上意味着过失致人死亡与故意杀人同罪，即都可以判处死刑。过失犯罪而为死罪，这在世界范围内都可以说是绝无仅有。基于这样一种立法精神，又进一步推导出杀人未遂也可以适用绝对确定刑——死刑，则在超出法律规定字面含义的情况下，又进一步扩大了死刑适用范围，我以为是万万不可的。

（三）关于绑架罪与故意伤害罪的轻重比较

在本案的裁判理由中，还把绑架罪与故意伤害罪进行轻重比较，以此作为绑架杀人未遂应适用死刑的根据。裁判理由认为，根据《刑法》第234条第2款的规定，以特别残忍的手段致人重伤造成严重残疾的都可以判处死刑，而故意杀害被绑架人未遂，手段残忍造成被绑架人严重残疾的却不能判处死刑，这显然不是立法意图。在此，也同样涉及对刑法关于故意伤害罪在特定情况下判处死刑这一规定的评价问题，这意味着故意伤害与故意杀人同罪，其立法合理性值得推敲。根据上述裁判理由，在绑架过程中，以特别残忍的手段致人重伤造成严重残疾的，如果不判处死刑是否也与立法意图相抵触呢？因此，不能简单地以刑罚轻重作为解释的根据，更不能作为扩张解释的根据。

五、绑架杀人未遂的处理：以吴德桥案为例的分析

如前所述，杀害被绑架人不包括绑架杀人未遂，而是指杀死被绑架人的情形。那么，对于绑架杀人未遂究竟如何处理呢？同样，也存在以特别残忍的手段故意伤害被绑架人致人重伤并造成严重残疾如何处理的问题。关于这个问题，我国学者张明楷指出：

> 绑架他人后，出于某种动机，故意对被绑架人实施杀害行为，但未能造成死亡结果的（绑架杀害未遂），应当如何处理？在此问题上，可能存在许多方案。（1）绑架杀人未遂

① 卡斯东·斯特法尼，等．法国刑法总论精义．罗结珍，译．北京：中国政法大学出版社，1998：138.

的，依然适用刑法第239条杀害被绑架人，处死刑的规定，而且不适用刑法关于未遂犯从轻、减轻处罚的规定。(2) 绑架杀人未遂的，认定为普通绑架罪与故意杀人罪（未遂），实行数罪并罚。(3) 对于绑架杀人未遂的，视应否处死刑分别定罪处罚：如果绑架杀人未遂情节严重，应当判处死刑，就认定为绑架罪中的杀害被绑架人，判处死刑；如果绑架杀人未遂情节并不严重，不应当判处死刑，则认定为绑架罪与故意杀人未遂，实行数罪并罚。(4) 绑架杀人未遂的，依然适用刑法第239条杀害被绑架人的，处死刑的规定，同时适用刑法关于未遂犯从轻、减轻处罚的规定。①

张明楷教授提倡上述第四种方案，而王建平案则采用上述第一种方案。在司法实践中，除王建平案的意见以外，还有以数罪定罪、实行并罚的意见，以及择一重从重处罚的意见。② 下面，以吴德桥案为例，对上述观点在司法实践中的采用情况作进一步的分析。

被告人吴德桥认为其岳父谭崇森挑拨了其夫妻关系，蓄意报复之。吴德桥将谭崇森的孙子谭亮绑至自家，并致电要求住在娘家的妻子谭财莲一人前往带钱赎人，不得报警。谭亮的家属与干警赶至吴家，谭财莲未能前往。吴德桥见状，用刀在谭亮的脖子上来回拉割，并割下其左手拇指的一小截，致其因失血过多而多次昏迷。后来，干警冲入室内将吴德桥抓获。经鉴定，谭亮身有二十余处刀伤，属重伤乙级。

赣州地区中院认为，吴德桥在绑架过程中伤害被绑架人致重伤乙级，其行为已构成绑架罪，应依法严惩，一审判决吴德桥犯绑架罪，判处死刑，剥夺政治权利终身。

一审判决后，吴德桥提起上诉。其辩护人辩称，本案没有造成被绑架人死亡的后果，判处死刑不当。

江西省高级人民法院认为，根据刑法规定，犯绑架罪只有致使被绑架人死亡或者杀害被绑架人的，才能判处死刑。吴德桥并未造成被害人死亡的后果，其辩护人的辩护意见成立，故改判为：吴德桥犯绑架罪，判处无期徒刑，剥夺政治权利终身。

在吴德桥案中，被告人持刀致被绑架人重伤，其行为属于绑架杀人未遂还是故意致人重伤，是一个值得研究的问题。因为被告人在绑架中曾经扬言杀人，由此似乎可以认定为杀人未遂。但在绑架案件中，被告人大多都扬言杀害被绑架人，在没有实施杀人的实行行为的情况下不能仅以扬言杀人而认定其行为为故意杀人。本案判决将被告人的行为认定为故意重伤，是较为实事求是的做法。我注意到，对于吴德桥案，检察机关是以绑架罪、故意伤害罪起诉的，一审法院认定为绑架罪，却判处死刑。我国《刑法》第239条只规定致使被绑架人死亡或者杀害被绑架人的可以判处死刑，一审法院何以对在绑架中故意重伤被绑架人的被告人判处死刑呢？从本案裁判理由获知，原来一审法院是将《刑法》第239条规定的“杀害被绑架人”理解为“杀死被绑架人”与“伤害被绑架人”。显然，这一理解是错误的，因此这一判决没有法律根据。二审法院以犯绑架罪只有致使被绑架人死亡或者杀害被绑架人的，才能判处死刑，吴德桥在绑架中并未造成被害人死亡的后果为由，改判无期徒刑。这一判决结论是值得称道的，尤其是裁判理由对此作了以下论证：

1. 致使被绑架人死亡或者杀害被绑架人的，是决定对绑架人适用死刑的必要条件

刑法第二百三十九条规定：“致使被绑架人死亡或者杀害被绑架人的，处死刑。”依此规定，致使被绑架人死亡或者杀害被绑架人的，是决定对绑架人适用死刑的必要条件。本

① 张明楷．刑法学．3版．北京：法律出版社，2007：667－668.

② 刘树德．绑架罪案解．北京：法律出版社，2003：97.

案涉及的问题是，如何正确理解这里所谓的“致使被绑架人死亡或者杀害被绑架人”？其中，致使被绑架人死亡可以包括哪些情形？杀害是否就是指杀死即是否必须具有死亡的后果？我们认为，所谓“致使被绑架人死亡”，应包括在绑架过程中，被绑架人被伤害致死、病饿致死以及其他各种因绑架而导致的死亡；所谓“杀害被绑架人”则是指故意杀死被绑架人，即通常所说的“撕票”。也就是说，这里所说的“杀害”，不仅要有故意杀人的行为，还要有死亡的后果。不宜将这里的“杀害”理解为仅有故意杀人的行为即可，更不能将这里的“杀害”理解为既可包括故意杀人的行为，又可包括故意伤害的行为。正因为如此，刑法在这里才规定了“致使被绑架人死亡或者杀害被绑架人”的刑罚为绝对确定的法定刑死刑，这也是与故意杀人罪法律规定处相对确定的法定刑的主要区别所在。有一种观点认为，所谓“致使被绑架人死亡”，已包括了杀死被绑架人的情形，因此，所谓“杀害被绑架人”就应当是指实施了杀害行为但尚未造成死亡的情形。易言之，“致使被绑架人死亡”，是结果加重的规定，而“杀害被绑架人”则仅是情节加重的规定。我们认为，这种分析解释方法虽有一定的道理，但也存在不可忽视的缺陷。理由在于：第一，刑法规定杀害被绑架人为单一刑种死刑，并无其他刑种可以选择适用。因此，如果将“杀害被绑架人”理解为不仅包括杀害后果，还包括杀害行为，必然导致只要有杀害的行为，不管杀害的结果如何，是造成轻伤、重伤、严重残疾还是死亡，都只能无一例外、毫无选择地判处死刑，这显然不符合罪刑相适应原则，有违立法真实意图。立法将“致使被绑架人死亡或杀害被绑架人”并列且配置以绝对确定的法定刑死刑，我们理解其基本精神在于强调必须具有被绑架人死亡的结果。第二，在法律未对条文用语含义作出特别规定时，解释“杀害”一词的含义不能随意脱离人们日常所能理解的范畴，滥作扩大或限制解释。这是法律解释所应遵循的一项基本原则。“杀害”一词作为日常用语的含义，既包括“杀”的行为，更主要是强调出现“害”即“死”的结果。第三，“杀害”一词在刑法分则中，不仅出现在本条，在刑法第三百一十八条第二款、第三百二十一条第三款、第三百四十一条第一款中也有使用。尤其从刑法第三百一十八条，第三百二十一条的规定来看，“杀害”是被排除在“造成被组织人、被运送人重伤、死亡”之外的，需要作另一罪单独评价，实行数罪并罚的。而绑架罪中所谓的“杀害”是与绝对确定的法定刑死刑相配置的，因此，对其的解释不能不从严掌握。综上，我们倾向于认为江西省高级人民法院以本案没有出现被绑架人死亡这一后果为由，改以吴德桥犯绑架罪判处无期徒刑，其对“杀害”的理解是符合刑法“故意杀害被绑架人”的立法本意的。需要指出的是，二审判决在以绑架罪定罪量刑时，未能对本案被告人依法附加适用财产刑，这不符合绑架罪的法定刑规定。

2. 绑架中故意伤害（不包括致死）或者杀害被绑架人未遂的应否数罪并罚

刑法第二百三十九条规定，犯绑架罪致被绑架人死亡或者杀害被绑架人的，处死刑，并处没收财产。刑法在这里采取的是绝对确定法定刑的立法模式，没有刑种选择的余地。该规定同时也意味着行为人犯绑架罪时，只有在实施绑架行为过程中或是在绑架行为的持续状态中，造成被绑架人死亡或者杀死被绑架人的，才能适用死刑。有种观点认为，立法在这里存有不足之处。理由是：以本案为例，如果被告人在实施绑架行为过程中或是在绑架行为的持续状态中，以特别残忍的手段故意伤害被绑架人致人重伤并造成严重残疾，或者故意杀害被绑架人未遂，但杀人手段特别残忍且已致被绑架人重伤并造成严重残疾，对此，如按照故意伤害罪或故意杀人罪论处，依法完全可判处被告人死刑。但如果“吸收”在绑架罪中，则无论勒索的钱财数量多大、伤害被害人到什么程度，或是已出现严重后果的杀人未遂，则只要被绑架人没有死亡，最高就只能判处其无期徒刑。因此，两相比较，绑架罪法定刑的设置就显得不够科学合理，有罪刑失衡之嫌。我们认为，这种观点是不正确的。其要害之处就在于该观点误认为行为人在实施绑架行为过程中或是在绑架行为的持续状态中又故意伤害绑架人（指未致死）或故意杀害被绑架人（指未遂）的，都只能定绑架罪一罪。如上所述，刑法规定行为人犯绑架罪时，只有在实施绑架行为过程中或是在绑架行为的持续状态中，造成被绑架人死亡或者杀死被绑架人的，才能而且只能适用死刑。但这只是意味着立法将绑架罪和在绑架过程中致被绑架人死亡和杀死被绑架人这种特定的结果结合在一起，单独规定为确定的法定刑死刑。刑法第二百三十九条的规定并不排斥对在绑架过程中故意伤害被绑架人未致死或者故意杀害被绑架人未遂的，可以绑架罪和故意伤害罪或故意杀人（未遂）罪，择一重罪定罪处罚或实行数罪并罚。事实上，在绑架过程中，绑架人对被绑架人又同时实施了伤害（仅指未致死）、杀害（仅指未遂）、奸淫等行为，是比较常见的。根据刑法的罪数理论，对上述情形可以区分情况，有条件地实行数罪并罚。具体地说：在绑架过程中或是在绑架状态持续过程中，如绑架人对被绑架人又实施了伤害（仅指未致死）、杀害（仅指未遂）行为，如果伤害或者杀害被绑架人尚未造成特别严重后果，论罪应当判处无期徒刑以下刑罚的，可以绑架罪一罪论处。因为此时的杀、伤行为可以认为是已被包括在绑架罪“暴力手段”的构成要件之内。但如果行为人伤害手段特别残忍致人重伤且造成严重残疾，或者杀害未遂但手段特别恶劣、后果特别严重、论罪应当判处死刑的，我们倾向于认为此时的杀、伤行为就不宜被包括在绑架罪“暴力手段”的构成要件之内，有必要给予单独评价，以绑架罪和故意伤害罪或故意杀人罪实行数罪并罚。在这种情形下，虽然以绑架罪无法判处绑架人死刑，但依故意伤害罪、故意杀人罪又完全可以判处绑架人死刑，故不存在绑架罪与故意伤害或杀人罪相比所谓的配刑失衡问题。这一适用法律的思路，从刑法第三百一十八条、第三百二十一条的立法规定中也可以得到例证。就本案而言，被告人吴德桥在绑架行为完成之后绑架状态持续过程中，又故意伤害被绑架人谭亮的行为，虽手段特别残忍致人重伤，但毕竟未造成谭亮严重残疾，因此，依故意伤害罪论处，也不可能判处吴德桥死刑。由于本案以绑架罪和故意伤害罪对吴德桥定罪并罚，最后的宣告刑也只能是无期徒刑，因此，从量刑结果上看，二审判决对被告人并无轻纵之嫌。一、二审法院没有采纳公诉机关以绑架罪和故意伤害罪实行数罪并罚的起诉意见，而仅以绑架罪一罪论处，也是合宜的。

在上述裁判理由中，以下三点值得我们注意。

（一）关于杀害被绑架人的理解

在吴德桥案中，裁判理由认为“杀害被绑架人”是指杀死被绑架人，既不包括杀人未遂，也不包括故意伤害。显然，这一论点与王建平案的裁判理由是完全相反的。当我们将两个案件的裁判理由对比起来看的时候，就会发现两者之间的对立。

1. 关于解释方法

王建平案裁判理由：

我们认为将“杀害被绑架人”扩张解释为包括杀害被绑架人未遂的情况在内，更符合立法本意。而仅按“杀害”的字面含义，贸然断论这里的“杀害”就是仅指“杀死”则未免偏颇。

吴德桥案裁判理由：

在法律未对条文用语含义作出特别规定时，解释“杀害”一词的含义不能随意脱离人们日常所能理解的范畴，滥作扩大限制解释。这是法律解释所应遵循的一项基本原则。

“杀害”一词作为日常用语的含义，既包括“杀”的行为，更主要是强调“害”即“死”的结果。

2. 关于立法原意

王建平案裁判理由：

如果认为“杀害被绑架人”仅指杀人既遂，势必可能出现故意杀害被绑架人未遂，但手段残忍造成被绑架人严重残疾的，量刑反而要比类似情形的故意杀害罪更轻。这显然不是立法者的意图，更不能视为是立法可能的疏忽。

吴德桥案裁判理由：

刑法规定杀害被绑架人为单一刑种死刑，并无其他刑种可以适用。因此，如果将“杀害被绑架人”理解为不仅包括杀害后果，还包括杀害行为，必然导致只要有杀害的行为，不管杀害的结果如何，是造成轻伤、重伤、严重残疾还是死亡，都只能无一例外、毫无选择地判处死刑，这显然不符合罪刑相适应原则，有违立法真实意图。

通过上述两案裁判理由的对比可以发现，在对“杀害被绑架人”这一规定上能否采用扩张解释方法，以及在如何理解立法原意上，都是针锋相对的。这种差别更为明显地体现在判决结果上：王建平绑架他人并杀人未遂只造成轻伤，被判处死刑；而吴德桥绑架他人以极其残忍的手段造成他人重伤，都被判处无期徒刑。通过上述两案对比，判决的一致性问题确实是一个值得重视的问题。

（二）关于绑架杀人未遂的处理

在吴德桥案中，被告人虽然以极其残忍的手段造成被绑架人重伤，但却没有达到严重残疾程度，因而二审法院认为包含在绑架罪中。裁判理由指出：《刑法》第 239 条的规定并不排斥对在绑架过程中故意伤害被绑架人未致死或者故意杀害被绑架人未遂的，可以绑架罪和故意伤害罪或故意杀人（未遂）罪，择一重罪定罪处罚或实行数罪并罚。事实上，在绑架过程中，绑架人对被绑架人又同时实施了伤害（仅指未致死）、杀害（仅指未遂）、奸淫等行为，是比较常见的。根据刑法的罪数理论，对上述情形可以区分情况，有条件地实行数罪并罚。具体地说：在绑架过程中或是在绑架状态持续过程中，如绑架人对被绑架人又实施了伤害（仅指未致死）、杀害（仅指未遂）行为，如果伤害或者杀害被绑架人尚未造成特别严重后果，论罪应当判处无期徒刑以下刑罚的，可以绑架罪一罪论处。因为此时的杀、伤行为可以认为是已被包括在绑架罪暴力手段的构成要件之内。但如果行为人伤害手段特别残忍致人重伤且造成严重残疾，或者杀害未遂但手段特别恶劣、后果特别严重、论罪应当判处死刑的，我们倾向于认为此时的杀、伤行为就不宜被包括在绑架罪暴力手段的构成要件之内，有必要给予单独评价，以绑架罪和故意伤害罪或故意杀人罪实行数罪并罚。在这种情形下，虽然以绑架罪无法判处绑架人死刑，但依故意伤害罪、故意杀人罪又完全可以判处绑架人死刑，故不存在绑架罪与故意伤害或杀人罪相比所谓的配刑失衡问题。这种解决方案，并不包含在张明楷教授的四种方案中，可以视为是第五种方案。我认为，这种方案具有一定的合理性。当然，对于适用数罪并罚应当严格加以控制，仅作为例外情形加以考虑。

（三）罪刑均衡的问题

无论是在王建平案还是在吴德桥案中，裁判理由都以罪刑均衡作为理解“杀害被绑架人”的价值根据。但如何理解罪刑均衡却存在不同角度。例如王建平案的裁判理由强调绑架杀人未遂与致被绑架人死亡之间的平衡，因为前者的主观恶性程度明显高于后者。但吴德桥案的裁判理由则强调绑架杀人既遂与未遂之间的平衡，如果把绑架杀人未遂也理解为“杀害被绑架人”，使之同罚，显然违反罪刑均衡原则。我认为，问题不在于要不要罪刑均衡，而在于如何理解罪刑均衡以及如何实现罪刑均衡。就如何理解罪刑均衡而言，罪刑均衡可以分为立法上的罪刑均衡与司法上的罪刑均衡。在司法实践中，主要解决的是司法上的罪刑均衡问题，因而是要受到法律规定限制的，不能以罪刑均衡为由违反罪刑法定原则。就罪刑均衡与罪刑法定这两个刑法基本原则的位阶关系而言，罪刑法定原则要高于罪刑均衡原则。司法上的罪刑均衡要服从罪刑法定，只有在罪刑法定的限度与范围内，才能实现罪刑均衡。

更为重要的是，罪刑均衡原则应最终体现在判决结果上。对比王建平案与吴德桥案，哪一个判决结果符合罪刑均衡原则，是一目了然的。

值得注意的是，在吴德桥案的文末，有一则放在括号内的责编按，容易被人疏忽，但我以为是极为重要的，现引述如下：

> 责编按：由于刑法第二百三十九条对“致使被绑架人死亡或杀害被绑架人”在法定刑设置上的特殊性，因此，在审判实践中如何准确把握刑法第二百三十九条中的所谓“杀害被绑架人”的含义以及对绑架中又故意伤害被绑架人或杀害被绑架人未遂的行为如何处理，关乎合理、公正地对被告人实现罪刑相适应的问题。本篇案例拟在提出一种解决思路。在相关立法或司法解释没有出台之前，我们建议各地法院对此应审慎处理。

上述责编按，反映了对如何理解“杀害被绑架人”的一种慎重态度，这是十分可取的。吴德桥案编发在2002年，此后并没有责编所期待的立法或司法解释出台，但仅仅两年后，2004年又编发了王建平案，在对“杀害被绑架人”的理解上发生了一百八十度的变化。同样是最高人民法院、同样是《刑事审判参考》，这样的变化说明了什么，这是耐人寻味的。

六、补记

关于杀害被绑架人的理解到底为什么发生重大变化，其幕后的原因终于从有关资料中得到答案。就应如何理解《刑法》第239条规定的致使被绑架人死亡或者杀害被绑架人的，处死刑的问题，最高人民法院有关部门经向全国人大法工委刑法室有关同志请示，全国人大法工委的答复是：

> 刑法第239条规定的致使被绑架人死亡或者杀害被绑架人，在一般情况下主要是指对绑架罪的结果和主犯处罚的规定。根据这一规定，一般应对造成被绑架人死亡后果的行为人处死刑；对于实施了杀人行为，由于行为人主观意志以外的原因而未能造成被绑架人死亡的情形，如果情节恶劣的，也可以判处死刑。①

上述答复被称为准立法解释。根据这一解释，杀害被绑架人不是一种客观结果，而是一种客观行为。行为人只要有杀害被绑架人的行为，无论是否发生被绑架人死亡的结果，在量刑上都必须判处死刑。同时，根据上述解释，在杀害未遂的情况下，若要对被告人适用死刑，仅有杀害行为还不够，还必须是杀害被绑架人情节恶劣的情形方可判处死刑，倘若杀害被绑架人情节不恶劣的，一般不能判处死刑。这一解释同时带来理论上和适用上的双重困惑。如果杀害被绑架人未遂属于杀害被绑架人，则无论情节是否严重，都应当判处死刑。仅对情节严重的判处死刑，对情节尚未达到严重程度的杀害被绑架人的情形不判处死刑，意味着不属于杀害被绑架

---

① 聂洪勇．如何理解刑法第239条绑架罪中规定的“杀害被绑架人”的含义——王某绑架案//谢望原，赫兴旺主编．中国刑法案例评论：1辑．北京：中国法制出版社，2007：367.

人，则使行为的法律性质取决于如何量刑，这在逻辑上是本末倒置的，难以自圆其说。情节尚未达到严重程度的杀害被绑架人的情形不属于杀害被绑架人，对于这种情形如何适用法律，这也是一个难题。因此，我个人认为上述解释存在与法理相悖之处，应慎重对待。

第五章　故意杀人后取财行为之定性研究

——计永欣故意杀人案（故意杀人罪　杀人取财）

谋财害命是常见的犯罪，因而财产犯罪与人身犯罪往往交织在一起。在这种情况下，如何正确定罪就成为一个较为复杂的问题。计永欣故意杀人案在定罪过程中，曾经出现过曲折，表明司法机关内部对本案在定性上存在意见分歧。本案经最高人民法院复核后最终定案。本章对计永欣案涉及的法理问题加以探究。①

一、案情及诉讼过程

被告人计永欣到被害人林向荣家借钱遭拒，为此与林向荣发生争执、厮打，并于厮打中将林向荣杀害。计搜得林向荣家现金 5 100 元及部分衣物后逃离。半个月后，计永欣逃至其舅家，在其舅劝导下同意自首。当晚，公安接到其舅妈的报案后将计抓获。计永欣在归案后如实供述了犯罪事实。

大庆市中级人民法院认为，计永欣的行为构成故意杀人罪，鉴于计永欣自首，依法可从轻处罚，故判决计永欣犯故意杀人罪，判处死刑，缓期二年执行，剥夺政治权利终身。

大庆市检察院以计永欣系其舅妈举报后被抓获，且在被抓捕时报的是假姓名、假住址，不能认定自首，且计永欣杀人手段残忍，社会危害极大，原判量刑畸轻为由，向黑龙江省高级人民法院提出抗诉。

黑龙江省高级人民法院认为，计永欣以谋财为目的，编造谎言借钱遭拒后持械行凶，行为已构成抢劫罪，且计永欣虽同意自首但无自动投案行为，并在抓捕时报假名、假地址，旨在逃避法律制裁，不能认定其自首，故改判为：计永欣犯抢劫罪，判处死刑，剥夺政治权利终身。

最高人民法院经复核认为，计永欣的杀人行为构成故意杀人罪，鉴于计永欣的亲属积极规劝其自首，并主动报案，计在归案后亦能坦白其犯罪事实，故改判为：计永欣犯故意杀人罪，判处死刑，缓期二年执行，剥夺政治权利终身。

二、争议及裁判理由

在本案处理过程中，对两个问题存在争议：一是故意杀人后又窃取被害人财物的行为应如何定性，二是本案被告人仅有自首意思能否成立自首。本章只讨论第一个问题，即故意杀人后取财行为应如何定性。对于这个问题，在审理过程中存在三种意见：

> 第一种意见认为，计永欣的行为分别构成故意杀人罪和盗窃罪；第二种意见认为，计永欣杀人后拿走被害人财物的行为系以杀人暴力手段为前提，是故意杀人行为的后续行为，应按重行为吸收轻行为的原则处理，只定故意杀人罪；第三种意见认为，计永欣到被害人家是图谋钱财，将人杀死后劫取财物的行为构成抢劫罪。

① 最高人民法院编．刑事审判参考：总第 24 辑．北京：法律出版社，2002.

对于故意杀人后窃取被害人财物的行为，最高人民法院最终采纳了第一种意见，即认为应分别构成故意杀人罪和盗窃罪。只是由于控方未指控盗窃罪而对该罪未予认定。本案裁判理由指出：

> 《最高人民法院关于抢劫过程中故意杀人案件如何定罪问题的批复》中规定："行为人为劫取财物而预谋故意杀人，或者在劫取财物过程中，为制服被害人反抗而故意杀人的，以抢劫罪定罪处罚。"此一规定表明，抢劫罪的手段可以是故意杀人行为，但此限制条件必须是"为劫取财物而预谋故意杀人，或者在劫取财物过程中，为制服被害人的反抗而故意杀人"。易言之，从时间上看，行为人劫取财物的目的在先，故意杀人的手段在后；从手段与目的关系来分析，故意杀人的手段服务于抢劫财物的目的，抢劫财物和故意杀人之间存在着明显的目的与手段的关系。如果行为人先因他故，实施了杀人行为，而后又临时起意取走被害人财物的，因为先前的杀人行为与事后的取财行为之间并无手段与目的的关系，不能认定为抢劫罪，而只能分别认定为构成故意杀人和盗窃罪。本案中，被告人计永欣到被害人家是为了借钱，现有证据并不能证明其具有抢劫财物的故意和目的。当其遭到被害人的拒绝和责骂时，双方为此发生争吵、厮打。在厮打过程中，被告人恼羞成怒、不择手段将被害人砍死，既非预谋杀人，更非为劫取财物而预谋杀人，其杀人不是劫财的手段，劫财也不是杀人的动机和目的。计永欣是在杀人后取走被害人财物的，其非法占有被害人财物的故意也是产生在其杀人行为完成之后，其先前编造借口借钱的行为，不能说明其从一开始就有非法劫财的故意和目的。同样，被告人的杀人行为显然也不是为了排除被害人的反抗从而达到劫取被害人财物目的的手段。故计永欣杀人后的取财行为不构成抢劫罪。二审法院依据现有的证据和事实，认定被告人计永欣构成抢劫罪是不当的。

被告人计永欣杀人后又取财的行为，是在先后两种不同的犯罪故意支配下实施的两个独立的行为，所侵犯的是两种不同的客体，应分别定罪，数罪并罚。杀人后的取财行为不是杀人行为的一部分，不能被杀人行为所包容或吸收，因此，本案只定故意杀人罪有失准确、全面，应另定盗窃罪。但是，应当指出的是，由于本案公诉机关虽指控了计永欣杀人后，又搜走了被害人数额巨大的财物的事实，但未指控其行为另构成盗窃罪。根据不告不理的原则，一、二审、复核审法院在审理中也不宜直接增加此罪名的认定，所以本案最终维持了公诉机关以故意杀人罪罪名的指控。

三、理论分析

在计永欣案中，被告人存在两个行为：一是杀人行为，二是取财行为。对于这一点并无异议。关键在于：这两个行为到底是一种什么关系，以及对取财行为如何定性。计永欣案处理中的三种意见，反映了对这两个问题的不同理解，其中涉及一些刑法理论问题，因而值得研究。

主张对本案定抢劫罪的观点，虽然也承认存在故意杀人和取财两个行为，但认为取财行为只不过是抢劫中的劫取财物行为。这种观点为黑龙江省高级人民法院所主张，在二审判决中，黑龙江省高级人民法院认定被告人计永欣在主观上谋财目的的支配下，客观上实施了杀人劫财行为，因而属于抢劫的性质。对于这一观点，可以从主观与客观两个方面加以分析。从主观上来说，谋财目的与抢劫故意能否等同。这里的谋财，是指图谋钱财，这当然是一种民间的用语，在法律上可以概括为非法占有他人财物。从本案的具体案情来看，计永欣以谎称开车将他人的猪撞死需要赔偿为借口，向林向荣借钱。这是一种讹人钱财的行为，被告人计永欣在主观上确有谋财的意图，这也是不容否定的。如果计永欣实现其借钱的意图，也许就不会有后来事态的进一步发展。正是在借钱之举遭到严词拒绝以后，被告人计永欣与林向荣发生争执，并进而将林向荣杀死。在这种情况下，杀人是另起犯意，取财也是杀人以后的临时起意。这里涉及对抢劫罪故意的理解。对于抢劫故意，我国学者指出：

> 抢劫罪在主观方面是故意，行为人必须有劫取他人财物的意思，并对财物必须通过暴力、胁迫等违反被害人意志方法才能取得有所认识。基于抢劫的意思，在实施暴力、胁迫压制对方反抗之后，夺取财物的，或者基于抢劫的意思先夺取财物，立即对被害人实施暴力、胁迫，以确保自己对财物的占有的，以及出于盗窃的意思，在夺取财物后立即主动实施足以压制被害人的暴力、胁迫行为的（突变的抢劫），都属于有实施暴力、胁迫的意思和强取财物的意思。①

由此可见，抢劫故意的内容是复杂的，它不是单一的故意而是复合的故意，这与抢劫行为的复合性是紧密相连的。在抢劫故意的认识因素中，包括对使用暴力、胁迫或者其他方法的认识，对取财行为的认识以及对暴力、胁迫或者其他方法与取财行为之间的因果关系的认识。因此，笼统地把谋财作为抢劫故意的内容，显然是不合适的。从客观上来说，尽管既有故意杀人行为，又有取财行为，但是某一杀人取财行为能否被认定为抢劫罪的实行行为，还要看在杀人行为与取财行为之间是否存在手段与目的的关系。对于这一点，裁判理由作了正确的论述。从本案来看，这种手段与目的的关系是不存在的。被告人计永欣只是在实施故意杀人行为以后，临时起意非法占有被害人林向荣的财物。综上所述，本案被告人计永欣的故意杀人行为与取财行为应当分别评价，而不能一并论以抢劫罪。

主张对本案只定故意杀人罪，其取财行为是故意杀人行为的后续行为的观点，同样认为本案中存在故意杀人与取财这两个行为，但只将故意杀人行为评价为故意杀人罪，对取财行为则予以吸收。这种观点大体上是黑龙江省大庆市中级人民法院的观点，尽管在判决中未作详细说明。这种观点涉及重行为吸收轻行为的原则，因而需要从法理上加以阐明。故意杀人罪与盗窃罪相比，前者是重行为而后者是轻行为，对于这一判断大概不会存在异议。问题在于：重行为与轻行为之间在什么条件下存在吸收关系，这里涉及对吸收关系的理解。德国刑法理论认为，吸收关系是指，如果一个构成要件该当行为的不法内容和罪责内容包含了另一行为或另一构成要件，以至于在一个法律观点下的判决已经完全表明了整体行为的非价（Unwert）：吸收法优于被吸收法。德国学者指出：

> 吸收关系存在以下两种情形，一是紧接着第一次犯罪行为实施的确保、使用和利用其违法所得利益的构成要件该当行为，如果未侵害新的法益，且损失在数量上没有超出已经产生的程度（是不受处罚的或更确切地讲是共受处罚的犯罪后行为），即成立吸收关系。二是典型的伴随犯（typische Begleittaet）。如果立法者在制定加重的刑法规定时已经考虑到，行为通常情况下会与另一具有明显较轻不法内容的行为存在联系，后者相对于正犯行为而言是微不足道的，那么，就可认为构成伴随犯。②

在上述存在吸收关系的情形中，轻重行为之间或者存在牵连关系，或者是不可罚的事前行为或事后行为。这些情形，都排除了数罪之成立。显然，在本案中，故意杀人罪与盗窃罪是基于不同犯意而实施的两个不同的犯罪行为。尽管两个犯罪行为在客观上具有接续关系，但并不存在前行为吸收后行为的根据。

---

① 周光权．刑法各论讲义．北京：清华大学出版社，2003：98.

② 汉斯·海因里希·耶赛克，托马斯·魏根特．德国刑法教科书（总论）．徐久生，译．北京：中国法制出版社，2001：897－898.

主张对本案的故意杀人行为与取财行为分别定罪的观点是正确的。对于前行为应定故意杀人罪当然并无分歧，但对于后行为应定什么罪，在刑法理论上是存在争议的，主要存在以下三种观点。

第一种观点认为应定抢劫罪。例如我国学者指出：行为人杀人后才起意抢走财物的，即行为人事先只有非法剥夺他人生命的目的，而无抢劫他人财物的目的，抢劫财物是在杀人之后对其亲属实施的，或者杀人以后，见财起意，又将其财物拿走的，对此应以故意杀人罪和抢劫罪实行数罪并罚。因为行为人基于杀人的故意，实施杀人的行为，构成故意杀人罪，后又基于非法占有被害人财物的故意，实施了抢劫的行为，构成抢劫罪，且这两个罪之间没有内在的牵连关系。①

第二种观点认为应定侵占罪。例如我国学者指出：在杀人后临时起意拿取被害人财物的情况下，死后之物符合脱离持有物的属性。如果杀人者杀人后临时起意取财的，即为该财物之持有人；不取财的，则该物不属于任何人持有。上述情形是指对取财的杀人者若经继承人索要死者之物，且该财物数额较大，拒不交出的，按杀人罪和侵占罪两罪并罚论处。②

第三种观点认为应定盗窃罪。例如我国学者指出：对于在侵害他人人身权利过程中，又窃取财物的，应定盗窃罪。因为行为人在实施故意杀人、伤害、强奸等犯罪过程中，临时起意窃取被害人财物，主观上具有以秘密手段窃取他人财物的故意和目的，而不具有以暴力（或以暴力相威胁）非法占有他人财物的故意和目的，客观上也是采取秘密手段，乘被害人不备或不知而窃取财物，根据主客观一致的原则，这种窃取财物的行为完全符合盗窃罪的特征。③ 这种观点对于故意杀人后取财与伤害、强奸后取财未加区分，这是不妥的。因为在伤害、强奸以后，财物所有人仍然在场，其对财物的控制依然存在。因而把秘密取财行为视为盗窃是没有疑义的。但在故意杀人以后的取财行为，能否直接定为盗窃罪，则在理论上是有争议的，论者对定盗窃罪的理由未能深入阐述。

上述三种观点，涉及一些重大理论问题需要讨论。例如，在本案中，先前的故意杀人行为对于取财行为的定性是否存在影响呢？主张定抢劫罪的观点，并没有对理由作出更为详尽的论述。例如，为什么杀人后的取财行为可以被评价为抢劫行为，我想，这种观点可能还是将先行的故意杀人行为作为取财行为定性的重要因素加以考虑的。在刑法理论上，在回答实行暴力、胁迫之后，才产生夺取财物的意思，而又夺取财物者，能否认为有抢劫的故意，是否构成抢劫罪时，存在一种观点，称为“利用余势说”。此说认为，这是行为人利用前面实施的暴力、胁迫所产生的不能抵抗的状态，即利用那种余势夺取财物的。④ 但这种观点对于被害人未死的案件是合适的。在被害人不能反抗的情况下，将财物公开夺取，视为抢劫行为，这有一定道理。但对被害人已死的情况，也就谈不上夺取财物的问题。在这种情况下，把故意杀人的取财行为评价为抢劫罪，就可能对故意杀人行为作了重复评价，这在法理上是难以成立的。至于这一取财行为到底是定侵占罪还是定盗窃罪，关键问题在于被害人死亡之后，财物所有权的归属问题。对于这个问题，在刑法理论上存在以下观点。有观点认为，死人在法律或事实上均已丧失支配能力，故死人生前持有之物，在有人取得事实上的新支配以前，原则上应视为脱离持有物。也有观点认为，被害人生前持有之财物，被杀之后即时转移于继承人之持有，故非脱离持有物。还有观点认为，死后死者持有继续存在。另有观点认为，在杀人之瞬间，持有转移给行

---

① 赵秉志主编．侵犯财产罪研究．北京：中国法制出版社，1998：99.

② 于世忠．侵占罪研究．长春：吉林人民出版社，2002：196.

③ 王礼仁．盗窃罪的定罪与量刑．北京：人民法院出版社，1999：111.

④ 刘明祥．财产罪比较研究．北京：中国政法大学出版社，2001：125－126.

为人。[1] 上述各种观点可谓五花八门，不一而足。在此，我可以作一个简单的分析。

首先，被害人死亡以后，肯定丧失了对财物的控制，这是没有问题的，因此死后死者持有继续存在的观点不足取。

其次，被害人死亡以后，并非意味着财物变成了无主物，其财产所有权转移给其他继承人；没有继承人的，则转归国家所有。但所有权的转移并不等于控制关系的转移。在这种情况下，财物所有权因继承关系而发生了转移，但继承人并未获得对财物的实际控制，这是一个不争的事实。

最后，在被害人死亡以后，财物到底是脱离持有物还是成为加害人的持有物。我认为两种说法虽然表述不同，但含义大体相同，都是认为在被害人死后财物转而处于加害人的持有之下。因而，加害人可能构成侵占罪。总之，上述各种观点都排除了构成盗窃罪的可能性。正如我国学者指出：

> 只要死者的财物还没有建立起新的有效的控制支配关系，均不能成立盗窃罪，因为不论死者死亡原因如何，一个事实是不争的，就是死者的死导致了财物与死者生前的控制关系消失。虽然从民法意义上讲，当事人一死亡，继承法律关系就发生，但是从刑法意义上讲，这并不等于继承人已经控制支配死者财物，而行为人非法取财的故意是在财物控制支配关系消失后才产生的，这与盗窃罪主客观特征均不符合，不能认定盗窃罪的成立。[2]

那么，是否就此可以得出结论，本案被告人计永欣故意杀人后的取财行为应以侵占罪论处呢？事情并非如此简单，这里尚须考虑到本案特殊的死亡场所。如果是一般场所将被害人杀死，然后劫取死者身上的财物，我认为可以定侵占罪。但本案的故意杀人发生在被害人家中，根据法院认定的犯罪事实，杀死林以后，计永欣进入林的卧室，搜得人民币 5 100 元及部分衣物逃离现场。家是一个特殊的场所。家不仅是一个精神的概念，也是一个物质的概念。这是家人共同所有的。在法律上，可以说，家就是对本人财物的一种庇护场所，是家人的领地。因此，家中的财物都属于在家人特殊控制下的财物。例如，我有一件物品忘记置放在家中何处找不着了，在这种情况下被来家中的一个人发现并窃走。在这种情况下，能否说这是一种侵占遗忘物的行为而非盗窃行为呢？显然不能。因为尽管遗忘在家中，但并不能认为本人对财物丧失了控制。同样，在本案中，被告人计永欣在林向荣家将林杀死后，并将林家财物予以非法占有，应当认为是一种盗窃行为而非侵占行为。盗窃与侵占的区别就在于：在取财之际财物是置于他人控制之下还是置于本人控制之下。因此，本案故意杀人后的取财行为之定性，需要研究的是被害人林向荣死后，其家中财物是否丧失了控制。遗憾的是，在本案的裁判理由中，我们完全没有看到关于这个问题的讨论，似乎只要杀人后的取财行为不是杀人行为的一部分，不能被杀人行为所包容或吸收，其取财行为就应当定盗窃罪，但对为什么应定盗窃罪而不定其他罪的理由却完全没有涉及。我认为，这是将复杂问题简单化。要害在于：这并非发现复杂问题以后的简单化处理，而是根本没有发现问题的复杂性。

四、补论

本案被告人计永欣实施了故意杀人和盗窃两个行为，应当实行数罪并罚，但为什么检察机关以一罪起诉，黑龙江省大庆市中级人民法院和黑龙江省高级人民法院以一罪判处，这是一个值得研究的问题。这里涉及的是一罪与数罪的区分以及数罪并罚的观念问题。

---

① 于世忠．侵占罪研究．长春：吉林人民出版社，2002：196.

② 董玉庭．盗窃罪研究．北京：中国检察出版社，2002：101.

在现实生活中，经常出现一人犯数罪的情形。基于一罪一罚、数罪并罚的原则，刑法规定了数罪并罚制度。通过数罪并罚，犯有数罪的犯罪人受到比犯有一罪的犯罪人更为严厉的处罚，这是符合罪刑均衡原则的。更为重要的是，通过数罪并罚，可以充分发挥法定刑的并合效应。因为刑法分则对具体犯罪的规定，一般是以一人犯一罪为标本的，刑法分则的法定刑是犯一罪的法定刑，如果犯有同种数罪，可以通过数罪并罚使犯有同种数罪的人受到高于法定刑的刑罚。在犯有异种数罪的情况下，也是如此。各罪的法定刑较轻，但通过数罪并罚却可以使犯有异种数罪的犯罪人受到与其所犯罪行相适应的刑罚处罚。只是为了司法便利，才在刑法理论上形成各种不典型的罪数形态，将其归入一罪，以此作为数罪并罚的例外。但在我国刑法中，同种数罪是不并罚的，因而在法定刑设置上不仅要考虑犯一罪的情形，而且要考虑到犯数罪的情形。在这种情况下，法定刑偏重是必然的。因此，在数罪并罚原则的适用范围受到严格限制的现行刑法制度下，就会制定一部重刑法典。在司法实践中，有关司法机关也缺乏数罪并罚的意识，这反映了量刑的粗疏，因而应当引起我们的关注。

本案被告人计永欣在不同故意的支配下实施了杀人行为和取财行为，尽管在刑法理论上对其杀人后的取财行为究竟如何定罪存在争议，但犯有两罪是明白无误的。在这种情况下，应实行数罪并罚，这就是本章的结论。

第六章　拘禁他人并向其勒索财物行为之定性研究

——杨保营抢劫案（抢劫罪　抢劫性勒索）

在司法实践中，犯罪现象是十分复杂的，似此罪而非此罪的情况时有发生，因此，应当正确地区分此罪与彼罪。抢劫罪与绑架罪之间就存在这种似是而非的联系，关键是要在把握两罪的本质特征的基础上加以正确的区分。本章以杨保营案为例①，对拘禁他人并迫使其交出现金行为的定性问题进行研究。

一、案情及诉讼过程

被告人杨保营、吴润鹏、李波先后三次（李波只参与其中两次）以租车为名，骗乘出租车，并在途中抢劫出租车。另，三人将田某劫持至一旅馆进行非法拘禁，向其索要财物，并在将其挟持回住处从存折中支取现金 5 000 元后，将其释放。

某市中级人民法院认为，杨保营等三人以非法占有为目的，采用暴力手段多次劫取他人财物，数额巨大，构成抢劫罪；杨保营等三人以勒索财物为目的，采用暴力手段绑架他人，构成绑架罪。故杨保营等三人同时构成抢劫罪与绑架罪，数罪并罚。

一审判决后，杨保营与吴润鹏分别以属于从犯、量刑过重为由，提出上诉。

山东省高级人民法院驳回了杨保营等二人的上诉理由及辩护意见，并认为：杨保营等三人以非法占有为目的，采用暴力手段多次劫取他人财物，数额巨大，均已构成抢劫罪；但，杨保营等三人对田某实施捆绑及较长时间的非法拘禁行为，主观目的系劫取财物，而非勒索财物，该行为应定性为抢劫而非绑架。故判决三人均只构成抢劫罪。

二、争议及裁判理由

在本案中，对于被告人杨保营等人于 2002 年 1 月 8 日、1 月 16 日、1 月 27 日三次抢劫出租车的行为应定抢劫罪并无争议，关键是 2002 年 1 月 11 日将被害人田某予以劫持并非法拘禁向其索要财物这一行为，到底应定抢劫罪还是定绑架罪，一审与二审之判决结论有所不同：一审认为构成绑架罪；二审则改判为抢劫罪。

本案二审之所以改判为抢劫罪，其裁判理由如下：

（一）被告人杨保营、吴润鹏、李波以索要财物为目的，实施暴力手段劫持被害人田某并对其非法拘禁的行为，不具备以被绑架人为人质，向绑架人以外的第三方勒索财物这一绑架罪的基本特征，不应认定为绑架罪。

根据刑法第二百三十九条规定，绑架罪在行为方式上表现为勒索绑架与人质绑架两种。同时，根据刑法第二百三十九条第二款规定，以勒索财物为目的的偷盗婴幼儿的行为，

① 最高人民法院编．刑事审判参考：总第 35 辑．北京：法律出版社，2004.

应视为勒索绑架，以绑架罪定罪处罚。其中，人质绑架指的是为达到政治性目的或者其他目的（不含索取财物），劫持他人作为人质的行为。本案杨保营等三被告人以非法取得他人财物为目的，对他人实行非法拘禁的行为，不属于人质绑架自不待言，那么能否将之认定为勒索绑架呢？在回答该问题之前，首先有必要对勒索绑架的内涵及特征作一分析。勒索绑架，亦即通常所说的掳人勒索，是指采用暴力、胁迫或者其他方法，强行将他人劫持，以杀害、伤害或者不归还人质等要挟，勒令人质的亲属或者其他相关第三人，在一定期限内交出一定财物的行为。由此可见，勒索绑架的基本特征在于，使用暴力等手段劫持他人作为人质（在这一点上，勒索绑架与人质绑架是相同的），并以此要挟、迫使相关的第三人交付财物。在该特征的具体理解及认定方面，应注意把握以下几点：第一，人质是相对于第三人而言的一个概念，绑架中的勒索财物，只能向被绑架人以外的第三人提出，否则便无从谈起以被绑架人为人质的问题；第二，所勒索财物与人质存在直接的交换对应关系，即通常所谓的拿钱赎人；第三，勒索绑架具有行为复合性和时空间隔性特征，完整的勒索绑架行为，需由劫持绑架人质和向第三人勒索财物两个行为复合构成，且两个行为之间通常呈现出时间上的递延和空间上的转换。

在本案中，杨保营等三被告人的行为虽然具备了勒索绑架的一些外在特征，比如，采用暴力手段将被害人劫持至外地，实行较长时间的非法拘禁，先劫持后索财、劫持与索财之间存在一定的时空间隔等，但是，本案三被告人实施这些行为的目的是向被绑架人本人索要财物，未曾向被绑架人以外的第三人索要财物，不具有以被绑架人为人质，向被绑架人以外的第三方索要财物的勒索绑架的基本特征，故不应将该行为认定为绑架罪。

（二）杨保营等三被告人暴力挟持他人、非法索取财物的行为，具备抢劫罪的两个“当场”要件，构成抢劫罪，其间所实施的非法拘禁行为因与抢劫行为存在牵连关系，依照牵连犯的一般处理原则，不再单独定罪。

构成抢劫罪需具备两个基本要件：一是当场使用暴力或者以当场使用暴力相胁迫等手段，二是当场取得财物，即通常所称的两个“当场”。如何理解这里的“当场”，明显是认定本案的一个关键。对此，我们认为，“当场”不是一个纯粹的时空概念，必须结合行为人的暴力或者胁迫等手段、该手段对被害人的身体和精神强制方式、程度及与取得财物之间的内在联系，来加以具体分析认定。这就要求我们在对“当场”的理解中，要有一个基本的度的权衡和把握。一方面，当场不仅仅限于一时一地、此时此地，在暴力、胁迫等手段的持续强制过程中，即使时间延续较长，空间也发生了一定转换，同样可以视为“当场”，而不必拘泥于某一特定时间、地点；另一方面，“当场”又应以暴力、胁迫等手段行为的自然延伸及取得他人财物所必要为限，避免“当场”解释的任意化。据此，我们认为，杨保营等三被告人通过暴力威胁，迫使被害人拿出存折并支取现金，从而非法取得被害人的财物的行为，符合抢劫罪的两个“当场”特征，构成抢劫罪。具体理由简单说明如下：首先，被害人回到住处取出存折、提取现金直至将现金交付给三被告人的整个过程，始终处于杨保营等三被告人的持续暴力胁迫之下，符合当场使用暴力、胁迫等抢劫罪的手段要件。其次，被害人自取出存折、提取现金直至将现金交付给三被告人，的确存在一定的时间和空间跨度，但三被告人是在被害人身上、身边没有可供劫取的财物的情况下，实施这一系列行为的，目的在于劫取被害人的财物，故将该系列行为视作一个整体，从而认定取得被害人财物系当场取得，是妥当的。再次，暴力胁迫手段与取得他人财物之间存在客观因果关系。因果关系存在与否的判断，应以暴力胁迫手段是否对被害人形成了足够的强制、被害人交出财物是否基于该强制为基准。需要注意的是，对于强制，不应仅仅理解为身体上的强制，还应包括精神上的强制，而且，是否形成了强制，应从被害人的个人感受来判断，而不能从一般人的立场来判断。虽然在一般人看来，即使处于三被告人的挟持之下，被害人在银行提取现金时仍然有足够的反抗机会，仍不能以此否定被害人受到强制的客观事实。

三、绑架罪的沿革及特征

根据我国《刑法》第239条的规定，绑架罪是指以勒索财物为目的绑架他人的，或者绑架他人作为人质，或者以勒索财物为目的偷盗婴幼儿的行为。由此可见，我国刑法中的绑架罪可以分为三种情形：一是以勒索财物为目的绑架他人，即所谓掳人勒赎。当然，从犯罪构成要件的设置上来说，我国刑法规定的以勒索财物为目的绑架他人的犯罪与外国刑法中规定的掳人勒赎罪还是有所不同的，对此将在下文分析。二是绑架他人作为人质。三是以勒索财物为目的偷盗婴幼儿。在司法实践中，较为常见的是第一种掳人勒赎的情形，我在此也主要讨论这种情形。

在我国1979年《刑法》中并无绑架罪之规定，但在1979年《刑法》颁行以后，我国社会上屡有绑架人质并向他人勒赎的案件发生。在这种情况下，关于对绑架勒赎行为在刑法中如何定罪，存在以下观点：有的主张定抢劫罪；有的主张定敲诈勒索罪和非法拘禁罪，实行二罪并罚；有的主张比照1979年《刑法》第150条类推为绑架罪；有的主张视为非法拘禁罪与敲诈勒索罪的牵连犯，从一重罪处断；还有的主张在刑法中增设掳人勒赎罪或绑架罪。① 由此可见，当时在司法实践中对于此类案件定性的观点存在严重分歧，这不利于严厉地惩治绑架勒赎的犯罪行为。为此，1990年4月27日最高人民检察院颁布了《关于以人质勒索他人财物案件如何定罪问题的批复》*（以下简称《批复》），该《批复》指出：经征求最高人民法院和有关部门的意见，以人质勒索他人财物的犯罪案件，依照《刑法》第150条规定以抢劫罪批捕起诉。这一司法解释对于统一对以人质勒索他人财物案件的定性是具有积极意义的，但将绑架勒赎行为直接等同于抢劫罪，则存在理论上的可质疑之处。实际上，绑架勒赎行为具有不同于抢劫的性质。及至1991年9月4日，全国人大常委会发布《关于严惩拐卖、绑架妇女、儿童的犯罪分子的决定》（以下简称《决定》，2009年修正）。《决定》第2条第3款规定："以勒索财物为目的绑架他人的，依照本条第1款的规定处罚。"这一规定被认为首次在我国刑法中设立了绑架勒索罪。在1997年《刑法》修订中，《刑法》第239条将以勒索财物为目的绑架他人与绑架他人作为人质、以勒索财物为目的偷盗婴幼儿的行为一并加以规定，司法解释将其罪名确定为绑架罪。

就以勒索财物为目的绑架他人构成的绑架罪而言，其法律特征是明确的：客观上须具有绑架他人的行为；主观上须具有勒索财物的目的。在刑法理论上，对于法律明文规定的这两个特征，在理解上也并非十分准确。下面分别加以论述。

（一）绑架他人的行为

这里的绑架究竟如何界定？一般认为，绑架是指使用暴力、胁迫或者其他方法，劫持他人，使其离开住所，置于自己的控制之下，限制或剥夺其人身自由。这里的暴力，是指直接对被害人进行捆绑等人身强制，或者对被害人进行殴打、伤害等人身攻击。胁迫是指对被害人及其家属以实施暴力相威胁或者实行其他精神强制。其他方法，是指暴力、胁迫以外的方法，例

---

* 该批复于1993年失效。——编者注

① 高铭暄主编．新中国刑法学研究综述（1949—1985）．郑州：河南人民出版社，1986：750．

如使用药物、醉酒等方法使被害人昏迷或者昏睡。上述三种方法，使被害人处于不能反抗或者不敢反抗的境地，从而将被害人非法劫持，置于行为人的直接控制之下，使其丧失人身自由。由此可见，绑架行为往往涉及非法拘禁。当然，在刑法理论上，如何区分绑架罪与非法拘禁罪，始终是一个较为复杂的问题。日本学者大谷实教授曾经论及绑架与监禁的区别，指出："绑架，只要将被绑架者置于自己或第三人的实力支配之下就够了，将他人限制在一定场所的场合，不是绑架，而是监禁。"① 这里的监禁罪，是指日本刑法中的剥夺他人身体活动的自由即行动自由的犯罪。② 因此，日本刑法中的监禁罪相当于我国刑法中的非法拘禁罪。我理解大谷实教授所述绑架与监禁的关系，绑架是原因行为，监禁是结果状态。循着这一思路，我国刑法中的绑架罪与非法拘禁罪的关系值得进一步考察。我国学者指出："从犯罪构成来说，绑架罪的客观要件包含非法控制人质自由的要素，因而在某种意义上可以说与非法拘禁罪存在特别法与普通法的竞合关系。"③ 这里的特别关系之特别，一般认为是目的特别，因此在司法实践中，行为人的主观故意内容往往成为区分绑架罪和非法拘禁罪的关键。④ 但按照这种分析思路，绑架罪与非法拘禁罪在客观上并无区别，其区别仅在于主观目的，即单纯地出于非法剥夺他人的人身自由的目的，非法拘禁或以其他方法非法剥夺他人人身自由的构成非法拘禁罪，而出于勒索财物目的的则构成绑架罪。这种观点尽管有一定道理，但仅仅从主观上区分绑架罪与非法拘禁罪总使人感到难以解释何以两罪在法律评价上存在如此大的差别。

（二）以勒索财物为目的

我国《刑法》第 239 条关于绑架罪的规定中，涉及以勒索财物为目的绑架他人的情形，在刑法理论上称之为目的犯。目的犯之目的，是一种所谓超过的主观要素，因而并不要求与之对应的客观行为。在以勒索财物为目的的绑架犯罪中亦是如此，如果没有这种勒索财物的目的（当然也没有将他人作为人质的目的），则单纯的绑架行为只能构成非法拘禁罪。只有在具有法律规定的特定目的的情况下，其行为才构成绑架罪。

四、绑架罪与抢劫罪之区分

如前所述，在我国刑法中曾经将以勒索财物为目的的绑架行为以抢劫罪论处，只是在 1991 年《决定》颁布以后才独立成罪。因此，以勒索财物为目的的绑架罪与抢劫罪的区分，就成为一个值得研究的问题。

应该说，在一般情况下绑架罪与抢劫罪不难区分，但在劫持并非法拘禁他人并向其本人勒索财物的情况下，到底是定抢劫罪还是定绑架罪，是容易出现分歧的。下面我结合孙浩抢劫案进行分析。

被告人孙浩伙同他人强行将吴某带到一个餐厅包间内，对其进行殴打，并以打断腿相威胁，向其索要人民币 1 万元。经吴某打电话联系其所在公司，以自己在外打架打伤他人急需赔偿为由借钱，孙浩于次日冒充吴某的同学到该公司取走人民币 4 600 元，同时以假名打下一个借条。后孙浩将吴某释放。经鉴定，吴某受轻伤。

该案经北京市海淀区人民检察院以绑架罪起诉，北京市海淀区人民法院以抢劫罪判处

---

① 大谷实．刑法讲义各论：新版 2 版．黎宏，译．北京：中国人民大学出版社，2008：71.

② 日本刑法中设有逮捕、监禁罪：逮捕是直接羁押他人身体，监禁是间接限制他人身体。大谷实．刑法讲义各论：新版 2 版．黎宏，译．北京：中国人民大学出版社，2008：60.

③ 刘树德．绑架罪案解．北京：法律出版社，2003：202.

④ 刘树德．绑架罪案解．北京：法律出版社，2003：202.

被告人孙浩有期徒刑8年。①

关于本案的定性，明显存在意见分歧。其中，认为被告人孙浩的行为构成绑架罪的理由是：孙浩以暴力威胁取得财物的行为发生在将他人非法挟持到自己控制的场所后，虽然被告人在挟持之初并无勒索财物的目的，但对被害人实施殴打行为之后，利用被害人孤立无援的地位和害怕进一步受到伤害的心理，以“打断一条腿”相威胁强行逼迫被害人交出1万元现金。这符合“以勒索财物为目的绑架他人”的绑架罪的构成要件。而认为被告人孙浩的行为构成抢劫罪的理由是：孙浩使用暴力殴打在先，以“打断一条腿”相威胁在后，强行逼迫被害人交出1万元现金。在被害人打电话向单位借钱后孙浩又亲自去取，得钱后才将事主释放，属于当场取得财物，符合抢劫罪的构成要件。在上述两种意见中，对使用暴力或者以暴力相威胁并无歧见，关键在于：索要1万元现金并当场获取是绑架罪之勒索财物行为还是抢劫罪之劫取财物行为？一般来说，抢劫罪中劫取财物是劫取被害人当时所有的财物，因此，本案不是典型的抢劫罪，但能否认定为绑架罪，还要看其行为是不是绑架罪中的勒索财物行为。

关于绑架罪中的勒索财物，到底是向被害人本人勒索财物还是必须向第三人勒索财物，在法律规定上并不明确。立法者对此解释为：以勒索财物为目的绑架他人的，也称为掳人勒赎或者“绑票”，即以暴力、胁迫或者麻醉方法强行掳走他人，以此向被害人亲友索取钱物的行为。② 在司法实践中一般也作此理解：以勒索财物为目的绑架他人，是指采用暴力、胁迫或者麻醉的方法，强行将他人劫持，以杀害、杀伤或者不归还人质相要挟，勒令与人质有关的亲友，在一定期限内交出一定财物，即“以钱赎人”③。正因为绑架罪中的勒索财物是向第三人勒索，所以绑架罪具有侵犯第三人自决权的性质，而这一点对于区分抢劫罪与绑架罪具有重要意义。对此，我国学者作过精辟的论述：

> 从社会危害性看，是否向第三人勒索，危害性差别较大。绑架他人之后是仅仅直接向被害人勒索财物还是以被害人作为人质向第三人勒索财物，表面上看，仅仅是索取财物的对象不同，其实质涉及是否侵犯第三人的自决权。这种第三人，不仅包括人质的亲友，而且还包括单位、组织和政府。当罪犯以虐待人质的方式，甚至以杀害、伤害人质的方式向第三人勒索时，对第三人的影响是巨大的。第三人必须在满足犯罪人的非法要求与解救人质之间作出艰难的选择，这不仅是救人还是破财的两难选择，而且涉及更为深远的道德、法律问题。行为人在绑架他人之后，仅仅向被绑架人索取财产，没有侵犯到第三人的自决权，其危害影响的范围受到了限制。此外，从犯罪的实际情况看，行为人在绑架他人之后仅仅想以不惊动第三人的方式索取财产，其索取财产的方式、数量将受到很多的限制，只能以被绑架人能够控制、支配的财产为限。被绑架人的命运也基本掌握在自己的手中，因为，绑架者只是与被绑架者进行谈判、较量，决定是否让步，满足绑架者的条件，其危害性更接近于抢劫罪。④

在外国刑法中，也同样将利用近亲属和其他对被绑架的人的安危表示担心的人的担忧，作为以勒索赎金为目的的绑架罪的构成要件。由此可见，是否向第三人勒索财物以作为释放被绑架人条件的赎金，是绑架罪与抢劫罪的根本区分。在这种情况下，我国学者在定义绑架罪的时候，开始在勒索财物目的的解释中增加有关内容，使绑架勒索行为的性质更为明确，例如我国

---

① 陈兴良主编．刑法疑案研究．北京：法律出版社，2002：233.
② 胡康生，郎胜主编．中华人民共和国刑法释义．3版．北京：法律出版社，2006：370-371.
③ 周道鸾，张军主编．刑法罪名精释．3版．北京：人民法院出版社，2007：436.
④ 阮齐林．绑架罪的法定刑对绑架罪认定的制约．法学研究，2002（2）：39.

学者张明楷教授指出：绑架罪是指利用被绑架人的近亲属或者其他人对被绑架人安危的忧虑，以勒索财物或者满足其他不法要求为目的，使用暴力、胁迫或者麻醉方法劫持或以实力控制他人的行为。[①] 我以为这一定义是较为可取的，有助于区别绑架罪与抢劫罪。

从立法完善的角度来说，刑法采用以勒索财物为目的这样一种用语确实是容易使人误解的。而《日本刑法》第225条之二表述为“利用近亲者或者其他人对被略取者或者被诱拐者安危的忧虑，以使之交付财物为目的”，以及我国台湾地区“刑法”第347条第1款径直表述为“意图勒赎”，则更为明确，不会发生误解。尤其是勒赎一词，指勒令被掳者之亲友提供金钱或其他财物，以赎取被掳者之生命或身体自由，更是言简意赅，而且约定俗成，值得我国立法机关借鉴。

五、裁判理由的评判

关于杨保营等三人劫持田某并向其索要财物这一行为如何定性，一审法院侧重于其客观上采用暴力手段绑架他人，对于主观方面则只是一般性地描述为以勒索财物为目的；而二审法院则侧重于其主观上的目的系劫取财物，而非勒索财物。但劫取财物与勒索财物到底如何区分，仍然是一个不甚了然的问题。

我注意到，本案的裁判理由对于抢劫罪与绑架罪的区分作了正确的界定，即以勒索财物为目的绑架罪之勒索财物，是向人质的亲属或者其他相关第三人勒索财物，即所谓掳人勒赎，由此区分抢劫罪与绑架罪，这就为杨保营等人的行业应定抢劫罪而非绑架罪提供了理论根据。这是完全正确的。但是，裁判理由对以勒索财物为目的的绑架罪的客观行为的论述则是错误的。裁判理由认为勒索绑架具有行为复合性和时空间隔性特征，完整的勒索绑架行为，需由劫持绑架人质和向第三人勒索财物两个行为复合构成，且两个行为之间通常呈现出时间上的递延和空间上的转换。这就涉及一个问题：如何理解《刑法》第239条规定的“以勒索财物为目的”这一要件？

对于“以勒索财物为目的”这一要件，我国刑法学界都将其理解为主观要件，并且是该罪所要求的目的，因而刑法理论上称之为目的犯。目的犯的特点是该目的并非构成要件本身的主观要素，而是一种超过的主观要素，即只要具有这一特定的目的即可构成犯罪，而并不要求这一目的的实现。换言之，这一目的的实现行为并非构成要件的行为。在以勒索财物为目的的绑架罪中，只要在这一勒索财物的目的的支配下实施了绑架行为，即充足了该罪的构成要件，并不要求行为人实施勒索财物的行为。对此，我国学者指出：

> 勒索财物或满足其他不法要求为目的，是主观的超过要素，不需要客观化。换言之，只要行为人具有这种目的，即使客观上没有对被绑架人的近亲属或其他人勒索财物或提出其他不法要求，也成立绑架罪；即使行为人客观上向被绑架人的近亲属或其他人勒索财物或提出了其他不法要求，也不另成立其他犯罪。[②]

这里的不另成立其他犯罪，是指在该种情况下属于不可罚的事后行为。当然，在目的犯的情况下，目的的实现行为也可能构成其他犯罪，从而使之与手段行为的犯罪形成牵连关系，构成牵连犯。

以勒索财物为目的的绑架罪，其客观行为只能是绑架他人，而不包括向他人勒索财物。因此，以勒索财物为目的的绑架罪属于单行为犯而非复行为犯，即不存在行为的复合性。在刑法

---

① 张明楷．刑法学．3版．北京：法律出版社，2007：665.

② 张明楷．刑法学．3版．北京：法律出版社，2007：666.

理论上，单行为犯指由单一行为构成的犯罪，而复行为犯是指由复合行为构成的犯罪。例如我国学者指出："复行为犯，是指在一个独立的基本犯罪构成中包含数个不独立成罪的实行行为的犯罪。"① 由此可见，在复行为犯的情况下，其实行行为具有复合性，如果把以勒索财物为目的的绑架罪视为复行为犯，则勒索财物行为是犯罪实行行为不可分割的组成部分，因而如果只实施了绑架行为而未实施勒索财物行为或者虽然实施了勒索财物行为但并未实际获得财物，就是构成要件不齐备，因而会被认为是犯罪未遂，而这又与绑架罪的既遂标准不相符合。在我国司法实践中，一般认为，绑架罪的既遂，应以行为人是否将被害人劫持并实际控制为标准，即行为人只要实施了绑架他人的行为，就构成绑架罪的既遂，而不是以勒索的财物是否到手或者其他目的是否达到为标准。如果由于被害人的反抗或者他人及时进行解救等客观方面的原因，绑架没有得逞，因而未能实际控制被害人的，则构成绑架罪的未遂。② 由此可见，以勒索财物为目的的绑架罪中，勒索财物只是行为人的主观目的，而不能理解为构成要件的行为，因而该罪是单行为犯。

我在意的并不是裁判理由关于以勒索财物为目的的绑架罪是复合行为的命题为什么是错误的，而是为什么会发生这种错误理解。我认为，这里主要涉及一个对法律规定的正确理解问题：立法上关于以勒索财物为目的的绑架罪的罪名设置问题。我国刑法是在一个笼统的绑架罪之内包含这种掳人勒赎行为的，因而刑法规定略显简单。而外国刑法对于该罪的规定则较为复杂。例如，《日本刑法》第225条之二规定：

> 利用近亲者或者其他人对被略取者或者被诱拐者安危的忧虑，以使之交付财物为目的，略取或者诱拐他人的，处无期或者三年以上惩役。
>
> 略取或者诱拐了他人的人，利用近亲者或者其他人对被略取者或者被诱拐者安危的忧虑，使之交付财物或者要求交付财物的，与前项同。

上述两款规定中，第1款规定的是以勒索赎金为目的的绑架、诱拐罪，该罪是目的犯，并且是单行为犯，只要实施了绑架、诱拐行为即构成本罪；第2款规定的是要求被绑架、被诱拐者交付赎金罪，该罪的行为是勒索财物。并且上述两罪之间存在牵连关系，日本判例认为构成牵连犯。但是，由于这两种犯罪是连续实施的，因而，在日本刑法理论上认为只是概括地成立《日本刑法》第225条第2款所规定的一罪。③ 由此可见，对于绑架以后的勒索财物行为，在日本刑法中是有专门规定的，在这种情况下，由于规定较为细致，因而在司法认定上不致发生误解。而我国刑法对于绑架罪的规定过于粗疏，而囿于对传统的掳人勒赎这一概念，就容易发生误解，以为掳人与勒赎是本罪的复合行为。其实，在专门设立掳人勒赎罪的我国台湾地区"刑法"中，勒赎也是目的而并不要求实施勒赎行为。因为根据我国台湾地区"刑法"第347条第1款之规定，意图勒赎而掳人者，构成掳人勒赎罪。对此，我国台湾地区学者指出：行为人只要是为了勒索金钱或财物之犯罪目的而掳人，即足以构成本罪。④ 由此可见，对某一罪名的理解必须严格地依据刑法的具体规定。在某些情况下，于各国或地区刑法中罪名相同或相近之罪，刑法对其构成要件的规定却有可能不同，对此必须予以足够的注意。

---

① 王明辉．复行为犯研究//陈兴良主编．刑事法评论：第4卷．北京：中国政法大学出版社，1999：321.

② 周道鸾，张军主编．刑法罪名精释．3版．北京：人民法院出版社，2007：438.

③ 大谷实．刑法讲义各论：新版2版．黎宏，译．北京：中国人民大学出版社，2008：77.

④ 林山田．刑法各罪论：上册．增订2版．台北，2000：464.

第七章　捡拾存折后猜配密码冒名取款行为之定性研究

——程剑诈骗案（诈骗罪　盗窃罪　侵占罪）

在现实生活中经常发生捡拾存折并非法提取他人存款的案件。此类案件的具体案情大同小异，但在定性上争议颇大。程剑诈骗案①就是此类案件中的一个，本章由此切入，对捡拾存折后猜配密码、冒名提取他人存款行为如何定性的问题加以研究。

一、案情及诉讼过程

被告人程剑拾得一张银行存折后，利用其与失主熟悉的便利，多次估猜并最终猜对密码，先后取出现金合计 13.22 万元，之后将存折（尚余 4 000 元存款）烧毁。

安徽省黄山市屯溪区人民法院认为，程剑在拾得存折时，并未占有或控制存折上的钱财，但其采用多次盗配存折密码的秘密方法，盗用失主的名义，到银行支出存折上款项 13.22 万元占为已有，主观上具有非法占有的目的，客观上实施了秘密窃取的行为，构成盗窃罪，判处有期徒刑 10 年，并处罚金 1 万元。

程剑上诉称，到银行支出存折的款项的行为并非秘密窃取的行为，且存折是拾得的，不构成盗窃罪。其辩护人称：存折并非程窃取所得；程提取钱款阶段并不构成犯罪；程占有的是遗失物而非遗忘物，且赃款全部退还，不构成侵占罪。

出庭的检察官认为，程剑利用猜中的密码，多次恶意取款达 13 余万元并实际占有，并将存折烧毁，其行为构成侵占罪。

安徽省黄山市中级人民法院认为，程剑获取存折后，以非法占有为目的，以隐瞒真相的欺骗手段占有他人财物，其行为性质属于诈骗而非盗窃，且诈骗数额巨大，其行为已构成诈骗罪。程剑占有的是遗失物而非遗忘物，且其在公安机关询问后即承认事实，退回赃款，其行为与侵占罪的犯罪构成不符。故判决程犯诈骗罪，判处有期徒刑 3 年，缓刑 4 年，并处罚金 1 万元。

二、分歧意见及裁判理由

在本案的定性上存在以下三种分歧意见：

第一种意见认为本案应定盗窃罪，主张这种观点的是一审的公诉机关和一审法院。这种观点的主要根据在于：采用盗配存折密码的秘密方法，盗用失主的名义，到银行支取存款，是一种盗窃行为。

第二种意见认为本案被告人程剑的行为属于侵占性质，即使定罪也应定侵占罪，主张这种观点的是辩护人和二审的公诉机关。这种观点的主要根据在于：存折是被告人程剑拾

---

① 最高人民法院编．刑事审判参考：总第 33 集．北京：法律出版社，2003.

得的，其提取存款的行为属于侵占他人财物。

第三种意见认为本案应定诈骗罪，主张这种观点的是二审法院。这种观点的主要根据在于：被告人程剑在获取存折后，以非法占有为目的，采用隐瞒真相的欺骗手段冒领存折上的款项，其行为构成诈骗罪。

在上述三种观点中，最高人民法院有关业务庭主张第三种观点，其裁判理由如下：

（一）捡拾他人遗失的存折提取存款的行为不属于侵占行为，不应以侵占罪定罪处罚

本案中，在缺乏盗窃及委托保管等相关证据的情况下，一、二审法院采纳被告人及其辩护人的意见，认定该存折系被告人程剑捡拾所得是合乎刑事证明的一般规则及客观实际的。那么，捡拾他人存折并支取存款的行为，能否像二审公诉机关所主张的那样构成侵占罪呢？对此，答案是否定的。理由如下：

首先，侵占行为的本质特征在于将合法持有的财物非法占为己有，其犯罪对象当属已被行为人合法持有的他人所有的财产。非法占有的对象与合法持有的对象应当是同一的，至少是可以直接置换的。而在本案中，虽然现有证据不能排除被告人程剑对于存折的合法持有，但不能据此得出程剑合法持有了存折项下的存款的结论。由于存折所有人朱卫祖在存折上设有取款密码，遗失存折并不意味着失去了对存款的控制和支配，程剑拾得存折并没有取得对存折项下钱款的合法持有权。因此，本案不存在侵占的对象。当然，如果存折的所有人将存折、取款密码及取款所需的其他相关文件一并交付给他人，或者他人捡拾的存折系未设密码的活期存折，说明此时存折所载款项已完全置于持有人之控制下，持有人也随时可据存折提款，那么行为人的取款行为应当认定为侵占。

其次，存折系朱卫祖的遗失物而非遗忘物，被告人程剑的行为不属于刑法第二百七十二条第二款规定的将他人的遗忘物非法占为己有。在刑法中，遗失物有着不同于遗忘物的确切内涵。遗忘物是物主本应携带因遗忘而未带走的财物，物主通常能够回忆起财物遗忘的具体处所，且遗忘物脱离物主的时间一般较短，物主会很快回去找寻，捡拾人一般也知道物主是谁，如外出打的时遗忘在出租车中的财物，商场购物时遗忘在柜台上的财物等即属遗忘物。遗失物是失主丢失的财物，一般离开失主的时间较长，失主一般不知道被谁捡拾，而且拾到的人不知也难以找到财物的主人，相比之下，物主对遗失物较之遗忘物在控制程度上明显要低，侵占遗失物较之侵占遗忘物在主观恶性及可罚性方面相对要轻，把侵占遗失物作为侵占遗忘物追究刑事责任，与罪刑法定原则的实质精神不符，且目前司法实践中通过民事途径处理拒绝归还遗失物的做法并无不妥。

再次，被告人程剑在公安机关讯问后即承认非法占有他人财物，并将赃款悉数退回，其行为与侵占罪的“拒不交出”要件规定不符。

此外，需要补充说明的是，侵占罪属于亲告罪，即使被告人程剑构成侵占罪，二审法院也不得变更罪名径行下判。

（二）猜中他人存折密码非法提取存款的行为属于冒用骗取，而非“秘密窃取”，应以诈骗罪定罪处罚

盗窃他人存折并支取存款的行为，应当以盗窃罪定罪处罚，但本案因无证据证明存折系被告人程剑盗窃所得，故不属此种情形。本案的特征在于，被告人程剑利用手中持有的他人存折，通过猜配取款密码非法支取他人存款，其中，既有冒用他人名义骗取银行信任的因素，又有在他人不知情的情况下盗配取款密码进而提取存款的秘密因素。那么，究竟应当认定为盗窃行为还是诈骗行为？这里涉及盗窃与诈骗客观方面特征的区分理解问题。

首先，在某种意义上，秘密窃取和虚构隐瞒骗取均具有财物所有人、保管人“不知

情”的特征，但两者含义并不相同。秘密窃取中“不知情”，指的是财物所有人、保管人对于行为人的客观行为了无察觉（至少行为人主观上是这么认为的），在整个窃取行为过程中自然也就不存在财物所有人、保管人的参与、配合问题。与此不同，虚构隐瞒骗取中的“不知情”，指的是财物所有人、保管人基于错误的认识而不知真情，属于对行为性质的不知情，财物所有人、保管人在诈骗行为过程中是直接参与的。

其次，在财物的转移取得方面，窃取是在财物所有人、保管人无意识的情况下由行为人的单方行为完成的；而骗取则是财物所有人、保管人在错误认识的支配下，信假为真，有意识地处分（交付）的结果。

再次，作为财产犯罪，对于财产所有权的侵害是其本质，财物的取得行为才是赖以定性的基本构成行为。猜配他人取款密码，将他人持有的不为他人所知的密码予以破解，可以视为一种无形偷盗行为，但猜中密码并不意味着取得了他人存款，只是进一步取得他人存款的手段行为，且密码本身并无价值，因而不具有独立的法律意义。在程剑取得他人的存款之前，存款完全置于银行的控制、支配之下，程剑支取他人存款，是凭借银行的信任通过银行的交付得以实现的，银行对于存款的交付，银行是有明确认识的。银行的信任是基于一种错误的判断，而这正是程剑隐瞒真相，冒用他人名义以致银行不明真相误认为其具有取款合法资格的结果，此类行为属于典型的冒用诈骗行为。

综上，被告人程剑通过猜配取款密码非法提取他人存款的行为属于诈骗行为，对其行为应当以诈骗罪定罪处罚。

三、捡拾存折行为的性质

本案首先涉及的一个重要事实是存折的来源问题。关于这个问题，由于没有证据证明是盗窃所得，因而认定该存折系被告人程剑捡拾所得。那么，捡拾存折以后是否意味着被告人程剑控制了存折上的款项呢？这是首先需要研究的一个问题。

这个问题涉及存款的占有，即银行存款到底归谁占有，这个问题直接关系到捡拾存折行为的性质。如果存款属于存款人占有，则捡拾存折就等于占有存折项下的存款；如果存款属于银行占有，则捡拾存折还不等于占有了存折项下的存款。关于存款的占有，在日本刑法理论上存在存款人占有说与银行占有说之争。存款人占有说认为，银行存款属于存款名义人占有，从具有“可能被滥用的支配”的观点出发，认为侵占罪中的占有概念，不仅包括事实上的支配，还包括法律上的支配。处于对存款在任何时候都能任意取出状态的存款名义人，对于银行事实上支配的不特定物即金钱，可以说在存款限度之内具有成立侵占罪所必要的法律支配，能够认可其对金钱的占有。银行占有说认为，存款处于银行而非存款名义人的占有之下。① 从日本的情况来看，存款人占有说是通说，银行占有说是少数说。

在我国刑法中，对存款的占有问题并未展开讨论，这给分析捡拾存折行为的性质带来一定的困难。从我国有关司法解释来看，对存款的占有是倾向于存款人占有说而非银行占有说。应该说，捡拾存折与捡拾财物或者现金当然是有所不同的，存折是一种财产凭证，将其转换为现金尚需办理兑现手续。我国学者认为，对于定期已到期的、活期（没设密码）的、定活两便的存单，在兑现时，银行不审查取款人的身份，而是在存折余额范围内按照取款人的要求付款，取款人无须用虚构事实或隐瞒真相的方法即可凭存单取款。由于上述存单的持有人能即时兑现现金，说明控制了存单实际上就控制了该存单所载存款，如果受托人受委托保管这种存单，或

---

① 黎宏．论存款的占有．人民检察，2008（15）：20页以下．

者拾得人拾得上述存单后去银行取款，非法据为已有，拒不退还的，则构成侵占罪。① 这一观点，也是本案裁判理由所主张的。裁判理由指出：

> 如果存折的所有人将存折、取款密码及取款所需的其他相关文件一并交付给他人，或者他人捡拾的存折系未设密码的活期存折，说明此时存折所载款项已完全置于持有人之控制下，持有人随时可据存折提款，那么行为人的取款行为应当认定为侵占。

上述论述当然是可以成立的，尽管它未涉及提款行为与侵占罪的关系。但在本案中，被告人程剑捡拾的存折恰恰是一个设有密码的存折，在这种情况下，程剑捡拾存折是否意味着控制了存折上的款项呢？对此，本案裁判理由的回答是否定的。裁判理由指出："由于存折所有人朱卫祖在存折上设有取款密码，遗失存折并不意味着失去了对存款的控制和支配，程剑拾得存折并没有取得对存折项下钱款的合法持有权。"这里需要研究的一个问题是，如何理解财产凭证之于侵犯财产罪的意义。

在通常情况下，侵犯财产罪的客体是财物或者货币，可直接按照财物的价值或者货币的面值定罪量刑。但是，在侵犯财产罪的客体是财产凭证的情况下则较为复杂。关于这个问题，1998 年最高人民法院《关于审理盗窃案件具体应用法律若干问题的解释》* 第 5 条第 2 项作出以下规定：

> 有价支付凭证、有价证券、有价票证，按下列方法计算：1. 不记名、不挂失的有价支付凭证、有价证券、有价票证，不论能否即时兑现，均按票面数额和案发时应得的孳息、奖金或者奖品等可得收益一并计算。股票按被盗当日证券交易所公布的该种股票成交的平均价格计算。2. 记名的有价支付凭证、有价证券、有价票证，如果票面价值已定并能即时兑现的，如活期存折、已到期的定期存折和已填上金额的支票，以及不需证明手续即可提取货物的提货单等，按票面数额和案发时应得的利息或者可提货物的价值计算。如果票面价值未定，但已经兑现的，按实际兑现的财物价值计算；尚未兑现的，可作为定罪量刑的情节。不能即时兑现的记名有价支付凭证、有价证券、有价票证或者能即时兑现的有价支付凭证、有价证券、有价票证已被销毁、丢弃，而失主可以通过挂失、补领、补办手续等方式避免实际损失的，票面数额不作为定罪量刑的标准，但可作为定罪量刑的情节。

上述司法解释将财产凭证分为不记名与记名的两种，不记名的财产凭证无异于货币，应按票面价值确定其犯罪所得。记名的财产凭证又分为能即时兑现的与不能即时兑现的两种情形：能即时兑现的财产凭证，也按票面价值确定其犯罪所得，除非已被销毁、丢弃；而不能即时兑现的财产凭证的票面数额不作为定罪量刑的标准。对于本案的认定来说，即时兑现的能与不能如何理解？是主观不能还是客观不能，是主体不能还是客体不能？如果本案被告人程剑不是捡拾存折，而是盗窃存折，窃取以后采用猜配方法破解存折密码并提取存款，该存折到底是能即时兑现还是不能即时兑现呢？回答当然是肯定的，对此应定盗窃罪。因此，那种认为存折上设有取款密码，遗失存折并不意味着丧失对存款的控制和支配的说法难以成立。

另外一个值得研究的问题是：在存折设有密码的情况下，猜配密码是在持有之后的侵占还是构成其他犯罪？刑法理论在关于侵占罪的侵占客体的讨论中，涉及缄封物可否成为侵占客体的问题。例如，委托人为让他人保管箱子，将某贵重物品置于箱内，然后锁上，将箱子连同箱

---

* 该解释于 2013 年失效。——编者注

① 于世忠．侵占罪研究．长春：吉林人民出版社，2002：156.

内之物一并交由受托人保管，显然箱内之物未授权受托人动用。在这种情况下，受托人撬开了锁头，将箱内之物非法据为己有，拒不退还时，箱内之物是盗窃之客体还是侵占之客体呢？对于这个问题，在日本刑法学界也是有争议的。日本判例是把皮箱的占有与其中物品的占有区别开来的，由于其中物品的占有属于寄托人，故当打开皮箱之锁而占有其中物品时就可以认为成立窃盗罪。但是，这种考虑方法是很不合理的，因为占有皮箱中的物品仅仅构成盗窃罪，而占有整个皮箱却构成侵占罪，这不只使人觉得很奇怪，而且如果合并起来进行比较考虑的话，单纯侵占罪的处刑比窃盗罪的处刑要轻。因此，将箱中之物和箱子不加区别，应当就其全部的占有进行考虑的见解正成为很有力的学说。① 在我国刑法学界，虽然较少涉及这个问题，但基本观点还是主张将缄封物看作一个整体，其理由在于：第一，甲将加锁的皮箱委托乙保管，并非仅让乙保管皮箱本身，更主要的是保管箱内的财物，因此，乙实际是取得了对皮箱及皮箱内的财物的保管权（暂时占有权），即具备了合法持有他人财物的条件。第二，甲虽然将皮箱加锁，但是，其既然将皮箱委托乙保管，皮箱即处在乙的控制之下，只是因为甲持有开锁的钥匙就认为皮箱内的财物仍在甲的持有之中，是十分牵强的。因为，甲虽然持有钥匙并不能阻止乙取出皮箱内财物，相反地，乙有充分条件使甲无法收回自己的财物。而这都源于甲将皮箱委托乙保管。第三，如果强调把皮箱与箱内的财物分开，那么，势必得出这样的结论，即乙将皮箱及箱内财物全部据为己有，应定侵占罪；如果打开锁仅占有其中的财物，却要定盗窃罪。然而，这样处理显然是没有任何合理性可言的。② 缄封物内外的财物之间存在一个整体与部分的关系。占有整体构成侵占，而占有部分却构成盗窃，侵占轻而盗窃重，这种观点确实与人们的常识相违背。正如我国学者所言：占有包装物品内的财物构成盗窃罪，而占有整个包装物品却只构成侵占罪，这是令人不可思议的逻辑，同时侵占罪的处刑比盗窃罪的要轻。③ 因此，对于缄封物内外财物的占有均应认定为侵占，这一点在我国刑法学界似乎是共识。

那么，加密的存折与加锁的缄封物存在区别吗？对于这个问题，大多数学者似乎作了肯定的回答。例如，我国 2002 年司法考试中有一道案例分析题，就涉及这个问题。

> 2001 年 3 月 13 日下午，陈某因曾揭发他人违法行为，被两名加害人报复砍伤。陈某逃跑过程中，两加害人仍不罢休，持刀追赶陈某。途中，陈某多次拦车欲乘，均遭出租车司机拒载。当两加害人即将追上时，适逢一中年妇女丁某骑摩托车（价值 9 000 元）缓速行驶，陈某当即哀求丁某将自己带走，但也遭拒绝。眼见两加害人已经逼近，情急之下，陈某一手抓住摩托车，一手将丁某推下摩托车（丁某倒地，但未受伤害），骑车逃走。陈某骑车至安全地方（离原地约 2 公里）停歇一会儿后，才想到摩托车怎么处理。陈某将摩托车尾部的工具箱的锁撬开，发现内有现金 3 000 元和一张未到期定期存单（面额 2 万元）。陈某顿生贪念，将 3 000 元现金和存单据为己有，并将摩托车推至山下摔坏。几日后，陈某使用伪造的身份证在到期之前将存单中的 2 万元取出，此后逃往外地。试分析陈某上述各行为的性质，并说明理由。

本题测试紧急避险的成立条件、侵占罪与盗窃的区别、故意毁坏财物罪的成立条件。由于当年尚无公布标准答案的制度，因而对该题的标准答案其说不一。有的司法考试辅导书对本案作出以下解析：

> (1)《刑法》第 21 条规定："为了使国家、公共利益、本人或者他人的人身、财产和

① 木村龟二主编．刑法学词典．顾肖荣，等译．上海：上海翻译出版公司，1991：723．

② 王作富主编．刑法分则实务研究：下．3 版．北京：中国方正出版社，2007：1153－1154．

③ 于世忠．侵占罪研究．长春：吉林人民出版社，2002：160．

其他权利免受正在发生的危险，不得已采取的紧急避险行为，造成损害的，不负刑事责任。紧急避险超过必要限度造成不应有的损害的，应当负刑事责任，但是应当减轻或者免除处罚……”本案中，陈某为了保护其人身权免受正在发生的不法侵害，在无法逃走并遭到丁某拒绝带走的情况下，不得已而抢下丁某摩托车，属于紧急避险行为，并且未造成超过必要限度的不应有损害，其对丁某摩托车所有权的侵害行为，不构成犯罪，不负刑事责任。(2) 由于陈某在抢下摩托车的当时是一种紧急避险行为。所以，他对摩托车及其上之财物的占有是一种合法占有，他这种将合法占有变为非法占有的行为符合侵占罪的构成要件——以非法占有为目的，将他人埋藏物、遗忘物、保管物占为己有，拒不退还的行为。陈某的这种行为不是盗窃罪。因为：1) 盗窃罪的手段是秘密窃取，即行为人以一种不为他人所知或至少自己觉得不为他人所知的手段取财，而本案中，陈某在非法占有这些财物时，实际上肯定意识到丁某知道他的不法行为。2) 盗窃罪通常不是以由合法占有化为非法据有的方式实施犯罪的，这种方式更近于侵占。(3) 因为存单本质上不是财物，只是财产权（债权）的标志。陈某在非法据有存单时，并不构成犯罪。但是陈某利用伪造的身份证将存单中的钱取出，是一种使债务人（银行）产生错觉向其履行债务的行为，本质上是一种以非法占有为目的，使用虚构事实、隐瞒真相的方法，骗取数额巨大的公私财物的行为，应认定为诈骗罪。(4) 陈某因紧急避险而合法占有摩托车，本应妥善管理，但却为了毁灭罪证，将他人的摩托车（价值 9 000 元）故意摔至山下，已构成故意毁坏数额较大公私财物的故意毁坏财物罪。因此，作者提供的答案是：(1) 陈某抢下丁某摩托车的行为属于紧急避险。(2) 陈某将现金 3 000 元据为己有的行为构成侵占罪。(3) 陈某使用伪造的身份证取出存单中的 2 万元的行为构成诈骗罪。(4) 陈某将摩托车摔至山下的行为构成故意毁坏财物罪。①

显然，这个答案将缄封物中的财物与存折区别对待：占有缄封物中的现金构成侵占罪，占有缄封物中未到期的定期存单（面额 2 万元）并使用伪造的身份证去银行领取的，构成诈骗罪。这种观点，在我国刑法理论上也是有根据的。例如，我国学者在论及侵占案件时，一方面认为占有缄封物内的财物构成侵占罪。因为受托人对整个包装物品的代管既包括外包装，也包括包装内的财物，委托人在将整个物品交给受托人时，让受托人保管的是物品的全部，而不是物的外壳。委托人放弃的是整个物的支配权，加锁只是保密，不等于事实上能够支配被锁的物品。另一方面，又认为持定期未到期或加密的活期存单，如果受委托保存这些存单并且将委托人身份证一并交由受托人保管或将密码告知受托人，那么，受托人等于事实上控制了上述存单中的存款，这种情形下的存款也可以作为侵占对象。如果委托人将上述存单交由受托人保管，但并未将身份证交由受托人或告知其密码；或者拾得人拾得上述存单（假设其未拾到存款人身份证）的，受托人或拾得人不可能事实上控制存单所载存款；如果其想控制存款必须伪造身份证，骗过银行的查验，而一旦这样，行为人构成诈骗罪了。因此，此种情形，上述存单之存款不能作为侵占对象。②

上述观点都是在是否实际控制这样一个条件下展开的。我认为，实际控制可以分为绝对控制与相对控制或者完全控制与部分控制。在绝对控制或者完全控制的情形下，对财物的控制是无条件的，这固然可以视为一种控制。但在相对控制或者部分控制的情形下，对财物的控制是有条件的或需另外创造条件的，只要最终占有了财物，也应视为对本人控制之下的财物的控

① 岳西宽主编．2003 年国家司法考试试题分类精析与应试技巧．北京：中国工商出版社，2003：175.

② 于世忠．侵占罪研究．长春：吉林人民出版社，2002：157，160.

制。其创造条件的行为即使触犯其他罪名，在刑法理论上也视为一种不可罚的事前行为或者不可罚的事后行为。例如甲先有适法原因管有乙之不动产后，复窃取乙所持有之该不动产之管业契据，遂主张其产权已移转于自己，而作出有如所有人之处分行为。对此案例，我国台湾地区学者林山田指出："甲除犯本罪外，尚另犯窃盗罪；惟只要对在后之主要行为之侵占罪处罚，已足以涵盖在前之次要行为之窃盗罪，故使前行为不罚，犹如合并在侵占罪处罚一样，而不再论窃盗罪。"① 在这种具有不可罚之事前行为的情况下，根据林山田教授的观点，仍然视为该房产置于甲的控制之下。又如，被告人甲拾得了一张银行发行的支票，并将该支票换成现金。对于这个案例，韩国大法院判决认为：就拾得支票而言，可以认定侵占脱离占有物罪的成立。但是，被告人甲把拾得的支票换成现金的行为，只不过是侵占脱离占有物罪的不可罚的事后行为。因此，除成立侵占脱离占有物罪以外，不另外构成诈骗罪。② 在本案中，占有存折就视为控制了存款上的款项，从银行领取款项的行为属于不可罚的事后行为，不另外构成诈骗罪。

根据以上法理分析被告人程剑捡拾存折非法提取存款案，就会发现，抛开该存折是遗忘物还是遗失物以及占有遗失物可否构成侵占罪的问题不论，我认为，被告人程剑捡拾存折，尽管存折上有密码，也应认为其相对控制了存折上的款项。猜配密码的行为具有一定的盗窃性质，但不另外构成盗窃罪，它属于不可罚的事前行为。持存折去银行领取出现金的行为具有一定的诈骗性质，但不另外构成诈骗罪，它属于不可罚的事后行为。

四、本案存折的性质

假使本案被告人程剑的捡拾行为是侵占行为，那么，其所捡拾的存折是遗忘物还是遗失物，这个问题关系到本案被告人程剑的行为能否定侵占罪，是接下来需要讨论的。

在我国刑法理论中，关于遗失物与遗忘物到底是词异义同，两者为同一之物，还是词异义亦异，两者为相异之物，始终存在争议。从我国法律规定来看，民法与刑法分别采用了遗失物与遗忘物这两个不同的用语，这大概就是产生上述分歧的根本原因之所在。我国《民法通则》（现已失效）第 79 条第 2 款规定："拾得遗失物、漂流物或者失散的饲养动物，应当归还失主，因此而支出的费用由失主偿还。"这里明确地采用了"遗失物"一词。对于这里的"遗失物"，我国民法学界一般界定为他人不慎丢失的动产。遗失物并不是无主物，也不是所有人抛弃的或因为他人的侵害而丢失的物，而是所有人和合法占有人不慎丢失的动产。③ 尤其需要指出的是，在 1997 年《刑法》修订之前，民法理论上对于遗失物与遗忘物并无严格区分。但在《刑法》修订以后，其第 270 条第 2 款规定了侵占遗忘物的犯罪。由于民法与刑法分别采用两个不同的术语，因而民法学界也有人认为遗失物与遗忘物应当区分，这种区分主要表现在：

> 遗失物是非出于遗失人自己的意思而丧失占有，同时又不为其他人占有的非无主动产。遗忘物则是指占有人偶然遗忘于他人的车船、飞机、住宅等特定场所的物品。虽然在占有人偶然丧失对物品的占有这一点上两者颇具相似性，但遗失人在丧失对遗失物的占有期间已完全失去了对该物的控制能力，而遗忘人知道物品可能遗忘于何处，及时采取措施便能迅速恢复对遗忘物的占有，故遗忘人对遗忘物的控制能力并未丧失殆尽。而且由于遗忘物是被遗忘于特定的场所，因而物品在被遗忘的同时即落入该特定场所的所有人或管理

---

① 林山田．刑法各罪论：上册．增订 2 版．台北：1999：386－387．

② 吴昌植．韩国侵犯财产罪判例．北京：清华大学出版社，2004：181．

③ 佟柔主编．中国民法．北京：法律出版社，1990：239．

人的控制之中，故不属遗失物。①

上述观点以财物所有人对财物的控制能力是否完全丧失作为区分遗失物与遗忘物的主要标准，在刑法理论上是大可责难的。因为如果财物所有人对财物没有丧失控制能力，行为人予以非法占为己有，就不是构成侵占遗忘物的犯罪，而应以盗窃罪论处。在我国刑法学界，对于《刑法》第 270 条规定之遗忘物如何界定，尤其是遗忘物与遗失物是否为同一事物也存在较大的观点分歧。通行的观点是遗忘物与遗失物区分说，这种观点认为，遗忘物不同于遗失物，前者一般是刚刚遗忘，随即想起的财物，遗忘者还记得财物被遗忘的具体地点与时间，拾得者一般也知道失主是谁。而遗失物一般为失主大意丢失的财物，一般失主也不知道财物丢失的具体时间与地点，且丢失财物的时间相对较长，拾得者一般也不知道失主具体是谁。② 也有论者主张对遗忘物与遗失物不作区分，例如，我国学者张明楷指出：

> 事实上，区别遗忘物与遗失物是相当困难甚至是不可能的。即使可以明确区分二者，从实质上说，对侵占遗失物数额较大的行为，也有值得以刑法进行规制的必要。其次，对遗忘物也不能完全作字面意义的理解，而宜理解为“非基于他人本意而失去控制；偶然（即不是基于委托关系）由行为人占有或者占有人不明的财物”。因此，他人因为认识错误而交付给行为人的金钱，邮局误投的邮件，楼下飘落的衣物，河流中的漂流物等，只要他人没有放弃所有权的，均属于遗忘物。③

我个人不同意上述遗忘物与遗失物区分说，而主张遗忘物与遗失物同一说，主要理由如下：(1) 我国民法与刑法分别采用遗失物与遗忘物这两个术语不能成为遗失物与遗忘物区分的充分理由。在其他国家和地区，民法与刑法均采用遗失物一词，例如日本专门制定了《遗失物法》，而在刑法中又对侵占遗失物罪作了规定，从遗失物的概念上来说，并未作出区分。例如，日本学者大谷实教授指出：所谓遗失物，就是丢失物，是指不是根据占有人的意思而脱离占有，但目前不属于任何人占有物的物。④ 又如我国台湾地区“民法”也对遗失物之拾得作了规定，并且对拾得人据为己有而自行使用收益的行为规定了严厉的责任。依其规定，除拾得人不能取得遗失物之所有权外，还将发生以下后果：其一，构成侵占罪；其二，构成违警；其三，成立侵权行为或不当得利。于第一、二两种后果，拾得人将依我国台湾地区“违警罚法”第 77 条与“刑法”第 337 条的规定承担公法上的责任；而于第三种后果，拾得人将负损害赔偿责任，同时因成立不当得利而负返还责任。⑤ 这里所称我国台湾地区“刑法”第 337 条的规定，就是指侵占遗失物罪。我认为，我国民法与刑法分别采用遗失物与遗忘物，并非此二物之间存在区分，而是立法语言上不严谨的表现。(2) 遗失物与遗忘物具有不可分性。从遗失物与遗忘物两个词上考察，遗失强调的是客观方面，即物主丧失了对财物的控制，遗忘则强调了主观方面，即物主之所以丧失对财物的控制，是主观上遗忘的结果。由此可见，遗失物与遗忘物是一物二名。从我国学者对遗失物与遗忘物的区分理由来看，主要是根据物主对丧失之财物的主观心理状态来确定的，即物主是否能够准确地回忆起财物遗置的时间、地点，如果能够准确地回忆起财物遗置的时间、地点的，就是遗忘物，反之就是遗失物；此外，根据物主遗失财物时间的长短，遗失时间较短的是遗忘物，遗失时间较长的就是遗失物，如此等等。在我看来，遗失

① 张炳生．遗失物拾得法律问题研究．法律科学，1994 (1)：64.

② 周道鸾，张军主编．刑法罪名精释．3 版．北京：人民法院出版社，2007：524.

③ 张明楷．刑法学．3 版．北京：法律出版社，2007：745.

④ 大谷实．刑法讲义各论：新版 2 版．黎宏，译．北京：中国人民大学出版社，2008：294.

⑤ 郑玉波．民商法问题研究 (3)．台北：三民书局，1984：100.

物与遗忘物的共同本质在于都是财物所有人非出于本意而丧失了控制的财物，至于丧失控制时间的长短，是否能回忆起财物遗置的时间、地点，都不足以将两者区分开来。(3) 更为主要的是，根据我国刑法中犯罪构成理论，一个人的行为是否构成犯罪，主要取决于其自身的行为以及主观心理状态。根据遗失物与遗忘物区分说，当行为人将某一无人控制的财物非法占为己有的时候，如果财物所有人能够准确地回忆起财物遗置的时间、地点，该物为遗忘物，行为人构成侵占罪；反之，则是遗失物，行为人不构成侵占罪。而据以区分遗失物和遗忘物，从而也是区分侵占罪与非罪界限的这一标准对于行为人来说是完全不知情的，是财物所有人的主观状态。因此，这种遗失物与遗忘物区分说是不符合刑法中的犯罪构成理论的。总而言之，遗失物与遗忘物同为一物。

当然，在我国刑法学界我的这种观点是少数人主张的，通说仍主张遗忘物与遗失物的区分。还有个别学者则认为，对遗失物的侵占行为不按《刑法》第 270 条第 2 款论处，因为其行为特征完全符合第 1 款的构成要件。因为遗失物的拾得者，或者构成无因管理，或者构成不当得利。不论哪一种，拾得人对拾得物都具有代为保管义务，遗失物作为财物亦属他人之物，因此，将遗失物非法据为己有，拒不退还的行为，完全符合第 1 款一般侵占的构成要件，可以以第 1 款追究其刑事责任。[①] 可见关于遗失物问题，在我国刑法学界存在的争议是颇大的。对此，我国学者指出：上述两种相反的观点，各有其根据和理由，现在的问题是究竟哪一种观点符合刑法的原意。应当说，把遗忘物与遗失物相区别，是符合立法原意的。[②] 确实，刑法中采用遗忘物一词而不采用遗失物一词不是偶然的，从立法本意上说，是想将两者加以区分。因此，在本案的裁判理由中，采用的是遗忘物与遗失物的区分说。按此理解，在本案中认定被告人程剑捡拾的是遗失物而非遗忘物并无不可。尽管捡拾的存折不是遗忘物而是遗失物，似乎就已经排除了被告人程剑捡拾存折行为构成侵占罪的可能性，但这里仍然存在可质疑之处。假如存折是遗忘物，去取存折项下的钱款的行为就可能构成侵占罪；假如存折是遗失物，就不构成侵占罪，但去取存折项下的钱款的行为却可能构成盗窃罪或者诈骗罪，本欲轻反而重，这显然是不合理的。关于这一点，遗忘物与遗失物的区分说似乎没有论及。若从某一观点中可能引申出极不合理的结论，这种观点的合理性当然是值得推敲的。

五、取款行为之定性

按照我对侵占罪的理解，在本案中，被告人捡拾他人存折，尽管存折上设有密码，也应视为控制了存折上的款项，应定侵占罪。当然，这里存在一个问题，就是被告人程剑捡拾的存折无法认定为遗忘物，而只能视为遗失物。尽管我认为侵占罪的客体中对遗忘物与遗失物不应区分，但从立法上来说，区分的意图是明显的。此外，拒不交出的罪量要件和告诉乃论的程序设置都给本案在现行刑法中被认定为侵占罪带来难以逾越的法律障碍。在这种情况下，我将进一步考察，在不构成侵占罪的前提下，其取款行为到底是定盗窃罪还是定诈骗罪。

盗窃罪与诈骗罪，在一般情况下是容易区分的：前者是通过秘密窃取的方法将公私财物非法占为己有；后者是通过虚构事实、隐瞒真相的方法将公私财物非法占为己有。但在某些特殊情况下，两者的界限就容易混淆。在司法实践中，类似的取款行为在定性上往往发生分歧。例如：

被告人何鹏，系云南省公安专科学校学生，2001 年 3 月 2 日，何鹏持只有 10 元钱的

---

① 于世忠．侵占罪研究．长春：吉林人民出版社，2002：154.

② 王作富主编．刑法分则实务研究：中．3 版．北京：中国方正出版社，2007：1143.

农行金穗储蓄卡在ATM机上查询存款余额时，未发现卡上有钱。何鹏即按键取款100元时，时逢农行云南省分行计算机系统发生故障，造成部分ATM机失控，ATM机当即按何鹏指令吐出现金100元，何鹏发现这一现象后，当即继续按键取款，共六次取出现金4 400元。第二天，何鹏持卡到当地七台ATM机上，连续取款215次，共取出现金425 300元，合计取款429 700元。之后他以他人名义分别存款7 300元和4 700元，然后他将银行卡丢入下水道。2003年3月14日，曲靖市人民检察院对何鹏提起公诉，同年7月12日曲靖市中级人民法院判决，"被告人何鹏犯盗窃罪，判处无期徒刑，剥夺政治权利终身，并处没收个人全部财产"。同年10月17日云南省高级人民法院作出裁定，"驳回上诉，维持原判"。

无独有偶，2002年9月在广西壮族自治区南宁市也发生了一起类似案件。

广西南宁年仅22岁的杜守志在医院走廊地板上捡到了一张医疗保险复合卡（即能用来看病，又能作为储蓄卡进行存钱和取钱的多功能IC复合卡），他抱着试试看的心理将那张卡插入取款机，先输入200元数额，又随便输入六位数码：123456，然后按下确认键，谁知竟然发生了令他大感意外的事：一阵沙沙作响之后，200元钱真的从机器里吐了出来！尝到甜头的杜守志一发不可收拾。在不到一个月的时间里，他用这张捡来的卡取钱三百多次，共提走了六十多万元的巨款。2002年9月24日，公安机关以涉嫌信用卡诈骗罪逮捕了杜守志。对于公安机关所定的罪名，南宁市检察院提出异议。2003年3月20日，南宁市检察院以涉嫌盗窃罪依法对其提起公诉。南宁市中级人民法院经审理认为，杜守志的行为从主观上是明知银行交易系统发生了错误，他仅仅是认为自己输入的密码和原业卡的主人设的密码相同而取出了钱，这种行为不构成盗窃罪。同年11月，法院作出一审判决，判决杜守志"犯信用卡诈骗罪，判处有期徒刑10年"。杜守志不服一审判决，已经提起了上诉，目前本案还在审理当中。①

上述两个案例，都涉及从ATM机上取款。对于这种取款行为如何定罪，司法机关之间存在争议。就这两案而言，何鹏案定盗窃，杜守志案定诈骗（信用卡诈骗罪是一种特殊的诈骗罪），相似案件判决结果却相异。主张定盗窃罪的观点强调被告人在发现柜员机的交易系统出现故障以后，恶意利用这种漏洞窃取财物。而主张定诈骗罪的观点则强调在柜员机丧失识别能力的情况下，被告人欺骗银行柜员机，获得巨款。就这两种观点而言，我认为定盗窃罪是更为妥帖的。因为自动交易系统是一个人机对话系统，当自动交易系统出现故障时，实际上是机器丧失了对财物的控制，在这种情况获取财物无须诈骗，只需窃取即可。

相对于上述两案而言，程剑案也许是更为复杂的。在本案中，被告人程剑在捡拾存折后，为占有存折上的款项，实施了两个行为：一是猜配存折密码，二是冒名取款。主张定盗窃罪的观点强调猜配密码在非法占有财物中的作用，而主张定诈骗罪的观点则强调冒名取款在非法占有财物中的作用，由此形成定性上的迥异结论。我赞同本案定盗窃罪的观点，因为当存折密码被猜中以后，被告人程剑实际上已经实际控制了存折上的款项。本案裁判理由指出，"猜中密码并不意味着取得了他人存款，只是进一步取得他人存款的手段行为，且密码本身并无价值，因而不具有独立的法律意义。在程剑取得他人的存款之前，存款完全置于银行的控制、支配之下"。因此，裁判理由认为，"正是程剑隐瞒真相，冒用他人名义，以致银行不明真相误认为其具有取款合法资格的结果，此类行为属于典型的冒用诈骗行为"。这一裁判理由存在以下三个

① 周芬棉．卡里平添许多零，狂提巨款犯刑律．法制日报，2004-05-26（12）．

问题。第一，这种观点与法律规定及司法解释的精神不符。就法律规定而言，《刑法》第 196 条第 3 款规定，盗窃信用卡并使用的，应以盗窃罪论处。在这种情况下，按照立法精神，只要窃取信用卡，就意味着非法占有了信用卡上的款项，而不能认为只有取款才是占有。就司法解释而言，依最高人民法院关于盗窃罪的司法解释，盗窃能即时兑现的存折，无论是否取款，都应按照存折上的票面数额计算盗窃数额。显然，在这种情况下，也不以取款为定罪根据。第二，这种观点与法理相悖。先盗窃后采用欺骗手段取款，使存折所有人丧失对财物控制的主要是盗窃行为，而诈骗则只是进一步实现非法占有目的的行为，在刑法理论上称为不可罚的事后行为。显然，把不可罚的事后行为当作本罪行为处罚同样是不符合法理的。第三，这种观点也与裁判理由自相矛盾。裁判理由在“（一）捡拾他人遗失的存折提取存款的行为不属于侵占行为，不应以侵占罪定罪处罚”的论述中指出，“他人捡拾的存折系未设密码的活期存折，说明此时存折所载款项已完全置于持有人之控制下”。猜配密码也就是使存折密码得以破解。密码破解以后，存折也就如同未设密码一样，此时存折所载款项就应该置于持有人的控制之下。在这种情况下，又说取得他人的存款之前，存款完全置于银行的控制、支配之下，岂非自相矛盾？这里应当把存款人的控制与银行的控制区分开来，通过猜配密码而破解存折密码，实际上就已经使存款人丧失了对款项的控制，这才是对案件定性具有决定性意义的行为，应当据此定罪。

六、补记

本章涉及以下两个问题，需要加以说明。

（一）关于何鹏案

当许霆案（见本书下篇第八章）在媒体上披露以后，何鹏案也被人重提。粗粗一看，似乎许霆案与何鹏案都是利用柜员机的故障而窃取金融机构的财物，我在上面也是这样分析的，但后来仔细察看何鹏案的细节，发现何鹏是在本人原本只有 10 元的储蓄卡上发现后面加了好几个零的情况下才大肆从柜员机中取款。对于这个问题，我国学者黎宏教授认为与银行存款的占有相关。黎宏教授指出：

> 就银行的存款而言，其占有归属于谁呢？这里，必须区分两种情况加以讨论：一种情况是存款已经进入储户的账户之内———不管这种进账是否具有法律上的根据———的情形。前述“何鹏案”就属于这种情形。另一种情况是存款没有进入储户的账户之内，只是因为银行的自动取款机出错，储户处于能够获得银行存款的状态。前述许霆案就属于这种情形。就后一种情况而言，应当说，存款的占有属于银行，这是毫无疑问的。因为，尽管银行没有发现自动取款机上存在的故障，在财物管理上有疏忽，但这种疏忽并不意味着对该财物因此就失去占有，使财物处于无主状态。因为，该存款是放在银行设置的自动取款机之内的，属于被银行采取了某种措施加以管理的财物。这种被采取了某种管理措施的状态，意味着银行对该财物具有占有。因此，行为人采用合法手段侵入该机器，在银行方面不知情的情况下，秘密将该机器中所存放的财物据为己有，当然构成盗窃罪。
>
> 就前述何鹏案而言，尽管案情交代当中没有说明原因何在，但被告人何鹏的银行账户当中，“自己的储蓄卡上的 10 后面冒出了许多‘0’，足足有百万元之多”，这是千真万确的。对于这“百万元之多”的财物，何鹏处于“想取的话，随时都可以取走”的实际支配状态，因此，属于其占有的财物。从此意义上讲，何鹏将自己不意占有的他人财物据为己有，应当构成侵占罪，而不可能构成盗窃罪。主张构成盗窃罪的观点，忽视了何鹏对于其

银行账户当中的财物具有实际支配的事实。①

由此看来，银行过错对许霆案和何鹏案的后果是不同的：许霆案中，柜员机故障致使许霆在柜员机中取款1 000元，但只在借记卡中扣除1元，并没有将款项错误地打到许霆的借记卡中。但在何鹏案中，银行过错致使巨款打入何鹏的储蓄卡中。在这种情况下，何鹏是从本人的卡中取款，尽管该款是银行过错造成的。在这种情况下，如果把储蓄卡中的款项视为持卡人占有的财物，则银行的过错使何鹏不当得利，何鹏将不当得利的财物非法占有己有，符合侵占罪的特征。但是，如果把储蓄卡中的款项仍然视为处于银行的占有之中，则何鹏从柜员机上取款，基于机器不能被骗的原理，何鹏的行为符合盗窃罪的特征。就上述两个观点而言，我是赞同前一种观点的，因而何鹏的行为以侵占罪论处更为妥帖。

（二）关于司法解释

2008年4月18日最高人民检察院《关于拾得他人信用卡并在自动柜员机（ATM机）上使用的行为如何定性问题的批复》（自2008年5月7日起施行）指出：

> 拾得他人信用卡并在自动柜员机（ATM机）上使用的行为，属于刑法第一百九十六条第一款第（三）项规定的“冒用他人信用卡”的情形，构成犯罪的，以信用卡诈骗罪追究刑事责任。

这一规定表明两点：一是持有信用卡尚不属于占有信用卡项下的财物；二是机器可以被骗。这两点在法理上都是存在商榷余地的，并且与刑法及最高人民法院先前司法解释的规定相矛盾，即使与最高人民检察院先前的司法解释相比也是冲突的。对此，我国学者李立众教授指出：

> 如果认为机器可以被骗，那么，以游戏币冒充硬币拨打投币电话的，或者使用非法制造的电话卡拨打电话的（暂不考虑数额），都应当构成诈骗罪。但是，2003年4月2日最高人民检察院《关于非法制作、出售、使用IC电话卡行为如何适用法律问题的答复》明确指出，明知是非法制作的IC电话卡而使用的，构成盗窃罪。可见，在机器能否被骗的问题上，最高人民检察院的立场前后不一。拾得他人信用卡并在ATM机上使用的行为应如何定性，还值得研究。②

最高人民检察院这一批复提出的问题，确实值得我们进一步研究。

---

① 黎宏．论存款的占有．人民检察，2008（15）：22.

② 李立众．刑法一本通　中华人民共和国刑法总成．5版．北京：法律出版社，2008：160：编者说明．

第八章　利用柜员机故障恶意取款行为之定性研究

——许霆盗窃案（盗窃罪　侵占罪　诈骗罪　不当得利）

许霆盗窃案本来只是一起普通的刑事案件，但被媒体披露以后，在社会上引发广泛的关注，学者之间对该案的定性也存在严重的分歧。去除对待许霆案的一些非理性因素，从刑法专业与规范分析的视角正确地评判许霆案的定罪量刑，对于以后处理同类型的案件具有重要的参考价值。本章以许霆案①为例，对利用柜员机②故障恶意取款行为如何定性的问题加以探讨。

一、案情及诉讼过程

许霆案可谓一波三折，历经两次上诉、一次发回重审，并最后被报请最高人民法院核准。在上述各审次有关司法文书中，广东省广州市中级人民法院原一审判决对许霆行为的定性只有简单说明，广东省广州市中级人民法院重审一审判决则对许霆案的定性作了较为充分的论证，尤其是对被告人许霆及其辩护人的辩解、辩护意见作了评判。不仅如此，广东省广州市中级人民法院刑二庭庭长甘正培还对许霆案为何前后量刑相差悬殊进行了判后答疑，进一步阐述了裁判理由。同样，广东省高级人民法院重审二审裁定书也对许霆行为应当按照盗窃罪予以处罚的理由从三个方面作了详细阐述。在判决以后，本案二审的审判长刘锦平法官也就恶意取款符合秘密窃取特征作了二审判后答疑。所有这些资讯，都为我们从法理上分析许霆案提供了较为丰富的司法素材。现将本案的案情及裁判理由引述如下。③

> 许霆在利用自己不具备透支功能、余额为 176.97 元的银行卡准备取出 100 元时，无意中输入取款 1 000 元的指令，柜员机随即出钞 1 000 元，经查询，发现其银行卡中仍有 170 余元，遂意识到银行柜员机出现异常，能够超出账户余额取款且不能如实扣账，遂在三个时间段内先后取款 170 次，共计取款 174 000 元，并携款潜逃。银行发现许霆账户交易异常后，多方联系许霆及其亲属，要求退还款项，未果。后许霆被抓获。
>
> 2007 年 9 月 27 日广州市检察院以盗窃罪向广州市中院起诉，2007 年 12 月 17 日广州市中院以许霆犯盗窃罪判处无期徒刑。本案上诉以后，2008 年 1 月 9 日广东省高院以事实不清、证据不足为由发回重审。2008 年 3 月 31 日广州市中院重审以后以许霆犯盗窃罪，判处有期徒刑 5 年，并处罚金 2 万元。本案上诉以后，2008 年 5 月 23 日广东省高院二审裁定驳回上诉，维持原判，并将裁定依法报请最高院核准。2008 年 8 月 20 日，最高院核准许霆案的判决。

---

① 谢望原，付立庆主编．许霆案深层解读——无情的法律理性的诠释．北京：中国人民公安大学出版社，2008.

② 关于柜员机，也称为取款机、提款机，在本章中，统一称为柜员机。

③ 2011 年 2 月 25 日十一届全国人大常委会第十九次会议通过《刑法修正案（八）》，对《刑法》第 264 条盗窃罪作出了重大修改，但许霆案发案及审理均在 2007 年至 2008 年，故本章所引许霆案的相关评述仍以修改前的刑法为依据。特此说明。——著者注

在广州市中院重审一审本案时，广州市检察院认为许霆以非法占有为目的，盗窃金融机构，数额特别巨大，提请法院判处盗窃罪。

许霆辩解，其发现柜员机出现异常后为了保护银行财产而将款项全部取出，准备交给单位领导；柜员机出现故障，银行也有责任。

关于本案的法律部分，其辩护人提出，许霆的行为无罪，理由如下：(1) 许霆以实名工资卡到有监控的柜员机取款，既没有篡改密码，也没有破坏机器功能，其行为对银行而言是公开而非秘密。许霆取款是经柜员机同意后支付的，其行为是正当、合法和被授权的交易行为。因此，许霆的行为不符合盗窃罪的客观方面特征，不构成盗窃罪。(2) 许霆通过柜员机正常操作取款，在物理空间和虚拟空间上都没有进入金融机构内部，因此，许霆的行为不可能属于盗窃金融机构。(3) 许霆的占有故意是在柜员机错误程序的引诱下产生的，有偶然性；柜员机出现异常的概率极低，因而许霆的行为是不可复制、不可模仿的；本案受害单位的损失已得到赔偿，许霆的行为社会危害性显著轻微；现有刑法未对本案这种新形势下出现的行为作出明确的规定，法无明文规定不为罪，应对其作出无罪判决。(4) 许霆的行为是民法上的不当得利，因该不当得利行为所取得财产的返还问题，应通过民事诉讼程序解决。

针对辩护人提出被告人许霆的行为不构成盗窃罪，是民法上的不当得利，应对其作出无罪判决以及许霆提出其是保护银行财产而取款的意见，广州市中院指出：经查，许霆是在正常取款时，发现柜员机出现异常，能够超出余额取款且不能如实扣账之后，在三个时间段内 170 次指令取款，时间前后长达 3 个小时，直至其账户余额仅剩 1.97 元为止，然后携款逃匿，其取款的方式、次数、持续的时间以及许霆关于其明知取款时“银行应该不知道”“机器知道，人不知道”的当庭供述，均表明许霆系利用柜员机系统异常之机，自以为银行工作人员不会及时发现，非法获取银行资金，与储户正常、合法的取款行为有本质区别，且至今未退还赃款，表明其主观上具有非法占有银行资金的故意，客观上实施了秘密窃取的行为。许霆的行为符合盗窃罪的主客观特征，构成盗窃罪。许霆关于是为保护银行财产而取款，并准备把款项交给单位领导的辩解，缺乏事实根据，不能成立。辩护人关于许霆的行为不构成盗窃罪、属于民法上的不当得利、应对许霆作出无罪判决的辩护意见亦不能成立。

针对辩护人提出被告人许霆的行为不属于盗窃金融机构的意见，广州市中院认为：柜员机是银行对外提供客户自助金融服务的专有设备，机内储存的资金是金融机构的经营资金，根据最高人民法院《关于审理盗窃案件具体应用法律若干问题的解释》第 8 条“刑法第二百六十四条规定的‘盗窃金融机构’，是指盗窃金融机构的经营资金、有价证券和客户的资金等，如储户的存款、债券、其他款物，企业的结算资金、股票，不包括盗窃金融机构的办公用品、交通工具等财物的行为”的规定，许霆的行为属于盗窃金融机构。辩护人关于许霆的行为不属于盗窃金融机构的辩护意见于法无据，不予采纳。

广州市中院认为，许霆以非法占有为目的，采用秘密手段窃取银行经营资金的行为，已构成盗窃罪。许霆案发当晚 21 时 56 分第一次取款 1 000 元，是在正常取款时，因柜员机出现异常，无意中提取的，不应视为盗窃，其余 170 次取款，其银行账户被扣账的 174 元，不应视为盗窃，许霆盗窃金额共计 173 826 元。公诉机关指控许霆犯罪的事实清楚，证据确实、充分，指控的罪名成立。许霆盗窃金融机构，数额特别巨大，依法本应适用“无期徒刑或者死刑，并处没收财产”的刑罚。鉴于许霆是在发现银行柜员机出现异常后产生犯意，采用持卡窃取金融机构经营资金的手段，其行为与有预谋或者采取破坏手段盗窃金融机构的犯罪有所不同；从案发具有一定偶然性看，许霆犯罪的主观恶性尚不是很大。根据本案具体的犯罪事实、犯罪情节和对于社会的危害程度，对许霆可在法定刑以下判处刑罚。依照《刑法》第264条、第63条第2款、第64条和最高人民法院《关于审理盗窃案件具体应用法律若干问题的解释》第3条、第8条的规定判决许霆犯盗窃罪，判处有期徒刑5年，并处罚金2万元，并追缴其犯罪所得173 826元，发还受害单位。

被告人许霆不服一审判决提出上诉，广东省高院裁定驳回上诉，维持原判，并将裁定依法报请最高院核准。2008年8月20日，最高院核准许霆案的判决。

应该说，在媒体及社会公众关注以后，许霆案的重审判决较为公开透明，判决书的说理性大为增强，这是值得嘉许的。

二、民事不法抑或刑事犯罪

关于许霆案，最大的争议就在于罪与非罪的界限问题，即许霆的恶意取款行为究竟是民事不法还是刑事犯罪。辩护律师始终坚持许霆的行为只是民事上的不当得利，并非刑事犯罪的辩护意见。在我国刑法学界也有个别学者支持这种观点。

许霆的第一次取款行为当然是民事上的不当得利，对此并无争议。许霆插入真实的借记卡输入正确密码，其本来只取100元，因为按错数字键，柜员机吐出1 000元。许霆经查询取款机只在借记卡上扣除1元。在这一过程中，虽有许霆按错数字键这一无心之过，但主要是因为柜员机故障而使许霆获得999元意外之财。按照法律规定，许霆负有返还的义务，但并不能简单地因为没有返还而获罪。如果构成侵占罪，应当严格地按照侵占罪的构成要件加以认定。

问题在于：许霆明知柜员机发生故障以后，利用柜员机的故障恶意取款170次，是否还属于民事上的不当得利？这里需要对不当得利的构成要件加以具体界定。在许霆案中，许霆的恶意取款行为到底是否属于民事上的不当得利，是一个争议的焦点问题。但争议双方都没有对不当得利进行充分的法理分析，即使法院的判决也是如此，这不能不说是一个重大缺陷。

不当得利（unjust enrichment）是债的发生根据，属于债法的一个概念。不当得利制度起源于古罗马法。在古罗马法中，建立在不正当的原因或法律关系基础上的财产增加称为不当得利（arricchimerto ingiusto）。[①] 在民法理论上，一般认为不当得利必须具备以下四个构成条件：

（1）一方受有利益。所谓受有利益，是指因一定的事实结果而使其得到一定财产利益，既包括财产权利的增强或财产义务的减少，也包括财产应减少而未减少。

（2）他方受有损失。既包括财产应减少而未减少，也包括财产利益应增加而未增加。

（3）一方受利益与他方受损失之间有因果关系。即他方的损失是因一方受益造成的，一方受益是他方受损的原因，受益与受损之间有变动的关联性。

（4）没有合法根据。所谓没有合法根据，是指受益方利益的取得与受损方利益的损失没有法律上的原因。[②]

应该说，上述不当得利的构成要件只是对不当得利这种法律事实作了某种程度的描述，尚未涉及不当得利与其他法律行为相区分的一些重要法律问题。例如，不当得利在客观上是作为还是不作为，在主观上是善意还是恶意等。对于这些问题，还需要结合不当得利的具体类型加以深入研究。

---

① 彼德罗·彭梵得．罗马法教科书．黄风，译．北京：中国政法大学出版社，1992：398.

② 北京大学法学百科全书·民法学·商法学．北京：北京大学出版社，2004：73.

我国台湾地区学者王泽鉴教授提出了不当得利的类型化的概念。因为在民法中对不当得利有一个统一的规定，但在现实生活中，不当得利的现象是多种多样的，所以需要建立不当得利的类型。王泽鉴教授指出：

> 不当得利类型化，可以使我们更清楚地认识各种不当得利的功能与其成立要件，尤其是最具争议性的直接损益变动关系，对于不当得利制度的解释适用，具有助益。①

不当得利的类型不同，其具体的构成要件也是有所不同的。理解这一点，对于解决在不当得利构成要件上的争议具有重大意义。在古罗马法中，不当得利的类型是以针对不当得利提起的诉讼的方式体现出来的。针对不当得利提起的诉讼一般被称为“返还不当得利之诉”（condictiones sine causa）。它们分别是：

> （1）当为了换取对方相应的给付而向他人给付了自己的财产时，可提起“因给付的要求返还之诉”（condictio ob causam datorum）。
>
> （2）当因错误而实行了不当清偿（即根据某种不存在的或无效的债实行了清偿）时，可提起“错债索回之诉”（condictio indebiti）。
>
> （3）当实行给付或允许是为了使他人不实施不道德的和不合法的行为时，可提起“因受讹诈的要求返还之诉”（condictio ob turpem vel iniustam causam）。
>
> （4）当人们要求返还根据任何一种不存在的或已终止存在的关系而给付的钱物时，可提起狭义的“返还不当得利之诉”（condictio sine causa）和“返还无债因给付之诉”（ob causam finitam）。②

关于不当得利的类型，除以返还不当得利之诉的类型体现出来以外，还可以从不当得利的原因上加以分类。不当得利既可因给付行为而发生，也可因给付行为以外的事实而发生。因此，王泽鉴教授认为，不当得利可以分为“基于给付而受利益”和“基于给付以外事由而受利益”两个类型，即“给付不当得利”和“非给付不当得利”。王泽鉴教授指出：

> 基于给付而生的不当得利，以非债清偿为典型，如甲不知买卖契约不成立，而支付价金于乙，乙受领价金自始欠缺给付目的，系无法律上原因而受利益，乙受领甲的给付，无法律上原因。基于给付外事由而生之不当得利，以侵害他人权益为典型，如甲擅将乙寄托之稀有邮票出售获利，或甲擅在乙的墙壁悬挂广告。于此情形甲之受益所以不具法律上原因，乃因其取得了依权益内容应归属于乙之利益。由此可知，基于给付而生的不当得利，与基于给付外事由而生的不当得利，法律所以使之成立不当得利，实有其不同的理由，应区别加以判断。③

根据以上对不当得利类型的界定，我们接下来讨论许霆的行为是否属于不当得利。这一点涉及罪与非罪的问题。

关于许霆案的性质，我国刑法学界主张许霆的行为不构成犯罪而属于民法中的不当得利观点的杨兴培教授指出：

> 许霆的行为完全符合不当得利的构成要件，应纳入民法的调整范围。我国民法通则第92条规定：“没有合法根据，取得不当利益，造成他人损失的，应当将取得的不当利益返

---

① 王泽鉴．法律思维与民法实例·请求权基础理论体系．北京：中国政法大学出版社，2001：143.

② 彼德罗·彭梵得．罗马法教科书．黄风，译．北京：中国政法大学出版社，1992：398-399.

③ 王泽鉴．法律思维与民法实例·请求权基础理论体系．北京：中国政法大学出版社，2001：142.

还受损失的人。”不当得利的构成前提有以下两点：

(1) 行为人取得财物占有权没有合法的根据，这是不当得利构成的实质要件。就本案而言，许霆取得了巨款的占有权，是由于柜员机的故障所致。从民法的角度来分析本案，许霆不应当占有这一钱款，也无法取得对这一巨款的合法占有，因此要将钱款归还其真正的所有人。

(2) 行为人非积极主动地实施违法行为得利的同时造成他人的损失。许霆获得利益的同时使银行遭受了较大的经济损失。许霆的后续行为当然违反了民法的诚实使用原则，将没有被及时扣除的钱款继续从柜员机上提取，其主观上具有致使银行利益受损的目的，属于恶意受益，符合不当得利的构成要件。基于其主观目的的恶意性，其返还责任应该较善意受益人有所加重。因此，许霆除应将巨款返还给银行外，还应支付这段时间的银行利息；如果返还仍不能弥补银行遭受的损失，还要进行损害赔偿。①

在以上论述中，首先存在的问题是许霆的恶意取款行为属于不当得利的哪一种类型，然后再来分析其行为是否符合这一不当得利的构成要件。

许霆的恶意取款行为到底是“基于给付以外事由而受利益”的非给付不当得利，还是“基于给付而受利益”的给付不当得利，对此，需要结合这两种不当得利的构成要件加以分析。非给付不当得利发生的原因有三种：(1) 由于行为；(2) 由于法律规定；(3) 由于自然事件。因此，非给付不当得利在客观行为上可能以作为的方式构成，即受益人积极实施某种行为使本人受益、他人受损。但非给付不当得利不具有给付性，这是它与给付不当得利的根本区分。而给付不当得利，是因为受损人的错误给付。受益人只是给付的接收者，其本身是一种不作为而非作为。在许霆案中，许霆的恶意取款行为是否属于给付不当得利，关键要看许霆的行为是作为还是不作为：如果许霆的行为是作为，那么就不可能构成给付不当得利；只有许霆的行为是不作为，才有可能构成给付不当得利。

这里涉及许霆的第一次取款行为与后续的170次取款行为之间在客观上的差别问题。在主张许霆的行为构成不当得利而非犯罪的观点中，大多都认为许霆的取款行为前1次与后170次之间具有同一性，即“插真卡、输密码”因柜员机故障而获利。就获利而言，是柜员机故障造成的，许霆都是消极的接收者，其行为形式属于不作为。我认为，许霆第一次取款与后续170次取款在客观行为性质上是不同的：第一次取款本意是取借记卡中的100元，就此而言是作为。由于操作失误，从柜员机口吐出1 000元，其999元的获得是机器故障造成的不当给付，对此许霆是不作为，处于消极接收的境地。因此，第一次取款是正当取款行为（作为）与给付不当（不作为）的想象竞合。在这一次取款中，许霆对于999元不当得利是不作为，符合给付不当得利的构成要件，属于民事上的不当得利。后续的170次取款，虽然在表象上与第一次取款的操作过程是相同的，但在性质上明显不同。这种差异，就在于后继的170次取款是利用柜员机故障恶意取款，因而已经是一种作为而非不作为。虽然柜员机发生了故障，但现金仍然存放在柜员机内，正是许霆的恶意取款行为非法占有了柜员机内的财物。

后续的170次取款行为性质不同于第一次取款，是以许霆认识到柜员机存在故障为前提的。第一次，许霆不知柜员机存在故障，无意中获利；后续的170次，许霆明知柜员机存在故障，恶意地利用这种故障非法受益，其行为是以作为方式实施了非法占有金融机构财物的行为。那么，如何看待行为人主观认识上的变化而导致对其行为评价上的差异呢？辩护理由称：

许霆的取款行为在现行法体系内只能有一种确定的法律属性，要么是偷盗行为，要么

---

① 杨兴培．许霆案的行为性质认定和法理思考．法学，2008 (3)．

> 是储户的取款行为，尽管取得的结果是：17.4万元－176元＝17.3……万元，即许霆每一笔1 000元取款，有1元应当归自己外，其余999元为多取的部分，但不能因许霆的主观意识对999元有“恶意”或“善意”的贪念，而改变其作为储户合法取1元钱行为的法律属性。否则，就会走进主观归罪的误区。更加不能得出取1元钱的行为部分为储户合法取款行为，而999元行为部分为盗窃犯罪行为的结论。①

这里应当指出，对同一行为分为两个部分进行法律评价，在刑法中是十分正常的现象。以刑法规定为例，《刑法》第204条第2款规定：“纳税人缴纳税款后，采取前款规定的欺骗方法，骗取所缴纳的税款的，依照本法第二百零一条的规定定罪处罚；骗取税款超过所缴纳的税款部分，依照前款的规定处罚。”因此，对于以欺骗手段骗取国家出口退税款的同一行为，骗取的是所缴纳的税款部分定偷税罪，骗取的是非所缴纳的税款部分定骗取出口追税罪。又如，在司法实践中，根据《刑法》第238条第3款的规定，为索取债务而非法扣押、拘禁他人的，应定非法拘禁罪。但行为人为索取明显超出债务数额的财物而非法扣押、拘禁他人的，对于明显超过部分就应以绑架罪论处。上述两例，都是将同一行为分为两个部分进行评价，这在法律上是完全允许的。

问题在于：行为人主观要素的改变是否会影响对行为性质的法律评价？如果影响法律评价，是否属于主观归罪？对此，杨兴培教授指出：

> 许霆的行为形式没变，只是其主观心理发生了变化。因为其主观心理发生了变化，因此其行为性质也就发生了变化。肯定有罪者的观点，理由无非如此而已……从民法层面分析，我们只能认定取得第一笔钱款属于不当得利行为。第二次行为由于在客观上是合法的，不管许霆内心如何思想，都无论如何不能进入刑法的评价领域。由此我们只能无奈地认为，行为的合法与否，在法治的层面上，我们只能以行为的形式是否符合法律的规定为评价标准，舍此就很难说是法治意义上的标准。②

在此，存在合法性与违法性的评价标准问题，可以从以下三个方面加以分析。

一是许霆的行为是否属于民法上的合法交易行为。在辩护过程中，律师向法院提交了《广州市商业银行羊城借记卡章程》，其中第4条规定：“凡密码相符的交易均视为持卡人的合法交易，持卡人须对交易负责。”律师据此认为，由于许霆取款时使用的是正确的密码，故其取款行为不具有刑事违法性。对此，二审判决作了合理的评判：“上述规定仅只是银行设立的当非持卡人本人持卡和密码取款发生纠纷时的银行免责条款，其合法性是特指凡密码相符的交易行为产生的法律后果及于持卡人的法律效力而言，并没有对交易行为是否正当等其他方面进行合法性评价。”我认为，这一裁判理由是充足的。由此可见，在对某些条款作解释的时候，应当究其原意，而不能牵强附会地理解。

二是合法行为与违法行为区分的相对性。应当指出，合法行为与违法行为的区分是相对的，在一定条件下甚至是会发生转化的。因此，离开了特定条件，是无法对某一行为究竟是合法行为还是违法行为作出正确判断的。例如杀人行为，在绝大部分情况下是违法行为，但也不排除正当防卫杀人是违法阻却的杀人，即不具有违法性的杀人行为。至于依照合法判决执行死刑命令，那就是合法的杀人行为。又如医生甲经诊断发现病人乙有感冒症状，遂给乙开感冒药，这一开药行为是正常的治疗行为。但如果甲知道乙患心脏病，吃了这种感冒药就会诱发心

---

① 许霆案（重审）一审辩护词，载谢望原，付立庆主编．许霆案深层解读——无情的法律与理性的诠释．北京：中国人民公安大学出版社，2008：331.

② 杨兴培．许霆案的行为性质认定和法理思考．法学，2008（3）．

脏病而死亡，基于希望乙死亡的故意仍然开出感冒药，结果致使乙吃药死亡。从抽象来看，这一开药行为是对感冒的正常治疗行为，但在知道病人患心脏病，吃了感冒药就会诱发心脏病而死亡的情况下仍然开药，这一开药行为就是一种杀人行为。① 在本案中也是如此。从形式上看，许霆是插真卡、输正确密码，似乎是合法交易行为，但他是在明知柜员机存在故障的情况下恶意取款，因此这一取款行为具有违法性。

三是违法性的判断标准。这是一个根本性的问题。关于这个问题，在刑法理论上存在一个从客观违法性论到主观违法性论的演变过程。最初在刑法理论上的通说是客观违法性论，其口号是“违法是客观的，责任是主观的”，由此而把（客观）违法与（主观）责任加以严格区分。客观违法性论实际上就是客观构成要件论，认为构成要件是违法类型，因而正是构成要件的客观性决定了违法性的客观性。此后，德国学者麦兹格发现了主观违法要素，即在某些情况下，只从客观方面对行为的违法性是无从作出正确判断的，而必须考虑行为人的主观要素，例如目的犯之目的、倾向犯之倾向等。主观违法要素实际上也是主观构成要素，因此，有些学者虽然仍然坚持客观违法性论，但承认主观构成要素。例如日本学者小野清一郎指出：

> 关于违法性这个问题，我也属于客观违法性论者。某一行为是否违法，原则上要由其客观外部方面来决定，所以，关于主观违法要素的存在，我大体上持怀疑态度。然而，否定主观违法要素，并不等于直接地否定了主观构成要件要素或主观违法类型要素。对于主观的构成要件要素，我是肯定的。②

无论是称主观违法要素还是称主观构成要素，主观要素对于违法性判断的意义现在已经为刑法理论所承认。例如日本学者大塚仁教授指出：

> 主观的违法要素被构成要件类型化时，就成为主观的构成要件要素。主观的构成要件要素只不过成为关于其存在与否的定型性判断的对象，而主观的违法要素则应该对其内容、程度进行更实质的考虑，两者有着不同的性质。在有些场合，由于存在某种主观要素，行为就被合法化。例如，正当防卫中的防卫意思和紧急避险中的避险意思等即是。这种要素被称为主观的正当化要素（subjektive Rechtfertigungselemente）。③

因此，主观违法要素与主观的正当化要素具有对应性，都表明主观要素具有违法化或者正当化的功能。因此，同一行为，如果主观上具有违法要素，就会被评价为违法行为；如果主观上具有正当化要素，就会被评价为合法行为。在许霆案中，第一次取款行为，是基于正当交易的目的，因而是一种合法交易行为。即使意外地多得999元，也应当认为是不当得利。但后续170次取款，许霆在主观上具有非法占有的目的，因而其行为应当被评价为犯罪行为。这种对同一行为根据主观意思的不同分别评价为合法行为或者违法行为的情形，并非主观归罪，而恰恰是在客观构成要素具备的基础上，主观要素对于行为违法性的决定作用所致，是合乎刑法原理的。

许霆的取款行为，在主观上出于恶意并无异议。但不当得利是否主观上须出于善意，是否存在恶意的不当得利，这在民法理论上是存在争议的。我国民法通说认为，不当得利以受益人是否知情为标准可分为善意不当得利和恶意不当得利。受益人取得利益时不知其受益无合法根据的是善意不当得利，反之，则为恶意不当得利。因此，我国民法理论认为：不当得利本质上

---

① 陈兴良．许霆案的法理分析．人民法院报，2008-04-01.

② 小野清一郎．犯罪构成要件理论．王泰，译．北京：中国人民公安大学出版社，2004：59.

③ 大塚仁．刑法概说（总论）：第3版．冯军，译．北京：中国人民大学出版社，2003：309.

是一种利益，与当事人的意志无关，只要存在不当得利这一事实，不论当事人意志如何，均应产生不当得利之债。① 但也有学者不认同这种观点，认为只有善意地取得不应当取得的财产才是不当得利，否则就不是不当得利而是具有非法性的侵权行为。② 我认为，不当得利在受益人主观上是否必须为善意，换言之，受益人主观上出于恶意，是否可以构成不当得利，不可一概而论，而应当根据不当得利的具体类型加以考察。在无债清偿（condictio indebiti）的不当得利中，受益人主观上应出于善意，如为恶意或有欺诈，则对受益人要以盗窃论处。③ 因此，在无债清偿这种不当得利类型中，主观上只能出于善意，尽管在其他类型的不当得利中主观上也可以是出于恶意的。而许霆利用柜员机故障恶意取款的行为，如果构成不当得利，只能是无债清偿的不当得利，但无债清偿的不当得利要求主观上出于善意，而许霆利用柜员机故障取款，主观上出于恶意，因此不符合无债清偿的不当得利的构成要件。

行文至此，可以对许霆的取款行为是否构成不当得利作一个总结。我的基本观点是：许霆的第一次取款行为属于不当得利，即无债清偿的不当得利，与之对应的是受损人可以提起错债索回之诉。在无债清偿的不当得利中，受益人在客观上是不作为，处于消极的接收地位；在主观上是善意，是受损人之过错导致受益人的获利。许霆的第一次取款行为符合这一特征：因其取款行为是正当交易行为，只是由于柜员机的故障致使许霆消极获利，客观上的不作为与主观上的善意，都符合无债清偿的不当得利的构成要件。后续的 170 次取款则与之不同：许霆在明知柜员机存在故障的情况下，出于非法占有的目的恶意取款。在这种情况下，许霆客观上是作为，主观上出于恶意，已经完全不符合无债清偿的不当得利的构成要件。

三、侵占罪之非议

我在前文论证了许霆的后续 170 次取款行为不是民事上的不当得利，其实同时也已经否定了许霆利用柜员机故障恶意取款的行为构成侵占罪。因为许霆的行为构成侵占罪的结论是以许霆的取款行为属于不当得利为前提的；前提不存，结论则无。在此，我还是想对许霆的行为构成侵占罪的观点为什么难以成立，不厌其详地加以阐述。

在重审一审判决后的判后答疑中，广州市中级人民法院刑二庭庭长甘正培与记者有这样一段对答。

> 记者：许霆的行为为何不定侵占罪？
>
> 甘正培：根据我国刑法第 270 条的规定，侵占罪是指将代为保管的他人财物或者他人的遗忘物、埋藏物非法占为己有，数额较大，拒不退还的行为。而被告人许霆所非法占有的是银行放在柜员机内用于经营的资金，该资金既不是他人的遗忘物、埋藏物，也不是银行委托许霆代为保管的财物，故许霆的行为不符合侵占罪的犯罪构成要件。④

在这一判后答疑中，甘正培庭长强调许霆所非法占有的是放在柜员机内的资金，因而不是侵占，这是正确的。当然，仅以该资金不是他人的遗忘物、埋藏物或者银行委托代为保管的财物而否认侵占在逻辑上是不周全的。因为侵占罪的客体，除上述三种以外，还包括不当得利的财物以及其他已然持有的财物。关于许霆的行为是否构成侵占罪，应当从以下三个方面加以考察。

---

① 王利明，等．民法新论：下．北京：中国政法大学出版社，1983：420.

② 谢邦宇，李静堂．民事责任．北京：法律出版社，1991：404.

③ 周枏．罗马法原论：下册．北京：商务印书馆，1994：771.

④ 前后量刑相差悬殊的背后——广州中院对许霆案的判后答疑．法制日报，2008－04－01.

（一）柜员机发生故障状态下款项的法律性质

在财产犯罪，侵占罪是一种十分独特的犯罪，它与其他财产犯罪之间存在明显的区别。这里涉及对财物犯罪的分类，而这恰恰是我国刑法研究中的一个薄弱环节。在我国刑法研究中，只是对刑法规定的财产犯罪逐个进行研究，对各个财产犯罪之间的关系缺乏统筹性的考察。其实，财产犯罪是一个整体，根据不同标准可以对财产犯罪进行细致分类，各种类型的财物犯罪具有各种特点，这对于正确地区分财产犯罪具有重要的参考价值。例如，在日本刑法中，财产犯罪可以作以下分类：（1）财物罪与利益罪；（2）针对全体财产之罪与针对个别财产之罪；（3）领得罪与毁弃罪。其中，领得罪又可以进一步加以分类，对此，日本学者西田典之教授指出：

> 领得罪还可以根据是否伴有占有的转移，区分为占有转移罪（也称为夺取罪）与侵占罪。根据占有的转移是否有违对方的意思，占有转移罪可以进一步区分为有违对方意思的盗取罪（盗窃罪、不动产侵夺罪、强盗罪），以及基于对方意思的交付罪（诈骗罪、恐吓罪）。①

可以说，人身犯罪主要是根据侵害客体进行分类，例如侵害生命的杀人罪、侵害身体的伤害罪、侵害性权利的强奸罪等。财产犯罪在侵害客体上是相同的，都属于对财产权利的侵害，因此主要是根据侵害方法进行分类。而侵占罪与其他财产犯罪相比，是否存在占有转移是一个最大的差别：侵占罪是以已然持有为前提的，因而不存在占有转移；而其他财产犯罪在实施犯罪之前，财产处于他人持有之中，正是通过一定的犯罪方法使他人控制的财产转而处于本人控制之下，这就是所谓占有转移。因此，在实施犯罪前，财产是否处于行为人控制之中，就成为侵占罪与其他财产犯罪相区分的主要根据。

那么，在柜员机发生故障的情况下，银行资金处于一种什么样的状态呢？换言之，银行是否因为柜员机发生故障而丧失了对柜员机内资金的合法控制？对此，无论是主张有罪的观点还是主张无罪的观点，都不否认在柜员机发生故障的情况下，柜员机内的现金仍然处于银行的控制之中。例如，杨兴培教授指出：

> 柜员机虽然发生故障，但是从法律上来说，柜员机仍然为设置银行所有，机器内的钱款仍然属于设置银行所有，仍然为银行所控制。②

这一观点当然是正确的，正如同我把财物遗忘在家里，不能仅仅根据遗忘这一特征就把该财物确认为遗忘物，因为它仍然在家里放着，处于我的控制之下。

既然承认在柜员机发生故障的情况下，柜员机的现金处于银行的控制之下，那么就排除了已然持有这一构成侵占罪的前提条件。为什么还会认为许霆利用柜员机故障恶意取款的行为构成侵占罪呢？这就需要进一步分析柜员机内的现金转移到许霆手里这一占有转移过程的法律性质。

（二）柜员机内现金占有转移的法律性质

柜员机内现金占有转移过程，也就是许霆的取款过程。那么，许霆利用柜员机故障恶意取款行为的法律性质如何认定呢？主张许霆无罪的观点提出，许霆的取款行为属于正常交易，至多其交易无效而已。例如其辩护律师在重审一审辩护词中指出：

> 许霆使用自己的实名银行卡到有监控、结算中心系统的柜员机上取款，输入的是自己

① 西田典之．日本刑法各论：3版．刘明祥，王昭武，译．北京：中国人民大学出版社，2007．

② 杨兴培．许霆案的行为性质认定和法理思考．法学，2008（3）．

的密码，付款申请也是以自己名义提出，又经过银行网络中心验证、同意后，主动交款，自始至终的取款行为都是公开的，不存在秘密环节。银行机器的故障并不影响行为的公开性，只是影响了交易行为的有效性。①

上述辩护意见虽然是在论证许霆的取款行为不具有盗窃罪所要求的秘密性特征，但其基本逻辑还是将许霆的取款行为当作一种正当交易的行为。既然取款行为是正当的，许霆获得多于借记卡扣除数额的现金只是一种不当得利，即是银行"错给"。例如我国学者指出：

银行方面的失误是本案发生的必要前提，没有银行的失误，许霆的行为不可能取得非法所得，本案也不可能发生，"错给"不是许霆制造的，超出存款余额"错给"是这一柜员机故障本身就具有的性质，许霆只是利用罢了。②

这里涉及柜员机故障与许霆的取款行为性质之间相关性的分析。确实，如果柜员机不发生故障，许霆不可能进行恶意取款。因此，柜员机故障对于许霆的恶意取款行为具有诱发性。但是，能不能因为柜员机故障而将许霆的取款行为定性为银行错给，这里需要研究的是柜员机故障所产生的银行过错的性质。对此，我国学者陈甦提出过错应根据所在的法律关系认定的命题，我是极为赞同的。陈甦教授指出：

柜员机发生失灵，利用柜员机提供服务的银行确有过错，但是，银行的过错要根据该过错所在的法律关系来认定。对于许霆而言，银行过错不是侵权上的过错，因为银行并未侵害许霆的权利；这个过错也不是违约上的过错，因为银行对许霆不构成违约上的责任。所以在许霆取款过程中，银行并没有违反对许霆的义务。许霆完全可以足额取走其借记卡上实际拥有的款项，至于柜员机少扣划的账户记载，日后由银行更改借记卡记录即可。

银行的过错仅仅是在许霆第一次取款时，因柜员机失灵造成许霆不当得利。至于后来许霆实施侵权行为时，银行对许霆没有任何过错。如果脱离了待判定的过错所在的法律关系，将柜员机失灵与许霆盗取款项混为一个法律关系上的问题，就会得出银行反倒对许霆的侵权行为有过错的结论，而这种结论是非常错误的。③

因此，柜员机故障不能直接等同于银行的过错。柜员机故障对于善意取款人才是一个过错，其后果是构成受益人的不当得利。柜员机故障对于恶意取款人不是过错，而只不过是其利用来进行非法占有的一个便利条件。正如我忘了锁门，对于误入者来说是一个过错，但对于侵入者来说只是提供了一种条件。从这个意义上来说，许霆获得超过借记卡余额的款项是其恶意取得的结果，而不是银行错给的结果。这也就可以排除许霆的行为是不当得利，其行为是民法上的侵权行为，至于这种侵权行为在刑法上如何评价，那是另外一个问题。既然许霆的受益不是不当得利的结果，也就进一步排除了构成侵占罪的可能性。

（三）柜员机因故障而支付款项的法律性质

在许霆案中，存在两个行为：一是取款行为，二是占有行为。那么，到底哪一个行为是刑法评价的客体呢？这个问题直接关系到许霆的行为能否被认定为侵占罪。对此，我国学者认为插真卡、输密码无刑法评价意义，从出款口拿钱属于侵占脱离银行占有的遗忘物。在论证脱离

---

① 谢望原，付立庆主编．许霆案深层解读——无情的法律与理性的诠释．北京：中国人民公安大学出版社，2008：331.

② 李飞．析许霆案重审判决之两大错误//谢望原，付立庆主编．许霆案深层解读——无情的法律与理性的诠释．北京：中国人民公安大学出版社，2008：107.

③ 陈甦．失灵柜员机取款案的民法分析．人民法院报，2008-01-17.

银行占有的遗忘物时，我国学者高艳东博士指出：

> 在取款机出错时，银行虽然没有放弃所有权，但事实上无法占有出款口的资金，且该资金并非基于银行本意而脱离其占有，属于遗忘物。因此，“从出款口拿钱”就只能评价为侵占行为。①

显然，这种主张许霆的行为构成侵占罪的观点，其理由是十分独特的。一般主张许霆的行为构成侵占罪的观点，其理由都认为许霆获得超过借记卡的款项属于民事上的不当得利，在不当得利的情况下因拒不返还而构成侵占罪。但高艳东博士的观点则认为，柜员机出口的款项属于遗忘物，许霆占有银行遗忘物因拒不退还而构成侵占罪。

关于这个问题，应当从遗忘物的概念着手分析。应当指出，在外国刑法中并无遗忘物的概念而只有遗失物的概念，例如《日本刑法》第254条，将遗失物、漂流物或者其他脱离占有的他人之物统称为占有脱离物侵占罪，它和单纯侵占是两个独立的罪名。而我国《刑法》第270条则称遗忘物，并且把将他人的遗忘物或者埋藏物非法占为己有，数额较大的行为规定为侵占罪的一种行为方式。在我国刑法理论上，一般认为，遗忘物是指由于财产的所有人、占有人的疏忽，遗忘在某处的物品。在司法实践中，遗忘物和遗失物是有区别的：遗忘物一般是指被害人明确知道自己遗忘在某处的物品，而遗失物则是失主丢失的物品，对于拾得遗失物未交还失主的，不得按侵占罪处理。② 由此可见，遗忘物具有以下三个特征：一是财产所有人或者占有人丧失了对财产的控制，二是之所以丧失控制是由于财产所有人或者占有人的疏忽，三是财产所有人或者占有人仍然知道财物遗忘的场所，因而区别于遗失物。

按照以上我国刑法中遗忘物的概念，我们来分析许霆案。上文我已经指出，当款项处于柜员机内时，尽管柜员机发生故障，银行并没有丧失对该款项的控制，因而不属于遗忘物。那么，为什么在许霆将款项从柜员机内取出时，就变成了遗忘物了呢？高艳东博士的论证逻辑是：许霆“插真卡、输密码”的行为无刑法评价意义，这一无刑法评价意义的行为导致柜员机自动出错而出款时，银行丧失了对出款口资金的控制，因而出款口资金属于占有脱离物型的遗忘物。③ 关于“插真卡、输密码”的行为是否具有评价意义，即评价为不当得利还是刑事不法，当然是另一个应当讨论的问题，现在的问题在于：柜员机出错而出款，该款项为什么就是遗忘物？高艳东博士将“机器自动出错”与“使机器出错”相区分，这当然是正确的。但因“机器自动出错”而受益又可以分为以下两种情形：一是利用机器出错而获利，这是一种积极的作为；二是因为机器出错而获利，这是一种消极的不作为。这两种获利的法律性质是有所不同的：后者属于不当得利，前者是一种侵权行为，只不过是利用柜员机故障而侵犯银行的财产所有权。因此，不能认为机器故障不是许霆造成的，许霆的行为就不是犯罪。柜员机虽然发生了故障，但这一故障在以下两种情况下才使银行款项成为他人的不当得利：一是柜员机因为发生故障而在无人操作的情况下自动吐款，二是柜员机因为发生故障将银行或者他人账（卡）上的款项划入许霆的借记卡中。但上述两种情形都不存在，柜员机只有在许霆的操作下才会吐款。在这种情况下，柜员机吐款并非“自动出错”，而恰恰是“被动出错”。因此，柜员机所吐款项并非银行的遗忘物，而是许霆操作的结果。在这个意义上说，具有刑法意义的仍然是许霆的取款行为。

---

① 高艳东．从盗窃到侵占：许霆案的法理与规范分析．中外法学，2008（3）：474.

② 胡康生，郎胜主编．中华人民共和国刑法释义．3版．北京：法律出版社，2006：420.

③ 高艳东．从盗窃到侵占：许霆案法理与规范分析．中外法学，2008（3）：472-473.

四、诈骗罪之质疑

在主张许霆利用柜员机故障恶意取款行为构成犯罪的观点中，认为许霆构成诈骗罪或者信用卡诈骗罪的见解具有一定的影响。

诈骗罪是一种财产犯罪，我国刑法对诈骗罪采用了简单罪状的立法方式，在刑法理论上，一般认为诈骗是指以非法占有为目的，用虚构事实或者隐瞒真相的方法，骗取公私财物的行为。① 在我国刑法理论上，更多的是强调虚构事实、隐瞒真相的诈骗方法。这里的虚构事实，是指捏造不存在的事实，骗取被害人的信任，从而“自愿地”交出财物。而隐瞒真相，是指故意对被害人掩盖客观存在的某一事实，以哄骗被害人，使其“自愿地”交出财物。而这种“自愿”实际上是受行为人的欺骗而上当所致，并非出自被害人的真正意愿。② 在这一对诈骗行为的法理阐释中，虽然也论及被害人的“自愿”交付行为，但并未对该交付行为作进一步的论述。在大陆法系刑法理论中，往往将诈骗罪描述为以下环环相扣的因果过程：

欺骗行为→错误→处分（交付）行为→诈取

在上述诈骗罪的构成中，纳入了被害人的行为，即陷于错误认识，基于这种错误认识而交付财物。可以说，诈骗罪是一种典型的被害人有过错的犯罪，正确地理解被害人的过错对于诈骗罪的认定具有重要意义。正因为只有存在被害人的认识错误才能构成诈骗罪，所以在日本刑法理论中存在“机器不能被骗”的命题，并在刑法理论上与司法实务中得到遵从。例如日本学者西田典之教授指出：

> 诈骗行为首先必须指向人的行为。也就是，由于机械并不会陷于错误，因而把类似于货币的金属片插入自动售货机而不正当地获取果汁、香烟、乘车券等的就并不构成诈骗罪，而是构成盗窃罪。同样，判例也认为，利用伪造的CD卡（指信用卡——引者注）或拾得的CD卡从CD机（自动取款机）上取款的行为也不是诈骗而是盗窃。与此相反，即便实施了利用类似于货币的金属片而不正当地使用公用电话机、投币存物箱、游戏中心的游戏机的行为，由于属于利益盗窃，因而按照现行法的规定，既不是诈骗也不是盗窃，而只能是不可罚。③

“机器不能被骗”的命题，也得到我国学者张明楷教授的认同。张明楷教授认为，只有坚持“机器不能被骗”的观点，才能维持诈骗罪的定型，并进而将诈骗与盗窃加以区分，否则诈骗罪与盗窃罪必将混淆。张明楷教授指出：

> 构成要件是犯罪的定型，诈骗罪是一种具体类型，有特定的构造与模型，即行为人的欺骗行为导致受骗者陷入或者维持认识错误，进而处分财产。如果认为计算机等机器也可以成为受骗人，则导致诈骗丧失其定型性，从而使诈骗罪的构成要件丧失罪刑法定主义机能。与此相联系，如果认为计算机等机器也可以成为欺骗行为的受骗者，那么，就几乎不可能区分诈骗罪与盗窃罪。例如，根据机器可以成为受骗者的观点，将普通铁币投入自动贩卖机而取出商品的行为，构成诈骗罪。这是难以接受的。再如，许多汽车装有智能锁，其钥匙具有识别功能。如果采纳机器也可能成为受骗者的观点，那么，使用某种工具打开汽车的智能锁开走汽车的，也成立诈骗罪。不仅如此，倘若采纳机器也可能成为受骗者的

---

① 胡康生，郎胜主编．中华人民共和国刑法释义．3版．北京：法律出版社，2006：415.

② 周道鸾，张军主编．刑法罪名精释．3版．北京：人民法院出版社，2007：513－514.

③ 西田典之．日本刑法各论：3版．刘明祥，王昭武，译．北京：中国人民大学出版社，2007：149－150.

观点，当被害人的住宅大门安装智能锁时，行为人使用工具使该门打开的，也属于欺骗机器，从住宅取得财物的，也成立诈骗罪。①

因此，"机器不能被骗"虽然只是一个理论上的命题，但它与诈骗罪的本质密切相关，可以说是一种隐形的法律。如果坚持"机器不能被骗"这一立场，许霆的行为当然与诈骗罪无涉。② 因此，我国学者否认"机器不能被骗"的观点，以此作为许霆的恶意取款行为构成（信用卡）诈骗罪的一个重要突破口。例如我国学者刘明祥教授指出：

> 在刑法中单设使用计算机诈骗罪、信用卡诈骗罪，这本身就表明在立法上承认它具有不同于传统诈骗罪的特殊性，其特殊性就体现在机器本身并不能受骗，只是由于机器是按人的意志来行事的，机器背后的人可能受骗，使用计算机诈骗、信用卡诈骗同传统诈骗罪相比，受欺骗具有间接性，即以智能化了的计算机作为中介，实质上是使计算机背后的人受了骗；同时，人处分财物也具有间接性，即由计算机代替人处分财物，并非是人直接处分财物。既然如此，我们就不能完全用传统诈骗罪的观念来解释使用计算机诈骗罪、信用卡诈骗罪。由此可见，以机器本身不能受骗来否定非法使用信用卡在柜员机上恶意取款行为的诈骗性质，从而作为定盗窃罪的根据是不妥当的。③

上述观点似乎在这一点上有些模糊：信用卡诈骗罪是特殊诈骗类型，因而可以不恪守"机器不能被骗"的原则。那么，普通诈骗罪是否还应当坚持"机器不能被骗"的立场呢？毫无疑问，诈骗罪与信用卡诈骗罪等特殊诈骗罪之间存在法条竞合关系，后者必然具备前者的本质特征。因此，在"机器不能被骗"这一问题上，信用卡诈骗罪不能有例外。

根据我国《刑法》第196条的规定，信用卡诈骗罪表现为以下四种情形：（1）使用伪造的信用卡，或者使用以虚假的身份证明骗领的信用卡的；（2）使用作废的信用卡的；（3）冒用他人信用卡的；（4）恶意透支的。在以上四种情况下，都是人被欺骗而不存在机器被骗的问题。刘明祥教授认为，许霆的恶意取款行为属于恶意透支，应定信用卡诈骗罪。刘明祥教授指出：

> 由于柜员机出故障，许霆所用借记卡能够在自己卡中仅存170余元的情况下取出17万余元现金，表明其借记卡已具有透支的功能（即在卡中无存款记录的情况下先支取钱款）。如果他是以非法占有为目的，经发卡银行催收后仍不归还，那就是恶意透支。④

在银行法上，透支是指在银行设账户的客户在账户上已无资金或者资金不足的情况下，经过银行批准，以超过其账户资金的额度支用款项的行为。透支可以分为善意透支与恶意透支。我国《刑法》第196条第2款规定："前款所称恶意透支，是指持卡人以非法占有为目的，超过规定限额或者规定期限透支，并且经发卡银行催收后仍不归还的行为。"恶意透支构成信用卡诈骗罪，具有一定特殊性。同时，恶意透支行为也完全可以通过柜员机实现。但透支不仅是行为人的一种行为，而且是信用卡的一种功能。银行在发放信用卡的时候，已经设置了这种功能，因而概括性地处分了一定的财物。我国刑法中的信用卡，不仅包括具有透支功能的狭义上的信用卡，而且包括不具有透支功能的广义上的信用卡，即所谓借记卡。在一般情况下，由于借记卡不具有透支功能，因而不可能构成恶意透支型的信用卡诈骗罪。在许霆案中，由于柜员机发生故障，许霆可以超过其卡中的额度取款，那么，这种情形能否认为借记卡已具有透支功

---

① 张明楷．诈骗罪与金融诈骗罪研究．北京：清华大学出版社，2006：90-91.

② 张明楷．许霆案的定罪与量刑．人民法院报，2008-04-01.

③ 刘明祥．在柜员机上恶意取款行为不应定盗窃罪．检察日报，2008-01-08.

④ 刘明祥．在柜员机上恶意取款行为不应定盗窃罪．检察日报，2008-01-08.

能呢？对此，我的观点是否认的。透支功能是银行主动设置的，借记卡不可能因故障而具有透支功能。而且，透支并非在卡中无存款记录的情况下先支取钱款，而是超过卡中款额提取款项，提取款项的额度在卡上当然是有记录而非无记录。而在许霆案中，因为柜员机发生故障，许霆取 1 000 元，卡上才扣 1 元。无论对于银行还是对于许霆来说，这一利用柜员机故障的恶意取款行为都不是恶意透支。正如刘明祥教授指出：滥用自己名下的信用卡的行为（恶意透支）的本质是滥用信用，即滥用信用卡发行者给予会员（持卡人）的信用，侵害了信用卡发行者与会员（持卡人）之间的信赖关系，从根本上破坏了信用卡制度，妨害了利用信用卡从事正常的交易活动。[①] 但在利用柜员机故障恶意取款的情况下，侵犯的并不是信用制度，而是金融机构的财产所有权。因此，许霆的行为不符合恶意透支的本质特征，也不能由此构成信用卡诈骗罪。

我国个别学者认为许霆对柜员机进行欺诈性操作，从而骗取他人钱财，构成普通诈骗罪。[②] 这里主要涉及如何理解欺诈性操作的问题。我国学者谢望原教授指出：

> 在许霆案中，行为人利用柜员机信息识别系统错误——行为人从柜员机提取 1 000 元却只在行为人的银行账户中扣除 1 元，本质上等于行为人用 1 元冒充 1 000 元来和银行进行交易，而银行（工作人员）却错误地相信行为人支付的 1 元就是 1 000 元，从而支付给行为人 1 000 元！如果上述分析符合逻辑，那么许霆所实施的 170 多次非法套取银行柜员机钱款的行为就是地地道道的诈骗而非盗窃。[③]

上述逻辑推理是值得推敲的。诈骗是行为人通过虚构事实而使他人陷于认识错误，或者隐瞒真相而不披露他人的认识错误，在此基础上使他人处分财物。因此，虚构事实是制造他人的错误，而隐瞒真相往往包含利用他人已有的错误。在许霆案中，不存在制造他人的错误。那么，利用柜员机的故障是否属于利用他人错误呢？我的回答是否定的。正如上文指出，柜员机的故障不等于银行的过错。而且，许霆也并没有进行欺诈性操作，正如我国学者陈甦教授指出：

> 对许霆从柜员机取款的行为，不能认定为欺诈，因为许霆取款时输入的资料和指令都是真实的，既没有隐瞒真相也没有捏造事实。许霆输入取款 1 000 元的指令，柜员机就执行支付 1 000 元的指令，只是在记载扣除相应款项这个环节上发生错误。这个错误不是许霆指示或欺骗的结果，而是机器自己糊涂犯晕记错账的结果。[④]

这里所谓机器自己糊涂犯晕，就是指柜员机发生故障。这一故障并非许霆造成的，他只不过是利用这一故障恶意取款而已，该款项并不是机器基于认识错误而交付的，因为“机器不能被骗”。实际上，在许霆案中，机器也确实没有被骗。因此，无论是信用卡诈骗罪还是普通诈骗罪，都不能成立。

五、盗窃罪之论证

盗窃罪也许是财产犯罪中最为古老的一个罪名，在我国春秋时期就有窃盗之罪，例如《荀子·修身》曰：“窃货曰盗。”汉初，刘邦入关“约法三章”：杀人者死，伤人及盗抵罪。其中，

---

① 刘明祥．财产罪比较研究．北京：中国政法大学出版社，2001：265.

② 谢望原．许霆案深层解读：无情的法律与理性的诠释．法制日报，2008－01－20.

③ 谢望原．许霆案的再思考：刑事司法需要怎样的解释？//谢望原，付立庆主编．许霆案深层解读——无情的法律与理性的诠释．北京：中国人民公安大学出版社，2008：97－98.

④ 陈甦．失灵柜员机取款案的民法分析．人民法院报，2008－01－17.

盗罪就是三罪之一。关于盗的含义，《晋书·刑法志》引张裴律表云："取非其物谓之盗。"及至《唐律》，将盗罪分为强盗与窃盗。《唐律·贼盗律》规定："诸盗，公取、窃取皆为盗。"《疏议》曰："公取，谓行盗之人，公然而取；窃取，谓方便私窃其财，皆名为盗。"其中，公取之盗为强盗，即"以威若力而取其财"；窃取为窃盗，《疏议》曰："窃盗人财，谓潜形隐面而取。"因此，窃盗行为是以秘密窃取为特征的。我国现行刑法中的盗窃罪就是《唐律》中的窃盗罪，虽然罪名有所变动，但秘密窃取的特征并无改变。因为盗窃罪是一个常见罪名，所以刑法采用的是简单罪状，未对盗窃罪的行为特征加以法律上的描述。在我国司法实践中，盗窃罪虽然在整个刑事案件的发案率中所占比重较大，但极少出现疑难案件，而许霆案恰恰是一个例外。

在英美刑法中，存在三个经典性的罪名，即因取得他人之物而构成的盗窃罪（larceny）；因不当保管他人托管（entrusted）之物而构成的侵占罪（embezzlement）；因欺诈性地诱使他人脱离自己财产而构成的诈骗罪（fraud 或称 false pretenses）。这三种犯罪之间的界限极易混淆，美国学者弗莱彻认为，可以将被害人参与的自愿程度作为这三种犯罪的区别之源。盗窃罪的被害人是不自愿的；侵占罪的被害人虽然自愿将自己财物的占有（possession）委托给被告人，但对于被告人后继的挪用（appropriation）都是非自愿的；通过诈骗获取财物的犯罪，其被害人名义上同意将自己的财物转移给被告人，但他名义上的同意是由于被诱骗，因而不能反映财物所有者的真实意愿。① 弗莱彻以上对盗窃、侵占和诈骗三种犯罪的区别的论述，当然是从这三种犯罪的构成要件中引申出来的。例如弗莱彻将盗窃行为分解为以下三个要件：(1) 被窃物发生位移；(2) 取自他人占有；(3) 一种违背所有者意愿的行为。② 由于英美法系采用的是判例法，所以虽然有对盗窃罪构成要件的一般概括，但对各个要件在英美法系有一系列案例可以参照。正如澳大利亚 Hugoc Jat 律师所言：

> 做一个比喻，整体来看成文法中的盗窃罪就像一棵大树，然后在案例法上确定要件就是几个分支，分支上面是超过二百多年历史的案例来充当叶子为大树提供养分。可以说，如果许霆案发生在英美国家，争论绝对不会如此离谱和激烈……③

应该说，以上评论是极为中肯的，它充分说明了判例法的优越性。判例的经年累月的积聚，使法律规定置身于一种历史的时光隧道之中，呈现出某种活生生的历史感。但我国的法律条文，却只是一种抽象的、枯燥的、缺乏历史感的文字。在这种情况下，对法条的解释如果跟不上，就会出现法律适用上的难题。例如在许霆案中，虽然法官试图以理说案，进行判后答疑，但说理的内容仍然是干巴巴的、概念式的，而没有生动的阐述与严谨的推理。

其实，在英美刑法中，许霆案定为盗窃罪是没有问题的。在英美刑法的盗窃罪的构成要件中，未经他人同意是一个重要的要件，如果是经过他人同意而取得财物则不构成盗窃罪。这里所谓未经他人同意，是指违背财物所有人或者占有人的意愿，因而这种占有他人财物的行为是非法的。因此，未经同意是盗窃行为非法性的根据之一。在美国刑法中，非法获取（trespassory taking）是盗窃罪的构成要件之一，而这里的非法获取，就是没有经原主同意而获取。④ 因此，在英美法系当中，如果能够证明任何人在取得他人物品的时候是经过他人同意的，就不

---

① 乔治·弗莱彻．反思刑法．邓子滨，译．北京：华夏出版社，2008：1.

② 乔治·弗莱彻．反思刑法．邓子滨，译．北京：华夏出版社，2008：3.

③ Hugoc Jat. 英美法系下的许霆案//谢望原，付立庆主编．许霆案深层解读——无情的法律与理性的诠释．北京：中国人民公安大学出版社，2008：300.

④ 储槐植．美国刑法．2 版．北京：北京大学出版社，1996：229.

能算盗窃，除非此同意是因为某种错误而引起的。[①] 在许霆案中，柜员机支付款项是不是银行同意的，这当然是一个值得考察的问题。在主张许霆的行为不能认定为盗窃罪的观点中，存在这样一个理由：

许霆接受银行“错给”，不违背银行通过柜员机表现出来的意志。就本案而言，银行是通过装有交易指令及交互程序的柜员机来表达其意思表示。即使柜员机出现技术故障，但柜员机仍是按银行预先设定程序指令行事，虽然是错误的，但属于银行的意思表示。并且本案的技术故障，并不是许霆通过破坏设备和篡改程序等非法手段造成的。可见，在本案中，出现故障的柜员机代表银行错误地向许霆支付款项，由于柜员机是无人值守的智能机器，在运行时，无须其他辅助即能独立表达银行意志。[②]

在上述论述中，包含着这样两个问题值得研究：一是智能机器是否具有意志，能否表示同意；二是错误的同意是否具有法律效力。关于第一个问题，我认为智能机器仍然是机器，它没有独立于人的意志。因此，机器同意的实质是人的同意，即机器程序设置者的同意。就柜员机而言，它是代表银行的，银行的意志才是机器的意志。因此，“机器不能被骗”这一原理是建立在机器不能表达意思、不具有意志这一逻辑前提之上的。当柜员机发生故障时，银行设置的程序发生了错误，因此柜员机的给付已经违反银行的意志。关于第二个问题，即使柜员机在发生故障情况下的支付行为反映的是银行的错误同意，这一同意也不具有法律效力，不能认为是缺乏盗窃罪的违反财产所有人或者占有人的意志这一要件。例如，甲在某超市将一箱价值50元的肥皂包装箱打开，取出肥皂，装入价值5 000元的照相机一部，然后包装好去交款。收银员以为是一箱肥皂，收取50元后予以放行。在该案中，甲将相机伪装成肥皂从超市带走，是经收银员同意的，但这种同意显然是基于错误理解的同意，因此不能认为这一购买行为是具有法律效力的交易行为。同时，在该案中，甲虽然采取了调包方法使收银员受骗，但收银员处分的是肥皂而不是相机。因此，甲的行为构成盗窃而非诈骗。正如日本学者大塚仁教授指出：在窃取时，即使有欺骗人的行为，只要不是通过对方基于其欺骗行为所产生的错误使其交付了财物，就不是诈欺罪，而应当认为是窃盗罪。[③] 而且，即使对方基于欺骗交付了财物，如果其所意欲交付的财物并非他人实际取得的财物，同样不是诈欺罪而是窃盗罪。因此，在许霆案中，即使把柜员机故障看作是一种错误支付，该支付也应当认为是违反银行本意的，不能认为是一种正确的同意。

柜员机是“人—机”的交易形式，它不同于“人—人”的交易形式，因此，柜员机的同意具有特殊性。关于柜员机的同意，澳大利亚最高法院在Kennison v. Daire案中作出以下判词：银行同意你取款，但是你的取款方式只能按照银行卡上面的使用条款来进行。如果你违反银行预定的所同意的取款方式，就超出了银行的同意范围来进行取款。[④] 就许霆利用柜员机故障恶意取款而言，没有一个银行会同意这种取款是合法的，因而许霆的取款显然是违反财产所有人或者占有人的意志的。因此，在英美法系刑法中，许霆的行为构成盗窃罪是不容争辩的。

在大陆法系刑法中，例如日本将盗窃罪称为窃盗罪，其行为是窃取。日本学者大塚仁教授

---

① Hugoc Jat. 英美法系下的许霆案//谢望原，付立庆主编．许霆案深层解读——无情的法律与理性的诠释．北京：中国人民公安大学出版社，2008：303.

② 李飞．析许霆案重审判决之两大错误//谢望原，付立庆主编．许霆案深层解读——无情的法律与理性的诠释．北京：中国人民公安大学出版社，2008：106.

③ 大塚仁．刑法概说（各论）：第3版．冯军，译．北京：中国人民大学出版社，2003：193.

④ Hugoc Jat. 英美法系下的许霆案//谢望原，付立庆主编．许霆案深层解读——无情的法律与理解的诠释．北京：中国人民公安大学出版社，2008：306.

在阐述窃取一词的含义时指出：

> 所谓“窃取”，是指单纯的盗取，即不采取暴行、胁迫，违反占有者的意思，侵害其对财物的占有，将财物转移为自己或者第三者占有。虽然使用着“窃”取一语，但是，并不需要暗地里取得，也可以是公然地侵害占有。①

在此值得注意的是，日本学者认为盗窃罪之成立既可以是秘密的，也可以是公开的。因此，秘密性并非盗窃罪的构成特征。而在许霆案中，秘密性也恰恰是争议的焦点之一。例如其辩护律师在否认许霆的行为构成盗窃罪时，缺乏秘密性是重要的辩护理由。辩护律师在原审二审辩护词中指出：

> 在本案中，被告人许霆是用自己的实名工资卡到银行严密监控下的柜员机上取款，输入的也是自己预留在银行的密码，自始至终在取款时都认为其行为完全被银行掌握，并能适时发现并马上根据银行卡的开户资料提供的联系方式，采取行动追回多取款项，这样的行为相对于银行而言，只能说是“公开”，不存在“秘密”可言。②

辩护律师的逻辑推理是：秘密性是盗窃罪的构成要件之一，既然在许霆案中不存在秘密性，那么许霆的行为就不构成盗窃罪。但法院则认为许霆的行为具有秘密性。例如重审二审的审判长刘锦平法官在判后答疑时与记者有这样一段对话：

> 记者：有人认为，许霆取款时过程是公开的，不符合盗窃罪中“秘密窃取”的特征。法院认定许霆是“秘密窃取”的根据是什么？
>
> 刘锦平：盗窃罪中的“秘密窃取”，指的是行为人采取自认为不被财物所有人或保管人当场发觉的方法，违背财物所有人、保管人的意志，利用非暴力的手段取得财物的行为。本案中许霆取款时不仅明知柜员机出现了故障，而且通过第一次取款的成功，也知道银行工作人员还没有察觉到取款机出了故障，因此利用该故障，通过正常操作就能达到非法占有银行资金的目的，继续取款不会当场被银行工作人员发觉。事实上银行也是在第三天才发觉许霆的恶意取款行为。虽然许霆持有的是其本人的银行卡，柜员机旁亦有监控录像，这些都只是使银行事后能够查明许霆的身份，并不足以使银行能够当场发觉并制止许霆的恶意取款行为。行为人的主观认识是通过客观行为体现出来的，上述事实足以证实许霆产生了其恶意取款行为至少不会被银行工作人员当场发觉的侥幸心理。同时也说明，许霆的取款行为对于银行当时来说是秘密的，说许霆行为具有公开性，只能是相对于柜员机而言，但应当明确，柜员机只是银行用于经营、保管资金的工具而已。另外，许霆恶意取款的行为违背了银行的意志，具有非暴力性，这些都充分说明了许霆的行为符合“秘密窃取”的特征。③

许霆供述“机器知道，人不知道”可以说是上述回答的一个绝妙注脚。

按照日本刑法理论，既然盗窃罪并不以秘密为要件，许霆的行为构成盗窃罪也是没有问题的。④ 关于盗窃罪是否要求秘密性这一要件，当然是一个可以讨论的问题。我国学者张明楷教

---

① 大塚仁．刑法概说（各论）：第3版．冯军，译．北京：中国人民大学出版社，2003：193.

② 谢望原，付立庆主编．许霆案深层解读——无情的法律与理性的诠释．北京：中国人民公安大学出版社，2008：324－325.

③ 许霆案审判长：恶意取款符合秘密窃取特征．法制日报，2008－05－23.

④ 关于许霆案，日本东京大学教授山口厚2008年4月访问北京大学法学院时，我曾当面请教。山口厚教授认为，许霆的行为在日本构成盗窃罪。

授对此提出：

> 窃取行为虽然通常具有秘密性，其原本含义也是秘密窃取，但如果将盗窃限定为秘密窃取，则必然存在处罚上的空隙，造成不公正现象。所以，国外刑法理论与司法实践均不要求秘密窃取，事实上完全存在公开盗窃的情况。本书也认为，盗窃行为并不限于秘密窃取。①

我认为，我国刑法中的盗窃罪，秘密性是必不可少的构成要件之一，否则，难以将盗窃罪与抢夺罪加以区分。在一定程度上，盗窃罪之秘密与抢夺罪之公开正好形成鲜明的对比。例如，《俄罗斯联邦刑法典》第158条关于盗窃罪的规定明文指出，秘密侵占他人财产的是偷窃。俄罗斯学者在解释偷窃罪的秘密特征时指出：

> 偷窃罪的客观方面表现为秘密侵占他人财物，其本质内容无论客观上还是主观上都在于小偷力求避免与所窃财物的所有人或实际占有人以及可能妨碍犯罪的实施的人或作为目击证人揭露罪犯的旁人发生接触。②

与此同时，《俄罗斯联邦刑法典》第161条规定了抢夺罪，规定公开夺取他人财产的是抢夺。因此，抢夺罪具有公开性，属于典型的公然犯。我国学者指出：

> 公然犯罪，系秘行犯罪的对称，简称公然犯，是指按照刑法特定犯罪构成要件及其刑罚规范的预设，某种犯罪行为必须或者必然地表现为故意在不特定的人或者多数人能够认识其犯罪行为的场合实施犯罪的罪态方式。③

相对于抢夺罪的公然犯，盗窃罪是秘行犯。这种对应关系在我国刑法中的盗窃罪和抢夺罪中也同样存在，尽管因为我国刑法对盗窃罪与抢夺罪采取简单罪状的立法方式，盗窃罪的秘密性与抢夺罪的公开性都不是其法定特征。但在刑法理论上，通过对这两种犯罪的对比，可以确定它们分别具有秘密性与公开性。在德、日刑法中，盗窃罪之所以不要求秘密性，主要是因为在德日刑法中未设抢夺罪。对此，张明楷教授指出：

> 在德国、日本等国，窃取并不一定要求是秘密取走，只要行为人没有使用暴力、胁迫手段而取走财物，就可以认为是窃取。大多数国家的刑法（如德国、日本等）没有规定抢夺罪，故公然夺取财物的行为，也属于窃取（某些情况下的抢夺可能认定为抢劫）。④

由此可见，德、日刑法之所以不要求盗窃罪具有秘密性，主要是为了容纳公开抢夺的情形。而在我国及俄罗斯刑法中，盗窃和抢夺是两个不同的犯罪，如果取消了盗窃罪的秘密性，将使盗窃罪与抢夺罪无法区分。因为盗窃与抢夺，从行为要素上来分析，都是一种单纯的取财行为。两者的区分仅表现在是在秘密的客观状态或者主观状态下取财还是在公开状态下取财。

值得注意的是，在我国台湾地区"刑法"中也分别设立了盗窃罪与抢夺罪，老一辈学者均认为盗窃须具有秘密性。例如，我国台湾地区学者韩忠谟教授指出：

> 称窃取者，谓乘人之不觉，将他人支配下之物移入自己支配之下。既系乘人不觉，则

---

① 张明楷．刑法学．3版．北京：法律出版社，2007：727.

② 斯库拉托夫，列别捷夫主编．俄罗斯联邦刑法典释义：下册．黄道秀，译．北京：中国政法大学出版社，2000：407.

③ 屈学武．公然犯罪研究．北京：中国政法大学出版社，1998：29.

④ 张明楷．外国刑法纲要．2版．北京：清华大学出版社，2007：545.

其所用之方法必出于和平隐秘始足当之。若乘人之不备而公然夺取，或使用强暴、胁迫或诈术等方法，使人交付财物者，则不得谓为窃取，而应构成他罪。①

现在的我国台湾地区学者越来越多地主张盗窃行为须以和平之方法实施，但并不以秘密为必要，即使公开实施，也可以构成盗窃罪。因此认为，盗窃罪须具有秘密性的学界及实务见解，颇为不当，亟有修正之必要。② 我国台湾地区学者之所以提出盗窃罪不以秘密实施为必要，主要是为解决一些特殊案例的定性问题：

例 1：被害人夜半醒来，闻有人入室行窃，但因胆小如鼠，且思室中无何有价值之物，故仍蒙首棉被中，任由入室者窃取，俟窃贼离室后，方始呼叫。

例 2：行为人进入百货公司或超级市场，以顾客之地位而行窃，在其将货物藏入手提包之时，已为店员或公司雇用之保全人员所发觉，俟行为人正欲要出店门时，始于举发。

例 3：在公共汽车上扒窃，或在公众得出入之场所行窃，虽行为人主观上认为系隐秘方式之偷窃，但在行窃现场，往往有多数人可共见其窃取之行为，故客观上是为公然，而非秘密。

我国台湾地区学者林山田认为，以上三种情况，虽非乘人不知不觉，亦非隐秘而行窃，但均不影响盗窃罪之成立。因此得出结论：

动产之所有人或持有人虽于行为人窃取时有所知觉，或持有人之窃取行为并非秘密或隐秘，而系另有他人共见的情况，均无碍于窃取行为之成立，而构成盗窃罪。③

在上述所举三个案例中，虽客观上不是秘密，但行为人主观上均认为是秘密。在这种情况下，如果将秘密性界定为客观上的秘密，则盗窃罪当然不以秘密为必要；但如果将秘密界定为既包含客观上的秘密也包含主观上的秘密，则盗窃罪仍然以秘密为必要。在此，涉及对秘密的解释问题。

关于盗窃罪的秘密手段的认定，俄罗斯学者提出了客观标准和主观标准这两个标准。俄罗斯学者指出：

评判侵占他人财物是秘密还是公开实施的，其客观标准在于所有权人或接受所有权人财产的占有人以及其他人对正在实施的侵占的态度，在于他是否意识到犯罪人正在非法取得他人的，即不属于犯罪人的财物。根据客观标准，如果财物是直接从其所有权人的占有中或有所有权人的犯罪现场的情况下获取的，但由于某种原因（熟睡、严重醉酒状态、昏迷等）他不能意识到正在发生的犯罪行为的意义，也应该承认是秘密侵占财物。

主观标准是犯罪人自己意欲背着所有与犯罪无关的人采取秘密行动，以及他内心确信使财物脱离其所有权人占有的行为是背着财物的所有权人或其他人进行并且不为他们所觉察的。犯罪人主观上确信所实施的偷窃行为不被他人觉察是以一定的符合犯罪构成事件实际情况的情节事实为基础的。如果犯罪人根据实施犯罪时的实际环境，主观上确信他的行为是秘密的，不被他人觉察，但是事实上有人观察偷盗的过程（例如相邻房屋的居民从自己家的窗户里观察到偷盗财物的情况，而犯罪人对此却不知道也没有料到），这种行为也

---

① 韩忠谟．刑法各论．最新增补版．台北：1990：403.

② 甘添贵．体系刑法各论：第2卷．增订再版．台北：2004：41. 类似观点，参见：林东茂．刑法综览．修订4版．台北：1995：2-102。

③ 林山田．刑法各罪论．台北：1996：644-645.

构成偷窃。①

因此，在俄罗斯刑法中，对于盗窃罪的秘密性是同时采用客观标准与主观标准加以判定的。在我国刑法理论上，虽然没有采用客观标准与主观标准的表述，但我从以下多个方面对盗窃罪的秘密作了界定：

(1) 特定性。秘密意味着人所不知，是在暗中背着他人进行的。盗窃罪的秘密窃取是指在财物的所有人或保管人不在场，或虽然在场但未注意、察觉或防备的情况下实施盗窃。因此，盗窃罪之所谓秘密，是指相对于财物的所有人或保管人来说，是一种隐藏性的行为。

(2) 主观性。盗窃罪之所谓秘密，是指行为人自以为采取了一种背着财物的所有人或保管人的行为。因此，这种秘密具有主观性。在某些情况下，行为人在众目睽睽之下扒窃，自以为别人没有发现，是在秘密窃取，但实际上已在他人注视之下。这时，行为人仍然可以被视为是在秘密窃取。

(3) 相对性。秘密与公然之间的区别是相对的，秘密窃取之秘密，仅仅意味着行为人意图在财物所有人或保管人不在场、未注意的情况下将财物据为己有，但这并不排除盗窃罪也可能是在光天化日之下而实施。例如，犯罪分子大摇大摆地开车进入某工地，将建筑材料运载而去，这就是利用了人们误以为其是合法运输而未觉察的情况下进行盗窃。②

以上三点，其实就是从客观与主观两个方面把握盗窃罪的秘密性特征。在秘密具有客观性的情况下，刑法理论上不存在争议。但在主观上自认为秘密而客观上其实已经公开的情况下，盗窃罪是否还具有秘密性，对于这个问题存在争议。例如张明楷教授指出，这种观点混淆了主观要素与客观要素的区别。既然是“自认为”，就意味着“秘密”是主观认识内容，而不是客观要件内容。③ 这里涉及客观要素与主观要素的关系，尤其是主观要素对于行为性质的影响。

在行为人客观上公开取得，但主观上却自以为是在秘密取得的情况下，存在客观与主观之间的错位，这也就是所谓对事实发生了错误认识。但对客观上秘密发生错误认识，并不能按照刑法中的认识错误的一般原理来解决。因为，它所涉及的只是主观构成要素问题。在盗窃罪中，犯罪的实行行为是窃取，这里的窃取包括两种情形。第一种是客观上秘密地取得他人财物。这是一个纯客观的要件，它足以与抢夺加以区分。第二种是主观上自认为秘密地取得他人财物。在这种情况下，客观上并不存在秘密，其实行行为仅表现为“取得他人财物”。但“取得他人财物”这一行为尚不能与抢夺行为相区分。因此，主观上的秘密，即自认为是秘密的这一主观要素就成为客观上取得行为构成盗窃行为的主观构成要素。在主观上秘密的情况下，不能认为其构成的盗窃罪不存在秘密性，这种秘密性仍然存在，以一种主观构成要素的形式体现出来。因此，如果从客观与主观两个方面理解秘密，就能够较为圆满地解决这个问题，并且具有法理根据。

六、余论

许霆案是一个普通的案件，但在2008年引起社会公众如此广泛的关注，却是令人诧异的。我想，这与原审一审对许霆的处刑有关。根据最高人民法院有关司法解释，许霆的行为属于盗窃金融机构，数额特别巨大，应判处无期徒刑。尽管量刑本身没有问题，但在柜员机发生故障

---

① 斯库拉托夫，列别捷夫主编．俄罗斯联邦刑法典释义：下册．黄道秀，译．北京：中国政法大学出版社，2000：408-409.

② 陈兴良．规范刑法学：下册．2版．北京：中国人民大学出版社，2008：747.

③ 张明楷．刑法学．3版．北京：法律出版社，2007：727.

的情况下许霆经不起诱惑而恶意取款 17 万元，就被判处无期徒刑，这一判决结果大大地超过了公众的心理预期。本案经过重审以后，引用《刑法》第 63 条第 2 款的特殊减轻条款，判处 5 年有期徒刑，已经是许霆之大幸。这样一个结果，尽管对于坚信许霆无罪的人来说，仍然难以接受，但已经是相对的最佳结果。当然，从无期徒刑到 5 年有期徒刑，刑罚悬殊同样引起争议。在这当中，对司法权威的无形伤害是难以估量的。好在我们身处一个平和的时代，在专家与公众之间可以就各种法律观点进行坦诚对话。2008 年 6 月 23 日，许霆的父亲许彩亮和重审二审的辩护律师郭向东一起到我的办公室拜访。我们就许霆案的法理问题展开了心平气和的讨论，尽管分歧仍然存在，但在许霆案的重审改判表明我国在法治上的进步这一点上，我们还是达成了共识。

第九章　窃取被司法机关扣押的本人财物行为之定性研究

——陆惠忠非法处置扣押的财产案　王彬故意伤害案　叶文言盗窃案（盗窃罪　本权说　占有说）

盗窃犯罪是司法实践中常见多发的犯罪，在盗窃罪的司法认定中存在一些较为特殊的问题，给司法机关的定罪量刑活动带来一定困难。窃取被司法机关扣押的本人财物行为如何定性，就是这样一个疑难问题。本章拟结合陆惠忠非法处置扣押的财产案、王彬故意伤害案与叶文言盗窃案对该疑难问题加以研究。①

一、案情及诉讼过程

（一）陆惠忠非法处置扣押的财产案

陆惠忠在一民事诉讼中败诉，需给付对方货款 2.5 万元。诉讼期间，陆慧忠与其妻刘敏协议离婚，约定所有财产皆归刘，所有债务皆由陆承担。后，陆慧忠未履行前述判决，法院依申请强制执行，将其名下的一辆轿车扣押至法院停车场，准备拍卖。陆慧忠在其妻刘敏的唆使下，偷偷将车开回，并加以藏匿。

审理法院认为，陆慧忠在刘敏的教唆下擅自转移、隐藏已被司法机关依法扣押的财产，情节严重，构成非法处置扣押的财产罪；刘敏教唆他人犯罪，亦构成此罪。故分别判处二人有期徒刑 1 年及有期徒刑 10 个月、缓刑 1 年。宣判后，二被告人均未提出上诉，检察机关也未提出抗诉，判决发生法律效力。

（二）王彬故意伤害案

被告人王彬无驾驶执照，其所驾车辆被执勤交警查扣，停放在交警大院内。当晚，王彬潜入该院，欲将车盗走，值班人员吕某发现后上前制止。王彬即殴打吕，致吕某窒息死亡，后王彬被当场抓获。

山东省青岛市中级人民法院认为，王彬的行为构成抢劫罪，公诉机关指控的犯罪（故意杀人罪）定性不妥。根据 1979 年《刑法》的规定，判决王彬犯抢劫罪，判处死刑，剥夺政治权利终身。

一审判决后，王彬提起上诉，称自己无杀人动机，且量刑畸重；其辩护人提出，王彬构成过失杀人罪，而非抢劫罪。

山东省高级人民法院认为：王彬的行为构成故意伤害罪。原审判决定性不准，量刑过重。上诉人的上诉理由及其辩护人的辩护意见部分成立。依照 1997 年《刑法》和《刑事诉讼法》

---

① 陆惠忠案刊载于：最高人民法院编．刑事审判参考：总第 51 辑．北京：法律出版社，2006；王彬案刊载于：最高人民法院编．刑事审判参考：总第 16 辑．北京：法律出版社，2001；叶文言案刊载于：最高人民法院编．刑事审判参考：总第 43 辑．北京：法律出版社，2005。

的相关规定，判决王彬犯故意伤害罪，判处死刑，缓期二年执行，剥夺政治权利终身。

上述陆惠忠案与王彬案虽然最终认定的罪名不同，但它们涉及一个共同的理论问题，这就是：窃取被司法机关扣押的本人财物行为应当如何定罪。广而推之，这个问题还涉及窃取处在他人保管之下的本人财物如何定罪等，需要从刑法理论上加以研究。

二、窃取本人财物行为之定性

本人财物能否成为盗窃客体，这个问题在我国以往刑法理论上是缺乏深入研究的。外国刑法一般将盗窃客体表述为“他人之物”，似乎从语义上排除了本人财物成为盗窃客体的可能性，但在他人保管之下的本人财物是不属于“他人财物”，涉及对财物的他人性的判断。关于这个问题，日本学者前田雅英指出：

> 虽是所有权之对象但为自己之物，原则上不能成为财产犯。窃盗罪等之财产犯，限于处罚窃盗“他人之物”。此他人性不是完全用民法上的解释来确定，而是从刑法独自的观点出发加以判断的。最高法院认为“对于刑法第 260 条之‘他人的’建筑物来说，解释为不需要他人的所有权将来在民事诉讼上没有被否定之可能性，是恰当的”，对于因不能偿还债务而将已被设定抵押权的自己的建筑物，在诉讼进行中予以损坏的行为，判定为即使抵押权之有效性在民事上有争论，也成立损坏建筑物罪（最决昭和 61 年 7 月 8 日，刑集第 40 卷 5 号第 438 页）。最高法院排除了他人性根据民法上所有权之归属而定的从属民法说，采用了社会观念上承认尊重他人经济利益即可的独立说（安广文夫，陪审团第 873 号第 50 页），是妥当的。
>
> 例外的即使是自己之物，也有成为财产犯的。第 242 条规定被公家机关查封之物和属于他人占有之物“视为他人的财物”。于是，许多财产犯准用此规定。而且，围绕解释“属于他人占有之物”使得本权说与持有说尖锐对立。①

从以上论述可以看出，在日本刑法学界关于“他人之物”之“他人性”的判断，存在民法从属说与独立说的争论。民法从属说认为这里的“他人性”应当根据民法关于所有权的原理加以判断，但独立说认为应当从刑法自身的观点来作判断。② 就此而言，独立说更为可取。此外，还存在本权说与持有说的争论，日本刑法规定也支持了持有说。因此，刑法上的“他人之物”与民法上的“他人之物”是存在区别的。按照日本刑法规定，在一定条件下，本人财物也可以视为他人之物，因而也可以成为盗窃罪的客体。

在我国刑法中，没有类似于《日本刑法》第 242 条的规定，但我国《刑法》第 91 条第 2 款规定：“在国家机关、国有公司、企业、集体企业和人民团体管理、使用或者运输中的私人财产，以公共财产论。”这一规定将私人财产在一定条件下视为公共财产，属于法律上的拟制规定。如果按照这一逻辑引申，将本人财产在一定条件下拟制为他人之物，并不存在逻辑上的障碍。我国《刑法》第 264 条规定的是“盗窃公私财物”，而不是表述为“盗窃他人之物”。尽管如此，这里的公私财物在一般情况下应当是指他人之物，这是由盗窃罪侵犯他人财产所有权的性质所决定的。那么，在某些特殊条件下，本人财物能否成为盗窃客体呢？对此，我国学者提出了特殊条件下的自有物可以成为盗窃客体的观点，指出：

---

① 前田雅英．日本刑法各论．董璠舆，译．台北：五南图书出版公司，2000：151.

② 刘明祥．财产罪比较研究．北京：中国政法大学出版社，2001：29.

所谓特殊条件下的自有物，是指由他人占有、控制的保管物、扣留物、抵押物等。这种特殊形式的自有物，各国刑法一般将其视为“他人”物，可以成为盗窃的对象。如日本刑法规定：“虽然是自己的财物，但由他人占有或由于公务机关的命令由他人看守的，关于本条之罪，视为他人的财物。”瑞士刑法规定：“债务人意图损害债权人而转让、损坏、毁弃供债权人占有之物。”罗马尼亚刑法规定：“即使动产全部或部分为本人所有，但行为时为他人合法占有与保护，同样为他人之物……”印度刑法的例解则是：“甲把自己手表交给乙修理，于是欠乙一笔修理费，乙把表留下作为债务的抵押品，如甲从乙的占有下取回自己手表，即构成盗窃罪。”我国刑法对特殊形式下的自占有物未作规定，理论上一般认为，盗窃他人合法占有、控制的自有物，应视为“他人”物，可以构成盗窃。因为在这种情况下，所有人与占有人之间已经形成了一种债权债务关系，即占有人对所有人负有保管并归还原物的义务，如果原物被丢失，所有人有要求占有人赔偿的权利，占有人有赔偿的义务。正因为如此，所有人盗窃他人占有的己有财产，就能使自己获利，而使他人遭受财产损失。可见，从表面上看所有人盗窃的是自有物，而实质上仍然是他人的财产。因而，对此应作盗窃罪处理。①

我认为，在特殊条件下本人财物可以成为盗窃客体，这一命题当然是可以成立的。但特殊条件下的本人财物实际上已非本人财物，而已经转变为他人财物。在此，对于作为盗窃罪客体的财物不能仅从所有关系上理解，还应当从占有关系上理解。也就是说，刑法不仅保护所有权，而且保护占有权。本人财物之所以可以成为盗窃客体，是因为本人财物处在他人控制之下，他人对于该物具有占有权。在这种情况下，所有权与占有权是分离的。在这种本人财物处在他人占有的状态下，从所有关系上来说是本人财物，但从占有关系上来说则是他人财物。如果占有的是第三人财物，窃取这种财物的，占有人对于第三人负有赔偿责任，因此只要窃取财物数额较大就足以构成盗窃罪。但如果是所有人窃取他人占有的本人之物，则不能仅仅有窃取行为就构成犯罪，还要看事后有无索赔行为。对此，我在《规范刑法学》一书中指出：

根据法律规定，盗窃的客体是公私财物，并且是他人的公私财物。因此，在一般情况下，本人财物不可能成为盗窃客体，因为在这种情况下，不存在侵犯财产所有权的问题。但在个别情况下，他人控制下的本人财物则可以成为盗窃客体。因为无论基于何种原因（如借与）本人财物处在他人控制下，他人就产生了对该财物的保管责任，在保管期间财物丢损，属于保管不当，保管人应负赔偿的责任。在这种情况下，他人虽然不是财物的所有人，却是财物的保管人。因而，如果财物所有人采取秘密窃取手段盗窃他人保管之下的本人财物然后又进行索赔，实际上侵犯了他人财产所有权，符合盗窃罪的本质特征，应以盗窃罪论处。②

之所以强调只有在具有事后的索赔行为时才能构成盗窃罪，主要是因为这种窃取处在他人保管之下的本人财物的行为，如果只是将财物窃回，但并不向他人索赔，则他人财产不可能遭受损失，这表明行为人主观上不具有非法占有的目的。

三、陆惠忠案的评判

根据我国《刑法》第314条的规定，非法处置扣押的财产罪是指隐藏、转移、变卖、故意

---

① 王礼仁．盗窃罪的定罪与量刑．北京：人民法院出版社，1999：73.

② 陈兴良．规范刑法学：下册．2版．北京：中国人民大学出版社，2008：755.

毁损已被司法机关扣押的财产，情节严重的行为。因此，该罪中的非法处置，是指隐藏、转移、变卖、故意毁损等四种情形。本案涉及的是非法转移扣押的财产。这里的转移，是指将已被司法机关扣押的财产从一个处所转移至另一个处所。而这里的扣押，是指司法机关将需要采取财产保全措施的财物就地扣留或者送到一定的场所予以扣留。由此可见，扣押，无论是就地扣留还是送到一定场所扣留，都发生了财物的占有关系的转移。即财产所有人因扣押而丧失了对财物的占有，司法机关则因扣押而获得了对财物的占有。在这种情况下，对被司法机关扣押财产的转移，是一种占有转移，其所采取的手段，无非是窃取与夺取两种，夺取既包括抢劫，也包括抢夺。在个别情况下，还可能采取骗取方法。从司法实践常见的情形来看，大多是窃取。如前所述，在这种情况下，行为人虽然实施了窃取行为，但当行为人主观上没有非法占有目的时，其行为不构成盗窃罪，而只能以非法转移扣押的财产罪论处。

在陆惠忠非法处置扣押的财产案的裁判理由中，对于行为人窃取本人被司法机关扣押的财物的行为为什么不定盗窃罪作了以下论证：

> 在司法实践中经常遇到行为人盗窃本人被他人合法占有的财物（如本人借给他人的财物、被执法机关依法扣押的本人财物）的情况，对此是否构成盗窃罪，涉及盗窃罪的客体界定，在刑法理论上和司法实践中主要有三种观点：一是所有权说，认为盗窃罪侵犯的客体是公私财产的所有权，行为人自己盗窃自己所有的财产的，一概无罪。据此，盗窃罪的被害人以及第三者，从盗窃犯那里盗窃所盗财物的，不成立盗窃罪；违禁品（如毒品等）不能成为盗窃罪的对象。二是占有说，认为盗窃罪侵犯的客体是他人对财物事实上的占有本身，盗窃他人合法占有的本人财物的行为，应当一概认定为盗窃罪。根据该说，他人没有合法根据占有的财产包括非法财产也可以成为盗窃的对象，如毒品、赃物等。据此，于行为人盗窃被执法机关扣押的财产的情况，执法机关对该财物的合法占有就是一种需要由刑法保护的客体，该行为应当认定为盗窃罪。三是区别对待说，认为应当根据行为人是否具有非法占有目的进行分别处理，无论是所有权还是一定占有关系，均受刑法保护。对于行为人具有非法占有目的的，应当以盗窃罪论处；对于行为人不具有非法占有目的的，不应以盗窃罪处理。
>
> 我们认为，前两种观点片面强调所有权或者占有事实本身，容易导致过分缩小或扩大盗窃罪处罚的范围，不适应目前社会中财产关系复杂的现实，有失妥当，相比之下，区别对待说是较为合理的。这主要是因为：其一，区别对待说可以适应盗窃罪的复杂情况，更符合我国刑法主客观相统一的定罪原则要求。一方面，对于行为人以非法占有目的从财产占有人处窃财的，这种情况，一般表现为行为人从财物占有人处秘密窃取了本人的财物后，还以索赔等手段，要求保管人赔偿损失。由于本人的财产在他人的合法占有之下，他人就对该财产负有保管的责任，在保管期间财物丢失，属于保管不当，保管人应负赔偿责任。所以这种情况下表面上看来窃取的是自己的财物，但实际上侵犯了他人的财产权，符合盗窃罪的本质特征，应当以盗窃罪处理。另一方面，在我国刑法理论上和司法实践中，侵犯财产罪的犯罪客体一直被认为是他人对财产的所有权，而且需要被害人有实质的财产损害或损害危险。盗窃他人占有的本人财物的行为中，有的行为人主观上不具有非法占有的目的，其行为客观上也不会造成占有人财产的损失，因而不宜以盗窃罪论处。比如擅自溜进旅馆服务台，将自己存放的提包私下取走，只是为了图省事，并不想找旅馆索赔，也未给旅馆造成财产损失。这种情况下因缺乏非法占有目的，就不能按盗窃罪处理。当然，如果其行为同时构成其他犯罪的，可以相应的罪名处理。其二，区别对待说也可以避免所有权说和占有说的缺陷。一方面，纯粹的所有权说存在缺陷，过于缩小了侵犯财产犯罪的

处罚范围，不利于维护正常财产秩序。因为随着社会和经济的发展，财产关系日益复杂，一定的占有关系也需要保护，而不是仅保护所有权。另一方面，纯粹的占有说也存在缺陷，如根据占有说，盗窃罪的被害人窃取被盗财物的行为也可能一概按照盗窃罪来处理，这显然扩大了处罚范围。同时，占有说也难以说明不可罚的事后行为为什么不可罚。而区别对待说根据行为人是否具有非法占有目的区别不同情况分别处理，较好地避免了上述两种观点的不足之处。

综合上述分析，本案定性的焦点在于被告人陆惠忠、刘敏是否具有非法占有的目的。如果有证据证明行为人窃取人民法院扣押的财物后，有向人民法院提出索赔的目的，或者已经获得赔偿的情况，则应当以盗窃罪定罪处刑；反之，如果没有非法占有目的，把自己所有而被司法机关扣押的财产擅自拿走，则不能以盗窃罪处理。

从本案证据来看，二被告人主观上尚没有使人民法院扣押的财物遭受损失或非法索赔的目的，主要理由如下：(1) 被告人是因得知拍卖汽车将使价格大大降低，才去盗窃汽车的。被告人陆惠忠和刘敏，在得知他们的汽车被人民法院扣押后，即商量由刘敏到法院了解情况。刘敏听法官介绍说，如到时不以其他财产来履行债务的话，法院将拍卖扣押的汽车，以8折起拍，如无人竞拍，则再以8折往下降价拍卖，直至有人竞拍为止。根据刘敏的供述，她认为如此一来，10万元买来的汽车，拍卖价将会大大低于这个价格，非常不划算。于是，她就唆使陆惠忠去把汽车偷偷开回。陆惠忠也供述道，他想可以将该车自己出卖后再来偿还债务。(2) 在事发后，法院没有向他们询问车的情况，公安机关经排查后找到陆惠忠，陆即向公安机关如实供述了罪行，去法院偷车的目的如被告人供述，是为了自己的汽车不被法院强制拍卖而使物值受损。(3) 由于案发时间较短，法院报案后，公安机关通过监控录像，将目标锁定在陆惠忠身上，在2天内即找到被告人陆惠忠。在短短的2天内，行为人还没有向司法机关索赔的行为，也缺乏判断行为人是否有非法占有目的的其他证据。综上，本案认定被告人具有非法占有目的的证据不足，因而其行为不构成盗窃罪。

上述裁判理由认为本案被告人主观上没有非法占有目的，因而其行为不构成盗窃罪，这一结论无疑是正确的。但在论述一开始，裁判理由提出的问题却是：盗窃本人被他人合法占有的财物是否构成盗窃罪，涉及盗窃罪的客体界定。在此基础上，提出了三种观点，即所有权说、占有说和区别对待说。在区别对待说中，才提出根据是否具有非法占有的目的加以区分。但我认为，盗窃本人被他人合法占有的财物是否构成盗窃罪，其实与客体问题无关。这里的客体是指我国四要件的犯罪构成体系语境下的所谓犯罪客体，即犯罪行为所侵犯的社会关系。在盗窃罪的问题，关于该犯罪侵犯的法益，在日本刑法理论上确实是存在争议的，这就是本权说与占有说之争。例如日本学者西田典之教授对本权说与占有说之争作过以下介绍：

本权说认为，(刑法) 第235条以“他人的”财物为客体，其保护的法益是所有权。但如此一来，A将租借给B的自己的财物擅自取回的行为，则根本不合乎本条的构成要件。为此，第242条将盗窃罪的构成要件扩张至自己之物；该条所谓“即使是自己之物，为他人所占有”的情况，他人的占有限于质权、租赁权、留置权等私法上的合法权限（谓之为本权），因此，从盗窃犯处夺回自己之物的行为则根本不符合盗窃罪的构成要件，如此，按照本权说的观点，盗窃罪的保护法益就是所有权等其他本权（小野235页，泷川119页）。对此，占有说（持有说）认为，财物的占有或持有本身是盗窃罪的保护法益，至少在构成要件阶段不应考察该占有是否具有法律正当性。因而，第242条仅仅只是注意规定而已，所有的占有均是保护的客体。其结果就是：从盗窃犯处夺回自己财物的行为也符合盗窃罪的构成要件，只是作为自救行为而能认定违法阻却。支撑该占有说的是禁止私力救济的思想。民法所规定的占有诉权制度（民法第188条以下，特别是第202条第2项）正是意欲禁止基于本权的私力救济，主张权利的实现应通过国家的民事诉讼制度来实现。也就是要求尊重事实上的财产状态，对占有应该单独加以保护，其最终归结是盗窃犯人的占有也应被相应保护（牧野594页以下、木村106页、川端162页）。

对于上述本权说与占有说之争，日本学者西田典之教授作了以下评论：

> 本权说与占有说之间的对立，可以说是围绕以下问题展开的：盗窃罪这一规定究竟是为了保护私法上的正当权利关系还是为了保护事实上的财产秩序，进一步而言，以刑事法的形式禁止私力救济应控制在什么范围之内。为此，这一问题的对策就远远超越了对于从盗窃犯人处夺回自己之物这一行为的刑法处理，其解答还应包括对刑法介入民事纠纷应控制在何种程度这一现实问题的回答，例如，收回未支付租金的租赁物件、收回未支付货款的已销售的分期付款的商品、因期限届满而收回担保物等等。①

以上本权说与占有说的争论，主要涉及如何从客体上界定盗窃罪的范围。显然，本权说所界定的盗窃罪范围较窄，而占有说界定的盗窃范围较宽。在这一争议中，涉及盗窃犯的占有是否予以保护的问题，根据本权说是不予保护的，但根据占有说应当予以保护。从日本的判例与学说来看，存在一个从本权说到占有说的逐渐转变过程，因而盗窃罪的范围有所扩张。当然，在本权说与占有说之间，还存在一些较为折中的观点，例如从纯粹本权说演变而来的中间说，该说当中的平稳占有说，已经相当接近纯粹占有说。② 在陆惠忠案的裁判理由中讨论的所有权说与占有说，实际上相当于日本刑法理论中的本权说与占有说。但裁判理由提出的第三种观点区别对待说，以行为人主观上是否具有非法占有目的作为对所有权说与占有说取舍的根据，这实际上是把客观判断与主观判断混为一说了，反映出我国有些司法人员在定罪思维上的混乱。

按照本权说，即我国刑法理论中的所有权说，刑法关于盗窃罪，也包括其他侵犯财产犯罪的规定，宗旨在于保护所有权，因此，没有民法上的所有权的财产占有状态不受刑法保护，对这种非法占有或者合法占有状态下的财产加以窃取或者实施其他侵害行为的，就不能构成盗窃罪或者其他财产犯罪。按照这一逻辑，即使行为人主观上具有非法占有的目的，对占有而非所有的财物实施盗窃也是不构成盗窃罪的。当然，即使是所有的财物，如果行为人主观上不具有非法占有的目的，也不构成盗窃罪。只有根据占有说，刑法保护占有关系，才有可能进而讨论行为人主观上是否具有非法占有目的的问题。申言之，本权说与占有说虽然是一个客体问题，但它属于从客观上界定盗窃范围，因而是一个客观的构成要件的问题。只有在根据占有说，具备盗窃罪的客观构成要件的基础上，才能进一步讨论非法占有目的的问题。而前述裁判理由以是否具有非法占有目的作为所有权说与占有说的界定标准，混淆了主观与客观的关系。

关于非法占有目的的分析，尤其是关于非法占有目的的认定，我以为裁判理由是正确的，它强调了被告人没有非法索赔的目的。在陆惠忠案中，行为人在盗窃被司法机关扣押的汽车时，客观上具备盗窃行为，主观上也具备盗窃故意，之所以不构成盗窃罪，是因为行为人主观上没有非法占有目的。在盗窃他人财物的情况下，盗窃罪的非法占有目的一般是可以通过其窃取行为推定的，除非是使用盗窃。所谓使用盗窃，是指短时间擅自使用他人财物的行为。日本学者西田典之教授指出：

---

① 西田典之．日本刑法各论：3版．刘明祥，王昭武，译．北京：中国人民大学出版社，2007：418.

② 西田典之．日本刑法各论：3版．刘明祥，王昭武，译．北京：中国人民大学出版社，2007：120.

> 之所以认为使用盗窃行为不可罚而将其从盗窃罪排除出去，是因为这种情况下的损害相对轻微，而没有必要动用刑罚，也就是因为出于可罚性、违法性的考虑（藤本，279页）。例如，短时间借用他人的橡皮擦或拖鞋并马上归还的行为就是典型例子。判例对不法领得意思所下的定义中的“排除权利人，将他人之物作为自己之物……而利用之意思”，在这种情况下，由于其利用意思并没有达到排除权利人的程度，因而具有从主观方面排除盗窃罪成立的机能。①

因此，非法占有目的对于盗窃他人财物情况下构成盗窃罪具有排除使用盗窃的机能。在盗窃他人保管的本人财物的情况下，尽管行为人客观上具有窃取行为，主观上具有盗窃故意，但其行为是否构成盗窃罪，还要考察其主观上是否具有非法占有目的，这种非法占有目的主要是通过索赔等行为反映出来的。因此，非法占有目的是从主观上对盗窃范围加以限制的一种形式，我国也有学者称之为对盗窃罪犯罪故意的一种额外的限制。② 尽管在刑法条文上没有规定盗窃罪必须以非法占有为目的，但非法占有目的是盗窃罪的不成文的构成要件。在这个意义上，我们也可以把盗窃罪称为非法定的目的犯。

四、王彬案的评判

王彬案中，检察机关以故意杀人罪起诉，一审法院以抢劫罪定罪，二审法院则改判为故意伤害罪。一审法院之所以定抢劫罪，主要是因为认为被告人王彬窃取被公安交通管理机关扣押的本人财产的行为构成盗窃罪，在盗窃过程中被值班人员发现当场使用暴力致人死亡，构成转化型抢劫。但二审法院则认为，王彬窃取所有权属于自己但被公安机关依法查扣的机动三轮车的行为不构成盗窃罪，其使用暴力伤害他人致死的行为构成故意伤害罪而非抢劫罪。本案的裁判理由指出：

> 王彬在盗取所有权属于自己但被公安交通管理机关依法查扣的车辆并使用暴力致人伤亡的行为构成故意伤害罪。
>
> 第一，王彬欲从公安交通管理机关院内将自己已被查扣的车辆秘密开走的行为不同于盗窃。首先，王彬不具有非法占有的目的。王彬在本人没有驾驶执照、车辆没有牌照的情况下驾驶简易机动三轮车上路行驶，违反了《中华人民共和国道路交通管理条例》关于机动车驾驶员驾驶车辆时，需携带驾驶证和行驶证的规定。因此，公安交通管理机关依法将王彬所驾车辆予以查扣。但《交通管理处罚程序补充规定》第九条规定，公安交通管理机关暂扣证件、号牌、车辆后，除决定吊扣、吊销或收缴的证件、号牌和依法没收的车辆外，应当归还本人或有关单位。这表明，暂扣只是公安交通管理机关依法在短时间内对违规或事故车辆所采取的一种行政强制措施，不属于行政处罚，不同于没收或收缴。在作出处理决定之前，公安交通管理机关对被暂扣的车辆只负有保管的责任，不享有其他权利，车辆的所有权仍应属于车辆的主人。所以，王彬所驾车辆虽被查扣，但所有权仍属于王彬。虽然我国刑法规定在国家机关、国有公司、企业、集体企业和人民团体管理、使用、运输中的私人财产以公共财产论，但该规定的基本含义是，当私人所有的财产交由国家机关、国有公司、企业、集体企业和人民团体管理、使用或运输时，以公共财产对待。但这一规定并未改变被国家机关、国有公司、企业、集体企业和人民团体管理、使用、运输的财产的所有权属。也就是说，尽管私人财产在被国家机关、国有公司、企业、集体企业、

---

① 西田典之．日本刑法各论：3版．刘明祥，王昭武，译．北京：中国人民大学出版社，2007：124.

② 董玉庭．盗窃罪研究．北京：中国检察出版社，2002：71.

人民团体管理、运输、使用时以公共财产对待，但所有权仍属于原所有权人。那么，王彬对于自己的被公安机关查扣的机动车辆，也应当具有所有权。在本案中，王彬黑夜潜入交警队院内，主观上是想取回自己被公安机关查扣的车辆，也就是自己拥有所有权的财产，而不是非法占有自己不享有所有权的财产。其次，从客观上看，王彬在现场并未实施侵犯其他公私财产权的行为。因此，王彬盗取自己被扣机动车的行为不同于盗窃。这也就决定了王彬在盗取自己被扣车辆过程中致人死亡的行为，不能适用1979年刑法第一百五十三条的规定认定为抢劫。因为适用该规定的前提必须是被告人已实施了盗窃、诈骗或抢夺犯罪行为。本案中，由于王彬主观上不具有非法占有的目的，客观上未实施盗窃、诈骗、抢夺行为，其行为也就不存在转化为抢劫的问题。

第二，从本案事实看，王彬黑夜进入交警中队院内时，没有携带任何凶器，进入现场后径直偷取钥匙准备将车开走，因此，王彬的目的是开走自己被查扣的车辆。对王彬而言，其被值班人员吕某发现并受到制止是意料之外的事情。为盗取自己被查扣的车，王彬虽对吕某使用了暴力，但从主观上看，王彬的意图在于排除被害人妨碍自己盗取走车，这一主观意志可从其打击的部位、手段和凶器得到证明。王彬不具有杀人动机，亦无希望或放任被害人死亡后果发生的故意，但王彬对自己的行为将产生伤害被害人的后果是明知且希望的。所以，王彬在盗取自己被公安机关依法查扣的机动车辆过程中致人伤亡的行为构成了故意伤害罪。山东省高级人民法院依法改判，认定王彬犯故意伤害罪是正确的。

在上述两个裁判理由中，第一点是关于窃取被公安交通管理机关扣押的本人财物行为的定性，第二点是关于伤害致人死亡行为的定性。在此，我只对第一点展开讨论。关于本案被告人王彬窃取被公安交通管理机关扣押的本人财物行为的定性，裁判理由认为不构成盗窃罪，并从主观上不具有非法占有目的与客观上未实施侵犯其他公私财产权的行为这两个方面作了论证。这两个方面，其实还只是第一方面与本案定性有关，而第二个方面与本案定性没有任何关系。因为本案发生争议的法律问题是：窃取被公安交通管理机关扣押的本人财物是否构成盗窃罪？被告人王彬在客观上未实施侵犯其他公私财产权的行为与此无关。如果在客观上实施了侵犯其他公私财产权的行为，那就另外构成盗窃罪。不能说，被告人王彬在客观上未实施侵犯其他公私财产权的行为，因而其窃取被公安交通管理机关扣押的本人财物的行为不构成盗窃。由此可见，以上这种论证存在逻辑上的混乱性。裁判理由之所以在主观上没有非法占有目的以外，再加上一般客观上未实施侵犯其他公私财产权的行为，是因为想实现主客观相统一。这也是我国刑法理论中常见的论述方面，但这里的客观与主观应当是同一犯罪的客观与主观，两者之间具有对应性。不具有对应性的客观与主观拉扯在一起，说明不了任何问题。此外，这种主观与客观相统一的思维方法，还反映了我国四要件的犯罪构成体系在客观要件与主观要件上一有俱有、一无俱无的关系。某一行为构成犯罪，则客观要件与主观要件都是具备的；同样，某一行为不构成犯罪，则客观要件与主观要件都是不具备的。这是一种平面的、线性的定罪思维。而大陆法系的三阶层的犯罪论体系的逻辑是：某一行为构成犯罪，则客观要件与主观要件都是具备的；反之，某一行为不构成犯罪，则存在各种不同情形——缺乏构成要件该当行为而不构成犯罪、缺乏构成要件结果而不构成犯罪、缺乏构成要件故意或者过失而不构成犯罪等。由于在三要件之间存在位阶关系，所以在某些情况下，某一行为具备构成要件该当行为，但因缺乏构成要件故意而不构成犯罪。某一行为具备构成要件该当的行为与故意，仅仅因缺乏主观的违法要素而不构成犯罪。本案就属于这种情形：被告人王彬具备了构成要件该当的盗窃行为和盗窃故意，仅仅因为主观上缺乏非法占有目的而不构成盗窃罪。因此，只有从非法占有目的出发才能揭示窃取被公安交通管理机关扣押的本人财物不构成盗窃罪的法理根据。

王彬案的裁判理由从王彬不具有非法占有目的论证了其行为不构成盗窃罪。但在关于王彬不具有非法占有目的的论述中，主要理由是王彬对自己被公安机关查扣的机动车辆具有所有权，因而其窃取行为不构成盗窃罪。正如我在陆惠忠案中所指出的那样：对窃取的财物具有所有权，这是一个在客观上根据本权说与占有说需要解决的问题。本权说认为因为窃取的是本人具有所有权的财物，他人对该财物只有占有，因而窃取行为不构成盗窃。但占有说则认为无论是窃取具有所有权的财物还是具有占有权的财物，都构成盗窃。陆惠忠案的裁判理由是以主观上是否具有非法占有目的来作为本权说与占有说的取舍标准，我认为这是混淆了客观判断与主观判断的关系。而王彬案的裁判理由则直接以本权说来论证主观上的非法占有目的，即只要是窃取被司法机关扣押的本人财物，行为人主观上就没有非法占有的目的。这一结论显然不能成立：如果行为人在窃取被公安交通管理机关非法占有的本人财物以后，又向公安交通管理机关索赔，这难道说是没有非法占有的目的吗？因此，窃取的是本人财物这是一个客观的问题，主观上是否具有非法占有目的，则是一个主观的问题。在王彬案的裁判理由中，仍然混淆了客观与主观的关系。之所以如此，我认为还是没有正确地掌握目的犯的原理。

目的犯，是指以具有一定的目的为其特别构成要件的犯罪。目的犯之目的，通常超越构成要件的客观要素范围，所以也称为超越的内心倾向。[①] 关于盗窃罪的非法占有目的，我国刑法条文中没有规定，但在刑法理论上一般都把非法占有目的视为盗窃罪的主观要素之一，认为：盗窃罪的主观方面只能由直接故意构成，并且具有非法占有他人财物的目的。[②] 在此，论者是把盗窃的直接故意与非法占有他人财物的目的并列的，从逻辑上来说，非法占有他人财物的目的是盗窃直接故意以外的主观构成要素。非法占有目的，是盗窃罪的主观违法要素，也是主观构成要素。盗窃罪的非法占有目的具有以下三种功能。一是通过非法占有目的，将盗窃罪与故意毁坏财物罪加以区分。因为非法占有财物具有按照财物的本来用途加以利用的意思，而故意毁坏财物罪没有对财物利用的意思，因而不具有非法占有目的。二是通过非法占有目的，将盗窃罪与使用盗窃加以区分。使用盗窃是以占用为目的，它与以非法占有为目的的盗窃是存在性质上的区别的，两者不可混为一谈。三是通过非法占有目的，使盗窃罪与窃取处在他人占有状态的本人财物加以区分。窃取处在他人占有状态的本人财物的行为，根据本权说，当然在客观上不成立盗窃行为，但根据占有说成立盗窃。最终是否构成盗窃罪，还要看行为人主观上是否具有非法占有的目的。如果主观上具有非法占有目的，则构成盗窃罪；如果主观上不具有非法占有目的，则不构成盗窃罪，构成其他犯罪的应以其他犯罪论处。

在王彬案中，被告人王彬窃取被公安交通管理机关扣押的本人机动三轮车，由于主观上没有非法占有目的，因而不构成盗窃罪。在这种情况下，当场实施暴力致人死亡的行为也就不构成转化型抢劫。二审法院对该致人死亡的行为直接认定为故意伤害罪。

五、叶文言案的评判

应当指出，在某些情况下，行为人出于非法占有目的而窃取被国家机关扣押的本人财物。在这种情况下，属于盗窃罪与非法处置扣押的财产罪的想象竞合，应当从一重罪处断。对于以非法占有为目的窃取被司法机关扣押的本人财物以后，又向司法机关索赔，从而实现其非法占有目的的行为，存在一个该索赔行为是否构成诈骗罪的问题。如果该行为构成诈骗罪，则先前的盗窃行为就不构成犯罪。我认为，此后的索赔行为确实具有诈骗的性质，但它只是盗窃财物

① 陈兴良．规范刑法学：上册．2版．北京：中国人民大学出版社，2008：170．

② 周道鸾，张军主编．刑法罪名精释．3版．北京：人民法院出版社，2007：506．

以后非法占有目的的实现行为，属于刑法理论上的不可罚的事后行为。关于这个问题，叶文言案是一个具有说服力的案例。

叶文言驾驶轿车进行非法营运，轿车被交管所查扣，存放于一停车场。后叶文言、叶文语伙同他人将该车盗走，销赃得款2.5万元，又以该车被盗为由，向交管所申请赔偿，获赔11.65万元。案发后，赃车被追回。

苍南县法院认为，叶文言、叶文语等以非法占有为目的，结伙窃取已被交管理部门扣押的车辆，而后骗取赔偿款，其行为构成盗窃罪，且数额特别巨大，判决叶文言、叶文语等人犯盗窃罪，判处有期徒刑数年不等。

叶文言、叶文语等以"定性不当，量刑畸重"为由，提出上诉，温州市中院裁定驳回上诉，维持原判。

叶文言案是以非法占有为目的窃取被公安交通管理机关扣押的本人财物的一个典型案例。当然，本案也存在复杂之处，就是参与盗窃的不仅是财物所有人，还有其他人，这就存在一个共犯的问题。对于窃取被公安交通管理机关扣押的本人财物的其他参与者，如何定罪，这是一个值得研究的问题。我认为，这个问题涉及共犯的主观认识。如果参与者明知他人窃取被公安交通管理机关扣押的财物并没有非法占有目的，在这种情况下，财物所有人不构成盗窃罪。如果参与者不明知他人窃取的是被公安交通管理机关扣押的本人财物，则无论他人是否具有非法占有目的，对参与者都应以盗窃罪的共同正犯论处。由此可见，这种情况如何定罪不可一概而论，而是应该根据行为人的主观认识区别对待。

我在陆惠忠案和王彬案中指出：窃取被司法机关扣押的本人财物，如果不以非法占有为目的，则应定非法处置扣押的财产罪；如果以非法占有为目的，则是非法处置扣押财产罪的想象竞合。这里的是否具有非法占有目的，应根据事后是否具有索赔行为确定。因此，上述叶文言案的判决结论是完全正确的。但因为这个问题在刑法与司法解释中均无明文规定，所以在司法处理过程中存在不同意见。例如叶文言案如何处理就存在以下三种不同的意见。

第一种意见：盗取所有权属于自己的车辆，并没有侵犯他人的财产所有权，不构成盗窃罪，但其后隐瞒车辆已自盗的事实，骗取赔偿款的，其行为构成诈骗罪。

第二种意见：被公安交通管理部门扣押的车辆，以公共财产论，窃取自有物也构成盗窃罪；其后的骗取行为又单独构成诈骗罪，应予数罪并罚。

第三种意见：自有物在特定的情况下可成为盗窃罪的犯罪对象，叶文言等人窃取已被扣押的所有权属于自己的车辆后进行索赔的行为，实际上是以非法占有为目的的盗窃，符合盗窃罪的构成要件，应以盗窃罪一罪论处。

针对上述三种不同意见，本案裁判理由分别从以下三个方面进行了论证。

（一）本人所有的财物在他人合法占有、控制期间，能够成为自己盗窃的对象

根据刑法第二百六十四条的规定，盗窃罪的犯罪对象是"公私财物"。这里的公私财物实际上是指他人占有的公私财物。所谓他人，是指行为人以外的人，包括自然人、法人和其他组织。他人占有意味着他人对该财物可能拥有所有权，也可能没有所有权。对没有所有权的财物，他人基于占有、控制之事实，负有保管和归还财物的义务。如果在占有期间财物丢失或毁损，占有人依法应负赔偿责任。从这个意义上说，没有所有权的财物在他人占有、控制期间应当认为是他人即占有人的财物。这样理解基于以下理由：第一，刑法第九十一条第二款规定，"在国家机关、国有公司、企业、集体企业和人民团体管理、使用或者运输中的私人财产，以公共财产论"。这里所言"管理、使用或者运输"，都有占有

的含义。既然由国家或者集体占有之私人财产以公共财产论，那么由他人占有之财物以他人财物论，亦在情理、法理之中。第二，“以公共财产论”或“以他人财物论”是针对所有权人以外的人而言的，并未改变财物的权属，意在强调占有人对该财物的保管责任。盗窃罪侵犯的客体是公私财产所有权。刑法第九十一条第二款之所以如此规定，正是考虑到如果这类财物被盗或者灭失，国家或集体负有赔偿的责任，最终财产受损失的仍是国家或集体。同理，他人占有、但非所有的财物被盗或者灭失时，他人依法承担赔偿责任，实际受损失的仍是占有人即他人的财产所有权。可见，行为人自己所有之物以及行为人与他人共有之物，在他人占有期间的，也应视为他人的财物，可以成为盗窃罪的对象。对此，有的国家刑法作了明确规定。如日本刑法第二百三十五条规定，窃取他人财物的，是盗窃罪。第二百四十二条规定：“虽然是自己的财物，但由他人占有或者基于公务机关的命令由他人看守的，就本章犯罪，视为他人的财物。”该立法例值得借鉴。

当然，本人所有的财物在他人合法占有、控制期间，能够成为自己盗窃的对象，并不意味着行为人秘密窃取他人占有的自己的财物的行为都构成盗窃罪。是否构成盗窃罪，还要结合行为人的主观目的而定。如果行为人秘密窃取他人保管之下的本人财物，是为了借此向他人索取赔偿，那么这实际上是以非法占有为目的，应以盗窃罪论处。相反，如果行为人秘密窃取他人保管之下的本人财物，只是为了与他人开个玩笑或逃避处罚，或者不愿将自己的财物继续置于他人占有、控制之下，并无借此索赔之意的，因其主观上没有非法占有的故意，不以盗窃罪论处。构成其他犯罪的，按其他犯罪处理。

就本案而言，被告人叶文言、叶文语在自己的轿车被交通管理部门扣押后，虽拥有所有权，但在交管部门扣押期间，被扣车辆处于交管部门管理之下，属于公共财产。叶文言伙同叶文语、王连科、陈先居、叶启惠在深夜将被扣押车辆盗出后藏匿、销售，进而以该车被盗为由向交通管理部门索赔，从中可以看出五被告人将被扣押的桑塔纳轿车盗出并非为了帮助叶文言逃避行政处罚，而是具有获取非法财产利益的主观故意。因此，叶文言、叶文语等人的行为，实质上侵犯了公共财产所有权，符合盗窃罪的构成特征，应当以盗窃罪定罪处罚。

在以上论述中，裁判理由从盗窃对象角度加以论证，其核心命题是：行为人自己所有之物以及行为人与他人共有之物，在他人占有期间，也应视为他人的财物，可以成为盗窃罪的对象。但这里没有论及的一个问题是：在这种情况下，他人占有期间的本人之物，他人对该物是具有所有权还是占有权，因而在这个问题上到底是采本权说还是占有说。对此，本案裁判理由缺乏深入的论证。当然，裁判理由对非法占有目的作了较为充分的论述，指出：行为人窃取他人保管之下的本人财物，但主观上不具有非法占有目的的，即使他人占有的本人财物可以成为盗窃对象，也不构成盗窃罪。这一论证采用了递进式的思维方法，较好地处理了客观与主观之间的关系，坚持了客观判断先于主观判断的原则，是值得肯定的。

（二）秘密窃取他人占有的本人财物而后索赔的行为只构成盗窃罪一罪

从形式上看，行为人秘密窃取他人占有的本人财物，然后隐瞒财物被自己盗走这一事实向他人索赔的，符合诈骗罪的构成特征。但是，这种认定只是针对行为人实施的部分行为，没有整体考虑行为人实施的全部行为。就整体而言，行为人的行为分为两个阶段，一是先实施秘密窃取行为，二是隐瞒财物被自己盗走这一事实向他人索赔。这是行为人实施盗窃犯罪中紧密联系、不可分割的两个组成部分。如果行为人只是单纯将财物秘密取回，主观上没有非法占有的目的，其行为就不构成盗窃罪。行为人进行索赔所隐瞒的事实正是此前其实施的秘密窃取财物的行为，没有前一行为，其后的索赔行为也无从提起。可见，行为人进行索赔虽然存在诈骗行为，但该诈骗行为是其盗窃的后续行为，表明了其主观上的非法占有之目的，是实现非法占有意图的关键，直接促成了实际危害结果的发生。被告人叶文言等将其被交管部门扣押的车辆秘密取回，仅此时的行为尚不足以表明其主观上是否具有非法占有之目的，但其后隐瞒车辆被自己窃取的事实向交通管理部门索赔，则充分体现了其非法占有的主观故意。叶文言等基于非法占有之目的而实施"先盗后骗"的行为是一个完整的盗窃行为，符合盗窃罪的构成特征，只能认定为一罪，即盗窃罪。

对于索赔行为如何理解，也是处理本案过程中一个存在较大争议的问题。索赔行为无疑具有诈骗的性质，因为它是隐瞒财物被自己盗走这一事实而使他人以赔偿名义交付财物，从而使他人受到财产损失。但关于该诈骗行为是否构成犯罪，则存在三种意见。第一种意见是把该诈骗行为视为盗窃行为的不可罚的事后行为并且是非法占有目的的客观表现，只将盗窃行为认定为盗窃罪。第二种意见是认为盗窃行为不构成犯罪，因为盗窃的是本人财物，只有索赔行为才构成诈骗罪。第三种意见是应以盗窃罪与诈骗罪实行并罚。在以上三种意见中，裁判理由主张第一种意见，我认为是完全正确的。对于这种盗窃以后还需要实施后续诈骗行为才能构成犯罪的情形，一般都把后续行为视为不可罚的事后行为。例如窃取他人存单到银行领取存单项下现金的，被认为是盗窃罪而非诈骗罪，更不实行数罪并罚。在窃取被司法机关扣押的本人财物而向国家机关索赔的情况下，也是如此：只定盗窃罪，不能以诈骗罪论处。

（三）行为人获得赔偿的数额应当认定为盗窃数额

在行为人秘密窃取他人占有的本人财物而后索赔的盗窃案件中，如何认定盗窃数额是一个值得研究的问题。在这种盗窃案件中，行为人获得赔偿的数额往往高于财物本身的价值。这是因为他人在赔偿时除考虑财物本身的价值外，往往还会考虑到因财物丢失而给所有人造成的经济损失。在这种情况下，行为人因盗窃而给他人造成的财产损失表现为他人给付的赔偿数额。司法实践中，盗窃数额与财物本身的价值不相一致的情形是存在的，在计算时应当按照最有利于保护被害人财产所有权的原则确定。如《最高人民法院关于审理盗窃案件具体应用法律若干问题的解释》第五条第（七）项规定，"销赃数额高于按本解释计算的盗窃数额的，盗窃数额按销赃数额计算"。在本案中，既有针对被盗车辆所作的鉴定价格 9.2 万元，又有销赃价值 2.5 万元，还有赔偿数额 11.65 万元。在这三种针对被盗车辆的数额中，由于赔偿数额实质上体现了行为人因盗窃而给他人造成的财产损失，因而应当认定为盗窃数额。即使赔偿数额低于财物本身的价值，在确定盗窃数额时也应当将赔偿数额作为盗窃数额。但应当注意的是，被告人针对被盗财物的销赃数额，应作为非法所得予以追缴。

在一般的盗窃案件中，盗窃数额是指财物的实际价值。但在叶文言案中，存在两数额：一个是被盗车辆的实际价值 9.2 万元（销赃获款 2.5 万元）；另一个是赔偿数额 11.65 万元。对此，应以 9.2 万元计算还是以 11.65 万元计算呢？对于一般盗窃案件来说，应以 9.2 万元计算。但对于窃取被司法机关扣押的本人财物案件来说，应以赔偿数额计算。应当指出，在本案中，赔偿数额高于实际价值，因而以赔偿数额计算似乎没有问题。那么，如果赔偿数额小于实际价值呢？对此，我认为仍应当按照赔偿数额计算盗窃数额。

第十章　犯罪的掩盖行为与掩护行为之定性研究

——何起明诈骗案　陈平盗窃案　刘勤记盗窃案

（抢夺罪　诈骗罪　犯罪的掩盖行为与掩护行为）

抢夺罪与诈骗罪是我国刑法中两个常见的罪名。在现实生活中，存在一些抢夺罪与诈骗罪的界限容易混淆的犯罪案件。因此，需要从法理上对抢夺罪与诈骗罪加以区分。本章以何起明诈骗案①为例，并结合陈平盗窃案和刘勤记盗窃案②深入地探讨抢夺罪与诈骗罪的法律界限，由此而进一步地论及财产犯罪中的掩盖行为与掩护行为对定罪的影响。

一、何起明案的案情及诉讼过程

何起明与陈二（在逃）约定搞一辆摩托车。陈二雇请宋某驾驶两轮摩托车，并在宋停车等候之际，将摩托车开走。宋某欲追赶，何起明则以陈二用其车去找人会回来还车为由，稳住宋某。后何起明以去找陈二为由，趁机逃跑。经鉴定，该摩托车值 4 905 元。

东兴市人民法院认为，何起明以非法占有为目的，虚构事实骗取他人财物，数额较大，其行为已构成诈骗罪。依照《刑法》第 266 条的规定，判决何起明犯诈骗罪，判处有期徒刑 2 年，并处罚金人民币 2 000 元。宣判后，何起明未上诉，检察机关亦未抗诉。

二、何起明案的分歧意见及裁判理由

对于抢走财物后哄骗被害人不追赶的行为如何定性？

在本案处理过程中，对被告人何起明的行为如何定性产生了两种意见。

一种意见认为，被告人何起明以非法占有为目的，伙同他人用虚构事实的方法，骗取他人财物数额较大，其行为符合诈骗罪的构成要件，构成诈骗罪。

另一种意见则认为，虽然何起明与其同伙在非法占有摩托车前隐瞒真相，在占有摩托车后又虚构事实，对被害人进行欺骗使之产生错觉，在摩托车被开走后不再追赶，但从何起明及其同伙占有宋某摩托车的方式来看，并非宋某上当受骗后“自愿”将摩托车交给陈二，在此真正起着关键作用的是公然抢夺。正是通过公然抢夺，何起明与其同伙才完成了对宋某摩托车的非法占有。当陈二通过公然抢夺方式将宋某的摩托车抢走后，陈二与何起明的抢夺行为已经完成，抢夺罪已经成立。至于何起明在陈二夺车已完成之后虚构事实，对被害人虽然有欺骗性质，但不同于诈骗罪中行为人为了获取财物而实施的欺骗行为，其仅是为了拖延时间以便陈二逃离现场，而不再是骗取财物。被告人何起明伙同他人以非法占有为目的，趁人不备，公然夺

---

① 最高人民法院编．刑事审判参考：总第 12 辑．北京：法律出版社，2001.

② 陈平案刊载于：最高人民法院中国应用法学研究所编．人民法院案例选（刑事卷）（1992—1996 年合订本）．北京：人民法院出版社，1997：552－554；刘勤记案刊载于：最高人民法院中国应用法学研究所编．人民法院案例选（刑事卷）（1992—1996 年合订本）．北京：人民法院出版社，1997：606－608.

取他人财物，数额较大，其行为符合抢夺罪的构成要件，构成抢夺罪。

裁判理由指出：

无论是诈骗罪还是抢夺罪，作为侵犯财产的犯罪，其目的均为非法获取、占有公私财物。但从犯罪构成的客观方面来看，诈骗罪是以虚构事实或者隐瞒真相的方法，骗取财物；而抢夺罪则表现为乘人不备，公然夺取他人财物。两罪的区别是明显的，一般情况下不容易发生混淆。但在本案中，被告人何起明非法占有他人财物的手段具有复合性：一方面，何起明与其同伙通过乘人不备骑走摩托车的方式将宋某的摩托车非法占有；另一方面，何起明与其同伙在非法获取财物前隐瞒真相，在占有宋某的摩托车后又虚构事实，在犯罪过程中采用了欺骗手段。正是这种犯罪手段的复合性，导致了对本案定性问题的不同认识。

诚然，陈二与何起明正是通过公然抢夺实现了对摩托车的非法占有，此时，两作案人的抢夺行为已经完成。如果在陈二骑走摩托车后，何起明也径行逃跑，两人的行为毫无疑问应以抢夺罪定罪处罚。但在本案中，何起明并没有在陈二完成抢夺行为后立即逃跑，而是留下来虚构"陈二用其车去找人，还会回来还车"这一事实稳住被害人宋某，宋某信以为真，也就不追赶，更没有报警。因此，虽然陈二与何起明占有的被害人的摩托车不是被害人自愿交出的，似不符合诈骗罪中被害人因受骗上当"自愿地"交出财物这一典型特征，但是被害人宋某没有呼喊、追赶和报警，不是因为其不能或者不敢呼喊、追赶和报警，而是由于何起明虚构事实，并且仍与宋某待在一起，没有逃跑，宋某完全有理由相信何起明所言的真实性。因此，宋某实际上默认了陈二对摩托车的占有。也就是说，被害人宋某实际上是因其受骗上当而"自愿"交出摩托车，是诈骗的另一种表现形式。

从陈二与何起明的主观故意的内容来看，虽然在陈二发起犯意，"去搞一辆摩托车"时，主观故意的内容不明确，可能是偷、骗、抢等，但从陈二与何起明为实现其非法占有目的而采取的一系列行为来看，先是隐瞒真相，没有真实的租车目的，却以租车为名，骗取被害人宋某的信任，租乘宋某的摩托车；再虚构事实，"以等人为由让宋某停车等候"，为非法占有他人的摩托车创造了条件；然后虚构"陈二用其车去找人会回来还车"，使被害人宋某不呼喊，不追赶，也没有报警，以实现非法占有财物的目的；最后又虚构"去找陈二"这一事实，逃离作案现场。这些事实充分反映了陈二与何起明诈骗他人财物的主观故意。

综合全案情况，陈二与何起明在主观上具有诈骗财物的故意，在客观上实施隐瞒真相和虚构事实的手段非法占有了他人的财物，完全符合刑法规定的诈骗罪构成要件，应以诈骗罪定罪处罚，而不应仅根据陈二与何起明实施犯罪行为的手段之一即认为其行为构成抢夺罪。

三、相关罪名的法理分析

何起明案到底是定抢夺罪还是定诈骗罪，取决于我们对抢劫罪和诈骗罪的正确理解。尤其是在本案中，行为人何起明在实施犯罪过程中，既有配合其他共犯的抢夺行为，又有为使共犯顺利逃跑而欺骗的行为。这就给正确定罪带来一定的困难。为此，我们首先要对我国刑法中抢夺罪与诈骗罪的构成要件加以分析。

（一）抢夺罪

根据我国《刑法》第267条的规定，抢夺罪是指以非法占有为目的，公然夺取数额较大的公私财物的行为。抢夺罪的特征在于：(1) 公然性。抢夺罪属于公然犯，其行为是以公然的方式实施的，这与在一般情况下以秘密方式实施的盗窃罪有所不同。一般来说，盗窃罪是秘行犯。秘行犯与公然犯的区分，就在于盗窃罪作为秘行犯是背着财产所有人，在其不知情的情况下实施的，而抢夺罪作为公然犯是当着财产所有人的面公开实施的。(2) 非暴力性。抢夺罪不属于暴力犯罪，这是它与抢劫罪的区别。在某种意义上说，抢劫罪是使用暴力、胁迫或者其他方法的抢夺。在夺取财物这一点上，抢劫罪与抢夺罪是存在重合性的，属于部分法与整体法的法条竞合。当然，在抢夺过程中，也可能过失地引起他人重伤，甚至死亡的后果。这种情形，属于抢夺罪与过失致人重伤罪或者过失致人死亡罪之间的想象竞合，按照有关司法解释的规定，应当从一重罪从重处断。

在抢夺罪的构成要件中，存在一个争议较大的问题，就是乘人不备是否属于抢夺罪的构成要素。我国刑法学界一般都把乘人不备当作抢夺罪的一个特征，公然夺取是以乘人不备为前提的。例如我国学者指出：所谓公然夺取是指行为人当着公私财产所有人、管理人或者其他人的面，乘其不防备，将公私财物夺了就跑，据为己有或者给第三人所有。① 不可否认，犯罪分子为使其犯罪更加容易得逞，在绝大多数情况下，抢夺行为都是乘人不备实施的。那么，能否以此作为抢夺罪的规范要素，凡不是乘人不备实施的行为就不能认定为抢夺？我的回答是否定的。在极少数情况下，即使是在被害人有备的情况下实施的抢夺，仍然应定为抢夺罪。

就何起明案而言，被告人是在趁被害人宋某不备的情况下，将其摩托车开走，因而这一行为构成抢夺罪，并无疑问。

（二）诈骗罪

诈骗罪如同抢夺罪一样，是我国司法实践中较为常见的一种侵犯财产的犯罪。相对于抢夺罪而言，诈骗罪是更容易混淆的一个罪名。之所以诈骗罪容易发生罪与非罪以及此罪与彼罪界限的混淆，主要是因为诈骗罪中的诈骗的含义，在刑法专业上的界定与在日常生活中的理解是完全不同的。当人们按照日常生活经验理解刑法中的诈骗的时候，混淆必然发生。

我国传统刑法教科书，在定义诈骗罪的时候，一般都只从被告人角度，描述被告人的欺骗行为，但在很大程度上忽略了被害人的行为在诈骗犯罪中的作用。例如，我国刑法教科书指出：

> 诈骗罪，是指以非法占有为目的，用虚构事实或者隐瞒真相的方法，骗取公私财物，数额较大的行为。②

这里的虚构事实与隐瞒真相都是被告人的行为，至于如何“骗取”，并没有深入分析。只是在描述诈骗罪的客观表现时，提到被害人因为受到欺骗，仿佛自愿地将财物交给被告人。当然，也有学者对诈骗罪的客观要素作了较为翔实的分析：

> 成立诈骗罪一般要具备的客观要素包括：诈骗行为，使他人陷于错误，他人基于错误处分财产，行为人获取财产或者财产性利益。一般来说，这些要素先后有序，形成一个前后紧密相连之因果锁链。③

在这一论述中，涉及诈骗罪的客观要素，共叙述了三种行为：一是被告人的欺骗行为，二是被害人基于认识错误的处分行为，三是被告人的取得行为。在上述三种行为中，欺骗行为与取得行为的主体都是被告人，其为构成要件的行为，是没有争议的。基于认识错误的处分行

① 周道鸾，张军主编．刑法罪名精释．3版．北京：人民法院出版社，2007：519.

② 高铭暄，马克昌主编．刑法学．北京：北京大学出版社，高等教育出版社，2000：517.

③ 赵秉志主编．侵犯财产罪研究．北京：中国法制出版社，1998：226.

为，是被害人的行为，显然不应属于构成要件的行为。那么，在诈骗罪中，被害人的处分行为，究竟处于何种地位呢？这是值得研究的问题。

在任何犯罪构成的实行行为中，只包括被告人的行为，而不包括被害人的行为，这应当是一条铁则。因为行为的主体只能是被告人而不可能是被害人。在诈骗罪的构成中，被告人所实施的是欺骗行为，至于使被害人陷于认识错误并处分财物，并不是诈骗罪的构成要件的行为，而是诈骗罪的结果，即被骗以后被害人所实施的处分行为。如果被告人虽然实施了诈骗行为，但被害人并没有陷于认识错误，也没有实施处分财物的行为，则其诈骗罪处于未遂状态。因此，在诈骗罪的构造中，被害人基于认识错误的处分行为，对于诈骗罪的成立具有十分重要的意义。正如日本学者西田典之教授所指出：

> 要成立诈骗罪，就必须是因欺骗而使对方产生错误，并由这种错误作出带有瑕疵的意思表示，进而基于这种意思表示而实施将自己的财物或财产性利益移转至对方的处分行为。那么，虽然存在以使之实施处分（交付）行为为目的的诈骗行为，但对方并未陷入错误，而是出于其他理由（例如，出于怜悯之心），交付了财物，则由于切断了诈骗罪所预定的因果关系，而限于成立未遂犯。①

处分行为，是民法上的一个概念，是指以处分权利为内容并直接发生权利变动效果的民事法律行为。其中既包括直接处分财产的物权行为，也包括直接处分其他权益的准物权行为，如物之交付行为、债务免除行为等。根据大陆法各国的民法，从事处分行为的行为人除须具备行为能力外，还须对所处分的财产或权益具有合法处分权。② 在民法中处分行为是导致权利变动的民事行为。在诈骗罪中，被害人的处分行为是基于认识错误而产生的，因而是具有瑕疵的处分行为。

在诈骗罪的处分行为认定中，存在以下三个问题值得研究。

1. 终局性转移与非终局性转移

处分行为是对财物的处分，当然在某些情况下也包括对财产性利益的处分。在处分财物的情况下，处分意识中应当具有财物的占有终局性转移的内容。终局性转移，是日本学者西田典之教授使用的一个概念，日本学者西田典之教授以三个日本判例对此问题加以说明：

> 判例Ⅰ：谎称试车而让人同意其单独驾驶一段时间的行为就是处分行为，构成诈骗罪。（东京地八王子支判平成3·8·28判タ68号249页）。
>
> 判例Ⅱ：被允许试衣者趁店员不注意而逃走的行为，由于没有发生基于被诈骗者意思的占有的终局性转移，因而仅构成盗窃罪（广岛高判昭和30·9·6高刑8卷8号1021页）。
>
> 判例Ⅲ：出于诈骗的目的而使对方准备好了钱款，被诈骗者将现金放在门口之后去卫生间，行为人乘此间隙而带着现金逃走，对此，判例认为构成本罪（最判昭和26·12·14刑集5卷13号2518页）。③

在判例Ⅰ中，行为人同意他人单独驾驶一段时间，可以看作是将车辆交付给他人，由他人对车辆实施占有。因此，行为人在交付车辆给他人单独试驾的时候，具有车辆的占有发生终局性转移的意识。在这种情况下，试驾者将车辆予以非法占有的，属于诈骗之所得。在判例Ⅱ

① 西田典之．日本刑法各论：3版．刘明祥，王昭武，译．北京：中国人民大学出版社，2007：151.

② 邹瑜，顾明总主编．法学大辞典．北京：中国政法大学出版社，1991：372.

③ 西田典之．日本刑法各论：3版．刘明祥，王昭武，译．北京：中国人民大学出版社，2007：152.

中，店员允许他人试衣，是指在店员控制范围内的占有转移，这种占有转移是非终局性的，因而他人乘机逃走将衣物占有的行为，构成盗窃。在判例Ⅲ中，他人基于被骗已经将财物准备好，等待交付。但在交付前将现金放在门口而去卫生间，行为人乘机予以占有。对于本案，判例是以诈骗罪论处的。但是日本学者西田典之教授认为，在这种情况下，占有仍属于被诈骗者，应该说并没有发生基于其意思的占有终局性转移。因此，在日本学者西田典之教授看来，该案仍然构成盗窃罪而非诈骗罪。

被害人的处分意思是否具有终局性转移的内容，对于区分诈骗罪与其他财产犯罪具有重要意义。例如，在现实生活中经常发生这样的案例：行为人在商店以借用手机为由，取得他人的手机，然后在假装拨打电话的时候，趁他人不备而悄悄溜走，从而将手机非法占为己有。对于此类案件如何定性，往往存在定盗窃罪与诈骗罪的分歧。从表面上来看，行为人是以欺骗方式取得手机，似乎应定诈骗罪。但在这种情况下，行为人虽然将手机交付给他人，却并没有终局性转移的意思，而是在其监督下有条件地使用手机。行为人之非法占有手机，还是秘密窃取的结果。因此，此类案件应定盗窃罪而非诈骗罪。

2. 意识性处分与无意识性处分

行为人在处分财物的时候，是否必须对其所处分的财物具有认识，这是在认定是否具有诈骗罪中的处分行为的一个重要问题。在这个问题上，存在意识性处分行为说与无意识处分行为说之争。对此，日本学者西田典之教授作了以下描述：

> 问题在于被害人对所要转移的财物或财产性利益并无认识的情况如何处理。例如，甲发现乙的书中夹有一张1万日元钞票，于是便以100日元的价格买下了这本书，这1万日元是构成诈骗罪还是构成盗窃罪呢？有观点认为，要构成处分行为，被害人需要认识到将某种特定财物转移给对方（意识性处分行为说）。据此，本案构成盗窃罪；还有观点认为，在可以肯定某种财物的占有已依照被诈骗人的意思发生了终局性转移的情况下，则没有必要要求被诈骗人认识到各个财物的转移（无意识处分行为说），因而构成第一项诈骗罪。另外，甲在乙的家里谎称打市内电话，实际上却打了国际电话，不只支付了10日元。对此，按照无意识性处分行为说的观点，有可能成立第2项诈骗罪。而按照意识性处分行为说的观点，则是不可罚的利益窃取行为。①

由此可见，意识性处分行为说与无意识性处分行为说对同一案件会得出不同结论。当然，对于何谓处分意识的理解，也直接关系到意识性处分行为说与无意识性处分行为说之间对立程度的消长。我国学者张明楷教授主张处分意识必要说，即意识性处分行为说，同时指出：

> 根据诈骗罪的结构与特征，鉴于我国刑法理论与司法实践对诈骗与盗窃的通常理解，主张对处分意识作缓和理解，但这种缓和理解也有其限度。
>
> 首先，在受骗者没有认识到财产的真实价值（价格）但认识到处分了该财产时，应认为具有处分意识。
>
> 其次，在受骗者没有认识到财产的数量（或财物的数量）但认识到处分了一定的财产时，也宜认定为具有处分意识。②

我认为，对于处分行为是否具有意识的讨论，关系到诈骗罪与其他财产犯罪，主要是盗窃罪的区分。考虑到诈骗罪的本质特征在于被害人基于认识错误而交付财物，因而对于处分行为

① 西田典之．日本刑法各论：3版．刘明祥，王昭武，译．北京：中国人民大学出版社，2007：152.

② 张明楷．诈骗罪与金融诈骗罪研究．北京：清华大学出版社，2006：165－166.

的意识性不应过于强调，以免把某些诈骗行为划入盗窃罪的范围。

3. 处分能力与行为能力

被骗人是否必须具有处分能力，也是在认定诈骗罪时经常讨论的一个问题。在这一问题上，同样存在分歧。例如日本学者大塚仁教授指出：只要是陷入错误、能够对财物进行财产性处分行为的人，即使是知虑浅薄的未成年人和心神耗弱的人，也能成为欺骗行为的对方。[①] 日本学者大谷实教授则认为：处分行为是诈骗罪中没有记载的构成要素，是区分盗窃罪和诈骗罪的关键。交付，必须是基于对方的错误而实施的，因此，必须具有基于交付意思的交付事实。欺骗没有交付意思能力的幼儿和重度精神病人而取得财物的行为，是盗窃罪而不是诈骗罪。[②] 从上述论述来看，对于具备何种要件的人可以成为诈骗罪的客体，还是存在争议的。一般来说，对于心神丧失人，亦即无责任能力的精神病人，其为无行为能力之人，不能成为诈骗罪的客体，对此争议不大。争议较大的是心神耗弱人，亦即限制责任能力的精神病人，能否成为诈骗罪的客体。此外，对于未成年人来说，达到何种年龄才属于具有完全无行为能力的情形，从而不能成为诈骗罪的客体，也会存在争议。对此，采用民法上无民事行为能力的概念，作为界定诈骗罪的客体的标准，可能是值得研究的。

在民法上，作为无民事行为能力的情形，存在禁治产人的概念。禁治产人，是指因心神丧失或精神耗弱而对自己的财产无处理能力，经法院宣告丧失民事行为能力的人。[③] 我国民法未采用禁治产人的概念，但对于无民事行为能力的情形作了规定。在我国民法中，所谓无民事行为能力，是指自然人无独立从事民事活动的资格，也就是说，不具有以自己的行为取得民事权利和承担民事义务的资格。根据我国《民法通则》的规定，无民事行为能力人包括两类：一类是不满10周岁的未成年人（《民法典》已修改为8周岁）。由于此类自然人年龄尚小，处于生长发育的最初阶段，虽然这些未成年人有一定的智力，但不能理性地从事民事活动，否则既容易使自己蒙受损害，也不利于交易的安全。另一类是完全不能辨认自己行为的精神病人。这些人因为其心智丧失，不具有识别能力和判断能力，从保护其利益出发，法律规定其为无民事行为能力人是十分必要的。[④] 我认为，民法上的民事行为能力可以作为诈骗罪中被骗人是否具有处分能力的标准。不满10周岁的人或者丧失辨认能力与控制能力的精神病人，无民事行为能力，亦无处分能力。这两类人不能成为诈骗罪的客体，利用诈术从这两类人处取财的，应为盗窃而非诈骗。

四、何起明案裁判理由的评判

根据上述关于抢夺罪与诈骗罪的界定，被告人何起明的行为构成抢夺罪而非诈骗罪，这是十分明显的。

在第一阶段，何起明的同伙陈二趁宋某下车未拔出钥匙之际，将摩托车开走。这一行为属于抢夺行为。对此，裁判理由亦承认：如果在陈二骑走摩托车后，何起明也径行逃跑，两人的行为毫无疑问应以抢夺罪定罪处罚。但在本案中，何起明采用欺骗方法使宋某不去追赶，使陈二非法占有宋某摩托车的犯罪得以既遂，这一欺骗行为是否使陈二的抢夺行为转变成为诈骗行为了呢？在此，就要看何起明的行为是否符合诈骗罪的构成要件，关键问题是：宋某是否存在基于认识错误而对财物的处分行为，回答显然是否定的。宋某对其摩托车不是基于欺骗而产生

---

① 大塚仁．刑法概说（各论）：第3版．冯军，译．北京：中国人民大学出版社，2003：243.

② 大谷实．刑法讲义各论：新版2版．黎宏，译．北京：中国人民大学出版社，2008：243.

③ 邹瑜，顾明总主编．法学大辞典．北京：中国政法大学出版社，1991：1592.

④ 王利明．民法总则研究．北京：中国人民大学出版社，2003：350.

认识错误，在此基础上处分给陈二和何起明，而是陈二采取抢夺方法予以非法占有的，因而本案应定抢夺罪是没有疑问的。

何起明案的裁判及其裁判理由，引起我思考的一个问题是：为什么这样一起十分简单的抢夺案件被检察院以诈骗罪起诉，法院亦以诈骗罪对被告人判刑，并且受到最高人民法院有关业务庭室的肯定？我以为，根本原因在于对诈骗罪的构成要件中基于认识错误而处分财物这一内容没有掌握，在我国目前的刑法教科书中，对于诈骗罪大多从被告人的诈骗行为加以界定，对于被害人的处分行为没有引起重视。因此，只要是因为他人欺骗造成财产损失，就认定为诈骗罪。这显然是对诈骗罪的误解。这里涉及对整个财产犯罪的体系化整理。对此，我国学者周光权教授指出：

> 由于各国的具体情况不同，其对于侵犯财产罪的规定也大不相同，但都可以将此类犯罪大致分为取得罪和毁损罪两种类型。毁损罪是指使他人财物的价值消灭的犯罪，故意毁坏财物罪和破坏生产经营罪最具有代表性。取得罪是指直接占有财物的犯罪，包括盗窃罪、抢劫罪、诈骗罪、抢夺罪、侵占罪等。
>
> 取得可以分为转移占有的犯罪和不转移占有的犯罪（交付罪），诈骗罪、敲诈勒索罪是其中的典型，以及违反被害者意思而夺取财物的犯罪（夺取罪），包括盗窃罪、抢劫罪、抢夺罪等，它们是财产罪的基本形态。至于侵占罪则是不转移占有关系罪的典型。①

我认为，上述区分是有道理的。当然，对某些财产犯罪的类型之具体表述还可以作一些调整。根据我的理解，我国刑法中财产犯罪的种类如下图所示：

- 财产犯罪
  - 占有罪
    - 转移占有的犯罪
      - 交付罪
        - 诈骗罪
        - 敲诈勒索罪
      - 取得罪
        - 盗窃罪
        - 抢劫罪
        - 抢夺罪
    - 非转移占有的犯罪
      - 侵占罪
      - 职务侵占罪
  - 毁损罪
    - 故意毁坏财物罪
    - 破坏生产经营罪

在上述财产犯罪中，交付罪与取得罪的根本区分，就在于交付罪是他人基于认识错误而处分财物（诈骗罪）或者他人基于胁迫而不得不交付财物（敲诈勒索罪）。在这种情况下，都是基于对方意思的交付。而取得罪，无论是盗窃还是抢劫与抢夺，都是违反对方意思的取得他人财物。由此可见，如何转移占有，是基于对方意思而交付还是违反对方意思而取得，是两者区分的关键。在交付罪中，他人的处分行为对于犯罪成立具有重要意义。因此，现在的刑法教科书对于诈骗罪的基本构造已经考虑到其作为交付罪的特点，突出被害人基于错误认识而处分财物。例如我国学者张明楷教授指出：

> 诈骗罪的基本构造为：行为人实施欺骗行为——对方（受骗者）产生错误认识——对方基于错误认识处分财产——行为人或第三者取得财产——被害人遭受财产损害。②

① 周光权．刑法各论．北京：中国人民大学出版社，2008：100.

② 张明楷．刑法学．3版．北京：法律出版社，2007：735.

按照上述诈骗罪的构成特征，强调对方基于错误认识而处分财物，则本案何起明虽然存在欺骗行为，但这一欺骗行为并非财产取得原因。因为被害人的财物在此之前已经被抢夺，根本就不存在处分财物的问题。

五、犯罪掩盖行为与掩护行为的定性：以陈平案与刘勤记案为例的分析

何起明案之所以会发生定性上的错误，与未能正确处理犯罪掩盖行为是有密切联系的。在许多犯罪中，都存在掩盖行为，但这一掩盖行为即使触犯其他罪名，也不能改变先前犯罪的性质。因为，犯罪掩盖行为均发生在行为人实施犯罪行为以后。犯罪已经实施完毕，当然也就不可能发生罪质上的变化。但在司法实践中，犯罪掩盖行为往往扰乱我们的视线，容易发生此罪与彼罪界限的混淆。例如，何起明案的裁判理由指出：

> 在本案中，被告人何起明非法占有他人财物的手段具有复合性：一方面，何起明与其同伙通过乘人不备骑走摩托车的方式将宋某的摩托车非法占有；另一方面，何起明与其同伙在非法获取财物前隐瞒真相，在占有宋某的摩托车后又虚构事实，在犯罪过程中采用了欺骗手段。正是这种犯罪手段的复合性，导致了对本案定性问题的不同认识。

在上述裁判理由中，犯罪手段的复合性的提法本身就是没有对犯罪行为与犯罪掩盖行为加以区分。何起明案与其他抢夺案件相比，其复杂性并不在于犯罪手段的复合性，而在于除犯罪行为以外，又多了一种犯罪掩盖行为。只要我们把犯罪行为与犯罪掩盖行为正确地区分，对这种案件的定性并不复杂。在财产犯罪中，犯罪分子的意图就是要非法占有他人财物，为达到这一目的，往往使用各种犯罪方法。在存在犯罪行为与犯罪掩盖行为的财产犯罪案件中，两者区分的关键在于：非法占有他人财物到底是以何种方法实现的？应当以实现非法占有他人财物的行为作为犯罪行为，其他行为就是犯罪掩盖行为。在以往的司法实践中也都有正确处理的案例。下面的陈平以假换真盗窃金项链案就是一例。

> 陈平在商场假装购买金项链，趁售货员不备之机，以假换真，连续三次，总价值达5 700余元。天津市南开区法院认为，陈以非法占有为目的，伪装购买金项链，在挑选时乘售货员不备，以假换真，连续三次秘密窃取金项链，数额巨大，其行为已构成盗窃罪，应依法惩处，依照1979年《刑法》第152条的规定，判决陈犯盗窃罪，判处有期徒刑5年。宣判后，陈未上诉，公诉机关亦未上诉。

我认为，陈平案的评析意见正确地区分了犯罪行为与犯罪掩盖行为，因而对本案的定性是正确的。在陈平案中，陈平是在窃取金项链以后，为迷惑售货员，使之不能马上发现其盗窃犯罪而以假金项链加以顶替。从本质上来说，金项链是窃取的而非骗取的。

应当指出，在司法实践中，除了犯罪以后的掩盖行为，还存在犯罪以前的掩护行为。在存在犯罪掩护行为的情况下，同样应当把犯罪行为与犯罪掩护行为加以区分。例如，刘勤记以欺骗为掩护盗窃他人车辆案也十分典型。

> 被告人刘勤记以拉货为名，先交给车主运费，让车主把车开到指定的地点，又找借口把车主支开，然后对其同去的人说“这就是我买的车”，让同去的人把车开走，据为己有。刘以这种手段在17个县市作案38起，盗窃手扶拖拉机、机动三轮车等总价值达9.6万余元，销赃得款2.1万余元被其挥霍殆尽。
>
> 河南省商丘地区中院认为，刘以非法占有他人财物为目的，采取欺骗手段，使财物脱离物主的控制，置于自己的控制之下，然后秘密窃取据为己有，其行为属于盗窃性质。刘在4年里作案38起，并以盗窃所得为其生活和挥霍的主要来源，其行为已构成

惯窃罪。其盗窃数额特别巨大，所得赃款被其挥霍一空，给失主造成严重经济损失，实属情节特别严重，应依法严惩。依照 1979 年刑法第 152 条、第 53 条第 1 款和全国人大常委会《关于严惩严重破坏经济的罪犯的决定》第 1 条第 1 项的规定，判决刘勤记犯惯窃罪，判处死刑，剥夺政治权利终身。

刘以其行为构成诈骗罪，不构成惯窃罪为理由，提出上诉。河南省高院驳回上诉，维持原判。

刘勤记案虽然发生在 1997 年《刑法》修订以前，但它对我们正确区分犯罪行为与犯罪掩护行为是具有参考价值的。刘勤记采取欺骗手段把他人骗开，然后非法占有他人财物，其欺骗手段只是为此后的盗窃创造了条件，占有财物行为本身是盗窃。

第十一章　故意毁坏财物行为之定性研究

——朱建勇故意毁坏财物案　孙静故意毁坏财物案

李焕强故意毁坏财物案（故意毁坏财物罪　占有行为　非法占有目的）

故意毁坏财物罪在司法实践中并不多见，在刑法理论上研究故意毁坏财物罪，重要目的之一在于将故意毁坏财物罪与其他财产犯罪相区分。本章通过朱建勇故意毁坏财物案、孙静故意毁坏财物案与李焕强故意毁坏财物案①的法理分析，对故意毁坏财物行为的定性问题进行研究。

一、朱建勇案的案情及裁判理由

被告人朱建勇利用事先获悉的账号和密码，侵入被害人陆正辉、赵佩花夫妇在证券营业部开设的股票交易账户，篡改密码，并采取高进低出的方法进行股票交易。朱建勇再次作案时被当场发现。按照股票成交平均价计算，用首次作案时该账户内的股票与资金余额，减去案发时留有的股票与资金余额，朱建勇共给陆、赵夫妇的账户造成资金损失 19.7 万余元。

上海市静安区人民法院认为，朱建勇的行为侵犯公民的私人财产所有权，扰乱社会经济秩序，社会危害性是明显的，依照《刑法》第 275 条的规定，构成故意毁坏财物罪，应当受刑罚处罚。在阐述裁判理由时，该法院特别指出，刑法意义上的财物，既包括有体物，也包括无体物，只要它具有一定经济价值，能成为权利主体依法享有的权益，就可以成为故意毁坏财物罪的犯罪对象。电力、煤气等无形财产，已经被刑法分则和相关的司法解释明确规定为盗窃罪的犯罪对象。股票所代表的财产权利，也可以成为故意毁坏财物罪的犯罪对象。

二、朱建勇案裁判理由的评判

在朱建勇案中，被告人的行为是否构成故意毁坏财物罪，主要涉及两个问题：一是被告人的行为是否具备故意毁坏财物的行为，二是股票所代表的财产权利能否认定为故意毁坏财物的对象。

在朱建勇案中，判决书将被告人的行为是否具备故意毁坏财物的行为这一问题表述为“对被告人朱建勇的行为能否用刑法评价”，然后援引《刑法》第 2 条关于刑法任务的规定、《刑法》第 13 条关于犯罪概念的规定，以及《刑法》第 275 条关于故意毁坏财物罪的规定加以论证。其实，刑法任务和犯罪概念与论证被告人的行为是否构成故意毁坏财物罪并没有直接关联，即使是《刑法》第 275 条关于故意毁坏财物罪的规定，由于立法机关采用的是简单罪状，仅凭法条仍然无从判断被告人朱建勇非法侵入并篡改他人股票交易账户密码，采用高进低出的方法恶意交易，致使他人财产遭受损失的行为是否属于故意毁坏财物的行为。从判决书的论证

---

① 朱建勇案刊载于：最高人民法院公报（2004 年卷）. 北京：人民法院出版社，2005；孙静案刊载于：最高人民法院编. 刑事审判参考：总第 39 集. 北京：法律出版社，2004；李焕强案刊载于：最高人民法院公报（2007 年卷）. 北京：人民法院出版社，2008.

来看，我国司法人员习惯于采用宏大叙事的方法进行法律论证，而不是按照犯罪构成理论，采用逻辑推理方法解决法律疑难问题。

值得注意的是，本案的法官曾经撰写了《朱某故意毁坏财物案——侵入他人账户恶意交易股票损失较大的，构成故意毁坏财物罪》一文①，对朱建勇案中的法律问题作了进一步阐述，其中论及故意毁坏财物行为：

> 使财物的价值降低或者丧失是故意毁坏财物的本质特征。所谓毁坏，就是指毁灭或损坏。这种行为的本质就是使其侵害的对象全部或部分丧失其价值或使用价值。毁坏的方式通常是以一种直观的物理的方式表现出来，如打碎杯子或者将杯子上的手柄打断等。但随着社会的进步，新生事物与新现象日益增多，毁坏财物的方式也呈现出多样性。具体表现是某些有形物即使不使其物理上发生变更，也同样可以降低其价值或使用价值，某些无形物在客观上往往都是通过非物理的手段使其价值降低或灭失。在此情况下，如果我们仍坚持传统思维，将物理上的毁损方式视为故意毁坏财物罪的唯一行为方式，就不能适应实践中保护公私财产的客观需要，就背离了立法者设立故意毁坏财物罪的立法原意。
>
> 我们认为，认定毁坏财物的行为，不应将眼光局限于行为手段是否具有物理性质，而应着眼于毁坏行为的本质特征，即该行为是否使刑法所保护的公私财物的价值或使用价值得以降低或者丧失，只要能使财物的价值或使用价值得以降低或丧失，都可以视为毁坏行为。本案中，被告人朱某利用高进低出买卖股票的方法使被害人的股票市值降低，实际上使作为财产性利益代表的股票丧失部分价值，这就是毁坏他人财物的行为。

在此，作者是从故意毁坏财物罪的本质特征出发论证毁坏行为的应有之义。我认为，这种论证思路是值得商榷的。问题在于：本质特征是如何归纳出来的？难道存在脱离犯罪具体构成要件的本质特征吗？采用这种从本质特征论证具体要件的方法，就是一种实质判断先于形式判断的方法。因为所谓本质特征是超规范的，属于价值层面。形式特征具有规范性，而规范则是法律规定的，是一种实体性存在。从实体性存在出发，推导出实体性存在背后的价值内容，也就是从现象到本质，这是符合认识规律的。如果反其道而行之，从本质到现象，就容易先入为主，误入歧途。在刑法方法论中也是如此：根据大陆法系的三阶层的犯罪论体系，形式判断应该先于实质判断，这是犯罪认定的一个基本规则。在构成要件该当性、违法性、有责性三个逐步递进的定罪过程中，就存在从形式判断到实质判断这样一个基本逻辑，由此实现对司法权的限制功能。例如日本学者西田典之教授指出：

> 在如何保持裁判官作出正确、适当的判断这一意义上，构成要件该当性→违法性→有责性这一判断顺序也具有相应作用。理由在于，是否该当于可罚性行为类型这一构成要件该当性的判断在某种程度上具有形式性、明确性，正因为如此，若由此首先设定一个限制性框架，即便其后对违法性、有责性进行实质性判断，也不会扩大处罚范围；接着进行的违法性判断是一种实质性判断，即使如此，由于原则上是基于客观性要素所作的判断，仍有可能相对明确地进行判断；相反，由有责性判断进入实质性判断、由对客观性要素的判断进入对主观性要素的判断，从而力图确保裁判官的判断的正确、适当。根据上述解释，可以说，对于控制裁判官的思考过程，进而将刑法的适用限定于适当正确的范围之内，构成要件该当性、违法性、有责性这种犯罪论体系是一种行之有效的做法。②

---

① 卢方主编．经济、财产犯罪案例精选．上海：上海人民出版社，2008：413－418.

② 西田典之．日本刑法总论．刘明祥，王昭武，译．北京：中国人民大学出版社，2007：45.

因此，从形式判断到实质判断，这样一种逻辑关系是被大陆法系三阶层的犯罪论体系所确认的，从而贯彻到司法裁判过程中。但在我国刑法理论中，强调社会危害性是犯罪的本质特征，是一种典型的实质思维方法。行为是否因为具有社会危害性而构成为犯罪呢？从立法上说，行为是因为具有社会危害性而被规定为犯罪的。但从司法上说，行为并不能简单地因为具有社会危害性而构成犯罪，而是因为刑法规定而成为犯罪，这也是罪刑法定原则的题中之意。具体到朱建勇案，其行为是否构成故意毁坏财物罪，首当其冲需要解决的是其高进低出买卖股票造成他人财产损失的行为是否属于毁坏财物的行为。按照作者的观点，故意毁坏财物的本质特征是使财物的价值降低或者丧失。那么，这一本质特征是否必须依附于毁坏行为？换言之，是否只有“毁坏”行为造成财物的价值降低或者丧失才构成故意毁坏财物罪呢？还是说，只要使财物的价值降低或者丧失，就是“毁坏”行为。这里进一步引申出来的问题是：用“财物的价值降低或者丧失”来界定“毁坏”，还是用“毁坏”来界定“财物的价值降低或者丧失”？毁坏当然可以使财物的价值降低或者丧失，但难道毁坏是使财物的价值降低或者丧失的唯一方法吗？其他方法是否也可能使财物的价值降低或者丧失？答案是不言而喻的。另外，财物的价值丧失，还有一个对谁而言的问题：对本人还是对他人？例如将甲鸟笼中的小鸟放飞，被乙捕获成为其宠物。在这种情况下，是否属于财物价值的丧失？这些问题，都不能直接从所谓毁坏财物的本质特征中获得，而取决于对毁坏行为的理解。

关于故意毁坏财物行为如何理解，这个问题本身在刑法理论上就是存在较大争议的。在德、日刑法学界存在以下三种观点。

1. 效用侵害说。认为毁损是指损害财物的效用的所有行为。这是从广义上理解毁损概念的主张，在日本处于通说地位。根据此说，不仅直接造成财物全部或部分毁坏，导致其丧失效用的情形构成对财物的“毁损”，而且财物的外形并未毁坏，只是其效用受损者，也应视为“毁损”。例如，把财物隐藏在所有者难以发现的处所，将他人的金银首饰丢弃到湖海之中，在他人字画上涂墨水等污物，将他人鱼塘的闸门打开让鱼流失，把别人的鸟笼打开让笼中的小鸟飞走，在他人的餐具中投入粪尿，如此等等，都属于毁损财物的行为。效用侵害说又分为“一般的效用侵害说”与“本来的用法侵害说”两种不同的具体主张。其中，前者认为，只要是侵害了财物的一般效用，就构成“毁损”；但后者认为，只有造成财物的全部或部分损害，并使之处于不能按其本来的用法使用的状态，才能视为“毁损”。

2. 有形侵害说。认为毁损是指对财物施加有形的作用力，从而使财物的无形价值、效用受损，或者损害物体的完整性的情形。明显没有施加有形力的场合，毁坏财物罪不可能成立。按照此说，在他人餐具中投入粪尿使之不能再次使用的，因为对餐具施加了有形力，所以，构成毁坏财物罪。如果仅仅只是将财物隐藏起来，则由于没有对之施加有形力，即便是损害了其效用、价值，也不能视为对财物的毁损。不过，也有持此说的学者不赞成这种观点，认为隐匿财物的行为本身就是对财物施加了有形力，应该视为对财物的毁损。有形侵害说是德国的通说。不过，德日两国的有形侵害说并非完全相同。例如，日本的有形侵害说对把金戒指投入河海中，是否属于施加了有形力的毁损行为的问题没有涉及，而德国的有形侵害说认为，投弃行为不是施加有形力的行为，因而不构成毁坏财物罪。另外，德国的有形侵害说认为，使他人的鸟、鱼逃走，把别人的金戒指投弃到河海之中，之所以不构成毁坏财物罪，不仅仅只是对财物没有施加有形力，更重要的是并非是使之不能按财物的本来用法使用。这同日本的有形侵害说十分强调对财物本身的侵害有所不同。

> 3. 物质的毁损说。认为毁损是指对财物的整体或部分造成物质的破坏或毁坏，从而使此种财物完全不能或部分不能按其本来的用法使用。按照此说，毁损的实质不在于是否对财物施加了有形的作用力，也不在于是否损害财物的效用，而在于其所采用的手段是否导致财物遭受物质的破坏或损坏，并且使之不能或者很难恢复原状，因而不能按其本来的用法使用。反过来，如果只是造成财物轻微的损坏，很容易恢复原状，并未达到不能按其本来的用法使用的程度，则不能说是对财物的毁损。由此而论，使他人鱼塘里的鱼流失，将笼中之鸟放飞，把金银首饰丢弃到湖海之中，将物品隐藏起来，在餐具中投入粪尿，由于没有杀伤鱼鸟、没有对首饰、物品、餐具等造成物质的破坏，因而不能构成毁坏财物罪。但隐匿财物的行为并非一概不能处罚，如果行为人有非法取得的意思，那就应该以盗窃定罪处罚。目前，物质的毁损说虽然不是日本刑法理论上的通说，但支持者近年来有逐渐增加的趋势。①

在以上三种观点中，把财物予以隐匿使财物所有人丧失该财物的使用权，显然不属于毁坏财物。虽然隐匿也能使他人丧失财物的价值，但财物本身没有被毁坏，不能因为隐匿财物符合使财物的价值降低或者丧失的本质特征就将其认定为故意毁坏财物罪。除此以外，在上述三种观点中，对毁坏含义的理解是不同的。这三种观点对毁坏含义的理解，从宽到窄分别是：效用侵害说→有形侵害说→物质的毁损说。在这三种观点中，物质的毁损说较为符合损毁的本义，强调财物物理性价值的丧失或者降低。有形侵害说则将对财物的有形侵害与无形侵害加以区分，只有有形侵害才是毁坏，无形侵害不是毁坏。但如何界定侵害的有形性与无形性，存在较大争议。至于效用侵害说，对于毁坏的理解过于宽泛，已经超出毁坏的字面含义。

在德国刑法理论中，关于如何理解毁坏同样存在争议。例如将他人饲养的鸟儿放飞的行为，是否可以构成毁坏财物罪。对此，主流的观点认为，将他人饲养的鸟儿放飞的行为，构成的只是一个不受罚的（纯粹的）“脱离占有”（Besitzentziehung）行为；少数人的观点则认为，对所有权人确定的用途目的的任何挫败，都足以成立破坏或者损坏的概念。对此，德国学者韦塞尔斯教授指出：

> 少数人的观点已经超出了法律文字字义对扩张性解释划定的界限，因为在适用损坏的概念时行为人的对物自身的作用（Einwirkung des Tätes auf die sache selbest）无论是直接的还是间接的他们都未予考虑。②

由此可见，尽管德国刑法典对损坏并未规定必须要以对财物的物理上损害作为实现构成要件的前提条件，但基于对损坏这一用语的解释，德国刑法理论的主流观点还是倾向于对损坏作严格解释，避免将破坏他人占有但并未对财物本身造成物理性或者功能性毁损的行为都理解为损坏财物罪。

在我国刑法中，虽然设有故意毁坏财物罪，但由于此类案件在司法实践中并不多见，因而对毁坏的含义只是作一般性的字面解释，并未真正在法理上展开讨论。2002 年 2 月 23 日发生在北京动物园的清华大学学生刘海洋用硫酸泼熊导致黑熊身体大面积烧伤案，引起公众的广泛关注。该案于 2003 年 5 月 3 日由北京市西城区人民法院作出判决，认定被告人刘海洋构成故意毁坏财物罪，免予刑事处罚。但在该案中，对能否定故意毁坏财物罪的讨论并非集中在毁坏这一行为上，而是围绕着黑熊能否视为财物这一问题上。近年来，随着从德、日引入有关刑法

---

① 刘明祥．财物罪比较研究．北京：中国政法大学出版社，2001：418-420.

② 约翰内斯·韦塞尔斯．德国刑法总论．李昌珂，译．北京：法律出版社，2008：27-28.

学说，关于故意毁坏财物罪的讨论逐渐展开。例如，张明楷教授主张一般的效用侵害说，指出：

> 毁坏不限于从物理上变更或者消灭财物的形体，而是包括丧失或者减少财物的效用的一切行为。所谓财物效用的丧失与减少，不仅包括因为物理上、客观上的损害而导致财物的效用丧失或者减少（使他人鱼池的鱼游失、将他人的戒指扔入海中），而且包括因为心理上、感情上的缘故而导致财物的效用丧失或者减少（如将粪便投入他人餐具，使他人不再使用餐具）；不仅包括财物本身的丧失，而且包括被害人对财物占有的丧失（如将他人财物隐藏）等情况。①

显然，这是一种对毁坏的十分宽泛的解释，不仅财物价值的丧失或者减少，而且财物占有丧失都属于对财物的毁坏。此外，刘明祥教授主张本来的效用侵害说，并作更进一步的限制，指出：

> 只有使他人财物永久地失去其效用的行为，才能视为毁损行为。具体说来，如果行为造成了财物实质上的破坏（包括拆卸、部分毁坏或整体毁灭），使之永久性地完全失去效用或部分失去效用，这自然可以构成故意毁坏财物罪。虽然没有对财物本身造成破坏，但却使之永久地脱离他人的占有，或者尽管所有者仍占有该物，但已不可能发挥其原有效用的，也可以构成故意毁坏财物罪。②

上述观点仍然较为宽泛地定义毁坏。我认为，毁坏财物行为应当揭示行为的破坏性，只有破坏性的行为才能构成毁坏，那些不具有破坏性的行为则不能认定为毁坏。效用侵害说只着眼于效用丧失或者降低的结果，对行为方式本身没有加以限制，因此其对毁坏的理解具有结果论的效应，过于宽泛。有形侵害说指出了有形作用力对于界定毁坏的作用，开始注重行为，但无形作用力难以准确认定，存在操作上的困难。物质的毁损说强调采用导致财物遭受物质的损毁的手段，我认为是正确的，但该说将后果局限在物理性损毁，不包括功能性损毁，也存在缺陷。只有行为的破坏性，才能把那些虽然使他人财产遭受损失但并未采用破坏性手段的行为从毁坏中予以排除。例如隐匿行为，其手段不具有破坏性，即使能够使他人永远丧失对财物的占有，也不能认定为财物的毁坏。其他没有直接对财物采取破坏性手段而使他人财产受到损失的行为，也不能构成故意毁坏财物，例如放走小鸟，将戒指丢到大海等。在这些情况下，这些财物本身没有遭受物理上的或者功能上的毁损，即使他人丧失对这些财物的占有，也不是故意毁坏财物。毁坏的后果不在于使他人丧失对财物的占有，更为重要的是使财物丧失价值。把一张价值连城的名画烧毁，当然是毁坏财物；在这张名画上泼墨，使之污损，也是一种毁坏财物。

之所以对毁坏一词进行语言论上的深入分析，是因为在现实生活中确实存在一些案件，需要根据明确的法律标准加以衡量。例如我国学者邓子滨教授曾经举出纽扣掺杂案，对毁坏一词加以探讨：

> 几个妇女，因为自己一方有人在前日的冲突中意外死亡，跑到对方的住宅兼纽扣厂房哭闹。她们不仅打碎了一些门窗玻璃，还将装在袋中、摆在庭院周围的大量不同型号的纽扣倒在地上，掺杂在一起。这些纽扣有成品，也有半成品；有合格品，也有不合格品。

邓子滨教授提出的问题是：

---

① 张明楷．刑法学．3版．北京：法律出版社，2007：750.

② 刘明祥．财产罪比较研究．北京：中国政法大学出版社，2001：425.

公诉人所指控的被告将各种铜制纽扣“掺杂在一起”的行为，是否属于刑法意义上的“毁坏”行为，进而是否构成“故意毁坏财物罪”？

邓子滨教授的回答是：

刑法上的毁坏，从物理上说，主要是使财物严重变形，丧失其完整性，如踏坏鸟笼，砸碎玻璃，撕破衣服；或者是使财物灭失、流失，如当着物主的面，将他人储存的饮用水倒在地上；或者是使财物外观受损，如向他人的画卷上喷涂油污。

将各种铜纽扣掺杂在一起，只要将其分离开来，并不改变纽扣的物理和化学性质，也不影响其使用价值，因而不是刑法中所说的毁坏。①

我是赞同邓子滨教授对毁坏所作的较为限制的解释的，这既符合毁坏的字面含义，又不违反罪刑法定原则。刑法惩罚的是那些采取“毁坏”手段使他人财物价值丧失或者降低的行为。如果不是采用“毁坏”手段而是实施其他非破坏性行为而使他人财物价值丧失或者降低，造成财产损失，则可以作为民事纠纷处理，由此限制刑法的惩罚范围。

回到朱建勇案，被告人采用的是高买低卖的方式进行股票交易，致使他人财产受到损失。财产损失这是一个客观事实，问题在于这种财产损失是否由“毁坏”行为造成。在判决书中，裁判理由以较大篇幅论证了股票所代表的财产权利可以作为故意毁坏财物罪的犯罪对象。在《朱某故意毁坏财物案——侵入他人账户恶意交易股票损失较大的，构成故意毁坏财物罪》一文中，作者更进一步地对此作了深入论证，并且以之作为定罪的第一个问题，放在毁坏行为之前加以讨论。这当然是受到客体—客观方面—主体—主观方面这一犯罪构成理论的影响。关于股票可以成为故意毁坏财物罪的对象，作者的论证理由如下：

股票能否成为故意毁坏财物罪的对象，存在两种截然不同的观点。持肯定观点的认为，根据我国《刑法》规定，私人财产是指公民个人所有的合法财产，包括依法归个人所有的股份、股票、债券和其他财产，因而股票能够成为故意毁坏财物罪的犯罪对象。持否定观点的认为，故意毁坏财物罪的犯罪对象只能是有形财物和特定的无体物，不能包括股票等无形财产权。我们认为，股票及其代表的权利能够而且应当成为故意毁坏财物罪的对象。

首先，股票作为一种典型的资本证券，是股份有限公司在筹集资本时发行的用以证明投资者股东身份和所有者权益的股份凭证，它既是反映财产权的有价证券，也是证明股东权利的法律凭证。股票除了有其自身的法律属性外，最显著的特征就是其目的的利益性、流通的收益性和收益的不确定性三个方面。也就是说，投资者购买股票的目的在于获取收益，该收益包括股份公司给付的股息、红利以及股票流通带来的利益等；股票持有者持股票到市场进行交易，当股票的市场价格上涨到高于投资者当初买入的价格时，卖出股票就可以获取收益，反之就会因股票贬值而使股票持有者蒙受损失。具体表现就是股票在一个合适的时间、采用合适的方法进行交易会给股票持有者带来经济利益。如果在一个合适的时间采取不合适的方法，或者在不合适的时间进行股票交易等，就会给股票持有者造成经济利益的损失。那么，反映股票持有者经济利益的多少，主要是看持有股票价值的多少，即股票的价值反映持有者具有相应价值的财产，股票就是代表该财产所有权的书面凭证，这种书面凭证是无形权利有形的、外在的表露载体，如果进行股票流通交易，就预示着该

① 邓子滨．就一起故意毁坏财物案向虚拟陪审团所作的辩护//陈泽宪主编．刑事法前沿：第4卷．北京：中国人民公安大学出版社，2008：187页以下．

财产权利的转移。

其次，所谓“财物”是指钱财和物资，它包括有形的或者无形的动产、不动产以及附属物，其中有形财产是指人的感官能够感觉到的实物。对故意毁坏财物罪中的“财物”能否包括无形财产的问题，目前立法和司法解释均没有明确规定。我们认为，既然法律没有限制，除《刑法》有规定侵犯的特定财物属其他犯罪外，应理解为包括各种形式的财物。这种广义的理解既符合法律对社会财产权保护的原则，又为不断出现的新类型财产权不受侵犯提供保障。正如有的学者认为，我国《物权法》中的物应涵括“除去债权关系之外的所有具有可支配性的资源，包括有体物和无体物。这样能够承纳现行《民法通则》《担保法》与《继承法》等法律中的财产的范畴，即有体物之外，延伸至知识资产、权利等无体物，从而不失为现行财产法与物权法体系相互协调的一种物权立法节约技术”。

再次，摒弃传统刑法理论关于财物必须是看得见、摸得着、具有某种特殊形态的观点，符合刑法原则和立法精神：(1) 随着现代科技的进步和发展，某些无形财产，如电力、煤气、股权等逐渐进入人们的普通生活，尤其是在股票及其代表的无形权利与有形财产具有可转让、继承、赠与、质押等相同特征的情况下，如果将这些具有经济价值并为人们所支配和管理的财物排斥在《刑法》保护的范畴之外，显然没有法律依据，也不符合我国刑法的基本原则。(2) 现代刑法学理论普遍认为，我国《刑法》规定的故意毁坏财物罪，其侵犯的对象是各种形式的公私财物，包括生产资料、生活资料、动产、不动产等，既可以是国家、集体所有的财物，也可以是个人所有的财物。而我国《刑法》第九十二条明确规定，公民私人所有的财产包括依法归个人所有的股份、股票、债券和其他财产等。因此，代表无形财产权的股票作为故意毁坏财物罪中的“财物”认定，于法有据。(3)《最高人民法院关于审理盗窃案件具体应用法律若干问题的解释》中，已将电力、煤气、天然气等无形财产作为盗窃犯罪中的“财物”予以认定，体现了司法解释的与时俱进。所以，将我国《刑法》侵犯财产罪中的“财物”理解为包括有形财物、无形财物和其他形式的财产权，无疑是正确的。就本案而言，被告人朱某通过非法手段进入证券营业部的操作系统，擅自操作他人股票，造成他人股票市值降低，即股票持有者相应价值的财产权益减少，对这种侵犯他人财产利益的行为理应予以刑事处罚。①

以上文字对侵犯财产罪中财产的含义作了十分精彩的论述，这是值得肯定的。但各种不同的财产犯罪中，由于受犯罪手段的限制，并不是所有财产都能成为其犯罪对象。例如，不动产可以成为侵占罪、诈骗罪的对象，但不能成为盗窃罪、抢夺罪、抢劫罪的对象。不仅如此，某一种财物可以成为财产犯罪的对象，还存在一个如何成为这种财产犯罪的对象的问题。就故意毁坏财物罪而言，现金或者其他不记名的财产凭证是可以成为其对象的，例如将其撕毁，撕毁以后财产凭证所代表的财产就丧失了。但对于股票或者其他记名的财产凭证，即使把股票或者存折撕毁，还可以对股票或者存折项下的财产加以保全，使其不致被灭失。在高买低卖股票使他人财产受到损失的情况下，能否定故意毁坏财物罪，其法律问题并不在于股票能否成为故意毁坏财物罪的对象，还恰恰在于高买低卖的行为是否属于毁坏。作者对此的论证是从结果推及行为，其关键性的一句话是：“只要能使财物的价值或者使用价值得以降低或丧失，都可以视为毁坏行为。”

按照这句话的逻辑，毁坏行为的含义不是由行为方式本身决定的，而是由结果决定的。这

① 费晔，等．朱某故意毁坏财物案——侵入他人账户恶意交易股票损失较大的，构成故意毁坏财物罪//卢方主编．经济、财产犯罪案例精选．上海：上海人民出版社，2008：416－417.

样，就使故意毁坏财物罪演变成为故意使他人财产受损失罪，其实行行为的定型性就会荡然无存。

三、孙静案的案情及裁判理由

被告人孙静为一乳品分公司的业务员。出于创造经营业绩的动机，孙静向该公司虚构了某学院需要供奶的事实，并用伪造的印章与该公司签订了供货合同。后孙静将该公司钙铁锌奶共计三十余万份送至其家中，并全部销毁。经鉴定，上述牛奶共计价值人民币 305 425 元。案发前孙静以学院名义给该公司奶款 7 380 元，其余奶款以假便条、假还款协议等借口一直未付。

南京市雨花台检察院以被告人孙静犯职务侵占罪提起公诉。

孙静及其辩护人提出：孙静主观上没有非法侵占的故意，客观上没有非法占有的行为，其行为不构成职务侵占罪，应构成故意毁坏财物罪。

南京市雨花台区人民法院认为，职务侵占罪主观上必须具有非法占有的故意，客观上必须具有非法占有的行为。所谓“非法占有”不应是仅对财物本身物理意义上的占有，而应理解为占有人遵从财物的经济用途，具有将自己作为财物所有人进行处分的意图，通常表现为取得相应的利益。本案中被告人孙静主观上并没有非法占有公司牛奶或将牛奶变卖后占有货款的故意，其犯罪目的主观上是讨好公司经理，为其创造业绩；同时被告人孙静在客观上亦没有非法占有公司牛奶的行为，当牛奶送至被告人孙静家中后，被告人即让其母亲随意处置，其本身并没有实际占有，因此，孙静的行为不构成职务侵占罪。综观本案，被告人孙静作为业务员，明知鲜牛奶的保质期只有 1 天，却对牛奶持一种放任其毁坏变质的态度，其行为完全符合故意毁坏财物罪的构成要件。一审判决孙犯故意毁坏公私财物罪，判处有期徒刑 4 年。

一审宣判后，被告人孙静未提出上诉，检察机关未提出抗诉。

四、孙静案裁判理由的评判

孙静案也是一个故意毁坏财物的案件，但它所面临的问题与上述朱建勇案的是完全不同的。朱建勇案涉及的是如何理解毁坏的问题，因而是一个罪与非罪的区分问题。而孙静案涉及的是故意毁坏财物罪与占有型财产犯罪的区分问题。在孙静案中，其行为属于毁坏并不存在太大的争议。在认定是否属于毁坏时，存在一个是否按照财物的本来用途使用的问题。如果不是按照财物的本来用途使用，就属于对财物毁坏。对此，裁判理由指出：

> 本案中，孙静并未占有牛奶和遵从作为食品或商品的牛奶的本来用途加以利用或处分，既未供自己或他人饮用，也未变卖牛奶占有货款，而是让其母亲将牛奶倒掉和让邻居拉去喂猪，这与通常意义上的以实现财物的价值和使用价值为目的的非法占有具有本质区别。

对于上述观点，我是赞同的。孙静案的法律问题在于：行为人是在利用职务上的便利将本单位的牛奶予以占有后再加以倾倒的。在这种情况下，是按照其先行的利用职务上的便利而占有牛奶的行为认定为职务侵占罪，还是将此后的倾倒行为认定为故意毁坏财物罪，这是存在争议的。因此，需要从理论上加以论证。

对于孙静案，检察机关是以职务侵占罪起诉的，而法院则以故意毁坏财物罪论处。由此可见，检法之间对于本案定罪存在分歧。值得注意的是，在本案的讨论中，裁判理由是以“如何区分非法‘占有’与‘毁坏’行为”这样一种方式提出问题的。显然，这是从客观上提出的问题。但本案被告人孙静的行为如何定罪，难道真的是一个客观上的问题吗？我的回答是否定的。我认为，本案被告人孙静的行为到底是定职务侵占罪还是故意毁坏财物罪，并不是一个客观要素的问题，而是一个主观要素的问题。这里涉及对职务侵占罪行为人主观上以非法占有为目的这一要素的体系性地位的认识问题。关于这个问题，我国学者周光权教授作了以下归纳性论述：

> 财产罪的成立，除了要求行为人有故意（夺取财物的意思）之外，是否还要求其有非法占有目的（不法取得意思）这一主观的超过要素。尤其是盗窃、抢劫、抢夺罪的成立，除了有相应的犯罪故意以外，是否还应要求行为人有非法占有目的？这是非常值得研究的问题。
>
> 在日本刑法理论中，虽然不法取得意思不要说有一定影响，但是通说还是坚持认为盗窃等取得罪中行为人要有不法取得意思，这里的不法取得不仅包括将他人财物非法占为己有，也包括占为第三人所有。按照多数人所接受的观点（折中说），不法取得意思是指永久性地排除原占有权利者，将他人之物作为自己之物，并遵从财物的经济价值加以利用或者处分的意思。需要行为人有永久地而非暂时地排除权利者的意思，是为了将盗窃与"使用盗窃"相区别（可罚性限定机能）；要求有遵从财物的经济价值加以利用的意思是为了将盗窃与毁弃、隐匿行为相区别（犯罪个别化机能）。所以，遵从财产的经济价值而加以利用的意思是不法领得意思的主要内容。
>
> 在我国刑法学中，取得型财产罪的成立，需要行为人有非法占有目的，这是理论上的通说。至于如何理解非法占有目的这一概念，则存在两种比较有影响的观点。意图占有说认为，非法占有目的是指明知是公共的或他人的财物，而意图把它非法转归自己或第三者占有。利用、处分说认为，非法占有目的除包括意图占有或控制财物之外，还应该包括利用和处分意思在内。应该说，利用处分说是有道理的。①

职务侵占罪和盗窃罪等财产犯罪一样，都属于取得型犯罪，在我国刑法理论上都表述为以非法占有为目的，而这一目的在法律上并未明文规定，因而无疑属于非法定的目的犯。问题在于：一般的目的犯，目的是一种超过的主观要素，并不要求具备目的的实现行为。那么，在取得型的财产犯罪中，目的还是否属于超过的主观要素呢？因为在实施取得型财产犯罪以后，行为人通常都对财物予以占有，即使是处分也是以占有为前提的。在这种情况下，往往容易把取得财产以后财产所处的状态理解为占有行为。但是我认为，占有状态与占有行为还是不同的，取得以后财产所处的是一种财产的占有状态，这种财产占有状态是从属于其取得行为的。例如，窃取，其行为是秘密取得，而占有是取得以后财产处于非法占有的状态，不能认为这种财产占有状态就是一种行为，除非是在持有型犯罪中这种占有状态才能认为是一种特殊的犯罪实行行为。那么，什么是占有行为呢？占有行为是指在财产被占有之后依照财物的本来用途加以使用（本人使用或者他人使用）的行为。例如，盗窃汽车，行为人主观上的非法占有目的，是指窃取汽车以后意图归自己使用，这种使用当然是以占有状态为前提的，但使用行为与占有状态又是可以分离的。在这种情况下，我们仍然要把非法占有的目的作为一种主观的超过要素加以考虑，而不是从客观要素的意义上讨论占有行为。

那么，非法占有目的对于取得型财产犯罪的认定具有什么意义呢？非法占有目的对于取得型财产犯罪来说是一种主观违法要素，对于行为的定性具有重要意义。正是通过非法占有目的，可以将取得型的财产犯罪与毁坏型的财产犯罪加以区别，尤其是对在占有财物以后实施的故意毁坏财物行为来说，更是具有重要意义。

故意毁坏财物，在绝大多数情况下，并不一定以占有财物为前提，而是可以对处在他人占

---

① 周光权．刑法各论．北京：中国人民大学出版社，2008：99.

有状态的财物进行毁坏。例如，对他人合法地停放在车库的汽车进行毁坏。在这种情况下，行为人的行为是一种纯正的故意毁坏财物的行为，而与其他财产犯罪无关。但在某些情况下，行为人先将他人的汽车予以占有，然后再进行毁坏，如李焕强故意毁坏财物案。

李焕强因李诚不再雇佣其做司机而心怀不满，蓄意伺机报复李诚。李焕强持未归还的汽车钥匙，将李诚的中巴车开走，途中车与路边的电线杆相撞，导致车辆受损。李焕强弃车逃逸。后公安机关将该车找回，但车载电视及 VCD 已丢失。经评估，该车辆损坏价值为 12 433 元，被盗车载电视及 VCD 机价值为 2 250 元。

天津市红桥区法院认为：鉴于李焕强在作案前与李诚之间发生的纠葛及其作案手段，同时考虑李诚明知李焕强尚未归还涉案机动车钥匙，案发前李焕强曾经有过偷开涉案机动车行为的事实，并根据李焕强本人供述等在案证据，可以认定李焕强的主要目的是报复李诚，其主观上不具有非法占有他人财产的目的，不具有盗窃犯罪故意，其行为亦不符合盗窃罪秘密窃取的行为特征，故不构成盗窃罪。根据最高人民法院《关于审理盗窃案件具体应用法律若干问题的解释》第 12 条第 4 项的规定及刑法第 275 条规定，判决被告人李焕强犯故意毁坏财物罪，判处有期徒刑 2 年。

在李焕强案中，被告人在采用秘密的方法非法窃取他人汽车以后故意毁坏汽车。那么，为什么对其窃取汽车的行为不定盗窃罪呢？判决理由是其“主观上不具有非法占有他人财产的目的，不具有盗窃犯罪故意”。对于这一行为的定性，我认为应该从刑法理论上加以深入分析。

被告人李焕强在客观上实施的是窃取他人汽车的行为，这一点没有问题。那么，能不能说被告人“主观上不具有盗窃犯罪故意”呢？我认为，主观上的盗窃故意也是存在的，盗窃故意是指明知是他人财物而窃取的主观心理状态。被告人正是在这一心理状态的支配下实施窃取他人汽车这一行为的，怎么能说被告人主观上不具有盗窃故意呢？问题在于：对于盗窃来说，除客观上的盗窃行为与主观上的盗窃故意以外，还必须具有非法占有的目的，如果不具有非法占有的目的，则其行为仍然不能构成盗窃罪。因此，对于李焕强的窃取汽车行为，不能单独评价为盗窃罪。被告人主观上是在毁坏财物目的的支配下实施窃取行为的。窃取行为只是故意毁坏财物罪的预备行为。在李焕强案中，被告人窃取汽车以后，为报复而将汽车毁坏，其后的毁坏行为认定为故意毁坏财物罪，当然是没有问题的。但如果并非出于非法占有的目的，而是为了报复窃取他人汽车以后，只是简单地将汽车丢弃而没有毁坏，并且汽车被找回没有受到财产损失，那么，丢弃汽车的行为不能认定为故意毁坏财物的行为，因而前行为不能定盗窃罪，后行为不能定故意毁坏财物罪，只能按照一般违法行为处理。

我们回到孙静案上来。对于孙静的行为是否构成职务侵占罪，控辩双方存在以下争议意见：

公诉机关认为，孙静以虚假事实欺骗本公司，将牛奶骗出时即具有了非法占有的目的；当牛奶送至孙静家中时，孙静实际上已完成了非法占有的行为，至于将牛奶如何处理是对赃物的处置问题，不影响其非法占有的性质。辩护人则认为，孙静是为讨好公司经理孙建华，为给孙建华创造业绩而欺骗公司，主观上没有非法占有牛奶的目的；客观上也没有变卖牛奶占有货款，而是将牛奶销毁和送给邻居喂猪，不属于非法占有性质。

针对上述争议，裁判理由指出：

我们认为，刑法意义上的“非法占有”行为与“非法毁坏”行为具有一定的相似性，客观上两者都非法排斥了权利人对财物的占有、使用、收益和处分的权利，侵害了他人财物的所有权。两者的根本区别在于行为人主观目的不同，前者以依照财物的本来用途利用和处分为目的，后者则以毁坏为目的。刑法意义上的“非法占有”不仅表现为行为人对他人财物在物理意义上的实际控制，通常也表现为行为人遵从财物的本来用途进行利用和处分，以实现财物的价值或取得相应的利益。所谓本来用途就是财物自身具有的价值和使用价值，不仅包括经济价值，还包括审美等其他价值。比如行为人非法取得了他人的一件具有很高经济价值的古董，放置于家中或将其变卖，均体现了其对该古董的价值的利用或处分，均属于遵从其本来用途利用和处分，如果其具有永久性地将该古董占为己有的目的，即可以认定其属于非法占有。一般而言，非法占有人不会无故将占有的财物轻易毁弃。“非法毁坏”中，行为人出于毁坏公私财物的经济用途的目的实际控制他人财物后予以毁损或毁灭。虽然行为人也实际控制了他人财物，排除了权利人合法占有财物的可能性，但其控制该财物的目的并不是依照其本来的用途利用和处分，而是变更财物性质和价值或使其灭失，使人在事实上不能按照该物的本来用途使用和处分。司法实践中，对于此类行为应区分不同的情况，依照主客观相一致的原则，客观分析、认定。对于有证据证明行为人以毁损或毁坏为目的而实施的非法取得他人财物的行为，符合毁坏公私财物罪构成要件的，无论其是否已实施了毁坏行为，都应以非法毁坏公私财物罪定罪处罚；对于行为人不以毁坏为目的的实际控制了他人财物的，一般均可以认定其具有利用和处分财物的目的，符合职务侵占、贪污或盗窃、诈骗等犯罪构成要件的，应以相应的罪名定罪处罚。

在上述裁判理由中，能够从主观目的上对职务侵占罪与故意毁坏财物罪加以区分，是正确的，也否定了裁判理由一开始提出本案的关键是非法占有行为与毁坏行为的区分的思路。职务侵占的占有是指侵占本身的占有，它与非法占有目的的占有其实是两个不同的问题。每一种取得型的财产犯罪，都具有独特的占有方式，如窃取、骗取、夺取、侵占等。但这些取得型财产犯罪的非法占有目的却是完全相同的。由此可见，不能把通过窃取、骗取、夺取、侵占而获得的对他人财物的非法占有状态，看作非法占有目的所对应的非法占有行为。非法占有目的所对应的占有行为，是上述窃取、骗取、夺取、侵占以外的占有行为，它并非本罪之实行行为。对于取得型的财产犯罪而言，这种占有行为并非法定构成要件，不是刑法评价对象。但非法占有的目的却是主观的违法要素，为构成取得型财产犯罪所不可或缺。因此，取得型财产犯罪的非法占有目的具有共同特征，对此我国学者周光权教授指出：

(1) 不能将非法占有目的解释为行为人仅仅是为了取得所有权，因为很多财物（例如，汽车、自行车等）即使被盗窃、抢劫，原所有权人在法律上的权利并不会丧失，犯罪人自己也清楚不能通过犯罪手段取得所有权。

(2) 不能将非法占有目的解释为必须含有“将他人所有之物转变为自己所有之物”的意思，否则，对所有人将自己所有但被他人占有的财物偷回的行为，无法认定其具有非法占有目的，由此导致犯罪成立范围缩小。因此，应该将非法占有目的界定为：永久而非暂时地排除他人的占有，将他人之物作为自己之物，并遵从财物的经济价值加以利用或者处分的意思。由此可见，非法占有目的概念从消极的层面看是排斥他人占有；从积极层面看，则是行为人意图使自己具有类似于所有人的地位，从而对他人财物加以支配、控制。不具有非法占有他人财物的意思，例如，债权人为促使债务人及早履行义务，而将其财物搬走，并当场出具清单的，行为人没有永久排除他人占有的意思，并非以财物的所有人自居，自不应成立盗窃、抢劫等罪。

(3) 遵从财物的经济价值对财物加以利用或者处分的意思，是指行为人有意享受该财物本身所具有利益与效用。改变财物用途，但仍然对该财物的经济用途加以享用的，仍然认为有非法占有目的。例如，盗窃他人数量较多的木材，将其砍成小块，然后作为柴火取暖的，构成盗窃罪而非故意毁坏财物罪。[①]

以上对取得型财产犯罪的非法占有目的的界定，我认为是正确的，尤其是第三点，对于区分取得型财产犯罪与故意毁坏财物罪，具有重大参考价值。应当指出，实施取得型财产犯罪行为时，可能与故意毁坏财物罪发生某种竞合关系。例如，在破坏性盗窃的情况下，行为人以非法占有为目的，在秘密窃取财物过程中，使用了破坏性手段，造成了毁坏公私财物的后果。对于这些情况，我国学者认为构成牵连犯：破坏性盗窃中的盗窃行为属于目的行为，破坏行为属于手段行为，如果行为人目的行为盗窃的数额较大，手段行为破坏公私财物的数额较大或者情节严重，则此种情况应成立盗窃罪与故意毁坏财物罪的牵连犯，应择一重处断。[②] 牵连犯是以手段行为与目的行为分别构成犯罪为前提的，但在上述这种情况下，破坏财物的合法控制状态的行为本身就是盗窃行为的一部分。因此，不能对这一个行为作重复评价。我认为，在这种情况下，属于想象竞合，择一重罪处罚。当然，在相互竞合的情况下，其中一个行为因未达到罪量要求而不构成犯罪的，应以另一犯罪论处。对此，1998 年 3 月 17 日最高人民法院颁布的《关于审理盗窃案件具体应用法律若干问题的解释》* 第 12 条第 5 项规定："实施盗窃犯罪，造成公私财物损毁的，以盗窃罪从重处罚；又构成其他犯罪的，择一重罪从重处罚；盗窃公私财物未构成盗窃罪，但因采用破坏性手段造成公私财物损毁数额较大的，以故意毁坏财物罪定罪处罚。"

此外，取得型财产犯罪与故意毁坏财物罪之间，还会发生犯罪的转化问题。例如，在取得财物的时候具有非法占有的目的，但在取得以后因其他原因而将财物毁坏。对此，应当把此后的毁坏财物行为视为是对此物的一种处分。之所以如此，是因为在这种情况下，取得财物行为是在非法占有目的的支配下实施的，其取得行为本身构成财产犯罪。而在孙静案中，被告人在实施取得行为的时候，主观上不具有非法占有的目的，而是为将其毁坏做准备，因而取得行为不构成取得型财产犯罪，只能将毁坏行为认定为毁坏型财产犯罪。

---

* 该解释于 2013 年失效。——编者注

① 周光权．刑法各论．北京：中国人民大学出版社，2008：99-100.

② 董玉庭．盗窃罪研究．北京：中国检察出版社，2002：147-148.

第十二章　网络传播淫秽物品行为之定性研究

——快播公司传播淫秽物品牟利案（信息网络安全管理义务 传播淫秽物品牟利罪）

快播公司传播淫秽物品牟利案（以下简称“快播案”）的一审判决认定：“快播公司及王欣等被告人明知快播的网络服务系统被用于传播淫秽视频，但出于扩大经营、非法牟利目的，拒不履行监管和阻止义务，放任快播公司构建的网络服务系统被用于传播大量淫秽视频，具有明显的社会危害性和刑事违法性，对被告单位快播公司及各被告人应当依法追究刑事责任。”在此，一审判决认定被告人的传播行为是不履行监管而构成的不作为（阻止义务是监管义务的内容），主观上对淫秽视频的传播是间接故意，并具有非法牟利的目的（扩大经营是牟利的手段）。因此，快播公司及王欣等被告人的行为完全符合我国《刑法》第363条规定的传播淫秽物品牟利罪的构成要件。在以上定罪根据中，最值得关注的是对不作为的传播淫秽物品牟利行为的认定，由此成为互联网服务提供者因为不履行网络安全管理义务①而承担刑事责任的一个经典案例。本章在正确地界定快播公司的经营模式和主管人员的信息网络安全管理义务的基础上，对快播案的一审判决的裁判理由进行刑法教义学的分析。

一、案情

被告单位深圳市快播科技有限公司成立于2007年12月26日，公司性质为有限责任公司，注册资本为1 000万元。该公司主办的快播网站网址包括：www.kuaibo.com、www.qvod.com等。快播公司持有网络文化经营许可证，至案发之日没有取得互联网视听节目服务许可。被告人王欣为快播公司的法定代表人、股东、执行董事、经理，负责快播公司经营和管理工作。快播公司快播事业部负责公司视频播放器的技术开发和市场推广。被告人吴铭于2013年担任快播事业部总经理，负责事业部全面工作。被告人张克东系快播公司股东，于2012年担任事业部副总经理兼技术平台部总监，最初开发了快播视频传输和播放的核心软件。被告人牛文举于2012年担任事业部副总经理兼运营部总监，于2013年担任事业部市场部负责人，负责信息安全组工作。

快播公司通过免费提供QSI（QVOD Server Install，即QVOD资源服务器程序）和QVOD Player（即快播播放器程序或客户端程序）的方式，为网络用户提供网络视频服务。任何人（被快播公司称为“站长”）均可通过QSI发布自己所拥有的视频资源。具体方法是，“站长”选择要发布的视频文件，使用资源服务器程序生成该视频文件的特征码（hash值），导出包含hash值等信息的链接。“站长”把链接放到自己或他人的网站上，即可通过快播公司中心调度服务器（运行P2P Tracker调度服务器程序）与点播用户分享该视频。这样，快播公司的中心调度服务器在站长与用户、用户与用户之间搭建了一个视频文件传输的平台。为提高热点视频

① 本文在相同意义上使用网络安全管理义务和网络信息监管义务这两个概念。

下载速度，快播公司搭建了以缓存调度服务器（运行 Cache Tracker 缓存调度服务器程序）为核心的平台，通过自有或与运营商合作的方式，在全国各地不同运营商处设置缓存服务器 1 000 余台。在视频文件点播次数达到一定标准后，缓存调度服务器即指令处于适当位置的缓存服务器（运行 Cache Server 程序）抓取、存储该视频文件。当用户再次点播该视频时，若下载速度慢，缓存调度服务器就会提供最佳路径，供用户建立链接，向缓存服务器调取该视频，提高用户下载速度。部分淫秽视频因用户的点播、下载次数较高而被缓存服务器自动存储。缓存服务器方便、加速了淫秽视频的下载、传播。

2012 年 8 月，深圳市公安局公安信息网络安全监察分局对快播公司进行检查，针对该公司未建立安全保护管理制度、未落实安全保护技术措施等问题，给予行政警告处罚，并责令整改。随后，深圳网监将违法关键词和违法视频网站链接发给快播公司，要求采取措施过滤屏蔽。快播公司于是成立了信息安全组开展了不到一周的突击工作，于 8 月 8 日投入使用“110”不良信息管理平台，截至 9 月 26 日共报送“色情过滤”类别的不良信息 15 836 个。但在深圳网监验收合格后，信息安全组原有 4 名成员或离职或调到其他部门，“110”平台工作基本搁置，检查屏蔽工作未再有效进行。2013 年 8 月 5 日，深圳市南山区广播电视局执法人员对快播公司开展调查，在牛文举在场的情况下，执法人员登录 www.kuaibo.com，进入快播“超级雷达”（一种发现周边快播用户观看网络视频记录的应用），很快便找到了可播放的淫秽视频。牛文举现场对此予以签字确认。但快播公司随后仅提交了一份整改报告。10 月 11 日，南山区广电局认定快播公司擅自从事互联网视听节目服务，提供的视听节目含有诱导未成年人违法犯罪和渲染暴力、色情、赌博、恐怖活动的内容，对快播公司予以行政处罚。此后，快播公司的“110”平台工作依然搁置，检查屏蔽工作依然没有有效落实。

快播公司直接负责的主管人员王欣、吴铭、张克东、牛文举，在明知快播公司擅自从事互联网视听节目服务、提供的视听节目含有色情等内容的情况下，未履行监管职责，放任淫秽视频在快播公司控制和管理的缓存服务器内存储并被下载，导致大量淫秽视频在网上传播。

2013 年上半年，北京网联光通技术有限公司为解决使用快播播放器访问快播视频资源不流畅的问题，与快播公司联系技术解决方法，双方开展战略合作。根据双方协商，由光通公司提供硬件设备即 4 台服务器，由快播公司提供内容数据源以及降低网络出口带宽、提升用户体验的数据传输技术解决方案，负责远程对软件系统及系统内容的维护。2013 年 8 月，光通公司提供 4 台服务器开始上线测试，快播公司为 4 台服务器安装了快播公司的缓存服务器系统软件，并通过账号和密码远程登录进行维护。2013 年 11 月 18 日，北京市海淀区文化委员会在进行行政执法检查时，从光通公司查获此 4 台服务器。2014 年 4 月 11 日，北京市公安局海淀分局决定对王欣等人涉嫌传播淫秽物品牟利罪立案。经查，该 4 台服务器从 2013 年下半年投入使用，至 2013 年 11 月 18 日被扣押，存储的均为点击请求量达到一定频次以上的视频文件。公安机关从服务器里提取了 29 841 个视频文件进行鉴定，认定其中属于淫秽视频的文件为 21 251 个。

2013 年年底，为了规避版权和淫秽视频等法律风险，在王欣的授意下，张克东领导的技术部门开始对快播缓存服务器的存储方式进行调整，将原有的完整视频文件存储变为多台服务器的碎片化存储，将一部视频改由多台服务器共同下载，每台服务器保存的均是 32M 大小的视频文件片段，用户点播时需通过多台服务器调取链接，集合为可完整播放的视频节目。

另查，快播公司的盈利主要源于广告费、游戏分成、会员费和电子硬件等，快播事业部是快播公司获得盈利的主要部门。根据账目显示，快播事业部的主要收入源于网络营销服务（包括资讯快播、客户端、第三方软件捆绑、VIP 服务等），其中资讯快播和第三方软件捆绑是最为主要的盈利方式。具体而言，快播公司向欲发布广告的公司收取广告费，用户使用快播播放器时，会有快播资讯窗口弹出，该窗口内除部分新闻外即是广告内容；快播公司还向一些软件开发公司收取合作费用，使用户在安装快播播放器的同时被捆绑安装一些合作公司软件。快播公司营业收入逐年增长，至 2013 年，仅快播事业部即实现营业收入人民币 143 075 083 元，其中资讯快播营业收入人民币 70 463 416 元，占 49.25%，第三方软件捆绑营业收入为人民币 39 481 457 元，占 27.59%。

二、快播公司经营模式的性质

经营模式是指企业根据一定的经营宗旨，为实现企业的价值定位所采取的某种经营方式方法的总称。经营模式包含这个企业的运作方式以及盈利路径等内容，是考察企业的经营行为的一个重要切入口。同样，对于快播案进行刑法教义学的分析，也应该以快播公司的经营模式为视角展开。快播案的一审判决对快播公司的经营模式作了以下描述：

> 快播公司通过免费提供 QSI（QVOD Server Install，即 QVOD 资源服务器程序）和 QVOD Player（即快播播放器程序或客户端程序）的方式，为网络用户提供网络视频服务。任何人（被快播公司称为"站长"）均可通过 QSI 发布自己所拥有的视频资源。具体方法是，站长选择要发布的视频文件，使用资源服务器程序生成该视频文件的特征码(hash 值)，导出包含 hash 值等信息的链接。站长把链接放到自己或他人的网站上，即可通过快播公司中心调度服务器（运行 P2P Tracker 调度服务器程序）与点播用户分享该视频。这样，快播公司的中心调度服务器在站长与用户、用户与用户之间搭建了一个视频文件传输的平台。为提高热点视频下载速度，快播公司搭建了以缓存调度服务器（运行 Cache Tracker 缓存调度服务器程序）为核心的平台，通过自有或与运营商合作的方式，在全国各地不同运营商处设置缓存服务器 1 000 余台。在视频文件点播次数达到一定标准后，缓存调度服务器即指令处于适当位置的缓存服务器（运行 Cache Server 程序）抓取、存储该视频文件。当用户再次点播该视频时，若下载速度慢，缓存调度服务器就会提供最佳路径，供用户建立链接，向缓存服务器调取该视频，提高用户下载速度。部分淫秽视频因用户的点播、下载次数较高而被缓存服务器自动存储。缓存服务器方便、加速了淫秽视频的下载、传播。

一审判决把快播公司的这一经营模式称为网络服务系统，由此完成了对快播公司经营模式的性质认定。应该说，对快播公司经营模式性质的认定，主要是一个事实问题，这是对快播公司定罪的基础。

从一审判决认定的事实来看，快播公司并非只是单纯提供网络播放器。如果只是提供网络播放器，快播公司不能控制他人利用播放器观看淫秽视频。那么，基于技术中立原则，快播公司确实不应当对淫秽物品传播的后果承担刑事责任。根据一审判决认定的本案事实，快播公司的经营模式决定了它并不是如同自己所宣称的那样，只是软件技术提供商。快播公司基于 P2P 原理开发了 QVOD 视频播放器（简称 QVOD）。QVOD 除具备常规的视频播放功能之外，还可以针对广泛分布于互联网上的视频种子进行在线播放。当终端用户观看在线视频出现卡顿现象，或者某些视频因点击量高而成为热门视频时，快播公司的缓存服务器便自动将视频文件下载存储起来，用户可以直接从快播公司的缓存服务器下载观看。因此，缓存服务器就成为视频资源站。为了确保在线片源的不断丰富，快播公司研制开发了便捷易用的建站发布视频工具软件 QSI。通过使用 QSI 建立一个视频站点，可以上传视频资源，这些视频发布者被称为"站长"。快播公司通过服务器使站长上传视频、用户观看视频、用户分享视频，采集用户观影特征并进行分析、调度选择和优化网络等处理。由此可见，快播公司在提供视频软件技术的同时，还利用该技术建立了一个视频发布、传播和分享的平台。正是借助这个平台聚集的流量，快播公司通过广告等方式得以牟利。在这种情况下，快播公司正如一审判决所认定的那样，已经成为一个网络服务系统的管理者。确切地说，快播公司具有网络视频软件提供者和网络视频内容管理者的双重角色。

根据一审判决的认定，在快播公司经营过程中，以下事实需要予以重视。(1) 快播公司的QVOD视频播放器具有在线视频播放功能。因此，快播公司提供在线播放的网络服务。(2) 快播公司的缓存服务器具有自动将视频文件下载存储功能，用户可以直接从快播公司的缓存服务器下载观看。因此，快播公司提供对用户播放的视频资源提供缓存的网络服务。(3) 快播公司的发布视频工具软件具有上传视频资源功能，快播公司对上传的视频资源进行后期处理。这就是一审判决所认定的快播公司利用视频软件技术建立了一个视频发布、传播和分享的平台，在这个网络平台上可以实现视频播放、缓存、接收上传、提供下载。显然，快播公司作为这个网络平台的创立者具有对网络信息内容的监管义务。

在本案中，快播公司的经营模式对于传播淫秽物品牟利罪的认定具有十分重要的意义，它也直接决定了对于快播公司能否适用技术中立原则。在本案审理过程中，被告人及其辩护人以技术无罪作为辩解①，这里的技术无罪其实是以技术中立原则为根据的辩解理由。例如，辩护人指出："快播公司提供的是技术服务，没有传播、发布、搜索淫秽视频行为，也不存在帮助行为；快播技术不是专门发布淫秽视频的工具，而是提供缓存服务以提高网络传输效率，为用户提供P2P视频点播技术服务；基于技术中立原则，对快播公司的行为应适用避风港原则，快播公司不应为网络用户传播淫秽物品承担刑事责任。"在刑法理论中，存在中立的帮助行为的法理，技术中立原则借助于中立的帮助行为法理就形成了所谓中立的技术帮助行为的概念，对此值得深入探讨。

技术中立原则，也称为避风港原则，这项原则是美国联邦最高法院在1984年的索尼案中提出来的，该案是一起涉及版权侵权的案件。在索尼案中，美国联邦最高法院确立了实质性非侵权用途规则。这项规则实际上是从专利法中借鉴而来的，实质性非侵权用途规则旨在将帮助侵权的责任限制在一个合理的范围内，在保护知识产权人利益的同时，不至于妨碍技术的进步。也正是在实质性非侵权用途规则基础上，产生了技术中立原则。

那么，索尼案确立的技术中立原则是否可以适用于快播案呢？对此，我们应当从索尼案的案情出发，对技术中立原则的内容进行考察。

索尼案及其技术中立原则

在20世纪80年代，索尼公司生产和销售Betamax录像机，该录像机具有以下特点：(1) 边看电视边录像。同时看某个电视频道而录制另一个频道是可以的。(2) 定时录像。在家或不在家都可以录制固定时间、固定频道的电视。(3) 忽略广告。人在场时录制电视可跳过广告，只录制想看的节目。(4) 录像带可独立于本机多次使用。索尼公司生产和销售的该款录像机对原告，即版权所有者造成了重大利益损失，例如，因为该录像机的流行而使得版权所有者的录像带市场受到严重冲击。因此，原告诉索尼公司协同侵权（contributory infringement），理由是录像机用户录制电视中播放的版权作品，侵害了原告的版权，而索尼公司要对销售录像机提供侵权手段并且通过广告鼓励这种行为承担侵权责任。这里的所谓协同侵权，是一种间接侵权。

① 本案被告人在第一次庭审时提出技术无罪的辩解，但在第二次庭审时不再坚持这一立场。

美国联邦地区法院驳回了原告的诉讼请求，原告不服上诉，上诉法院改判，索尼公司继续上诉，美国联邦最高法院以五票赞成对四票反对，再次驳回原告的诉讼请求。美国联邦最高法院提出了以下三个裁判理由：（1）从制定法的角度，版权保护完全是由制定法规定的，在法律未予明确指引的情况下，法庭必须慎重解释由制定法设立的权利范围。任何个人因合理使用都可复制版权作品，对此，版权所有者不具有如此广泛的排他性权利。（2）从判例的角度，在指出原告所引先例不适合本案，并指出没有其他先例使索尼公司承担间接侵权责任后，美国联邦最高法院裁定，这种复制设备的销售像其他商品销售一样并不构成协同侵权，如果这种产品被广泛用于合法的、令人难以反对的目的，或者其非侵权使用的确仅仅是一种可能的情况。（3）从事实的角度，美国联邦地区法院的记录和裁定表明，第一，相当数量的非收费电视上的版权作品的所有者都不反对先录后看，法庭称为时间转换（time-shift）；第二，这种时间转换的使用方式不可能给原告的版权作品的潜在市场或者价值造成重大（nonminimal）损害，而且原告也没有权利禁止其他版权所有者授权同意这种时间转换的使用方式，并且甚至对原告版权作品节目在未经授权同意的情况下，在家庭内的时间转换使用方式也是合理使用。因此，美国联邦最高法院驳回原告的诉讼请求。①

索尼案是一起知识产权的侵权案件，原告指控索尼公司协同侵权。与其说是间接侵权，不如说是帮助侵权，即侵权的帮助行为。美国联邦最高法院对索尼案的判决，限制了帮助侵权的责任范围。可以说，索尼案确立的实质性非侵权用途规则作为一种抗辩事由，具有保障技术提供者的意义。当然，这里涉及版权所有者和技术提供者之间的利益平衡问题。此后，美国联邦最高法院又通过一系列判例对上述实质性非侵权用途规则作了某些限定。其中，限定之一就是：产品的提供者有没有能力发现并阻止他人实施侵权行为，是可否得到免责的关键。如果某类产品存在某种潜在的、非法的、侵权的用途，对他人的利益受损构成威胁，并且产品的提供者有能力采取某种措施来制止侵权的发生或将其危害后果降低到社会可容忍的范围内，但其并没有采取防范措施，而是听任违法事件的发生，那么，其无资格基于实质性非侵权用途规则而免责。②

就快播案的性质而言，这是一起网络传播淫秽物品的案件。假设传播的不是淫秽物品而是侵权物品，则同样存在是否适用索尼案所确立的实质性非侵权用途规则的问题。然而，我们可以确定，快播公司的经营模式与索尼案的是完全不同的，这也正是快播案不能适用技术中立原则的一个决定性因素。索尼案的是生产和销售 Betamax 录像机，这是一种极为传统的销售模式。用户因购买而与索尼公司发生商业上的联系，这是一种购销关系。用户购买产品以后如何使用，这是索尼公司所不能控制的。也就是说，如果用户使用从索尼公司购买的录像机从事版权的侵权活动，对此，索尼公司并不承担责任。当然，如果索尼公司生产和销售的录像机本身就具有这种版权侵权的功能，则索尼公司的产品要对该版权侵权行为承担责任。因此，美国联邦最高法院在索尼案中确立的实质性非侵权用途规则，即只要该录像机并不是专门性的版权侵权工具，而是具有实质性的非侵权用途，则可以免除索尼公司对他人版权侵权的帮助责任。我们将索尼公司的经营模式与快播公司的经营模式进行比较，就可以看出两者是完全不同的。就在互联网上提供播放而言，单纯提供视频播放器，用户根据自己的需求使用播放器，则这种模式与索尼公司的销售模式相同：网络播放器的提供者和索尼公司一样，都不能对使用者的行为

---

① 蔡新华．索尼案的判决理由简析．(2003)．http：//article.chinalawinfo.com/ArticleHtml/Article_22200.shtml.

② 周雪峰．“技术中立”原则及其适用限制．(2016-09-09)．http：//star.news.sohu.com/20160909/n468029736.shtml.

进行控制，因此对其违法行为不能承担责任。在这个意义上，技术中立原则同样是适用的。但快播公司的经营模式已经使其成为一个互联网信息系统而不再是单纯的网络播放器的提供者。

我国学者在论及网络平台提供服务商的责任时，提出了P2P服务提供行为原则上不应受罚的观点：

> 近年来，兴起可供他人直接从电脑搜索并下载所需档案的所谓点对点（Peer to Peer，P2P）的软件传输与相关服务。会员利用P2P网络经营者提供的软件和相关服务，能够通过上传和下载的方式互相享用各自拥有的档案资料，可谓互通有无。问题是：上传或者下载的档案可能侵犯他人著作权。尽管P2P网络经营者并没有直接侵犯他人著作权，但其提供的软件和相关服务客观上为会员侵犯他人著作权提供了帮助，其经营行为是否构成侵犯著作权罪的帮助犯？P2P网络经营者并不直接提供下载的音乐等作品，而只是为会员相互直接上传、下载档案提供软件和相关服务，所以其不是网络内容提供服务商，而是网络平台提供服务商。因此，作者的结论是：对于P2P服务提供行为，由于行为本身具有正当的业务行为性质的一面，不能认为这种行为具有直接促进正犯犯罪行为的危险，即这种危险还属于法律所允许的危险。会员利用这种服务从事侵犯著作权犯罪的行为，完全属于正犯的自我答责的行为领域。①

我注意到，在以上论述中，作者区分了网络平台提供服务商和网络内容提供商：前者不对内容负责，后者则应对内容负责。这里涉及相关人员的网络信息监管义务问题，我将在后文讨论。在此，我们需要对快播公司的经营模式进行判断，其到底属于网络平台提供服务商还是网络内容提供商？快播公司宣称，其所提供的是P2P网络播放器的服务，因此属于网络平台提供服务商。

一审判决认定：本案被告单位快播公司，是一家流媒体应用开发和服务供应企业，其免费发布快播资源服务器程序和播放器程序，使快播资源服务器、用户播放器、中心调度服务器、缓存调度服务器和上千台缓存服务器共同构建起了一个庞大的基于P2P技术提供视频信息服务的网络平台。用户使用快播播放器客户端点播视频，或者站长使用快播资源服务器程序发布视频，快播公司中心调度服务器均参与其中。中心调度服务器为使用资源服务器程序的站长提供视频文件转换、链接地址发布服务，为使用播放器程序的用户提供搜索、下载、上传服务，进而通过其缓存服务器提供视频存储和加速服务。快播公司缓存服务器内存储的视频文件，也是在中心调度服务器、缓存调度服务器控制下，根据视频被用户的点击量自动存储下来，只要在一定周期内点击量达到设定值，就能存储并随时提供给用户使用。快播公司由此成为提供包括视频服务在内的网络信息服务提供者。

在此，一审判决明确地将快播公司的经营模式界定为网络内容提供商，即网络信息服务提供者，而不是网络平台提供服务商，这就决定了对快播公司不能简单地适用技术中立原则。

在刑法理论上，存在中立的帮助行为的法理。在技术中立原则的基础上，我国学者引申出了技术中立的帮助行为以及网络中立行为的概念。为了正确理解技术中立的帮助行为和网络中立行为，我们首先需要对中立的帮助行为进行梳理。中立的帮助行为，也称为日常性行为，是指外观上的无害行为，例如生活行为、业务行为等，但在客观上对正犯行为、结果起到了促进作用的情形。应当指出，中立的帮助行为在性质上属于犯罪的帮助行为，只不过与一般的帮助行为相比，其具有中立性。但并不能由此而产生误解，认为一个行为只要属于中立的帮助行为就可以排除该行为的犯罪性。事实上，绝大多数中立的帮助行为还是构成犯罪的，只有极少部

---

① 陈洪兵．中立行为的帮助．北京：法律出版社，2010：234.

分中立的帮助行为才被排除在犯罪之外。

那么，如何划分中立的帮助行为是否构成犯罪的界限呢？对此，在刑法理论上存在各种学说，尤其以德国的学说最为复杂。根据我国学者的梳理，德国存在以下三种学说[①]：(1) 主观说。主观说认为只要行为人对正犯的行为具有确定故意，就可以将中立的帮助行为认定为帮助犯。只有在行为人对正犯的行为具有不确定故意的情况下，才能将中立行为从可罚的帮助行为中排除。(2) 客观说。客观说从客观上对中立的帮助行为的犯罪范围进行限制，或者根据帮助行为与正犯行为、结果之间的客观归责，对中立的帮助行为的犯罪范围进行限制。客观说内部又可以分为社会相当性说、职业相当性说、利益衡量说、违法性阻却说、义务违反说、客观归责说。(3) 折中说。折中说以罗克辛为代表。罗克辛虽然重视主观要素，但同样积极提倡客观归责论。其实，罗克辛主要还是主张主观说。罗克辛以主观说为基础，认为如果对正犯行为具有确定认识的，则中立的帮助行为具有刑事可罚性。对正犯行为具有不确定认识的，罗克辛认为应当根据信赖原则，否定中立的帮助行为的刑事可罚性。[②] 因此，根据罗克辛的观点，只要明知他人犯罪而提供帮助，无论这种帮助行为是否具有中立性，都构成帮助犯。我认为，按照这一思路，刑事处罚的范围还是过于宽泛。即使在具有确定故意的情况下，还是应当考虑帮助行为在客观上是否属于违法阻却事由。如果一种帮助行为在客观上属于合法的民事行为，例如明知他人犯罪后欲逃跑仍然将所欠其 10 万元债务归还，因而在客观上为他人逃避法律制裁提供了帮助。在这种情况下，归还债务是一种民事义务，如果仅仅根据行为人明知他人犯罪而认定为帮助犯，没有考虑到这种行为在民事上的合法性，使得一个公民因为履行民事义务而入罪，显然不妥。

技术的中立帮助行为，也可以称为中立的技术帮助行为，它与一般的中立帮助行为的不同之处就在于：行为人是提供技术的中立帮助。不能认为，只要是提供中立的技术帮助就一定不构成犯罪。我国学者在论及快播案是否适用技术中立的免责事由时，指出："技术中立的帮助行为不能成为快播案的抗辩理由，因为许多情况下技术中立的帮助行为能够构成犯罪。"对此，作者分两个层面进行了分析：第一，技术中立的帮助行为可能构成共同犯罪行为；第二，技术中立的帮助行为可能构成实行行为。[③] 对于快播公司来说，并不是只要认定为技术的中立帮助行为就可以出罪。是否出罪，还是要严格根据法律规定和司法解释。对此，一审判决作了以下论述：

> 中立的帮助行为，是指外表上属于日常生活行为、业务行为等不追求非法目的的行为，客观上对他人的犯罪起到促进作用的情形。中立的帮助行为是以帮助犯为视角在共同犯罪中讨论中立性对于定罪量刑的影响，而实行行为不存在中立性问题。快播公司的缓存服务器下载、存储并提供淫秽视频传播，属于传播淫秽视频的实行行为，且具有非法牟利的目的，不适用于共同犯罪中的中立的帮助行为理论。辩方以行为的中立性来否定快播公司及各被告人责任的意见，不应采纳。

裁判理由将快播公司的行为直接认定为传播淫秽物品牟利的不作为的实行行为，因此得出根本就不存在适用技术中立的帮助行为的结论。这一裁判理由当然具有一定的合理性，对于快播公司的传播淫秽物品行为在刑法中究竟是认定为不作为的实行行为还是帮助行为，这个问题尚需结合刑法规定和刑法理论进一步辨析。

---

① 陈洪兵．中立的帮助行为．中外法学，2008 (6)．

② 克劳斯·罗克辛．德国刑法学总论：第 2 卷．王世洲，译．北京：法律出版社，2013：161.

③ 毛玲玲．传播淫秽物品罪中"传播"行为的认定．东方法学，2016 (2)．

相对来说，网络中立行为的探讨更切合快播案。① 网络中立行为是中立行为在网络领域的体现，因为网络具有不同于其他领域的特殊性。因此，网络中立行为是一个更为妥帖的概念。对于网络中立行为能否出罪，我认为不能简单地从主观上是否明知来进行判断，而是应当考虑网络公司提供服务的性质。这里涉及法律对不同类型的网络服务商设定的不同义务，以及不同类型的网络服务商对于义务履行的可能性问题。

三、快播公司主管人员的监管义务

如前所述，网络服务商具有不同类型，因此承担的义务也就各自有别。对网络服务提供商的分类，在很大程度上是以技术可能性为基础的。德国学者指出：当评价网络服务提供者的责任时，任何分类探讨都必须首先对技术服务者行为的技术可能性进行分析。在考虑控制的可能性时，技术性的分析表明，网络基础设施的责任人必须根据其功能进行类型化。在计算机网络上活跃的主体，应当根据控制可能性的不同，划分为以下三类承担不同功能的主体：（1）网络提供者（提供网络）；（2）网络接入服务提供者（提供接入网络的通道）；（3）宿主服务提供者（提供服务器，通过这种服务器，数据不仅被传输而且被存储）。② 对于这三种网络服务商，法律设定了不同的注意义务。在此，网络提供者和网络接入服务提供者就是我在前面所说的网络平台服务者，而宿主服务提供者就是网络信息服务提供者。基于以上服务商的性质不同，其是否承担对网络信息内容的监管义务，在法律设定上也就有所不同。

在此，值得借鉴的是欧盟《关于电子商务内部市场法律问题的指令》（以下简称《指令》）第12～15条对不同的网络服务商规定了不同的责任。第12条规定，在通讯网络中，单纯的信息传输行为不承担责任。这种单纯的信息传输是指网络接入服务提供者的业务，因此，网络接入服务商对网络信息内容没有监管义务。第13条对缓存服务作了特殊规定，认为缓存行为从技术角度来看属于存储，从功能性角度来看属于传输。这一条款的范围涵盖自动的、中介性的和短暂性的信息存储，这种存储的目的仅在于基于信息接收者的请求使信息的传输更加有效率。这种存储提供者在以下情况下免除责任：如果它没有修改信息，且遵守信息接入和信息更新的规定，尤其是与工业标准相符合，并且在切实知晓传输的初始来源信息已被从网络中删除，访问通道已被禁止，或主管当局已下令消除或禁止时，迅速采取行动删除或者封锁信息的通道。第14条对宿主服务，即服务接收者所提供信息的存储活动，规定了一种责任的限制。这一条款适用的条件是，这一服务并不隶属于提供者控制和监管。换言之，如果这些信息隶属于宿主服务者控制和监管，则其仍然要对信息内容承担责任。第15条是补充性规定，即第12条和第14条所规定的网络服务提供者，既没有一般性的监管其所传输后存储的信息的义务，也没有积极寻找不法活动的事实或者情形的义务。欧盟的上述规定，对于我们厘清网络服务提供商的注意义务具有参考价值。从以上规定来看，欧盟的《指令》对网络提供者、网络接入服务提供者和宿主服务提供者分别设定了不同的监管义务，并且这种义务又具有一定的限制。在设定义务的时候，一个重要的考量因素就是对于网络信息是否具有可控制性。只有在具有这种可控制性的技术前提的情况下，才能对网络服务提供商设立义务。与此同时，《指令》在设立义务的时候，还以网络服务的具体功能为根据。例如，提供存储活动包括临时存储，即缓存活动，在一定条件下提供者仍然要对网络信息的内容承担责任。这种条件是指这一服务并不隶属

---

① 在中立行为的类型化研究中，陈洪兵提出了网络中立行为的概念，但并没有对此进行定义式的论述。陈洪兵．中立行为的帮助．北京：法律出版社，2010：230.

② 乌尔里希·齐白．比较法视野下网络服务提供者的责任．王伟华，吴舟，译//陈兴良主编．刑事法评论：第37卷．北京：法律出版社，2016：193.

于提供者控制和监管，换言之，这种控制和监管义务已经转移给网络服务商。

我国对网络服务商的分类不同于其他国家，具有自己的特点。我国学者把网络提供商分为：(1) 网络接入服务商。网络接入提供商是指为网络运行提供通讯设备和上网服务的基础电信运营商。(2) 信息存储空间服务商。信息存储空间服务商是指为用户提供网络上的存储空间，供用户上载信息的网络服务商。(3) 搜索引擎服务商。搜索引擎服务商是指主动地收集网络上的信息并进行存储、分析和排序，建立关键字索引以供用户查询的网络服务商。① 这些不同的网络服务商具有不同的监管义务。网络接入服务商因为对网络信息内容不具有控制性，因而不具有监管义务。而信息存储空间服务商对于存储的信息具有监管义务。

我国《信息网络传播权保护条例》对这种监管义务作了具体规定，这就是删除义务和断开链接义务。《信息网络传播权保护条例》第 14 条对删除义务作了以下规定：对提供信息存储空间或者提供搜索、链接服务的网络服务提供者，权利人认为其服务所涉及的作品、表演、录音录像制品，侵犯自己的信息网络传播权或者被删除、改变了自己的权利管理电子信息的，可以向该网络服务提供者提交书面通知，要求网络服务提供者删除该作品、表演、录音录像制品，或者断开与该作品、表演、录音录像制品的链接。《信息网络传播权保护条例》第 23 条对断开链接义务作了以下规定：网络服务提供者为服务对象提供搜索或者链接服务，在接到权利人的通知书后，根据本条例规定断开与侵权的作品、表演、录音录像制品的链接的，不承担赔偿责任；但是，明知或者应知所链接的作品、表演、录音录像制品侵权的，应当承担共同侵权责任。值得注意的是，《信息网络传播权保护条例》是以保护信息网络传播权为立法宗旨的，具有知识产权法的性质。违反上述义务，可能构成知识产权的侵权行为。如果构成犯罪，也是侵犯知识产权的犯罪。

对于网络淫秽物品的监管义务，有关法律、行政法规和部门规章中都有明文规定。一审判决在对于快播公司的监管义务的认定中，就涉及这些规定。一审判决认定：

> 快播公司作为快播网络系统的建立者、管理者、经营者，应当依法承担网络安全管理义务。1997 年公安部发布的《计算机信息网络国际联网安全保护管理办法》明确规定，任何单位和个人不得利用互联网传播宣扬淫秽、色情内容的信息，并且应当履行建立健全安全保护管理制度、落实安全保护技术措施等职责。2000 年 9 月国务院发布的《互联网信息服务管理办法》规定，互联网信息服务提供者应当向上网用户提供良好的服务，并保证所提供的信息内容合法，不得复制、传播淫秽、色情信息。2000 年 12 月《全国人民代表大会常务委员会关于维护互联网安全的决定》规定，对于在互联网上建立淫秽网站、网页，提供淫秽站点链接服务，或者传播淫秽影片、音像，构成犯罪的，依照刑法有关规定追究刑事责任。2007 年国家广播电影电视总局、信息产业部发布的《互联网视听节目服务管理规定》进一步明确，互联网视听节目服务单位提供的、网络运营单位接入的视听节目应当符合法律、行政法规、部门规章的规定，视听节目不得含有诱导未成年人违法犯罪和渲染暴力、色情活动的内容。2012 年施行的《全国人民代表大会常务委员会关于加强网络信息保护的决定》第 5 条规定，网络服务提供者应当加强对其用户发布的信息的管理，发现法律、法规禁止发布或者传输的信息的，应当立即停止传输该信息，采取消除等处置措施，保存有关记录，并向有关主管部门报告。在互联网产业迅速发展的今天，法律没有苛责互联网企业在其经营管理的网站上不允许出现任何违法或不良信息，但要求其严格履行网络安全管理义务，设置必要的监管环节，及时处置违法或不良信息。快播公司作

---

① 宋哲．网络服务商注意义务研究．北京：北京大学出版社，2014：4.

为互联网信息服务的提供者，作为视听节目的提供者，必须遵守相关法律法规的规定，对其网络信息服务内容履行网络安全管理义务。P2P技术容易被利用于淫秽视频、盗版作品传播，这在行业内已经是众所周知的事实。监管淫秽视频以避免淫秽视频通过快播网络传播，不仅是快播公司作为网络视频信息服务提供者的法律义务，更是其应当积极承担的社会责任。

根据以上裁判理由，涉及对淫秽物品的监管义务，也就是判决所说的网络安全管理义务的法律、行政法规和部门规章如下。

(1) 1997年12月16日公安部发布的《计算机信息网络国际联网安全保护管理办法》(2011年修订，以下简称《办法》）第5条规定："任何单位和个人不得利用国际联网制作、复制、查阅和传播下列信息：……（六）宣扬封建迷信、淫秽、色情、赌博、暴力、凶杀、恐怖，教唆犯罪的。"这是对利用互联网传播淫秽物品行为的规定，而涉及监管义务部分则较为笼统。例如，《办法》第10条对互联单位、接入单位及使用计算机信息网络国际联网的法人和其他组织应当履行的安全保护职责作了规定，其中第7项规定："按照国家有关规定，删除本网络中含有本办法第五条内容的地址、目录或者关闭服务器。"这就是对违法信息删除义务和关闭服务器义务的规定。公安部的上述《办法》虽然属于部门规章，但它是在1997年《刑法》设立有关计算机犯罪以后，最早对从事网络服务单位设立监管义务的法规。

(2) 2000年9月25日国务院发布的《互联网信息服务管理办法》[2011年修订，以下简称《办法（二）》] 第15条规定："互联网信息服务提供者不得制作、复制、发布、传播含有下列内容的信息：……散布淫秽、色情、赌博、暴力、凶杀、恐怖或者教唆犯罪的。"《办法（二）》第16条规定了互联网信息服务提供者的停止传输义务："发现其网站传输的信息明显属于本办法第十五条所列内容之一的，应当立即停止传输，保存有关记录，并向国家有关机关报告。"《办法（二）》的内容与前述《办法》的基本相同，但《办法》是部门规章，而《办法（二）》是行政法规。因此，后者的法律位阶明显高于前者的。

(3) 2000年12月28日全国人民代表大会常务委员会颁布的《关于维护互联网安全的决定》(2009年修正，以下简称《决定》）第3条规定："为了维护社会主义市场经济秩序和社会管理秩序，对有下列行为之一，构成犯罪的，依照刑法有关规定追究刑事责任：……在互联网上建立淫秽网站、网页，提供淫秽站点链接服务，或者传播淫秽书刊、影片、音像、图片。"这是对利用网络实施《刑法》第363条设立的制作、复制、出版、贩卖、传播淫秽物品牟利罪的规定。《决定》第7条对从事互联网业务的单位提出了以下要求："从事互联网业务的单位要依法开展活动，发现互联网上出现违法犯罪行为和有害信息时，要采取措施，停止传输有害信息，并及时向有关机关报告。任何单位和个人在利用互联网时，都要遵纪守法，抵制各种违法犯罪行为和有害信息。"这是对从事互联网业务单位停止传输有害信息的规定。考虑到《决定》属于法律，因此，这是从事互联网业务单位的网络信息监管义务上升到法律层级的标志，表明国家的重视程度有所提升。

(4) 2007年12月20日国家广播电影电视总局、信息产业部发布的《互联网视听节目服务管理规定》(2015年修订，以下简称《规定》）第16条规定："互联网视听节目服务单位提供的、网络运营单位接入的视听节目应当符合法律、行政法规、部门规章的规定。已播出的视听节目应至少完整保留60日。视听节目不得含有以下内容：……诱导未成年人违法犯罪和渲染暴力、色情、赌博、恐怖活动的。"《规定》第18条第1项规定："广播电影电视主管部门发现互联网视听节目服务单位传播违反本规定的视听节目，应当采取必要措施予以制止。互联网视听节目服务单位对含有违反本规定内容的视听节目，应当立即删除，并保存有关记录，履行报告义务，落实有关主管部门的管理要求。”这是对网络服务商的违法信息的删除义务和报告义务的规定。尤其是《规定》第18条第2款还对网络服务商的一般监管义务作了规定：“互联网视听节目服务单位主要出资者和经营者应对播出和上载的视听节目内容负责。”

(5) 2012年12月28日全国人民代表大会常务委员会颁布的《关于加强网络信息保护的决定》[以下简称《决定（二）》] 第5条规定：“网络服务提供者应当加强对其用户发布的信息的管理，发现法律、法规禁止发布或者传输的信息的，应当立即停止传输该信息，采取消除等处置措施，保存有关记录，并向有关主管部门报告。”上述《决定（二）》对网络服务提供者规定了停止传输义务、删除义务和报告义务。

应该说，上述我国法律、行政法规和部门规章关于网络信息服务提供者对于网络淫秽物品的监管义务的规定是明确的，而快播公司及其主管人员未能履行监管义务的事实也是清楚的。正如一审判决所认定的：“快播公司直接负责的主管人员王欣、吴铭、张克东、牛文举，在明知快播公司擅自从事互联网视听节目服务、提供的视听节目含有色情等内容的情况下，未履行监管职责，放任淫秽视频在快播公司控制和管理的缓存服务器内存储并被下载，导致大量淫秽视频在网上传播。”这就是一审判决对快播案的法律定性：快播公司主管人员未能履行监管职责，导致淫秽视频在网上传播，并且两者之间存在刑法上的因果关系。这是一种不作为的传播，由此认定快播公司及其主管人员构成不作为的传播淫秽物品牟利罪。

四、快播公司主管人员不履行义务的刑事责任

经过前述漫长的“跋涉”，我们终于来到刑法的地界。因为快播案毕竟是一个刑事案件，其定罪根据只能是刑法。因此，在对快播公司的经营模式和监管义务认定的基础上，我们最终进入刑法教义学分析的环节。在我国刑法学界，对于快播公司及其主管人员究竟构成何种犯罪，以及如何构成犯罪，还是存在较大争议的。对此，应当从刑法及司法解释的规定入手进行分析。

在快播案的一审判决公布以后，对于快播公司是否应当定罪以及如何定罪，除一审判决所认定的快播公司构成不作为的传播淫秽物品牟利罪的意见以外，还存在以下三种不同意见。第一种意见认为快播公司的传播淫秽物品行为是作为与不作为的竞合。例如张明楷教授指出：“快播公司使用的P2P技术不仅在用户下载视频时为其提供上传视频的服务，而且在用户与用户之间介入了自己控制、管理的缓存服务器；快播调试服务器不仅拉拽淫秽视频文件存储在缓存服务器里，而且也向用户提供缓存服务器里的淫秽视频文件。后一行为就属于以陈列方式传播淫秽物品的行为。一审判决还从快播公司负有网络视频信息服务提供者应当承担的网络安全管理义务，并且具备管理的可能性但没有履行网络安全管理义务的角度，论证了快播公司构成传播淫秽物品牟利罪。据此，快播公司同时存在作为与不作为。”① 第二种意见认为快播公司拒不履行网络监管义务的行为虽然是不作为，但并不构成传播淫秽物品牟利罪，而只是构成《刑法修正案（九）》规定的拒不履行信息网络安全管理义务罪。因为快播案发生在《刑法修正案（九）》颁布之前，所以结论是：快播公司的行为不构成犯罪。例如高艳东教授指出：“理论上，传播淫秽物品牟利罪，既可以由作为构成，也可以由不作为构成。但是，网站不履行管理义务，不属于本罪的不作为表现方式。法官充分论证了王欣没有履行管理义务，如果据此认定构成不作为犯罪——拒不履行信息网络安全管理义务罪（最高3年有期徒刑），没有问题；但把拒不履行管理义务等于作为犯罪——传播淫秽物品牟利罪（最高无期徒刑），则是可

---

① 张明楷．快播案定罪量刑的简要分析．人民法院报，2016-09-14.

怕的逻辑。需要说明，拒不履行信息网络安全管理义务罪是2015年才确立的罪名，法不溯及既往，不能构成此罪。”① 第三种意见是快播公司属于间接正犯。例如李世阳博士认为：“快播案的核心问题在于如何定性快播公司利用他人传播淫秽物品而赚取广告费的行为。根据间接正犯理论，可以将站长视为有故意无目的之工具，而背后的快播公司则据此取得优越的支配地位，据此论证传播淫秽物品牟利罪的成立。”②

以上各种意见对于正确认定快播公司的行为性质都具有一定的参考意义，在论证快播公司构成不作为的传播淫秽物品牟利罪的时候，需要一并论及。在此，涉及以下三个问题。

（一）快播公司的行为是作为还是不作为

一审判决对快播公司定罪的依据是《刑法》第363条的规定。该条规定：“以牟利为目的，制作、复制、出版、贩卖、传播淫秽物品的，处三年以下有期徒刑、拘役或者管制，并处罚金；情节严重的，处三年以上十年以下有期徒刑，并处罚金；情节特别严重的，处十年以上有期徒刑或者无期徒刑，并处罚金或者没收财产。”在该条规定中，淫秽物品的传播行为在通常情况下是作为，不可否认也存在不作为传播的情形。就传播的实质含义而言，是指将淫秽物品在一定范围内流传与扩散，使他人接触到淫秽物品，传播的手段包括播放、出租、出借、承运、邮寄等。值得注意的是，在网络上淫秽物品的传播具有其独特性。在网络上传播淫秽物品实际上包括两种情形：第一种是利用网络散布淫秽物品，例如建立淫秽网站，提供淫秽电子信息的链接，在网络空间陈列淫秽照片或者其他淫秽物品等。这是一种以作为的形式构成的传播淫秽物品行为。对此，没有疑问。第二种是对网络淫秽物品拒不履行网络监管义务，例如2010年2月2日最高人民法院、最高人民检察院发布的《关于办理利用互联网、移动通讯终端、声讯台制作、复制、出版、贩卖、传播淫秽电子信息刑事案件具体应用法律若干问题的解释（二）》（以下简称《2010年两高解释》）第4条规定：“以牟利为目的，网站建立者、直接负责的管理者明知他人制作、复制、出版、贩卖、传播的是淫秽电子信息，允许或者放任他人在自己所有、管理的网站或者网页上发布，具有下列情形之一的，依照刑法第三百六十三条第一款的规定，以传播淫秽物品牟利罪定罪处罚：（一）数量或者数额达到第一条第二款第（一）项至第（六）项规定标准五倍以上的；（二）数量或者数额分别达到第一条第二款第（一）项至第（六）项两项以上标准二倍以上的；（三）造成严重后果的。”这一规定的行为主体是网站建立者、直接负责的管理者，网络服务商当然包含在上述主体之中。这一规定的行为表现为明知是淫秽电子信息，而允许或者放任他人在自己所有、管理的网站或者网页上发布。在刑法理论上，这一行为属于以不作为的形式构成的传播淫秽物品行为。由此可见，对于传播淫秽物品牟利罪来说，既可以由作为构成，也可以由不作为构成，网络传播淫秽物品行为构成该罪亦如此。

那么，快播公司在本案中的传播淫秽物品牟利行为属于作为还是不作为，抑或既是作为又是不作为呢？对此，一审判决在定性部分是按照不作为犯罪进行认定的，其论证逻辑是：(1) 快播公司负有网络视频信息服务提供者应当承担的网络安全管理义务；(2) 快播公司及各被告人均明知快播公司网络信息服务系统内存在大量淫秽视频并介入了淫秽视频传播活动；(3) 快播公司及各被告人放任其网络信息服务系统大量传播淫秽视频属于间接故意；(4) 快播公司具备承担网络安全管理义务的现实可能，但拒不履行网络安全管理义务；(5) 快播公司及

---

① 高艳东．质疑快播案判决：与陈兴良、张明楷教授商榷．http：//article.chinalawinfo.com/ArticleFullText.aspx?ArticleId=97544.

② 李世阳．无可奈何花落去，似曾相识燕归来——评“快播案”一审判决．http：//www.duyidu.com/a160982037.

各被告人的行为具有非法牟利目的。当然，在一审判决中，也涉及快播公司淫秽物品传播中的实质性作用。例如一审判决对快播公司提供的缓存服务进行了描述，特别强调缓存服务器方便、加速了淫秽视频的下载、传播。在对快播公司的缓存服务器工作原理的描述中，采用了拉拽、抓取等用语，并且认定快播公司实质性地介入了淫秽物品的传播过程。由此，快播案一审判决指出："快播公司放任其缓存服务器存储淫秽视频并使公众可以观看并随时得到加速服务的方式，属于通过互联网陈列等方式提供淫秽物品的传播行为。"在这种情况下，能否认为快播公司在本案中既有作为的传播行为，又有不作为的传播行为呢？对此，张明楷教授做了肯定的回答。张明楷教授认为，在快播案中，同时存在作为与不作为。

对于在快播案中存在不作为，一审判决已经描述得足够清楚。这里需要关注的是：快播公司的作为究竟是如何表现的？对此，张明楷教授列举了快播公司以下两个方面的表现：一是快播调试服务器拉拽淫秽视频文件存储在缓存服务器里，二是向用户提供缓存服务器里的淫秽视频文件。张明楷教授认为，这一行为就属于以陈列方式传播淫秽物品的行为。① 我对张明楷教授的这一判断是不能认同的。即使是一审判决对快播公司的传播行为认定为既是作为又是不作为，也是难以成立的。在快播案中，淫秽视频是所谓站长上传的，对此并无争议。因此，是那些上传淫秽视频的站长以作为的方式传播了淫秽物品。只不过这些站长将淫秽视频上传到了快播公司所管理的网络信息系统。不可否认，拉拽、抓取等用语确实是对积极的动作的一种描述，似乎可以界定为作为。但我们不要忘记，一审判决中的这些用语并不是对人的行为的直接描述，而是对网络软件功能的叙述。例如，一审判决指出："在视频文件点播次数达到一定标准后，缓存调度服务器即指令处于适当位置的缓存服务器（运行 Cache Server 程序）抓取、存储该视频文件。"这里的抓取是指获取视频文件并予以存储，因此，抓取只是存储的辅助性手段。如果存储不能被单独评价为作为的传播，则抓取更不能被认定为作为的传播。此外，一审判决还指出："快播用户点播视频过程中，在拥有视频的站长（或客户端）、缓存服务器、观看视频的客户端之间形成三角关系，快播调度服务器不仅拉拽淫秽视频文件存储在缓存服务器里，而且也向客户端提供缓存服务器里的淫秽视频文件。这让缓存服务器实际上起到了淫秽视频的下载、储存、分发的作用。"在此，拉拽的含义与抓取的基本相同，都是指存储的辅助性手段，不能单独被评价为作为的传播。至于因为快播公司没有履行网络安全监管义务，放任淫秽物品在网络流传，这也不能被认定为陈列方式的传播行为。理由在于：如果把这种因为没有履行监管义务而放任淫秽物品在网络流传的情形，都认定为陈列方式的传播，属于作为，那么，不作为的传播就根本不存在了。其实，所谓陈列只是不作为的后果，不能把这种后果认定为行为本身。

这里需要讨论的是：快播公司利用缓存技术存储淫秽视频并提供给用户的行为，是否属于作为的传播？对此，一审判决认定："快播公司提供的这种介入了缓存服务器的视频点播服务，以及设立的这种缓存技术规则，决定了其实质介入了淫秽视频的传播行为。"那么，这些实质介入淫秽视频的传播行为就是作为的传播吗？对于存储的性质，如同前面所介绍，欧盟的《指令》第 13 条对缓存服务作了特殊规定，认为缓存行为从技术角度来看属于存储，从功能性角度来看属于传输。之所以说存储从功能角度来看属于传输，主要是因为这种存储的目的仅在于基于信息接收者的请求，使信息的传输更加有效率。根据《指令》第 13 条的规定，这种存储提供者在一定条件下，只要履行删除或者封锁信息的通道义务，就可以免除责任。我认为，就提供缓存服务而言，并不能就此认为快播公司实施了作为的传播行为，充其量只不过是他人传

---

① 张明楷．快播案定罪量刑的简要分析．人民法院报，2016－09－14.

播的帮助行为，属于传播淫秽物品的共犯。这个问题留待后文探讨。因此，严格来说，快播公司存在以下两种行为。

1. 不履行网络安全管理义务的不作为

这就是《2010 年两高解释》第 4 条所规定的情形，“以牟利为目的，网站建立者、直接负责的管理者明知他人制作、复制、出版、贩卖、传播的是淫秽电子信息，允许或者放任他人在自己所有、管理的网站或者网页上发布”。在此，《2010 年两高解释》并没有明确这是一种不作为，但从行为性质判断，还是应当将其归属于不作为的范畴。对于这种不作为构成的传播淫秽物品牟利罪，《2010 年两高解释》规定的构成要素包括以下三项。

（1）允许或者放任他人在自己所有、管理的网站或者网页上发布淫秽电子信息。对于这里的允许，较为容易理解，就是不予删除或者屏蔽。这正是没有履行网络安全监管义务的应有之义。对这里的放任，则容易引起误解。放任一词在我国《刑法》中出现在第 14 条，是对间接故意的意志因素的描述。因此，放任是一个描述主观心理的用语，是指对法益侵害结果容认的心理态度。① 但在《2010 年两高解释》第 4 条中，放任并不是用来描述主观心理，而是与允许并列，用来描述客观行为的用语。不得不说，这里存在一个用词不当的问题。如果改为默认或者不闻不问，可能会更好一些。尽管如此，我们还是可以体会《2010 年两高解释》第 4 条采用放任一词是要描述网站建立者、直接负责的管理者对于网络淫秽电子信息拒不履行监管义务的行为状态，这显然还是一种不作为。

（2）明知他人制作、复制、出版、贩卖、传播的是淫秽电子信息。对于这里的明知，究竟是构成要件要素还是故意要素的问题，我国学者指出：“该解释（指《2010 年两高解释》——引者注）中的明知是传播行为要件中的组成部分，这种明知并不是该罪犯罪构成主观要件，而是行为的内容，提供网络行业正常业务活动、经营活动和传播行为之间区分的依据。将明知作为传播行为之外的主观方面，认为它是传播淫秽物品罪的犯罪构成主观要件，是一种有失偏颇的理解。”② 因此，作者明确地将这种明知界定为传播这种构成要件行为要件之内的要素，属于构成要件行为的内容，而不能将其等同于故意主观要件的明知。作者还认为，如果剥离这种明知，网络行业相关业务经营者、技术提供者的行为性质将失去评判依据，禁止网络传播淫秽物品的法律规范也将因这种曲解受到将中立技术治罪的指责。我认为，这一论述是可以成立的。这里涉及对于明知在犯罪论体系中的地位问题，也是一个所谓表现犯的问题。③ 如果《刑法》对明知没有明文规定，那么，明知并不是构成要件，而是故意要素。如果严格按照《刑法》第 363 条的规定，传播淫秽物品牟利罪并没有规定明知，因此不能将明知纳入该罪的构成要件要素。但司法解释则对明知作了明文规定，在这种情况下，似乎又应当将明知理解为该罪的构成要件要素。考虑到司法解释的规定在我国刑法中具有准法律的功能，将明知视为传播淫秽物品牟利罪的构成要件要素具有一定的合理性。值得注意的是，对于这里明知的认定，《2010 年两高解释》第 8 条作了明确规定：“实施第四条至第七条规定的行为，具有下列情形之一的，应当认定行为人‘明知’，但是有证据证明确实不知道的除外：（一）行政主管机关书面告知后仍然实施上述行为的；（二）接到举报后不履行法定管理职责的；（三）为淫秽网站提供互联网接入、服务器托管、网络存储空间、通讯传输通道、代收费、费用结算等服务，收取服务费明显高于市场价格的；（四）向淫秽网站投放广告，广告点击率明显异常的；（五）其他能够认定行为人明知的情形。”在以上规定中，采取了推定的方式认定明知。而快播公司具备上

① 对于放任的专门研究，可以参阅尹东华．刑法中的放任论研究．北京：中国人民公安大学出版社，2013.

② 毛玲玲．传播淫秽物品罪中“传播”行为的认定．东方法学，2016（2）．

③ 关于表现犯的论述，参见：陈兴良．刑法分则规定之明知：以表现犯为解释进路．法学家，2013（3）．

述第一项和第二项行为，推定快播公司对其所管理的网络平台上的淫秽物品具有明知，这也是没有问题的。

(3) 以牟利为目的。《刑法》第 363 条明确规定了传播淫秽物品牟利罪必须以牟利为目的，由此而与《刑法》第 364 条规定的不以牟利为目的的传播淫秽物品罪加以区分。当然，在快播案中，对牟利问题做了一个较为广义的解释。在一般情况下，牟利都是通过构成要件行为而直接获取利益。在传播淫秽物品的情况下，以获取淫秽物品为对价取得他人财物，这是一种直接牟利。在快播案中，快播公司并不是从传播淫秽物品中直接牟利的，也就是说，用户使用网络播放器观看淫秽视频是免费的。快播公司采用了互联网企业所常用的"羊毛出在牛身上"的盈利方法，正如一审判决所认定的那样："快播公司通过提供缓存技术支持等方法改善用户体验，增加用户数量和市场占有率，进而提升快播资讯广告或捆绑推广软件的盈利能力，增加收入。"因此，快播公司这种特定的经营模式牟利，可以说是一种间接牟利。一审判决将这种间接牟利认定为属于《刑法》第 363 条规定的传播淫秽物品牟利罪的牟利，这是一种司法创制。

2. 利用缓存技术为传播淫秽物品提供缓存服务

毫无疑问，这是一审判决所认定的快播公司的第二种行为。这部分行为无疑与快播公司的缓存技术存在较大的关联性，对于这种行为性质的理解会存在一定的分歧。因为在快播案中，快播公司并不是单纯地不履行监管义务，而是通过缓存服务，在一定程度上对淫秽物品的传播提供了某种技术支持。对于这种提供缓存服务行为的定性，有以下三个问题值得探讨。

(1) 快播公司提供缓存服务行为能否认定为是快播公司的传播淫秽物品作为？从快播案的案件事实来看，缓存确实起到了对淫秽物品传播的支持作用，使站长上传的淫秽视频在更大范围内以更佳的效果播放。这也就是一审判决所说的，快播公司实质性地参与了淫秽物品的传播活动。但将这种行为单独评价为作为的淫秽物品传播行为，我认为并不妥当。因为传播淫秽物品的行为主体是站长，站长将淫秽视频上传到网络，快播公司对淫秽视频进行缓存，更有利于淫秽视频的播放，仍然属于对淫秽视频的技术处理，不能认定为一种作为的传播淫秽物品牟利行为。

(2) 快播公司提供缓存服务行为能否认定为传播淫秽物品的不作为的一种表现形式，而为不作为所吸收呢？例如，在遗弃罪中，当然存在行为人只是单纯地不履行扶养义务而构成的犯罪，但也存在行为人采取将被害人丢弃在公共场所等积极作为的手段进行遗弃的案件。在这种情况下，就不能把丢弃行为视为独立于遗弃的不作为以外的作为，而只不过是遗弃的不作为的客观表征而已。那么，快播公司的缓存服务对于传播淫秽物品来说，到底是不是不作为的传播行为的客观表现呢？从一审判决认定的快播案的案件事实来看，提供缓存服务已经超出了拒不履行监管义务的范围。因此我认为，该内容不能为传播淫秽物品的不作为所涵括，应当另行评价。

(3) 快播公司提供缓存服务行为能否认定为他人传播淫秽物品的帮助呢？如前所述，站长是传播淫秽物品的正犯，在这个意义上，我认为快播公司提供缓存服务只不过是对传播淫秽物品行为的帮助而已。2004 年 9 月 3 日最高人民法院、最高人民检察院《关于办理利用互联网、移动通讯终端、声讯台制作、复制、出版、贩卖、传播淫秽电子信息刑事案件具体应用法律若干问题的解释（一）》（以下简称《2004 年两高解释》）第 7 条规定："明知他人实施制作、复制、出版、贩卖、传播淫秽电子信息犯罪，为其提供互联网接入、服务器托管、网络存储空间、通讯传输通道、费用结算等帮助的，对直接负责的主管人员和其他直接责任人员，以共同犯罪论处”。这一规定包含了提供网络存储空间的行为，缓存服务也可以涵盖在网络存储的范畴之内。而《2004年两高解释》规定，对于上述行为“以共同犯罪论处”，实际上是指帮助犯。这是一种作为的帮助，但因为站长的传播淫秽物品行为没有牟利目的，而且快播公司与站长之间不存在犯意联络。因此，快播公司提供缓存服务只是一种片面的帮助。值得注意的是，《2010年两高解释》第6条规定：“电信业务经营者、互联网信息服务提供者明知是淫秽网站，为其提供互联网接入、服务器托管、网络存储空间、通讯传输通道、代收费等服务，并收取服务费，具有下列情形之一的，对直接负责的主管人员和其他直接责任人员，依照刑法第三百六十三条第一款的规定，以传播淫秽物品牟利罪定罪处罚：（一）为五个以上淫秽网站提供上述服务的；（二）为淫秽网站提供互联网接入、服务器托管、网络存储空间、通讯传输通道等服务，收取服务费数额在二万元以上的；（三）为淫秽网站提供代收费服务，收取服务费数额在五万元以上的；（四）造成严重后果的。”《2010年两高解释》第6条的这一规定与《2004年两高解释》第7条的规定，内容是基本相同的。只是前者对主体作了具体描述，并规定了这种情形构成犯罪的罪量要素。但上述两个条款之间存在一个区别，就是后者规定以共同犯罪论处，而前者则直接规定以传播淫秽物品牟利罪定罪处罚。两者这种表述语言上的不同，是否可以理解为：在《2004年两高解释》第7条中，提供存储服务是帮助，而在《2010年两高解释》第6条中，提供存储服务是实行，这是一种共犯行为正犯化解释呢?[①] 我并不赞同这一观点。对此，后文还将进一步讨论。如果把快播公司提供缓存服务视为帮助，那么这种帮助行为的性质是由被帮助的实行行为的性质所决定的。在快播案中，被帮助的人是上传淫秽视频的站长，这些站长并不具有牟利目的，因而不能构成传播淫秽物品牟利罪，快播公司也就不能构成传播淫秽物品牟利罪的帮助犯。当然，站长上传淫秽视频的行为，如果具备罪量要素，可以构成传播淫秽物品罪，快播公司随之可以构成传播淫秽物品罪的帮助犯。在本案中，这些站长并没有进入刑事司法程序，而且在整个快播案件中提供缓存服务不是主要的行为，因此我认为，对快播公司提供缓存服务的行为没有必要另行定罪。

综上所述，快播公司提供缓存服务行为不能认定为传播淫秽物品牟利的作为，也不能认定为是传播淫秽物品的不作为的客观表现，而是他人传播淫秽物品的帮助。

（二）快播公司的不作为是不纯正的不作为还是纯正的不作为

如前所述，快播公司确实存在拒不履行网络安全监管义务的不作为。那么，这种不作为是构成不纯正的不作为之罪还是纯正的不作为之罪呢？如果构成不纯正的不作为之罪，则应以传播淫秽物品牟利罪论处。反之，如果构成纯正的不作为之罪，则其行为构成拒不履行信息网络安全管理义务罪；又因该行为发生在《刑法修正案（九）》之前，因而不构成犯罪。显然，一审判决认定为不纯正的不作为，即构成传播淫秽物品牟利罪。在快播案一审判决中，对此存在较多的疑问，其中以高艳东教授的质疑具有代表性。高艳东教授明确提出：

不履行监管义务≠传播

高艳东教授采用归谬法进行了论证，如果不履行监管义务等于传播成立的话，会得出以下结论：(1) 警察接到砍人报警后不出警，致使被害人被砍死，警察就构成故意杀人罪；(2) 警察知道东莞酒店有人组织卖淫，不履行管理义务（这种事情经常发生），警察就构成组织卖淫罪（最高无期）；(3) 中国移动接到用户要求屏蔽含有“转至安全账户”字段的短信，不履行管理义务，导致用户的妈妈被骗，中国移动的经理就成立诈骗罪（最高无期）；(4) 广电局官员知道百度上有淫秽照片，未有效履行监管义务，不主动关闭网

---

① 于志刚．传统犯罪的网络异化研究．北京：中国检察出版社，2010：369.

站，官员就构成传播淫秽物品罪。① 显然，在高艳东教授看来，这四种情形都是十分荒谬的。既然快播公司的行为不构成传播淫秽物品牟利罪，则其行为只能是拒不履行信息网络安全管理义务罪，该罪是《刑法修正案（九）》设立的，而快播公司的行为发生在《刑法修正案（九）》颁布之前。因此结论是：快播公司的行为不构成犯罪。

高艳东教授的论证十分淋漓酣畅。遗憾的是，高艳东教授似乎无视了《2010 年两高解释》第 4 条的规定。尽管前面已经引过这个条文，在此还是有必要再引一次：

以牟利为目的，网站建立者、直接负责的管理者明知他人制作、复制、出版、贩卖、传播的是淫秽电子信息，允许或者放任他人在自己所有、管理的网站或者网页上发布，具有下列情形之一的，依照刑法第三百六十三条第一款的规定，以传播淫秽物品牟利罪定罪处罚：（一）数量或者数额达到第一条第二款第（一）项至第（六）项规定标准五倍以上的；（二）数量或者数额分别达到第一条第二款第（一）项至第（六）项两项以上标准二倍以上的；（三）造成严重后果的。

根据这一规定，对快播公司以传播淫秽物品牟利罪定罪处罚当然是没有问题的。其实，当高艳东教授提出“不履行监管义务≠传播”这个命题的时候，就在很大程度上否定了不作为的传播淫秽物品牟利罪。但要否定不作为的传播淫秽物品牟利罪，首先必须推翻《2010 年两高解释》第 4 条的规定。

至于高艳东教授在文中所举的那些例子，其实并不具有太大的说服力。一方面，这些例子与快播公司的行为并不具有可比性。例如，“中国移动接到用户要求屏蔽含有‘转至安全账户’字段的短信，不履行管理义务，导致用户的妈妈被骗，中国移动的经理就成立诈骗罪（最高无期）”。我们已经知道中国移动属于网络接入服务商，其对网络违法行为并没有监管义务，而且也没有监管可能性。至于在具有确凿证据的情况下，拒不配合公安机关的屏蔽要求，这只是一种违法行为，并不构成犯罪。而快播公司正如一审判决所认定的，它是网络视频信息服务提供者，具有对其网络平台上的淫秽物品的监管义务，因而有可能因不履行这种监管义务而构成犯罪。另一方面，这些例子也与我国刑法规定和刑法理论相悖。例如，“警察接到砍人报警后不出警，致使被害人被砍死，警察就构成故意杀人罪”。在这种情况下，警察当然不构成故意杀人罪。因为警察对他人的故意杀人行为虽然有制止义务，但根本就不存在制止可能性。如果在警察对他人的杀人行为的因果流程具有掌控性的情况下，警察不履行职责的行为构成不作为的故意杀人罪，在刑法教义学上是没有问题的。而在我国，只是因为广泛设立了渎职犯罪，所以可能构成渎职性的犯罪。虽然如此，所判处的刑罚其实与不作为的故意杀人罪并无差别。至于高艳东教授以法定最高刑说事儿，这只是一种叙述技巧而非真实情况。

在高艳东教授所提出的以上质疑中，涉及如何区分不纯正的不作为与纯正的不作为的问题，对此，在刑法教义学上是存在争议的。德国学者罗克辛教授对不纯正的不作为与纯正的不作为区分的观点做了以下评述②：（1）从是否具有实行等同性进行区分。这里的实行等同性，就是等置性或者等价值性。罗克辛教授认为，纯正的不作为是通过不作为的实行性犯罪。不作为是其独立和唯一的构成要件，因此并不存在与作为的实行等同性。而不纯正的不作为是与作为相对而成立的。两者之间具有实行等同性。在不纯正的不作为的情况下，关键是行为主体具有保证人地位。（2）从行为的不实施与结果的不防止进行区分。罗克辛教授认为，纯正的不作

---

① 高艳东．质疑快播案判决：与陈兴良、张明楷教授商榷．http：//article.chinalawinfo.com/ArticleFullText.aspx?ArticleId=97544.

② 克劳斯·罗克辛．德国刑法学总论．王世洲，主译．北京：法律出版社，2013：478.

为的刑事可罚性的关键不在于阻止某个结果，而在于所要求行为的不作为。而不纯正的不作为则恰恰相反，其刑事可罚性的根据不在于所要求行为的不作为，而在于不阻止某个结果。（3）从刑法是否有规定加以区分。这是阿明·考夫曼教授的观点，认为纯正的不作为是在刑法中有明文规定的，而不纯正的不作为是在刑法中没有明文规定的。应该说，这是一种形式性的区分，并不能从本质上解决纯正的不作为与不纯正的不作为的区分问题。（4）从违反规范的性质上加以区分。这种观点认为，纯正的不作为是对命令性规范的违反，而不纯正的不作为是对禁止性规范的违反。以上这些观点都从不同的角度对纯正的不作为与不纯正的不作为的区分问题进行了论述，对于我们理解两种不作为的区别具有一定的启发意义。

纯正的不作为与不纯正的不作为的区分是一个较为复杂的问题。因为不纯正的不作为具有与其对应的作为，而这里的不作为与作为适用相同的法条，并且共用一个构成要件。在这种情况下，不作为与作为之间是否具有等置性，无疑是一种具有实质意义的考察视角。除对行为进行等置性的考察以外，行为人是对所实施行为负责还是对防止结果发生负责，这也是区分纯正的不作为与不纯正的不作为的一个重要维度。在此，需要考察的是行为人对于防止结果的发生是否处于保证人的地位。从违反规范或者义务的性质上对纯正的不作为与不纯正的不作为进行区分，同样具有一定的价值。根据以上原理，在对纯正的不作为与不纯正的不作为进行区分的时候，最重要的还是考察不纯正的不作为与其对应的作为之间的等置性，以及行为人是否处于保证人的地位。因此，警察接到砍人报警后不出警，这种单纯的不出警只是职务上的不作为，属于纯正的不作为。即使致使被害人被砍死，警察也不可能构成故意杀人罪。因为这个警察对于他人死亡并不处于保证人地位，即对于死亡结果没有防止其发生的义务。但如果在杀人现场，警察能够制止歹徒砍人而不予制止，致使他人死亡，则该警察的行为构成不作为的故意杀人罪。

如前所述，在《刑法修正案（九）》颁布之前，因为《2010 年两高解释》第 4 条对不作为的传播淫秽物品牟利行为作了明文规定，所以对快播公司及其主管人员以不作为的传播淫秽物品牟利罪论处具有法律根据。当然，在《刑法修正案（九）》设立拒不履行信息网络安全管理义务罪以后，就出现了一个问题，即不纯正的不作为的传播淫秽物品牟利罪与纯正的不作为的拒不履行信息网络安全管理义务罪之间的区分问题。

在快播案中，快播公司没有履行监管义务，这是其行为违法性的核心。那么，这种违反监管义务的行为是只能构成拒不履行信息网络安全管理义务罪，还是只要符合其他犯罪的不作为的特征，也可以按照其他犯罪论处呢？对于这个问题，《刑法》第 286 条之一第 3 款有“有前两款行为，同时构成其他犯罪的，依照处罚较重的规定定罪处罚”的明文规定。因此，逻辑上并不存在障碍。那么，在刑法教义学上，行为人犯拒不履行信息网络安全管理义务罪而又同时构成其他犯罪的情形，属于什么性质呢？我认为，这是一种想象竞合。只不过我们通常所说的想象竞合都是指作为犯的想象竞合，而这种想象竞合则属于不作为犯的想象竞合。所谓不作为犯的想象竞合是指一个不作为同时触犯两个罪名的情形。这里的两个罪名也是不作为的罪名，并且其中一个是纯正的不作为，另一个则是不纯正的不作为。在此，试以遗弃罪和不作为的故意杀人罪之间的关系为例加以说明。

在我国刑法中，遗弃罪是指对于年老、年幼、患病或者其他没有独立生活能力的人，负有扶养义务而拒绝扶养，情节恶劣的行为。从以上遗弃罪的构成要件来看，遗弃罪属于典型的不作为犯，而且是纯正的不作为犯。如果仅仅是一般的遗弃行为，只要达到情节恶劣程度的，就应该构成犯罪。在某些案件中，遗弃行为可能造成被遗弃人的死亡，遗弃人甚至对这种死亡结果持放任态度。在这种情况下，就存在如何区分纯正的不作为的遗弃罪与不纯正的不作为的故意杀人罪或者过失致人死亡罪之间的界限问题。值得注意的是，对于遗弃罪的情节恶劣是否包含过失致人死亡的后果，立法机关的解释前后有所变化：最初认为遗弃罪的情节恶劣包含遗弃造成被害人重伤、死亡等严重后果。① 这里的致人死亡，当然是过失致人死亡，而不可能是指故意杀人。此后，立法机关在对遗弃罪的情节恶劣的解释中又删去了上述内容，而改为援引2015年3月2日最高人民法院、最高人民检察院、公安部、司法部《关于依法办理家庭暴力犯罪案件的意见》（以下简称《意见》）的规定，遗弃罪的情节恶劣是指对被害人长期不予照顾、不提供生活来源；驱赶、逼迫被害人离家，致使被害人流离失所或者生存困难；遗弃患严重疾病或者生活不能自理的被害人；遗弃致使被害人身体严重损害或者造成其他严重后果等情形。在此，遗弃罪就不再包含过失致人死亡的后果。我认为，遗弃而过失致人死亡的，应当认定为遗弃罪和过失致人死亡罪的想象竞合犯，而不能数罪并罚。那么，对于遗弃而对被害人死亡持放任态度的情形如何处理呢？在此，就存在一个如何区分遗弃罪和故意杀人罪的问题，这也是纯正的不作为犯与不纯正的不作为犯的区分问题。对于这个问题，上述《意见》规定：

> 准确区分遗弃罪与故意杀人罪的界限，要根据被告人的主观故意、所实施行为的时间与地点、是否立即造成被害人死亡，以及被害人对被告人的依赖程度等进行综合判断。对于只是为了逃避扶养义务，并不希望或者放任被害人死亡，将生活不能自理的被害人弃置在福利院、医院、派出所等单位或者广场、车站等行人较多的场所，希望被害人得到他人救助的，一般以遗弃罪定罪处罚。对于希望或者放任被害人死亡，不履行必要的扶养义务，致使被害人因缺乏生活照料而死亡，或者将生活不能自理的被害人带至荒山野岭等人迹罕至的场所扔弃，使被害人难以得到他人救助的，应当以故意杀人罪定罪处罚。

这里的区分，并不仅仅是主观上是否具有杀人故意的区分，而且是遗弃的时间和地点等客观要素的区分。可以说，在遗弃罪与故意杀人罪之间同样是想象竞合的关系。在这种想象竞合的关系中，行为人都是拒不履行扶养义务，如果只是单纯地不履行扶养义务，就构成纯正的不作为犯的遗弃罪；如果不履行扶养义务而放任被害人死亡结果的发生，则同时触犯了遗弃罪和故意杀人罪，应当按照择一重罪处断的原则处理。

以上处理遗弃罪与故意杀人罪关系的刑法教义学原理，同样适用于拒不履行网络安全管理义务罪与传播淫秽物品牟利罪之间关系的解释。在行为人不履行网络安全管理义务的行为同时构成不作为的传播淫秽物品牟利罪的情况下，就属于拒不履行网络安全管理义务罪与传播淫秽物品牟利罪的想象竞合，应当按照处罚较重的规定定罪处罚。显然，传播淫秽物品牟利罪是规定较重之罪，因此应以该罪定罪处罚。

综上所述，快播公司不履行监管义务的行为是不作为，这种不作为既构成纯正的不作为的拒不履行网络安全管理义务罪，同时又构成不纯正的不作为的传播淫秽物品牟利罪。对此，应以处罚较重的传播淫秽物品牟利罪论处。换言之，即使在《刑法修正案（九）》设立拒不履行网络安全管理义务罪以后发生类似快播公司的行为，仍然应以传播淫秽物品牟利罪论处。

（三）快播公司的不纯正的不作为是正犯还是帮助犯

快播公司不履行监管义务的行为属于传播淫秽物品牟利罪的不作为，那么，这种不作为究竟是不作为的正犯还是不作为的帮助犯呢？这也是一个值得研究的问题。

快播公司拒不履行网络安全管理义务的行为，就纯正的不作为而言，当然是不作为的正犯。但在不纯正的不作为的意义上，它究竟是不作为的正犯还是不作为的共犯呢？李世阳博士

---

① 胡康生，郎胜主编．中华人民共和国刑法释义．3版．北京：法律出版社，2006：403.

在评论快播案时，在间接正犯的意义上肯定了它是不作为的正犯，指出：

从裁判理由来看，其论证逻辑就是把本案的传播行为解释为不作为，从而形成拒不履行网络安全管理义务罪与传播淫秽物品牟利罪的想象竞合，择一重罪处罚。然而，想象竞合的前提当然是一个行为同时符合两个构成要件，从罪刑法定原则出发，既然禁止溯及既往，论证在行为之后才生效的拒不履行网络安全管理义务罪恐怕没什么意义。直接使淫秽视频暴露于不特定多数人眼前的毋宁说是发布淫秽视频的站长。因此，本案的核心问题在于如何定性快播公司利用他人传播淫秽物品而赚取广告费的行为。根据间接正犯理论，可以将站长视为有故意无目的之工具，而背后的快播公司则据此取得优越的支配地位，据此论证传播淫秽物品牟利罪的成立。①

根据以上论述，李世阳博士认为，快播公司的拒不履行网络安全管理义务行为应当理解为是利用站长上传淫秽视频的有故意无目的之根据的间接正犯。在这个意义上，李世阳博士将快播公司认定为传播淫秽物品牟利罪的正犯。就此而言，李世阳在实质上还是把快播公司的行为确定为对所谓站长的帮助，只是借助于间接正犯的原理，才将快播公司转化为正犯。这是一种事实上的帮助、法律上的正犯。我认为，李世阳博士的以上论证当然是一条出人意料的逻辑路径，不无启迪。但在快播公司行为可以直接被认定为传播淫秽物品牟利罪的正犯的情况下，这种论证反而显得有些迂腐。换言之，只有在否定传播淫秽物品牟利罪的不纯正的不作为犯的法律语境下，才有必要按照间接正犯认定为正犯。我认为，在快播案中这个法律前提并不存在，因而没有必要迂回到间接正犯。因为无论是从逻辑上还是从事实上来看，不作为的传播淫秽物品牟利行为都是可成立的。从没有站长上传淫秽视频，就不存在快播公司的监管义务这个意义上说，快播公司的行为具有对于站长上传淫秽视频行为的一定程度的依赖性。但在法律已经对快播公司设置了监管义务，而且刑法将不履行这种监管义务的行为涵盖在传播淫秽物品牟利罪的不纯正的不作为犯的情况下，对快播公司的拒不履行网络安全管理义务、放任淫秽物品在网络传播的行为，完全可以认定为传播淫秽物品牟利罪的不作为犯，而没有必要解释为间接正犯。

除上述间接正犯的观点以外，我国学者于志刚教授提出了共犯行为的正犯化解释的命题，指出：

所谓共犯行为正犯化解释，就是将网络空间中此类表象上属于犯罪行为的帮助犯、实质上已然具有独立性的技术上的帮助犯扩张解释为相关犯罪的实行犯，即不再依靠共同犯罪理论对其实现评价和制裁，而是将其直接视为正犯，直接通过刑法分则中的基本的犯罪构成要件进行评价和制裁，从而有效地解决在共同犯罪范畴中难以有效评价的技术性帮助行为。②

在此，涉及《2010 年两高解释》第 4 条的规定到底是所谓帮助行为正犯化解释，还是对传播淫秽物品牟利罪的不作为犯的规定问题。于志刚教授提出技术帮助的概念，这里的技术帮助是指快播公司提供缓存服务还是指快播公司不履行网络安全管理义务，所述并不明确。但在有关论述中，于志刚教授又是同时将这两者都称为共犯行为的正犯化解释。例如，于志刚教授在解释《2010 年两高解释》第 4 条规定时，明确论及司法解释在定性上将网站的管理者允许和放任传播淫秽电子信息的行为作为实行行为来加以评价，但是，在定量上对于网站管理者的行为

---

① 李世阳．无可奈何花落去，似曾相识燕归来——评“快播案”一审判决．http：//www.duyidu.com/a160982037.

② 于志刚．传统犯罪的网络异化研究．北京：中国检察出版社，2010：368.

成立犯罪却提出了更高的要求。鉴于共犯行为的正犯化解释在多数情况下实质上是将共犯行为解释为一种不作为，因此，它单独成立犯罪的要求较之直接正犯的行为要求更高，这一点似乎并无不合理之处。[①] 在此，于志刚教授就是把允许和放任传播淫秽电子信息的行为当作共犯行为正犯化的事例进行论述的。这里涉及如何理解不作为的传播淫秽物品行为与以放任形式对他人传播淫秽物品行为提供帮助之间的逻辑关系。

就不作为的传播淫秽物品行为而言，这是一种正犯，即不作为的正犯，由此区别于作为的正犯。我认为，不能把不作为的正犯理解为共犯，然后通过解释才实现所谓正犯化。从这个意义上说，以共犯行为的正犯化来解释放任传播淫秽电子信息的行为，在刑法教义学上是难以成立的。在以放任形式对他人传播淫秽物品行为提供帮助的情形中，还存在不作为的帮助问题。在刑法教义学中，不作为的帮助是指以不作为的形式为他人实行犯罪提供帮助的犯罪形态。[②] 尽管在刑法教义学中，对于不作为的帮助是支配犯还是义务犯，即正犯还是共犯，存在各种理论观点的争论。[③] 在一般情况下，我们还是将不作为的帮助理解为共犯的帮助犯，只不过区别于作为的帮助犯而已。根据以上分析，我们可以得出结论：以放任形式为他人传播淫秽物品行为提供帮助是不作为的传播淫秽物品牟利罪与传播淫秽物品罪的帮助犯的想象竞合。这种两个罪名之间的想象竞合现象，在我国刑法中是客观存在的，并且两个罪名之间存在一个对合性。例如，私放在押人员罪与脱逃罪之间，私放在押人员的行为人既是正犯又是脱逃罪的帮助犯，两者之间存在想象竞合关系。又如，放纵走私罪与走私罪之间，放纵走私的人的行为人既是正犯，在某些情况下是不作为的正犯，同时又是走私罪的帮助犯，在某些情况下是不作为的帮助犯，两者之间存在想象竞合关系。当然，以放任形式为他人传播淫秽物品行为提供帮助的情况更为复杂。以放任形式为他人传播淫秽物品行为提供帮助，因为行为人主观上具有牟利目的，所以构成不作为的传播淫秽物品牟利罪，同时又与拒不履行网络安全管理义务罪存在两个不作为犯罪之间的想象竞合关系。与此同时，作为他人传播淫秽物品行为的帮助，它又与传播淫秽物品罪之间存在想象竞合关系。这是三重的想象竞合，最终只能以重罪，即不作为的传播淫秽物品牟利罪定罪处罚。

---

① 于志刚．传统犯罪的网络异化研究．北京：中国检察出版社，2010：371.

② 刘瑞瑞．不作为共犯研究．桂林：广西师范大学出版社，2009：117.

③ 何庆仁．义务犯研究．北京：中国人民大学出版社，2010：256.

第十三章　辩护人妨害作证罪之引诱行为之定性研究

——张耀喜辩护人妨碍作证案（辩护人妨害作证罪　引诱行为）

一、引言：陷罪律师来信

2004年《法学》第1期发表了我的《为辩护权辩护——刑事法治视野中的辩护权》一文。该文刊出后不久，我于2004年2月9日收到南京司宁的来信，信中自述其原为律师，只因证人在庭上作证时，其证言中有一句虚假的话，控方即启动司法程序，并最终以辩护人妨害作证罪被判处有期徒刑1年，缓刑1年。因我在上述论文涉及对《刑法》第306条的分析，司宁在信中就《刑法》第306条提出以下六个问题：

> (1) 证人当庭作伪证的风险是否要由辩护律师承担？(2) 以证人出庭作证时出现的一句假话来定辩护律师的罪，这是否将引诱的范围作了扩大化，是否无限扩大了律师的责任？(3) 我没有用任何利益引诱，也没有具体让证人去讲那句假话，如何就构成辩护人妨害作证罪呢？(4) 缺乏直接证据，原一、二审采用推定明知而定罪是否符合我国刑法及刑事诉讼法的规定？(5) 证人当庭出现的一句假话不影响事实认定和行为定性，没有产生后果，没有妨碍刑事诉讼的进行，是否要追究辩护律师的责任？(6) 即使律师因一两句话说得不严谨，就遭受灭顶之灾，沦落为阶下囚，这种做法与现代司法文明是否相违背？这是否符合刑法第306条立法本意？

为回答上述问题，我对张耀喜被控辩护人妨害作证罪二审被判无罪一案做了研究。该案刊登在最高人民法院刑一庭、刑二庭编的《刑事审判参考》①，同时也收录在浙江省高级人民法院编的《刑事判案评述》②，本章以此为实际素材展开讨论。

二、案情及诉讼过程

被告人张耀喜担任陈林鸿盗窃案的一审辩护人。陈林鸿被指控盗窃5次，盗窃财物价值人民币1万余元，其中1998年12月30日晚盗窃涉案价值三千余元。张在会见陈时，陈称1998年12月30日晚，自己与李某一起打牌，未参与盗窃。张通过陈的姐姐陈玲明将李某叫到陈家中，告知李某如能作证可以减轻陈的罪责。接着以只要回答“是”或“不是”的形式，对李进行诱导式询问，并制成一份调查材料，并故意将调查人写成“张某、何某两人”，调查地点写成“李某家”。后陈在庭审中翻供，辩称自己1998年12月30日当晚与李某在一起打牌，未作案，导致休庭。此后，张及其同事徐某再次会见陈，并将李某的证词内容告诉了陈。该案继续开庭时，陈根据被告人张告知的李某证言继续坚持翻供。一审判决未采纳李某的证言，陈上

---

① 最高人民法院编．刑事审判参考：总第12辑．北京：法律出版社，2001.

② 王幼章主编．刑事判案评述．北京：人民法院出版社，2002：133－149.

诉。二审期间，因张制作的李某的证词，使审判活动不能正常进行。

柯城区人民法院认为：张为使陈的盗窃数额从巨大降为较大，减轻陈的罪责，采用诱导设问的方式，引诱证人李某作伪证，其行为妨害了刑事诉讼的正常进行，构成辩护人妨害作证罪。依据《刑法》第 306 条第 1 款的规定判决张犯辩护人妨害作证罪，判处有期徒刑 1 年。张提出上诉。

衢州市中级人民法院认为：原审判决据以认定被告人张耀喜对证人李某进行调查时诱导李某作伪证一节事实的证据，只有李某的证言，缺乏当时其他在场人的佐证。被告人张耀喜归案后及在一、二审期间又均否认此节，故认定该节的事实证据不足。原判认定的其他事实成立，但凭现有证据和已得到证明的事实，难以认定被告人张耀喜主观上有妨害作证的直接故意。原判认定的事实证据不足，判决上诉人张耀喜无罪。

三、裁判理由

关于本案，《刑事审判参考》提供的裁判理由如下：

> 辩护人妨害作证罪是 1997 年刑法增设的罪名。根据刑法第 306 条第 1 款的规定，辩护人妨害作证罪，是指辩护人在刑事诉讼中毁灭、伪造证据，帮助当事人毁灭、伪造证据，威胁、引诱证人违背事实改变证言或者作伪证的行为。
>
> 根据刑事诉讼法第 35 条的规定，辩护人的责任是根据事实和法律，提出证明犯罪嫌疑人、被告人无罪、罪轻或者减轻、免除其刑事责任的材料和意见，维护犯罪嫌疑人、被告人的合法权益。因而辩护人常常需要积极开展工作，取得有利于犯罪嫌疑人、被告人的证据。这就很容易产生辩护人不择手段开脱、减轻犯罪嫌疑人、被告人罪责的表象，使人误以为其从事了参与伪造证据等妨害作证的行为。因此，仅凭辩护人调查取证的积极态度和某些取证行为来推断辩护人的主观故意，很容易得出片面的结论。
>
> 针对上述特点，在审判实践中，应注意严格区别与把握辩护人依法履行法定责任与妨害作证行为的界限。虽然豁免辩护人履行职责中一切不当行为的法律责任是不适当的，但不适当地扩大辩护人应负法律责任的范围，势必会限制、甚至变相剥夺辩护人行使辩护权利，从而妨害律师履行职务，影响刑事诉讼法任务与目的的实现。
>
> 刑法第 306 条第 2 款规定，辩护人提供、出示、引用的证人证言或者其他证据失实，不是有意伪造的，不属于伪造证据。其中，“有意”应理解为仅限于直接故意，即辩护人明知自己的妨害作证行为会妨害刑事诉讼的正常进行，而积极追求这种结果的发生。认定辩护人是否具有妨害作证的主观故意，应注意：
>
> 一是要结合个案的外部条件和辩护人的职责义务，判断辩护人是否存在“明知”的充分条件。本案中，被告人张耀喜将其制作的关于李某的调查笔录提交给法庭，客观上妨害了陈林鸿盗窃案的正常审判活动，但是，只有认定张耀喜主观上具有妨害作证的直接故意时，才能追究其刑事责任。为此，必须证明张耀喜明知陈林鸿就其第三次盗窃所作的翻供陈述是虚假的，且明知 1998 年 12 月 30 日晚陈林鸿、李某并不在一起打扑克牌。但从本案现有证据看，没有证据表明陈林鸿翻供时有充分条件可以使张耀喜断定该翻供陈述是违背事实的，同样，被告人张耀喜向证人李某取证时，亦无充足证据证明张耀喜明知李所作的是虚假证言。
>
> 二是要从辩护人的客观行为入手，分析其是否具有明知。从客观行为上看，被告人张耀喜向陈玲明、李某介绍陈林鸿盗窃案的情况及说明李作证的重要性并非违法，即使不当，也不能由此认定系张耀喜故意劝诱李某作伪证。被告人张耀喜将调查地点、调查人故

意作了与实际情况不符的记载，亦不足以成为张耀喜引诱李某作伪证的证据。被告人张耀喜在会见陈林鸿时将李某的证言告诉陈，虽不能排除张耀喜有串供的动机，但不能由此反推出张耀喜此前及在调查李某时就已明知李某所作的是虚假证言。

因此，从主客观两方面分析，凭现有证据认定被告人张耀喜具有妨害作证的直接故意，根据是不充分的。现有证据也不能排除李某所作证言与事实不符是由于被告人张耀喜调查取证方式不当所致，或者是由于证人记忆模糊而对证言内容真实性采取放任态度所致。

综上，根据现有证据和已查明的事实，难以认定被告人张耀喜具有妨害作证的直接故意。为此，衢州市中级人民法院采纳一审辩护人的辩护意见，以认定的事实证据不足、适用法律不当为由，撤销原判，宣告被告人张耀喜无罪。

四、理论分析

对于刑法第 306 条的规定，司法解释给出的罪名是：辩护人、诉讼代理人毁灭证据、伪造证据、妨害作证罪。这一罪名过长又不好记，在法律界，尤其是律师界，干脆直称为律师伪证罪。刑法第 306 条规定了本罪的三种行为：一是辩护人、诉讼代理人毁灭、伪造证据；二是辩护人、诉讼代理人帮助当事人毁灭、伪造证据；三是辩护人、诉讼代理人威胁、引诱证人违背事实改变证言或者作伪证。前两种行为分别是毁灭证据、伪造证据，因为毁灭与伪造行为较为明显，尤其是《刑法》第 306 条第 2 款还从反面规定在何种情况下不属于伪造证据，所以在司法实践中较易认定。至今为止，我还没有见到律师因毁灭证据、伪造证据而被定罪的，只有张建中案与伪造证据有瓜葛，当然那是另一个需要专门研究的案例。绝大多数律师被定罪，都是因为妨害作证，具体地说，是引诱证人违背事实改变证言或者作伪证。本案亦如此。关键问题在于：何谓引诱。

引诱，望文生义，是指引导与诱惑。在汉语词典中，引诱有以下三义：（1）诱导、劝导；（2）诱惑；（3）吸引。[①] 当然，这只是引诱作为日常用语的解释，还不能简单地视为其作为法律用语的解释。引诱作为一个法律用语，在我国刑法中多次出现并各有其含义。

（1）《刑法》第 301 条第 2 款规定的引诱未成年人聚众淫乱罪。这里的引诱，是指通过语言、观看录像、表演及作示范等手段，诱惑未成年的男女参加淫乱活动的行为。[②]

（2）《刑法》第 353 条第 1 款规定的引诱他人吸毒罪。这里的引诱，是指以金钱、物质或者含有毒品的物品让他人吸食（如将毒品掺入香烟中给他人吸食），或者以对他人进行鼓励等方法，勾引、诱使、拉拢本无吸毒意愿的人吸食、注射毒品的行为。[③]

（3）《刑法》第 359 条第 1 款规定的引诱卖淫罪。这里的引诱，是指为了达到某种目的，以金钱诱惑或通过宣扬腐朽生活方式等手段，诱使没有卖淫习性的人从事卖淫活动的行为。[④]

（4）《刑法》第 359 条第 2 款规定的引诱幼女卖淫罪。这里的引诱与引诱卖淫罪之引诱含义相同，是指用金钱、物质或者其他方法诱使幼女卖淫的行为。[⑤]

通过以上对引诱这一法律用语的比较可以看出，在刑法中，引诱一词的含义大体是相同的。引诱淫乱、引诱吸毒、引诱卖淫，都是诱使他人从事某种违法行为。唯在引诱的形式上略

---

① 罗竹风主编．汉语大词典：第 4 卷．北京：汉语大词典出版社，1989：98.

② 胡康生，郎胜主编．中华人民共和国刑法释义．3 版．北京：法律出版社，2006：459.

③ 周道鸾，张军主编．刑法罪名精释．3 版．北京：人民法院出版社，2007：737.

④ 胡康生，郎胜主编．中华人民共和国刑法释义．3 版．北京：法律出版社，2006：543.

⑤ 周道鸾，张军主编．刑法罪名精释．3 版．北京：人民法院出版社，2007：749.

有区分，在引诱淫乱、引诱吸毒中，诱惑的成分大一些。而在引诱卖淫中，诱导的成分大一些，并且在诱导中，论及须采用金钱、物质利益相吸引。

那么，辩护人妨害作证罪中的引诱又是指什么，它与上述引诱之间是否存在区别，在此给出以下三种权威性解释。

(1) 立法者解释：引诱证人违背事实改变证言或者作伪证，包括两种行为，一是以金钱、物质利益等好处诱使证人改变过去按照事实提供的证言；二是以金钱、物质利益等好处指使他人为案件作虚假证明、充当伪证的证人。①

(2) 司法者解释：引诱证人违背事实改变证言或者作伪证，是指以金钱、物质或者其他利益诱使证人违背事实改变自己已经作出的证言或者作虚假的证言。②

(3) 学理解释：引诱证人违背事实改变证言或者作伪证，是指以金钱等物质利益对证人进行收买，或者以女色等非物质性的利益对证人进行诱惑。为了帮助证人回忆经历的情况而作的一些提示甚至诱导，不能认为是引诱。③

在上述三种解释中，都强调引诱必须采取一定手段，这种手段包括物质利益的引诱与非物质利益的引诱。我是赞同上述对引诱一词的解释的，并且这些解释也与刑法规定的其他引诱性犯罪之理解相协调。

那么，在张耀喜案中，参与诉讼的各方又是如何理解引诱的呢？从一审判决书中可以了解到一审中控、辩、审三方对引诱的理解。④

控方在起诉书中指控：同年 4 月 20 日被告人张耀喜违反规定，独自一人到陈玲明家约见陈的朋友李某，在陈玲明等多人在场的情况下，向李透露案情，并告知陈案同案犯罪嫌疑人在逃的情节。其以诱导性的设问方式进行询问，致使李某违心地肯定了张设定的 1998 年 12 月 30 日李与陈在一起的“事实”和“情节”，形成了一份陈林鸿无作案时间的虚假“调查笔录”。

辩方在辩护词中的辩护意见称：被告人张耀喜主观上没有妨害作证的直接故意；客观上没有以金钱、物质或其他利益引诱证人作伪证的行为。同时认为李某的当庭证言不可信，起诉书仅凭这一不可信的证言控诉被告人张耀喜诱导李作虚假陈述，缺乏依据。

一审法院在判决书中认定：

> 被告人张耀喜在担任盗窃案犯陈林鸿的辩护人，参与该案一审诉讼期间，为了使陈林鸿的盗窃数额从巨大降为较大，减轻其罪责，利用诱导性的设问方式，诱使证人李某作了违背事实的伪证，且为了该伪证得到法院的采信，又将该伪证的内容透露给陈林鸿，使陈的供述与李的“证言”相统一，其行为已妨害了刑事诉讼的正常进行，构成辩护人妨害作证罪。在客观上被告人虽然没有采用物质、金钱或其他利益对证人进行引诱，但其在上述主观故意指导下，实施的一系列引诱证人作伪证的行为，已妨害了两级法院刑事诉讼的正常进行。况且这种物质、金钱或其他利益引诱也不是刑法所规定的构成本罪的必要要件。因此，辩护人提出的被告人张耀喜主观上没有妨害作证的故意，客观上没有以物质、金钱或其他利益引诱证人作伪证的行为，不构成辩护人妨害作证罪的意见，不予采纳。

从上述控、辩、审三方的意见来看，涉及关于本案犯罪是否成立的两个基本问题。一是事实认定问题。控方认为存在引诱他人作伪证的事实，而辩方则认为不存在这一事实。法院认定

---

① 胡康生，郎胜主编．中华人民共和国刑法释义．3 版．北京：法律出版社，2006：466.

② 周道鸾，张军主编．刑法罪名精释．3 版．北京：人民法院出版社，2007：599－600.

③ 何秉松主编．刑法教科书．北京：中国法制出版社，1997：906.

④ 本案一审判决书参见：王幼章主编．刑事判案评述．北京：人民法院出版社，2002：133－139.

存在这一事实，由此形成事实之争议。二是法律适用问题。控方认为诱导性设问形成虚假证言，就是引诱证人作伪证。辩方则认为，只有以金钱、物质或其他利益引诱证人作伪证才构成本罪。法院采纳控方意见，并且明确指出：物质、金钱或其他利益引诱不是刑法所规定的本罪的必要要件，由此形成法律之争议。

二审法院对本案作出改判，判决上诉人张耀喜无罪。那么，二审法院又是如何解决上述争议的，其无罪判决的思路与理由是什么？二审判决书认定①：

> 根据现有证据和已得到证明的事实，虽然不能完全排除上诉人张耀喜具有妨害作证的主观故意，但也不能充分地证明上诉人张耀喜具有妨害作证的直接故意。上诉人张耀喜的辩护人关于指控证据不足的辩护意见，予以采纳。

由此可见，二审判决只是就事实争议而言，法律争议则完全没有涉及。二审法院是以张耀喜没有主观故意为由对本案作出无罪判决的。判决认为要认定上诉人张耀喜主观上具有妨害作证的直接故意，必须以认定张耀喜当时已明知陈林鸿就其盗窃一案进行翻供所作的陈述是虚假的，以及明知陈林鸿、李某于1998年12月30日不在一起打扑克，却授意、唆使引诱李某作虚假陈述为前提条件，而现有证据却尚未达到这一证明要求。这一理解当然是正确的，对于正确认定引诱证人作伪证的犯罪具有一定的参考意义。但是，本案不仅有事实之争，而且有法律之争。如果张耀喜的行为根本不是《刑法》第306条所规定的引诱证人作伪证的行为，直接就可以据此作出无罪判决，又何必去纠缠主观上有无直接故意呢？本来，二审法院是可以就如何正确理解《刑法》第306条之引诱问题作出一个具有判例性质的判决，从而对此后处理同类案件产生比照意义的，但二审判决回避了这一问题，由此使本案与成为一个具有重大意义的判例失之交臂，令人扼腕。引起我思考的是：二审法院以及本案裁判理由的撰写者又是如何看待这个问题的？

在二审判决书中并未涉及对引诱的理解，尤其是没有否定一审判决中“物质、金钱或其他利益引诱不是刑法所规定的构成本罪的必要要件”这一观点。在法官评述中，作者指出：引诱，指引导劝诱，不仅包括物质利益的引诱，也包括非物质利益的引诱，比如劝导证人，以“当事人会感激你”“系乐于助人、讲义气、良心好”等引诱证人作证。② 这一对引诱的理解，虽然略有扩大，但大体上符合立法本意。但该评述在对本案的论述中又指出：“从客观行为上看，被告人张耀喜向陈玲明、李某介绍陈林鸿盗窃案情及说明李作证的重要性的行为虽属不当，但无法由此得出该行为系张耀喜引导劝诱李某作伪证的引诱行为的唯一结论；被告人张耀喜归案后又一直否认其曾要求李某以是或不是的回答方式接受其调查询问，在场的另外三人的证言亦未能证明张耀喜对李某进行了诱导性询问。因此，认定被告人张耀喜引诱李某作伪证证据不足。”③ 在上述论述中可以推知：评述人认为，诱导性询问是可以构成引诱的，只不过是证据不足而已。这里的“诱导性询问”与前面所言的“劝导证人”似乎并不是同一概念。由此可见，二审法院甚至更高级别的法院之所以回避法律适用上的争议，未以“诱导性询问并非《刑法》第306条所规定之引诱”为由对张耀喜改判无罪，而是以证据不足为由改判无罪，根本原因还是在于本身就认同诱导性询问就是引诱的观点，这才是本案的要害，也是本章讨论的重点。

---

① 本案二审判决书参见：王幼章主编．刑事判案评述．北京：人民法院出版社，2002：139-147.

② 王幼章主编．刑事判案评述．北京：人民法院出版社，2002：147.

③ 王幼章主编．刑事判案评述．北京：人民法院出版社，2002：149.

五、引诱是否包括诱导性询问之辨析

在讨论这个问题之前，需要对诱导性询问这个概念加以界定。

诱导性询问这个概念在张耀喜案起诉书中首次出现，其提法是“以诱导性的设问方式进行询问”，并将之与引诱等同。一审判决也肯定了诱导性询问的概念，明确地认定被告人张耀喜“利用诱导性的设问方式，诱使证人李某作了违背事实的伪证”。那么，什么是这里的诱导性的设问方式呢？从一审判决的认定来看，所谓诱导性的设问方式是指以只要李某回答是或不是的形式，对李某进行了诱导，从而形成了一份 1998 年 12 月 30 日晚陈林鸿与李某一起打扑克，无作案时间的虚假证词。由于我没有见到这份证词，因而始终不明白：何以一问一答的设问方式形成的伪证与设问者有关。试想，问：1998 年 12 月 30 日晚你是不是与陈林鸿一起打扑克？回答是或不是。答是，或者答不是，都反映了回答者对这个事实的认识，设问者怎么成了引诱证人作伪证？百思不得其解，不知这种设问方式与诱导性询问有什么关系？

为揭示一审判决中所说的诱导性询问，我们再来看一看理论上对诱导性询问是如何界定的。在英美刑事诉讼法中，存在禁止诱导性询问规则。诱导性问题，是在提问中明示可能的答案，从而强烈地暗示证人按提问者的答案作出回答的问题。例如，伤害案件中，辩护律师问被告：“你根本没有动那把刀，这是不是事实？”这是典型的可能产生误导的诱导性提问。又如，询问证人：“你是否干了……”这是貌似中性的诱导性提问。反对诱导性询问是各种证明体制中对证人询问的一般原则，其意义在于保证证言的客观可靠性，防止受询问人的主观影响。① 由此可见，诱导性询问是英美对抗式刑事程序中的一种询问方式。这种询问方式可能使被询问人产生误解。为保证证言的客观公正性，对于诱导性询问一般是予以禁止的。但这种反诱导性询问规则通常只适用于主询问，不适用于反询问。因为反询问之前证人已接受了非诱导性的主询问，而且这种证人接受诱导性问题中所包含的虚假暗示的危险基本不存在。在反询问中大量使用诱导性问题，则是交叉询问制度的一个特点。不仅如此，在主询问中，为实现证明的有效性和效率，适用诱导禁止规则也允许某些例外。并且，由于诱导性问题与非诱导性问题在实践中可能有一定的交叉性和模糊性，利用这一点，进行具有一定诱导性而又不至于违反规则的询问，是英美法庭证人询问的一个技术性特点。② 由此可见，在英美刑事诉讼法中，对诱导性询问只是在一定范围以及一定限度内予以禁止。如果发生了诱导性询问，其后果只是询问无效而已。因为诱导性询问而被定为妨害作证则是闻所未闻的。实际上，诱导性询问只是其提问具有一定引导性，使被询问者按照询问者所愿意的那样回答，或者使被询问者置于必错的境地。但这种询问并不能从根本上左右被询问人的意志自由，其答复仍是被询问者的意思体现，仍应由被询问者负责。

既然张耀喜案一审判决书中的诱导性询问并非英美刑事诉讼法中的诱导性询问，那么，是否能从我国刑事诉讼法中找到其来源呢？我国《刑事诉讼法》第 43 条（现行《刑事诉讼法》第 52 条）规定，“严禁刑讯逼供和以威胁、引诱、欺骗以及其他非法的方法收集证据”。这是对公安司法人员搜集证据的要求，在刑事诉讼法理论上一般将这种非法收集证据的行为分为两种：逼供和诱供。其中，诱供是指侦查人员、检察人员、审判人员为了取得符合自己意愿的供词，以某种不正当的方式诱使刑事被告人供述的行为。③ 因此，诱供有广狭两义：广义上的诱供是指以引诱、欺骗以及其他非法的方法收集证据。狭义上的诱供是指以引诱的方法收集证

---

① 龙宗智．刑事庭审制度研究．北京：中国政法大学出版社，2001：294 - 295.

② 龙宗智．刑事庭审制度研究．北京：中国政法大学出版社，2001：295 - 296.

③ 曾庆敏．刑事法学词典．上海：上海辞书出版社，1992：657.

据。我们在这里讨论的主要是狭义上的诱供，它与诱导性询问到底有什么关系。我国学者认为，这里的引诱，包括两种情况：一是以满足被讯问者某种利益为诱饵，如无根据地告诉被讯问者，如果招供将会受到多大范围的从宽处理，有的甚至以不追究被讯问者的刑事责任相许诺；二是对被讯问者进行暗示性发问，即提问本身包含了期望被讯问者如何回答的内容。引诱的结果，是迫使被讯问者在如实供述和讨好审讯人员之间进行选择。① 应该说，这里的诱供，就其后果来说，存在两种情形：一是所诱之供是合乎事实的，二是所诱之供是违背事实的。尽管刑事诉讼法禁止诱供，并且最高人民法院《关于执行〈中华人民共和国刑事诉讼法〉若干问题的解释》* 第 61 条规定了凡经查证确实属于采用引诱等非法的方法取得的证人证言、被害人陈述、被告人供述，不能作为定案的根据，但我国刑法只是将刑讯逼供规定为犯罪。此外，涉及司法工作人员妨害作证犯罪的，《刑法》第 307 条表述为“以暴力、威胁、贿买等方法阻止证人作证或者指使他人作伪证”。也就是说，司法工作人员妨害作证的，其行为是贿买、指使，并无引诱，如果将辩护人妨害作证罪的引诱解释为诱供之引诱，显然就是对司法工作人员与辩护人之间的不平等对待：司法工作人员引诱的，不构成犯罪；辩护人引诱的，就构成犯罪。我国《刑法》第 4 条规定了法律面前人人平等原则，这一原则在立法中同样是体现的，据此，我的结论是不能按照诱供之引诱来理解辩护人妨害作证罪之引诱。

根据以上分析，我认为辩护人妨害作证罪的引诱，不能理解为诱导性询问，也不能按照诱供之引诱来理解，而应理解为以诱使证人违背事实改变证言或者作伪证为目的，采取金钱、物质或者其他利益的方法，诱使证人违背事实改变证言或者作伪证的行为。在此，应当强调引诱必须是采取金钱、物质或者其他利益的方法诱使证人违背事实改变证言或者作伪证。因此，这里的引诱绝不包括诱导性询问。

六、辩护人妨害作证罪之立法完善

《刑法》第 306 条“辩护人妨害作证罪”之设立，曾经遭到律师界的强烈反对。我亲身参加的 1996 年 11 月在北京黄河京都大酒店召开的修改刑法座谈会上，司法部代表就力陈设立辩护人妨害作证罪之弊，主持刑法修订者则以律师也有妨害作证的，应与其他人妨害作证同样处罚为由将该反对驳回。立法机关在说明《刑法》第 306 条的立法理由时指出：

> 新的刑事诉讼法实行后，辩护人、诉讼代理人在刑事诉讼中的作用得到了进一步的加强，其在刑事诉讼中的权利也相应有所扩大，作为辩护人和诉讼代理人必须依法正确行使法律赋予的权利，不得利用这些权利妨害刑事诉讼的正常进行，所以根据实践中的具体情况和打击犯罪的需要，新的刑法增加了关于这一犯罪的规定。②

这一罪名设立以后，先后有 200 名律师在履行刑事辩护职责中，因触犯《刑法》第 306 条而被指控，并有相当数量的律师被判有罪。刑法修订以后历年的全国人大会议中，都有取消《刑法》第 306 条的动议。对于《刑法》第 306 条的规定，北京德恒律师事务所主任王丽律师在其博士论文中作了以下一针见血的评论：

> 如果说第 306 条是刑法修订时的败笔，那么该条中的“威胁、引诱证人违背事实改变证言或者作伪证”则是败笔中的败笔。大部分律师都是因为“引诱”二字而身陷囹圄。究

---

* 该解释现已失效。——编者注

① 汪建成，刘广三．刑事证据学．北京：群众出版社，2000：61.

② 胡康生，李福成主编．中华人民共和国刑法释义．北京：法律出版社，1997：435.

竟何为“引诱”，怎样证明“引诱”，成了实践中的一大难题。①

因为“引诱”二字而身陷囹圄的不止张耀喜一人，南京东南律师事务所刘健被指控辩护人妨害作证案，问题也同样出在对“引诱”的理解上。在该案中，律师的辩护意见认为：引诱要以利益为诱惑，要有诱饵，引导性的但并未用利益为诱饵的发问，不属于引诱；而控诉方的意见认为：引诱既包括以金钱、物质利益为手段，也包括非金钱、物质利益的其他手段。而江苏省滨海县人民法院的判决认为：行为人故意采用语言劝导证人、改记证言内容的手段，引诱证人违背事实改变原有的不利于被告人的证言，妨害了刑事诉讼活动的正常进行。② 由此可见，按照诱导性询问理解辩护人妨害作证罪的引诱行为的并非一地之法院，这个问题确实应该引起我们的重视。王丽律师指出：

> 对于一个富有弹性、含混、可以变化和延展的语词，解释的功能就是必须要使其能够对司法运作进行一定的规制。而如果解释的结论仍然不能使其边界清晰化，因而不能使司法运作提高其确定性，那么这种解释显然会在反面助长规范用语的含糊。在此，如果将引诱解释成为其普通的含义而包括任何的诱导或诱惑，显然无助于在司法实践中准确地认定本罪的行为。③

上述观点，我是同意的，在我看来，引诱一词在司法实践中之所以引起如此之大的争议，主要是由于引诱一词过于含糊，难以界定。这种争议又关系到辩护律师的罪与非罪，并且通过对引诱的解释不能从根本上解决问题。在这种情况下，修改《刑法》第 306 条的规定是根本出路。当然，取消《刑法》第 306 条的规定，将辩护人的妨害作证行为归并到《刑法》第 307 条乃是上策。在上策不成的情况下，则取中策，即保留《刑法》第 306 条，但取消“引诱”一词。在中策不成的情况下，则取下策，即将“引诱”改为“指使”。这里的指使是指唆使，属于教唆的范围，尽管指使本身含义也不易界定，但至少不会把诱导性询问也解释到指使当中去。

七、余论：没有答案的回信

司宁在给我来信的末尾说：“我的冤案有当地行政干预的原因，但更主要的是《刑法》第 306 条对‘引诱’的概念模糊，又没有明确的司法解释，这才得以使个别执法者任意解释，出入人罪。”通过本章对辩护人妨害作证罪的研究，我认为引诱本身确实是一个模糊的概念，容易变成一张普罗透斯的脸，让人无法捉摸。律师的职责就是为被告人减轻罪责，甚至免除罪责。而寻找能够证明被告人无罪或者罪轻的证据，包括证言，正是实现律师辩护职责的不二法门。我不否认个别律师指使证人作伪证以减免其委托人的罪责这样一种情况的存在，但个别人的问题可以通过律师行业的自律等方法予以规制，而不应由此在律师头上悬一把达摩克利斯之剑，使律师在泥菩萨过河自身难保的恐怖心境下履行其辩护职责。由此可见，《刑法》第 306 条已经成为律师不能承受之重。

八、补记

本案涉及南京律师司宁的案件，司宁律师的申诉结果，也是我所关心的。因此，我上网查了该案的最终处理结果，获得有关该案的案情以及后续信息。

---

① 王丽．律师刑事责任比较研究．北京：法律出版社，2002：162.

② 陈颖青．青年律师，作茧自缚．律师世界，1999（1）．

③ 王丽．律师刑事责任比较研究．北京：法律出版社，2002：156.

据一审法院查明，2002年8月，司宁律师与同所的一位实习律师在淮安市律师事务所会见周某时，将刘某事先打印好的一封信读给周某听，此信中对证人王军（化名）曾向周某送1万元钱一节暗示为："起诉机关找王军，王说1万元钱买房时要还给他的；你要记住1996年王军女儿有病，我家花了三四千元"，以唆使周某翻供。

2002年9月19日晚，司宁律师与同事及这位实习律师在淮安市区一家饭店为次日开庭辩护做准备时，刘某将证人王军带至司宁律师的房间，刘某当着司宁律师等人的面对王军说："我们是堂兄妹，1996年你家女儿在南京住院，周某找医院医生帮忙花了两三千元；你送周某1万元钱，周某不肯要，你硬给他的，你走时周某在后面喊'等你家儿子结婚买房时还给你'"。其意在引诱王军作伪证。王不肯，刘某与其发生争执。司宁律师见状即劝说王军："你送周某的1万元钱大原则不变，你在法庭上，按刘某的话讲，对你没有什么影响，但是对周某却是有利的。"他还让王军当场按照刘某的话重复了一遍。次日，王军在法庭上作了伪证。司宁据此辩称："周某无收受王军贿赂的故意，只是正常的人情往来，不构成受贿。"检方认为，司宁律师的行为构成了辩护人妨害作证罪，于2002年12月3日将其逮捕。

2003年5月26日，淮安市清河区检察院对司宁律师、刘某提起公诉。在庭审中，司宁律师面对检方指控辩称，刘某让证人王军讲的话，他不知道这些话里有什么问题。同时司宁的辩护人认为，检方指控的证据不足以证明司宁的行为是直接故意行为，因为刘某和王军均没有向司宁提出过刘某所说话的真伪，而辩护人妨害作证罪的要件之一是有直接故意的；同时司宁也没有许诺任何利益，而以利益作诱饵也是构罪的要件之一；并且司宁律师的行为"情节显著轻微，危害不大"，因此不应认为司宁构成犯罪。但周某的证言却证实司宁于会见时，向其传递信息，诱导其庭审翻供；证人王军的证言证实其因受刘某、司宁的引诱，向法庭作了伪证。实习律师也作为目击证人证实，司宁向周某传递信息，意图使之翻供。

清河区人民法院于2003年7月9日作出一审判决：以辩护人妨害作证罪判处司宁有期徒刑1年，缓刑1年；以妨害作证罪判处刘某有期徒刑1年，缓刑1年。

一审判决后，司宁律师提出上诉。

二审时，受江苏省律协委派，省律协维权委的马群主任、黎民副主任还亲赴淮安市中级人民法院，向二审法院表达了省律协对本案的关切。但淮安市中级人民法院于2003年9月4日终审裁定驳回上诉，维持原判。

此后，司宁案引起了全国律师协会和江苏省律师协会的高度重视。江苏省律协认为，本案中司宁的行为仅构成严重违规违纪，不构成犯罪，两审法院的裁判不适当地扩大了辩护律师应负法律责任的范围。为此，省律协专门发函给省高级人民法院，恳请省高级人民法院能够予以特别关注，慎重地把好法律适用关。中华全国律师协会也为此案特地向江苏省高级人民法院出具了公函，称除完全赞同江苏省律协向省高级人民法院出具的意见函外，还同时函请省高级人民法院在审理中能注意保障律师的合法的执业权利。

经过各方的不懈努力，江苏省高级人民法院经过对申诉状的复查认为，司宁案符合法律规定的再审条件，并于2004年12月10日作出书面决定：本案由江苏省高级人民法院进行提审。江苏省高级人民法院经过对本案细致审理认为，原裁判对司宁定罪准确，但司宁的犯罪情节轻微，遂于2005年4月19日作出终审判决，司宁犯辩护人妨害作证罪，免予刑事处罚。

判决生效以后，司宁向江苏省司法厅申请撤销吊销律师执业证书的行政处罚，恢复律师执业资格。对此，司法部于2006年4月6日作出了《关于江苏省司法厅关于是否应当给予司宁吊销律师执业证行政处罚的请示的批复》。该批复的内容为：你厅《关于是否应当给予司宁吊销律师执业证行政处罚的请示》（苏司办〔006〕5号）收悉。经研究，批复如下：鉴于江苏省高级人民法院对该案作出了改判，你厅对司宁作出吊销律师执业证处罚决定的依据已经改变，因此同意你厅意见，可以撤回原行政处罚决定书，不再给予其吊销律师执业证的处罚。但对再审认定的司宁为被告人家属传递信息、妨害作证的行为，可依据《律师和律师事务所违法行为处罚办法》予以处罚。至此，司宁案得到了较为圆满的解决，司宁恢复了律师执业资格。

第十四章　利用企业改制侵吞公共财物行为之定性研究

——王一兵贪污案（贪污罪　国家工作人员　犯罪数额）

企业改制是指对国有或者集体企业进行股份制改造，这是经济体制改革的重要方式之一。在企业改制，尤其是国有企业改革的过程中，如何防止国有资产流失，是一个重大的政治问题和法律问题。从刑法上来说，如何区分企业改制中的罪与非罪的界限，也是一个值得研究的问题。本章通过王一兵贪污案①，对国有企业改革中贪污罪的认定问题进行理论上的探讨。

一、案情及诉讼过程

被告人王一兵受某国有企业的委派，担任国家、集体联营企业宝耀公司的总经理和法人代表。宝耀公司设立了全资下属单位宝耀试验所，并由王一兵负责经营。王一兵唆使他人做假账，将宝耀公司的财产转移至宝耀试验所。后来，宝耀试验所转为自然人股份合作制，王一兵及其亲属投资占总投资的69%，王一兵担任试验所的董事长。王一兵利用担任宝耀公司总经理的职务便利，放弃追回从宝耀公司转移至宝耀试验所的财产，使得该财产被宝耀试验所非法占有。

上海市检察院第二分院以被告人王一兵犯贪污罪提起公诉。王一兵及其辩护人认为，王一兵不具有贪污罪的主体身份，又无非法占有公款的故意和行为，不构成贪污罪。

上海市第二中级人民法院认为，王一兵受国有企业委派到非国有企业担任法定代表人兼总经理，代表国有投资主体行使管理权，属于受国有企业委派至非国有企业从事公务的人员，应以国家工作人员论。王一兵利用兼任宝耀公司与宝耀试验所法人代表并负责两单位经营的职务便利，唆使会计人员虚假做账，将宝耀公司的公款转移至宝耀试验所，致使宝耀公司对上述公款完全丧失所有权。虽然宝耀试验所并非王一兵一人出资，也没有证据证明王一兵个人直接非法占有上述公款，但上述公款已归全部由个人出资的宝耀试验所所有，并由王一兵实际控制和支配，王一兵个人是否直接占有公款，并不影响其非法占有行为的性质。王一兵利用职务上的便利，通过唆使他人做假账的方法侵吞公款，数额特别巨大，其行为已构成贪污罪。依照《刑法》第12条、第383条第1款第1项、第93条第2款、第64条之规定，判决王犯贪污罪，判处有期徒刑15年，并处没收个人财产人民币20万元，追缴非法所得。

王一兵上诉，上海市高级人民法院裁定驳回上诉，维持原判。

二、主体分析

在本案中，被告人王一兵的行为是否构成贪污罪，首先涉及其是否具备贪污罪的主体身份，即是否属于国家工作人员的问题。从案情叙述中可以看到，王一兵不具备贪污罪的主体身

---

①　沈德咏主编．经济犯罪审判指导与参考：2003年第4卷．北京：人民法院出版社，2004．

份是辩护理由之一。尽管未见辩护人对这一辩护理由的详细论证，但仍然说明主体身份是本案控辩双方争论的焦点问题之一。

被告人王一兵的主体身份与其所担任职务的企业性质密切相关。从案情来看，王一兵系上海宝耀公司的法定代表人、总经理。而宝耀公司系某国有企业和集体企业耀华水泥厂共同投资组建而成的联营企业。王一兵受某国有企业的委派到宝耀公司行使管理职权。因此，一审法院认定王一兵系受委派从事公务的人员，属于《刑法》第93条规定的国家工作人员。对此，裁判理由指出：

> 本案中，宝耀公司系某国有企业和集体企业耀华厂共同投资组成的国家、集体联营性质企业，根据联营合同，某国有企业委派王一兵为宝耀公司法定代表人兼总经理，具体负责宝耀公司的生产经营。因此，王一兵是受国有企业委派在非国有企业从事公务的人员，依法应以国家工作人员论，具备贪污犯罪的主体身份要件。

应该说，上述认定是正确的。在此，我想对受委派从事公务的国家工作人员加以简要的论述。在1979年《刑法》关于国家工作人员的规定中，并不包含受委派从事公务的人员。例如，1979年《刑法》第83条规定："本法所说的国家工作人员是指一切国家机关、企业、事业单位和其他依照法律从事公务的人员。"值得强调的是，当时在刑法中并没有国家工作人员与国家机关工作人员之分。此外，在1979年《刑法》第155条关于贪污罪主体的规定中，除国家工作人员以外，还规定受国家机关、企业、事业单位、人民团体委托从事公务的人员也可以成为贪污罪的主体。高铭暄教授在论及贪污罪主体的立法过程时指出：

> 贪污罪的主体问题是一个关系重大的问题，因为不具备贪污罪特定主体的条件，就不能构成贪污罪。二十二稿规定贪污罪的主体是国家工作人员；修订中考虑到，有的人员非国家工作人员（如一般工人、汽车司机、管理员等），但受委托从事公务后，也可以成为贪污罪的主体，实践中也是这样做的。因此三十三稿增加一款，"受国家机关、企业、事业单位、人民团体委托从事公务的人员"犯贪污罪的，也依照国家工作人员犯贪污罪的规定处罚。对三十三稿修订时维持了这款的规定，这就是现在刑法第一百五十五条第三款。①

应当指出，上述对受委托人员的规定，是以国家工作人员是一种身份为前提的。这里所谓国家工作人员是一种身份，指的是国家干部的身份。因此，1979年《刑法》关于国家工作人员的规定体现了身份论的观点，这与当时我国的干部管理体制是吻合的。在当时的政治体制之下，干部与工人之间存在身份上的明确区分，从工人身份转变为干部身份，要经过严格的审批程序。在当时的现实生活中，存在"以工代干"的情形，即以工人的身份从事干部的工作，这也就是所谓"受委托从事公务"。对此，1979年《刑法》第155条规定，这些人员可以成为贪污罪的主体。但这里的"委托"不是民事上的委托，而具有行政委托的性质。这一点，与1997年《刑法》第382条第2款的规定是有所不同的。1997年《刑法》第382条第2款规定："受国家机关、国有公司、企业、事业单位、人民团体委托管理、经营国有财产的人员，利用职务上的便利，侵吞、窃取、骗取或者以其他手段非法占有国有财物的，以贪污论。"关于这里的委托，2003年11月13日最高人民法院《全国法院审理经济犯罪案件工作座谈会纪要》（以下简称《纪要》）解释为承包、租赁、临时聘用等管理、经营国有财产。承包与租赁是一种民事法律关系，因而因承包与租赁而管理国有财产，是一种民事上的委托。对此没有疑问。它与

① 高铭暄．中华人民共和国刑法的孕育和诞生．北京：法律出版社，1981：211.

1979 年《刑法》第 155 条第 3 款的受委托从事公务的区分也是显而易见的。但将“临时聘用”也作为受委托的情形之一，则在法理上不无争议。无论是长期聘用还是临时聘用，被聘用人员经过聘用以后就成为聘用单位的人员。如果聘用单位是国家机关、国有公司、企业和人民团体，并且在这些国有单位从事公务活动，则该被聘用人员就取得了国家工作人员的身份，而不再是受委派从事公务的人员。因此，将临时聘用人员作为受委托人员，其背后还是受到身份论的影响的。

身份论还是职能论，是在 1997 年《刑法》修订中曾经存在较大争议的问题。1995 年 12 月 25 日最高人民法院《关于办理违反公司法受贿、侵占、挪用等刑事案件适用法律若干问题的解释》* 在界定公司、企业中的国家工作人员时指出：公司、企业中的“国家工作人员”是指在国有公司、企业或者其他公司、企业中行使管理职权，并具有国家工作人员身份的人员，包括受国有公司、国有企业委派或者聘请，作为国有公司、国有企业代表，在中外合资、合作、股份制公司、企业中，行使管理职权，并具有国家工作人员身份的人员。在这一界定中，强调了国家工作人员的身份，这里的国家工作人员身份，是指经组织人事部门审批，并填写过干部履历表的国家干部。因此，最高人民法院关于国家工作人员的解释被称为身份论。而最高人民检察院 1995 年 11 月 7 日《关于办理公司、企业人员受贿、侵占和挪用公司、企业资金犯罪案件适用法律的几个问题的通知》** 则明确指出，公司、企业中的国家工作人员包括：国有企业中的管理工作人员，公司、企业中由政府主管部门任命或者委派的管理人员，国有企业委派到参股、合营公司、企业中行使管理职能的人员。最高人民检察院关于国家工作人员的这一解释，被称为职能论。① 身份论与职能论相比：后者所界定的国家工作人员范围要比前者的更为宽泛。这里当然涉及检察机关对职务犯罪的管辖范围问题，因此检察机关倾向于对国家工作人员作较为宽泛的解释也是可以理解的。撇开这个因素不说，仅就国家工作人员这个概念而言，按照职能论而非身份论加以理解是更为合理的。尤其是在我国实行国家公务员制度以后，国家干部的身份已经逐渐消失。刑法中的国家工作人员已经不再作为一种身份，而是以其所从事的职能活动是否属于公务来加以界定，这是一种较为科学的解释方法。在 1997 年《刑法》中，对国家工作人员的界定，除国家机关的工作人员以外，基本上采纳了职能论。即使是国家机关工作人员，2002 年 12 月 28 日全国人大常委会通过的《关于〈中华人民共和国刑法〉第九章渎职罪主体适用问题的解释》，就是根据职能论对国家机关工作人员加以扩大解释的，即把那些虽然不具有国家机关工作人员的身份，但代表国家机关行使职权的人员解释为国家机关工作人员。

受委派从事公务的人员这一概念，是随着经济体制改革以后出现的。在经济体制改革以前，我国实行的是一元的公有制经济，经济成分主要是国有和集体这两种形态，在经济体制改革以后，出现了“三资企业”。这里的“三资”，是指中外合资、中外合作与外商独资。在这“三资企业”中，除外商独资企业以外，中外合资企业、中外合作企业的中方，一般都是当时的国有企业。受中方委派到中外合资企业、中外合作企业中行使管理职权的人员，是否属于国家工作人员，是否可以成为贪污罪的主体呢？对于这个问题，当时是存在较大争议的。② 在 1989 年 11 月 6 日最高人民法院、最高人民检察院《关于执行〈关于惩治贪污罪贿赂罪的补充

---

* 该解释现已失效。——编者注

** 该通知现已失效。——编者注

① 敬大力主编．刑法修订要论．北京：法律出版社，1997：142.

② 王作富主编．经济活动中罪与非罪的界限：增订本．北京：中国政法大学出版社，1996：444.

规定〉若干问题的解答》* 中，明确地将中方是全民所有制或者集体所有制企业性质的中外合资经营企业、中外合作经营企业中经手、管理财物的人员解释为贪污罪的主体。此外，还将全民所有制企业、集体所有制企业的承包经营者以及全民所有制和集体所有制企业为基础的股份制企业中经手、管理财物的人员，也解释为国家工作人员。这当然是对国家工作人员的一种扩大解释，是为应对当时经济体制改革以后出现的多种经济成分并存格局下的贪污罪主体的变化。及至 1997 年《刑法》修订，在刑法关于国家工作人员的界定中，正式确认了受委派从事公务的国家工作人员这一种类型。

受委派从事公务的国家工作人员与受委托经营、管理国有财产的人员，在性质上是不同的。这种不同，主要体现在委派与委托之间的区别上。对于这种不同，我国学者指出：

> 委派，是单位派出，实质是任命，带有行政性，被委派者就委派事项是否接受委派问题上与委派方不是处于平等地位，而是具有行政隶属性、服从性。同时，被委派者接受委派是获得一定授权，在授权范围内独立从事公务，公务行为的结果具有独立的法律意义。委托，则是国有单位以平等者身份就国有资产的管理经营与被委托者达成的协议，本质上是民事委托关系。当然委托人可以根据委托协议对被委托人的活动进行监督，但是，被委托人与委托者不属于行政隶属关系。①

委派的行政性与委托的民事性，是对两者不同性质的最好诠释。当然，在司法实践中如何正确地理解委派，仍存在一些疑难问题。对此，最高人民法院《纪要》作出了以下规定：

> 所谓委派，即委任、派遣，其形式多种多样，如任命、指派、提名、批准等。不论被委派的人身份如何，只要是接受国家机关、国有公司、企业、事业单位委派，代表国家机关、国有公司、企业、事业单位在非国有公司、企业、事业单位、社会团体中从事组织、领导、监督、管理等工作，都可以认定为国家机关、国有公司、企业、事业单位委派到非国有公司、企业、事业单位、社会团体从事公务的人员。如国家机关、国有公司、企业、事业单位委派在国有控股或者参股的股份有限公司从事组织、领导、监督、管理等工作的人员，应当以国家工作人员论。国有公司、企业改制为股份有限公司后，原国有公司、企业的工作人员和股份有限公司新任命的人员中，除代表国有投资主体行使监督、管理职权的人外，不以国家工作人员论。

这一规定，为在司法实践中正确地认定受委派从事公务的国家工作人员提供了较为明确的法律根据。尤其是关于委派的形式，包括提名，这里的提名是指由国有单位提名而被非国有单位聘请或者任命行使管理职权的人员。在本案中，某国有企业与耀华厂共同投资成立宝耀公司，属于国有经济与集体经济的联营企业。王一兵是受某国有企业的委派到宝耀公司，虽然王一兵是宝耀公司董事会根据章程规定聘任为总经理的，但其受委派的关系是完全成立的。王一兵除担任宝耀公司总经理以外，还负责宝耀试验所的经营。宝耀试验所是宝耀公司下属的集体所有制企业，是一个独立的企业法人。王一兵在宝耀试验所的任职，是受宝耀公司的委派，这种委派在刑法理论上被称为二次委派。我认为，二次委派不属于《刑法》第 93 条所规定的委派，因而不能以受委派的国家工作人员论。因为受委派人员的性质是由委派单位的性质所决定的。受国有单位委派的人员，其权力源于国有单位。尽管是在非国有单位从事职权活动，也应当视为代表国家从事公务活动，因而属于国家工作人员。但在二次委派的情况下，委派单位已

---

* 该解答现已失效。——编者注

① 唐世月．贪污罪研究．北京：人民法院出版社，2002：121－122.

经不是国有单位，而是非国有单位，因而委派人员的职权活动不再具有公务活动的性质，当然就不能以国家工作人员论。因此，如果在本案中王一兵是利用其担任宝耀试验所的管理职权，则不具备贪污罪的主体身份。

在司法实践中，一个人同时担任两个职务因而具有两种身份的情形时有发生。在本案中，王一兵既担任宝耀公司的领导职务，又担任宝耀试验所的领导职务。如果两个单位都是国有单位或者都是非国有单位，其犯罪主体一般不难认定。但如果在两种身份中，一种属于国有单位的身份，另一种属于非国有单位的身份，则犯罪主体如何认定就成为一个复杂的问题。我认为，在同时具有两种身份的情况下，究竟以何种身份确认其犯罪主体，应当根据其利用哪一种职务便利而确定：如果是利用国有单位的职务便利，则应认定为国家工作人员；如果是利用非国有单位的职务便利，则应认定为非国家工作人员。因此，在本案中，王一兵利用职务便利侵吞公共财物，要看他是利用哪一个职务便利实施的：如果是利用宝耀公司的职务便利，则因其在宝耀公司属于受委派从事公务的国家工作人员，符合贪污罪的主体身份；如果是利用宝耀试验所的职务便利，则因其在宝耀试验所不属于国家工作人员，所以不符合贪污罪的主体身份。因此，王一兵是否构成贪污罪，还要进一步地考察其利用职务便利侵吞公共财物的行为。

三、主体演变

国家工作人员是我国刑法中所特有的一个概念，随着我国社会管理体制和经济管理体制的改革，国家工作人员的含义也处于不断的变动之中。因此，国家工作人员的认定也就成为我国刑法中职务类犯罪定罪量刑中的一个难点问题。值得注意的是，2008 年《企业国有资产法》颁布以后，2010 年 11 月最高人民法院、最高人民检察院《关于办理国家出资企业中职务犯罪案件具体应用法律若干问题的意见》（以下简称《意见》）对国家出资企业国家工作人员的范围及其认定问题作了规定，在一定程度上调整了国家工作人员的范围。

在 2008 年 10 月 28 日全国人大常委会通过、自 2009 年 5 月 1 日起施行的《企业国有资产法》之前，我国并无国家出资企业这个概念。此前 2005 年修订的《公司法》只有关于国有独资公司的规定，根据《公司法》第 65 条的规定：“本法所称国有独资公司，是指国家单独出资、由国务院或者地方人民政府授权本级人民政府国有资产监督管理机构履行出资人职责的有限责任公司。”在国有独资公司中从事管理活动的人员，当然属于国家工作人员，对此并无争议。除了国有独资公司，还有其他国有企业，也属于国有单位，其中从事管理活动的人员也是国家工作人员。以上国家独资企业和国有企业都是指国家全资的公司或者企业，此外，在现实生活中还存在国家占有一定股份的合资公司或者企业。这些公司、企业被称为国有资本控股、参股的公司、企业，其中从事管理活动的人员是否被认定为国家工作人员，刑法并没有规定。对此，相关司法解释作了规定。根据颁布时间的顺序，规范这种国家工作人员的司法解释主要有以下三个。

(1) 2001 年 5 月 23 日最高人民法院《关于在国有资本控股、参股的股份有限公司中从事管理工作的人员利用职务便利非法占有本公司财物如何定罪问题的批复》（以下简称《批复》）。该《批复》规定：“在国有资本控股、参股的股份有限公司中从事管理工作的人员，除受国家机关、国有公司、企业、事业单位委派从事公务的以外，不属于国家工作人员。”由此可见，上引《批复》将是否受委派作为认定国有资本控股、参股的股份有限公司中国家工作人员的标准。

(2) 2003 年 11 月 13 日最高人民法院《纪要》。该《纪要》对国家机关、国有公司、企业、事业单位委派到非国有公司、企业、事业单位、社会团体从事公务的人员的认定问题作了以下规定："所谓委派，即委任、派遣，其形式多种多样，如任命、指派、提名、批准等。不论被委派的人身份如何，只要是接受国家机关、国有公司、企业、事业单位委派，代表国家机关、国有公司、企业、事业单位在非国有公司、企业、事业单位、社会团体中从事组织、领导、监督、管理等工作，都可以认定为国家机关、国有公司、企业、事业单位委派到非国有公司、企业、事业单位、社会团体从事公务的人员。如国家机关、国有公司、企业、事业单位委派到国有控股或者参股的股份有限公司从事组织、领导、监督、管理等工作的人员，应当以国家工作人员论。"上述《纪要》明确地界定了委派的概念，即委派是指委任和派遣。无论是委任还是派遣，都是从国有单位委派到非国有单位，而这里的非国有单位包括国有控股或者参股的股份有限公司。

(3) 2005 年 8 月 1 日最高人民法院《关于如何认定国有控股、参股股份有限公司中的国有公司、企业人员的解释》（以下简称《解释》）。该《解释》规定："国有公司、企业委派到国有控股、参股公司从事公务的人员，以国有公司、企业人员论。"这一规定的精神与前述《纪要》的是完全一致的。

根据以上三个司法解释的规定，国有控股、参股的公司属于非国有公司、企业，只有受委派从事公务的人员才是国家工作人员，其他人员均属非国家工作人员，即公司、企业工作人员。

及至 2008 年全国人大常委会颁布《企业国有资产法》，该法首次提出国家出资企业的概念，其第 5 条规定："本法所称国家出资企业，是指国家出资的国有独资企业、国有独资公司，以及国有资本控股公司、国有资本参股公司。"在此，《企业国有资产法》将国有独资的公司、企业和国有资本控股、参股的公司、企业相提并论，同等对待。值得注意的是，《企业国有资产法》还对履行出资人职责的机构作了专门规定。这里的履行出资人机构，根据该法第 11 条的规定，是指代表各级人民政府履行出资人职责的机构、部门，主要是指国有资产监督管理机构。

在《企业国有资产法》颁布以后，最高人民法院、最高人民检察院颁布了《意见》。该司法解释的制定，是为了与《企业国有资产法》相衔接，进一步规范国家出资企业国家工作人员职务犯罪的法律适用问题。其中，《意见》所涉及的国家出资企业国家工作人员的规定，主要有以下两项。

(1) 经国家机关、国有公司、企业、事业单位提名、推荐、任命、批准等，在国有控股、参股公司及其分支机构中从事公务的人员，应当认定为国家工作人员。具体的任命机构和程序，不影响国家工作人员的认定。

(2) 经国家出资企业中负有管理、监督国有资产职责的组织批准或者研究决定，代表其在国有控股、参股公司及其分支机构中从事组织、领导、监督、经营、管理工作的人员，应当认定为国家工作人员。

上述第一项是对受委派到国家出资公司、企业从事公务的国家工作人员的规定。应该说，这一规定的内容，甚至表述都与以往的司法解释相同。在这个意义上可以说，这是对以往司法解释规定的一种重复，并没有新意，因而对此也不存在争议。

关键在于第二项，该项规定经国家出资企业中负有管理、监督国有资产职责的组织批准或者研究决定的人员，只要代表上述组织在国有控股、参股公司及其分支机构中从事组织、领导、监督、经营、管理工作，就应当认定为国家工作人员。显然，这种人员并非受国家机关、国有公司、企业、事业单位的委派，而是经国家出资企业中负有管理、监督国有资产职责的组织批准或者研究决定的。因此，这种人员难以说是受委派的国家工作人员。当然，这一规定也没有完全将国有控股、参股公司等国家出资企业等同于国有单位。否则，国有控股、参股公司等国家出资企业中从事管理活动的人员将一概被认定为国家工作人员。《意见》将国有控股、参股公司等国家出资企业中从事管理活动的人员分为两部分：一部分是经国家出资企业中负有管理、监督国有资产职责的组织批准或者研究决定的人员，另一部分是国家出资企业其他机构任命的人员。前者属于国家工作人员，后者属于非国家工作人员。

《意见》关于经国家出资企业中负有管理、监督国有资产职责的组织批准或者研究决定的人员属于国家工作人员的规定，明显扩大了国家出资企业中国家工作人员的范围。我们可以对比《批复》对国家出资企业中国家工作人员的规定。《批复》指出："在国有资本控股、参股的股份有限公司中从事管理工作的人员，除受国家机关、国有公司、企业、事业单位委派从事公务的以外，不属于国家工作人员。"根据《批复》的规定，在国家出资企业中，只有受委派从事公务的人员才是国家工作人员。但是，按照《意见》的规定，在国家出资企业中，除受委派从事公务的人员是国家工作人员以外，经国家出资企业中负有管理、监督国有资产职责的组织批准或者研究决定，代表其在国有控股、参股公司及其分支机构中从事组织、领导、监督、经营、管理工作的人员，也被认定为国家工作人员。

在这种情况下，为了使经国家出资企业中负有管理、监督国有资产职责的组织批准或者研究决定，代表其在国有控股、参股公司及其分支机构中从事组织、领导、监督、经营、管理工作的人员所获得的国家工作人员身份具有法条上的根据，参与《意见》研究讨论并起草的有关人员（以下简称"有关人员"）提出了间接委派的概念。这里的间接委派，是指对委派概念所进行的扩大解释。据此将过去通常认为不属于国家工作人员的部分间接委派的人员，有条件地纳入委派人员的认定范畴。① 所谓间接委派是相对于直接委派而言的，直接委派是指国家机关、国有公司、企业、事业单位向非国有公司、企业、事业单位的委派，包括向国家出资企业的委派。本来在刑法当中并没有间接委派的说法，只是在《意见》颁布以后，经国家出资企业中负有管理、监督国有资产职责的组织批准或者研究决定，代表其在国有控股、参股公司及其分支机构中从事组织、领导、监督、经营、管理工作的人员被扩大解释为国家工作人员，为了使这种解释活动具有合法依据，而提出了间接委派的概念。严格来说，间接委派的概念并不科学。因为委派是从外部派遣有关人员到内部，所以，站在被委派单位的角度来说，被委派人员来自外部的委派单位。在此，存在委派单位与被委派单位的内外之别，这是两个单位之间的关系。但是，间接委派实际上是把内部的任命也理解为委派，突破了委派存在于两个单位之间这一基本特征。因此，与其说这是对委派的扩大解释，不如说是对国家出资企业国家工作人员作了超出原先范围的重新规定。

应该指出，在《意见》颁布之前，虽然没有间接委派的概念，但存在所谓二次委派的概念。二次委派是指被国有公司、企业委派到非国有公司、企业工作后，又被非国有公司、企业委派到由该非国有公司、企业出资的其他非国有公司、企业工作。例如，被国有公司、企业委派到国家出资企业，这是一次委派。如果该人员又被国家出资企业委派到其出资的企业从事管理活动，这就是所谓二次委派。二次委派不同于一次委派的地方在于：一次委派的委派主体是国有公司、企业，二次委派的主体则是国家出资企业。在《意见》颁布之前，对于二次委派人员是否属于国家工作人员，存在着争议。其中，一种观点认为，二次委派的委派主体是非国有公司、企业，因此，不得将这种受委派的人员认定为国家工作人员。另一种观点认为，如果二

① 刘为波.《关于办理国家出资企业中职务犯罪案件具体应用法律若干问题的意见》的理解与适用//最高人民法院刑事审判第一、二、三、四、五庭主办．刑事审判参考：总第77集．北京：法律出版社，2010：133.

次委派是经过原国有单位批准或者同意的，应视为原国有单位的委派；如果原国有单位对其第二次委派并不知情或者根本不同意的，则被委派人员的身份应视为已经改变，不能再以国家工作人员论。在我国司法实践中，虽然一般认为被委派单位具有国有财产成分，但若国有资本未直接持有公司股份，不能认定该公司为国有控股、参股公司，若将被二次委派人员视为国家工作人员，则打击面过大，因此不予以认定。[①] 由此可见，二次委派是指受国有控股或者参股的股份有限公司的委派，而到国有控股或者参股的股份有限公司控股、参股的公司从事管理活动。在二次委派的情况下，委派主体不是国家机关、国有公司、企业、事业单位等国有单位，因此二次委派的人员也就不得被视为国家工作人员。基于前引三个司法解释所确定的国家工作人员的范围，二次委派的人员不属于国家工作人员应该说是通说。但在《意见》颁布以后，这种所谓二次委派的人员也被纳入国家出资企业国家工作人员的范围。《意见》第 6 条明确地把国家出资企业的分支机构包含在内。相关人员指出："在公司、企业还是在其分支机构，在法律意义上对于国家工作人员的认定并无必然关联，鉴于同家出资企业中普遍存在分支机构，故《意见》特别加以说明。"[②] 因此，只要是经国家出资企业中负有管理、监督国有资产职责的组织批准或者研究决定，无论是否为分支机构，都被认为是获得国家工作人员身份的根据。

应该说，《意见》在相当程度上扩张了国家出资企业中的国家工作人员的范围。其实，国家出资企业包括两种情况：一种是国有公司上市以后，国有公司单独从事经营、管理活动的情形。例如，目前的国有银行都已经上市，成为上市公司。在这种情况下，银行就不再是国有独资公司，而是国有资本的控股公司。但从经营、管理体制上来看，银行并没有发生变化，仍然是原先的国有公司中的国家工作人员在从事经营、管理活动。对于这种国有出资企业来说，将经国家出资企业中负有管理、监督国有资产职责的组织批准或者研究决定，代表其在国有控股、参股公司及其分支机构中从事组织、领导、监督、经营、管理工作的人员，认定为国家工作人员是具有一定合理性的。即使是这种国家出资企业委派到下属单位从事经营、管理活动的人员，即所谓二次委派的人员，也应当被认定为国家工作人员。另一种是国有出资企业的国有方与非国有方共同进行经营、管理的国有出资企业。对于这种国有出资企业来说，将国家工作人员限制在受国有单位，尤其是履行国有出资人职责的机构的委派，更为合理。

（一）国家出资企业中负有管理、监督国有资产职责的组织的认定

根据《意见》第 6 条的规定，国家出资企业中负有管理、监督国有资产职责的组织也可以成为委派的主体，即经国家出资企业中负有管理、监督国有资产职责的组织批准或者研究决定，就可以成为国家工作人员。那么，如何理解这里的负有管理、监督国有资产职责的组织呢？对于这个问题法院在内部讨论的时候，也存在分歧意见。关于负有管理、监督国有资产职责的组织的范围，存在三种不同的意见[③]：第一种意见认为，负有管理、监督国有资产职责的组织仅指国家出资企业中的党委和党政联席会。第二种意见认为负有管理、监督国有资产职责的组织，不仅包括国家出资企业中的党委和党政联席会，还包括公司股东会、董事会、监事会。而第三种也是多数意见认为，负有管理、监督国有资产职责的组织，除国有资产监督管理机构、国有公司、企业、事业单位外，主要是指上级或者本级国家出资企业内部的党委、党政联席会。国家出资企业中的董事会、监事会不能认定是适格的委派主体。以上争议主要涉及在

---

① 朱晓玉．"受委派"国家工作人员的认定．人民法院报，2013－07－17.

② 刘为波．《关于办理国家出资企业中职务犯罪案件具体应用法律若干问题的意见》的理解与适用//最高人民法院刑事审判第一、二、三、四、五庭主办．刑事审判参考：总第 77 集．北京：法律出版社，2010：138.

③ 宋国蕾，张宁．国家出资企业人员职务犯罪研讨会综述//最高人民法院刑事审判第一、二、三、四、五庭主办．刑事审判参考：总第 89 集．北京：法律出版社，2012：238－239.

国家出资企业中，究竟哪个机构对国有资产负有管理、监督职责这个问题。其中，董事会、监事会对整个国家出资企业的资产负有管理、监督的职责，而不是仅对国有资产负有管理、监督的职责。因此，将国家出资企业中的董事会、监事会排除在负有管理、监督国有资产职责的组织的范围之外，是合理的。除了国有资产监督管理机构对国家出资企业的国有资产负有专门的监督职责，党委在我国也被认为可以代表国家在国家出资企业中行使管理、监督的职责，这是由我国目前的国家出资企业实际情况所决定的。因此，正如相关人员指出：这里的所谓组织，除国有资产监督管理机构、国有公司、企业、事业单位之外，主要是指上级或者本级国家出资企业内部的党委、党政联席会。① 因此，是否经党委或者党政联席会批准或者研究决定，就成为认定国家出资企业国家工作人员的形式要件。

以下我们通过宋涛非国家工作人员受贿案②，对国家出资企业中负有管理、监督国有资产职责的组织的理解与认定问题进行论述。

被告人宋涛，原系上海国际港务（集团）股份有限公司（以下简称“上港集团”）生产业务部调度室经理。2012 年 11 月 14 日因涉嫌犯受贿罪被逮捕。

上海市虹口区人民检察院以被告人宋涛犯受贿罪，向虹口区人民法院提起公诉。

上海市虹口区人民法院经审理查明：

2009 年年底至 2012 年 8 月，被告人宋涛担任上港集团生产业务部生产调度室副经理、经理期间，利用负责上港集团下属港区码头货物装卸、船舶到港、浮吊作业计划分配、调度和管理等职务便利，先后多次收受上海铨兴物流有限公司负责人丁华给予的价值人民币（以下币种相同）1.5 万元的联华 OK 消费积点卡及 LV 皮包 1 只，收受上海顶晟国际货物运输代理有限公司负责人陈立军给予的现金 20 万元。上述收受的消费积点卡、贿赂款共计价值 21.5 万元，均被宋用于个人消费。

另查明，上港集团于 2005 年改制为国有控股、中外合资的股份有限公司，并于 2006 年 10 月在上海市证券交易所上市。上港集团的高层领导，被列入上级领导部门管理范围；集团总部部门领导的任命，由集团人事组织部根据相关规定，向集团领导部门提出任用人选，经集团领导部门扩大会议讨论同意，然后发文任命。同时，按照上港集团的公司章程，公司员工的聘用和解聘，由公司总裁决定。宋涛在上港集团生产业务部下设的生产调度室从主管到副经理、经理的职务变动，均由其上级部门领导个人提出聘任意见，由人事组织部审核后，由公司总裁在总部机关职工岗位变动审批表上签署同意意见即成，无须经过人事组织部提名、领导部门扩大会议讨论决定的程序。

上海市虹口区人民法院认为，被告人宋涛身为上港集团公司工作人员，利用职务上的便利，非法收受他人财物，为他人谋取利益，数额巨大，其行为构成非国家工作人员受贿罪。上海市虹口区人民检察院指控宋涛犯罪的事实清楚，但是指控的罪名不当，应予纠正。宋涛具有自首情节，且在家属帮助下退缴全部赃款，确有悔罪表现，可以减轻处罚并适用缓刑。关于宋涛提出的非国家工作人员的辩解及其辩护人提出的宋涛不构成受贿罪、请求从宽处罚并适用缓刑的辩护意见，有事实及法律依据，应予采纳。据此，依照《中华人民共和国刑法》第一百六十三条第一款，第六十七条第一款，第七十二条第一款、第三款，第六十四条之规定，上海市虹口区人民法院以被告人宋涛犯非国家工作人员受贿罪，

---

① 刘为波.《关于办理国家出资企业中职务犯罪案件具体应用法律若干问题的意见》的理解与适用//最高人民法院刑事审判第一、二、三、四、五庭主办．刑事审判参考：总第 77 集．北京：法律出版社，2010：137.

② 最高人民法院刑事审判第一、二、三、四、五庭主办．刑事审判参考：总第 97 集．北京：法律出版社，2014.

判处有期徒刑三年，缓刑四年，并处没收财产人民币三万元；退缴的赃款予以没收。

一审宣判后，被告人宋涛未提起上诉，检察机关亦未抗诉，该判决已发生法律效力。

在宋涛案的定性上，检察机关指控的罪名是受贿罪，但法院却以非国家工作人员受贿罪定罪。由此可见，检法两家在该案的定罪上存在分歧。这种分歧主要来自对宋涛的身份的认定上，即宋涛到底是否属于国家工作人员。

在宋涛一案中，其所任职的上港集团属于国家出资企业，这是没有问题的。在《意见》颁布之前，上港集团可以被定性为非国有公司。对于非国有公司的国家工作人员的认定，就在于是否属于受委派从事公务的人员。从宋涛任职的具体情况来看，宋涛与公司不存在委派关系，这也是明确的。因此，宋涛极为容易地会被认定为非国家工作人员。但在《意见》颁布以后，宋涛是否属于国家工作人员这个问题就变得比较复杂。检察机关将宋涛认定为国家工作人员，其实是在一定程度上把国家出资企业等同于国有企业。因此，只要是在国家出资企业中任职的人员，都属于国家工作人员。显然，这种理解不适当地扩大了国家出资企业中的国家工作人员的范围。这样理解的话，国家出资企业中的管理人员基本上都会被认定为国家工作人员。因为除经国家机关、国有公司、企业、事业单位提名、推荐、任命、批准等，在国有控股、参股公司及其分支机构中从事公务的人员以外，其他人员都是国家出资企业的股东会、董事会、监事会任命的。但是，《意见》并没有把所有在国家出资企业中任职的人员都界定为国家工作人员，而是以是否经国家出资企业中负有管理、监督国有资产职责的组织批准或者研究决定而在国家出资企业中担任职务，作为国家出资企业中国家工作人员与非国家工作人员区分的标准：凡是经国家出资企业中负有管理、监督国有资产职责的组织批准或者研究决定而在国家出资企业中担任职务的，就是国家工作人员；否则，就是非国家工作人员。在国家出资企业中，股东会、董事会、监事会作为国家出资企业中的决策部门、执行部门和监督部门，要对整个企业的资产承担经营责任，并不只是对国有资产负有管理、监督职责，因此，其所任命的人员，如果未经国家出资企业中负有管理、监督国有资产职责的组织批准或者研究决定的，则不能被认定为国家工作人员。宋涛案的裁判理由在论及宋涛不具有国家工作人员的身份时指出：股东会、董事会、监事会等都不是负有管理、监督国有资产职责的组织，总裁更不能被认定为上述组织，其对宋涛的任命是基于其代表股份公司行使的总裁职权，而非代表负有管理、监督国有资产职责的组织行使职权。因此，就宋涛而言，其职务的任命并不具有“经国家出资企业中负有管理、监督国有资产职责的组织批准或者研究决定”的形式要件。①

之所以对国家出资企业中负有管理、监督国有资产职责的组织会产生误解，与《意见》对这一概念的表述存在密切关联。因为在以往的法律、法规和司法解释中，从来都没有国家出资企业中负有管理、监督国有资产职责的组织这个概念，它是《意见》所独创的一个概念。在这种情况下，对这个概念的理解产生误会也是十分正常的现象。即使是在宋涛案的裁判理由中，还是认为这里的负有管理、监督国有资产职责的组织一般是指上级或者本级国家出资企业领导部门和联席会议。根据有关组织原则，改制后的国家出资企业一般仍设有领导部门，并由本级或者上级领导部门决定人事任免。由其任命并代表其从事公务的人员，应当认定为国家工作人员。② 这里以领导部门解释国家出资企业中负有管理、监督国有资产职责的组织，仍然让人不

---

① 最高人民法院刑事审判第一、二、三、四、五庭主办．刑事审判参考：总第97集．北京：法律出版社，2014：17.

② 最高人民法院刑事审判第一、二、三、四、五庭主办．刑事审判参考：总第97集．北京：法律出版社，2014：16.

得要领。其实，这里的领导部门就是指党委，而联席会议是指党政联席会议。对此，相关人员在论述中已经表述得十分清楚。①

既然所谓国家出资企业中负有管理、监督国有资产职责的组织就是指国家出资企业中的党委，并且将党委任命的人员认定为国家工作人员是党管干部这一组织原则的体现，那么为什么在司法解释中不能明确地加以表述呢？这里还是反映了法律规定与现实状况之间的脱节。在《企业国有资产法》中没有关于国家出资企业中党委的权责的相关规定，而是规定了股东会、董事会、监事会的权责。但在国家出资企业的实际运作中，党委除了主管思想工作、政治工作以外，还主管组织人事工作，这就势必涉及国家出资企业内部干部的任免问题。基于这一现实状况，将党委或者党政联席会议批准或者研究决定的人员认定为国家工作人员，具有其现实合理性。

（二）代表其在国有控股、参股公司及其分支机构中从事组织、领导、监督、经营、管理工作的认定

国家出资企业国家工作人员的认定，除必须具备“经国家出资企业中负有管理、监督国有资产职责的组织批准或者研究决定”这一形式要件以外，还必须具备“代表其在国有控股、参股公司及其分支机构中从事组织、领导、监督、经营、管理工作”这一实质要件。因此，正确理解“代表其在国有控股、参股公司及其分支机构中从事组织、领导、监督、经营、管理工作”，对于国家出资企业国家工作人员的认定具有十分重要的意义。以下，我们通过章国钧案②，讨论“代表其在国有控股、参股公司及其分支机构中从事组织、领导、监督、经营、管理工作”的认定问题。

被告人章国钧，原系交通银行股份有限公司湖州新天地支行行长助理。2012 年 9 月 17 日因涉嫌犯受贿罪被逮捕。

浙江省湖州市吴兴区人民检察院以被告人章国钧犯受贿罪，向湖州市吴兴区人民法院提起公诉。

湖州市吴兴区人民法院经公开审理查明：交通银行股份有限公司（以下简称“交通银行”）是国有资本参股的股份制银行。2003 年 7 月至 2012 年 2 月 26 日，被告人章国钧系交通银行湖州分行的合同制职工。经交通银行湖州分行党委研究决定，2008 年 8 月至 2011 年 3 月，章国钧担任交通银行股份有限公司湖州新天地支行（以下简称“新天地支行”）的业务管理经理。2011 年 3 月至 2012 年 2 月，章国钧担任新天地支行行长助理，主要负责公司类客户的营销和日常管理工作，及公司客户经理队伍的日常管理。2011 年 2 月至 9 月，章国钧利用担任新天地支行业务管理经理、行长助理职务上的便利，为李金星谋取利益，先后多次非法收受李金星贿送的现金，共计人民币（以下未特别注明的均为人民币）49 200 元。

湖州市吴兴区人民法院认为，被告人章国钧身为国家工作人员，利用职务上的便利，非法收受他人财物，为他人谋取利益，其行为构成受贿罪。公诉机关指控的罪名成立，依法应予惩处。章国钧到案后，能如实供述犯罪事实，且当庭认罪，依法可以从轻处罚。章国钧已退缴全部赃款，酌情可以从轻处罚。据此，依照《中华人民共和国刑法》第三百八

① 刘为波．《关于办理国家出资企业中职务犯罪案件具体应用法律若干问题的意见》的理解与适用//最高人民法院刑事审判第一、二、三、四、五庭主办．刑事审判参考：总第 77 集．北京：法律出版社，2010：137.

② 最高人民法院刑事审判第一、二、三、四、五庭主办．刑事审判参考：总第 97 集．北京：法律出版社，2014.

十五条第一款、第三百八十六条、第三百八十三条第一款第三项、第九十三条第二款、第六十七条第三款、第六十四条之规定，湖州市吴兴区人民法院以被告人章国钧犯受贿罪，判处有期徒刑二年六个月。扣押在案的赃款，予以追缴，上缴国库。

一审宣判后，被告人章国钧未提出上诉，公诉机关亦未抗诉，该判决已发生法律效力。

在该案审理过程中，对被告人章国钧的行为定性，存在两种不同意见。

第一种意见认为，章国钧的行为构成非国家工作人员受贿罪。根据《刑法》第 93 条、2001 年最高人民法院《批复》，以及 2005 年最高人民法院《解释》的规定，交通银行系国有资本参股的股份有限公司，不属于国有公司，而且章国钧与交通银行湖州分行签订的是聘用合同，二者之间系劳动合同关系，章国钧既不属于国家机关中从事公务的人员，亦不属于受委派的人员，不能被认定为国家工作人员。章国钧利用职务之便收受他人财物，为他人谋取利益的行为，构成非国家工作人员受贿罪。

第二种意见认为，章国钧的行为构成受贿罪。2010 年最高人民法院、最高人民检察院《意见》规定："经国家出资企业中负有管理、监督国有资产职责的组织批准或者研究决定，代表其在国有控股、参股公司及其分支机构中从事组织、领导、监督、经营、管理工作的人员，应当认定为国家工作人员。"章国钧经交通银行湖州分行党委研究决定，先后担任新天地支行的业务管理经理、行长助理的职务，其工作内容主要是通过对贷款客户的调查、贷款的申报，以及贷款发放后的监控与实地查访，对国有财产进行监督、经营、管理。被告人章国钧属于国家工作人员，其利用职务之便，收受他人财物，为他人谋取利益的行为，构成受贿罪。

以上两种意见的争议，其实是新旧司法解释之争，因此，严格来说，无所谓对错。因为在《意见》颁布之前，按照《批复》和《解释》的规定，章国钧确实应当被认定为非国家工作人员。但在《意见》颁布以后，根据《意见》第 6 条的规定，其是否属于国家出资企业中的国家工作人员，就应当重新界定。

这里首先涉及一个《意见》的时效问题。从本案被告人章国钧的行为来看，这些都发生在《意见》颁布以后，适用《意见》当然没有问题。但对于发生在《意见》颁布之前的行为，是否也适用《意见》呢？这个问题是值得讨论的。对于这个问题，法院内部在业务探讨时，曾经进行过讨论，并且形成了三种意见。① 第一种意见认为，《意见》是一个准司法解释文件，是否具有溯及力，应当参照相关司法解释的规定予以认定。最高人民法院、最高人民检察院《关于适用刑事司法解释时间效力问题的规定》（以下简称《规定》）第 1 条明确规定："司法解释是……具有法律效力的解释，自发布或者规定之日起施行，效力适用于法律的施行期间。"参照该规定，《意见》与被解释的法律条款同步生效，应当认定具有溯及既往的效力。第二种意见认为，《意见》既涵盖了之前相关司法解释的部分内容，又与之前相关司法解释的部分条款相矛盾。根据《规定》第 3 条的规定，对于新的司法解释实施前发生的行为，行为时已有相关司法解释，依照行为时的司法解释办理，但适用新的司法解释对犯罪嫌疑人、被告人有利的，适用新的司法解释。《意见》对"委派"主体作了扩大化的规定，因此，不具有溯及既往的效力。第三种也是多数意见认为，《意见》将"国家出资企业中负有管理、监督国有资产职责的组织"有条件地纳入委派主体，与之前的司法解释并不矛盾。《意见》虽然不是正式意义上的司法解释，但其是在结合近年来反腐工作实践，根据相关政策精神和特定历史条件，并充分考

---

① 宋国蕾，张宁．国家出资企业人员职务犯罪研讨会综述//最高人民法院刑事审判第一、二、三、四、五庭主办．刑事审判参考：总第 89 集．北京：法律出版社，2012：236－237.

虑国家出资企业人员职务犯罪新情况、新问题的前提下，制定的一个司法文件，司法实践中原则上应当遵照执行。在以上三种意见中，我认为，只有第二种意见是正确的。第一种意见只看到了《规定》第1条的原则性规定，而没有看到《规定》第3条的例外规定，并不是对《规定》全面、准确的理解。至于第三种意见，虽然看到了《规定》第3条的规定，但又认为不具备适用该条的条件，因为《规定》与先前的司法解释并不矛盾。那么，关于国家出资企业国家工作人员的新旧司法解释之间是否存在矛盾呢？在章国钧案中，根据旧的司法解释得出了其不属于国家工作人员的结论，而根据新的司法解释得出了其属于国家工作人员的结论，怎么能说没有矛盾呢？

当然，在章国均案中，其行为发生在《意见》颁布之后，所以不存在适用旧的司法解释的问题。不过，这个问题对于行为发生在《意见》颁布之前的案件，还是具有重要意义的。我认为，《规定》对于对同一事项前后存在适用不同司法解释的行为，确立了从旧兼从轻的原则。因此，《意见》关于国家出资企业国家工作人员的重新界定不具有溯及既往的效力。

对于章国均案，需要讨论的还是根据《意见》第6条的规定，章国均是否属于国家工作人员的问题。从该案的实际情况来看，章国均虽然系合同制聘用的人员，但其担任经理、行长助理的管理职务，是经党委研究决定的。因此，他具备了国家出资企业国家工作人员的第一个要件，即经国家出资企业中负有管理、监督国有资产职责的组织批准或者研究决定，这是没有疑问的。现在的问题是：是否符合国家出资企业国家工作人员的第二个要件，即代表其在国有控股、参股公司及其分支机构中从事组织、领导、监督、经营、管理工作。相关人员将这个要件分解为代表性和公务性两个要素。关于代表性，相关人员指出：有无代表性是认定委派来源的一个内含要件。虽经有关组织研究决定，但任职与该组织没有必然联系，被委派人对该组织亦无职责义务关系的，不应认定为国家工作人员。关于公务性，相关人员指出：国家出资企业的公务活动主要体现为国有资产的组织、领导、监督、经营、管理活动，企业中的具体事务活动一般不应当认定为公务。① 应该说，这个界定还是十分严格的。但是，在具体案件中，所谓代表性和公务性能否起到界分作用，还是值得讨论的。

代表性是指代表党委在国家出资企业中对国有资产进行管理、监督，使之增值、保值。这种代表性，主要表现为其所担任的职务。因此，只要是经国家出资企业党委或者联席会议研究决定或者批准担任某项职务的，一般来说都会被认定为国家出资企业国家工作人员。因此，代表性这一要素的界分功能其实是极弱的，甚至根本就没有这种界分功能。

就公务性而言，是指在国家出资企业中从事公务活动。公务本来不仅是与劳务相区分的一个概念，而且是与国家管理活动相联系的一个概念。国家工作人员不仅在从事工作的内容上具有非劳务性，而且在从事工作的性质上具有国家性。因此，公务的概念对于定义国家工作人员的主体身份具有一定的意义。但是，1997年《刑法》关于国家工作人员的概念中出现了受委派从事公务的内容，更强调的是委派的形式，而从事公务这一内容只是保留了与劳务的区别性，而国家性则被虚化了。例如，国家机关、国有公司、企业、事业单位、人民团体委派到非国有公司、企业、事业单位、社会团体从事公务的人员。所谓从事公务只是指非劳务的管理活动，包括会计、出纳等。同样是会计、出纳，如果是受委派的人员，其会计、出纳工作就被认为是公务；如果不是受委派的人员，而是非国有单位自身聘任的会计、出纳，就会被认为不是从事公务。因此，对于这种情况下的受委派从事公务的国家工作人员的认定，根本标志在于受

---

① 刘为波．《关于办理国家出资企业中职务犯罪案件具体应用法律若干问题的意见》的理解与适用//最高人民法院刑事审判第一、二、三、四、五庭主办．刑事审判参考：总第77集．北京：法律出版社，2010：138.

委派而不是从事活动的性质。

在章国钧案中，其担任交通银行湖州新天地支行业务管理经理、行长助理，职责是负责公司类客户的营销和日常管理工作，及公司客户经理队伍的日常管理。这些业务活动可以说是银行的普通业务。不仅在国有出资银行存在这种业务，在其他任何银行也都存在这种业务。在宋涛案的裁判理由中，法院将所谓公务活动区分为公司性公务和国家性公务，并且认为："行为人的身份如果符合形式要件，即经国家出资企业中负有管理、监督职责的组织批准或者研究决定，即使从事的是公司性的公务，也应以国家工作人员从事公务论。"① 因此，只要符合形式要件，对于公务性这一要件来说，是不需要专门加以考察的，只要区别于劳务性活动即可。但在章国钧案中，裁判理由对其从事管理活动与公务的相关性进行了以下论述："实践中，国家出资企业中的受委派人员本质上往往存在两种身份的融合，即国家工作人员身份和公司管理人员身份，身份的融合也随之导致工作性质的融合，换言之，受委派人员在国家出资企业中不仅要从事最本质的公务性工作，也要从事一般的事务性工作。本案中，章国钧作为新天地支行的业务管理经理和行长助理，其工作职责可以分为两部分：一部分是对客户经理的日常考核和管理，以及协助行长从事一般的管理工作，该部分工作可以理解为一般的事务性工作。而另一部分则是其工作的重点，即对贷款的审查和监督，通过对贷款客户进行评估和初审等贷前审查，确定贷款客户的经济状况和信誉度，再将贷款申报到授信部和审贷会进行最终的贷款审批。章国钧在供述中也提到，通常情况下，只要贷款客户能够通过其负责的贷前审查，基本上都是可以通过贷款审批取得贷款的，而如果贷款客户经济状况较差，其也会在调查报告中帮助企业作出相应的调整，使企业能够贷到款，行贿人之所以送予其财物主要是为了得到其的关照和帮助，能够顺利取得贷款。章国钧在贷款客户审批通过之后，再根据贷款通知书具体和企业进行放贷操作，并在贷款发放后，通过对贷款的贷后监控与实地查访，考察贷款客户的经济状况是否正常稳定，以确保国有资产的保值增值。章国钧对贷款审查和监管的工作职责属于对国有资产的管理、监督，属于'从事公务'，系代表委派组织从事监督、经营、管理工作，符合国家工作人员的本质要求。"② 在以上论证中，章国钧的工作分为两部分：一是日常管理活动，认为这是属于事务性的活动；二是对贷款的审查和监管活动，认为这是属于公务性的活动。但就活动的内容来说，不仅国家出资银行存在对贷款的审查和监管活动，其他具有发放贷款业务的银行也都存在这种对贷款的审查和监管活动，只是在与劳务活动相区分的意义上，可以认为是公务活动。决定其具有确保国有资产的保值增值这一性质的，不是这种活动本身，而是国家出资银行这一性质。由此可见，所谓代表性是从国家出资企业这一单位性质获得的，而不是从管理活动的性质获得的。

综上所述，在国家出资企业国家工作人员的认定中，《意见》确定了两个标准，即（1）经国家出资企业中负有管理、监督国有资产职责的组织批准或者研究决定；（2）代表其在国有控股、参股公司及其分支机构中从事组织、领导、监督、经营、管理工作。虽然有两个标准，但在实际案件的认定中，真正起作用的是前者，而后者在很大程度上被虚置。

应当指出，王一兵案发生在上述《意见》颁布之前，并不适用该司法解释。如果王一兵案发生在《意见》颁布以后，适用该司法解释，则其属于国家出资企业中的国家工作人员。

四、行为定性

贪污罪的行为是利用职务上的便利，侵吞、窃取、骗取或者以其他手段非法占有公共财

---

① 最高人民法院刑事审判第一、二、三、四、五庭主办．刑事审判参考：总第97集．北京：法律出版社，2014：18.

② 最高人民法院刑事审判第一、二、三、四、五庭主办．刑事审判参考：总第97集．北京：法律出版社，2014：116.

物。在本案中，被告人王一兵的行为属于侵吞公共财物，对此并无异议。在本案中，王一兵先是将宝耀公司的款项打入宝耀试验所，然后再利用改制之际，将该款项非法占有。那么，到底哪一阶段的行为是贪污行为呢？对于这个问题，一审法院与二审法院的认定显然是有所不同的。一审法院认定的贪污行为是：

> 王一兵利用兼任宝耀公司与宝耀试验所法人代表并负责两单位经营的职务便利，唆使会计人员虚假做账。将宝耀公司的公款转移至宝耀试验所，致使宝耀公司对上述公款完全丧失所有权。被告人王一兵利用职务上的便利，通过唆使他人做假账的方法侵吞公款，数额特别巨大，其行为已构成贪污罪。

由此可见，一审法院是把王一兵利用职务便利将宝耀公司的公款转移至宝耀试验所认定是本案的贪污行为。二审法院认为：

> 1994年间，宝耀试验所尚属宝耀公司全资下属单位，上诉人王一兵将宝耀公司财产转到宝耀试验所不如实记账，尚不能以贪污罪论处。1997年宝耀试验所转制为自然人股份合作制企业，王一兵利用担任宝耀公司总经理的职务便利，放弃公司对宝耀试验所12辆搅拌车资产的所有权，使该部分本属宝耀公司所有的公共财物被王及亲属绝对控股的宝耀试验所非法占有，其行为应以贪污罪论处。

由此可见，二审法院是把在宝耀试验所改制过程中王一兵放弃宝耀公司对12辆搅拌车资产的所有权的行为认定为贪污行为。对此，裁判理由作出以下阐述。

> 1994年间，王一兵利用担任宝耀公司总经理的职务便利，通过指使财务人员做假账的方法，将宝耀公司12辆价值780万元的搅拌车转移到宝耀试验所名下之后，在宝耀公司的账面上已经无法反映出其对宝耀试验所享有的780万元债权。但因当时宝耀试验所尚为宝耀公司的全资下属单位，虽有独立的法人资格，但宝耀公司作为宝耀试验所唯一的股东，对宝耀试验所全部财产当然地享有出资人的所有权利。因此，王一兵利用职务便利将宝耀公司财产转到宝耀试验所不如实记账的行为，尚不能认定其具有非法占有目的。但在宝耀试验所转制为自然人股份合作制企业的过程中，王一兵明知宝耀公司价值780万元的搅拌车已被其利用职务便利以宝耀试验所固定资产的形式予以隐匿，不但不予收回，反而利用担任宝耀公司总经理的职务便利非法将该部分财物转归其本人及亲属绝对控股的宝耀试验所占有。对此，王一兵既未向宝耀公司董事会汇报，又未向改制后的宝耀试验所的股东讲明。因此，这些公共财物名义上虽归宝耀试验所所有，但其使用、分配等权利均由作为改制后的宝耀试验所最大股东的法定代表人兼董事长王一兵行使，处在王一兵绝对控制之下，应认定为王一兵非法占有。

在此，对先后两次的定性有必要展开讨论。

（一）王一兵将宝耀公司的财物转移到宝耀试验所的行为性质

如前所述，一审法院认为，王一兵将宝耀公司的财物转移到宝耀试验所的行为本身是贪污。十分凑巧，在有关书籍中我发现了以一审法院有关人员为作者的《王某贪污案——受国有公司委派从事公务的人员将巨额国有资产非法转移至个人投资的股份合作制企业构成贪污罪》① 一文，论文中的王某就是王一兵，因为两案的案情除个别细节表述稍有出入外，基本案情相同。虽然不能断定论文撰稿人蔡安康、王潮就是本案一审的承办人，但由于该书是上海市

① 卢方主编．经济、财产犯罪案例精选．上海：上海人民出版社，2008：204－210.

第二中级人民法院“判案论法丛书”的一种，该书后记载明蔡安康是该院法官，王潮系华东政法大学研究生，因此，撰稿人之一蔡安康应与本案承办有着密切关系。论文的分析仍然坚持王一兵非法转移宝耀公司利润的行为是贪污行为，并作了以下论证。

> 1. 被告人王某符合国家工作人员的主体身份（略）。
>
> 2. 被告人王某主观上具有非法占有公款的故意。被告人王某（指王一兵，下同）利用职务便利将建材公司（指宝耀公司，下同）的资金划给建材试验所（指宝耀试验所，下同），这种将公共财物转到个人控股的公司享有的行为，能否认定为行为人非法占有，一种观点持肯定的态度；另一种观点认为，王某将该资产转为建材试验所享有，主观目的是为建材试验所谋取利益，不宜认定为贪污罪。上述观点的分歧焦点在于，对成立贪污罪所必须具有的“非法占有目的”应当如何理解。换言之，非法占有是否就是指“非法据为己有”。
>
> 我们认为，刑法之所以强调惩处“非法占有”，主要在于通过刑法的强制力来保障公共财物不受侵犯。这明显是侧重于保护公共财产的利益归属权，也即维持国家所有的状态不受侵害。与此相对的是，国家丧失对公共财物的占有后，该财物最终被谁占有并不是刑法特别关注的。因此，对于非法占有不能狭义地理解为占为己有，而应作广义的解释，即只要是国家工作人员利用职务便利，采取各种非法手段将公共财物控制在个人手中，使财产所有权事实上发生转移的，无论是据为己有还是转送他人，均应视为对公共财产进行了非法处分，因为行为人的行为已经对公共财物所有权造成了实质性侵犯。
>
> 本案中，王某从建材公司转出694万余元的利润款至建材试验所的企业账上运作，从形式上看，似未直接被王某个人占有，但一个无法改变的事实是：当王某将这笔公款从建材公司划到建材试验所的账上时，其已经取得了对这笔款项的占有支配权，同时意味着建材公司的这笔公款的所有权受到了侵犯，因而应认定此时王某已经非法占有了该笔公款，由此足以确定王某具有非法占有的犯罪故意。
>
> 3. 王某客观上实施了非法占有公款的行为。王某得知建材公司1994年度的利润总额为1 800万余元后，即要求会计人员重新做账，将利润改为423万元，设法将其余利润转移至建材试验所。在这一行为的具体实施过程中，尽管王某本人没有直接做假账，但王某是利用自己兼任建材公司和建材试验所法定代表人并负责两家单位经营的职务便利，在其侵吞公款的故意支配下指使财务人员实施具体的侵吞建材公司公款的行为，有关财务人员在领会王某的这一意图后，通过虚假做账并将账面做平的方法来达到王某要求将建材公司利润转移至建材试验所的目的。由此可见，王某有明确的犯罪目的并授意他人实施，其应对他人根据其授意而实施的犯罪行为所产生的全部后果承担法律责任。
>
> 另从建材试验所的角度看，建材试验所从一开始系集体所有制企业，后经两次变更投资主体，转变为全部由个人出资的股份合作制企业。当上述公款全部归个人出资的建材试验所所有，并由作为法定代表人的王某实际控制和支配，这使得建材公司对上述公款失去所有权，结合王某主观上具有非法占有的目的，应当认定此时王某已经完成贪污犯罪的全部过程，其贪污行为已经既遂。

在以上论证中，先论述主观上具有贪污故意，然后再论述客观上具有贪污行为，这种主观先于客观的判断方法，是存在较大缺陷的。从犯罪成立的关系上说，贪污故意是行为人实施贪污行为时的主观心理状态，因而贪污行为的判断应当先于贪污故意的判断。如果没有贪污行为就不可能有贪污故意，因而，贪污罪构成的客观要素具有对其主观要素的规制机能。由于将贪污故意放在贪污行为之前加以判断，就使这种规制机制不复存在。如果说，对于本案是先作主观判断还是先作客观判断，还是一个判断方法问题，那么，以下这个判断就涉及对案件事实的认定。在对王一兵的主观故意的论述中，作者有这样的表述：

被告人王某利用职务便利将建材公司的资金划给建材试验所，这种将公共财物转为个人控股的公司享有的行为，能否认定为行为人非法占有……

从案情来看，王一兵指使财务主管篡改宝耀公司原先账目，以开具转账支票或提取现金的办法将其中的694万余元转入宝耀试验所的账户，用于宝耀试验所购买搅拌车，并将购买的12辆搅拌车计入宝耀试验所的固定资产，是在1994年年底。而第一次股权变更是在1995年1月3日，第二次股权变更是在1997年10月。从这一时间表来看，怎么能够得出将宝耀公司的公共财物转为个人控股的公司这一结论？对此，裁判理由表述为：

当时宝耀试验所尚为宝耀公司的全资下属单位，具有独立的法人资格，但宝耀公司作为宝耀试验所唯一的股东，对宝耀试验所全部财产当然地享有出资人的所有权利。因此，王一兵利用职务便利将宝耀公司财产转到宝耀试验所不如实记账的行为，尚不能认定其具有非法占有目的。

因此，被告人王一兵在1994年年底将宝耀公司的公共财物转入其全资下属企业，只是一种违反财经制度的行为。这时，该财物尚记在宝耀试验所账下，因此，得出王一兵已经非法占有该财物的结论，这与其说是一个主观上是否具有非占有的目的的问题，不如说是一个客观上是否具有贪污行为的问题。

（二）王一兵放弃宝耀公司12辆搅拌车资产的所有权的行为性质

一审法院认定王一兵将宝耀公司的780万元款项转入宝耀试验所的行为是贪污，因此，贪污的对象是780万元公款。但二审法院则认定王一兵放弃宝耀公司对12辆搅拌车资产的所有权的行为是贪污，因此贪污的对象是12辆搅拌车。上述两种结论当然是不同的，但王一兵是如何非法占有12辆搅拌车的呢？从案情来看，宝耀试验所是由宝耀公司出资30万元成立的集体所有制企业。在成立以后，王一兵用宝耀公司的780万元为宝耀试验所购买搅拌车12辆及支付其他费用。后又采用篡改账目的方法在账册中结平宝耀公司为宝耀试验所支付购买搅拌车款项，并将用宝耀公司资金780万元购买的12辆搅拌车计作宝耀试验所的固定资产。也就是说，12辆搅拌车是记在宝耀试验所账上的。问题出在1995年第一次股份制改造，宝耀试验所收职工个人股金120万元（其中王一兵及其亲属集资计69万元），将宝耀公司原投入折算为30万元。事实上，宝耀公司除出资30万元之外，仅记在账上的固定资产即12辆搅拌车就价值780万元，为什么股金仅计为150万元呢？及至1997年10月第二次股份制改造，宝耀公司转让原属于宝耀试验所的30万元股权，由宝耀试验所职工个人集资充抵，宝耀试验所变更为自然人投资的股份合作制企业。在这一过程中，宝耀试验所的780万元固定资产转变为自然人所有的财产，作为宝耀试验所出资人的宝耀公司的财产所有权受到侵犯。

那么，被告人王一兵的贪污行为能否表述为放弃宝耀公司对12辆搅拌车资产的所有权呢？事实上，当这12辆搅拌车作为固定资产记在宝耀试验所的账上，宝耀公司已经丧失了对该资产的产权。王一兵贪污案是在“利用企业改制侵吞公共财物构成贪污罪”这一题目下来讨论的，既然将其行为与企业改制挂钩，那么王一兵是如何利用企业改制将12辆搅拌车非法占有的呢？按照企业改制的一般程序，首先要对公司进行资产评估。例如徐华、罗永德贪污案①，就是在国有企业改制中隐瞒资产真实情况造成巨额国有资产损失，被告人被认定为贪污罪。但

① 最高人民法院编．刑事审判参考：总第19辑．北京：法律出版社，2002.

在王一兵案中，有关案情并未涉及这部分内容。因此，王一兵是否采取隐瞒宝耀试验所的固定资产的方法，使其未计入宝耀公司的资产，从而予以非法占有，这些具体情形我们不得而知。这与本案一审法院，包括指控的检察机关都认定被告人王一兵将宝耀公司的780万元款项转至宝耀试验所的行为构成贪污罪有关。在二审法院的判决中，虽然对贪污行为的认定进行了调整，但其事实根据却没有加以明确地描述。

被告人王一兵是如何利用企业改制侵吞公司财物的问题，直接关系到本案的定性。如前所述，被告人王一兵具有宝耀公司和宝耀试验所的两种身份以及与之相对应的两种职务。将宝耀公司的780万元款项转至宝耀试验所，是利用宝耀公司的职务便利，那么，利用宝耀试验所改制将公共财产非法占有，到底是利用宝耀试验所的职务便利还是利用宝耀公司的职务便利，就与其具体行为直接相关。如果是利用宝耀试验所的职务便利侵吞公共财物的，那就是职务侵占罪而非贪污罪。由于王一兵是如何利用企业改制而将公共财产予以侵吞的具体情节不清，所以对于这一问题的法律性质难以作出正确认定。

五、数额认定

无论是贪污罪还是职务侵占罪，都存在一个数额如何认定的问题。这里的数额认定，是指在宝耀试验所的股权中，王某及其亲属占总投资的69%，其他职工占31%。那么，能否将780万元全部计算为王一兵的贪污数额呢？从实际占有股权来看，属于王一兵的是780万元的69%，而非全部。关于这个问题，裁判理由指出：

> 尽管王一兵非法占有的宝耀公司的公共财物在形式上仍然属于宝耀试验所的固定资产，但由于财产所有权事实上已经发生了转移，财产的公共性质已经受到实质性侵犯，且处于王一兵的永久控制之下，因此，王一兵将部分公共财物处置给宝耀试验所其他股东的行为应当视为其非法占有公共财物后的一种处置方法，不影响对其行为性质的认定。

根据裁判理由，王一兵虽然只占有宝耀试验所的69%股权，但仍对全部数额承担刑事责任，其他部分视为其非法占有公共财物后的一种处置方法。对于这种观点，我是赞同的。关于这个问题，要从刑法关于贪污数额规定的演变考察。

1979年《刑法》第155条对贪污数额只规定了数额巨大，对于共同贪污犯罪数额如何计算未作规定。及至1988年全国人大常委会《关于惩治贪污罪贿赂罪的补充规定》* （以下简称《补充规定》），对贪污数额表述为“个人贪污数额”，这里的“个人”，在单独犯罪的情况下当然是指本人。在共同犯罪的情况下如何认定，《补充规定》未作规定。但《补充规定》还指出：“二人以上共同贪污的，按照个人所得数额及其在犯罪中的作用，分别处罚。对贪污集团的首要分子，按照集团贪污的总数额处罚；对其他共同贪污犯罪中的主犯，情节严重的，按照共同贪污的总数额处罚。”按照这一规定推论，贪污数额分为个人所得数额与总数额。只有贪污集团的首要分子和情节严重的主犯，才按照贪污总数额处罚。对其他共同贪污犯罪分子，只按照个人贪污所得数额处罚。在这种情况下，贪污数额就理解为个人所得数额，也就是自己所有的数额。

1997年《刑法》关于贪污罪的规定虽然保留了个人贪污数额的表述，但2003年11月13日最高人民法院《纪要》对共同贪污犯罪中“个人贪污数额”的认定作出了以下规定：

> 刑法第三百八十三条第一款规定的“个人贪污数额”，在共同贪污犯罪案件中应理解

---

* 该补充规定现已失效。——编者注

> 为个人所参与或者组织、指挥共同贪污的数额，不能只按个人实际分得的赃款数额来认定，对共同贪污犯罪中的从犯，应当按照其所参与的共同贪污的数额确定量刑幅度，并依照刑法第二十七条第二款的规定，从轻、减轻处罚或者免除处罚。

按照这一规定，在共同贪污犯罪中，无论是主犯还是从犯，都应对共同贪污的总数额承担刑事责任，个人所得数额只是量刑考虑的因素。因此，贪污数额不再以个人实际占有计算，而是根据贪污行为来确定，这一原理本应是共同贪污犯罪的处罚原则，但它对于本案也具有参照价值。在本案中，780万元的财产损失都是因被告人王一兵的犯罪行为造成的，尽管其个人只占有其中一部分，但他仍然应当按照总数额承担刑事责任。

当然，如果在犯罪所得数额中，包含本人所有或者应有部分，应从数额中予以扣除。在本案中，被告人王一兵利用职务便利从宝耀公司转移到宝耀试验所的683万余元利润中，按照董事会事先有关规定，王一兵还可获奖励20万余元，对此是否应当从贪污数额中予以扣除呢？对此存在两种观点：一种观点认为，贪污犯罪数额应按被转移的694万余元全额计算；另一种观点认为应扣除王一兵尚未实际获得的全部奖金后认定。对于这个问题，一审法院的裁判理由正确地提出：

> 被告人王某的贪污数额应扣除其可得的奖金。贪污犯罪行为指向的对象是应当归属国家所有的国有财产，而被告人王某应获得的奖金不属于国有财产，因而在认定被告人王某贪污罪数额时，应将其可获得的奖金予以扣除。①

由上述可见，如何确定贪污数额是一个十分复杂的问题，应当根据案件的具体情况实事求是地加以认定。

---

① 卢方主编．经济、财产犯罪案例精选．上海：上海人民出版社，2008：209.

第十五章　以与请托人合办公司获取利润名义收受贿赂行为之定性研究

——潘玉梅、陈宁受贿案（受贿罪　变相受贿）

潘玉梅、陈宁受贿案是最高人民法院颁布的一个指导案例，该案对变相受贿行为的司法认定问题具有指导意义。在最高人民法院发布的指导案例中，刑事指导案例具有重要的地位。刑事指导案例对犯罪认定与刑罚裁量等有关法律问题，采取提炼指导案例中的裁判要点的方式，确立了有关司法规则。这些司法规则对于此后处理类似案件提供了法律根据，因而具有重要的指导意义。本章拟对潘玉梅、陈宁受贿案进行分析，重点研究裁判要点，以加深我们对该案所确立的司法规则的正确理解。

一、案情及诉讼过程

（一）相关法条

《刑法》第385条第1款。

（二）基本案情

2003年8、9月间，被告人潘玉梅、陈宁分别利用担任江苏省南京市栖霞区迈皋桥街道工委书记、迈皋桥办事处主任的职务便利，为南京某房地产开发有限公司总经理陈某在迈皋桥创业园区低价获取100亩土地等提供帮助，并于9月3日分别以其亲属名义与陈某共同注册成立南京多贺工贸有限责任公司（简称“多贺公司”），以“开发”上述土地。潘玉梅、陈宁既未实际出资，也未参与该公司经营管理。2004年6月，陈某以多贺公司的名义将该公司及其土地转让给南京某体育用品有限公司，潘玉梅、陈宁以参与利润分配名义，分别收受陈某给予的480万元。2007年3月，陈宁因潘玉梅被调查，在美国出差期间安排其驾驶员退给陈某80万元。案发后，潘玉梅、陈宁所得赃款及赃款收益均被依法追缴。

2004年2月至10月，被告人潘玉梅、陈宁分别利用担任迈皋桥街道工委书记、迈皋桥办事处主任的职务之便，为南京某置业发展有限公司在迈皋桥创业园购买土地提供帮助，并先后4次各收受该公司总经理吴某某给予的50万元。

2004年上半年，被告人潘玉梅利用担任迈皋桥街道工委书记的职务便利，为南京某发展有限公司受让金桥大厦项目减免100万元费用提供帮助，并在购买对方开发的一处房产时接受该公司总经理许某某为其支付的房屋差价款和相关税费61万余元（房价含税费121.081 7万元，潘支付60万元）。2006年4月，潘玉梅因检察机关从许某某的公司账上已掌握其购房仅支付部分款项的情况而补还给许某某55万元。

此外，2000年春节前至2006年12月，被告人潘玉梅利用职务便利，先后收受迈皋桥办事处一党支部书记兼南京某商贸有限责任公司总经理高某某人民币201万元和美元49万元、浙江某房地产集团南京置业有限公司范某某美元1万元。2002年至2005年间，被告人陈宁利用职务便利，先后收受迈皋桥办事处一党支部书记高某某21万元、迈皋桥办事处副主任刘某8

万元。

综上，被告人潘玉梅收受贿赂人民币792万余元、美元50万元（折合人民币398.1234万元），共计收受贿赂1190.2万余元；被告人陈宁收受贿赂559万元。

（三）裁判结果

江苏省南京市中级人民法院于2009年2月25日以（2008）宁刑初字第49号刑事判决，认定被告人潘玉梅犯受贿罪，判处死刑，缓期二年执行，剥夺政治权利终身，并处没收个人全部财产；被告人陈宁犯受贿罪，判处无期徒刑，剥夺政治权利终身，并处没收个人全部财产。宣判后，潘玉梅、陈宁提出上诉。江苏省高级人民法院于2009年11月30日以同样的事实和理由作出（2009）苏刑二终字第0028号刑事裁定，驳回上诉，维持原判，并核准一审以受贿罪判处被告人潘玉梅死刑，缓期二年执行，剥夺政治权利终身，并处没收个人全部财产的刑事判决。

（四）裁判理由

法院生效裁判认为：关于被告人潘玉梅、陈宁及其辩护人提出二被告人与陈某共同开办多贺公司开发土地获取“利润”480万元不应认定为受贿的辩护意见。经查，潘玉梅时任迈皋桥街道工委书记，陈宁时任迈皋桥街道办事处主任，对迈皋桥创业园区的招商工作、土地转让负有领导或协调职责，二人分别利用各自职务便利，为陈某低价取得创业园区的土地等提供了帮助，属于利用职务上的便利为他人谋取利益；在此期间，潘玉梅、陈宁与陈某商议合作成立多贺公司用于开发上述土地，公司注册资金全部来源于陈某，潘玉梅、陈宁既未实际出资，也未参与公司的经营管理。因此，潘玉梅、陈宁利用职务便利为陈某谋取利益，以与陈某合办公司开发该土地的名义而分别获取的480万元，并非所谓的公司利润，而是利用职务便利使陈某低价获取土地并转卖后获利的一部分，体现了受贿罪权钱交易的本质，属于以合办公司为名的变相受贿，应以受贿论处。

关于被告人潘玉梅及其辩护人提出潘玉梅没有为许某某实际谋取利益的辩护意见。经查，请托人许某某向潘玉梅行贿时，要求在受让金桥大厦项目中减免100万元的费用，潘玉梅明知许某某有请托事项而收受贿赂；虽然该请托事项没有实现，但“为他人谋取利益”包括承诺、实施和实现不同阶段的行为，只要具有其中一项，就属于为他人谋取利益。承诺“为他人谋取利益”，可以从为他人谋取利益的明示或默示的意思表示予以认定。潘玉梅明知他人有请托事项而收受其财物，应视为承诺为他人谋取利益，至于是否已实际为他人谋取利益或谋取到利益，只是受贿的情节问题，不影响受贿的认定。

关于被告人潘玉梅及其辩护人提出潘玉梅购买许某某的房产不应认定为受贿的辩护意见。经查，潘玉梅购买的房产，市场价格含税费共计应为121万余元，潘玉梅仅支付60万元，明显低于该房产交易时当地市场价格。潘玉梅利用职务之便为请托人谋取利益，以明显低于市场的价格向请托人购买房产的行为，是以形式上支付一定数额的价款来掩盖其受贿权钱交易本质的一种手段，应以受贿论处，受贿数额按照涉案房产交易时当地市场价格与实际支付价格的差额计算。

关于被告人潘玉梅及其辩护人提出潘玉梅购买许某某开发的房产，在案发前已将房产差价款给付了许某某，不应认定为受贿的辩护意见。经查，2006年4月，潘玉梅在案发前将购买许某某开发房产的差价款中的55万元补给许某某，相距2004年上半年其低价购房有近两年时间，没有及时补还巨额差价；潘玉梅的补还行为，是由于许某某因其他案件被检察机关找去谈话，检察机关从许某某的公司账上已掌握潘玉梅购房仅支付部分款项的情况后，出于掩盖罪行目的而采取的退赃行为。因此，潘玉梅为掩饰犯罪而补还房屋差价款，不影响对其受贿罪的认定。

综上所述，被告人潘玉梅、陈宁及其辩护人提出的上述辩护意见不能成立，不予采纳。潘玉梅、陈宁作为国家工作人员，分别利用各自的职务便利，为他人谋取利益，收受他人财物的行为均已构成受贿罪，且受贿数额特别巨大，但同时鉴于二被告人均具有归案后如实供述犯罪、认罪态度好，主动交代司法机关尚未掌握的同种余罪，案发前退出部分赃款，案发后配合追缴涉案全部赃款等从轻处罚情节，故一、二审法院依法作出如上裁判。

二、变相受贿行为的司法解释

受贿罪是刑法中的一个重要罪名，也是在司法实践中认定较为复杂的一个罪名。尤其是在现实生活中出现了一些新类型的受贿犯罪，给受贿罪的定罪量刑都带来一定的困难。为此，2007 年 7 月 8 日最高人民法院、最高人民检察院颁布了《关于办理受贿刑事案件适用法律若干问题的意见》（以下简称《意见》），对于新类型的受贿案件中的法律适用问题提出了具体的处理意见。根据《意见》的规定，变相受贿行为具有以下八种情形。

（一）交易型受贿

《意见》第 1 条规定，国家工作人员利用职务上的便利为请托人谋取利益，以下列交易形式收受请托人财物的，以受贿罪论处：（1）以明显低于市场的价格向请托人购买房屋、汽车等物品的；（2）以明显高于市场的价格向请托人出售房屋、汽车等物品的；（3）以其他交易形式非法收受请托人财物的。受贿数额按照交易时当地市场价格与实际支付价格的差额计算。

以房地产交易的方式收受贿赂，由此而涉及其受贿数额的计算问题。根据《意见》的规定，对于交易型受贿的，其受贿数额应当按照交易时该房产的市场价格与实际支付价格的差额计算。在交易型受贿的情况下，最为复杂的问题是关于明显低于或者明显高于市场价的认定，这个问题既关系交易型受贿罪的定罪，又关系交易型受贿罪的量刑。这里涉及的是基准价的确定问题。在《意见》制定过程中，曾经存在以成本价或者象征性价格作为计算基准的观点，但因为这种观点抬高了交易型受贿罪的入罪门槛而没有被采纳。但在司法实践中，当地市场价格与实际支付价格之间的差额在认定上还是存在一定难度的。在任何案件中，实际支付价格都是明确的，关键是如何确定当地市场价格。当地市场价格应当根据不同情形，分别加以确定。例如我国学者提出，对于以低价购买房屋的案件，就要区分新房、二手房和特价房等情形，考虑各种因素加以确定。我认为，这些计算方法都具有合理性，可以在处理低价购买房屋的受贿案件时参考。

（二）干股分红型受贿

《意见》第 2 条规定，国家工作人员利用职务上的便利为请托人谋取利益，收受请托人提供的干股的，以受贿论处。这里的干股，是指未出资而获得的股份。关于干股分红型受贿的数额的计算，《意见》根据股权是否转让区分为以下两种情形：（1）进行了股权转让登记，或者相关证据证明股份发生了实际转让的，受贿数额按转让行为时股份价值计算，所分红利按受贿孳息处理。（2）股份未实际转让，以股份分红名义获取利益的，实际获利数额应当认定为受贿数额。根据《意见》的上述规定，已转让股权的，按转让行为时股权价值计算受贿数额，未实际转让股权的，受贿数额按照所分红利计算。

（三）合作投资型受贿

《意见》第 3 条规定，国家工作人员利用职务上的便利为请托人谋取利益，由请托人出资，“合作”开办公司或者进行其他“合作”投资的，以受贿论处。受贿数额为请托人给国家工作人员的出资额。国家工作人员利用职务上的便利为请托人谋取利益，以合作开办公司或者其他合作投资的名义获取“利润”，没有实际出资和参与管理、经营的，以受贿论处。

（四）受托理财型受贿

《意见》第4条规定，受托理财型受贿根据是否实际出资分为以下两种情形：(1) 国家工作人员为请托人谋取利益，以委托请托人投资证券、期货或者其他委托理财的名义，未实际出资而获取“收益”，以受贿论处。这种情况下，受贿数额以收益额计算。(2) 国家工作人员为请托人谋取利益，委托请托人投资证券、期货或者其他委托理财，虽然实际出资，但获取“收益”明显高于出资应得收益，以受贿论处。在这种情况下，受贿数额以“收益”额与出资应得收益额的差额计算。

（五）赌博型受贿

《意见》第5条规定，国家工作人员利用职务上的便利为请托人谋取利益，通过赌博方式收受请托人财物的，构成受贿。这种受贿款是以赌博赢钱的方式获取的，它以赌博为掩护，是一种变相的受贿行为，应以受贿罪论处。赌博型受贿和那种以赌博为名向他人索取财物的行为是有所不同的。以收受赌资为名实施的受贿行为，就是普通受贿。将贿赂款用于赌博，只是对赃款的处置问题。而赌博型受贿，则是指采用赌博赢钱的方式收取贿赂款。其名为赌博，实为受贿。根据前引《意见》的规定，司法实践中认定赌博型受贿的时候，应当结合以下因素进行判断：(1) 赌博的背景、场合、时间、次数；(2) 赌资的来源；(3) 其他赌博参与者有无事先通谋；(4) 输赢钱物的具体情况和金额大小。

（六）干薪型受贿

《意见》第6条规定，国家工作人员利用职务上的便利为请托人谋取利益，要求或者接受请托人以给特定关系人安排工作为名，使特定关系人不实际工作却获取所谓薪酬的，以受贿论处。在这种干薪型受贿的情况下，国家工作人员不劳而获，是一种变相的受贿行为。在认定干薪型受贿的时候，必须注意，只有在特定关系人只是挂名没有实际参加工作的情况下才能成立。如果特定关系人实际参加了工作，即使在聘任和薪酬支付上存在一定的瑕疵，国家工作人员也不构成干薪型受贿罪。

（七）特定关系人收受型受贿

《意见》第7条规定，国家工作人员利用职务上的便利为请托人谋取利益，授意请托人将有关财物给予特定关系人的，以受贿论处。

（八）权属未变更型受贿

《意见》第8条规定，国家工作人员利用职务上的便利为请托人谋取利益，收受请托人房屋、汽车等物品，未变更权属或者借用他人名义办理权属变更登记的，不影响受贿的认定。

三、潘玉梅、陈宁案的法理分析

潘玉梅、陈宁受贿案就是在上述《意见》颁布以后，适用该《意见》形成裁判要旨的一个案例。该案的裁判要点在一定程度上是《意见》的适用结果。在这个意义上说，该案并没有创制新的司法规则。尽管如此，该案还是对于司法机关正确地认定新类型的受贿罪具有指导意义。以下，我对该案涉及的四个裁判要点进行法理分析。

（一）国家工作人员利用职务上的便利为请托人谋取利益，并与请托人以“合办”公司的名义获取“利润”，没有实际出资和参与经营管理的，以受贿论处

受贿罪的客观行为是收受财物，这里的收受财物是指无对价地取得他人的财物。然而，在现实生活中，出现了各种较为隐蔽的收受财物的行为方式，其中之一就是以合作经营获取利润的名义无偿地取得他人财物。《意见》第3条对以开办公司等合作投资名义收受贿赂问题作了

以下明文规定："国家工作人员利用职务上的便利为请托人谋取利益，由请托人出资，'合作'开办公司或者进行其他'合作'投资的，以受贿论处。受贿数额为请托人给国家工作人员的出资额。国家工作人员利用职务上的便利为请托人谋取利益，以合作开办公司或者其他合作投资的名义获取'利润'，没有实际出资和参与管理、经营的，以受贿论处。"以上规定涉及两种情形：一是在合作开办公司或者进行其他合作投资活动中，国家工作人员没有实际出资，而是请托人出资，由此获得所谓合办公司的股权或者其他合作投资的份额。在这种情况下，出资额即为受贿数额。这是一种无偿取得公司股权或者其他投资份额的一种受贿方式，相当于收受干股。二是在合作开办公司或者进行其他合作投资活动中，国家工作人员没有实际出资，也未参与管理、经营，而获取利润。在这种情况下，对于获取利润行为应以受贿论处。这是一种名为获取利润的变相受贿行为。由此可见，以上两种合作投资型的受贿行为，在性质上存在一定的区分：前者是以出资名义受贿，其受贿数额就是出资额；后者是以获取利润的名义受贿，其受贿数额就是获取的利润数额。这里尤其需要指出，在前一种情况下，以出资名义受贿，其既可能参与了公司的管理、经营活动，也可能没有参与公司的管理、经营活动。但是，无论是否参与了管理、经营活动，国家工作人员从公司获取利润，则该利润都不能再视为受贿数额。而在后一种情况下，以获取利润的名义受贿，其不仅没有出资，而且没有参与管理、经营，其所获取的利润完全是一种无对价取得的财物。在这种情况下，为什么该国家工作人员在公司的出资也是虚假的，却不像前一种情形那样将出资额认定为受贿数额，而是将获取的利润认定为受贿数额呢？关于这个问题，如果仅从文字表述来看是不太容易理解的。即前后两种情形都获取了利润，为什么第一种情形按照出资额计算受贿数额，第二种情形却按照所获取的利润计算受贿数额？通过潘玉梅、陈宁案，对于上述问题就可以获得较为明确的认识。潘玉梅、陈宁案涉及的是以上第二种情形，其裁判要点与《意见》的表述也是极为近似的。从潘玉梅、陈宁案的案情来看，2003 年 8、9 月间，被告人潘玉梅、陈宁分别利用担任江苏省南京市栖霞区迈皋桥街道工委书记、迈皋桥办事处主任的职务便利，为南京某房地产开发有限公司总经理陈某在迈皋桥创业园区低价获取 100 亩土地等提供帮助，并于 9 月 3 日分别以其亲属名义与陈某共同注册成立南京多贺工贸有限责任公司，以"开发"上述土地。潘玉梅、陈宁既未实际出资，也未参与该公司经营管理。2004 年 6 月，陈某以多贺公司的名义将该公司及其土地转让给南京某体育用品有限公司，潘玉梅、陈宁以参与利润分配名义，分别收受陈某给予的 480 万元。由此可见，在该案中，所谓利润并非经营所获取的分红性质的利润，而是将公司以及资产转让以后的收益。潘玉梅、陈宁是以参与利润分配的名义获取收益的，这与具有分红性质的利润是两个不同的概念。如果在该案中，潘玉梅、陈宁系名义上出资，也没有参与管理、经营，获得了利润却没有获取分红，则其行为属于前一种性质的受贿，其受贿数额应以出资数额计算。

根据《意见》的规定，两种以合作开办公司或者进行其他合作投资名义进行的受贿，在成立条件上存在一定的差异：前者只要求没有出资，后者则不仅要求没有出资，而且要求没有参与管理、经营活动。二者之间到底存在何种区别呢？因为《意见》对于前者没有要求没有参与管理、经营活动，所以，其即使参与了管理、经营活动也构成受贿罪。之所以如此理解，是因为受贿对象是出资额，因而与此后的是否参与管理、经营活动无关，只要公司成立，其受贿犯罪已经既遂。根据出资所获取的利润，是其所收受的出资的衍生物，不能再次认定为受贿数额。正如挪用公款罪中，其所挪用的公款存入银行的利息收入，不能再次计算为犯罪数额一样。更何况，《意见》第 2 条关于收受干股型的受贿罪，对于转让干股获取的红利，是按照贿赂款的孳息处理的。对此，我国学者指出："对于国家工作人员收受请托人出资额后又按照该出资额比例收受利润的，情况与根据股份获得分红类似，也应该按照《意见》第 2 条规定的上述认定原则办理，即将所收利润按照受贿孳息办理，这也是为了保持《意见》内部相似情况认定精神的一致性。”① 这一观点，我认为是正确的。但在后者的情况下，没有出资并且没有参与管理、经营活动，以利润的名义获取的公司整体转让以后的收益，应认定为受贿数额。如果虽然没有出资但参与了管理、经营活动，无论是以利润的名义收取分红，还是获取公司整体转让以后的收益，我认为都应当以其出资额认定为受贿数额。只有在既没有出资也没有参与公司管理、经营活动的情况下，其以利润的名义获取的公司整体转让以后的收益，才能认定为受贿数额。

（二）国家工作人员明知他人有请托事项而收受其财物，视为承诺“为他人谋取利益”，是否已实际为他人谋取利益或谋取到利益，不影响受贿的认定

这一裁判要点涉及受贿罪的为他人谋取利益这一要件的司法认定问题。根据我国《刑法》第 385 条的规定，受贿可以分为收受财物与索取财物这两种情形：前者要求为他人谋取利益，后者则不要求为他人谋取利益。在要求为他人谋取利益的情况下，如何理解这里的为他人谋取利益呢？对此，我国刑法学界始终是存在争议的，我国学者把这种争议归纳为旧客观要件说、主观要件说与新客观要件说，这是颇为形象的。旧客观要件说认为，为他人谋取利益是受贿罪的客观要件，即行为人必须实施为他人谋取利益的行为，如果国家工作人员收受财物但事实上并没有为他人谋取利益的，就不成立受贿罪。同时认为，为他人谋取利益是否已经实现，并不影响受贿罪的成立。主观要件说认为，为他人谋取利益是受贿罪的主观要件，即构成受贿罪以行为人主观上具有为他人谋取利益的心理态度就够了，并不要求具体实施为他人谋取利益的行为。新客观要件说认为，为他人谋取利益是受贿罪的客观要件，只是其内容是许诺为他人谋取利益。在以上三种观点中，其实主观要件说也是将许诺为他人谋取利益作为其内容的，只不过认为许诺是主观要件而已。例如，我和王作富教授较早提出了主观要件说，并且把其内容归结为许诺或者答应，指出：“为他人谋取利益，只是行贿人与受贿人之间货币与权力互相交换达成的一种默契。就行贿人来说，是对受贿人的一种要求；就受贿人来说，是对行贿人的一种许诺或者答应。因此，为他人谋取利益只是受贿人的一种心理状态，属于主观要件的范畴，而不像通行观点所说的那样是受贿罪的客观要件。”新客观要件说之提出，是认为许诺或者答应本身都是客观要件的内容而非主观要件，相对于要求实施为他人谋取利益行为的客观要件说，这是一种新客观要件说。在这个意义上，主观要件说与新客观要件说在对为他人谋取利益的内容理解上其实已经没有区别。这种所谓新客观要件说为某些学者所主张，例如张明楷教授指出：“‘为他人谋取利益’仍然是受贿罪的客观构成要件要素，其内容的最低要求是许诺为他人谋取利益。国家工作人员在非法收受他人财物之前或者之后许诺为他人谋取利益，就在客观上形成了以权换利的约定，同时使人们产生以下认识：国家工作人员的职务行为是可以收买的，只要给予财物，就可以使国家工作人员为自己谋取各种利益。这本身就使职务行为的不可收买性受到了侵害。这样理解，也符合刑法的规定：为他人谋取利益的行为本身是一种行为，故符合刑法将其规定为客观构成要件要素的表述。”从以上论述可以看出，符合刑法条文的规定是主张为他人谋取利益属于客观要件的主要理由之一，也是新客观要件说批驳主观要件说的根据。例如我国学者黎宏教授指出：“‘主观要件说’的缺陷也是极为明显的。从为他人谋取利益这句话本身来讲，应该说，它是受贿罪的客观要件。因为，很明显，它所描述的是一种行为。‘为他人’是用来说明‘谋取利益’这种行为是为谁实施的。因此，从法律规定上来看，为他人谋取利益应当是受贿罪的客观要件。”但是，如果把为他人谋取利益视为客观要件，也是受贿罪构

① 郭竹梅．受贿罪新型暨疑难问题研究．北京：中国检察出版社，2009：305.

成要件中的行为，那么它与收受财物行为之间究竟是一种什么关系？是否意味着受贿罪的构成要件中存在双重行为？这些问题在刑法理论上是难以解决的。当然，将许诺或者答应视为主观要件的内容，也确实存在瑕疵。因为在一定意义上说，许诺或者答应的确是一种行为。因此，应该把为他人谋取利益的实体理解为是行为人的主观要素，而许诺或者答应只不过是这一主观要素的客观显现而已。而且，为他人谋取利益的实现行为也是这一主观要素的客观显现。它们的作用在于印证主观要素的存在，而在法律上并不要求。此后，我采用目的犯理论来解释为他人谋取利益，指出："为他人谋取利益，在受贿罪中只是一种主观上的'意图'。受贿罪由为他人谋取利益之意图而构成，是短缩的二行为犯。这里的二行为，一是指受贿行为；二是指为他人谋取利益的行为。为他人谋取利益并不能由受贿行为本身实现，而有赖于将这一意图付诸实施。但为他人谋取利益这一行为又不是受贿罪本身的行为，因而称为短缩的二行为犯，以与纯正的二行为犯相区别。立法者之所以规定短缩的二行为犯，是为了防止其他违法犯罪的发生。也就是说，根据法律的规定，不待其他违法犯罪发生（即只有其他违法犯罪之意图），就足以构成本罪。在受贿罪中，为他人谋取利益之意图，对于受贿行为来说是动机，而对于为他人谋取利益的行为来说则是目的。"在这个意义上，我们可以把原先的主观要件说称为旧主观要件说，而把目的犯意义上的主观要件说称为新主观要件说。对于刑法规定的解释，我认为不能机械地拘泥于字面表述，而是要根据刑法教义学的理论对其加以塑造。从刑法的文字来看，确实应当将其理解为客观行为，但刑法规定的是为他人谋取利益这一主观意图的实现行为，真正应当纳入受贿罪的构成要件的是主观要素。在这个意义上，我认为我国刑法规定的受贿罪是一种隐性的目的犯，可以从为他人谋取利益这一主观目的的实现行为推导出行为人主观上的目的。

尽管刑法学界对于为他人谋取利益这一要件的性质存在争议，但在司法解释中对于为他人谋取利益的解释逐渐明确。例如 2003 年 11 月 13 日最高人民法院《全国法院审理经济犯罪案件工作座谈会纪要》对为他人谋取利益作了以下解释："为他人谋取利益包括承诺、实施和实现三个阶段的行为。只要具有其中一个阶段的行为，如国家工作人员收受他人财物时，根据他人提出的具体请托事项，承诺为他人谋取利益的，就具备了为他人谋取利益的要件。明知他人有具体请托事项而收受其财物的，视为承诺为他人谋取利益。"在这一规定中，承诺、实施和实现当然都是客观行为，但在明知他人有具体请托事项而收受其财物的情况下，客观上并无行为，司法解释规定视为承诺为他人谋取利益。对此，我认为可以解释为为他人谋取利益是一种主观要件。因为在没有客观行为的情况下，仅仅明知他人有具体请托事项而收受其财物的，就视为具备了为他人谋取利益这一要件。在这种情况下，还把为他人谋取利益解释为客观要件就十分勉强。

在司法实践中，对于"明知他人有具体请托事项而收受其财物的，视为承诺为他人谋取利益"这一规定如何认定，我认为还存在一些值得探讨的问题。主要问题在于：如何理解上述规定中的"具体请托事项"？从有些案例来看，对这里的"具体请托事项"作了较为宽泛的理解，从而使为他人谋取利益这一要件所具有的规范功能几乎丧失殆尽。例如成都市人民检察院诉刘爱东贪污、受贿案（载《最高人民法院公报》2004 年卷）提炼的裁判摘要指出："根据《刑法》第三百八十五条第一款的规定，国家工作人员明知他人有具体请托事项，仍利用职务之便收受其财物的，虽尚未为他人谋取实际利益，其行为亦构成受贿罪。"这一裁判摘要当然是正确的，但该案中涉及的案情是："王志明、张映松是一建公司、市政公司的负责人，二人给当时分管建委和城建工作的刘爱东分别送钱时请刘多关照，送钱的意图是明显的，即想在项目承建上得到刘爱东的照顾。刘爱东在供述中承认其明白二人送钱的这一意图，但仍收取了这 10 万元现金，是以收钱的行为向送钱人承诺，要为送钱人谋取利益。刘爱东后来虽未实际给王志明、张映松谋取利益，但其收取二人钱财的行为，符合受贿罪中权钱交易的本质特征。”在这一案情中，只是一般性的请求在项目承建上得到照顾，这是否就是司法解释所规定的“具体请托事项”呢？这是值得质疑的。而在潘玉梅、陈宁案中，请托人许某某向潘玉梅行贿时，要求在受让金桥大厦项目中减免100万元的费用，潘玉梅明知许某某有请托事项而收受贿赂；虽然该请托事项没有实现，但“为他人谋取利益”这一要件已经具备。在这一认定中，存在“在受让金桥大厦项目中减免100万元的费用”这一具体请托事项，因而可以认定为具备为他人谋取利益的要件。因此，在为他人谋取利益的“具体请托事项”的认定中，如何理解请托事项的具体性，关系到受贿罪的成立。从司法实践情况来看，往往是只要请托人与受财人之间具有职务上的相关性，例如属于行政上的相对人，在予以照顾等这样十分笼统的请求下，就视为明知有具体请托事项而收受，认定其收受行为具备了为他人谋取利益的要件。这样一种对具体请托事项的理解，无形之间消解了为他人谋取利益这一受贿罪的构成要件，因而有所不妥。我们将潘玉梅受贿案与刘爱东受贿案相比较可以看出，前者的请托事项是具体的，而后者的请托事项并不具体。潘玉梅受贿案作为指导案例，虽然在裁判要旨的表述上与刘爱东受贿案似乎相同，都是在一定程度上重复了司法解释的规定，但在请托事项具体细节上的差异，对于司法机关正确认定受贿罪的为他人谋取利益这一要件仍然具有重要的参考价值。

（三）国家工作人员利用职务上的便利为请托人谋取利益，以明显低于市场的价格向请托人购买房屋等物品的，以受贿论处，受贿数额按照交易时当地市场价格与实际支付价格的差额计算

以低于市场价格购买房屋等物品的形式受贿，也是受贿罪的一种新类型，司法解释称其为以交易形式收受贿赂。对此，《意见》第1条规定：“国家工作人员利用职务上的便利为请托人谋取利益，以下列交易形式收受请托人财物的，以受贿论处：(1) 以明显低于市场的价格向请托人购买房屋、汽车等物品的；(2) 以明显高于市场的价格向请托人出售房屋、汽车等物品的；(3) 以其他交易形式非法收受请托人财物的。”《意见》还规定：“受贿数额按照交易时当地市场价格与实际支付价格的差额计算。”这种以交易形式构成的受贿罪的认定，难点在于：(1) 如何确定这里的市场价格？(2) 如何确定这里的交易时点？(3) 如何确定这里的“明显”低于或者高于市场价格？

关于以上第一点，这里的市场价格是差价的基准价，其价格如何确定对于以交易形式构成的受贿罪的认定具有重要意义。应当说，由于交易对象的差别，其市场价格也是有所不同的。尤其是各类房屋等商品，存在程度不等的优惠价。在这种情况下，以最低优惠价作为市场价格，我认为是较为合理的。关于这一点，《意见》规定：“前款所列市场价格包括商品经营者事先设定的不针对特定人的最低优惠价格。根据商品经营者事先设定的各种优惠交易条件，以优惠价格购买商品的，不属于受贿。”这一规定在作为以交易形式受贿的数额计算的基准价的确定上，强调了两个条件，这就是：(1) 事先设定；(2) 不针对特定人。据此，可以把以交易形式构成的受贿与以优惠价格购买商品的界限予以划清，因而是可取的。

关于以上第二点，市场价格的确定应该以交易时及交易地作为标准。在一般情况下，交易的时间与地点是单一的，因而也是容易确定的。但是，在某些情况下，交易的时间与地点可能较为复杂。例如购买商品房，其价格是以口头约定时计算，还是以合同签订时计算，或者以房屋交付时计算？这就是一个较为复杂的问题。因为在这几个时点，房屋的市场价格是波动的，按照不同的时点，其市场价格是有所不同的。对此，我认为应该按照合同签订时确定市场价格才是较为合理的。

关于以上第三点，即明显低于或者高于市场价格的问题，具有一定的裁量性。在以往的

司法实践中，关于明显低于市场价格的认定曾经以成本价作为基准。也就是说，只有在低于成本价格的情况下，才能认定为低于市场价格。我认为，按照成本价计算显然是不合适的。只要低于或者高于市场价格的幅度较大，就应当将差额认定为以交易形式构成的受贿罪的犯罪数额。

在潘玉梅受贿案中，潘玉梅购买的房产，市场价格含税费共计应为121万余元，潘玉梅仅支付60万元，明显低于该房产交易时当地的市场价格。尽管这里的房屋的市场价格是如何计算出来的，案例没有说明，但从市场价格为121万余元，而潘玉梅仅支付60万元的这一差额而言，可以说是明显低于市场价格，将其差额认定为受贿数额是完全正确的。

（四）国家工作人员收受财物后，因与其受贿有关联的人、事被查处，为掩饰犯罪而退还的，不影响认定受贿罪

在一般情况下，国家工作人员利用职务便利为他人谋取利益以后，收受他人财物，其受贿罪即为既遂。既遂以后如何处置财物，并不影响受贿罪的成立。当然，也有一些例外的情况，在对行为人定罪或者量刑时是应当考虑的。例如，收受财物以后上交的，是否构成受贿罪，就是一个较为复杂的问题。其实，除上交的以外，还有一个退还的问题。如果及时退还，就不能认为是受贿既遂以后的行为，而应当视为拒贿的行为，其行为不构成受贿罪。同样，收受他人财物以后及时上交，也是一种拒贿行为，其行为不构成受贿罪。对此，《意见》第9条规定："国家工作人员收受请托人财物后及时退还或者上交的，不是受贿。"我认为，这一规定是完全正确的。但是，这里的退还与上交必须是及时。这里的及时，是指立即或者马上的意思。如果国家工作人员在收受他人财物以后，不是立即退还或者马上上交，而是在行将案发之际或者案发以后，为掩盖受贿罪行而退还或者上交，则仍然构成受贿罪。对此，《意见》第9条规定："国家工作人员受贿后，因自身或者与其受贿有关联的人、事被查处，为掩盖犯罪而退还或者上交的，不影响认定受贿罪。"应该说，这一规定是正确的，对于区分受贿犯罪的罪与非罪界限具有重要意义。

在潘玉梅受贿案中，潘玉梅购买了许某某开发的房产，在案发前已将房产差价款给付了许某某，是否认定为受贿罪，这是在控辩之间存在争议的问题。法院认定，2006年4月，潘玉梅在案发前将购买许某某开发房产的差价款中的55万元补给许某某，相距2004年上半年其低价购房有近两年时间，没有及时补还巨额差价；潘玉梅的补还行为，是在许某某因其他案件被检察机关找去谈话，检察机关从许某某的公司账上已掌握潘玉梅购房仅支付部分款项的情况后，出于掩盖罪行目的而采取的退赃行为。因此，潘玉梅为掩饰犯罪而补还房屋差价款，不影响对其受贿罪的认定。从以上叙述尚不能完全看出，潘玉梅购买房屋的差价款在2004年购买房屋时是否在房屋开发商那里，是已经平账还是仍然挂账？我认为，只有在已经平账的情况下，其两年后因许某某被查而补交差价的行为，才不影响受贿罪的认定。但如果没有平账，在开发商的账目上显示只是交了一部分购房款，其余的购房款没有交齐，在这种情况下，应当视为欠账，是一种债务关系。其行为是否构成受贿罪，要根据是否属于名为欠账实为受贿来确定。因此，其补交房款的行为不能一概视为受贿以后为掩盖罪行而实施的退还行为。

四、结语

案例指导制度是我国建立的一种通过发布案例，提炼裁判要旨以指导司法活动的制度，对于我国法律体系的完善具有重要意义。潘玉梅、陈宁受贿案是最高人民法院颁布的第一批指导案例，从本案的裁判要点来看，基本上是2007年最高人民法院、最高人民检察院颁布的《意见》中有关规定的重复。因此，在规则的创制上有所不足，这是不可否认的。当然，考虑到案

例指导制度建立伊始，没有更多的经验可供借鉴，在这种情况下，采取一种较为稳妥的方法，也是可以理解的。但是，这里必须指出，案例指导制度存在的意义就在于创制规则，从而成为司法解释以外、满足司法活动对于规则需求的另一种途径。因此，如果指导案例不去创制规则，而仅仅是重复现有的司法解释，那么，案例指导制度的设立初衷就可能无法实现。尽管如此，我们还是可以通过本案，发现一些在阅读条文化的司法解释时不能得到的收获，尤其是具体的案情为我们理解司法解释提供了一个全新的视角。当然，我们期待着指导案例创制更多的司法规则。

后　记

《判例刑法学》（上、下卷）一书是2009年5月出版的，这是我在刑法学研究上的转型之作，意图从对刑法的规范研究转向对刑法的判例研究，从而丰富刑法知识形态。近十年来，我一直为北京大学法学院刑法专业的法学硕士和法律硕士开设判例刑法研究的课程，每一年度按照刑法总论与刑法各论轮换着讲授。因为北大每学期只有15周的授课时间，因而只能讲授15个专题。而《判例刑法学》一书总论（上卷）9章共计31个专题，各论（下卷）7章共计32个专题，凡130万字。如此大的篇幅，难以在课堂上全部讲授。为此，中国人民大学出版社约请我对《判例刑法学》一书进行压缩，出版《判例刑法学》（教学版），为学生提供教材，对此我欣然应允。为此，我从《判例刑法学》一书共计63个专题中选择了30个专题，总论15个专题，各论15个专题，正好适应讲授所需。

我国案例指导制度建立以后，对我国的法学知识形态，乃至于法学教育方式都会产生深刻的影响。判例教学作为以法典为中心的法学教育体制的必要补充，其意义日益彰显。值得说明的是，2010年作为首席专家，我和北大法学院的同事们承担了2010年度国家社会科学基金重大招标项目“中国案例指导制度研究”（项目批准号10zd&044），开展对我国案例指导制度的理论研究。这一研究不仅对于完善我国案例指导制度具有重要意义，而且对于我目前正在开设的判例刑法研究的课题也带来重大影响。我想，随着指导案例的大量颁布，对这些案例的研究会成为法学研究的重要课题，其研究成果也会被引入教材、引入课题，从而充实我们的教学活动。

《判例刑法学》（教学版）并不是一本新书，而只是《判例刑法学》一书的压缩版而已。这种在出版一本著作以后，为教学的特殊需要而出版教学版，是一种尝试。它便于教学，还可以减轻学生购书的经济负担，可谓两全其美。本书的压缩，除专题的精减以外，主要是对案情的删减。原书收录的是原始的诉讼材料，对案情的叙述较为烦琐。在本书中，我对那些与定罪量刑无关的案情作了删减，只保留了案情的核心事实；至于理论分析部分，则完整地予以保留。我的硕士生邹兵建同学为我承担了案情删减工作，在此表示感谢。

陈兴良

谨识于北京海淀锦秋知春寓所

2011年10月13日

图书在版编目（CIP）数据

判例刑法学：教学版/陈兴良著. --3版. --北京：中国人民大学出版社，2022.1
21世纪高等院校法学系列精品教材
ISBN 978-7-300-30207-2

Ⅰ.①判… Ⅱ.①陈… Ⅲ.①刑法-判例-中国-高等学校-教材 Ⅳ.①D924.05

中国版本图书馆CIP数据核字（2022）第004683号

21世纪高等院校法学系列精品教材
判例刑法学（教学版）**（第三版）**
陈兴良 著
Panli Xingfaxue

出版发行	中国人民大学出版社		
社　　址	北京中关村大街31号	**邮政编码**	100080
电　　话	010－62511242（总编室）		010－62511770（质管部）
	010－82501766（邮购部）		010－62514148（门市部）
	010－62515195（发行公司）		010－62515275（盗版举报）
网　　址	http://www.crup.com.cn		
经　　销	新华书店		
印　　刷	天津鑫丰华印务有限公司	**版　　次**	2012年2月第1版
规　　格	185 mm×260 mm　16开本		2022年1月第3版
印　　张	25 插页2	**印　　次**	2025年1月第2次印刷
字　　数	652 000	**定　　价**	55.00元

《　　　　　　》※任课教师调查问卷

为了能更好地为您提供优秀的教材及良好的服务，也为了进一步提高我社法学教材出版的质量，希望您能协助我们完成本次小问卷，完成后您可以在我社网站中选择与您教学相关的1本教材作为今后的备选教材，我们会及时为您邮寄送达！如果您不方便邮寄，也可以申请加入我社的**法学教师QQ群：83961183（申请时请注明法学教师）**，然后下载本问卷填写，并发往我们指定的邮箱（cruplaw@163.com）。

邮寄地址：北京市海淀区中关村大街31号中国人民大学出版社806室收

邮　　编：100080

再次感谢您在百忙中抽出时间为我们填写这份调查问卷，您的举手之劳，将使我们获益匪浅！

基本信息及联系方式：※

姓名：________ 性别：________ 课程：________________

任教学校：________________ 院系（所）：________________

邮寄地址：________________ 邮编：________________

电话（办公）：________ 手机：________ 电子邮件：________

调查问卷：※

1. 您认为图书的哪类特性对您使用教材最有影响力？（　　）（可多选，按重要性排序）

   A. 各级规划教材、获奖教材　　B. 知名作者教材

   C. 完善的配套资源　　D. 自编教材

   E. 行政命令

2. 在教材配套资源中，您最需要哪些？（　　）（可多选，按重要性排序）

   A. 电子教案　　B. 教学案例

   C. 教学视频　　D. 配套习题、模拟试卷

3. 您对于本书的评价如何？（　　）

   A. 该书目前仍符合教学要求，表现不错将继续采用。

   B. 该书的配套资源需要改进，才会继续使用。

   C. 该书需要在内容或实例更新再版后才能满足我的教学，才会继续使用。

   D. 该书与同类教材差距很大，不准备继续采用了。

4. 从您的教学出发，谈谈对本书的改进建议：________________

____

____

选题征集：如果您有好的选题或出版需求，欢迎您联系我们：

联系人：黄　强　联系电话：010-62515955

索取样书：书名：________________________________

书号：________________________________

备注：※ 为必填项。